C7

Deutschsprachige Marketingforschung

Klaus Backhaus (Hrsg.)

Deutschsprachige Marketingforschung

Bestandsaufnahme und Perspektiven

herausgegeben im Auftrag
der Wissenschaftlichen Kommission Marketing
im Verband der Hochschullehrer
für Betriebswirtschaft e.V.

redaktionell bearbeitet
von Dipl.-Kffr. Katrin Mühlfeld

2000
Schäffer-Poeschel Verlag Stuttgart

Herausgeber:
Prof. Dr. Klaus Backhaus, Betriebswirtschaftliches Institut
für Anlagen und Systemtechnologien,
Westfälische Wilhelms-Universität Münster

Die Publikation wurde ermöglicht durch die finanzielle Unterstützung
der Wissenschaftlichen Gesellschaft für Marketing und Unternehmensführung e. V. und des Förderkreises für Industriegütermarketing e.V.
an der Westfälischen Wilhelms-Universität Münster

Die Deutsche Bibliothek – CIP-Einheitsaufnahme

Deutschsprachige Marketingforschung :
Bestandsaufnahme und Perspektiven / hrsg. im Auftr. der Wissenschaftlichen Kommission
Marketing im Verband der Hochschullehrer für Betriebswirtschaft e.V. Klaus Backhaus (Hrsg.).
- Stuttgart : Schäffer- Poeschel, 2000
   ISBN 3-7910-1748-9

Gedruckt auf säure- und chlorfreiem, alterungsbeständigem Papier.

ISBN 3-7910-1748-9

© 2000 Schäffer-Poeschel Verlag für Wirtschaft · Steuern · Recht GmbH & Co. KG
www.schaeffer-poeschel.de
info@schaeffer-poeschel.de
Einbandgestaltung: Willy Löffelhardt
Druck und Bindung: Franz Spiegel Buch GmbH, Ulm
Printed in Germany
September / 2000

Schäffer-Poeschel Verlag Stuttgart
Ein Tochterunternehmen der Verlagsgruppe Handelsblatt

Inhaltsverzeichnis

Prolog   1

Deutschsprachige Marketingforschung -
Anmerkungen eines Beteiligten   3

Klaus Backhaus

A Theorieverankerung des Marketing   19

  I. Theoriegeleitetes versus praxisorientiertes Marketing

Theorie und Praxis im Marketing   21

Lothar Müller-Hagedorn

Theoriegeleitetes vs. praxisorientiertes Marketing   41

Gerold Behrens

  II. Alternative Konzepte der Theorieverankerung

Alternative Konzepte der Theorieverankerung   55

Klaus-Peter Kaas

Die Konsumentenforschung im Marketing -
Stärken und Schwächen aus Erfahrungssicht   79

Andrea Gröppel-Klein/ Peter Weinberg

Diskussion   97

Leitung: Ralph Berndt

**B Forschungsrichtungen in der deutschsprachigen
Marketingforschung**   105

  I. Die institutionelle Orientierung

Institutionelle Orientierung des Marketing   107

Werner Hans Engelhardt

Institutionelle Orientierung des Marketing -
Anmerkungen zu den Thesen von *Werner Hans Engelhardt*   117

Joachim Zentes

Diskussion 121

Leitung: Wulff Plinke

II. Die instrumentale Orientierung

Die instrumentale Orientierung in der Marketingwissenschaft -
Eine Zwischenbilanz 123

Hermann Diller

Eine austauschtheoretische Konzeption des Marketing-Instrumentariums
als Beitrag zu einer allgemeinen Marketing-Theorie 141

Hartwig Steffenhagen

Diskussion 175

Leitung: Wulff Plinke

III. Die strategische Orientierung

Thesen zum Beitrag der deutschsprachigen Marketingforschung
zum strategischen Marketing 177

Richard Kühn

Strategisches Marketing -
Anmerkungen zum Referat von *Richard Kühn* 193

Peter Hammann

Diskussion 205

Leitung: Wulff Plinke

IV. Die quantitative Orientierung

30 Jahre Forschung im deutschen Sprachraum zum
quantitativ orientierten Marketing 209

Sönke Albers

30 Jahre Forschung im deutschen Sprachraum zum quantitativ
orientierten Marketing - Korreferat zum Beitrag von *Sönke Albers* 239

Lutz Hildebrandt

Diskussion 249

Leitung: Wulff Plinke

V. Die Marketingimplementierung

Marketingimplementierung - Was hat die deutschsprachige
Marketingforschung an Erkenntniszugewinn gebracht? 253

Richard Köhler

Marketingimplementierung - Korreferat 279

Hans Mühlbacher

Diskussion 283

Leitung: Wulff Plinke

Competitive Paper

Politische Widerstände bei der Marketingimplementierung:
ein (nach wie vor) unterschätztes Problem 285

Dietrich von der Oelsnitz

C Entwicklungstrends in der Marketingwissenschaft - Quo Vadis? 307

Entwicklungstrends in der Marketingwissenschaft: Quo Vadis? 309

Ursula Hansen/ Matthias Bode

Marketingdisziplin im Spannungsfeld zwischen wissenschaftlichem
Anspruch und praxisbezogenen Anforderungen 327

Heribert Meffert

Entwicklungslinien der deutschsprachigen Marketingforschung 339

Christian Homburg

Entwicklungstrends in der Marketingwissenschaft - Quo Vadis? Korreferat 361

Manfred Bruhn

Diskussion 373

Leitung: Peter Hammann

Competitive Paper

Marktorientierte Unternehmensführung an der Jahrtausendwende
aus Sicht der Wissenschaft und Unternehmenspraxis
- eine empirische Untersuchung 381

Heribert Meffert/ Michael Bongartz

Epilog - Beiträge zur Tagung 407

Competitive Paper

Marketingwissenschaft: eine empirische Positionsbestimmung 409

Nikolaus Franke

Competitive Paper

Erkenntnisgrundlagen erfolgreicher Marketingforschung -
Beitrag zu einer nicht stattgefundenen Diskussion 445

Hans Mühlbacher

Referenten/ Autoren/ Diskussionsleiter 459

Prolog

Deutschsprachige Marketingforschung - Anmerkungen eines Beteiligten

Klaus Backhaus

1.	Das Theorieproblem	*4*
2.	Das Spannungsfeld zwischen Theorie und Praxis	*5*
3.	Heterogenität von Inhalten der Marketingforschung	*5*
4.	Struktur und Positionierung des Buches	*6*
5.	Danksagungen	*8*
	Literatur	*9*
	Anhang	*10*

1. Das Theorieproblem

Mit Beginn des neuen Jahrhunderts blickt die deutschsprachige Marketingwissenschaft auf gut 30 Jahre Forschungstradition zurück, wenn man die Gründung der deutschsprachigen Marktforschung an der Gründung des ersten Instituts festmacht, das offiziell den Namen „Institut für Marketing" trug. Natürlich waren marketingrelevante Fragestellungen auch schon vorher Gegenstand der betriebswirtschaftlichen Forschung im deutschsprachigen Raum. Man denke nur an das von *Gutenberg* in die Diskussion eingeführte Konstrukt des „akquisitorischen Potenzials", das ganz aktuelle Fragestellungen über Markentreue und Kundenbindung, die z.B. im Zusammenhang mit Themen des Internets und E-commerce gerade neu diskutiert werden, bereits Mitte des 20. Jahrhunderts vorweg genommen hat (vgl. *Gutenberg* 1951; 1955). Dennoch markiert die Gründung des Instituts für Marketing in Münster durch *Heribert Meffert* eine gewisse Zäsur. Mit der „Umfirmierung" der traditionsgebundenen Absatzwirtschaft in Marketing hielt ausgehend von den Entwicklungen in den USA das verhaltenswissenschaftliche **Paradigma** Einzug in die deutschsprachige Marketingforschung. Dies schien insofern konsequent, als dieses Paradigma gegenüber dem neoklassischen Paradigma die Berücksichtigung von Unsicherheiten ermöglichte - und zwar im sogenannten harten Kern der Theorie (vgl. dazu im einzelnen *Aufderheide/ Backhaus* 1995, S. 44-49). Damit vollzog sich ein dramatischer Paradigmenwechsel, der sich auch sprachlich nachhaltig manifestierte (vgl. *Backhaus* 1989, S. 95f.)

Dieser Paradigmenwechsel ist von einigen Vertretern der Betriebswirtschaftslehre zum Teil heftig kritisiert worden. Zu den engagiertesten Kritikern zählen *Dieter Schneider* und *Herbert Hax*. Während *Hax* sehr sachlich eine Rückbesinnung auf eine ökonomische Theoriebasis für das Marketing fordert (vgl. *Hax* 1991, S. 51ff.), inszeniert *Schneider* einen polemisch formulierten Sturmlauf gegen eine verhaltenswissenschaftliche Orientierung im Marketing, der darin gipfelt, dass er das Marketing als die „Viper am Busen" der Betriebswirtschaftslehre zu diskreditieren versucht (*Schneider* 1983, S. 200). Die Situation hat sich in ihrer verbalen Dramatik inzwischen zwar weitgehend entspannt, die Diskussion ist jedoch längst nicht abgeschlossen. Sie hat jedoch bewirkt, dass der Forderung von *Herbert Hax* nach einer Rückbesinnung auf das Ökonomische im Marketing dadurch Rechnung getragen wurde, als dass sich inzwischen mit den Ansätzen der „Neuen Institutionen-Ökonomik" (NIÖ) ein neues Paradigma in der Marketingforschung etabliert hat. Ob dies allerdings der „Königsweg" zurück zum ökonomischen Denken in der deutschsprachigen Marketingforschung ist, wird sich noch zeigen müssen. So stellt sich zum Beispiel die Frage, warum die marktprozesstheoretischen Ansätze als ökonomische Erklärungsansätze bisher vergleichsweise wenig Beachtung in der deutschsprachigen Marketingforschung gefunden haben, obwohl sie in Bezug auf ihr Erklärungsobjekt besonders enge Bezüge zu Marketingproblemen aufweisen. Hier wird die Zukunft zeigen müssen, welche theoretischen Hauptströmungen die Marketingforschung maßgeblich beeinflussen werden.

2. Das Spannungsfeld zwischen Theorie und Praxis

Eine andere, das Grundverständnis der Marketingforschung prägende Fragestellung ist die nach dem Grad ihrer **Praxisorientierung**. Diese Frage gewinnt besonders vor dem Hintergrund des Wettbewerbs zwischen Fachhochschulen und Universitäten eine besondere Bedeutung. Gerade die Universitäten werden die Frage zu beantworten haben, wie sie sich von den Fachhochschulen, die sich ja konzeptionell der Vermittlung unmittelbar praxisorientierten Wissens verschrieben haben, unterscheiden. Unter dem *Humboldtschen* Postulat der Einheit von Forschung und Lehre hat dies unmittelbare Auswirkungen auf das Forschungsprogramm. Hier stehen Antworten noch weitgehend aus. Aber eines scheint heute schon klar: Nicht nur wegen der Abgrenzung gegenüber den Fachhochschulen, sondern vor allem wegen der Schnelllebigkeit der Märkte werden wir an den Universitäten gut daran tun, wieder stärker die Vermittlung von Fähigkeiten statt Fertigkeiten in den Blickpunkt der Lehre treten zu lassen. Das heißt aber stärkere Betonung von theoretisch Dauerhaftem anstelle von schnell veraltendem Praktischen. Und das fordert uns auch in der Forschung.

3. Heterogenität von Inhalten der Marketingforschung

Schließlich ist die deutschsprachige Marketingforschung unabhängig von den verfolgten theoretischen Ansätzen und dem Grad ihrer Praxisorientierung durch eine kaum noch zu übersehende Vielfalt von **Forschungsrichtungen** gekennzeichnet. Neben der klassischen instrumentellen Forschungsausrichtung, die (Entscheidungs-) Probleme beim Einsatz der Marketinginstrumente Produkt- und Sortimentspolitik, Kommunikations-, Distributions- und Preispolitik analysiert, lassen sich Forschungsstränge nachweisen, die die Marketingprobleme von Institutionen wie Handels- oder Bankbetrieben zu Forschungsleitfragen machen. In einer anderen Schnittlegung wird nach strategischen und operativen Fragestellungen differenziert. Dabei lassen sich wiederum eher quantitativ orientierte Lösungsansätze von eher qualitativ orientierten Ansätzen unterscheiden. Je stärker die Probleme lösungsdefekt werden (vgl. dazu *Adam et al.* 1999, S. 5ff.), desto mehr gewinnen qualitativ orientierte Ansätze an

Bedeutung. Da strategische Probleme häufig einen höheren Grad an Lösungsdefekten aufweisen als operative Fragestellungen, finden sich im Bereich derjenigen Forschungsbeiträge, die auf strategische Fragestellungen gerichtet sind, nachweisbar häufiger qualitative Lösungs- bzw. Strukturierungsansätze.

Gerade strategische Lösungsansätze haben die Frage zunehmend relevant werden lassen, wie diese im Unternehmen umgesetzt werden können. Implementierungsfragen lassen sich mittlerweile als eine eigenständige Forschungsrichtung des Marketing ausmachen.

4. Struktur und Positionierung des Buches

Angesichts der Heterogenität der Ansätze und Inhalte deutschsprachiger Marketingforschung, zu deren Generierung in den letzten gut 30 Jahren ca. 10.000 Mannjahre in Forschung und Lehre des Marketing im deutschsprachigen Raum investiert worden sind, erschien es sinnvoll, die Jahrestagung der Kommission Marketing im Verband der Hochschullehrer für Betriebswirtschaft im Januar des Jahres 2000 in Bad Homburg einer Bestandsaufnahme und Perspektivenbetrachtung zu widmen. Gemessen an den Zusagen zur Übernahme von Referaten und den Teilnehmerzahlen ist offenbar geworden, dass in der wissenschaftlichen Gemeinschaft der deutschsprachigen Marketingforscher ein nachhaltiges Bedürfnis für eine solche retro- und prospektive Bestandsaufnahme gegeben war (vgl. zu den Tagungsteilnehmern auch das beiliegende Teilnehmerverzeichnis). Das belegt auch die engagierte und äußerst konstruktive Zusammenarbeit mit den verschiedenen Kollegen, die sich an der Vorbereitung der Tagung beteiligt haben. Mit einer kleinen Gruppe um die Kollegen *Diller*, Nürnberg, *Hildebrandt*, Berlin, *Plinke*, Berlin, und *Steffenhagen*, Aachen, wurde in bemerkenswert kurzer Zeit eine Struktur für den Tagungsablauf erarbeitet. Diese Struktur prägt auch die hiermit vorgelegte Diskussion um Stand und Perspektiven der deutschsprachigen Marketingwissenschaft. Die Dokumentation umfasst im wesentlichen vier Teile:

Teil A ist der Frage der **Theorieverankerung** des Marketing gewidmet, die in zwei Ausprägungen diskutiert wird. Erstens: Brauchen wir eine eher theoriegeleitete oder eine durch eher konkrete, praktische Probleme geleitete Forschung im Marketing? Zweitens: Auf welcher theoretischen Basis soll theoriegeleitete Forschung stattfinden?

In **Teil B** wird unter Berücksichtigung verschiedener systematisierender Kriterien der Frage nachgegangen, was die **bleibenden inhaltlichen Ergebnisse** sind, die die deutschsprachige Marketingforschung hervorgebracht hat.

Teil C nimmt einen Wechsel der Perspektive vor und fragt danach, wie angesichts der Bestandsaufnahme ein **Handlungsprogramm** für die deutschsprachige Marketingforschung aussehen könnte, das weiterführende Ergebnisse für die Zukunft erwarten lässt.

Das Buch schließt mit einem **Epilog**, in dem Beiträge zusammengestellt sind, die sich auf das Thema der Tagung als einer Bestandsaufnahme der deutschsprachigen Marketingforschung generell beziehen und aus der Tagung heraus, zum Teil in Auseinandersetzung mit der Tagungsdiskussion entstanden sind.

Im Kern ist das vorliegende Buch somit eine **Dokumentation** der Kommissionstagung in Bad Homburg. Darüber hinaus finden sich aber auch über den Epilog hinausgehende Beiträge zu einzelnen Teilen der Diskussion. Wir haben diese als **Competitive Papers** gekennzeichnet. Dabei handelt es sich um Beiträge von Kommissionsmitgliedern, die inhaltlich zu der vorgelegten Bestandsaufnahme Stellung nehmen. Alle eingereichten Competitive Papers sind einem doppelt blinden Begutachtungsprozess unterzogen worden, wie es internationaler Publikationstradition entspricht. Das hat dazu geführt, dass wir nicht alle eingereichten Papers abgedruckt haben. Auf diese Weise haben wir uns aber bemüht, all denjenigen eine Publikationsplattform zu bieten, die zu unserem Metathema Position beziehen wollten.

Angesichts vieler Gespräche mit Kollegen, ob wir denn die „richtigen" Kollegen für die einzelnen Themen der Bestandsaufnahme und Perspektivenbetrachtung gewonnen hätten, bin ich außerordentlich froh, dass ich diese Entscheidung nicht alleine treffen musste. Es war die Entscheidung der o.g. Vorbereitungsgruppe. Allen, die Kritik offen geäußert oder auch nur gedacht haben, möchte ich aber versichern, dass wir uns in der Vorbereitungsgruppe, ohne Dissonanz zu erzeugen, sehr schnell darin einig waren, welche Referenten wir gerne für welches Teilthema gewinnen wollten und dass diese Wunschkandidaten bis auf wirklich zu vernachlässigende Ausnahmen alle zugesagt haben. Da wir die Publikation für alle über den Weg der Competitive Papers geöffnet und auch die Diskussion auf der Tagung in ihren wesentlichen Elementen mit abgedruckt haben, gehe ich davon aus, dass hiermit eine Dokumentation nach rund 30 Jahren deutschsprachiger Marketingforschung vorgelegt wird, die tatsächlich das Meinungsspektrum der Wissenschaftlichen Kommission Marketing im Verband der Hochschullehrer für Betriebswirtschaft wiedergibt. Um deutlich zu machen, welche Mitglieder die Kommission umfasst, ist als Anlage zu dieser Einführung die Liste der Kommissionsmitglieder beigefügt, wobei die mit * gekennzeichneten Mitglieder an der Tagung in Bad Homburg teilgenommen haben. Darüber hinaus sind auch die Tagungsgäste der Veranstaltung aufgeführt.

5. Danksagungen

Eine solche Dokumentation wäre nicht möglich ohne die Hilfestellung vieler Beteiligter. Zunächst einmal möchte ich mich bei der kleinen Vorbereitungskommission bedanken, die hoch effizient gearbeitet hat. Besonderer Dank gilt auch den Referenten der Tagung, die die Mühen der Vorbereitung auf sich genommen haben. Schließlich haben die Diskussionsleiter der Programmteile, die Kollegen *Berndt*, Tübingen, *Hammann*, Bochum, und *Plinke*, Berlin, nicht nur für eine interessante Diskussion gesorgt, sondern auch die knappe Zeitstruktur eingehalten, so dass wir das umfangreiche Programm überhaupt bewältigen konnten. Last, but not least gilt mein nachdrücklicher Dank meiner Mitarbeiterin, Frau Dipl.-Kffr. *Katrin Mühlfeld*, die nicht nur dafür gesorgt hat, dass ich den Verpflichtungen als Vorsitzender der Kommission nachkommen konnte, sondern die mitgeholfen hat, die Tagung in Bad Homburg vorzubereiten. Vor allem aber hat sie die Drucklegung des Buches dadurch überhaupt erst möglich gemacht, dass sie alle Autoren in ihrer freundlichen Art immer wieder dazu angehalten hat, ihre Beiträge halbwegs pünktlich abzuliefern. Dass das Werk schon sechs Monate nach der Kommissionstagung (mit allen Beiträgen!) am Markt ist, ist ihr Verdienst. Mein herzlicher Dank gilt insbesondere auch Herrn cand. phil. *Sebastian Jünger* für sein großes Engagement beim Satz des Buches, sowie Frau cand. rer. pol. *Sandra Steinwarz*, die in mühseliger Kleinarbeit Korrektur gelesen hat.

Literatur

Adam et al. (1999), Koordination betrieblicher Entscheidungen - Die Fallstudie Peter Pollmann, 2. Auflage, Berlin et al. 1998.

Aufderheide, D./ Backhaus, K. (1995), Institutionenökonomische Fundierung des Marketing: Der Geschäftstypenansatz, in: *Kaas, K.P.* (Hrsg.), Kontrakte, Geschäftsbeziehungen, Netzwerke - Marketing und Neue Institutionenökonomik, Schmalenbachs Zeitschrift für betriebswirtschaftliche Forschung (ZfbF), Sonderheft Nr. 35, 1995, S. 43-60.

Backhaus, K. (1989), „Was heißt und zu welchem Ende studirt man..." Allgemeine Betriebswirtschaftslehre?, in: *Delfmann, W.* (Hrsg.), Der Integrationsgedanke in der Betriebswirtschaftslehre, S. 33-50.

Gutenberg, E. (1951), Grundlagen der Betriebswirtschaftslehre, Band 1: Die Produktion, Berlin et al. 1951.

Gutenberg, E. (1955), Grundlagen der Betriebswirtschaftslehre, Band 1: Der Absatz, Berlin et al. 1955.

Hax, H. (1991), Theorie der Unternehmung - Information, Anreize und Vertragsgestaltung, in: *Ordelheide, D./ Rudolph, B./ Büsselmann, E.* (Hrsg.), Betriebswirtschaftslehre und Ökonomische Theorie, S. 51-72.

Schneider, D. (1983), Marketing als Wirtschaftswissenschaft oder Geburt einer Marketingwissenschaft aus dem Geist des Unternehmerversagens?, in: Schmalenbachs Zeitschrift für betriebswirtschaftliche Forschung (ZfbF), 1983, S. 197-223.

Anhang

Mitglieder und Gäste der
Wissenschaftlichen Kommission Marketing

* *Dr. Jost Adler*, Lehrstuhl für Marketing, Universität Trier[1]

* *Prof. Dr. Dieter Ahlert*, Lehrstuhl Betriebswirtschaftslehre, insbes. Distribution und Handel, Westfälische Wilhelms-Universität Münster

* *Prof. Dr. Sönke Albers*, Institut für Betriebswirtschaftslehre, Lehrstuhl für Innovation, Neue Medien und Marketing, Christian-Albrechts-Universität zu Kiel

Prof. Dr. Dr. h.c. (em.) Karl Alewell, Betriebswirtschaftslehre I, Justus-Liebig-Universität Gießen

* *Prof. Dr. Ursula Altenburg*, Lehrstuhl für Handel und Distribution, Universität Leipzig

* *Dr. Jenny Amelingmeyer*, Institut für Betriebswirtschaftslehre: Technologiemanagement und Marketing, Technische Universität Darmstadt

Prof. Dr. Klaus Ambrosi, Institut für Betriebswirtschaftslehre, Universität Hildesheim

Prof. Dr. Dr. Ulli Arnold, Lehrstuhl Investitionsgütermarketing und Beschaffungsmanagement, Universität Stuttgart

* *Prof. Dr. Klaus Backhaus*, Betriebswirtschaftliches Institut für Anlagen und Systemtechnologien, Westfälische Wilhelms-Universität Münster

* *Prof. Dr. Dr. Ingo Balderjahn*, Lehrstuhl für Betriebswirtschaftslehre mit dem Schwerpunkt Marketing, Universität Potsdam

Prof. Dr. Axel Bänsch, Institut für Handel und Marketing, Universität Hamburg

Prof. Dr. Klaus Barth, Lehrstuhl für Allgemeine Betriebswirtschaftslehre, insbes. Absatz und Handel, Gerhard-Mercator-Universität-Gesamthochschule Duisburg

Prof. Dr. Erich Bauer, Lehrstuhl für Absatzwirtschaft, Universität Bremen

* *Prof. Dr. Hans H. Bauer*, Lehrstuhl für Allgemeine Betriebswirtschaftslehre und Marketing II, Universität Mannheim

* *Dr. Carsten Baumgarth*, Lehrstuhl für Marketing, Universität Gesamthochschule Siegen

* *Prof. Dr. Gerold Behrens*, Allgemeine Betriebswirtschaftslehre/ Marketing, Bergische Universität Gesamthochschule Wuppertal

* *PD Dr. Sigrid Bekmeier -Feuerhahn*, Lehrstuhl für Betriebswirtschaftslehre, insbes. Marketing, Universität-Gesamthochschule Paderborn

---

[1] Die mit * gekennzeichneten Personen waren Teilnehmer der Jahrestagung der Wissenschaftlichen Komission Marketing vom 20. bis 22. Januar 2000 in Bad Homburg.

Prof. Dr. Christian Belz, Forschungsinstitut für Absatz und Handel, Universität St. Gallen

* *Prof. Dr. Martin Benkenstein*, Institut für Marketing und Innovationsmanagement, Universität Rostock

* *Prof. Dr. Ralph Berndt*, Wirtschaftswissenschaftliche Fakultät, Abteilung für Betriebs-wirtschaftslehre, insbes. Marketing, Eberhard-Karls-Universität Tübingen

Prof. Dr. Peter Betge, Fachbereich Wirtschaftswissenschaft, Fachgebiet Betriebswirtschaftslehre/ Finanzierung und Banken, Universität Osnabrück

Prof. Ph.D. Friedhelm W. Bliemel, Lehrstuhl für Betriebswirtschaftslehre, insbes. Marketing, Universität Kaiserslautern

Prof. Dr. Dr. h.c. Ernst-Bernd Blümle, Seminar für Kooperation und Distribution, Universität Fribourg, Schweiz

* *Dipl.-Ök. Matthias Bode*, Institut für Betriebsforschung, Lehrstuhl Marketing I: Markt und Konsum, Universität Hannover

Prof. Dr. Heymo Böhler, Lehrstuhl für Betriebswirtschaftslehre III (Marketing), Universität Bayreuth

Prof. Dr. (em.) Rudolf Bratschitsch, Universität Innsbruck

Prof. Dr. Klaus K. L. Brockhoff, Lehrstuhl für Unternehmenspolitik, WHU Koblenz, Otto-Beisheim-Hochschule Koblenz

* *Prof. Dr. Manfred Bruhn*, Wirtschaftswissenschaftliches Zentrum, Lehrstuhl für Marketing und Unternehmensführung, Universität Basel

* *Dr. Christoph Burmann*, Institut für Marketing, Westfälische Wilhelms Universität Münster

Prof. Dr. Joachim Büschken, Lehrstuhl für Allgemeine Betriebswirtschaftslehre, Marketing und Absatzwirtschaft, Katholische Universität Eichstätt

Prof. Dr. Reinhold Decker, Lehrstuhl für Betriebswirtschaftslehre, insbes. Marketing, Universität Bielefeld

Prof. Dr. Werner Delfmann, Seminar für Allgemeine Betriebswirtschaftslehre, betriebs-wirtschaftliche Planung und Logistik, Universität zu Köln

* *Prof. Dr. Hermann Diller*, Lehrstuhl für Betriebswirtschaftslehre, insbes. Marketing, Friedrich-Alexander-Universität Erlangen-Nürnberg

* *Prof. Dr. Dr. h.c. (em.) Werner Hans Engelhardt*, Fakultät für Wirtschaftswissenschaft, Marketing, Ruhr-Universität Bochum

* *Prof. Dr. Margit Enke*, Lehrstuhl für Betriebswirtschaftslehre, insbes. Marketing und Internationaler Handel, Technische Universität Bergakademie Freiberg

Prof. Dr. Bernd Erichson, Lehrstuhl für Marketing, Otto-von-Guericke-Universität Magdeburg

* *Prof. Dr. Franz-Rudolf Esch*, Betriebswirtschaftslehre I, Marketing, Justus-Liebig-Universität Gießen

* *Dr. Axel Faix*, Seminar für Allgemeine Betriebswirtschaftslehre, Marktforschung und Marketing, Universität zu Köln

* *Prof. Dr. Claudia Fantapié Altobelli*, Institut für Marketing,
Universität der Bundeswehr Hamburg

* *Prof. Dr. Sabine Fließ*, Lehrstuhl für Dienstleistungsmanagement,
FernUniversität Gesamthochschule Hagen

* *Dr. Thomas Foscht*, Institut für Handel, Absatz und Marketing, Karl-Franzens-Universität Graz

* *Dr. Nikolaus Franke*, Institut für Innovationsforschung und Technologiemanagement,
Ludwig-Maximilians-Universität München

* *Prof. Dr. Hermann Freter*, Lehrstuhl für Marketing, Universität Gesamthochschule Siegen

* *Dr. Jörg Freiling*, Lehrstuhl für angewandte Betriebswirtschaftslehre IV: Marketing,
Ruhr-Universität Bochum

Prof. Dr. Wolfgang Fritz, Institut für Wirtschaftswissenschaften, Abteilung Betriebswirtschaftslehre, insbes. Marketing, Technische Universität Braunschweig

Dr. Dirk Funck, Institut für Marketing und Handel, Lehrstuhl Prof. Dr. Bartho Treis,
Georg-August-Universität Göttingen

Prof. Dr. Wolfgang Gaul, Institut für Entscheidungstheorie und Unternehmensforschung,
Universität (TH) Karlsruhe

* *Prof. Dr. Karen Gedenk*, Lehrstuhl für Betriebswirtschaftslehre, insbes. Marketing II,
Johann Wolfgang Goethe-Universität Frankfurt am Main

* *Prof. Dr. Hans Georg Gemünden*, Institut für Technologie und Innovationsmanagement,
Technische Universität Berlin

* *Dr. Norbert Gerth*, Fachgebiet Controlling und Organisation,
Universität Gesamthochschule Kassel

PD Dr. Hans-Jürgen Geßner, Institut für Marketing und Handel,
Georg-August-Universität Göttingen

Prof. Dr. Dr. h.c. (em.) Heribert Gierl, Lehrstuhl für Marketing, Universität Augsburg

* *Prof. Dr. Andrea Gröppel-Klein*, Lehrstuhl für allgemeine Betriebswirtschaftslehre, insbes. Internationales Marketing, Europa-Universität Viadrina Frankfurt an der Oder

Prof. Dr. Klaus G. Grunert, Departement Marketing, Aarhus Business School, Aarhus, Dänemark

Prof. Dr. Dr. h.c. (em.) Rudolf Gümbel, Seminar für Handelsbetriebslehre,
Johann Wolfgang Goethe-Universität Frankfurt am Main

* *Prof. Dr. Bernd Günter*, Lehrstuhl für Betriebswirtschaftslehre, insbes. Marketing,
Heinrich-Heine-Universität Düsseldorf

Prof. Dr. Günther Haedrich, Institut für Marketing, Freie Universität Berlin

* *Prof. Dr. Peter Hammann*, Lehrstuhl für angewandte Betriebswirtschaftslehre IV (Marketing),
Ruhr-Universität Bochum

* *Prof. Dr. Ursula Hansen*, Institut für Betriebsforschung, Lehrstuhl Marketing I: Markt und
Konsum, Universität Hannover

Prof. Dr. Karl-Werner Hansmann, Seminar für Industriebetriebslehre und Organisation,
Universität Hamburg

Prof. Dr. Udo Koppelmann, Seminar für Allgemeine Betriebswirtschaftslehre, Beschaffung und Produktpolitik, Universität zu Köln

Dr. Herbert Kotzab, Institut für Absatzwirtschaft/ Warenhandel, Wirtschaftsuniversität Wien

* *Prof. Dr. Manfred Krafft*, Otto-Beisheim-Stiftungslehrstuhl für Betriebswirtschaftslehre, insbes. Marketing, WHU Koblenz, Otto-Beisheim-Hochschule Koblenz

Prof. Dr. Dr. h.c. (em.) Jan S. Krulis-Randa, Institut für betriebswirtschaftliche Forschung, Universität Zürich

Prof. Dr. Eberhard Kuhlmann, Institut für Betriebswirtschaftslehre, Marketing II, Technische Universität Berlin

* *Prof. Dr. Richard Kühn*, Institut für Marketing und Unternehmensführung, Universität Bern

Prof. Dr. h.c. Senator h.c. (em.) Ernest Kulhavy, Johannes-Kepler Universität Linz

PD Dr. Erdogan Kumcu, Department of Marketing, Ball State University Muncie/ Indiana, USA

Prof. Dr. Helmut Kurz, Ordinariat für Werbewissenschaft und Marktforschung, Wirtschaftsuniversität Wien

* *Prof. Dr. Alfred Kuß*, Institut für Marketing, Freie Universität Berlin

Prof. Dr. Dr. Michael Kutschker, Lehrstuhl für Allgemeine Betriebswirtschaftslehre und Internationales Management, Katholische Universität Eichstätt

* *Prof. Dr. Hans-Peter Liebmann*, Institut für Handel, Absatz und Marketing, Karl-Franzens-Universität Graz

Prof. Dr. Michael Lingenfelder, Lehrstuhl Marketing und Handelsbetriebslehre, Philipps-Universität Marburg

* *Prof. Dr. Jörg Link*, Fachgebiet Controlling und Organisation, Universität Gesamthochschule Kassel

* *Prof. Dr. Helge Löbler*, Lehrstuhl für Betriebswirtschaftslehre insbes. Marketing, Universität Leipzig

* *Dr. Andreas Mann*, Fachgebiet Marketing, Universität Gesamthochschule Kassel

Prof. Dr. Hubert F. Marschner, Institut für Handel und Marketing, Leopold-Franzens-Universität Innsbruck

* *Prof. Dr. Roland Mattmüller*, Lehrstuhl für Marketing und Handel, European Business School Oestrich-Winkel

* *Prof. Dr. Wolfgang Mayerhofer*, Interdisziplinäre Abteilung für verhaltenswissenschaftlich orientiertes Management, Wirtschaftsuniversität Wien

Prof. Dr. Josef Mazanec, Institut für Tourismus und Freizeitwirtschaft, Wirtschaftsuniversität Wien

* *Prof. Dr. Dr. h.c. mult. Heribert Meffert*, Institut für Marketing, Westfälische Wilhelms-Universität Münster

Prof. Dr. Dr. Wolfgang Meinig, Lehrstuhl für Betriebswirtschaftslehre, insbes. Automobilwirtschaft, Otto-Friedrich-Universität Bamberg

* *cand. rer. pol. Eva Mergelkamp*, Institut für Anlagen und Systemtechnologien,
Westfälische Wilhelms-Universität Münster

Prof. Dr. Jörn-Axel Meyer, Internationales Institut für Management, Stiftungslehrstuhl KMU,
Universität Bildungswissenschaftliche Hochschule Flensburg

* *Prof. Dr. Dr. Anton Meyer*, Institut für Marketing, Ludwig-Maximilians-Universität München

* *Prof. Dr. Margit Meyer*, Lehrstuhl für Betriebswirtschaftslehre und Marketing,
Justus-Maximilians-Universität Würzburg

Prof. Dr. (em.) Paul Werner Meyer

* *Prof. Dr. Dirk Möhlenbruch*, Lehrstuhl für Betriebswirtschaftslehre -Marketing und Handel,
Martin-Luther-Universität Halle-Wittenberg

* *Prof. Dr. Hans Mühlbacher*, Institut für Handel und Marketing,
Leopold-Franzens-Universität Innsbruck

* *Dipl.-Kffr. Katrin Mühlfeld*, Institut für Anlagen und Systemtechnologien,
Westfälische Wilhelms-Universität Münster

Prof. Dr. Stefan Müller, Lehrstuhl für Betriebswirtschaftslehre, insbes. Marketing,
Technische Universität Dresden

* *Prof. Dr. Lothar Müller-Hagedorn*, Seminar für Allgemeine Betriebswirtschaftslehre, Handel und
Distribution, Universität zu Köln

* *Dr. Jutta Mueschen*, Lehrstuhl für Betriebswirtschaftslehre und Marketing,
Bayrische Justus-Maximilians-Universität Würzburg

Prof. Dr. Philippe Naert, (U.F.S.I.A.), Universität Antwerpen

* *Prof. Dr. Bruno Neibecker*, Institut für Entscheidungstheorie und Unternehmensforschung,
Universität (TH) Karlsruhe

* *Prof. Dr. Dietrich von der Oelsnitz*, Lehrstuhl für Unternehmensführung/ Personalwirtschaft,
Technische Universität Ilmenau

Prof. Dr. Rainer Olbrich, Lehrstuhl für Betriebswirtschaftslehre insbes. Marketing,
FernUniversität Gesamthochschule Hagen

* *Dr. Torsten Olderog*, Lehrstuhl für Unternehmensführung, Deutsche Bank Institut,
Universität Witten/ Herdecke

Prof. Dr. Otto Opitz, Lehrstuhl für Mathematische Methoden der Wirtschaftswissenschaften,
Universität Augsburg

Prof. Dr. Martial Pasquier, Institut für Marketing und Unternehmensführung, Universität Bern

Prof. Dr. Hans Pechtl, Lehrstuhl für Marketing, Ernst-Moritz-Arndt-Universität Greifswald

* *Dr. Kerstin Pezoldt*, Fachgebiet Betriebswirtschaftslehre, insbes. Marketing,
Technische Universität Ilmenau

* *Prof. Dr. Wulff Plinke*, Institut für Industrielles Marketing-Management,
Humboldt-Universität zu Berlin

* *Prof. Dr. Nicolae Pop*, Fakultät für Wirtschaftsstudien in Fremdsprachen,
Academia de studie economice Bucuresti

* *Prof. Dr. Thorsten Posselt*, Lehrstuhl für Betriebswirtschaftslehre, insbes. Dienstleistungs-management, Universität Leipzig

Prof. Dr. Robert Purtschert, Verbandsmanagementinstitut, Universität Fribourg, Schweiz

Prof. Dr. (em.) Hans Raffée, Universität Mannheim

* *Dr. Martin Reckenfelderbäumer*, Lehrstuhl für angewandte Betriebswirtschaftslehre IV: Marketing, Ruhr-Universität Bochum

Prof. Dr. Jürgen Reichel, Department of Business Administration, Universitet Stockholm

* *Prof. Dr. Mario Rese*, Lehrstuhl für Betriebswirtschaftslehre, insbes. Marketing, Universität-Gesamthochschule Paderborn

Prof. Dr. Hermann Sabel, Institut für Gesellschafts-und Wirtschaftswissenschaften, Betriebswirt-schaftliche Abteilung III, Marketing, Rheinische Friedrich-Wilhelms-Universität Bonn

* *Prof. Dr. Matthias Sander*, Lehrstuhl für Allgemeine Betriebswirtschaftslehre, Marketing, Universität Konstanz

* *Prof. Dr. Henrik Sattler*, Lehrstuhl für Allgemeine Betriebswirtschaftslehre, insbes. Marketing und Handel, Friedrich-Schiller-Universität Jena

* *Prof. Dr. Christian Schade*, Institut für Entrepreneurship/ Innovationsmanagement, SAP-Stiftungslehrstuhl, Humboldt-Universität zu Berlin

Prof. Dr. Fritz Scheuch, Institut für Marketing/ Absatzlehre, Wirtschaftsuniversität Wien

Prof. Ph.D. Bodo Schlegelmilch, Lehrstuhl für Internationales Marketing und Management, Wirtschaftsuniversität Wien

Prof. Dr. Dr. Dr. h.c. Helmut Schmalen, Lehrstuhl für Betriebswirtschaftslehre mit Schwerpunkt Absatzwirtschaft und Handel, Universität Passau

* *Dr. Gertrud Schmitz*, Lehrstuhl für Unternehmenspolitik und Marketing, Rheinisch Westfälische Technische Hochschule Aachen

* *Prof. Dr. Peter Schnedlitz*, Abteilung für Handel und Marketing, Wirtschaftsuniversität Wien

Prof. Dr. Dieter J. G. Schneider, Abteilung für Marketing und Internationales Management, Universität Klagenfurt

* *Dr. Detlef Schoder*, Institut für Informatik und Gesellschaft/ Telematik, Albert-Ludwigs-Universität Freiburg (Breisgau)

Prof. Dr. (pens.) Dieter Schönknecht, Institut für Wirtschaftswissenschaften, Brandenburgische Technische Universität Cottbus

* *Prof. Dr. Hendrik Schröder*, Marketing und Handel, Universität Gesamthochschule Essen

Dr. Arnold Schuh, Institut für Absatzwirtschaft, Wirtschaftsuniversität Wien

Prof. Dr. Manfred Schwaiger, Seminar für Empirische Forschung und Quantitative Unterneh-mensplanung, Ludwig-Maximilians-Universität München

Prof. Dr. Günter Schweiger, Institut für Absatzwirtschaft, Wirtschaftsuniversität Wien

Prof. Dr. Günter Silberer, Institut für Marketing und Handel, Georg-August-Universität Göttingen

Prof. Dr. Heike Simmet-Blomberg, Betriebswirtschaftslehre, insbes. Marketing, Hochschule Bremerhaven

Prof. Dr. Hermann Simon, Simon, Kucher & Partners, Strategy und Marketing Consultants GmbH, Bonn

* *Prof. Dr. Bernd Skiera*, Lehrstuhl für Betriebswirtschaftslehre, insbes. Electronic Commerce, Johann Wolfgang Goethe-Universität Frankfurt am Main

* *Prof. Dr. Maria Slawinska*, Akademia Ekonomiczna, Adam Mickiewicz University Of Poznan

* *PD Dr. Albrecht Söllner*, Institut für Ökonomische Bildung, Lehrstuhl für Betriebswirtschaftslehre, Westfälische Wilhelms-Universität Münster

* *Prof. Dr. Dr. Günter Specht*, Institut für Betriebswirtschaftslehre: Technologiemanagement und Marketing, Technische Universität Darmstadt

* *Prof. Dr. Dirk Standop*, Fachbereich Wirtschaftswissenschaft, Fachgebiet Absatz/ Marketing, Universität Osnabrück

Prof. Dr. Dr. Bernd Stauss, Lehrstuhl für Allgemeine Betriebswirtschaftslehre und Dienstleistungsmanagement, Katholische Universität Eichstätt

* *Prof. Dr. Hartwig Steffenhagen*, Lehrstuhl für Unternehmenspolitik und Marketing, Rheinisch Westfälische Technische Hochschule Aachen

* *Dr. Bernhard Swoboda*, Institut für Handel und Internationales Marketing, Universität des Saarlandes, Saarbrücken

Dr. Thorsten Teichert, Zentrum für Marktorientierte Unternehmensführung, WHU Koblenz, Otto-Beisheim-Hochschule Koblenz

Prof. Dr. Torsten Tomczak, Forschungsinstitut für Absatz und Handel, Universität St. Gallen

Prof. Dr. Armin Töpfer, Lehrstuhl für Betriebswirtschaftslehre, insbes. Marktorientierte Unternehmensführung, Technische Universität Dresden

* *Dr. Waldemar Toporowski*, Seminar für Allgemeine Betriebswirtschaftslehre, Handel und Distribution, Universität zu Köln

Prof. Dr. Edgar Topritzhofer, Institut für Unternehmensführung, Abteilung für Quantitative Betriebswirtschaftslehre und Operations Research, Wirtschaftsuniversität Wien

Prof. Dr. Bartho Treis, Institut für Marketing und Handel, Georg-August-Universität Göttingen

* *Prof. Dr. Volker Trommsdorff*, Institut für Betriebswirtschaftslehre, Lehrstuhl Marketing I, Technische Universität Berlin

* *Prof. Dr. Dieter K. Tscheulin*, Abteilung IV: Gesundheitswesen, Albert-Ludwigs-Universität Freiburg (Breisgau)

* *PD Dr. Markus Voeth*, Institut für Anlagen und Systemtechnologien, Westfälische Wilhelms-Universität Münster

Prof. Dr. Gerd Rainer Wagner, Lehrstuhl für Betriebswirtschaftslehre, insbes. Produktionswirtschaft und Umweltökonomie, Heinrich-Heine-Universität Düsseldorf

Prof. Dr. Udo Wagner, Institut für Betriebswirtschaftslehre, Lehrstuhl für Marketing, Universität Wien

Prof. Dr. Björn Walliser, Institut d'Etudes Commerciales Superieures (IECS), Université Robert Schumann Strasbourg, Institut d´ Administration des Entreprises, Université Nancy II Nancy

Dr. Thomas Walter, Lehrstuhl für Allgemeine Betriebswirtschaftslehre, spezielle Betriebswirtschaftslehre der Banken, Philipps-Universität Marburg

Prof. Dr. Hans Peter Wehrli, Institut für betriebswirtschaftliche Forschung, Lehrstuhl Marketing, Universität Zürich

Prof. Dr. Rolf Weiber, Lehrstuhl für Marketing, Universität Trier

Prof. Dr. Peter Weinberg, Institut für Konsum-und Verhaltensforschung, Universität des Saarlandes, Saarbrücken

Prof. Dr. (em.) Heinz W. Weinhold, Forschungsinstitut für Absatz und Handel, Universität St. Gallen

Prof. Dr. Ursula Weisenfeld-Schenk, Institut für Betriebswirtschaftslehre, Abteilung Marketing und Technologiemanagement, Universität Lüneburg

* *Prof. Dr. Christoph Weiser*, Lehrstuhl für Betriebswirtschaftslehre, Internes Rechnungswesen und Controlling, Martin-Luther-Universität Halle-Wittenberg

Prof. Dr. (em.) Bo Wickström, Handelshögskolan, Uppsala Universitet Göteborg

Prof. Dr. Klaus-Peter Wiedmann, Lehrstuhl für Allgemeine Betriebswirtschaftslehre und Marketing II, Universität Hannover

Prof. Dr. Dr. Klaus-Dieter Wilde, Lehrstuhl für Allgemeine Betriebswirtschaftslehre und Wirtschaftsinformatik, Katholische Universität Eichstätt

* *Prof. Dr. Dr. Frank Wimmer*, Lehrstuhl für Betriebswirtschaftslehre, insbes. Absatzwirtschaft, Otto-Friedrich-Universität Bamberg

* *Prof. Dr. Bernd W. Wirtz*, Lehrstuhl für Unternehmensführung, Deutsche Bank Institut, Universität Witten/ Herdecke

Dr. Urban Kilian Wißmeier, Institut für Produktionswirtschaft und Marketing, Universität der Bundeswehr München

Titularprof. Dr. André C. Wohlgemuth, ARCOM Unternehmensberatung, Universität Zürich

Prof. Dr. Herbert Woratschek, Lehrstuhl für Betriebswirtschaftslehre VIII - Dienstleistungsmanagement, Universität Bayreuth

Prof. Dr. Gerhard A. Wührer, Institut für Handel, Absatz und Marketing, Johannes-Kepler Universität Linz

*   *Prof. Dr. Cornelia Zanger*, Lehrstuhl Marketing und Handelsbetriebslehre, Techinsche Universität Chemnitz-Zwickau

*   *Prof. Dr. Joachim Zentes*, Institut für Handel und Internationales Marketing, Universität des Saarlandes, Saarbrücken

A   Theorieverankerung des Marketing

I. Theoriegeleitetes versus praxisorientiertes Marketing

Theorie und Praxis im Marketing

Lothar Müller-Hagedorn

1. *Zwei Diskussionsfelder für den Theorie- und Praxisbezug:*
   Forschung und Lehre   23

2. *Gibt es praxisferne und praxisnahe Theorien?*   27

    2.1 Wissenschaftliche Begriffsbildung   28

    2.2 Beschreibungen der wirtschaftlichen Realität   29

    2.3 Erklärung und Prognose einerseits und
       Wirtschaftstechnologie andererseits   30

       2.3.1 Formen der Erklärung   30

       2.3.2 Wirtschaftstechnologisches Denken im Marketing   32

3. *Eine ökonomische oder eine ganzheitliche Marketingtheorie?*   35

4. *Zusammenfassung*   37

Literatur   39

Es erscheint nicht sinnvoll, eine Diskussion um „Theorie und Praxis im Marketing" mit der Frage einzuleiten, ob Forschung und Lehre an den Universitäten die Gegebenheiten der Praxis beachten sollen? Das erscheint bei einem Fach, an dessen akademischer Begründung in vielen Fällen die Kaufmannschaft beteiligt war, selbstverständlich.[1] Die Betriebswirtschaftslehre versteht sich ja als ein Fach, das wirtschaftliches Geschehen in der realen Welt zum Gegenstand seiner Betrachtung macht (vgl. *Witte* 1998). Lautet eine sinnvolle Frage deshalb,

> *ob und in welcher Form die Auseinandersetzung mit wirtschaftlichen Problemen*
> *an den Hochschulen theoretisch basiert sein soll?*

Theoretiker antworten im Hinblick auf den ersten Aspekt dieser Frage, oft unter Berufung auf die Aussage des Physikers *Kirchhoff*, nichts sei so praktisch wie eine gute Theorie, mit einem eindeutigen Ja. Skeptiker werden fragen, ob Marketing nicht ganz, zumindest doch überwiegend eine Kunst, vielleicht eine Angelegenheit der Kreativität, vielleicht auch eine Angelegenheit des gesunden Menschenverstandes sei. Die Skeptiker verweisen darauf, dass erfolgreiche Unternehmen oft von Juristen oder Naturwissenschaftlern geleitet würden. Insbesondere *Dichtl* (z.B. 1989) hat sich mehrmals darüber erregt, dass selbst einige global agierende Unternehmungen für Marketing und Vertrieb Akademiker beliebiger Fachrichtungen einstellen. Will man bei der Erörterung von „Theorie und Praxis im Marketing" nicht nur bei dem Austausch von Einschätzungen oder Glaubensbekenntnissen stehen bleiben, ist zunächst zu klären, was unter einer Theorie zu verstehen ist und welche Form der Theoriebildung Vorteile aufweist. Denn die Gefahr ist groß, dass entweder jede Ausarbeitung als Beitrag zur Theorie bezeichnet wird oder dass mit Theorie nur die Vorstellung von einem abstrakten und realitätsfernen Gebilde verbunden wird. Insofern soll die für die folgenden Darlegungen zentrale Frage lauten:

> *Welche Formen der Theoriebildung gibt es, und welchen Beitrag können einzel-*
> *ne Formen der Theorie für die Praxis des Marketing leisten?*

Dazu gehört auch die Frage, in welchem Verhältnis Praxis- und Theorieorientierung zueinander stehen sollen (vgl. *Dichtl* 1998). Geht mit jeder Praxisorientierung auch automatisch eine Theorieorientierung einher? Kann jeder theoretische Beitrag auch als Unterstützung der Praxis deklariert werden? Muss sich Theorie geradezu von den Gegebenheiten der Praxis lösen, so dass ein unauflösbares Dilemma in Erscheinung tritt?

---

[1] So ist vielen nicht bekannt, welche Bedeutung der Zusatz „zu" hat, wenn es beispielsweise Universität zu Köln heißt. Manche vermuten hierunter einen selbstverliehenen Adelstitel, wogegen es sich in Wirklichkeit um einen Hinweis auf die bürgerliche Tradition der Institution handelt, denn das „zu" ist aus einer Verballhornung der Abkürzung civ. von civitatis, also der Bürgerschaft, hervorgegangen. So firmierte die Universität zu Köln ursprünglich als universitas civ. col.

1. Zwei Diskussionsfelder für den Theorie- und Praxisbezug: Forschung und Lehre

Das Verhältnis von Praxis- und Theorieorientierung kann auf zwei Feldern diskutiert werden, der universitären Lehre und der universitären Forschung. In diesem Abschnitt soll auf die Frage eingegangen werden, inwieweit die akademische Lehre durch Praxis und Theorie geprägt werden sollte. Nicht selten ist zu hören, dass die Ausbildung an den Universitäten noch praxisgerechter werden sollte. Diese Kritik bezieht sich nicht nur auf die gelehrten Fachinhalte, von denen erst in Abschnitt 2 zu sprechen sein wird; abseits der Fachinhalte können in ein Studium zahlreiche Elemente eingefügt werden, die ergänzend der Tätigkeit der Absolventen in der Praxis zugute kommen sollen. *Abb. 1* gibt Hinweise auf mögliche Studienbestandteile dieser Art.

a)	Sprachkenntnisse, insbes. Verhandlungssicherheit in einer oder mehreren Fremdsprachen
b)	Gesprächsführung, Fähigkeit zum Moderieren, Teamfähigkeit
c)	Fähigkeit zur Führung von Menschen
d)	Vertrautheit mit fremden Kulturen – Länderkunde
e)	Technologische Grundkenntnisse (Maschinenbau, Physik, Chemie, Pharmazie)
f)	Kenntnis von rechtlichen Regelungen
g)	Vertrautheit im Umgang mit der EDV
h)	Erfahrung in der Bearbeitung von Fallstudien
i)	Fakten aus der Wirtschaft – Wirtschaftskunde

Abb. 1: Elemente eines Studiums zur Unterstützung der Praxistauglichkeit

Zu ausgewählten Sachverhalten aus *Abb. 1* sei zusätzlich einiges angemerkt:

- Einige Hochschulen unternehmen große Anstrengungen, ihre Studenten Teile des Studiums im Ausland verbringen zu lassen. Das dient nicht in allen Fällen dazu, die theoretische Ausbildung zu verbessern, meist steht vielmehr der Wunsch im Vordergrund, einen Nachweis zu liefern, dass das Leben im Ausland erfolgreich gemeistert wurde. Es gibt Hinweise, dass in zahlreichen Fällen die Auseinandersetzung mit theoretischen Elementen bei einem Auslandsaufenthalt in den Hintergrund tritt.

- Einige Hochschulen bieten ihren Studenten an, Präsentationstechniken und Techniken zur Gesprächsführung gegen Entgelt durch externe Trainer erlernen zu können. Wahrscheinlich ist das eine für das Auftreten in der Praxis nützliche Übung, mit theoretischer Diskussion hat das im Regelfall nichts zu tun.

Leider kann man nicht davon ausgehen, dass die in *Abb. 1* genannten Elemente generell als kostenlose Draufgabe in ein wissenschaftliches Studium zu integrieren sind. Dies mag in manchen Fällen möglich sein, in anderen werden sich Konflikte ergeben. Geht man nämlich von einer Studiendauer von 8 bis 10 Semestern aus, so stehen praxisgerechte Ausbildung, verkörpert durch die Elemente in *Abb. 1*, und theoriegeleitetes Studium umso mehr in einem Konflikt zueinander, je zahlreicher die in *Abb. 1* erwähnten Elemente im Studienplan einer Hochschule oder im Lebenslauf eines Absolventen enthalten sind, wenn sie um die Studienzeit konkurrieren. Bei Einstellungsgesprächen mit Universitätsabsolventen kann sehr leicht überprüft werden, welche der in *Abb. 1* genannten Elemente in das Studium integriert waren. „Haben Sie im Ausland studiert, können Sie Sprachzertifikate vorlegen, wie viele Praktika haben sie absolviert usw.?" Fast alle Elemente lassen sich leicht nachweisen, sie sind relativ leicht zu dokumentieren, was für die Wissenschaftlichkeit des Studiums weniger gilt. Das Phänomen ist aus der Produktpolitik bekannt, wo von Sucheigenschaften, Erfahrungseigenschaften und Vertrauenseigenschaften gesprochen wird. Die Gefahr ist groß, dass nur die leicht messbaren Sachverhalte in die Beurteilung eingehen. Natürlich können auch Hochschulen, die viele der in *Abb. 1* genannten Elemente in ihre Studiengestaltung einbeziehen, die verbleibende Studienzeit einem theoretisch ausgerichteten Studium zuleiten, aber bei begrenztem Zeitbudget steht eine Ausbildung, die mit den in *Abb. 1* erwähnten Elementen auf die Praxis vorbereiten will, vor allem aus zeitlichen Gründen in Konflikt mit einer rein wissenschaftlich orientierten Ausbildung. Insofern ist zu entscheiden, ob die universitäre Ausbildung nur an dem Ziel der Teilhabe an der wissenschaftlichen Entwicklung eines Faches ausgerichtet werden soll oder inwieweit im Hinblick auf die spätere Tätigkeit in der Praxis auch weitere Elemente in das Hochschulstudium integriert werden sollten. Früher war eine klare Aufgabenteilung vorgegeben: Die Fachhochschulen sollten den Praxisbezug betonen, die Universitäten die Wissenschaftlichkeit. Diese Aufgabenteilung wird heute in Frage gestellt.

Die Entscheidung über die rein wissenschaftlich ausgerichtete Ausbildung oder eine solche, die auch theoriefremde oder anders ausgedrückt auch theorieergänzende Elemente enthält, liegt nur zum Teil bei der Universität oder den für das Fach verantwortlichen Professoren; mehr und mehr spielen auch die Erwartungen der Studenten eine Rolle, insbesondere dann, wenn sie für ihre Ausbildung Geld bezahlen müssen, aber auch, wenn, wie in unserem System, einige Hochschulen starken Zustrom haben, andere dagegen nur einen schwachen, in der Sprache der ZVS, wenn auf einen Studienplatz etwa 4 Bewerber kommen oder eben nur 0,8. Aber auch die Evaluation der Professoren durch die Studenten wird nicht ohne Folgen bleiben. Welche Hochschule die Studenten bevorzugen werden, die mehr wissenschaftlich ausgerichtete oder die mit den berufspraktischen Zusatzqualifikationen, wird sich generell nicht sagen lassen, zumal auch hier gelten wird, dass die Erwartungen sich unterscheiden werden. Wenn wir in den USA beobachten, dass an vielen Hochschulen die wissenschaftlichen Standards nicht überwältigend sind, so ist hierin auch ein Reflex auf die Anforderung des Marktes zu sehen. Ein Beispiel, welche Erwartungen Studenten an ihre universitäre Ausbildung hegen können, zeigt *Abb. 2*. Sie zeigt die Erwartungen Kölner Studenten, die sich im Grundstudium befinden, an eine Vorlesung. Deutlich ist zu erkennen, dass es unterschiedliche Gruppen gibt:

- Eine nicht unbeträchtliche Gruppe erwartet sowohl eine ausgeprägte theoretische Fundierung als auch berufspraktische Aktualität, aber es handelt sich hierbei nicht um die Mehrheit.

- Stärker ist die Gruppe jener Studenten, die an die berufspraktische Aktualität hohe Anforderungen stellen, sich aber mit einer gebremsten theoretischen Fundierung zufrieden geben.

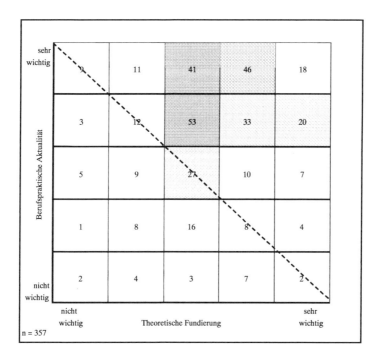

Abb. 2: Erwartungen von Kölner Studenten an berufspraktische Aktualität und theoretische Fundierung eines Studiums (Ergebnisse einer Befragung von Kölner Studenten im Grundstudium im Sommersemester 1999)

Die Fragestellungen lauteten:

*   Wie wichtig ist Ihnen die theoretische Fundierung der Aussagen in der Lehrveranstaltung?

*   Wie wichtig ist Ihnen die Auswahl der behandelten Inhalte in der Lehrveranstaltung im Hinblick auf ihre berufspraktische Aktualität?

Aufschlussreich ist auch die Frage an die Praxis, in welchem zeitlichen Umfang die Fähigkeit zu wissenschaftlichem Arbeiten in der universitären Ausbildung geschult werden sollte. Genügen zwei Semesterwochenstunden im Fach Marketing (also 30 Unterrichtsstunden), sollten es acht oder 14 Semesterwochenstunden sein? Diese Frage ist auch im Hinblick auf die Akzeptanz von Kurzstudiengängen relevant. Verstärkt wird ja empfohlen, auch in Deutschland dreijährige Studiengänge einzurichten, ähnlich dem Bachelor. Gegen sie wird eingewendet, dass die Absolventen Schwierigkeiten hätten, in der Praxis akzeptiert zu werden. Ein Indikator hierfür sei die geringe Akzeptanz von Kurzstudiengängen an den Gesamthochschulen. Genaue Informationen über die Erwartungen der Praxis lassen sich jedoch nur empirisch gewinnen. Auch wird man sich davor hüten müssen, die in den Studienordnungen der einzelnen Hochschulen festgeschriebene Zahl der Semesterwochenstunden, die für das Fach Marketing vorgesehen sind, mit der Zahl der tatsächlich studierten Veranstaltungen gleichzusetzen.

Man kann die Augen nicht davor verschließen, dass sich auch unter dem Druck der großen Studentenzahlen und der prüfungsrechtlichen Bestimmungen eine Lehre etabliert, die sich nicht nur an aktuellen Forschungsfragen orientiert, sondern die gängige Lehrbuchinhalte in den Mittelpunkt stellt.

Die Universitäten müssen auch im Fach Marketing ihre Ausbildungskonzepte gestalten, wobei neben den noch anzusprechenden Inhalten die oben angesprochenen Dimensionen von besonderer Wichtigkeit erscheinen, und zwar:

a) bezüglich des zeitlichen Umfangs: Genügen beispielsweise zwei Kurse im Fach Marketing oder müssen es mindestens sieben sein?

b) bezüglich der Elemente eines Studiums: Sollen ausschließlich wissenschaftliche Inhalte vermittelt werden oder sollen auch Zeitanteile für die Vermittlung wissenschaftsferner Bereiche vorgesehen werden?

So wie man nicht generell entscheiden kann, ob ein Auto 50, 100 oder 150 PS haben sollte, ebenso wenig wird man einen generell gültigen Wert für ein Hochschulstudium angeben können. Wie angedeutet worden ist, müssen die Hochschulen bei der Entwicklung ihrer Konzepte auch die Erwartungen der beruflichen Praxis, der Studierenden und der Politiker einbeziehen, wobei zunehmend von Steuerungsmechanismen Gebrauch gemacht wird. Ob diese Mechanismen dazu dienen, das durchweg hohe Niveau der Wissenschaftlichkeit der Ausbildung an deutschen Universitäten zu stärken, kann bezweifelt werden. Eine wissenschaftsorientierte Ausbildung hat mit zwei Schwierigkeiten zu kämpfen: Nicht alle „Kunden" scheinen sie zu wünschen, und die große Zahl an Studierenden, insbesondere auch im Fach Marketing, erschwert einen wissenschaftlichen Diskurs.

Noch schwieriger als im Bereich der Ausbildung ist das Verhältnis von Praxis- und Theorieorientierung im Bereich der an den Hochschulen angesiedelten Forschung zu beurteilen. Dem sind die folgenden Abschnitte gewidmet.

2. Gibt es praxisferne und praxisnahe Theorien?

Eine Diskussion der Frage, ob Theorie- und Praxisorientierung in Harmonie oder im Konflikt zueinander stehen, lässt sich nicht führen, ohne dass nicht der Begriff der Theorieorientierung geklärt werden müsste. Forschung i.S. einer Auseinandersetzung mit und die Fortentwicklung von Theorien ist für die Universitäten im deutschsprachigen Raum konstitutiv. Sichtbares Ergebnis ist ein ausgedehntes und differenziertes Programm an Monografien zum Marketing und zahlreiche Beiträge in Fachzeitschriften. Schätzungsweise haben die rund 100 Professoren an den Universitäten im deutschsprachigen Bereich in den letzten zehn Jahren etwa 300 Bücher zum Marketing verfasst oder herausgegeben und 5000 Beiträge in Zeitschriften veröffentlicht. Die wissenschaftlichen Aktivitäten werden insbesondere in den Beiträgen der ZfbF, der ZfB, der DBW und des auf Fragen des Marketing spezialisierten Organs Marketing ZFP gespiegelt. Einen Überblick über die Beiträge vermittelt *Sabel* (1998). Obwohl fast alles, was von Professoren und wissenschaftlichen Mitarbeitern publiziert wird, als Forschung bezeichnet wird, verbirgt sich dahinter in methodischer Hinsicht eine außerordentliche Vielfalt. Folgt man gängigen wissenschaftstheoretischen Einteilungen, so lassen sich folgende Aussageformen unterscheiden (vgl. z.B. *Chmielewicz* 1970):

- wissenschaftliche Begriffsbildung,

- Beschreibung (der wirtschaftlichen Realität),

- Erklärung und Prognose,

- die Ableitung von Gestaltungsempfehlungen.

2.1 Wissenschaftliche Begriffsbildung

Zwar findet man heute kaum noch Wissenschaftler, die Begriffsbildung mit einem essentiellen Wissenschaftsziel verbinden, aber die Diskussion von Begriffen ist weiterhin zu Recht Bestandteil einer theoretischen Diskussion. Dies hat seinen Grund darin, dass fortlaufend neue Phänomene auftauchen und der begrifflichen Präzisierung bedürfen. So setzt z.B. jede Prognose der Bedeutung von E-Commerce voraus, dass E-Commerce definiert wird. Ähnliches gilt für Kundenbindung, Kundentreue, Multimedia, Nachfragemacht, Effizienz, Einstellung, Image, ja sogar für Umsatz. Zuordnungen von Definiens und Definiendum erscheinen als bedeutsamer Schritt jedes wissenschaftlichen Arbeitens.

Besondere Anerkennung wird demjenigen, der klare Begriffswelten entwickelt, nicht entgegengebracht. Das kommt wohl daher, dass nach nominalistischer Auffassung den Begriffen kein Eigenwert zukommt, sondern dass sie nach den Kriterien der theoretischen Leistungsfähigkeit, Exaktheit und Einfachheit beurteilt werden. Aber wie groß sind die Folgen einer Verwendung nicht hinreichend klarer Begriffswelten? Auf exakte Begriffe wird vor allem dann Wert gelegt, wenn aus der unterschiedlichen Auslegung von Begriffen Rechtsstreitigkeiten folgen können. Für die Praxis des Marketing ist das im Regelfall von nachrangiger Bedeutung. Aber wie viele Missverständnisse und langanhaltende Diskussionen daraus entstehen können, dass Personen einzelnen Begriffen unterschiedliche Inhalte zuordnen und sich schwer tun, dies zu erkennen und aus dem Weg zu räumen, ist kaum zu beurteilen. Man denke beispielsweise an den Begriff Category Management. Vermutlich sind diese Reibungsverluste nicht unerheblich. Da in der Praxis des Marketing viele Sachverhalte zwischen einzelnen Personen abgestimmt werden müssen, ist m.E. die Fähigkeit, Sachverhalte unterscheiden zu können und dies mit geeigneten Begriffen verdeutlichen zu können, eine auch für die Praxis bedeutsame Aufgabenstellung. Umso praxisgerechter erscheinen insoweit jene Hochschulen, die ihre Studenten anhalten, geeignete und klare Begriffe zu entwickeln und zu verwenden. Umso schlechter erscheinen jene Hochschulen, die Absolventen entlassen, die die sprachlichen Unklarheiten in der Praxis noch mehren. Vielleicht hat der in Deutschland vorherrschende Drang, das Wesen eines Sachverhaltes über die Begriffe zu erschließen, Begriffspyramiden zu entwickeln, aber diese Begriffe dann nicht in sich anschließenden theoretischen Erörterungen zu nutzen, an manchen Stellen der Wissenschaft den Ruf einer nicht enden wollenden, aber letztendlich doch unnützen Begriffshuberei eingebracht. Das mag so sein, sollte aber heute nicht den Blick auf den Umstand verstellen, dass ein sorgfältiger Umgang mit Begriffen für Forschung, Lehre und Praxis von Bedeutung ist.

2.2 Beschreibungen der wirtschaftlichen Realität

Die Beschreibung sei hier als eigenständiger Aufgabenbereich wissenschaftlichen Arbeitens hervorgehoben. Beschreibungen können sich im Marketing auf zahlreiche Sachverhalte beziehen, z.B. die Konzentration in einzelnen Wirtschaftsbereichen, Distributionsstrukturen, Kennzeichen einzelner Werbeträger, neue Vertriebsmöglichkeiten, wie z.B. Factory Outlet Center oder Formen des Home Shopping, Formen der Zusammenarbeit zwischen Industrie und Handel oder zwischen einzelnen Stufen des Handels usw. Beschreibungen können unterschiedlich anspruchsvoll sein; dies bezieht sich sowohl auf die Art und Weise, wie die zur Beschreibung benötigten Daten beschafft werden, als auch auf die Auswertung und Darstellung der Daten. Bei letzterem wird inzwischen ein ganzes Arsenal an Methoden eingesetzt, insbesondere die multivariaten Methoden. So werden beispielsweise Märkte mit Hilfe der Clusteranalyse in übersichtlichen Marktsegmenten dargestellt, es werden regressionsanalytisch Zeitreihen entwickelt, wie beispielsweise zur Ausbreitung des Convenience-Phänomens usw. Beschreibungen erfordern in nicht unbeträchtlichem Maße Methodenkompetenz. Auch wirtschaftshistorisches Wissen gehört mit jenem Teil in die Rubrik Beschreibung, der sich auf die Kenntnis historischer Daten bezieht, z.B. wann einzelne Betriebsformen des Handels aufgekommen sind oder ob die Veröffentlichung des absatzpolitischen Instrumentariums durch *Gutenberg* im Jahr 1955 als Geburtsstunde eines akademischen Marketings gesehen werden sollte oder die erstmalige Benennung von 4P's in *McCarthys* Basic Marketing im Jahr 1960.

Die Praxis hat im Regelfall ein großes Interesse an Zahlen. Diplomarbeiten, in denen Marktanteile ermittelt werden, die Bedeutung einzelner Vertriebswege aufgehellt wird, über die Relevanz von Handelsmarken in einzelnen Produktbereichen informiert wird, Konkurrenzstrategien beschrieben werden, über die Zufriedenheit einzelner Kundenkreise berichtet wird, stoßen im Regelfall auf Interesse. Das sind Arbeiten, mit denen die Praxis unmittelbar etwas anfangen kann. Auch wird es auf Anerkennung stoßen, wenn Absolventen zu verstehen geben, dass sie selbstverständlich wissen, um was es sich bei City Light Poster oder Avataren handelt und welche Anbieter in letzter Zeit ihre Internationalisierungsstrategie fortgesetzt haben.

In der Wissenschaft werden Beschreibungen ambivalent beurteilt. Einerseits kann es keinen am tatsächlichen Wirtschaftsleben interessierten Wissenschaftler geben, der sich nicht für wirtschaftliche Gegebenheiten aus Gegenwart und Vergangenheit interessiert. Wer weiß, wie sich die Marktanteile der Discounter in den letzten 15 Jahren entwickelt haben oder wer eine Vorstellung hat, wie teuer einzelne Werbemaßnahmen sind, entwickelt ein anderes Problemverständnis. Andererseits ist klar, dass ein Wissenschaftler kein Branchenfachmann sein kann; dazu ist die Wirtschaft zu differenziert und häufig auch zu stark im Fluss. Die Fähigkeit zur Beschreibung bedeutet Praxisnähe, verschafft aber im Regelfall noch keine wissenschaftliche Reputation, es sei denn der Betreffende erwiese sich als intimer Kenner eines ansonsten dunklen Marktes, z.B. bestimmter chinesischer Provinzen.

2.3 Erklärung und Prognose einerseits und Wirtschaftstechnologie andererseits

In der Wissenschaftstheorie wird einerseits von theoretischen Wissenschaftszielen gesprochen, wobei auf Erklärung und Prognose Bezug genommen wird, andererseits vom pragmatischen Wissenschaftsziel, was auch mit dem Begriff Wirtschaftstechnologie umschrieben wird. Wie sich zeigen wird, kann nicht einfach behauptet werden, dass mit jeder theoretischen Arbeit automatisch auch ein Beitrag zu einer anwendungsbezogenen Entscheidungstheorie geleistet werde. Vielmehr ist zu entscheiden: mehr Technologieorientierung durch Orientierung an praktischen Fragestellungen oder mehr Theoriebildung.

2.3.1 Formen der Erklärung

Erklärungen werden häufig als zentrales Anliegen wissenschaftlichen Arbeitens angesehen. Von einer Erklärung sei - *Hempel/ Oppenheim* folgend - gesprochen, wenn ein Explanandum aus Randbedingungen und Gesetzesaussagen oder generellen Aussagen abgeleitet wird. Basis von Erklärungen dieser Art sind generelle Aussagen, die - so der Wunsch - unabhängig von Zeit und Raum sein sollen (vgl. *Behrens* 1999). Im Marketing finden sich zwei Typen von Erklärungsmustern:

(1) Zunächst solche, in denen empirisch überprüft wird, ob es sich um generelle Aussagen handelt. Sie haben m.E. im Marketing außerordentlich an Bedeutung gewonnen, insbesondere im Bereich der Erklärung von Konsumentenverhalten. So wurde beispielsweise diskutiert, ob und wann aus Einstellungen ein bestimmtes Verhalten folgt, es wurde behauptet, dass das Wahrnehmungsverhalten durch das Involvement gesteuert werde, dass Motive in einer bestimmten Reihenfolge wirksam werden usw. Allgemeinheit, Informationsgehalt und faktische Wahrheit sind die zentralen Kriterien, nach denen Theorien der beschriebenen Art beurteilt werden. Bei mir persönlich herrscht der Eindruck vor, dass auf keinem Gebiet so viele Untersuchungen vorgelegt werden wie auf dem verhaltenswissenschaftlichen Feld. Es soll der für später vorgesehenen Diskussion über den Beitrag der verhaltenswissenschaftlichen Forschung im Rahmen des Marketing vorbehalten bleiben, Bilanz zu ziehen und noch einmal zur Sprache zu bringen, inwieweit diese Suche erfolgreich sein kann.

(2) Ein zweiter Erklärungstyp legt seinen Deduktionen Aussagen zugrunde, die nicht eigens empirisch überprüft werden, sondern die als hinreichend realitätsnah unterstellt werden. Solche Annahmen beziehen sich insbesondere auf das Gewinnstreben der Anbieter, aber auch auf die Bereitschaft, zu verheimlichen oder sich zu drücken, wenn man unbeobachtet bleibt. Diese (mikroökonomische) Denkwelt ist vielen vertraut, insbesondere jenen, für die *Gutenbergs* „Der Absatz" oder nachfolgende Arbeiten im Zentrum standen. *Gutenberg* übertrug die mikroökonomische Theorie auf die Betriebswirtschaftslehre. In der Preispolitik (!) griff er *Cournot* auf. Nach *Cournots* Modell hat sich der Unternehmer zunächst seiner Zielfunktion bewusst zu werden. Weiterhin muss er sich fragen, in welchem Ausmaß die Nachfrager in ihrer Nachfrage auf seine alternativen Preise reagieren werden, was zu dem grundlegenden Instrument der Marktreaktionsfunktion (Response-Funktion) verallgemeinert wurde. Aus solchen Gegebenheiten leitet er den Preis ab. Dieser Modelltyp ist im Marketing auf viele Felder übertragen und in vielfältiger Weise differenziert worden. In derselben Tradition bewegt sich auch die sog. neue Institutionenökonomie, wenn sie aus bestimmten Annahmen Schlüsse für die Struktur der Wirtschaft und das Verhalten der Unternehmen zieht.

Während bei dem ersten Erklärungsmuster die Überprüfung an den Gegebenheiten der Praxis im Hinblick auf die Feststellung der Wahrheit von ausschlaggebender Bedeutung ist, stellt sich das Verhältnis von Modellbildung und Empirie nach dem zweiten Erklärungsmuster anders dar. So kann man beispielsweise Zweifel daran haben, ob der nach einem bestimmten Modell ermittelte Absatzpreis tatsächlich der Preis ist, der der Zielfunktion eines Unternehmers am besten entspricht. Aber diese Zweifel blieben auch aktuell, wenn festgestellt würde, dass Unternehmer in der Praxis ihre Preise tatsächlich nach dem angesprochenen Modell festlegen würden, wenn der Erklärungsgehalt des Modells also empirisch bestätigt würde. Die Zweifel resultieren aus der Unsicherheit, ob alle wesentlichen Sachverhalte bei der Modellformulierung berücksichtigt wurden (z.B. ob ein zu beachtender Absatzverbund berücksichtigt worden ist) und ob die zugrunde gelegten Parameter der Realität entsprechen. Von diesen Zweifeln befreit auch nicht die Beobachtung, dass in der Praxis nach solchen Modellen gehandelt wird. Bei dem zweiten Erklärungsmuster handelt es sich um eine Theoriebildung als Deduktion auf logischem Weg aus einem System von Annahmen. Es ist kritisiert worden, dass in manchen Modellen die Annahmen so gesetzt worden sind, dass sie den Verhältnissen in der Praxis nicht entsprochen haben. Das kann im Hinblick auf die Entwicklung von Theorien sinnvoll sein, enthebt den Forscher aber nicht der Aufgabe, Annahmensysteme mit den Gegebenheiten in der Praxis zu vergleichen. Hier ist derjenige im Vorteil, der über beschreibendes Wissen verfügt.

Erklärung und die hier nicht näher angesprochene Prognose[2] sind aber nicht die einzigen Ziele theoretischen Arbeitens. In der Betriebswirtschaftslehre hat immer schon das pragmatische Wissenschaftsziel eine bedeutende Rolle gespielt. Für Forschungen dieser Art wird auch der Begriff Wirtschaftstechnologie verwendet. Sie ist durch eine Ziel-Mittel- und damit eine entscheidungsorientierte Betrachtungsweise gekennzeichnet. Mit verschiedenen Methoden sollen Hinweise abgeleitet werden, wie vom Entscheidungssubjekt als wichtig angesehene Ziele durch unternehmerische Maßnahmen erreicht werden können. Insbesondere in den Jahren von 1960 bis 1975 sind zahlreiche Entscheidungsmodelle entwickelt worden, heute scheinen solche Beiträge seltener zu sein. Abschließend zu diesem Überblick, mit dem geklärt werden sollte, was es heißt, im Marketing theoretisch zu arbeiten, soll der Hinweis erfolgen, dass erklärende Modelle und pragmatische Entscheidungsmodelle aufs engste verbunden sein können, dass aber auch Erklärungen im ökonomischen Bereich denkbar sind, die nicht - zumindest nicht unmittelbar - von einer Ursache-Wirkungs-Aussage in eine Ziel-Mittel-Aussage umgesetzt werden können.

2.3.2 Wirtschaftstechnologisches Denken im Marketing

Es ist zu vermuten, dass viele Marketingforscher unmittelbar von dem Wunsch geleitet sind, der Praxis instrumentelles Wissen zur Verfügung zu stellen. Warum erst Theorien entwickeln, wenn die Betriebswirtschaftslehre und dabei auch das Marketing als anwendungsorientiert angesehen werden? (vgl. zum Folgenden auch *Chmielewicz* 1970, S. 37-48). Gilt nicht weiterhin vorrangig, was *Schmalenbach* als Kunstlehre empfohlen hat, nämlich Verfahrensweisen zur Bewältigung praktischer Probleme zu entwickeln und diese im Experiment zu testen? Man kann bedauern, dass auch jene, die ihre Arbeit als Kunstlehre im Sinne *Schmalenbachs* verstehen, relativ selten berichten, ihre Verfahrensweise getestet zu haben. Manche verzichten ganz auf eine Anwendung, andere konstruieren ein Beispiel. Die Zeiten von 1960 bis 1975, in denen Modelle geschreinert wurden, ohne dass nach der Beschaffbarkeit der Parameter oder Funktionen oder nach den Möglichkeiten der Berechnung gefragt wurde, sind allerdings unwiederbringlich dahin.

Ob die Forschungsbemühungen eher theoriegeleitet oder eher technologieorientiert sein sollen, wird nach mehreren Gesichtspunkten beurteilt (vgl. *Chmielewicz* 1970, S. 37-48). Für eine Technologieorientierung wird vor allem angeführt, dass die wirtschaftliche Praxis Entscheidungen erfordere und dass die Wissenschaft ihren Beitrag

---

[2] Deutsche Marketingwissenschaftler sind mit Prognosen im Regelfall sehr zurückhaltend; das gilt insbesondere, seit *Tietz* verstorben ist, der sich in zahlreichen Beiträgen mit den Zeiträumen bis 2030 befasst hatte.

zur Bewältigung des praktischen Lebens leisten solle.[3] Technologisch ausgerichtete Forschung habe den Vorteil, dass sie an den praktischen Fragestellungen der Unternehmenspolitik orientiert sei und insofern mehr anwendungsbezogen sei. Dieser Anwendungsbezug verhindere oder schränke zumindest die Entwicklung realitätsferner Modelle oder sogar eines Modell-Platonismus ein. Sollten falsche Aussagen verwendet werden, so helfe die Anwendung, die Wahrheit zu prüfen und Irrtümer aufzudecken. Auch lässt sich anführen, dass der Bedarf an Entscheidungshilfen in der Praxis zunimmt, weil die Komplexität vieler Entscheidungen insofern steigt, als dass bei Entscheidungen tendenziell immer mehr Ziele berücksichtigt werden müssen, was zu schwierigen Abwägungen führt, zumal die Zielgrößen im Regelfall nicht unabhängig voneinander sein werden.

Was spricht in einer solchen Situation für den Ausbau der Theorie? Zunächst einmal wird man einen Verlust an Wahrheitserkenntnis befürchten müssen, wenn Theorien nur als anwendbare Instrumente zur Gestaltung der Sozialwelt gesehen und entsprechend als Ziel-Mittel-Aussage umformuliert werden, denn es kann sein, dass sie zwar falsch sind, sich aber trotzdem als zweckmäßig erweisen. Obwohl eine Theorie falsch ist, kann sie sich innerhalb eines bestimmten Anwendungsbereiches bewähren. Aufgrund eines theoretischen Wissenschaftsziels würde man die falsche Hypothese ausscheiden wollen, bei einem pragmatischen Wissenschaftsziel könnte man mit ihr „leben". Für eine Theorieentwicklung wird auch angeführt, dass mit Theorien völlig neue Anwendungsbereiche erschlossen werden können, während Technologien meist auf bekannte Anwendungsbereiche beschränkt bleiben. Letztendlich geht es um den Nutzen eines rein theoretischen Forschens ohne vorgegebene Anwendungszwecke der Forschungsresultate, was auch als Grundlagenforschung bezeichnet wird. Grundlagenforschung hat natürlich für alle diejenigen, die die Anwendbarkeit bzw. die Verwertbarkeit einer Theorie fordern, den Nachteil, dass die Anwendbarkeit im Zeitpunkt der Forschung noch nicht absehbar ist. Sollte daraus gefolgert werden, auf Grundlagenforschung gänzlich zu verzichten, nur weil die künftigen Anwendungsmöglichkeiten nicht mit Sicherheit absehbar sind? In der Tat lassen sich zahlreiche Beispiele anführen, in denen sehr abstrakte Formen der Grundlagenforschung zur Basis einer angewandten Forschung geworden sind:

Beispiel 1: Zunächst wurden Handelsfunktionen entwickelt, um das Wesen eines Handelsbetriebes deutlich zu machen. Heute werden Handelsfunktionen herangezogen, um die Arbeitsteilung innerhalb einer Wertschöpfungskette zu diskutieren. So wird beispielsweise

---

[3] Der Hauptgeschäftsführer des DIHT, *Schoser* (1999, S. 520), formuliert so: „ Praxisbezug im Studium heißt nichts anderes, als unter diesen Prämissen (Globalisierung, schnell veraltendes Wissen, veränderte Unternehmensstrukturen) Angebote zu entwickeln, die eine Berufsfähigkeit ermöglichen. Praxis heißt die Umsetzung des Erlernten im beruflichen Alltag. [...] Neben Fachwissen werden zum Beispiel Methodenkompetenz oder Teamfähigkeit und unternehmerisches Denken und Handeln immer wichtiger."

anhand von Handelsfunktionen erörtert, wie das Aufkommen des Internets traditionelle Formen der Aufteilung zwischen Industrie, Handel und Dienstleistern verändern wird.

Beispiel 2: Schon vor Jahrzehnten hat *Coase* darauf aufmerksam gemacht, dass einzelne Unternehmungen auf Märkten zueinander in Austauschbeziehungen treten könnten und dafür sog. Transaktionkosten anfallen würden; alternativ könnten sie Mitarbeiter durch Arbeitsverträge an sich binden. Dies war die Frage nach den Grenzen der Unternehmung. Jahrzehntelang wurden diese Beiträge als Grundlagenforschung der Mikroökonomie angesehen, bis sie in den letzten Jahren innerhalb der Betriebswirtschaftslehre in den Anwendungsbereich überführt wurden, z.B. bei der Diskussion um Outsourcing.

Beispiel 3: Die mikroökonomische Preistheorie galt lange Zeit nicht als sehr anwendungsbezogen. Erst durch die Verknüpfung mit Methoden der Marktforschung gewann sie an Attraktivität für die Anwendung. *Simons* Preismanagement, auch ins Amerikanische übersetzt, ist ein schönes Beispiel dafür, wie Grundlagenforschung für praktisches Handeln aufbereitet worden ist.

Bedenkenswert erscheint auch, dass technologische Überlegungen, die ja oft an einen konkreten Fall angenähert sind, in raum-zeitlicher Hinsicht sehr konkret sind, wodurch die Allgemeinheit der Aussagen sehr beschränkt wird und damit die Folge verbunden ist, dass sich die Aussagenmenge stark erhöht. Theoretische Forschung hat dagegen das Ziel, zu allgemeineren und/oder bestimmteren Aussagen zu kommen. Angestrebt wird eine geringere Zahl von Theorien mit größerem Informationsgehalt.

In manchen Fällen mögen die Unterschiede zwischen einer theoretischen Ursache-Wirkungs-Analyse und einer Ziel-Mittel-Analyse gering erscheinen. Wenn z.B. in *Cournots* Monopolpreismodell untersucht wird, wie sich alternative Preise auf Umsatz und Gewinn auswirken, dann ist der Schritt zu einer gewinnmaximierenden Preispolitik nicht weit. In anderen Fällen können nicht so unmittelbar die Schlüsse für zielgerichtetes Handeln gezogen werden, so z.B. wenn festgestellt wird, dass eine asymmetrische Informationsverteilung zu zielabweichendem Verhalten führen kann. Wissenschaftler werden sich für eine bestimmte Ausrichtung oder zumindest für eine bestimmte Schwerpunktsetzung zu entscheiden haben. Sowohl die theoretische als auch die technologische Sicht haben ihre Berechtigung. Dabei ist zu berücksichtigen, dass auch aus der volkswirtschaftlichen Mikroökonomie Beiträge in das Marketing eingebracht werden. Auch sie werden im Regelfall anwendungsfern sein. Auf der anderen Seite stehen sehr anwendungsorientierte Berichte. Zwischen diesen Polen hat sich jeder Wissenschaftler selbst zu positionieren. Es erscheint nicht möglich, in allen Bereichen vertreten zu sein, was auch darin begründet ist, dass Theorien, die nach Allgemeinheit streben, sich einer abstrakteren Sprache bedienen, während im Umgang mit der Praxis, der für eine anwendungsorientierte Forschung unumgänglich erscheint, ein anderer Sprachgebrauch angezeigt ist. In der Wissenschaft entwickeln sich eigene Sprachsysteme, die nicht unmittelbar auf die Praxis übertragbar sind.

Selbst wenn man die Tätigkeit eines Wissenschaftlers auf Theoriebildung einengt, gibt es mehrere Möglichkeiten: Die verhaltenswissenschaftliche, die analytisch deduktive, die auf die Grundlagenforschung ausgerichtete und die unmittelbar anwendungsbezogene. In diesem Feld hat sich der Wissenschaftler zu positionieren. Fame or Money? Der Anwendungsbezug steht dem Money näher, die Grundlagenforschung dem Fame. Aber nach Überzeugung des Verfassers sollte jede Richtung vertreten sein, so wie man in dem Gedicht von *Conrad Ferdinand Meyer* über den Römischen Brunnen keine Brunnenschale missen möchte, in dem das Wasser von einer Schale in die andere fließt:

Aufsteigt der Strahl und fallend gießt

er voll der Marmorschale Rund,

die, sich verschleiernd, überfließt

in einer zweiten Schale Grund;

die zweite gibt, sie wird zu reich,

der dritten wallend ihre Flut,

und jede nimmt und gibt zugleich

und strömt und ruht.

3. Eine ökonomische oder eine ganzheitliche Marketingtheorie?

Wenn in einer Unternehmung geforscht und produziert wird, wenn Verträge abgeschlossen werden, Freundschaften geschlossen werden oder zu Bruch gehen, dann haben wir Hinweise auf die vielgestaltigen Vorgänge in einer Unternehmung. Nicht alle Wissenschaftler umschreiben deshalb das Tätigkeitsgebiet der Betriebswirtschaftslehre als „Vorgänge in Unternehmungen". Insbesondere *Schneider* hat den Marketingwissenschaftlern anempfohlen, sich auf den wirtschaftlichen Aspekt zu beschränken und sich nicht auf eine verhaltenswissenschaftliche Forschung, die im Marketing weite Verbreitung gefunden hat, einzulassen. Er hat bei der Diskussion der Frage, wie die Betriebswirtschaftslehre sinnvoll von anderen wissenschaftlichen Disziplinen abgegrenzt werden solle, vor Fehlentwicklungen im Selbstverständnis von Marketingwissenschaftlern gewarnt und den ökonomischen Aspekt von Handlungen als Untersuchungsgegenstand empfohlen. Der wirtschaftliche Aspekt äußere sich darin, dass durch Handlungen Einkommen im Sinne von Geld- und Güterzufluss erzielt oder verwendet werde. Teilweise hat er seine Position in sehr markante Formulierungen eingekleidet, so z.B. wenn er die Anhänger der verhaltenswissenschaftlichen Forschung als „Trommelschläger der sozialwissenschaftlichen Integration" titulierte, von der „Verhexung des betriebswirtschaftlichen Verstandes durch die Verhaltenswissenschaft" sprach oder die Marketingwissenschaft als eine „betriebswirtschaftliche Tragödie" bezeichnete (*Schneider* 1983). In der Diskussion um diese Position erschienen Beiträge mit dem Titel „Marketing ohne verhaltenswissenschaftliche Fundierung?" (*Müller-Hagedorn* 1983). Die Argumentation muss hier nicht vollständig wieder aufgegriffen werden, aber das Verhältnis der Marketingtheorie zu einzelnen wissenschaftlichen Disziplinen ist weiterhin aktuell, denn bei einer Vielzahl von Problemstellungen kann man beobachten, dass sich Stimmen aus unterschiedlichen Disziplinen zu Wort melden, z.B.

- äußern sich zu Standortfragen im Handel nicht nur Vertreter der Betriebswirtschaftslehre, sondern auch Geographen und Vertreter der Raumplanung,

- ist Konsumentenverhalten auch ein Fachgebiet von Soziologen und Psychologen,

- werden Fragen der Marktmacht oder der Ausgestaltung von Gruppenfreistellungsverordnungen auch von Juristen und Wirtschaftspolitikern diskutiert usw.

Insofern wird die Frage, was ein Betriebswirt in die Behandlung dieser Fragen einbringen kann oder soll, verständlich. *Schneiders* Hinweis, dass Betriebswirte sich mit dem Einkommensaspekt von Handlungen beschäftigen, wird in der Disziplin Zustimmung finden. Vielleicht gibt es einige, die nicht nur die Auswirkungen auf das Einkommen erörtert sehen möchten, sondern die Problemstellungen auch von anderen Zielgrößen aus aufrollen wollen, aber das soll im vorliegenden Zusammenhang nicht weiter vertieft werden. *Schneider* befürchtete, dass die Verhaltenswissenschaftler eine Integration mit der Ökonomie verabsäumten. Schon 1983 wurde diese Befürchtung in dem oben zitierten Beitrag zurückgewiesen und darauf aufmerksam gemacht, wie ökonomisches Denken im Hinblick auf den Einkommensaspekt mit verhaltenswissenschaftlichen Aussagen verknüpft werden kann bzw. aufs engste verbunden ist. Diese Verknüpfung zwischen Verhaltenswissenschaften und Absatzpolitik ist in den Jahren bis heute weiter ausgebaut worden.

Dennoch muss ein Marketingforscher aus der Betriebswirtschaftslehre vor dem Hintergrund, dass er in Konkurrenz mit Wissenschaftlern aus anderen Disziplinen steht, abwägen, an welcher Stelle er sich in die Erkenntniskette einklinkt, denn in der Tat sind praktische Probleme facettenreich, indem sie juristische, soziologische, psychologische, managementbezogene und weitere Aspekte enthalten. Wie gut sind die Erfolgsaussichten in einzelnen Feldern? Wird der Betriebswirt in der Konsumentenverhaltenstheorie der bessere Motivforscher als der Psychologe oder der Soziologe sein? Wird der Betriebswirt der bessere Statistiker sein? Bei härter werdendem

Wettbewerb unter Wissenschaftlern wird es immer wichtiger werden zu erkennen, wo Wettbewerbsvorteile entfaltet werden können. In dem Beitrag von 1983 habe ich empfohlen und das möchte ich heute wiederholen, als Kern einer betriebswirtschaftlichen Marketingwissenschaft die Verbindung von erklärendem und gestaltendem Aspekt in den Vordergrund zu stellen und dabei den Bezug auf die Institution Betrieb zu betonen. Dies erscheint unter Nachfrage- wie unter Konkurrenzgesichtspunkten anstrebenswert.

Schneider hat auch den Verdacht geäußert, dass Wissenschaftler bei einem ganzheitlichen Zugang zu den Problemen der Praxis der Gefahr des Dilettantismus ausgesetzt seien. Wie ist dieser Vorwurf zu entkräften? M.E. kann dieser Gefahr nur begegnet werden, indem Forschungsergebnisse fachkundigen Diskussionsforen zugeführt werden. Hier tut sich bei den sehr verschiedenartigen Forschungskonzeptionen für Marketingwissenschaftler eine besondere Schwierigkeit auf, vor allem jedoch bei jenen Fragestellungen, die auch in anderen Disziplinen verfolgt werden. Dies gilt vor allem für die verhaltenswissenschaftliche Forschung. Wer mit einer ökonomischen Ausbildung kann schon beurteilen, wo Bilder im Gehirn eines Menschen abgelegt werden, wie gut sie erinnert werden und wovon solches abhängt. Das mag demjenigen gelingen, der sich jahrelang mit solchen Fragestellungen beschäftigt hat, andere werden dazu wenig sagen können. So könnte auch erwartet werden, dass das Interesse eines Gedächtnisforschers an Diskussionen mit betriebswirtschaftlichen Marketingforschern, die sich mit Fragen der Preis- oder Distributionspolitik beschäftigen, im Zeitablauf wahrscheinlich sinken und er sich anderen Kreisen zuwenden wird. Oder umgekehrt gefragt: Müssten an den Diskussionen der Marketingwissenschaftler aus der Betriebswirtschaftslehre nicht auch Psychologen, Soziologen, Statistiker, Juristen usw. teilnehmen, wenn Probleme diskutiert werden, an denen auch diese arbeiten? Oder noch anders gefragt: Bei welchen Themen können Betriebswirte auf Teilnehmer aus anderen Disziplinen verzichten?

4. Zusammenfassung

- In der akademischen Lehre ist über die knappe Ressource Zeit zu entscheiden: Soll das Studium nur der wissenschaftlichen Ausbildung dienen oder sollen auch Zeiten für weitere Elemente bereit gestellt werden, die die Praxistauglichkeit unterstützen? Die öffentliche Hand drängt auf Verkürzung der Studienzeit, viele Studenten auf Praxisbezug, nur einige auf ausschließliche Wissenschaftlichkeit. Das verstärkt den Profilierungszwang der Universitäten; das Erscheinungsbild wird differenzierter werden.

- Ein erstes Ziel theoretischen Arbeitens ist in der Entwicklung begrifflicher Systeme zu sehen. Dies ist für wissenschaftliches Arbeiten unumgänglich, für die Praxis nützlich, nur mit Mühen in einem Studium zu vermitteln, die Qualitätsmessung ist fast unmöglich, niemand dankt es.

- Ein zweites Ziel kann mit Beschreibung benannt werden. Die Kenntnis wirtschaftlicher Fakten ist für den Umgang mit der Praxis weitgehend unverzichtbar. Wissenschaftler müssen der Versuchung widerstehen, sich mit Beschreibungen der Vielfalt und Dynamik der Praxis zu begnügen. Es erscheint nicht ausreichend, Marketing-Fachmann für bestimmte Branchen zu sein (z.B. für die Weinwirtschaft, die Flugzeugindustrie oder das Rundfunkwesen).

- Erklärungen sind seit jeher Ziel wissenschaftlichen Arbeitens. Im Marketing wird vor allem Konsumentenverhalten erklärt, Erklärungen von Unternehmerverhalten sind sehr viel seltener und stammen häufig aus der Volkswirtschaftslehre. Das Interesse der Praxis an Erklärungen von Unternehmerverhalten erscheint begrenzt.

- Für das Marketing scheinen vor allem wirtschaftstechnologische Aussagen von Bedeutung. Sie helfen der Praxis unmittelbar, wenn sie von der Praxis als tauglich angesehen werden. Dies setzt Anwendungen voraus, wie es schon *Schmalenbach* gefordert hat. Die Zusammenarbeit zwischen Praxis und Forschung muss organisiert sein, ist dabei aber der Gefahr ausgesetzt, in Routine zu erstarren. Der Vorteil des universitären Forschers besteht im Vergleich zu Unternehmensberatungen darin, in engster Verbindung zur „erklärenden Forschung" zu stehen.

- Die Praxis muss ihre Probleme interdisziplinär anpacken, dem Marketingforscher sollte es auch gestattet sein, auf psychologischen, soziologischen, juristischen, [...] Feldern zu ackern. Es sollte aber gewährleistet sein, dass die Diskussion grenzüberschreitend stattfindet, um Dilettantismus und Doppelarbeit zu vermeiden.

Literatur

Behrens, G. (1999), Der Realitätsbezug der empirischen Forschung, in: Forschungsgruppe Konsum und Verhalten (Hrsg.), Konsumentenforschung, München 1999, S. 3–11.

Chmielewicz, K. (1970), Forschungskonzeptionen der Wirtschaftswissenschaft, Stuttgart 1970.

Dichtl, E. (1989), Symptome einer Fehlentwicklung, in: Marketing ZFP, 1989, S. 70–71.

Dichtl, E. (1998), Neue Herausforderungen für Theorie und Praxis des Marketing, in: Marketing ZFP, 1998, S. 47–54.

Gutenberg, E. (1955), Grundlagen der Betriebswirtschaftslehre, 2.Bd., Der Absatz, Berlin et al. 1955.

McCarthy, E.J. (1960), Basic Marketing - A Managerial Approach, Homewood, Ill. 1960.

Müller-Hagedorn, L. (1983), Marketing ohne verhaltenswissenschaftliche Fundierung?, in: Marketing ZFP, 1983, S. 205–211.

Sabel, H. (1998), Die Geschichte des Marketing in Deutschland, in: Wirtschaftswissenschaftliches Studium (WiSt), 1998, S. 106–110.

Simon, H. (1992), Preismanagement, 2. Auflage, Wiesbaden, 1992.

Schneider, D. (1983), Marketing als Wirtschaftswissenschaft oder Geburt einer Marketingwissenschaft aus dem Geist des Unternehmerversagens?, in: Schmalenbachs Zeitschrift für betriebswirtschaftliche Forschung (ZfbF), 1983, S. 197–223.

Schoser, F. (1999), Mehr Praxis an deutschen Universitäten? Pro, in: Forschung und Lehre, H. 10, 1999, S. 520.

Witte, E. (1998), Entwicklungslinien der Betriebswirtschaftslehre: Was hat Bestand?, in: Die Betriebswirtschaft (DBW), 1998, S. 731–746.

Theoriegeleitetes vs. praxisorientiertes Marketing

Gerold Behrens

1. *Die theoretisch-empirische Orientierung:*
   Theorie und Praxis als logische Einheit 42

2. *Die Problemorientierung:*
   Praxis und Theorie als faktische Einheit 45

3. *Theoriegeleitetes vs. praxisorientiertes Marketing?* 50

Literatur 52

Das Thema "Theoriegeleitetes vs. praxisorientiertes Marketing" weist auf einen Gegensatz hin, der aus wissenschaftstheoretischer Sicht nicht als ein Gegensatz wahrgenommen werden muss und von einigen Betriebswirten auch nicht so gesehen wird. Die Überlegungen hierzu führen uns in die 60er Jahre zurück - einer Zeit, in der sich die Betriebswirtschaftslehre in einem Umbruch befand. Bis dahin hat man die verschiedenen Ausrichtungen dieses Faches grob in Lehren mit einer mehr theoretischen (reine Betriebswirtschaftslehren) und einer mehr angewandten Orientierung (angewandte Betriebswirtschaftslehren) eingeteilt. Vor etwa 40 Jahren wurde versucht, diese Unterschiede aufzuheben. Dabei ging man zwei sehr unterschiedliche Wege, der eine war theoriegeleitet und der andere praxisorientiert. Wohin führten sie?

1. Die theoretisch-empirische Orientierung: Theorie und Praxis als logische Einheit

In den 60er Jahren fand in der Betriebswirtschaftlehre auf breiter Basis eine wissenschaftstheoretische Diskussion statt. Sie führte zu einer weitgehenden Anerkennung des Kritischen Rationalismus als wissenschaftstheoretische Basis. "Kritischer Rationalismus" ist jedoch mehr ein Sammelbegriff als eine in sich geschlossene Wissenschaftstheorie. Es gibt viele Varianten, aber über die Kerngedanken, die vor allem auf *Poppers* philosophische Arbeiten zurückgehen (vgl. vor allem *Popper* 1994), ist man sich einig:

- Es gibt keine sicheren Erkenntnisse, also auch keine wahren Theorien.

- Wenn es auch keine wahren Theorien gibt, lohnt es sich doch, möglichst viele alternative Theorien aufzustellen. Der theoretischen Spekulation wird also ein hoher Stellenwert beigemessen.

- Wenn man die Theorieproduktion fördert, wird man mit der Frage konfrontiert, mit welcher Theorie man arbeiten will. Es müssen daher Gütekriterien für Theorien entwickelt werden. Der „Kritische Rationalismus" kennt vor allem zwei Kriterien:

  1. innere Kritik (wissenschaftslogische Prüfung) und

  2. äußere Kritik (Konfrontation mit der Realität).

Um eine informative Konfrontation mit der Realität zu ermöglichen, müssen die zu prüfenden Aussagen bestimmten Anforderungen genügen:

- Sie müssen auf beobachtbare Sachverhalte reduzierbar sein (Operationalisier-barkeitsforderung).

- Sie sollten möglichst leicht an der Realität scheitern können, d.h., sie sollten möglichst viele Fälle ausschließen (Falsifizierbarkeitsforderung).

Wie sieht die Lösung des Theorie-Praxis-Problems bzw. der Kontroverse zwischen reiner und angewandter Betriebswirtschaftslehre im Rahmen dieses wissenschafts-theoretischen Ansatzes aus? Eine zentrale Rolle nimmt dabei das *Hempel-Oppenheim-Schema* ein (vgl. hierzu *Hempel* 1965). Darauf basiert *Abb. 1*. In ihr wird in der zweiten Spalte die Entstehung eines singulären Ereignisses (Wirkung) durch Zurückführung auf eine Rahmenbedingung (Ursache) und eine Gesetzesaus-sage erklärt. Dieser erklärende Ursache-Wirkungs-Zusammenhang kann - so be-haupten die Vertreter dieses Ansatzes - unmittelbar in eine praktische Ziel-Mittel-Aussage transformiert werden (vgl. *Popper* 1972). Warum? Die Rahmenbedingun-gen (Q) sind gestaltbar. Dabei kann aus einer Ursache ein Mittel (Instrument) wer-den. Singuläre Ereignisse (P) sind definierbar. Sie können als Ziele definiert werden. Insgesamt wird durch diese Transformation aus der wissenschaftlichen Erklärung eine technologische Empfehlung.

	THEORIE (Erklärung)	TECHNOLOGIE (Praxis)	
Gesetz (Wenn Q, dann P)			Erkenntniswelt
Rahmenbedingung (Jetzt Q)	Ursache ↓	Mittel ↓	reale Welt
Singuläres Ereignis (dann P)	Wirkung	Ziel	

Abb.1: Transformation von theoretischen in technologische Aussagen

Im Mittelpunkt des betriebswirtschaftlichen Handelns steht die Auswahl geeigneter Mittel zur Erreichung von bestimmten Zielen. Mittel und Ziele müssen optimal auf-einander abgestimmt werden. Genau dies liefern die Theorien und die darin enthal-tenen Gesetze, denn die Gesetze sind nach dem Schema "wenn Q (= Ursache bzw. Mittel), dann P (= Wirkung bzw. Ziel)" aufgebaut. Sie verknüpfen Mittel (Instrumente) mit Zielen.

Bei Anerkennung dieser tautologischen Transformationen ist die Kontroverse zwischen reiner und angewandter Betriebswirtschaftslehre ein Scheinproblem. Die Methodenkontroversen zwischen *Schmalenbach* und *Rieger* sowie zwischen *Gutenberg* und *Mellerowicz* sind dann gegenstandlos, denn diese wissenschaftstheoretischen Überlegungen zeigen, dass die Theoretiker die Problemlösungskraft empirisch gehaltvoller Gesetze bzw. Theorien übersehen und die Vertreter der angewandten Betriebswirtschaftslehre den Wert abstrakter und formaler Problemlösungsmethoden unterschätzen (vgl. *Raffée* 1974, S. 69). Theorie und Praxis werden - so scheint es - durch tautologische Transformationen zu einer Einheit verknüpft. Es gilt die schlagwortartige Aussage von *Myrdal* (1965, zitiert nach *Raffée 1*974, S. 69): „Der Praxis dient nichts mehr als eine gute Theorie."

Diese Argumentation ist elegant, aber das besagt nicht viel. Es zeigte sich, dass es sehr schwierig ist, praktische Empfehlungen abzuleiten. Die Anwendbarkeit dieser Vorgehensweise wird durch einengende Annahmen stark beeinträchtigt, z.B. durch die Forderung, von allgemeinen, streng analytisch formulierten Theorien bzw. Gesetzen auszugehen. Davon gibt es in der Betriebswirtschaftslehre und den Sozialwissenschaften - auch wenn man die Ansprüche an den Allgemeinheitsgrad sehr großzügig auslegt - nur wenige. Außerdem sind diese Theorien idealisiert. Die Komplexität realer Sachverhalte wird hier auf wenige Faktoren und einfache Zusammenhänge reduziert. Allein durch logische Schlussfolgerungen oder tautologische Transformationen lassen sich daraus keine praktischen Aussagen ableiten.

Es ist versucht worden, die einengenden Annahmen zu erweitern (vgl. *Behrens* 1988). Durch Zusatzhypothesen wurden Gesetze relativiert und die Rahmenbedingungen präzisiert. Am bekanntesten ist das Transformationskonzept von *Bunge* (1967), noch genauer aber das von *Brocke* (1978). *Nienhüser* (1989, S. 76ff.) hat diese beiden Transformationskonzepte miteinander verbunden. Die Darstellungen enthalten scharfsinnige analytische Überlegungen zur Entwicklung von technologischen Aussagen und verdeutlichen die Probleme der Theorieanwendung, sind aber keine geeigneten Anleitungen für das Ableiten von technologischen Aussagen aus Theorien. Die praktische Bedeutung dieser Transformationsregeln ist gering geblieben.

Neben solchen analytischen gibt es auch qualitative Argumente, durch die begründet wird, warum praktische Empfehlungen nicht ohne weiteres aus allgemeinen Theorien abgeleitet werden können. Bei den oben beschriebenen tautologischen Transformationen wird übersehen, dass zwischen der Theorie (Erklärung) und der Technologie (Praxis) eine Linie gezogen werden müsste, die qualitativ unterschiedliche Bereiche trennt: auf der einen Seite steht der theoretische Bereich, in dem man mit analytischen Aussagen und relativ einfachen Verknüpfungen arbeitet, auf der anderen Seite der praktische Bereich, in dem ganzheitliche Aussagen und komplexe Verknüpfungen angemessen sind. Aussagen, die nach streng analytischen Kriterien formuliert worden sind, können aber nicht ohne weiteres in einen Bereich übertragen werden, in dem ganzheitliche Gesichtspunkte berücksichtigt werden müssen. Allgemeiner formuliert: Eine tautologische Transformation - so wie sie oben vorgenommen wurde - kann die Qualität einer Aussage nicht verändern, sonst wäre es keine tautologische Transformation.

Eine streng theoriegeleitete Praxis durch tautologische Transformationen theoretischer Aussagen ist daher nicht möglich. Theorie und Praxis sind zwei getrennte, qualitativ unterschiedliche Bereiche. In der Wissenschaftstheorie wird dies durch Abgrenzungen berücksichtigt. Die Unterscheidung zwischen reiner und angewandter Betriebswirtschaftslehre gehört dazu, aber auch die verbreitete Einteilung in die Untersuchungsbereiche "Entdeckungszusammenhang", "Begründungszusammenhang" und "Verwendungszusammenhang". In der Wissenschaftspraxis kommt die Trennung zwischen Theorie und Praxis in Arbeitsteilungen zum Ausdruck, z.B. in den dichotomen Einteilungen Theoretiker/ Praktiker und Grundlagenforscher/ Techniker.

2. Die Problemorientierung: Praxis und Theorie als faktische Einheit

In anwendungsorientierten Wissenschaften wie der Betriebswirtschaftslehre gehört die Verknüpfung von Theorie und Praxis zum konstitutiven Arbeitsprogramm. Die konfliktären Beziehungen zwischen diesen Bereichen wirken hier als Unruheherd - der Vergleich mit einem Vulkan bietet sich an, klingt aber zu dramatisch. Dies führte zu heftigen Auseinandersetzungen, wie z.B. den Methodenkontroversen zwischen *Schmalenbach* und *Rieger* sowie zwischen *Mellerowicz* und *Gutenberg*, aber auch zu Bemühungen, diese Konflikte zu lösen oder zu verschleiern.

Bei der Umorientierung der Betriebswirtschaftslehre in den 60er Jahren ist man das Theorie-Praxis-Problem von zwei unterschiedlichen Ausgangspunkten angegangen. Der eine hat zu den oben beschriebenen tautologischen Transformationen von theoretischen Aussagen (Gesetzen) in technologische Empfehlungen geführt. Dies ist ein theoriegeleiteter Weg, denn sein Ausgangspunkt ist die Theorie. Der andere Ausgangspunkt fordert die *Problemorientierung* programmatisch. Er setzt beim praktischen Problem an und dringt von dort in den Bereich der Theorie ein, um nach Lösungen zu suchen. Diese beiden Wege sind getrennt, aber viele Wissenschaftler haben sie gleichzeitig beschritten, ohne die Unvereinbarkeit richtig zu bemerken. Solche Inkonsequenzen sind wahrscheinlich notwendig, wenn der Zielerreichung eine größere Bedeutung als dem Prinzip der Vorgehensweise beigemessen wird.

Was bedeutet Problemorientierung konkret? Am Anfang aller Überlegungen stehen bei diesem Vorgehen betriebswirtschaftliche Probleme, z.B. die Markteinführung eines neuen Produktes, Entscheidungen über Investitionen, Umorganisationen usw. Im Marketing haben wir es dabei mit Menschen zu tun, mit ihren Bedürfnissen, Emotionen und Irrationalitäten. Mit der ökonomischen Betrachtungsweise allein kann man die dabei auftretenden Marketingprobleme nicht lösen. Psychologische Kenntnisse sind hilfreich und wichtig. Dies ist für die Praxis eine Selbstverständlichkeit. *Dichtl* (1983, S. 1069) schreibt: "Nach meinem Eindruck ist der Marketingökonom einem Produktmanager vergleichbar, der auf der Grundlage eines soliden wirtschaftswissenschaftlichen Wissens Verantwortung für ein Erzeugnis trägt, ohne über die dafür nötigen Weisungsbefugnisse und alle erforderlichen Spezialkenntnisse zu verfügen. Bei ihm laufen die verschiedensten Fäden zusammen, wobei nicht ausbleibt, dass er im Laufe der Zeit auch einiges von, sagen wir, Werbepsychologie, Wettbewerbsrecht und Datenverarbeitung mitbekommt." Dies rechtfertigt eine breite Ausbildung von Studenten der Betriebswirtschaftslehre. Entsprechendes gilt aber auch für die Wissenschaft. Die reine ökonomische Werbetheorie ist beispielsweise ohne praktische Bedeutung geblieben, weil Werbewirkungen wie auch die Wirkungen der anderen Marketinginstrumente nicht ohne Berücksichtigung psychologischer Theorien differenziert erklärt werden können.

Wir brauchen beim konsequent problemorientierten Vorgehen also die Psychologie, aber auch andere Fachdisziplinen - und schon sind wir bei der *Interdisziplinarität* und den damit verbundenen Konflikten. Vor allem *Dieter Schneider* ist es zu verdanken, dass in den 80er Jahren hierüber in unserem Fach intensiv diskutiert worden ist. Er griff die interdisziplinär ausgerichtete Marketingwissenschaft in einem Marketing-Seminar zum 50. Geburtstag von *Werner Hans Engelhardt* an (*Schneider* 1983, S. 204): "Eine alles rationale Handeln in Betrieben erfassen wollende Wissenschaft kann aber Ingenieurtechnik, Psychologie, Informatik und juristisches Wissen allenfalls dilettantisch vermitteln. Sie degradiert sich allein schon durch dieses Selbstverständnis zur Berufsfach(hoch)schul-Lehre und trägt auf keinen Fall Erkenntnisse einer selbständigen wissenschaftlichen Betriebswirtschaftslehre vor." Der Dilettantismusvorwurf provozierte damals, war aber nicht neu. *Schneider* hatte ihn schon vorher genereller und deutlicher formuliert (vgl. *Schneider* 1981, S. 28 und 116). Was ist daran falsch? Hierzu nur einige Anmerkungen:

- Jeder Wissenschaftler hat nur eine begrenzte Forschungskapazität. Wenn man Interdisziplinarität additiv auffassen würde, also darunter versteht, dass zusätzlich zu den Arbeiten in der eigenen auch noch in einer anderen Disziplin geforscht werden soll, wäre Dilettantismus kaum zu vermeiden. Der Begriff "Interdisziplinarität" drückt aber schon aus, dass dies nicht gemeint ist. Wissenschaftler sollen nicht in einer anderen Disziplin arbeiten, sondern Fragestellungen aufgreifen, die zwischen (= inter) Disziplinen liegen - nicht eklektisch, sondern in systematischer und gründlich vorbereiteter Weise.

• Die verschiedenen Fachdisziplinen haben unterschiedliche Aufgabenstellungen. Psychologen setzen sich grundlegend mit der Psyche und den dadurch geformten Verhaltensweisen auseinander. Wenn Marketingwissenschaftler anfangen würden, sich umfassend mit der Psyche zu beschäftigen, wäre dies ein Fachwechsel, aber kein interdisziplinäres Arbeiten. Marketingwissenschaftler interessieren sich für bestimmte psychologische Aspekte des ökonomischen Handelns, also für die Schnittstelle zwischen Ökonomie und Psychologie. Hier arbeiten auch einige Psychologen, aber vor allem Ökonomen mit relevanten psychologischen Kenntnissen.

• Kritiker interdisziplinärer Forschung unterstellen häufig, dass hierfür die Kenntnisse über mindestens zwei Fachdisziplinen vorauszusetzen sind. Das ist aber weder notwendig noch zweckmäßig. Die verhaltenswissenschaftlich ausgerichtete Marketingforschung hat beispielsweise nur wenige psychologische Theorien implementiert. Es hat sich gezeigt, dass die meisten psychologischen Theorien zu allgemein sind, um auf Marketingfragen angewendet werden zu können. Dagegen sind die empirischen Forschungsmethoden der Psychologie umfassend übernommen worden. Das hat sich sehr positiv ausgewirkt, denn in keinem Teilbereich der Betriebswirtschaftslehre wurden empirische Forschungsmethoden so gut entwickelt wie in der Psychologie.

Die Dilettantismusgefahr ist beim interdisziplinären Arbeiten gering. Ein anderer, kaum beachteter Kritikpunkt von *Schneider* trifft aber einen Schwachpunkt: "Gerade wer "interdisziplinär" forschen will, wie es nicht wenige Marketingvertreter verkünden, muß doch neben dem Eindringen z.B. in verhaltenswissenschaftliche Problemlösungsversuche *auch noch betriebswirtschaftliche, wirtschaftstheoretische Denkweisen benutzen*, beide verbinden: Wo soll sonst das Interdisziplinäre liegen?" (*Schneider* 1983, S. 198). Diese Verknüpfung ist in der Tat vernachlässigt worden. Außerdem muss man sich fragen, ob schon von Interdisziplinarität gesprochen werden kann, wenn ein Betriebswirt mit Methoden und Theorien der Psychologie arbeitet. Die meisten praktischen Probleme liegen im Schnittfeld von mehreren Fachdisziplinen. *Kirsch* (1993, S. 13) hat dies durch ein Scheinwerfermodell verdeutlicht: Der Lichtkegel eines Scheinwerfers wächst mit zunehmender Entfernung und leuchtet dadurch eine größere Fläche aus. Entsprechend wird ein Problem, das untersucht werden soll, mit zunehmender Anzahl beteiligter Fachdisziplinen umfassender ausgeleuchtet. Anders ausgedrückt: Eine Disziplin leuchtet ein kleines Problemgebiet aus, viele Disziplinen leuchten das praktische Problem umfassend aus.

Bei der Forderung, viele Disziplinen beim problemorientierten Arbeiten zu berücksichtigen, stößt der *einzelne* Wissenschaftler aber an Kapazitätsgrenzen. Er ist nicht in der Lage, an allen diesen Schnittstellen zu arbeiten. Die umfassende, über mehrere

Fachdisziplinen reichende problemorientierte wissenschaftliche Arbeit verlangt andere Formen der Forschungsorganisation. Es müssen Forschungsteams gebildet werden, denen Wissenschaftler aus verschiedenen Disziplinen angehören. Dies ist *Multidisziplinarität*. Hierbei arbeiten viele (= multi) Disziplinen zusammen. Dabei geht es nicht nur um Arbeiten zwischen Disziplinen wie bei der Interdisziplinarität. Es gibt aber einen Zusammenhang zwischen Interdisziplinarität und Multidisziplinarität. Die Verständigung und Zusammenarbeit in multidisziplinären Teams wird erleichtert, wenn die Mitglieder der Teams interdisziplinär ausgerichtet sind.

Solche Teams haben wir in einigen Akademien und Forschungseinrichtungen. Die Universitäten in ihrer derzeitigen Organisationsform bieten dafür offensichtlich keinen geeigneten Rahmen. Lehrstuhlinhaber sind "Einzelkämpfer", die lediglich manchmal von Mitarbeitern unterstützt werden, die in einer anderen Fachdisziplin ihren Universitätsabschluss erworben haben.

Der Begriff "Interdisziplinarität" basiert auf Vielfalt: viele Disziplinen und daraus folgend auch viele Theorien und Methoden. Interdisziplinarität führt daher zum Theorien- und Methodenpluralismus. Die Diskussion über den *Theorienpluralismus* ist eine mehr philosophische Kontroverse ohne große Bedeutung für unser Fach. Sie hängt mit dem Wahrheitsbegriff zusammen. Genauer: Wer von der Unteilbarkeit der Wahrheit ausgeht, hat mit dem Theorienpluralismus Schwierigkeiten, denn er strebt nach *der* wahren Theorie, und es kann nur eine wahre Theorie geben. Allerdings ist es unmöglich nachzuweisen, ob eine Theorie wahr ist (vgl. *Albert* 1991). In den Fachwissenschaften hat das Wahrheitskriterium daher keine große Bedeutung.

Der Theorienpluralismus ist unstrittig, der *Methodenpluralismus* aber nicht. In der Betriebswirtschaftlehre konnten und können sich viele Wissenschaftler die empirische Methode als Einheitsmethode vorstellen. Die wissenschaftstheoretische Begründung hierfür ist in der Forderung nach der "Einheit der Wissenschaft" verankert, die "in den 30er Jahren von Vertretern des *Wiener Kreises* (vor allem von *O. Neurath* und *R. Carnap*) und ihnen nahestehenden Philosophen (z.B. *Ch. Morris* und *B. Russell*) und Naturwissenschaftlern (unter ihnen die Physiker und Nobelpreisträger *N. Bohr* und *P.W. Bridgman*) vertreten" und diskutiert wurde (*Speck* 1980, Bd. 1, S. 146). Dies bedeutet, dass wir grundsätzlich mit der gleichen Vorgehensweise bzw. mit dem gleichen methodischen Vorgehen sowohl physikalische als auch soziale Phänomene analytisch erfassen, begreifen und erklären können (vgl. *Wenturis/ Van hove/ Dreier* 1992, S. 149/150). Um dies zu erreichen ist "die Herstellung einer Einheit 1) der Wissenschaftssprache, 2) der wissenschaftlichen Methode und 3) der wissenschaftlichen Gesetze(shypothesen)" notwendig (*Speck* 1980, Bd. 1, S. 147).

Diese Vorstellungen mussten ein Traum bleiben, weil sie auf falschen Annahmen über den Erkenntnisprozess basieren. Das zeigte der wissenschaftstheoretische Diskurs über den Relativismus von Theorien und Methoden, der in den 80er Jahren die Betriebswirtschaftslehre erreichte. Vor allem in den USA gab es hierzu eine intensive Diskussion (vgl. hierzu *Anderson* 1986; *Hirschman/ Holbrook* 1992; *Hudson/ Ozanne* 1988; *Hunt* 1990 und 1993; *Peter* 1992 und als Beispiel für die Diskussion in Deutschland *Fischer-Winkelmann* 1983, der die Beiträge einer Tagung zu diesem Thema veröffentlicht hat).

Relativismus ist eine Maxime, gegen die sich viele Wissenschaftler sträuben, weil sie einer tief verankerten Vorstellung von Wissenschaft widerspricht. Wissenschaft - so die verbreitete Auffassung - muss nach Wahrheit streben und endgültige Beweise liefern. Auch wenn dieses Ziel in seiner absoluten Form nicht zu erreichen ist, lohnt es sich, danach zu streben. Der Relativismus verwirft diese Auffassung, weil sie von falschen, idealisierenden Annahmen ausgeht, und es nicht gut sein kann, mit falschen Maximen zu arbeiten. Nach relativistischer Auffassung ist nichts absolut, sondern alles nur bedingt, d.h. in Beziehung auf etwas anderes gültig. Konkret: Realität wird von Individuen in Abhängigkeit von ihrer Sprache, ihren Weltanschauungen, kulturellen Werten, anerkannten Theorien und weiteren Einflussfaktoren konstruiert. Realität kann daher nicht objektiv, unparteiisch und frei von Subjektivität beurteilt werden. *Abb. 2* veranschaulicht diese Zusammenhänge in einer stark vereinfachenden Skizze.

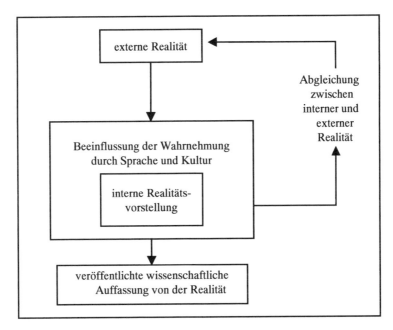

Abb. 2: Relativistische Konstruktion der Realität

Relativistische Auffassungen sind nicht neu. Sie werden seit den Sophisten mit wechselnder Intensität diskutiert. In den 60er Jahren wurde die Diskussion vor allem durch *Kuhns* (dt. *Kuhn* 1973) Veröffentlichung "The Structure of Scientific Revolutions" getragen. Seine Ausführungen über den Erkenntnisfortschritt waren für die Vertreter der damals vorherrschenden neopositivistisch orientierten Wissenschaftstheorien eine Herausforderung. *Kuhn* zeigte, dass Erkenntnisfortschritt nicht ausschließlich rationalen Regeln folgt, sondern von kulturellen Einflüssen abhängig ist. Seine Gedanken waren nicht neu (vgl. z.B. *Fleck* 1980, zuerst 1935 veröffentlicht: „Ausführungen über die Entstehung und Entwicklung einer wissenschaftlichen Tatsache"), fielen in den 60er Jahren aber auf einen "fruchtbaren Boden", weil die Zweifel am Neopositivismus und Kritischen Rationalismus stark gewachsen waren.

Es kam letztlich heraus, was herauskommen musste: ein Plädoyer für den Pluralismus. Wenn es - was die Diskussion zeigte - keinen absolut verlässlichen Weg der Erkenntnisgewinnung gibt, sind Alternativen nicht nur zulässig, sondern auch notwendig (vgl. *Spinner* 1974). Am deutlichsten hat dies *Feyerabend* formuliert. Sein provozierendes "Anything goes" wurde für viele zum Motto wissenschaftlichen Arbeitens. Er schreibt (*Feyerabend* 1976, S. 45): "Es ist also klar, dass der Gedanke einer festgelegten Methode oder einer feststehenden Theorie der Vernünftigkeit auf einer allzu naiven Anschauung vom Menschen und seinen sozialen Verhältnissen beruht. Wer sich dem reichen, von der Geschichte gelieferten Material zuwendet und es nicht darauf abgesehen hat, es zu verdünnen, um seine niedrigen Instinkte zu befriedigen, nämlich die Sucht nach geistiger Sicherheit in Form von Klarheit, Präzision, `Objektivität´, `Wahrheit´, der wird einsehen, dass es nur *einen* Grundsatz gibt, der sich unter *allen* Umständen und in *allen* Stadien der menschlichen Entwicklung vertreten läßt. Es ist der Grundsatz: *Anything goes.*"

3. Theoriegeleitetes vs. praxisorientiertes Marketing?

Das Motto "Anything goes" birgt die Gefahr einer Desorientierung in sich. Pluralismus darf nicht als Freibrief für wissenschaftliches Arbeiten aufgefasst werden. Die Möglichkeiten der Erkenntnisgewinnung werden durch den Pluralismus vergrößert, die Notwendigkeit der Einhaltung von strengen Kriterien wird dadurch aber nicht aufgehoben. Im Gegenteil, die Erfahrung hat bestätigt, was die Vernunft vorgibt: Das Potenzial der Freiheit kann sich nur dann positiv entfalten, wenn gleichzeitig Regeln diszipliniert eingehalten werden. Dabei kommt es vor allem darauf an, dass Auswüchse der Freiheit durch Transparenz und Kritik verhindert, zumindest aber eingeschränkt werden. Diese Ansprüche an wissenschaftliches Arbeiten sind nicht neu, müssen vor dem Hintergrund der veränderten Rahmenbedingungen aber überarbeitet und neu belebt werden. Dies kann von verschiedenen Standpunkten aus geschehen. Hierzu in radikaler Kurzfassung ein Beispiel. Aus konstruktivsystemtheoretischer Sicht werden Grundsätze formuliert, die aktuelle wissenschaftstheoretische Positionen berücksichtigen (vgl. *Behrens* 1994).

1. Realismusannahme: Wir wissen nicht, ob es eine Außenwelt (Wirklichkeit, Realität) gibt, aber es ist zweckmäßig, davon auszugehen, dass etwas außerhalb des individuellen Bewusstseins und unabhängig von unseren Erfahrungen existiert. Von dieser Außenwelt haben wir Vorstellungen. Neben der Außenwelt (externe Realität) gibt es demzufolge eine Innenwelt (interne Realität).

2. Relativität der Erkenntnisgewinnung: Es gibt keine *direkte* Beziehung zwischen Innen- und Außenwelt. Die Innenwelt wird durch Vermittlung der Sinne und der Sprache konstruiert. Da Wahrnehmung und Sprache kulturellen Einflüssen unterliegen, gibt es keine absolute, sondern nur eine bedingte (relative) Erkenntnisgewinnung. Obgleich es weder eine logische noch eine kausale Beziehung zwischen Innen- und Außenwelt gibt, ist Erkenntnisgewinnung möglich, weil eine Korrespondenz zwischen diesen Welten vorhanden ist. Ohne diese Korrespondenz könnte der Mensch nicht überleben.

3. Theoretische und methodologische Aspektivität: Der Komplexitätsgrad der Außenwelt ist größer als der Komplexitätsgrad, der durch Sinne erfasst und bewusst gedacht werden kann, also auch größer als die Komplexität der mentalen Vorstellung von der Außenwelt. Es können daher nur *Aspekte* der Außenwelt durch die Sinne angeeignet und im Bewusstsein modifiziert sowie verknüpft werden. Konkreter: Jede Methode erfasst und jede Theorie beschreibt bestimmte, in der Regel unterschiedliche Aspekte der Außenwelt. Ein *umfassendes* Bild der externen Realität erhält man daher nur durch einen methodischen und theoretischen Pluralismus.

4. Interpretativität: Die Begrenztheit der Sinne und des Bewusstseins ermöglicht nur analytische Untersuchungen, also die Fokussierung auf Teile der Außenwelt. Lediglich in Ausnahmefällen bilden sich aus den erfassten Teilen von selbst größere Einheiten und neue Ganzheiten. In den anderen Fällen müssen die Teile durch Interpretationen bewusst verbunden werden. Interpretationen bilden somit Brücken zwischen den Erkenntnisstücken und verbinden Zusammenhänge zu neuen Einheiten.

Die Liberalisierung des wissenschaftlichen Arbeitens, die in diesen Grundsätzen ausgedrückt wird, hat die Fragestellung "Theoriegeleitetes vs. praxisorientiertes Marketing" insofern gelöst, als sich gezeigt hat, dass diese Frage unentscheidbar ist und auch nicht entschieden werden muss, denn es geht zwar nicht "anything" im Sinne von *Feyerabend*, aber es ist sowohl das theoriegeleitete als auch das problemorientierte Marketing erfolgversprechend.

Literatur

Albert, H. (Hrsg.) (1972), Theorie und Realität, 2. Auflage, Tübingen 1972.

Albert, H. (1991), Traktat über kritische Vernunft, 5. Auflage, Tübingen 1991.

Anderson, P.F. (1986), On Method in Consumer Research: A Critical Relativist Perspective, in: Journal of Consumer Research (JCR), 1986, S. 155-173.

Behrens, G. (1994), Der Realitätsbezug der empirischen Forschung, in: *Forschungsgruppe Konsum und Verhalten* (Hrsg.), Konsumentenforschung, München 1994, S. 3-11.

Behrens, G. (1998), Sozialtechniken der Beeinflussung, in: *Kroeber-Riel, W./Behrens, G./ Dombrowski, I.* (Hrsg.), Kommunikative Beeinflussung in der Gesellschaft, Wiesbaden 1998, S. 1-31.

Brocke, B. (1978), Technologische Prognosen, Elemente einer Methodologie der angewandten Sozialwissenschaften, Freiburg i.B. 1978.

Bunge, M. (1967), Scientific Research, Bd. II: The Search for Truth, Berlin 1967.

Dichtl, E. (1983), Marketing auf Abwegen?, in: Schmalenbachs Zeitschrift für betriebswirtschaftliche Forschung (ZfbF), 1983, S. 1066-1074.

Feyerabend, P. (1976), Wider den Methodenzwang, Frankfurt a. M. 1976.

Fischer-Winkelmann, W.F. (Hrsg.) (1983), Paradigmawechsel in der Betriebswirtschaftslehre?, Spardorf 1983.

Fleck, L. (1980), Entstehung und Entwicklung einer wissenschaftlichen Tatsache, Frankfurt a. M. 1980.

Forschungsgruppe Konsum und Verhalten (Hrsg.) (1994), Konsumentenforschung, München 1994.

Hempel, C.G. (1965), Aspects of Scientific Explanation, New York 1965.

Hirschman, E.C./ Holbrook, M.B. (1992), Postmodern Consumer Research, London 1992.

Hudson, L.A./ Ozanne, J.L. (1988), Alternative Ways of Seeking Knowledge in Consumer Research, in: Journal of Consumer Research (JCR), 1988, S. 508-521.

Hunt, S.D. (1990), Truth in Marketing Theory and Research, in: Journal of Marketing (JoM), 1990, July, S. 1-15.

Hunt, S.D. (1993), Objectivity in Marketing Theory and Research, in: Journal of Marketing (JoM), 1993, April, S. 76-91.

Kirsch, W. (1993), Betriebswirtschaftslehre, München 1993.

Kroeber-Riel, W./ Behrens, G./ Dombrowski, I. (Hrsg.) (1998), Kommunikative Beeinflussung in der Gesellschaft, Wiesbaden 1998.

Kuhn, T.S. (1973), Die Struktur wissenschaftlicher Revolutionen, Frankfurt a. M. 1973.

Myrdal, G. (1965), Das Wertproblem in der Sozialwissenschaft, Hannover 1965.

Nienhüser, W. (1989), Die praktische Nutzung theoretischer Erkenntnisse in der Betriebswirtschaftslehre, Stuttgart 1989.

Peter, J.P. (1992), Realism or Relativism for Marketing Theory and Research: A Comment on Hunt's "Scientific Realism", in: Journal of Marketing (JoM), 1992, April, S. 72-79.

Popper, K.R. (1972), Naturgesetze und theoretische Systeme, in: *Albert, H.* (Hrsg.), Theorie und Realität, 2. Auflage, Tübingen 1972, S. 43-58.

Popper, K.R. (1994), Logik der Forschung, 10. Auflage, Tübingen 1994.

Raffée, H. (1974), Grundprobleme der Betriebswirtschaftslehre, Göttingen 1974.

Schneider, D. (1981), Geschichte betriebswirtschaftlicher Theorie, München 1981.

Schneider, D. (1983), Marketing als Wissenschaft oder Geburt einer Marketingwissenschaft aus dem Geiste des Unternehmerversagens? in: Schmalenbachs Zeitschrift für betriebswirtschaftliche Forschung (ZfbF), 1983, S. 197-223.

Speck, J. (Hrsg.) (1980), Handbuch wissenschaftstheoretischer Begriffe, 3 Bände, Göttingen 1980.

Spinner, H. (1974), Pluralismus als Erkenntnismodell, Frankfurt a. M. 1974.

Wenturis, N./ Van hove, W./ Dreier, V. (1992), Methodologie der Sozialwissenschaft, Tübingen 1992.

II.   Alternative Konzepte der Theorieverankerung

Alternative Konzepte der Theorieverankerung

Klaus Peter Kaas

1. Einleitung   *56*

1.1 Problemstellung und Gang der Untersuchung   *56*

1.2 Der Stellenwert der Theorieverankerung für das Marketing   *56*

1.3 Hypothesen, Theorien und Paradigmata   *57*

2. Drei Paradigmata der Marketingforschung   *59*

2.1 Zur Vielfalt der Marketingforschung   *59*

2.2 Die mikroökonomischen Paradigmata   *60*

2.3 Das neobehavioristische Paradigma   *63*

3. Stärken und Schwächen der drei Paradigmata   *65*

3.1 Exemplarischer Vergleich   *65*

3.2 Wissenschaftstheoretischer Vergleich   *67*

3.3 Synoptischer Vergleich   *68*

4. Fazit und Ausblick   *72*

Literatur   *74*

1. Einleitung

1.1 Problemstellung und Gang der Untersuchung

In den letzten Jahren sind zahlreiche Beiträge erschienen, die sich mit dem Stand und der Entwicklung des Fachs Marketing auseinander gesetzt haben (vgl. *Bruhn/ Meffert/ Wehrle* 1994; *Bubek* 1996; *Engelhardt* 1997; *Hansen/ Bode* 1999; *Meffert* 1999a; *Tietz* 1993). Das ist nicht ungewöhnlich für eine Disziplin, die noch ziemlich jung ist und deren Erkenntnisobjekt in ständiger Bewegung ist. Es sind Beiträge, die die historische Entwicklung des Fachs und seines Gegenstandes nachzeichnen und kommentieren, die vielen Teilgebiete der Marketingforschung nach inhaltlichen oder methodischen Kriterien ordnen, das Verhältnis zur Praxis reflektieren oder zukünftige Herausforderungen orten wollen. Auch die in diesem Tagungsband zusammengestellten Referate und Koreferate sind Beiträge zu einer kritischen Reflexion der Marketingforschung der letzten Jahrzehnte aus verschiedenen Blickwinkeln.

Die vorliegende Arbeit zur „Theorieverankerung" des Marketing nimmt den erkenntnistheoretischen Blickwinkel ein, indem sie fragt: Welche theoretischen Ideen und Konzepte haben die Marketingforschung geprägt? Welche Stärken und Schwächen haben diese? Welche Theorien haben welche Teilbereiche der Marketingforschung nach vorne gebracht? Stehen die verschiedenen Theorien in einem substitutionalen oder komplementären Verhältnis zueinander? Dies sind Fragen, auf die im vorliegenden Beitrag eine Antwort gesucht wird.

In diesem ersten Abschnitt werden einige Begriffsabgrenzungen vorgenommen, im zweiten Abschnitt werden die drei wichtigsten Paradigmata der Marketingforschung identifiziert und charakterisiert. Im dritten Abschnitt, der den Hauptteil des Aufsatzes ausmacht, werden die Stärken und Schwächen dieser drei Paradigmata untersucht - exemplarisch an der Preisforschung, wissenschaftstheoretisch mittels Kriterien der Theoriebewertung und synoptisch für wichtige Teilgebiete des Marketing. Am Ende werden ein Fazit gezogen und ein Ausblick gegeben.

1.2 Der Stellenwert der Theorieverankerung für das Marketing

In der Wissenschaftstheorie gibt es zahlreiche unterschiedliche Auffassungen darüber, was man unter einer Theorie zu verstehen hat, wie der Wahrheitsgehalt von Theorien überprüft werden kann und wie sich theoretische und empirische Erkenntnis zueinander verhalten sollen (vgl. *Balzer* 1967; *Chalmers* 1999; *Eberhardt* 1999; *Huegli* 1996; *Seiffert* 1996). In einem Punkt gibt es aber so gut wie keinen Dissens:

dass eine Wissenschaft ohne Theorien nicht auskommt. Theorien strukturieren und ordnen unser Wissen und Denken, sie lassen uns das Allgemeine in der Fülle der Details erkennen und sie leiten die zukünftige Forschung. Selbst dann, wenn eine Wissenschaft sich ganz auf eine rezipierende und beschreibende Analyse der Wirklichkeit begnügen wollte, käme sie nicht umhin, zumindest implizite Theorien anzuwenden, denn sonst wären zielgerichtete, systematische Beobachtungen gar nicht möglich.

Die Frage nach der Theorieverankerung einer Wissenschaft ist mithin wichtig. Das gilt um so mehr für eine Realwissenschaft wie die Betriebswirtschaftslehre oder ihre Teildisziplin Marketing, die sich keineswegs auf die Beschreibung ihres Erkenntnisobjekts beschränken, sondern Erklärungen, Prognosen und Entscheidungshilfen zur Verbesserung unserer Lebensbedingungen erarbeiten will. Wer die Welt erklären möchte, wer begründete Prognosen gewinnen und in den Gang der Dinge gestaltend eingreifen möchte, muß eine Theorie, ein Modell der Welt haben, das weniger und zugleich mehr ist als die Vielzahl der Einzelbeobachtungen. Weniger, weil eine Theorie von der Fülle der Details der Realität abstrahiert und sich auf das Gemeinsame an ihnen konzentriert, mehr, weil sie dadurch allgemeingültiger und beständiger als die Vielzahl der Details ist.

1.3 Hypothesen, Theorien und Paradigmata

„Theorie" ist ein zentraler Begriff der Wissenschaftstheorie, dessen Bedeutung am besten in seinem Zusammenhang mit zwei ähnlichen Begriffen erschlossen werden kann, denen der „Hypothese" und des „Paradigmas". Alle drei bilden eine Art hierarchische Struktur, deren Basis die Hypothese und deren Spitze das Paradigma bildet.

Hypothesen sind Annahmen, Vermutungen über die Welt, es sind „Aussagen oder Sätze, in denen der Mensch ... versucht, etwas Beobachtetes zu erklären." (*Seiffert* 1983, S. 158-159). *Popper* nennt sie mit einer Metapher von *Novalis* „Netze, die wir auswerfen, um die Realität einzufangen" (vgl. *Popper* 1994, S. XI). Ein Beispiel aus der Marketingforschung ist die Hypothese, dass der Absatz eines Produktes c. p. mit steigendem Preis zurückgeht, ein anderes die Hypothese der Konsumentenforschung, dass Bilder schneller als Texte verarbeitet werden können.

Was eine Theorie ist, darüber gibt es in der Literatur durchaus unterschiedliche Auffassungen (vgl. *Balzer* 1997, S. 48ff.; *Opp* 1995, S. 31-44; *Seiffert* 1983, S. 164-168). Den meisten Definitionen ist aber gemeinsam, dass eine Theorie „eine Menge von miteinander verbundenen Hypothesen" ist (*Kroeber-Riel/ Weinberg* 1999, S. 27). Sie ist ein strukturiertes Ganzes, das sich durch eine eigene, möglichst präzise Sprache und durch Kohärenz auszeichnet. Theorien sollen in der Lage sein, die zukünftige Forschung zu leiten (*Imre Lakatos*, zitiert nach *Chalmers* 1999, S. 79-81).

Beispiele für Theorien, mit denen in der Marketingforschung gearbeitet wird, sind die Theorie der kognitiven Dissonanz (vgl. *Kroeber-Riel/ Weinberg* 1999, S. 181-188), die Wettbewerbstheorie von *Porter* (vgl. *Porter* 1999) und die Prinzipal-Agenten-Theorie (vgl. *Kaas* 1992a; *Albers/ Krafft* 1996).

Der Begriff „Paradigma" ist mehrdeutig. Das liegt teilweise daran, dass „Paradigma" in den letzten Jahren zu einem Modewort geworden ist, mit dem Ideen, Gedanken, Theorien, Ansätze und dergleichen bezeichnet werden, wenn der Sprecher oder Schreiber ihre Bedeutsamkeit hervorheben möchte. Teilweise hat *Thomas Kuhn*, der den Begriff in die Wissenschaftstheorie eingeführt hat (vgl. *Kuhn* 1999, S. 25, 1. Auflage 1962), die Mehrdeutigkeit selbst verschuldet, indem er ihn in zwei Bedeutungen verwendet hat. Später hat er in einem Postscriptum zu seinem Werk dies eingeräumt und zwei Bedeutungen des Begriffs unterschieden (vgl. *Kuhn* 1999, S. 186-203).

Paradigmata im weiteren Sinne sind „Konstellationen von Gruppenpositionen" oder auch „disziplinäre Systeme" einer Gruppe von Wissenschaftlern, mit gemeinsam geschätzten Theorien, Modellen, Analogien und Metaphern, mit gemeinsamen Überzeugungen vom Wert empirischer Forschung, quantitativer Modelle, von der Bedeutung der Praxis usw. (vgl. *Kuhn* 1999, S. 193). Es spricht vieles dafür, dass die deutschen Marketingforscher im Sinne dieses soziologisch gefärbten Paradigmabegriffs eine Gruppe bilden.

Paradigmata im engeren Sinne sind „gemeinsame Beispiele" („exemplars"), Musterbeispiele, die das Denken leiten, mit denen etwa die Anfänger in eine Disziplin eingeführt werden (vgl. *Kuhn* 1999, S. 199). Die neoklassische Marginalanalyse und das neobehavioristische S-I-R-Modell könnten solche Paradigmata im engeren Sinne sein.

In *Abb. 1* sind Hypothesen durch Knoten dargestellt, die durch Kanten miteinander verbunden sind. Diese symbolisieren Verknüpfungen zwischen den Hypothesen, die etwa in gemeinsamen Variablen bestehen. Mehrere Hypothesen, die auf diese Weise verbunden sind, bilden Theorien, wie sie in *Abb. 1* durch Ellipsen dargestellt sind. Auch sie können sich überlappen, d.h. Gemeinsamkeiten aufweisen. Ein Paradigma i.e.S. kann schließlich als ein Verbund von Theorien aufgefasst werden.

Im Folgenden wird vor allem auf der Ebene der Paradigmata und Theorien argumentiert werden, ein Eingehen auf einzelne Hypothesen ginge zu sehr ins Detail.

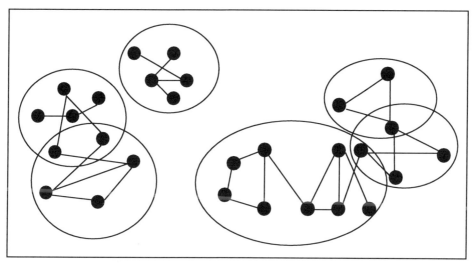

Abb. 1 : Zusammenhang von Hypothesen, Theorien und Paradigmata i.e.S.

2. Drei Paradigmata der Marketingforschung

2.1 Zur Vielfalt der Marketingforschung

Heribert Meffert unterscheidet in einer neueren Arbeit acht verschiedene Ansätze der Marketingforschung, in denen die inhaltliche, theoretische und methodische Vielfalt des Fachs zum Ausdruck kommt (vgl. *Meffert* 1999b). Sie können, schon aus Raumgründen, hier nicht alle behandelt werden. Einige von ihnen sind im übrigen rein quantitativ, wenn man die Zahl der ihnen zurechenbaren Publikationen betrachtet, nur von nachgeordneter Bedeutung. Dazu gehören der systemorientierte Ansatz, der in der Literatur häufiger genannt als in der Forschung angewendet wird, und der situative Ansatz, der im übrigen ein wesentliches Element der Theoriebildung, nämlich die Generalisierbarkeit, für verzichtbar hält (vgl. *Tomczak* 1992). Die Eigenheit einiger weiterer Ansätze der *Meffertschen* Liste ist nicht in ihrer Theorieverankerung, sondern in anderen Merkmalen zu suchen. So zeichnet sich der Ansatz des Relationship Marketing durch seine Fokussierung auf die Kundenbeziehung aus, ohne dass dieses Thema gänzlich neu wäre, noch neue Theorien erforderte (vgl. *Backhaus* 1997). Das Besondere dieses zweifellos bedeutsamen Ansatzes ist seine Aktualität und Relevanz für die Praxis, nicht seine Theorieverankerung. Ähnliches gilt für den ressourcenorientierten und den prozessorientierten Ansatz (*Mattmüller/ Tunder* 1999), die im übrigen noch zu neu sind, um in der heutigen Marketingforschung große Spuren hinterlassen zu können. Das ist beim entscheidungsorientierten Ansatz ganz anders, denn er ist, hierin ist *Meffert* zuzustimmen, bis heute der dominierende Ansatz der Marketingforschung. Wenn er dennoch hier nicht behandelt wird, dann deswegen, weil er „keinen eigenständigen inhaltlichen Erklärungsbeitrag" leistet (*Meffert* 1999b, S. 45). Für den entscheidungsorientierten Ansatz ist es charakteristisch, dass er der Praxis Entscheidungshilfen liefern möchte und dabei ganz pragmatisch auf geeignete Theorien zurückgreift, wo immer sie auch herkommen mögen (vgl. die Abschnitte „Instrumentale Orientierung" und „Quantitativ orientiertes Marketing" in diesem Band).

Damit verbleiben zwei Ansätze, die im Folgenden als Paradigmata im Sinne einer Theorieverankerung des Marketing behandelt werden: der verhaltenswissenschaftliche Ansatz, den man im wissenschaftstheoretischen Kontext präziser als „neobehavioristisch" bezeichnen kann, und der Ansatz der Neuen Institutionenökonomik, der „neoinstitutionelle" Ansatz. Diese beiden werden um ein drittes Paradigma ergänzt, das schon etwas älter ist, aber die Marketingforschung immer noch prägt, nämlich um das „neoklassische" Paradigma, das aus der Volkswirtschaftslehre stammt.

Die Auswahl dieser drei Paradigmata ist nicht zwingend, sie kann nicht anders als subjektiv sein. Es sind diejenigen, die nach der Überzeugung des Verfassers den größten Einfluß auf die Marketingforschung der letzten drei Jahrzehnte bis heute gehabt haben, was in den nachfolgenden Ausführungen hoffentlich noch sichtbar werden wird. Sie dürften auch in quantitativer Hinsicht repräsentativ sein, denn sie sind nach Auffassung des Verfassers der Nährboden für weit mehr als 50% der deutschen Marketingforschung.

2.2 Die mikroökonomischen Paradigmata

Das neoklassische und das neoinstitutionelle Paradigma entstammen beide der mikroökonomischen Theorie der Volkswirtschaftslehre, welche die Entscheidungen der einzelnen Marktteilnehmer, Unternehmen und Haushalte zum Ausgangspunkt nimmt („methodischer Individualismus"). „Die mikroökonomische Theorie befaßt sich mit dem Verhalten der einzelnen wirtschaftlichen Aktoren (Wirtschaftssubjekte) und der Aggregation ihrer Handlungen bei unterschiedlichen institutionellen Rahmenbedingungen" (*Kreps* 1994, S. 1).

Die beiden Paradigmata unterscheiden sich nur in diesen Rahmenbedingungen voneinander, wie man an *Abb. 2* erkennen kann, der scheinbar kleine Unterschied hat aber weitreichende Auswirkungen. Die ältere neoklassische Theorie untersucht die Entscheidungen der Marktakteure unter stark vereinfachten Bedingungen, nämlich bei vollständiger Information über alle Marktdaten und bei vollkommener Rationalität (vgl. *von Böventer/ Illing/ Bauer et. al.* 1997, S. 216-217). Die jüngere neoinstitutionelle Theorie dagegen unterstellt Informationsasymmetrie und eine nur begrenzte Rationalität von Entscheidungen (vgl. *Feess* 1997, S. 583-678). Beiden Theorien ist gemeinsam, dass sie auch Entscheidungen unter Unsicherheit analysieren. Während sich die neoklassische Theorie dabei auf die exogene (d.h. symmetrische, für alle Marktteilnehmer gleichermaßen gegebene) Unsicherheit über die Zustände der Welt beschränkt, bezieht die neoinstitutionelle Theorie auch endogene (d.h. a-symmetrische, bei den Marktteilnehmern unterschiedlich ausgeprägte) Unsicherheit ein (vgl. *Feess* 1997, S. 23-26, 583-587). Während es auf neoklassischen Märkten keine Transaktionskosten, mithin auch keine Institutionen zu ihrer Reduzierung gibt, konzentriert sich die neoinstitutionelle Theorie auf die vielfältigen Folgen, die deren Existenz für die individuellen Entscheidungen und den Marktprozeß haben.

Das neoklassische Paradigma hat die Betriebswirtschaftslehre und die Marketingforschung bis heute ganz entscheidend gefördert und bereichert. Es war *Erich Gutenberg*, der in den fünfziger Jahren den Wert der mikroökonomischen Theorie als theoretischer Grundlage für die Betriebswirtschaftslehre erkannt und für die BWL fruchtbar gemacht hatte (vgl. *Gutenberg* 1951; *Gutenberg* 1955; *Schmidt* 1999). Durch seine neoklassisch inspirierten Arbeiten und die seiner Schüler ist erstmals eine Absatztheorie entstanden, die diesen Namen verdient. Die Absatzlehre hatte bis dahin im Schatten der Handelsbetriebslehre gestanden, war stark deskriptiv orientiert und im Grunde ein Anhängsel des Rechnungswesens (vgl. *Hansen/ Bode* 1999, S. 59). Mit dem neoklassischen Paradigma wurde auch die quantitative Analyse, das Denken in formalen Modellen, in die Betriebswirtschaftslehre und in die Absatztheorie hineingetragen. Im Grunde hat *Gutenberg* mit seiner „optimalen Kombination des absatzpolitischen Instrumentariums" auch schon das Programm der später so genannten entscheidungsorientierten Absatztheorie formuliert.

Die Stärke des neoklassischen Paradigmas liegt in seiner theoretischen Stringenz und Eleganz und in der mathematischen Überprüfbarkeit seiner Aussagen (vgl. *Terberger* 1994, S. 84-85). Seine Schwäche liegt in der axiomatischen Strenge und der Abstraktheit seiner Modelle, die häufig nicht empirisch getestet und für die Anwendung fruchtbar gemacht werden können. Das hat in den siebziger Jahren dazu geführt, dass sich die Marketingforschung verstärkt dem neobehavioristischen Paradigma (s.u.) zugewandt hat.

Entscheidungen bei ...		Theorien
Paradigma der **älteren mikroökonomischen Theorie** (Neoklassische Theorie)	Sicherheit	Nutzen- und Gewinnmaximierung bei Nebenbedingungen, Preis- und Markttheorie bei Sicherheit
	Strategischer Unsicherheit (über das Verhalten rational handelnder Gegenspieler)	Spieltheorie bei symmetrischer Information
	Exogener Unsicherheit (über das Verhalten der Umwelt)	Klassische Entscheidungstheorie, Kontingente Kontrakte, Arrow-Debreu-Märkte
Paradigma der **jüngeren mikroökonomischen Theorie** (Neoinstitutionelle Theorie)	Informationsasymmetrie (hidden information, adverse selection)	Informationsökonomik, Signaling, Screening, Spieltheorie bei asymmetrischer Information
	Informationsasymmetrie (hidden action, moral hazard)	Prinzipal-Agenten-Theorie, Spieltheorie bei asymmetrischer Information
	Spezifischen Investitionen (hidden intention)	Transaktionskosten-Theorie (*Williamson*)

Abb. 2: Unterschiede und Gemeinsamkeiten des neoklassischen und des neoinstitutionellen Paradigmas

Zu den Errungenschaften, die das Marketing dem neoklassischen Paradigma zu verdanken hat, gehören so wichtige Theorien wie die Preistheorie und Preispolitik, das Konzept der Marktreaktionsfunktion sowie spieltheoretische und industrieökonomische Ansätze der Wettbewerbspolitik. Wenn man genau hinsieht, findet man viele Ansätze, die im Kern moderne Konzepte vorwegnehmen, etwa den des „akquisitorischen Potentials" von *Gutenberg*, in dem man unschwer moderne Konzepte wie Goodwill oder Markenwert erkennen kann.

Das neoinstitutionelle Paradigma ist zuerst von anderen betriebswirtschaftlichen Fächern, vor allem von der Kapitalmarkttheorie, dem Rechnungswesen und der Organisationstheorie mit großem Erfolg aufgegriffen worden (vgl. *Ordelheide/ Rudolph/ Büsselmann* 1991), bevor es von der Marketingforschung adaptiert wurde. Bereits Mitte der achtziger Jahre waren einige neoinstitutionell inspirierte Arbeiten zu Marketingthemen erschienen (vgl. *Bergen/ Dutta/ Walker* 1992; *Dwyer/ Schurr/ Oh* 1987; *Schmidt/ Wagner* 1985), die aber kaum beachtet wurden. Erst zu Beginn der neunziger Jahre setzte eine intensivere Auseinandersetzung mit neoinstitutionellen Theorien im Marketing ein (vgl. *Kaas* 1990; *Kaas* 1992b; *Kleinaltenkamp* 1992;

Schade/ Schott 1993; *Tolle* 1994). Heute wird in zahlreichen Teilgebieten der Marketingforschung mit neoinstitutionellen Ansätzen gearbeitet.

Die Stärke des neoinstitutionellen Paradigmas liegt darin, dass es die Analyse von Informationsasymmetrien, ihrer Voraussetzungen und Folgen für die Erklärung von Marktstrukturen und -prozessen in den Mittelpunkt stellt (vgl. *Richter* 1994, S. 16-22), von Phänomenen, die für das Marketing von großer Bedeutung sind. Wie man an *Abb.* 2 erkennen kann, lassen sich drei Theorien voneinander abgrenzen, die ziemlich unterschiedlich sind. Während die Informationsökonomik und Teile der Prinzipal-Agenten-Theorie die formale Stringenz der neoklassischen Theorie beizubehalten versuchen (vgl. *Feess* 1997, S. 583-678; *Laux* 1990, S. 10-18), hat der Transaktionskostenansatz, wie er von *Williamson* (vgl. *Williamson* 1990, S. 21-26) begründet worden ist, eher deskriptive, narrative Züge. An diesem Teil des neoinstitutionellen Paradigmas wird zu Recht kritisiert, dass es zwar viele Phänomene, z.B. die Vielfalt von institutionellen Arrangements in Vertriebssystemen, plausibel erklären kann, dass diese Erklärungen aber weder quantitativ geschärft noch empirisch geprüft werden können, vor allem, weil sich Transaktionskosten kaum messen lassen (vgl. *Terberger* 1994, S. 77-78).

Beiträge zur neoinstitutionellen Marketingtheorie sind die informationsökonomische Analyse der Informationslagen auf Märkten („Inspektions-, Erfahrungs- und Vertrauenseigenschaften") (vgl. *Kaas/ Busch* 1996; *Weiber/ Adler* 1995), die Bedeutung von Mechanismen wie Screening, Signaling und Self Selection zur Überwindung von Informationsasymmetrien durch Marketing (vgl. *Kaas* 1990; *Milgrom/ Roberts* 1986; *Nelson* 1974), die Wirkung von Institutionen auf Anreize und Risiken, z.B. von Warentestergebnissen, Markennamen, Reputation (vgl. *Faulhaber/ Yao* 1985; *Hopf* 1983), die Theorie „hybrider" Koordinationsformen zwischen Markt und Hierarchie (vgl. *Backhaus* 1997; *Müller-Hagedorn* 1990; *Picot/ Wolff* 1995; *Posselt* 1999a), das Marketing für Kontraktgüter (vgl. *Kaas* 1992a; *Aufderheide/ Backhaus* 1995; *Kleinaltenkamp* 1992; *Kleinaltenkamp/ Plinke* 1997; *Schade/ Schott* 1993) die Prinzipal-Agent-Theorie zur Entlohnung von Verkäufern (vgl. *Albers/ Krafft* 1996; *Albers* 1995), zur Preisbildung im Kontraktgütermarketing (vgl. *Backhaus/ Aufderheide/ Späth* 1994; *Weiber/ Beinlich* 1994).

2.3 Das neobehavioristische Paradigma

Das neobehavioristische Paradigma ist vor allem eines der Konsumentenforschung. Die weitaus meisten theoretischen Erkenntnisse und empirischen Befunde der verhaltenswissenschaftlichen Konsumentenforschung sind auf dem Boden dieses Paradigmas entstanden. Dieser Teil der Marketingforschung versteht sich als interdisziplinär, empirisch-positivistisch und anwendungsbezogen (vgl. *Kroeber-Riel/ Wein-*

berg 1999, S. 8-46). Interdisziplinär heißt, dass Theorien und Methoden aus Psychologie, aus Soziologie und Sozialpsychologie, aus der Verhaltensbiologie und aus den physiologischen Verhaltenswissenschaften herangezogen werden, wobei meist das Verhaltensmodell des Neobehaviorismus zugrunde gelegt wird (vgl. *Kroeber-Riel/ Weinberg* 1999, S. 29-31). Danach wird das Konsumentenverhalten (z.B. das Aufsuchen eines Geschäfts) als Reaktion auf einen Stimulus (z.B. eine Sonderangebotswerbung) betrachtet, der aber nicht unmittelbar, sondern über intervenierende Prozesse und Variablen (wie Informationsverarbeitung oder Einstellungen) wirkt. Empirisch-positivistisch bedeutet, dass sich die neobehavioristisch arbeitenden Konsumentenforscher an der Wissenschaftstheorie von *Karl Popper* orientieren und ihre Hypothesen an der Realität testen (vgl. *Kroeber-Riel/ Weinberg* 1999, S. 26-35; *Behrens* 1994). Anwendungsbezogen schließlich heißt, dass die Konsumentenforschung der Ableitung von Entscheidungshilfen für das kommerzielle und nichtkommerzielle Marketing, aber auch für die Verbraucherpolitik dienen soll. Folgerichtig ist Marketing nach diesem Paradigma eine „Sozialtechnik" (*Kroeber-Riel*), die auf den Erkenntnissen der neobehavioristischen Konsumentenforschung beruht (vgl. *Kroeber-Riel/ Weinberg* 1999, S. 35-46).

Das skizzierte Programm des neobehavioristischen Paradigmas ist Anfang der siebziger Jahre von *Werner Kroeber-Riel* in der Auseinandersetzung mit neoklassischen Theorien formuliert worden (vgl. *Kroeber-Riel* 1975, S. 7-41), wobei er sich von der angelsächsischen Konsumentenforschung leiten ließ, deren Ergebnisse in Zeitschriften wie dem Journal of Marketing Research und dem Journal of Consumer Research publiziert worden sind. Heute sind viele Bereiche der Marketingforschung von neobehavioristischen Theorien und Methoden geprägt (vgl. *Behrens* 1991; *Trommsdorff* 1998; *Forschungsgruppe Konsum und Verhalten* o.J.).

Die Stärken des neobehavioristischen Paradigmas liegen in seiner Erklärungskraft für zahlreiche Facetten des Konsumentenverhaltens, etwa der Werbewirkung oder der Produktwahrnehmung und -bewertung, die von der neoklassischen Theorie ignoriert werden (vgl. *Behle* 1998; *Bekmeier-Feuerhahn* 1989; *Esch* 1998; *Gröppel* 1991; *Weinberg* 1992). Vor allem die Erforschung der intervenierenden Variablen und Prozesse, die dem eigentlichen Verhalten vorgelagert sind (Emotionen, Motive, Einstellungen, Wahrnehmungs-, Entscheidungs- und Lernprozesse), ist ein besonderes Verdienst der neobehavioristischen Konsumentenforschung. Nicht zuletzt haben die Herausforderungen der Erforschung des Unbeobachtbaren und die damit verbundenen Mess- und Strukturierungsprobleme zu einer methodischen Spezialisierung im Bereich der multivariaten Datenanalyse geführt. Ohne das neobehavioristische Forschungsparadigma hätten Verfahren wie die Faktorenanalyse, Kausalanalyse oder Conjoint Analyse (vgl. *Hildebrandt/ Homburg* 1998; *Gustafsson/ Herrmann/ Huber* 2000) nicht ihren heutigen Entwicklungsstand und ihre heutige Bedeutung im Marketing erlangen können.

Die Schwächen des neobehavioristischen Paradigmas liegen in der Gefahr des Dilettantismus und in den Integrationsproblemen, denen sich eine interdisziplinäre Forschung aussetzt - abgesehen davon, dass sie sehr aufwendig ist, wenn sie nicht nur oberflächlich betrieben wird (vgl. *Kroeber-Riel/ Weinberg* 1999, S. 23-26). Ein weiteres Problem liegt in der extremen Spezialisierung und „Konfettisierung", um eine griffige Wortschöpfung von *Tietz* zu verwenden (vgl. *Tietz* 1993, S. 153). So bunt und facettenreich das Konsumentenverhalten ist, so vielfältig und zahlreich sind die theoretischen Ansätze zu seiner Erklärung, und oft ist nur schwer auszumachen, wie sie miteinander zusammenhängen. Hier ist die Forderung nach Kohärenz und Parsimony von Theorien (s.u.) nicht immer erfüllt.

Die Erfolge des neobehavioristischen Ansatzes liegen vor allem dort, wo die beiden mikroökonomischen Paradigmata ihre größten Defizite haben. Das sind das System der psychischen und sozialen Determinanten von Kaufentscheidungen, die multiattributive Einstellungs- und Präferenztheorie und Theorien zur Wirkung der Massenkommunikation (Werbung) auf das Konsumentenverhalten. Hinzu kommen die bereits erwähnten methodischen Impulse, die das neobehavioristische Paradigma in der Messtheorie, in der multivariaten Datenanalyse und in der Kausalanalyse, kurz: in der Marktforschung, gegeben hat.

Nach der allgemeinen Charakterisierung der drei Paradigmata folgt nun eine vergleichende Analyse ihrer Stärken und Schwächen, und zwar zunächst am Beispiel der Preistheorie, eines zentralen Forschungsgebiets des Marketing, dann anhand wissenschaftstheoretischer Kriterien und schließlich synoptisch für die wichtigsten Teilgebiete des Marketing.

3. Stärken und Schwächen der drei Paradigmata

3.1 Exemplarischer Vergleich

Der spezifische Zugriff, das Erkenntnispotenzial und die Grenzen der drei Paradigmata lassen sich miteinander vergleichen, wenn man ihre Beiträge zu einem bestimmten Forschungsgebiet betrachtet. Die Preistheorie und Preispolitik eignen sich hierfür besonders gut, weil sie ein wichtiges Teilgebiet der Marketingforschung sind, in dem genügend Beiträge aus allen drei Paradigmata zu finden sind.

Die Stärken des neoklassischen Paradigmas liegen ganz offensichtlich in der Analyse von *Preisentscheidungen und Preisreaktionen*. Bei ersteren geht es um den Einfluß des Preises auf die individuelle Kaufentscheidung, bei letzteren um die Reaktion der Marktteilnehmer auf die Preise und Preisänderungen von Produkten. Hier sind die folgenden Theorien zu nennen (vgl. *Diller* 2000; *Nagle* 1995; *Nieschlag/ Dichtl/ Hörschgen* 1997; *Schmalen* 1994; *Simon* 1992):

- Preiselastizitäten und Preis-Absatz-Funktion,

- Preisdifferenzierung,

- Preiswettbewerb, Preisstrategien, Marktformen,

- Modelle zur optimalen Preisbildung.

Die Stärken des neoinstitutionellen Paradigmas liegen in der Analyse der *Informations- und Anreizfunktion von Preisen bei Informationsasymmetrie* zwischen Transaktions- oder Kooperationspartnern. Hierzu zählen die folgenden Theorien:

- Preis als Signal für Qualität (vgl. *Milgrom/ Roberts* 1986; *Shapiro* 1983; *Schmalensee* 1978),

- erfolgsabhängige Preise bei Kontraktgütern,

- Vergütung von AD-Mitarbeitern (vgl. *Albers* 1995; *Albers/ Skiera* 1999), Konditionen in Franchising-Systemen (vgl. *Picot/ Wolff* 1995; *Posselt* 1999a 1999b),

- Preisverhandlungen bei spezifischen Investitionen (vgl. *Bauer/ Bayón* 1995),

- anreizkompatible Ermittlung von Zahlungsbereitschaften (vgl. *Skiera/ Revenstorff* 1999; *Skiera* 1999).

Die Stärken des neobehavioristischen Paradigmas liegen in der Untersuchung der *Preiswahrnehmung*. Es geht hierbei um die Frage, wie objektive Preise in subjektiv wahrgenommene Preiseindrücke „übersetzt" werden, je nachdem wie und in welchem Kontext für welche Adressaten sie präsentiert werden. Hierzu gehören beispielsweise die folgenden Theorien:

- die Adaptionstheorie, die Theorie der Schwellenpreise (vgl. *Diller* 2000, S. 136-141),

- die Theorie des Mental Accounting und Preisbündelung (vgl. *Herrmann/ Bauer* 1996; *Johnson/ Herrmann/ Bauer*,1999; *Thaler* 1985; *Yadav/ Monroe* 1993),

- die Preisbewertung mit Hilfe von Conjoint-Analysen (vgl. *Baier/ Säuberlich* 1997; *Balderjahn* 1994; *Bauer/ Herrmann/ Mengen* 1994; *Gedenk/ Hartmann/ Schulze* 2000; *Herrmann/ Vetter* 1999; *Kucher/ Simon* 1987),

- hedonistische Preisfunktionen (vgl. *Nieschlag/ Dichtl/ Hörschgen* 1997, S. 345-349; *Weber* 1986).

Man kann am Beispiel der Preisforschung sehr gut erkennen, dass es so etwas wie eine „Arbeitsteilung" zwischen den drei Paradigmata gibt: Keines kann ein anderes in dessen Domäne ersetzen. Das neoklassische Paradigma enthält kein Konzept, das eine Diskrepanz zwischen einem objektiven Preisdatum und einem subjektiven Preiseindruck oder die Wirkung des Preises als Signal für Qualität erklären könnte. Umgekehrt kann man mit den Mitteln des neobehavioristischen Paradigmas ein so trivial anmutendes Phänomen wie eine sinkende Absatzmenge bei steigenden Preisen nicht erklären. Und das Problem der anreizkompatiblen Ermittlung von Zahlungsbereitschaften läßt sich mit neobehavioristischen Methoden, so ausgefeilt und ausgereift sie auch sein mögen, letztlich nicht lösen. Ähnlich ist es um die Grenzen des neoinstitutionellen Paradigmas in den Domänen der beiden anderen bestellt.

3.2 Wissenschaftstheoretischer Vergleich

Die Überlegungen des vorigen Abschnittes sagen, genau genommen, nichts über die Qualität der Beiträge der einzelnen Paradigmata aus. Weil sie inhaltlich disjunkte Probleme der Preisforschung betreffen, können sie kaum miteinander verglichen werden. Man kann vielleicht noch beurteilen, ob die Theorie X das Problem A überzeugender als die Theorie Y löst, nicht aber, ob sie es besser löst als die Theorie Y das Problem B löst.

Art des Kriteriums	Eigenschaft	Operationalisierung
Syntaktische Kriterien	Struktur	Sind die Hypothesen sauber definiert und integriert, so dass sie ein strenges nomologisches Netz bilden?
	Spezifikation	Sind die Beziehungen so spezifiziert, dass sie die Hypothesen klar abgrenzen, oder sind sie hochgradig kontingent (viele Wenn-Komponenten)?
Semantische Kriterien	Prüfbarkeit	Sind die Hypothesen so formuliert, dass sie leicht falsifizierbar sind (z.B. gute operationale Definitionen der Variablen)?
	Empirische Fundierung	Wie gut ist die Unterstützung der Hypothesen durch empirische Befunde?
Pragmatische Kriterien	Reichtum	Wie umfassend und allgemein ist die Theorie?
	Sparsamkeit	Wie einfach ist die Theorie?

Abb. 3: Kriterien zur Bewertung von Theorien nach Sheth/ Gardner/ Garrett 1988

Hier helfen nur von Inhalten unabhängige, wissenschaftstheoretische Kriterien weiter, mit deren Hilfe Theorien bewertet werden können. Im folgenden werden sechs Kriterien von *Sheth/ Gardner/ Garrett* (1988, S. 29) herangezogen, die sich in der ein oder anderen Form auch in der wissenschaftstheoretischen Literatur finden. Die Autoren unterscheiden je zwei syntaktische, semantische und pragmatische Kriterien (vgl. *Abb. 3*)

In *Abb. 4* wird der Versuch einer Bewertung vorgenommen, indem das Ausmaß, in dem eine Theorie das betreffende Kriterium erfüllt, mit ein bis drei Sternchen gekennzeichnet wird. Es versteht sich von selbst, dass es sich hierbei um eine rein subjektive Bewertung des Verfassers handelt, die nicht „bewiesen", sondern allenfalls mehr oder weniger gut begründet werden kann.

Kriterium		Neobehavioristische Preistheorie	Neoklassische Preistheorie	Neoinstitutionelle Preistheorie
Syntaktik:	Struktur	*	**	*
	Spezifikation	*	**	**
Semantik:	Prüfbarkeit	**	*	*
	Empirische Fundierung	**	**	*
Pragmatik:	Reichtum	*	***	**
	Sparsamkeit	*	**	*

Abb. 4: Bewertung der Beiträge der drei Paradigmata zur Preistheorie anhand wissenschaftstheoretischer Kriterien

Nach dieser Bewertung wäre das neoklassische Paradigma den anderen beiden überlegen, vor allem hinsichtlich der Struktur, also des Grads an Kohärenz und Konsistenz und hinsichtlich der beiden pragmatischen Kriterien. Dies kann kaum überraschen, wenn man bedenkt, dass die Preistheorie die ureigenste Domäne der neoklassischen mikroökonomischen Theorie ist.

3.3 Synoptischer Vergleich

Nach der exemplarischen Betrachtung der Preistheorie wird im folgenden der Versuch unternommen, einen groben Überblick über die Beiträge der drei Paradigmata in anderen wichtigen Teilgebieten der Marketingforschung zu geben. Dabei werden die Gebiete Nachfragerverhalten, Anbieterverhalten sowie Unternehmen und Markt, Kooperation und Wettbewerb unterschieden.

	Neobehavioristisches Paradigma	**Neoklassisches Paradigma**	**Neoinstitutionelles Paradigma**
Präferenzentheorie	Multiattributive Einstellungstheorie, CM, FA, MDS		Berücksichtigung von Transaktionskosten
Aktivierende Determinanten der Kaufentscheidung	Emotionale Konditionierung, inverse U-Hypothese u.v.a.		
Kognitive Determinanten der Kaufentscheidung	Wahrnehmungstheorie, kognitive Dissonanz, Prospect Theorie		Signaling, Screening
Umweltdeterminanten der Kaufentscheidung	Hypothesen zur Mode, zu Meinungsführerschaft, persönliche Kommunikation		Erklärung von Referenzen, Gütesiegeln, persönliche Kommunikation
Preis und Einkommen als Determinanten der Kaufentscheidung	Preis als Qualitätsindikator, Preisschwellen, Mental Accounting	Einkommens- und Substitutionseffekte, Elastizitäten	Preis als Qualitätssignal, Erfolgsabhängige Preise und Entlohnungen
Beschaffungsverhalten von Unternehmen	Organizational Buying Behavior, Interaktionsansätze	Investitionstheorie	Theorien zum Single Sourcing, Modular Sourcing, ECR usw.

Abb. 5: Beiträge der drei Paradigmata zur Theorie des Nachfragerverhaltens

An *Abb. 5* kann man erkennen, dass die Theorien des Nachfragerverhaltens vom neobehavioristischen Paradigma dominiert werden. Auch das neoinstitutionelle Paradigma hat hier einige wichtige Erkenntnisse beigesteuert, während der Beitrag des neoklassischen Paradigmas auf die Bedeutung von Preis und Einkommen in der Kaufentscheidung beschränkt ist.

	Neobehavioristisches Paradigma	Neoklassisches Paradigma	Neoinstitutionelles Paradigma
Produkt- und Sortiments politik	Positionierungsmodelle, Markenwertmodelle, TQM, Diffusionsmodelle u.a.	Diversifiz.-Theorie Portfoliotheorie, Positionierungsmodelle	Entwicklungs-Partnerschaften, Leads-User-Konzepte, TQM
Preis- und Konditionenpolitik	Sonderangebotspolitik, Rabattpolitik, Preisschwellen	Cournot-Modell, Competitive Bidding, Preisdifferenzierung, nichtlineare Preise	Preispolitik bei Kontraktgütern, Entlohnung des AD, von Franchisenehmern
Kommunikationspolitik	Theorien der Werbewirkung, Werbegestaltung		Selbstbindung durch Werbung, Reputation, Corporate Identity
Distributionspolitik	Konfliktmanagement im Vertrieb	Zweistufige Märkte, Handelskonzentration, Standortmodelle	Markt und Hierarchie im Vertrieb, Anreiz und Kontrolle im Vertrieb, Supply Chain Management

Abb. 6: Beiträge der drei Paradigmata zur Theorie des Anbieterverhaltens

Abb. 6 kann man entnehmen, dass alle drei Paradigmata substanzielle Beiträge zur Theorie des Marketingmix geleistet haben. Dabei sind deutliche Schwerpunkte zu erkennen. Zentrale Themen der Produktpolitik wie Einstellungsmodelle, Produktpositionierung, Markenpolitik sind vom neobehavioristischen Paradigma geprägt, die Preis- und Konditionenpolitik ist ein Schwerpunkt neoklassischer, bei Spezialproblemen auch neoinstitutioneller Theorieansätze. Die wesentlichen Erkenntnisse zur Kommunikationspolitik sind dem neobehavioristischen Paradigma zuzuschreiben, hier finden sich kaum mikroökonomische Beiträge, die wiederum in der Distributionspolitik vorherrschen.

	Neobehavioristi- sches Paradigma	Neoklassisches Paradigma	Neoinstitutionelles Paradigma
Produkt-Markt- Strategien, Wettbe- werbsstrategien		Industrieökonomik, Portfoliotheorie, Erfahrungskurve, Economies of Scale	
Strategische Inter- aktion im Wettbe- werb		Oligopoltheorie, Spieltheorie, Markteintrittsspiele, Auktionen	Signalingstrategien (Ankündigung von Innovationen)
Kooperationen, Ge- schäftsbeziehung, Kundenbindung	Sozialpsychologische Interaktionstheorien (z.B. Anreiz- Beitrags-Theorie)	Spieltheorie	Spezif. Investitionen, Lock-In-Effekt, Prinzipal-Agent- Theorie, Vertrags- theorie
Besondere Markt- probleme		Natürliche Mono- pole, Netzeffekte	Standardisierung, Systemgeschäft, Externe Effekte (Umweltprodukte)

Abb. 7: Unternehmen und Markt, Kooperation und Wettbewerb

Abb. 7 gibt einen Überblick über die Marketingforschung zur Markt- und Wettbe-werbstheorie. Es wundert nicht, dass der Neobehaviorismus hier kaum vertreten ist, während die beiden mikroökonomischen Paradigmata das Feld beherrschen. Besonders das neoklassische Paradigma hat hierzu viele Beiträge geleistet, nicht nur zur strategischen Interaktion im Wettbewerb, sondern auch, wenn man die Industrieökonomik diesem Paradigma zurechnet, zur strategischen Marketingplanung. Die Stärke des neoinstitutionellen Paradigmas liegt hier in der Analyse von Geschäftsbeziehungen und sonstigen Kooperationen.

4. Fazit und Ausblick

Die Marketingforschung der letzten drei Jahrzehnte im deutschsprachigen Raum ist durch Vielfalt und Veränderlichkeit der Themen, Methoden und Theorien gekennzeichnet. Im vorliegenden Beitrag zur Theorieverankerung wurde versucht, die zahlreichen Hypothesen, Theorien und Modelle des Marketing durch den übergeordneten Begriff des Paradigmas zu strukturieren. Es wurden drei Paradigmata im engeren Sinne der *Kuhnschen* Definition identifiziert, die sicherlich nicht die einzigen sind, denen aber nach Ansicht des Verfassers der überwiegende Teil der Marketingforschung der letzten drei Jahrzehnte zugeordnet werden kann.

Es gibt mithin kein Paradigma, das in der Marketingforschung eine Monopolstellung hat, sondern es gibt mindestens drei Paradigmata - das neobehavioristische, das neoklassische und das neoinstitutionelle -, die ihre ganz spezifischen Stärken und Schwächen haben. Am Beispiel der Preistheorie konnte gezeigt werden, dass sie eher komplementär als substitutiv sind. Ihre jeweiligen Beiträge betreffen ganz unterschiedliche Probleme der Preistheorie, es gibt so gut wie keine direkte Konkurrenz unter ihnen. Betrachtet man die Marketingforschung in ihrer Gesamtheit, dann schwächt sich dieser Befund ab, denn es finden sich zu einzelnen Teilgebieten durchaus Überschneidungen. Es gibt aber unverkennbar eine schwerpunktartige Zuordnung der drei Paradigmata zu einzelnen Forschungsfeldern.

Insgesamt kann man sagen, dass wir dem neobehavioristischen Paradigma die meisten Erkenntnisse zum Nachfragerverhalten zu verdanken haben, während das neoklassische Paradigma die meisten Beiträge zum Forschungsfeld Unternehmung und Markt, Kooperation und Wettbewerb geleistet hat. Das neoinstitutionelle Paradigma dominiert in keinem der drei Forschungsfelder, es ist aber in allen dreien mit substanziellen Beiträgen vertreten. Im übrigen scheint es auch so zu sein, dass es eine Art arbeitsteiliger Zuordnung auch von Forschern zu den drei Paradigmata gibt. Dass jemand mit Theorien aus mehr als einem der drei Paradigmata arbeitet, ist eher die Ausnahme, die meisten Forscherinnen und Forscher fühlen sich nach dem subjektiven Eindruck des Verfassers nur einem Paradigma verpflichtet.

Was folgt aus der meist komplementären, manchmal aber auch substitutionalen Beziehung zwischen den drei Paradigmata? Eine eindeutige Antwort auf diese Frage ist nicht möglich. Wo Komplementarität herrscht, führt kein Weg an einer arbeitsteiligen, mehr als ein Paradigma einbeziehenden Forschung vorbei. Das muß kein Nachteil sein, denn bei komplementären Forschungen sind die Schnittstellenprobleme begrenzt. Wo Substitutionalität herrscht, herrscht Wettbewerb, und es ist offen, welche Theorie, welches Paradigma das Phänomen besser löst. Hier sind, wie auf einem Markt, zwei Ausgänge denkbar: Die Konkurrenz wird ausgetragen und eines der Paradigmata behauptet das Feld oder es kommt zur Integration, zur Fusion. Beide Lösungen setzen allerdings eine die paradigmatischen Grenzen übergreifende

Forschung voraus. Im Marketing ist dies, schon aus Gründen der Forschungsökono-
mie, eher die Ausnahme, mit der Folge, dass es oft zu einen dritten Ende kommt, das
es auf Märkten nicht gibt: das ungeklärte Nebeneinander verschiedener Paradigmata,
die voneinander keine Notiz nehmen.

Literatur

Albers, S. (1995), Optimales Verhältnis zwischen Festgehalt und erfolgsabhängiger Entlohnung bei Verkaufsaußendienstmitarbeitern, in: Schmalenbachs Zeitschrift für betriebswirtschaftliche Forschung (ZfbF), 47. Jg., 1995, S. 124-142.

Albers, S./ Krafft, M. (1996), Zur relativen Aussagekraft und Eignung von Ansätzen der Neuen Institutionenlehre für die Absatzformenwahl sowie die Entlohnung von Verkaufsaußendienstmitarbeitern, in: Zeitschrift für Betriebswirtschaft (ZfB), 66. Jg., 1996, S. 1383-1407.

Albers, S./ Skiera, B. (1999), Umsatzvorgaben für Außendienstmitarbeiter, in: *Herrmann, A./ Homburg, C.* (Hrsg.), Marktforschung, Wiesbaden 1999, S. 957-978.

Aufderheide, D./ Backhaus, K. (1995), Institutionenökonomische Fundierung des Marketing: Der Geschäftstypenansatz, in: *Kaas, K.P.* (Hrsg.), Kontrakte, Geschäftsbeziehungen, Netzwerke - Marketing und Neue Institutionenökonomik, Schmalenbachs Zeitschrift für betriebswirtschaftliche Forschung (ZfbF), Sonderheft Nr. 35, 1995, S. 43-60.

Backhaus, K. (1997), Relationship Marketing - Ein neues Paradigma im Marketing?, in: *Bruhn, M./ Steffenhagen, S.* (Hrsg.), Marktorientierte Unternehmensführung, Wiesbaden 1997, S. 19-35.

Backhaus, K./ Aufderheide, D./ Späth, G.-M. (1994), Marketing für Systemtechnologien, Stuttgart 1994.

Baier, D./ Säuberlich, F. (1997), Kundennutzenschätzung mittels individueller Hybrid-Conjointanalyse, in: Schmalenbachs Zeitschrift für betriebswirtschaftliche Forschung (ZfbF), 49. Jg., 1997, S. 951-972.

Balderjahn, I. (1994), Der Einsatz der Conjoint-Analyse zur empirischen Bestimmung von Preisresponsefunktionen, in: Marketing ZFP, 16. Jg., 1994, H. 1, S. 12-20.

Balzer, W. (1997), Die Wissenschaft und ihre Methoden: Grundsätze der Wissenschaftstheorie, Freiburg et al. 1997.

Bauer, H.H./ Bayón, T. (1995), Zur Relevanz prinzipal-agenten-theoretischer Aussagen für das Kontraktgütermarketing, in: *Kaas, K.P.* (Hrsg.), Kontrakte, Geschäftsbeziehungen, Netzwerke - Marketing und Neue Institutionenökonomik, Schmalenbachs Zeitschrift für betriebswirtschaftliche Forschung (ZfbF), Sonderheft Nr. 35, 1995, S. 79-99.

Bauer, H.H./ Herrmann, A./ Mengen, A. (1994), Eine Methode zur gewinnmaximalen Produktgestaltung auf der Basis des Conjoint Measurement, in: Zeitschrift für Betriebswirtschaft (ZfB), 64. Jg., 1994, S. 81-94.

Behle, I. (1998), Expertensystem zur formalen Bildgestaltung, Wiesbaden 1998.

Behrens, G. (1991), Konsumentenverhalten, 2. Auflage, Heidelberg 1991.

Behrens, G. (1994), Der Realitätsbezug der empirischen Forschung, in: *Forschungsgruppe Konsum und Verhalten* (Hrsg.), Konsumentenverhalten, München 1994, S. 3-11.

Bekmeier-Feuerhahn, S. (1989), Nonverbale Kommunikation in der Fernsehwerbung, Heidelberg 1989.

Bergen, M./ Dutta, S./ Walker, O.C. (1992), Agency Relationships in Marketing: A Review of the Implications and Applications of Agency and Related Theories, in: Journal of Marketing (JoM), Vol. 3, 1992, S. 1-24.

Bruhn, M./ Meffert, H./ Wehrle, F. (1994) (Hrsg.), Marktorientierte Unternehmensführung im Umbruch, Stuttgart 1994.

Bubek, R. (1996), Geschichte der Marketingtheorie, Frankfurt 1996.

Chalmers, A.F. (1999), Wege der Wissenschaft, Berlin et al. 1999.

Diller, H. (2000), Preispolitik, 3. Auflage, Stuttgart et al. 2000.

Dwyer, R F./ Schurr, P.H./ Oh, S. (1987), Developing Buyer-Seller Relationships, in: Journal of Marketing (JoM), Vol. 51, 1987, S. 11-27.

Eberhard, K. (1999), Einführung in die Erkenntnis- und Wissenschaftstheorie, 2. Auflage, Stuttgart et al. 1999.

Engelhardt, W.H. (1997), Das Marketing in der Betriebswirtschaftslehre - eine paradigmatische Betrachtung, in: *Bruhn, M./ Steffenhagen, H.* (Hrsg.), Marktorientierte Unternehmensführung, Wiesbaden 1997, S. 3-17.

Esch, F.-R. (1998), Wirkung integrierter Kommunikation, Wiesbaden 1998.

Faulhaber, G.R./ Yao, D.A. (1989), Fly-by-night Firms and the Market for Product Reviews, in: The Journal of Industrial Economics, Vol. 38, 1989, S. 65-77.

Feess, E. (1997), Mikroökonomie: eine spieltheoretisch- und anwendungsorientierte Einführung, Marburg 1997.

Forschungsgruppe Konsum und Verhalten (o.J.), Arbeitspapierreihe, o.O.

Gedenk, K./ Hartmann, S./ Schulze, T. (2000), Die Wirkung von Produktzugaben - Ein Conjoint-Experiment, erscheint in: Zeitschrift für Betriebswirtschaft (ZfB), 70. Jg., 2000.

Gröppel, A. (1991), Erlebnisstrategien im Einzelhandel, Heidelberg 1991.

Gustafsson, A./ Herrmann, A./ Huber, F. (2000) (Hrsg.), Conjoint Measurement, Berlin et al. 2000.

Gutenberg, E. (1951), Grundlagen der Betriebswirtschaftslehre, Band 1: Die Produktion, Berlin et al. 1951.

Gutenberg, E. (1955), Grundlagen der Betriebswirtschaftslehre, Band 2: Der Absatz, Berlin et al. 1955.

Hansen, U./ Bode, M. (1999), Marketing & Konsum, München 1999.

Herrmann, A./ Bauer, H.H. (1996), Ein Ansatz zur Preisbündelung auf der Basis der „prospect"-Theorie, in: Schmalenbachs Zeitschrift für betriebswirtschaftliche Forschung (ZfbF), 48. Jg., 1996, S. 675-694.

Herrmann, A./ Vetter, I. (1999), Nutzenorientierte Gestaltung von Bankdienstleistungen, in: *Herrmann, A./ Jasny, R./ Vetter, I.* (Hrsg.), Kundenorientierung von Banken, Frankfurt a. M. 1999, S. 44-59.

Hildebrandt, L./ Homburg, C. (1998) (Hrsg.), Die Kausalanalyse, Stuttgart 1998.

Hopf, M. (1983), Informationen für Märkte und Märkte für Informationen, Frankfurt a. M. 1983.

Huegli, A. (1996) (Hrsg.), Wissenschaftstheorie und Analytische Philosophie, 2. Auflage, Reinbek 1996.

Johnson, M.D./ Herrmann, A./ Bauer, H.H. (1999), The Effects of Price Bundling on Consumer Evaluations of Product Offerings, in: International Journal of Research in Marketing, Vol. 16, No. 2, 1999, S. 129-142.

Kaas, K.P. (1990), Marketing als Bewältigung von Informations- und Unsicherheitsproblemen im Markt, in: Die Betriebswirtschaft (DBW), 50. Jg., 1990, S. 539-548.

Kaas, K.P (1992a), Kontraktgütermarketing als Kooperation zwischen Prinzipalen und Agenten, in: Schmalenbachs Zeitschrift für betriebswirtschaftliche Forschung (ZfbF), 44. Jg., 1992, S. 884-901.

Kaas, K.P. (1992b), Marketing und Neue Institutionenlehre, Arbeitspapier, Frankfurt a. M. 1992.

Kaas, K.P./ Busch, A. (1996), Inspektions-, Erfahrungs- und Vertrauenseigenschaften von Produkten, in: Marketing ZFP, 18. Jg., 1996, S. 243-252.

Kleinaltenkamp, M. (1992), Investitionsgüter-Marketing aus informationsökonomischer Sicht, in: Schmalenbachs Zeitschrift für betriebswirtschaftliche Forschung (ZfbF), 44. Jg., 1992, S. 809-829.

Kleinaltenkamp, M./ Plinke, W. (1997) (Hrsg.), Geschäftsbeziehungsmanagement, Berlin et al. 1997.

Kreps, D.M. (1994), Mikroökonomische Theorie, Landsberg/ Lech 1994.

Kroeber-Riel, W. (1975), Konsumentenverhalten, München 1975.

Kroeber-Riel, W./ Weinberg, P. (1999), Konsumentenverhalten, 7. Auflage, München 1999.

Kucher, E./ Simon, H. (1987), Conjoint-Measurement - Durchbruch bei der Preisentscheidung, in: Harvard Manager, H. 3, 1987, S. 28-36.

Kuhn, T.S. (1999), Die Struktur wissenschaftlicher Revolutionen, 15. Auflage, Frankfurt 1999.

Laux, H. (1990), Risiko, Anreiz und Kontrolle, Berlin et al. 1990.

Mattmüller, R./Tunder, R. (1999), Das prozessorientierte Marketingverständnis, eine neoinstitutionenökonomische Begründung, in: Jahrbuch für Absatz und Verbrauchsforschung, 45. Jg., 1999, S. 435-451.

Meffert, H. (1999a) (Hrsg.), Marktorientierte Unternehmensführung im Wandel, Wiesbaden 1999.

Meffert, H. (1999b), Marketingwissenschaft im Wandel - Anmerkungen zur Paradigmendiskussion, in: *Meffert, H.* (Hrsg.), Marktorientierte Unternehmensführung im Wandel, Wiesbaden 1999, S. 34-66.

Milgrom, P./ Roberts, J. (1986), Price and Advertising Signals of Product Quality, in: Journal of Political Economy (JoPE), Vol. 94, 1986, S. 796-821.

Müller-Hagedorn, L. (1990), Zur Erklärung der Vielfalt und Dynamik der Vertriebsformen, in: Schmalenbachs Zeitschrift für betriebswirtschaftliche Forschung (ZfbF), 42. Jg., 1990, S. 451-466.

Nagle, T. (1995), The Strategy and Tactics of Pricing, 2. Auflage, Englewood Cliffs 1995.

Nelson, P. (1974), Advertising as Information, in: Journal of Political Economy (JoPE), Vol. 82, 1974, S. 729-754.

Nieschlag, R./ Dichtl, E/ Hörschgen, H. (1997), Marketing, 18. Auflage, Berlin 1997.

Opp, K.-D. (1995), Methodologie der Sozialwissenschaften, 3. Auflage, Opladen 1995.

Ordelheide, D./ Rudolph, B./ Büsselmann, E. (1991) (Hrsg.), Betriebswirtschaftslehre und ökonomische Theorie, Stuttgart 1991.

Picot, A./ Wolff, B. (1995), Franchising als effiziente Vertriebsform, in: *Kaas, K.P.* (Hrsg.), Kontrakte, Geschäftsbeziehungen, Netzwerke - Marketing und Neue Institutionenökonomik, Schmalenbachs Zeitschrift für betriebswirtschaftliche Forschung (ZfbF), Sonderheft Nr. 35, 1995, S. 223-243.

Popper, K. (1994), Logik der Forschung, 10. Auflage, Tübingen 1994.

Porter, M.E. (1999), Wettbewerbsstrategie: Methoden zur Analyse von Branchen und Konkurrenten, 10. Auflage, Frankfurt 1999.

Posselt, T. (1999a), Die Organisation von Distributionsbeziehungen - Eine institutionenökonomische Untersuchung, Habil.schrift, Frankfurt 1999.

Posselt, T. (1999b), Das Design vertraglicher Vertriebsbeziehungen am Beispiel Franchising, in: Zeitschrift für Betriebswirtschaft (ZfB), 69. Jg., 1999, S. 347-375.

Richter, R. (1994), Institutionen ökonomisch analysiert, Tübingen 1994.

Schade, C. (1999), Konsumentenentscheidungen bei Versicherungen, Habil.schrift, Frankfurt 1999.

Schade, C./ Schott, E. (1993), Kontraktgüter im Marketing, in: Marketing ZFP, 15. Jg., 1993, S. 15-25.

Schmalen, H. (1994), Preispolitik, 2. Auflage, Stuttgart et al. 1994.

Schmalensee, R. (1978), A Model of Advertising and Product Quality, in: The Journal of Political Economy (JoPE), Vol. 86, 1987, S. 485-503.

Schmidt, R.H. (1999), Erich Gutenberg und die Theorie der Unternehmung, in: *Albach, H. et al.* (Hrsg.), Die Theorie der Unternehmung in Forschung und Praxis, Berlin et al. 1999, S. 59-91l.

Schmidt, R.H./ Wagner, G.R. (1985), Risk Distribution and Bonding Mechanisms in Industrial Marketing, in: Journal of Business Research (JBR), Vol. 13, 1985, S. 421-433.

Seiffert, H. (1969), Einführung in die Wissenschaftstheorie, Band 1: Sprachanalyse, Deduktion, Induktion in Natur- und Sozialwissenschaften, München 1969.

Shapiro, C. (1983), Premiums for High Quality Products as Returns to Reputations, in: Quarterly Journal of Economics, Vol. 98, 1983, S. 659-679.

Sheth, J.N./ Gardner, D.M./ Garrett, D. (1988), Marketing Theory, New York 1988.

Simon, H. (1992), Preismanagement, 2. Auflage, Wiesbaden 1992.

Skiera, B. (1999), Mengenbezogene Preisdifferenzierung bei Dienstleistungen, Wiesbaden 1999.

Skiera, B./ Revenstorff, I. (1999), Auktionen als Instrument zur Erhebung von Zahlungsbereitschaften, in: Schmalenbachs Zeitschrift für betriebswirtschaftliche Forschung (ZfbF), 51. Jg., 1999, S. 224-242.

Terberger, E. (1994), Neo-institutionalistische Ansätze, Wiesbaden 1994.

Thaler, R.H. (1985), Mental Accounting and Consumer Choice, in: Marketing Science, Vol. 4, 1985, S. 199-214.

Tietz, B. (1993), Die bisherige und künftige Paradigmatik des Marketing in Theorie und Praxis, in: Marketing ZFP, 15. Jg., 1993, S. 149-163 und 221-236.

Tolle, E. (1994), Informationsökonomische Erkenntnisse für das Marketing bei Qualitätsunsicherheit der Konsumenten, in: Schmalenbachs Zeitschrift für betriebswirtschaftliche Forschung (ZfbF), 46. Jg., 1994, S. 926-938.

Tomczak, T. (1992), Forschungsmethoden in der Marketingwissenschaft. Ein Plädoyer für den qualitativen Forschungsansatz, in: Marketing ZFP, 14. Jg., 1992, S. 77-87.

Trommsdorff, V. (1998), Konsumentenverhalten, 3. Auflage, Stuttgart 1998.

von Böventer, E./ Illing, G./ Bauer, A. et al. (1997), Einführung in die Mikroökonomie, 9. Auflage, München et al. 1997.

Weber, M. (1986), Der Marktwert von Produkteigenschaften, Berlin 1986.

Weiber, R./ Adler, J. (1995), Der Einsatz von Unsicherheitsreduktionsstrategien im Kaufprozeß: Eine informationsökonomische Analyse, in: *Kaas, K.P.* (Hrsg.), Kontrakte, Geschäftsbeziehungen, Netzwerke - Marketing und Neue Institutionenökonomik, Schmalenbachs Zeitschrift für betriebswirtschaftliche Forschung (ZfbF), Sonderheft Nr. 35, 1995, S. 61-77.

Weiber, R./ Beinlich, G. (1994), Die Bedeutung der Geschäftsbeziehung im Systemgeschäft, in: Marktforschung & Management, 1994, S. 120-127.

Weinberg, P. (1992), Erlebnismarketing, München 1992.

Williamson, O.E. (1990), Die ökonomischen Institutionen des Kapitalismus: Unternehmen, Märkte, Kooperationen, Tübingen 1990.

Yadav, M.S./ Monroe, K.B. (1993), How Buyers Perceive Savings in a Bundle Price: An Examination of a Bundle's Transaction Value, in: Journal of Marketing Research (JMR), Vol. 30, 1993, S. 350-358.

Die Konsumentenforschung im Marketing - Stärken und Schwächen aus Erfahrungssicht

Andrea Gröppel-Klein/ Peter Weinberg

1. Einführung 80

2. Entwicklungsgeschichte der Konsumentenforschung 80

3. Wissenschaftstheoretische Perspektiven 81

4. Stärken und Schwächen der Interdisziplinarität 88

5. Betonung kognitiver Prozesse vs. Betonung emotionaler Prozesse 90

Literatur 93

1. Einführung

Im Rahmen dieses Beitrags sollen die wesentlichen Inhalte und Forschungsparadigmen der verhaltenswissenschaftlich orientierten Konsumentenforschung erörtert, der Nutzen dieser Forschungsrichtung für eine anwendungsorientierte Betriebswirtschaftslehre diskutiert und Problembereiche aufgezeigt werden. Dabei werden sowohl die internationale Konsumforschung, als auch speziell die Entwicklung in Deutschland beleuchtet. Es ist zu betonen, dass die kritische Auseinandersetzung aus der Perspektive zweier "Anwender" erfolgt, da sich beide Autoren der Konsumentenforschung im Marketing verpflichtet fühlen. Zudem werden in diesem Beitrag nur die Stärken und Schwächen der klassischen verhaltensorientierten Konsumentenforschung aufgezeigt, andere verhaltenswissenschaftliche Ansätze, wie z.B. die Theorien der mathematischen Psychologie, also z.B. die Prospect-Theorie[1] oder die Theorie des Mental Accounting, werden nicht behandelt.

2. Entwicklungsgeschichte der Konsumentenforschung

Noch vor 25 Jahren waren die Begriffe "Konsumentenverhalten" und "Konsumentenforschung" kaum bekannt. Sie wurden Mitte der 60er Jahre eingeführt, als sich die empirische Marketingforschung in den USA etablierte und sich die Erforschung des Konsumentenverhaltens zu einem vorrangigen Gegenstand der Marketingforschung entwickelte (*Kroeber-Riel/ Weinberg* 1999, S. 4). Unter Konsumentenverhalten im engeren Sinne versteht man das beobachtbare "äußere" und das nicht beobachtbare "innere" Verhalten von Menschen beim Kauf und Konsum wirtschaftlicher Güter. Im weiteren Sinne versteht man unter Konsumentenverhalten das Verhalten der Letztverbraucher von materiellen und immateriellen Gütern in einer Gesellschaft, also auch das Verhalten von Wählern, Museumsbesuchern oder Patienten (*Kroeber-Riel* 1995, Sp. 1234).

In Deutschland erschienen Anfang der 70er Jahre die ersten Veröffentlichungen zur Konsumentenforschung. Hier wurde die Disziplin vor allem durch die Arbeiten von *Kroeber-Riel* (1972; 1973) geprägt. Die Konsumentenforschung erlebte einen schnellen Aufschwung, verselbständigte sich und wurde zur dominanten Forschungsrichtung der verhaltensorientierten Marketingforschung.

---

[1] Diese Theorien finden erst in jüngster Zeit Eingang in Lehrbücher zum Konsumentenverhalten (z.B. *East* 1997).

Eine unangefochtene Vormachtstellung über alle anderen Paradigmen der Marketingwissenschaft konnte die Konsumentenforschung in Deutschland jedoch nicht für sich verbuchen. So musste dieser Ansatz stets um seine Anerkennung innerhalb des Marketing kämpfen, anfangs aufgrund der vor allem durch *Gutenberg* geprägten Marketingwissenschaft, heute aufgrund einer Renaissance mikroökonomischer Paradigmen. Im Unterschied zu Deutschland begreift man sich im angloamerikanischen Raum voller Selbstbewusstsein als wichtigste Disziplin innerhalb des Marketing. So schreiben beispielsweise *Solomon, Bamossy* und *Askegaard* in ihrem 1999 veröffentlichten Werk "Consumer Behavior - A European Perspective": "Understanding consumer behavior is good business ... Consumer response is the ultimate test of whether or not a marketing strategy will succeed. Thus, knowledge about consumers is incorporated into virtually every facet of a successful marketing plan" (S. 10) und auf Seite 21: "Many business people realize that the 'consumer really is the boss' ".

International erfolgt der wissenschaftliche Austausch der Konsumentenforscher über die 1973 gegründete wissenschaftliche Zeitschrift "Journal of Consumer Research", die zu den sogenannten A-Journals zählt. Darüber hinaus treffen sich die Mitglieder der internationalen Organisation "Association for Consumer Research " mittlerweile zweimal jährlich zu einer Konferenz. Die Tagungsergebnisse werden in den "Advances in Consumer Research" veröffentlicht. Die ACR hat weltweit derzeit ca. 2000 Mitglieder, die nächste europäische Konferenz wird im Jahr 2001 in Berlin stattfinden.

3. Wissenschaftstheoretische Perspektiven

Zentrale Ziele der wissenschaftlichen Konsumentenforschung sind das Verstehen und Erklären des Verhaltens von Konsumenten sowie die Ableitung von Handlungsempfehlungen zur Beeinflussung des Konsumentenverhaltens (*Kroeber-Riel* 1995, Sp. 1235). Dieser einfache Satz birgt jedoch eine Menge Zündstoff in sich, denn erstens wehren sich viele Marketingforscher vehement dagegen, dass sie Sozialtechniken zur Beeinflussung von "Verhalten" entwickeln sollen, zum anderen verbergen sich hinter den Begriffen "Erklären" und "Verstehen" zwei Forschungsparadigmen, die von vielen Forschern durchaus als diametral erlebt werden.

Wie bereits angesprochen, hat sich die Konsumentenforschung aus der empirischen Marketingforschung entwickelt. Die Konsumentenforschung war daher anfangs rein positivistisch geprägt. Die positivistische Richtung geht von erfahrungswissenschaftlichen Erkenntnissen aus. Im Sinne des Kritischen Rationalismus ist die Forschung darauf ausgerichtet, generalisierbare Aussagen, also Theorien und Hypothesen zu formulieren und diese empirisch zu überprüfen. Diese Aussagen sollen dazu dienen, das Konsumentenverhalten zu erklären und im Sinne des modifizierten *Hempel-Oppenheim Schemas* Prognosen über das Verhalten zu erstellen und Empfehlungen über die Beeinflussung des Verhaltens abzugeben. Immer wiederkehrende Probleme sind dabei die Operationalisierung und Messung theoretischer Begriffe. Die empirisch gewonnenen Erkenntnisse müssen daher sorgfältigen Reliabilitäts- und Validitätsprüfungen unterzogen werden. Grundsätzlich geht der positivistische Ansatz also davon aus, dass mittels verhaltenswissenschaftlicher Ansätze Problemlösungsstrategien für das Marketing entwickelt werden.

Kritik:

Aufgrund des amerikanischen Systems "publish or perish" wurde von manchen Befürwortern die positivistische Richtung entartet und führte zu blindem Empirismus. Statt sorgfältiger Deduktion von Hypothesen aus theoretischen Konzepten wurden vielfach ad-hoc Hypothesen aufgestellt, die Mini-Fragestellungen (z.B. Untersuchung der Aufmerksamkeitswirkung von Frauen auf Titelblättern in Abhängigkeit von der Frisur) zum Inhalt hatten und an denen die gesamte Bandbreite der multivariaten Analysemethoden ausprobiert werden konnte. Manche Kritiker sprechen hier auch von Pseudo-Forschung in dem Sinne, dass irrelevante Probleme bearbeitet werden.

Ein anderer Grund für das Phänomen des "blinden Empirismus" könnte darin liegen, dass Forschungsansätze, die sich durch hohe Interdisziplinarität auszeichnen, grundsätzlich mit einem höheren Missbrauchsrisiko einhergehen als disziplinäre Forschungskonzeptionen, da hier die Gefahr besteht, dass Einzelaussagen aus dem Theoriegeflecht anderer Disziplinen herausgerissen, auf ein Marketingproblem übertragen und empirisch getestet werden, ohne dass diese Theorieverstümmelung von der eigenen Disziplin bemerkt wird. Ob es sich bei dieser Vorgehensweise um eine bewusste und damit unlautere Absicht oder eine unbewusste Vorgehensweise handelt, die aus mangelnder Theoriekenntnis resultiert, spielt im Ergebnis keine Rolle. Auf die Stärken und Schwächen der Interdisziplinarität wird an späterer Stelle noch einmal eingegangen.

Ein weiteres Problem des positivistischen Paradigmas liegt darin, dass trotz aller Bemühungen nicht alle Phänomene der Konsumentenforschung mit empirischen Forschungsergebnissen erklärt werden können, unabhängig davon, wie sorgfältig die Stichprobe zusammengesetzt und wie intensiv an den Operationalisierungen gefeilt oder wie raffiniert das Experimentaldesign aufgebaut wird. Der positivistische, verhaltenswissenschaftliche Ansatz ist auf der Suche nach Gesetz- oder zumindest nach Regelmäßigkeiten im menschlichen Verhalten. Das bedingt, dass bestimmte Phänomene immer wiederkehrend sind. Der Ansatz ist somit zum Scheitern verurteilt, wenn einmalige Ereignisse im Leben eines Konsumenten erklärt werden sollen, die aber erheblichen Einfluss auf zukünftige Konsumentscheidungen ausüben können ("critical incidents").

Einige der genannten Kritikpunkte hat die verstehende Richtung[2] der Konsumforschung aufgegriffen, die sich in den 80er Jahren als Gegenrichtung zum Positivismus entwickelt hat. So erklärt *Levy* (1999, S. 4): "The oddity is that an ethnography captures a situation more realistically than a particular statistic, no matter how large the sample or whatever the level of confidence".

Der verstehende Ansatz versucht, wie der Name schon impliziert, das Verhalten von Konsumenten zu verstehen und zu interpretieren. Beispielsweise hat die verstehende Konsumentenforschung ermittelt, dass Frauen Marlboro rauchen, weil sie sich unterdrückt fühlen und mit der Marlboro ihre persönliche Schwäche überwinden möchten (*Solomon/ Bamossy/ Askegaard* 1999). Die Anhänger möchten allerdings keine quantifizierbaren und generalisierbaren Erklärungen oder Prognosen über das Konsumentenverhalten aufstellen und damit keine Sozialtechniken zur Beeinflussung des Verhaltens liefern (*Kroeber-Riel/ Weinberg* 1999, S. 15).

Von Kritikern wird der interpretative Ansatz häufig als "weich" oder "feminin"[3] bezeichnet. Insbesondere im angloamerikanischen Raum wehren sich Protagonisten des verstehenden Ansatzes jedoch gegen die Auffassung, die positivistische Richtung könne Charakteristika wie "wahr", "unvoreingenommen" oder "objektiv" für sich in Anspruch nehmen, da jeder Wissenschaftler durch die Auswahl seiner Forschungsprojekte und durch die Dateninterpretation subjektiv vorgehe und einige Forscher der Versuchung erliegen, zwecks Bestätigung der Hypothesen widersprechende Daten zu ignorieren. "Researchers who do not obtain supportive results are unlikely to even try to publish the work. In many cases, then, there is little chance that a 'falsifying' result will be widely disseminated in the field and becomes part of scientific knowledge" (*Paul* 1991, S. 539). Diese Kritik ist sicherlich nicht ganz ungerechtfertigt und erinnert zum Teil an die in Deutschland geführte Werturteilsdiskussion (im Entdeckungszusammenhang) in den 70er Jahren.

"Verstehende Konsumentenforscher"[4] versuchen, beispielsweise mittels hermeneutischer und semiotischer Verfahren[5] oder unter Zuhilfenahme der Anthropologie[6] die

---

[2] Im angloamerikanischen Sprachraum wird dieses Paradigma als "interpretivism" bezeichnet (*Solomon/ Bamossy/ Askegaard* 1999, S. 24).

[3] Dagegen titulieren Gegner des positivistischen Ansatzes diesen gerne als "Macho-Wissenschaft".

[4] Siehe hierzu auch den Artikel von *Sherry* (1991), der einen guten Überblick über die Entwicklung und die Methoden des interpretativen Ansatzes gibt.

[5] Ziel einer semiotischen Zeichenanalyse (wie werden Zeichen und Symbole wahrgenommen?) ist es zu erkennen, welche Objekte im Rahmen der Identitätsbildung und Symbolbildung für die menschliche Kommunikation benutzt werden und welcher Sinn den einzelnen Objekten beigemessen wird (z.B. Marlboro Mann = Symbol für den rauhen und individualistischen Amerikaner). Siehe hierzu in der deutschsprachigen Literatur auch ausführlich *Behrens* (1996). Hermeneutik ist eine interpretative Methode, die in der Werbewirkungsforschung angewandt wird und davon ausgeht,

komplexen sozialen und kulturellen Einflüsse auf das Konsumverhalten zu ermitteln, was aber nicht bedeutet, dass diese Erkenntnisse für die Beeinflussung des Konsumverhaltens durch eine entsprechende Marketing-Mix-Politik genutzt werden sollen. Viele Vertreter der verstehenden Richtung sind der Ansicht, dass der Materialismus zu sehr im Mittelpunkt der positivistischen Richtung stünde und dass auch die sogenannten "dark sides of consumer behavior" (wie bspw. Kaufsucht oder Unweltverschmutzung) erforscht werden müssten. Zu den Exponenten dieser Forschungsrichtung zählen vor allem *Morris Holbrook* und *Elisabeth Hirschmann* (1989; 1992). Diese Einstellung wird auch seitens der Verfechter der sogenannten "kritischen Schule" der Konsumforschung unterstützt (z.B. *Rogers* 1987), die sich der interpretativen Richtung zugehörig fühlen (*Sherry* 1991, S. 570) und es sich zum Ziel gesetzt haben, eine "moralische Wirtschaft" zu etablieren und die Konsumwelt kritisch zu hinterfragen.

Es ist sicherlich ein Verdienst der verstehenden Richtung, dass sich die Konsumentenforschung seit den 80er Jahren mit den negativen Auswüchsen der Konsumgesellschaft[7] und mit dem Verbraucherschutz beschäftigt und dass sie die positivistische Richtung beeinflusst hat, ihr Manko zu erkennen und sich dieser Themen ebenfalls anzunehmen (z.B. *Balderjahn* 1986). Gleichfalls hat dieser Ansatz (man bezeichnet sich heute auch gerne als "qualitative Forschungsrichtung") die lange Zeit vernachlässigten Methoden der psychologischen Marktforschung wie Bildertests oder thematische Apperzeptionstests wieder stärker in den Vordergrund gespielt, projektive Verfahren weiterentwickelt (z.B. *Zaltmans* (1995) „Metaphor Elicitation Technique") oder die Aufmerksamkeit auf den Nutzen von Fokusgruppen gelenkt. Weiterhin haben qualitative Forschungsarbeiten im Cross-Cultural-Bereich wertvolle Erkenntnisse für das Verstehen anderer Kulturen (und damit für das internationale Marketing) geleistet (z.B. *Ger/ Belk* 1999).

Dennoch muss sich der verstehende Ansatz einer erheblichen Kritik aussetzen:

Auch die meisten Vertreter dieses Paradigmas leben in dem System "publish or perish". Somit besteht hier ebenfalls die systemimmanente Gefahr, dass die behandelten Themengebiete einen geringen Informationsgehalt aufweisen. Des weiteren sind

---

dass Konsumenten Werbebotschaften auf der Basis vorgefasster Meinungen beurteilen und die untersucht, ob sich die Ansichten der Konsumenten über sich selbst, über die Welt und über die Quelle der Botschaft nach einer Werbedarbietung verändern.

[6] Die Anthropologie zog in die Konsumentenforschung, beispielsweise durch Arbeiten von *Levy* (1978), *Sherry* (1983) und *Belk* (1988), ein.

[7] In Deutschland beschäftigt sich vor allem *Hansen* (z.B. 1995) mit dieser Thematik.

viele von dieser Forschungsrichtung gewonnene Erkenntnisse spekulativ und erinnern an die psychoanalytische Motivforschung von *Ernest Dichter*[8].

Die klassischen Verfahren der Validitäts- und Reliabilitätsprüfung, die üblicherweise zur Überprüfung der Güte positivistischer Untersuchungen herangezogen werden, können hier nicht verwendet werden. Ähnlich ausgereifte Methoden zur Güteprüfung existieren bei dem interpretativen Ansatz (noch) nicht. Ein Zitat von *Levy* (1999, S. 4) beschreibt diese Problematik sehr anschaulich: "Qualitative researchers are like modern artists who do unrealistic, distorted work because they are not competent at drawing (unlike *Picasso*), they cannot properly measure and hold their work up to criteria that govern scientific research".

Mit dieser Misere geht häufig eine mangelnde intersubjektive Nachvollziehbarkeit der Ergebnisse einher, die vielfach allerdings auch gar nicht angestrebt wird. Letzteres ist insbesondere dann gegeben, wenn sich der Forscher als Teil des zu untersuchenden Phänomens begreift und statt Distanz zu den Probanden zu wahren, mit ihnen interagiert und kooperiert.

Zusammenfassend kann hier festgehalten werden, dass die verstehende Richtung originelle und innovative Beiträge zur Konsumforschung geleistet hat, beispielsweise hat die von amerikanischen Forschern durchgeführte Konsumentenverhaltensodyssee (*Belk* 1991) tiefe Einblicke in das amerikanische Konsumverhalten gegeben. Vielleicht ausgelöst durch den 1982 erschienenen Artikel von *Holbrook* und *Hirschman* "Experiential Aspects of Consumption: Fantasies, Feelings and Fun" hat sich der verstehende Ansatz stärker den emotionalen Aspekten zugewandt, wie es auch von deutschen Konsumentenforschern gefordert wird (*Kroeber-Riel/ Weinberg* 1999, S. 26, siehe zu dieser Thematik auch Kapitel 5 dieses Beitrags).

Gleichfalls nehmen mehr und mehr Forscher eine kritische Haltung zur blinden Datengläubigkeit ein und fordern die positivistische Richtung auf, Hypothesen wieder stärker und sorgfältiger in Theorien einzubetten und auch "falsifizierten" Hypothesen stärkere Beachtung zu schenken. Allerdings muss sich die verstehende Richtung dem Gültigkeitsproblem stellen. Sprechen wir beim Positivismus von der Gefahr des "blinden Empirismus" muss man hier eine "Fata-Morganische Interpretationslust" befürchten.

Nach hier vertretener Auffassung muss die verstehende Richtung intersubjektiv nachvollziehbare Kriterien entwickeln, nach denen die Güte der gewonnenen Erkenntnisse beurteilt werden kann. Denkbar wäre hier eine konsequente Anwendung

---

[8] *Ernest Dichter* beispielsweise behauptete, dass der Verzehr von Speiseeis den Wunsch nach Sicherheit stillen könne, während Ketchup das Unabhängigkeitsstreben und Wodka den Wunsch nach Individualität befriedigen könne.

der sogenannten "Triangulation" (*Sherry* 1991, S. 569[9]). Hierbei handelt es sich um einen multidimensionalen Forschungsprozess, der (idealerweise) wie folgt vonstatten geht: Es wird unterschiedliches Ausgangsmaterial (z.B. Beobachtungen, Tiefeninterviews, die sogenannten "thick descriptions", Fotos, Symbole etc.) zur Analyse eines Phänomens gesichtet. Diese "Daten" werden von unterschiedlichen Forschern aus unterschiedlichen Disziplinen (z.B. Soziologen, Psychologen, Anthropologen etc.) mit unterschiedlichen Methoden (z.B. Semiotik, kognitive Psychologie etc.) unter Zuhilfenahme konkurrierender Hypothesen interpretiert. Einigt man sich in dem Forschungsprozess gemeinsam auf eine theoretische Erklärung für das Zustandekommen des Ausgangsmaterials und kann man diese Erklärung noch mit weiterem Material untermauern, dann ist die Wahrscheinlichkeit hoch, dass die Interpretation auch von anderen nachvollzogen werden kann und nicht mehr als "willkürlich" gelten muss. Diese Art der Forschung könnte dann auch den wissenschaftstheoretischen Anforderungen[10] der syntaktischen und pragmatischen Kriterien (insb. Parsimony) gerecht werden und ebenfalls "gesichertes" Wissen entwickeln.

Solange sich die verstehende Richtung jedoch *nicht* einer grundlegenden Güteprüfung unterzieht, stellen die hier gewonnenen Erkenntnisse in der Regel nur Hypothesen dar, die in den Entdeckungszusammenhang eingeordnet werden und sich einer klassischen empirischen Prüfung im Begründungszusammenhang unterwerfen sollten. Dann wäre die verstehende Forschung allerdings nur der "appetizer" und nicht der "main course", wie *Ger* (2000) es einmal ausgedrückt hat.

Ein weiterer Unterschied zwischen den Forschungsrichtungen besteht darin, dass - wie bereits angesprochen - von dem überwiegenden Teil der Verfechter des verstehenden Ansatzes die Entwicklung von Sozialtechniken abgelehnt wird (*Kroeber-Riel/ Weinberg* 1999, S. 15). Damit beraubt sich diese Forschungsrichtung eines Vorteils, der u.E. den verhaltenswissenschaftlichen Ansatz anderen Forschungskonzeptionen[11] im Marketing überlegen macht.

Die *positivistische* Forschung hat für die betriebswirtschaftliche Praxis zahlreiche wertvolle Handlungsempfehlungen entwickelt. Exemplarisch seien folgende Forschungsbereiche genannt:

• Einstellungsforschung und Markenbildung,

• Preisverhalten und Preispolitik,

• Umweltpsychologie und Ladengestaltung,

---

[9] Siehe auch *Denzin* (1978).

[10] Siehe hierzu den Beitrag von *Kaas* (2000) in diesem Band.

[11] Siehe zu unterschiedlichen Forschungskonzeptionen z.B. *Meffert* (1994) sowie *Kaas* (2000).

- Kommunikationsforschung (Bildkommunikation, Imagerytheorie) und Werbung,

- Emotionsforschung und Werbung sowie Erlebnismarketing,

- Wahrnehmungstheorien und Werbung.

Die positivistische Konsumentenforschung ermöglicht die Ableitung konkreter Handlungsempfehlungen, wie ein Beispiel aus der Einzelhandelsforschung deutlich macht. Die Umweltpsychologie beschäftigt sich u.a. mit der Frage, wie Individuen kognitive Lagepläne ("mental maps") ausbilden und welchen Nutzen diese ausüben. Die Erkenntnisse dieser Disziplin erlauben eine Übertragung auf das Verhalten von Konsumenten in Ladenumwelten. Es konnte in diversen empirischen Untersuchungen nachgewiesen werden, dass kognitive Lagepläne die subjektiv empfundene Orientierungsfreundlichkeit am Point-of-Sale erhöhen und dass mental maps durch markante Erinnerungshilfen, die sog. kognitiven Anker, und durch eine Verbundpräsentation gefördert werden können. Gleichfalls bestätigte sich die Hypothese, dass Konsumenten, die die Orientierungsfreundlichkeit des Geschäftes positiv wahrnehmen, eine positive Einkaufsstimmung erleben und eine hohe Kaufbereitschaft haben (*Gröppel* 1995; *Gröppel-Klein* 1998b). Es lassen sich weitere zahlreiche sozialtechnische Implikationen, die theoretisch abgeleitet und empirisch geprüft sind (*Kroeber-Riel/ Weinberg* 1999; *Weinberg* 1995). Die verhaltenswissenschaftliche Generierung *und* methodische Prüfung von Sozialtechniken ist ein zentrales Anliegen dieser konsequent nachfrageorientierten Marketingforschung.

Fazit:

Wenn die positivistische Richtung nicht in "blinden Empirismus" verfällt, theoretisch fundierte Hypothesen mit hohem Informationsgehalt entwickelt und diese sorgfältig prüft, kann sie - wie kaum ein anderer Ansatz im Marketing - wichtige Empfehlungen für die nachfrageorientierte Angebotsentwicklung und -gestaltung sowie für die Marktkommunikation und damit gleichfalls einen großen Beitrag für die Lösung drängender Probleme in der betriebswirtschaftlichen Praxis leisten.

Der neoklassische Ansatz geht von einem weitgehend rationalen Verhalten aus und ist daher für die Entwicklung einer an dem tatsächlichen Konsumverhalten ausgerichteten Anbieterpolitik nicht geeignet (*Kaas* 2000). Beim institutionenökonomischen Ansatz bewegen sich die Handlungsempfehlungen häufig nur auf einem abstrakten Niveau (z.B. "Verbessere die Screening- oder Signaling-Aktivitäten" oder "Erhöhe die Reputation"). Zwar wird hier die Existenz von Informationsasymmetrien, Unsicherheiten der Transaktionspartner und opportunistisches Verhalten berücksichtigt, dennoch spielen Kognitionen im Entscheidungsverhalten die zentrale Rolle. Informationsökonomisch orientierte Ansätze des Marketing sind in erster Linie anbieterorientiert und nicht auf das tatsächliche Marktverhalten der Konsumenten ausgerichtet. So wurden dem Marketing zwei elementare Aufgaben zugeordnet (*Kaas* 1992):

- Leistungsfindung: Konzeption und Realisierung eines Leistungsangebotes,

- Leistungsbegründung: Überzeugung der Nachfrager von der Überlegenheit des Leistungsangebotes.

Die Leistungsbegründung wird primär unter kommunikationspolitischen Aspekten gesehen, und damit steht auch der informationsökonomische Ansatz vor der grundsätzlichen Frage, wie Entscheidungen der Kunden (Prinzipale) zustande kommen. Hier greift wieder der verhaltenswissenschaftliche Ansatz, der vom tatsächlichen Nachfragerverhalten ausgeht.

4. Stärken und Schwächen der Interdisziplinarität

Die Konsumentenforschung nutzt - wie bereits angesprochen - für die Hypothesenbildung und Methodik Erkenntnisse der

- Psychologie,

- empirischen Sozialforschung,

- Soziologie und Sozialpsychologie,

- vergleichenden Verhaltensforschung (cross-cultural research) und der

- physiologischen Verhaltenwissenschaft,

um die wichtigsten Disziplinen zu nennen.

Chmielewicz (1994, S. 25) ist der Ansicht, dass sich in der betriebswirtschaftlichen Wissenschaft mittlerweile die Erkenntnis durchgesetzt habe, dass interdisziplinäres Forschen (er spricht vom Soziologisierungsprogramm in der Betriebswirtschaftslehre) notwendig sei, wenn "es dabei gelingt, betriebswirtschaftlich nicht oder nur unbefriedigend deutbare Sachverhalte durch Rückgriff auf soziologische oder verhaltenstheoretische Forschungsergebnisse besser deuten und erklären zu können oder eine bessere Verankerung der BWL zu gewinnen. Wer sich dagegen mit bloßen Autonomie- oder disziplinären Abgrenzungsargumenten wendet, verschüttet eventuell wertvolle Erkenntnisquellen, weil ja nun einmal wirtschaftliches Verhalten nur eine spezielle Ausprägung sozialen Verhaltens ist" und an anderer Stelle (S. 21) „... [Das] Beharren auf traditionellen Grenzen führt zur Verödung der Grenzgebiete, zur Abkapselung von den Nachbardisziplinen und möglicherweise zur verringerten Wissensvermehrung".

Chmielewicz (1994, S. 26ff.) macht jedoch auch auf Probleme der interdisziplinären Forschung aufmerksam:

Erstens könne das Stöbern in fremden Disziplinen, in denen der Forscher keine profunde Ausbildung hat, dazu führen, dass er sich nur oberflächliches Wissen oder Halbwissen aneignet, welches dazu führt, dass die so gewonnenen Forschungsergebnisse der Kritik des Fachmanns nicht standhalten.

Dem Dilettantismusproblem könne Abhilfe geschaffen werden, indem sich der Forscher in die neue Materie sorgfältig einarbeitet und/oder sich zu Forschungsgemeinschaften mit Fachvertretern zusammenschließt. *Chmielewicz* (1994, S. 27) befürchtet jedoch zweitens, dass aufgrund der begrenzten Forschungskapazität das Einarbeiten in die neue Materie dazu führt,

- dass der Forscher dann nicht mehr in der Lage sei, die Fortschritte in der Kerndisziplin weiterzuverfolgen,

oder

- dass betriebswirtschaftliche Fragestellungen gänzlich verdrängt würden und Ausdrücke wie Umsatz, Kosten, Rendite etc. in den Artikeln nicht mehr auftauchten. Als Negativbeispiel nennt *Chmielewicz* hier die Methode der Augenlidfrequenzmessung (heute: Blickregistrierung).

Auf diese Vorwürfe kann - aus Sicht der verhaltenswissenschaftlichen Konsumentenforschung - wie folgt geantwortet werden:

Sicherlich ist die von der Konsumentenforschung geforderte Einarbeitung in andere Disziplinen mit großen Anstrengungen verbunden. Beispielsweise sollte ein umfassend informierter Emotionsforscher mit Grundlagen der Gehirnforschung vertraut sein, wie das folgende Zitat aus einem in einer angesehenen Marketingzeitschrift veröffentlichten Artikel von *Bagozzi/ Gopinath/ Nyer* (1999, S. 193) zeigt: "The amygdala acts as a kind of central processor and interacts with the prefrontal cortex (working memory and attention), hippocampus (long-term explicit memory) and sensory cortex (perception and short term storage) to influence emotional responses". Ein nicht auf Neurologie spezialisierter Mediziner wird diesen Satz wahrscheinlich zweimal lesen, um ihn zu verstehen, wieviel schwieriger ist dieses für einen Forscher, der als Vorwissen ein Studium der Betriebswirtschaftslehre einbringt! Allerdings sollte man jedem Forscher selbst die Entscheidung überlassen, ob er sich in eine fremde Materie einarbeiten möchte oder nicht.

Chmielewicz kritisiert außerdem (s.o.), dass in vielen Veröffentlichungen zur Konsumentenforschung kein Bezug zu betriebswirtschaftlichen Schlüsselvariablen gezogen wird. Diese Kritik postuliert indirekt, dass ein solcher Zusammenhang grundsätzlich überhaupt hergestellt werden kann. Tatsächlich gibt es mittlerweile eine Reihe von Untersuchungen, die empirische Zusammenhänge zwischen verhal-

tenswissenschaftlichen Konstrukten und betriebswirtschaftlichen Kennziffern[12] berücksichtigen.

Aber gerade anhand des Beispiels der Blickregistrierung kann aufgezeigt werden,
welchen Nutzen apparative Methoden der Konsumentenforschung für die Effizienz-
steigerung eines Unternehmens haben können.

Die aktuelle Ausgangssituation in der deutschen Konsumgüterbranche ist durch
folgende Situation gekennzeichnet (siehe *Esch/ Wicke* 1999):

• Inflation der Produkte,

• Lebensmitteleinzelhandel 1998: 24.000 neue Artikel, Floprate: 85%,

• Inflation der kommunikativen Maßnahmen,

• Werbespots 1991: 404.924,

• Werbespots 1998: 1.952.501 (= 33 Stunden Werbefernsehen täglich),

• Ausgaben für Werbung 1986: 11 Mrd. DM,

• Ausgaben für Werbung 1996: 26 Mrd. DM,

• extreme Informationsüberlastung, stark rückläufige Kommunikationseffizienz.

Heute sind doppelt so hohe Ausgaben wie 1990 notwendig, um den gleichen durch-
schnittlichen Recall von 20% zu erhalten.

Mit Hilfe der Methode der Blickregistrierung kann festgestellt werden, ob im Zeitalter gesättigter Märkte und extremer Informationsüberlastung Werbeanzeigen überhaupt noch wahrgenommen bzw. ob die Markennamen registriert werden. Wenn
man sich überlegt, dass die Anzeigenpreise der wichtigsten Publikumszeitschriften
im Durchschnitt bei ca. 50.000 DM pro Seite liegen, liegt die Bedeutung der Blickregistrierung für die betriebswirtschaftliche Praxis auf der Hand, auch ohne dass
Korrelationsanalysen mit Absatzzahlen errechnet werden.

5. Betonung kognitiver Prozesse vs. Betonung emotionaler Prozesse

Die positivistische verhaltensorientierte Konsumentenforschung ist neben ihrer Interdisziplinarität durch das SOR-Paradigma geprägt (*Kroeber-Riel/ Weinberg* 1999).

---

[12] Beispielsweise in Arbeiten von *Diller* (1987), *Hildebrandt* (1992), *Trommsdorff* (1995),
Bekmeier-Feuerhahn (1998), *Gröppel-Klein* (1998a) etc.

Eine Schlüsselfrage in der Konsumentenforschung lautet, ob man sich aus kognitiver oder aus affektiver Sicht den "intervenierenden Prozessen" nähert, d.h., aus welcher Forschungsperspektive man versucht, die sich im Organismus abspielenden Prozesse zu erklären. Wirft man einen Blick auf die internationalen Veröffentlichungen, so muss man feststellen, dass der kognitive Ansatz[13] eindeutig dominiert. In der deutschen Konsumentenforschung ist jedoch unter anderem aufgrund der Arbeiten von *Kroeber-Riel* und *Weinberg* (z.B. 1986) das Verhältnis umgekehrt. Die unterschiedlichen Sichtweisen können exemplarisch anhand der Emotionstheorien erläutert werden, da hier besonders deutlich wird, wie sich die Dominanz kognitiver Theorien selbst im ureigensten Gebiet der Emotionsforschung niederschlägt.

Die konkurrierenden Theorien zur Entstehung von Emotionen lassen sich zwei Lagern zuordnen[14]. Die eher naturwissenschaftlich-orientierte Betrachtungsweise stellt die biologische Programmierung des emotionalen Verhaltens und die Aktivierungstheorie in den Vordergrund ("Emotionen als biologische Funktionen des zentralen Nervensystems"), die sogenannten "Appraisal-Theories" (appraisal zu deutsch: Einschätzungs- oder Bewertungsprozess) setzen auf der subjektiven Erlebnisebene an und erklären Emotionen über kognitive Interpretationsvorgänge. Eine typische kognitive Appraisal-Theorie zur Erklärung von Emotionen stammt beispielsweise von *Frijda* (1986): Ein Ereignis (eine Episode oder eine unerwartete Stimuluskonstellation) wird vom Konsumenten wahrgenommen. Anschließend wird dieses Ereignis vom Individuum hinsichtlich seiner Relevanz, seines Inhalts, seiner Dringlichkeit, Schwierigkeit/ Ernsthaftigkeit beurteilt, dadurch werden die Muskeln, Drüsen, Organe in Funktionsbereitschaft versetzt, es entsteht eine Aktion (z.B.: Hinwendung oder Abwendung von dem Ereignis), die mit einer inneren Erregung einhergehen kann. Ein Individuum kann somit erst dann eine Emotion erleben, wenn es ein bestimmtes Ereignis (mehr oder weniger bewusst) bewertet und interpretiert. Die Entstehung der Emotion kann nach den Appraisal-Theoretikern vor allem durch Protokolle „lauten Denkens" gemessen werden.

Ein großer Kritikpunkt an den kognitiv-orientierten Emotionstheorien lautet, dass in vielen Reizsituationen Erregungsmuster ausgelöst werden, die von vornherein - ohne subjektive Interpretation - in einer spezifischen Weise erlebt werden und das Verhalten bestimmen (*Zajonc* 1998). Die biologisch-orientierten Emotionstheorien (auch evolutionäre Theorien genannt) gehen davon aus, dass die grundlegenden, sogenannten "primären Emotionen" in den Erbanlagen des Menschen verankert sind. Zu den 10 angeborenen Emotionen zählen nach *Izard* (1994) Interesse, Freude, Überraschung, Kummer, Zorn, Ekel, Geringschätzung, Furcht, Scham und Reue.

---

[13] Siehe zu dieser Forschungsperspektive *Grunert* (1990).

[14] Siehe hierzu auch die Auseinandersetzungen zwischen *Zajonc* (z.B. 1998) und *Lazarus* (z.B. 1991).

Alle Emotionen gehen mit einem spezifischen mimischen Ausdrucksverhalten einher. Die biologische Programmierung erklärt, warum unterschiedliche Individuen auf bestimmte emotionale Stimuli (z.B. Schlüsselreize) gleich reagieren und warum emotionale Konditionierungsprozesse beispielsweise in der Werbung gelingen. Für die biologisch-orientierten Emotionstheorien steht die Aktivierung im Mittelpunkt der Forschung. Emotionen werden als biologische Funktionen des Nervensystems betrachtet, die ohne aktivierende Prozesse nicht möglich sind. Diese Auffassung erfährt Unterstützung durch die Erkenntnisse der modernen Gehirnforschung.

Wenn also Emotionen auch ohne subjektive Interpretation erlebt werden können, dann erweist sich das Messkonzept der "Protokolle lauten Denkens" der "Appraisal-Theoretiker" als unbrauchbar. Das Individuum, der Konsument, ist häufig stumm (z.B. "stumm vor Schreck") und kann sich nicht immer artikulieren. Zwingt man das Individuum dazu sich zu äußern, so erhält man äußerst zweifelhafte Ergebnisse. Stattdessen wäre die emotionale Befindlichkeit am Ausdrucksverhalten ablesbar oder mittels psychophysiologischer Verfahren messbar. Da viele kognitiv-orientierte Emotionsforscher spontane mimische Reaktionen (ohne vorgehende kognitive Prozesse) oder die Notwendigkeit des Vorhandenseins aktivierender Prozesse beim Zustandekommen von Emotionen anzweifeln, werden sie sich jedoch gegen diese Messverfahren verwahren.

An diesem Beispiel zeigt sich die Absurdität der kognitiven Konsumentenforschung, alle Bereiche des menschlichen Verhaltens mit kognitiven Methoden erforschen zu wollen - auch wenn diese noch so pragmatisch sind. Das kognitive Paradigma hat ohne Zweifel vorzügliche Verdienste im verhaltensorientierten Marketing, insbesondere bei der Analyse von Kaufentscheidungsprozessen und der Schematheorie. Eine Überbetonung dieser Forschungsperspektive, wie sie weltweit zu beobachten ist, erscheint jedoch nicht gerechtfertigt. Eine stärkere Berücksichtigung affektiver Prozesse im Konsumentenverhalten sowie eine Weiterentwicklung und verstärkte Anwendung nonverbaler Messmethoden (*Weinberg* 1986) ist daher zu fordern.

Doch nicht nur aufgrund der weitgehenden Vernachlässigung affektiver Prozesse in der internationalen Wissenschaftsgemeinschaft sollte man sich diesem Thema stärker zuwenden, auch die Praxis braucht mehr Informationen über das Zustandekommen und die Wirkung von Emotionen: Wir lesen in jeder mehr oder weniger wissenschaftlichen Zeitschrift, dass der Konsument hedonistisch sei oder dass der Wunsch nach emotionaler Anregung hoch sei und dass mehr und mehr Impulskäufe getätigt würden. Je mehr die Marketingpraxis über das Entstehen und die Wirkung von Emotionen weiß, desto besser kann sie auf die Wünsche und Bedürfnisse der Konsumenten eingehen. Die verhaltenswissenschaftliche Konsumentenforschung leistet somit einen Beitrag zur Betriebswirtschaftslehre.

Literatur

Bagozzi, R.P./ Gopinath, M./ Nyer, P.U. (1999), The Role of Emotions in Marketing, in: Journal of the Academy of Marketing Science, Vol. 27, Spring 1999, S. 184-206.

Balderjahn, I. (1986), Das umweltbewußte Konsumentenverhalten, Berlin 1986.

Bekmeier-Feuerhahn, S. (1998), Marktorientierte Markenbewertung, Wiesbaden 1998.

Behrens, G. (1996), Werbung, München 1996.

Belk, R.W. (1988), Possessions and the Extended Self, in: Journal of Consumer Research (JoCR), Vol. 15, September 1988, S. 139-168.

Belk R.W. (1991) (Hrsg.), Highways and Buyways: Naturalistic Research from the Consumer Odyssey, Provo, UT 1991.

Chmielewicz, K. (1994), Forschungskonzeptionen der Wirtschaftswissenschaft, 3. Auflage, Stuttgart 1994.

Denzin, N.K. (1978), The Research Act, 2. Auflage New York et al. 1978.

Diller, H. et al. (1987), Der Einfluss des Ladenlayout auf den Absatzerfolg im Lebensmitteleinzelhandel, Arbeitspapier Nr. 18 des Instituts für Marketing an der Bundeswehrhochschule Hamburg 1987.

East, R. (1997), Consumer Behavior - Advances and Applications in Marketing, London et al. 1997.

Esch, F.-R../ Wicke, A. (1999), Herausforderungen und Aufgaben des Markenmanagements, in: *Esch, F.-R.* (Hrsg.), Moderne Markenführung, Wiesbaden 1999.

Frijda, N.J. (1986), The Emotions, Cambridge 1986.

Ger, G./ Belk, R.W. (1999), Accounting for Materialism in Four Cultures, in: Journal of Material Culture, 1999, S. 183-204.

Ger, G. (2000), Study of Consumer Behavior: Past and Current Approaches, Vortrag beim EDEN Seminar on Consumer Behavior des EIASM, Brüssel 2000.

Gröppel, A. (1995), In-Store-Marketing, in: *Tietz, B./ Köhler, R./ Zentes, J.* (Hrsg.), Handwörterbuch des Marketing, Stuttgart 1995, Sp. 1020-1030.

Gröppel-Klein, A. (1998a), Wettbewerbsstrategien im Einzelhandel: Chancen und Risiken von Preisführerschaft und Differenzierung, Wiesbaden 1998.

Gröppel-Klein, A. (1998b), Findings of environmental psychology for differentiation strategies in international retailing, in: *Desportes, Y. et al.* (Hrsg.), International Marketing: New Frontiers and New Tendencies, Paris 1998, S. 489-504.

Grunert, K. G. (1990), Kognitive Strukturen in der Konsumentenforschung, Heidelberg 1990.

Hansen, U. (1995) (Hrsg.), Verbraucher- und umweltorientiertes Marketing, Stuttgart 1995.

Hildebrandt, L. (1992), Wettbewerbssituation und Unternehmenserfolg, in: Zeitschrift für Betriebswirtschaft (ZfB), 1992, S. 1069-1084.

Hirschman, E.C. (1989) (Hrsg.), Interpretive Consumer Research, Provo, UT: Association for Consumer Research 1989.

Hirschman, E.C./ Holbrook, M.B. (1992), Postmodern Consumer Research: The Study of Consumption as Text, Newbury Park 1992.

Holbrook, M.B./ Hirschman, E.C. (1982), Experiential Aspects of Consumption: Fantasies, Feelings and Fun, in: Journal of Consumer Research (JoCR), Vol. 7, September 1982, S. 132-140.

Izard, C.E. (1994), Die Emotionen des Menschen. Eine Einführung in die Grundlagen der Emotionspsychologie, 3. Auflage, Weinheim 1994.

Kaas, K.-P. (1992), Kontraktgütermarketing als Kooperation zwischen Prinzipalen und Agenten, in: Schmalenbachs Zeitschrift für betriebswirtschaftliche Forschung (ZfbF), Vol. 43, 1992, S. 884-901.

Kaas, K.-P. (2000), Theorieverankerung des Marketing, Beitrag in diesem Band, S. 55-78.

Kroeber-Riel, W. (1972) (Hrsg.), Marketingtheorie - Vehaltensorientierte Erklärungen von Marktreaktionen, Köln 1972.

Kroeber-Riel, W. (1973) (Hrsg.), Konsumentenverhalten und Marketing, Opladen 1973.

Kroeber-Riel, W. (1995), Konsumentenverhalten, in: *Tietz, B./ Köhler, R./ Zentes, J.* (Hrsg.), Handwörterbuch des Marketing, Stuttgart 1995, Sp. 1234-1246.

Kroeber-Riel, W./ Weinberg, P. (1999), Konsumentenverhalten, 7. Auflage, München 1999.

Lazarus, R.S. (1991), Emotion and Adaption, New York 1991.

Levy, S.J. (1978), Hunger and Work in a Civilized Tribe: Or, the Anthropology of Market Transactions, in: American Behavioral Scientists, Vol. 21, March/ April 1978, S. 557-570.

Levy, S.J. (1999), Evolution of Qualitative Research in Consumer Behavior, Working Paper, University of Arizona 1999.

Meffert, H. (1994), Marktorientierte Unternehmensführung im Umbruch - Entwicklungsperspektiven des Marketing in Wissenschaft und Praxis, in: Marktorientierte Unternehmensführung im Umbruch, hrsg. von *Bruhn, M./ Meffert, H./ Wehrle, F.*, Stuttgart 1994, S. 3-39.

Paul, J.P. (1991), Philosophical Tensions in Consumer Inquiry, in: *Robertson, Th.S./ Kassarjian, H.H.* (Hrsg.), Handbook of Consumer Behavior, Englewood Cliffs 1991, S. 533-547.

Rogers, E. (1987), The Critical School and Consumer Research, in: Advances in Consumer Research, Vol. 14, Provo, UT: Association for Consumer Research (ACR), 1987, S. 7-11.

Sherry, J.F. (1983), Gift Giving in Anthropological Perspective, in: Journal of Consumer Research (JoCR), Vol. 10, September 1983, S. 157-168.

Sherry, J.F. (1991), Postmodern Alternatives: The Interpretative Turn in Consumer Research, in: Handbook of Consumer Behavior, hrsg. von *Robertson, Th.S./ Kassarjian, H.H.*, Englewood Cliffs 1991, S. 548-591.

Solomon, M./. Bamossy, G./ Askegaard, S. (1999), Consumer Behavior - A European Perspective, New York et al. 1999.

Trommsdorff, V. (1995), Positionierung, in: *Tietz, B./ Köhler, R./ Zentes, J.* (Hrsg.), Handwörterbuch des Marketing, Stuttgart 1995, Sp. 2055-2068.

Trommsdorff, V. (1998), Konsumentenverhalten, 3. Auflage, Stuttgart et al. 1998.

Weinberg, P. (1986), Nonverbale Marktkommunikation, Heidelberg 1986.

Weinberg, P. (1995), Erlebnismarketing, in: *Tietz, B./ Köhler, R./ Zentes, J.* (Hrsg.), Handwörterbuch des Marketing, Stuttgart 1995, Sp. 607-615.

Zajonc, R.B. (1998), Emotions, in: *Gilbert, D.T/ Fiske, S.T./ Lindzey, G.* (Hrsg.), The Handbook of Social Psychology, Boston 1998, S. 591-632.

Zaltman, G./ Schuck, L.J. (1995), Sensing the Voice of the Customer, Working Paper, Havard Business School 1995.

Diskussion zur Theorieverankerung im Marketing

Diskussionsleitung: Ralph Berndt

Beitrag *Hansen*: Zunächst bedanke ich mich bei dem Veranstalter der Tagung und den Referenten für die Chance einer theoretischen Auseinandersetzung mit Grundpositionen und Entwicklungen der Marketingwissenschaft. Mit dieser Tagung ist bereits ein Anfang gemacht für die von mir in dem Referat Marketingwissenschaft quo vadis (*Anm. d.Verf.: S. 309-326 in diesem Buch*) eingeforderte wissenschaftstheoretische Reflexion einer Identitätsstiftung innerhalb der marketingwissenschaftlichen community.

Bei der Frage nach wissenschaftlicher Positionierung und theoretischen Ansätzen der Marketingwissenschaft bitte ich, die **kritische Funktion** der Wissenschaft nicht zu vernachlässigen, für die es im Laufe der Entwicklung durchaus Ansätze gegeben hat (z.B. Gesellschaftsorientiertes Marketing). Ich vermute, dass die kritische Funktion u.a. deswegen vernachlässigt wird, weil sie - spätestens seit dem Kritischen Rationalismus - mit normativen Positionen in Verbindung gebracht wird. Dies ist jedoch eine Fehleinschätzung. Die Wahrnehmung der kritischen Funktion bedeutet nicht, im Aussagezusammenhang normativ zu sein, sondern ist eine Frage von Basiswerturteilen in Bezug auf die Interessen, die in der Wissenschaft verfolgt werden sollen. Die gesellschaftlichen und ökologischen Probleme der inter- und intragenerativen Gerechtigkeit sind aber drängend und bedürfen dringend der wissenschaftlichen Bearbeitung durch das Marketing.

Stellungnahme *Kaas*: Ich stimme Frau *Hansen* zu, dass die kritische Funktion der Wissenschaft unverzichtbar ist, ohne sie wäre Wissenschaft keine Wissenschaft. Es sind mindestens drei kritische Funktionen zu unterscheiden. Erstens hat die Wissenschaft eine erkenntniskritische Funktion, indem sie immer wieder scheinbar bewährtes Wissen in Frage stellen muss. In diesem Punkt halte ich den Kritischen Rationalismus für eine sehr gute Leitlinie der Forschung. Zweitens muss eine angewandte Wissenschaft wie das Marketing der Praxis kritische Anregungen geben, indem sie mit Publikationen, vor allem aber über ihre Absolventen, die Praxis befruchtet und dort Veränderungen zum Guten herbeiführt. Drittens muss die Wissenschaft auch fragen, was das Gute ist, sie muss bedenken, was mit ihren Ergebnissen geschieht, wie und von wem sie verwertet werden, und sie muss sich fragen lassen, was sie zur Lösung gesellschaftlicher Probleme beiträgt, die in ihren Zuständigkeitsbereich fallen. Ich bin mit Frau *Hansen* einer Meinung, dass wir diese Funktion nicht vergessen dürfen. Vielleicht hat sie auch darin recht, dass der Kritische Rationalismus, dem sich ja wohl viele Marketingforscher verpflichtet fühlen, mit seiner betont positivistischen Haltung diese kritische Funktion nicht gerade fördert. Ich meine aber, dass er ihr nicht entgegenstehen muss. Was hat das alles mit Theorieverankerung zu tun? Ich glaube, sehr viel, denn die Wissenschaft kann ihre kritischen Funktionen nur wahrnehmen, sie kann darin nur glaubwürdig sein, wenn sie der Wahrheit verpflichtet ist, wenn ihre Erkenntnisse nach überprüfbaren Kriterien gewonnen werden, kurzum, wenn sie auf guten Theorien und sorgfältig erarbeiteten empirischen Befunden beruhen. Wenn wir hoffen dürfen, dass die Stimme der Wissenschaft nicht nur eine beliebige Stimme im großen Chor der gesellschaftlichen Interessengruppen ist, dann deswegen, weil ihre Erkenntnisse auf objektivierbaren Theorien beruhen.

Stellungnahme *Müller-Hagedorn*: Ich stimme Frau *Hansen* zu, dass es auch Gegenstand einer Marketingtheorie sein kann, alternative Konzepte zu entwerfen und deren Konsequenzen deutlich zu machen. Im Zentrum sehe ich dabei nicht das Bekennen zu bestimmten Positionen, Strukturen oder Abläufen, sondern die Analyse der hiermit verbundenen Bestimmungsfaktoren und Auswirkungen.

Beitrag *Balderjahn*: Alle realen Probleme sind, wenn überhaupt, nur in Teilaspekten disziplinär zu lösen. Aus diesem Grund sollte noch mehr als bisher abgerückt werden von der ausschließlich disziplinären Problembearbeitung. Erforderlich ist dazu eine Infrastruktur, die Forschungskooperationen über Fachgrenzen hinweg fördert und ermöglicht. Wissenschaftler müssen noch mehr zur Kooperation mit Kolleginnen und Kollegen bereit und in der Lage sein. Dazu gehört auch, dass die Ko-Autorenschaft in der scientific community höher als bisher bewertet werden muss. Theorien und Methoden sind die Basis wissenschaftlichen Arbeitens. Allerdings ist der Einsatz einer Theorie oder einer Methode immer an eine bestimmte Problemcharakteristik bzw. Problemstruktur gebunden. Wissenschaftliche Erkenntnisprozesse müssen sich deshalb offen halten für unterschiedliche Theorieansätze und Methoden (Triangulation). Insbesondere sollte auch der qualitativen Forschung im Marketing mehr Beachtung und Anerkennung zuteil werden. Ein zunehmender Einsatz qualitativer Methoden ist m.E. gerade in Anbetracht der recht ernüchternden Beiträge quantitativer Methoden, wie z.B. die Strukturgleichungsanalyse (LISREL), zum wissenschaftlichen Fortschritt geradezu zwingend.

Stellungnahme *Müller-Hagedorn*: Reale Probleme können in der Tat so verschiedenartige Aspekte aufweisen, dass eine interdisziplinäre Bearbeitung nützlich wird. Ob Probleme tatsächlich eine so vielschichtige Bearbeitung erfordern, lässt sich nur empirisch feststellen, es muss nicht für jeden Fall gelten. Interdisziplinäre Forschung wird derzeit häufig gefordert. Insbesondere aus den Naturwissenschaften wird berichtet, dass Fortschritte durch interdisziplinäre Teams erreicht worden sind, so z.B. durch Chirurgen in Zusammenarbeit mit Werkstofffachleuten und Anästhesisten. Im Marketing kann vor allem eine Zusammenarbeit mit Statistikern, Psychologen, Juristen, Soziologen, Informatikern, Mathematikern und Geographen in Frage kommen. Die Zusammenarbeit mit Fachleuten aus diesen Bereichen entheabt den Marketingwissenschaftler der Gefahr, auf anderen Gebieten zu dilettieren. (Er muss nicht den Job der anderen machen). Andererseits stellt sich umso deutlicher die Frage, worin der Beitrag des Ökonomen in solchen Teams besteht. Auf diese Fähigkeiten kann er sich konzentrieren, ohne seine knappen Ressourcen für Inhalte einsetzen zu müssen, die von Fachvertretern aus anderen Disziplinen besser beherrscht werden. Das Ökonomische sehe ich, wie im Vortrag angesprochen, in der Fähigkeit, substanzwissenschaftliche Theorien in einen Managementzyklus einzubringen.

Beitrag *Diller*: Die insgesamt sehr anregende Vortragsdiskussion hatte aus meiner Sicht in der expliziten Priorisierung bestimmter Ansätze einen gewissen Höhepunkt. Die Bewertung, die hier von Kollegen *Kaas* hinsichtlich der Eignung des verhaltenswissenschaftlichen, des mikroanalytischen und des neoinstitutionellen Forschungsansatzes durchgeführt wurde, brachte aber auch zum Vorschein, dass wir hier nach Metakriterien für die Qualität solcher Forschungsansätze zu suchen haben. Die von *Kaas* herangezogenen Kriterien waren rein formaler Natur im Hinblick auf die wissenschaftlich formale Qualität. Daneben existieren aber auch Marktkriterien des Wissenschafts- und Praxismarktes, denen wir in der täglichen Forschungsarbeit ebenfalls mehr oder minder folgen. Die Frage taucht auf, welche Priorität wir *diesen* Kriterien einräumen. Ist es beispielsweise wichtiger, die theoretische Fundierung eines Ansatzes zu verbreitern oder dessen Anwendbarkeit in der Praxis zu überprüfen? Sollten wir dem Reiz des innovativen Ansatzes mehr Gewicht beilegen als der vermeintlichen Bewährtheit eines vorliegenden Ansatzes? Bevor wir uns über diese Priorisierungen nicht intensiver Gedanken gemacht haben, wird es wohl nicht gelingen, die Eignung eines Forschungsansatzes valide zu messen.

Die Ausführungen von Herrn Kollegen *Kaas* haben darüber hinaus, wenn ich sie richtig verstanden habe, zum Ausdruck bringen sollen, dass die verschiedenen Ansätze komplementärer Natur seien und insofern nebeneinander betrieben werden könnten. Vermutlich wird es dabei aber nur bei einer additiven Komplementarität bleiben, weil sich niemand um die Integration der Erkenntnisse verschiedener Forschungsansätze kümmert. Eine Gesamtschau entsteht damit also nicht. Damit taucht die Frage auf, wie wir diese Integrationsarbeit organisieren sollen, um sie für die Forschungsgemeinschaft insgesamt am produktivsten zu gestalten. Überspitzt formuliert, müsste man sich also der Frage stellen, ob nicht mehr Druck auf einheitliche Forschungsparadigmen ausgeübt werden sollte, um diese zunächst zu Ende zu testen, bevor man etwa Doktoranden dazu ermuntert, neue Scheinwerfer auf das jeweilige Untersuchungsobjekt zu werfen.

Beitrag *Hansen*: Sicherlich spricht vieles dafür, die Situation der Marketingkommission und die Arbeit an einer Verbesserung gemeinsamen Wirkens als Problem des kollektiven Handelns mit der bekannten free rider Problematik kritisch und skeptisch zu analysieren, und dies ist ja auch immer ein intelligentes Unterfangen. Ob diese Theorie nun allerdings in allem transferierbar ist, möchte ich etwas anzweifeln. Ich bin der Überzeugung, dass der einzelne Wissenschaftler der Kommission bei einer Aktivierung des wissenschaftlichen Community-Austausches auch Individualnutzen realisieren könnte. Dazu könnte z.B. das Gefühl gehören, sich mit den eigenen Ansprüchen als Wissenschaftler im Einklang zu befinden.

Ganz abgesehen davon bin ich immer noch eine so unverbesserliche Optimistin, dass ich an das Prinzip Verantwortung glaube und insofern dafür plädiere, dass nicht alles nur ökonomisch verhandelt werden sollte. In diesem Sinne tut eine von Zeit zu Zeit erfolgende moralische Aufrüstung - verbunden mit gemeinschaftlichen guten Vorsätzen - sicherlich eine gute Wirkung. Für diese Möglichkeit sei der Tagungsleitung nochmals herzlich gedankt.

Beitrag *Steffenhagen*: Ich teile die von Herrn *Kaas* betonte Favorisierung eines paradigmatischen Pluralismus zur möglichst erschöpfenden Behandlung einer wissenschaftlichen Fragestellung, eines Problems der Realität. Dies muss jedoch - wie bereits diskutiert - nicht zwingend im „multi-paradigmatischen" Forscherteam praktiziert werden, sondern könnte auch von einer einzelnen Wissenschaftlerpersönlichkeit geleistet werden, sofern diese sich in den unterschiedlichen Paradigmen ein solides Fundament verschafft hat. In solchen Fällen setzt sich ein Wissenschaftler jedoch leicht dem **Vorwurf des Eklektizismus** aus, in dem Sinne, er oder sie suche sich problemorientiert die jeweils als passend erscheinenden Bausteine unterschiedlicher Paradigmen aus und „flattere dabei von Blüte zu Blüte". Gibt es eigentlich für die Berechtigung des Eklektizismus-Vorwurfs eine wissenschaftstheoretische Wertgrundlage? Warum soll dieses selektiv-pluralistische Vorgehen verwerflich sein?

Stellungnahme *Müller-Hagedorn*: Auch ich bin der Ansicht, dass im Marketing unterschiedliche Forschungskonzeptionen zu beobachten sind, ob es nun acht Paradigmen seien, wie *Meffert* meint, oder vier, die *Kaas* in seinem Vortrag unterschieden habe, sei dahingestellt; ich gehe von drei aus, dem verhaltenswissenschaftlichen Ansatz, dem mikroökonomischen (dem ich auch die Neoinstitutionenökonomik zurechne) und dem entscheidungsorientierten, in dem ich eine Fortentwicklung von

Schmalenbachs Kunstlehre sehe (Wirtschaftstechnologie). Niemand ist verpflichtet, alle Paradigmen aufzugreifen, entscheidend ist vielmehr, dass Erkenntnisfortschritte erzielt werden. Besondere Aufmerksamkeit verdient meiner Meinung nach die Wirtschaftstechnologie, der zwar der Glanz fehlt, der manchen Theorien anhaftet, die aber im Hinblick auf die Praxis von besonderer Bedeutung ist. Im übrigen stehen die genannten Ansätze nicht in Konkurrenz zueinander, sondern ergänzen sich. So integriert der entscheidungstheoretische Ansatz Modelle aus der Mikroökonomie, diese enthalten wiederum Aussagen zum Verhalten von Personen oder Personengruppen, die im Rahmen der verhaltenswissenschaftlichen Theorie näher betrachtet werden.

Beitrag *M. Meyer*: Viele der bisher diskutierten Probleme resultieren aus einem Denken, das die Welt in einzelne Teile zerlegt, ohne diese wieder zusammenzufügen. Die Grenzen zwischen den verschiedenen Forschungsansätzen werden gezogen und kaum zu überwindende Mauern gebaut.

Aber wissenschaftliches Arbeiten muss auch zum Ziel haben, die Teile wieder zu einem Ganzen zusammenzubinden. Diese Integrationsarbeit stellt intellektuell wohl auch die größere Herausforderung dar. Sie verlangt vor allem, in der Vielfalt der Ansätze den gemeinsamen Ursprung zu erkennen. So muss trotz aller berechtigten Kritik an den neoklassischen Ansätzen aus Marketingsicht klar sein, dass die Neoklassik den Kern der Wirtschaftswissenschaften bildet, denn sie konzentriert sich auf die Analyse des Preismechanismus - *Adam Smith*, der die Ökonomie als Wissenschaft begründete, spricht von der „unsichtbaren Hand des Markts". Ohne die Annahme, dass Transaktionen eingebettet sind in einen Markt und über den Preis- und Wettbewerbsmechanismus koordiniert werden, kommt auch die Marketingwissenschaft nicht aus.

Im Hinblick auf einen entscheidungsorientierten Forschungsansatz bleibt festzustellen, dass in der Neoklassik der Homo Oeconomicus Entscheidungen unter vollkommener Information trifft. In der Institutionenökonomik wird diese Annahme aufgehoben und die Wirtschaftsakteure treffen Entscheidungen unter Unsicherheit und begrenzter Rationalität. Schließlich erklären behavioristische Ansätze das Entscheidungsverhalten angesichts der kognitiven Beschränkungen und vor allem der affektiven, emotionalen Verhaltenskomponenten. Wenn Menschen angesichts der engen kognitiven Beschränkungen, denen sie unterliegen, Entscheidungen treffen müssen, dann verlassen sie sich auf ihr Gefühl.

Die systematische Aufhebung der strengen Verhaltensannahmen der Neoklassik überführt bzw. verbindet den einen Ansatz somit mit dem anderen. Der gemeinsame Ursprung der Ansätze liegt aber nach wie vor in der Neoklassik.

Beitrag *Köhler*: Um verschiedene Theorieansätze miteinander in Verbindung zu bringen und damit den Dialog mit dem Ziel einer übergreifenden Theorieentwicklung zu fördern, bieten sich u.a. Schwerpunktprogramme der *Deutschen Forschungsgemeinschaft* an. Solche Schwerpunktprogramme hat es vereinzelt in der Betriebswirtschaftslehre gegeben, aber nicht seitens der Marketingdisziplin. Ich möchte die Initiative zur Beantragung eines solchen Schwerpunktes, in dem bekanntlich Angehörige mehrerer Universitäten zusammenwirken, anregen.

Stellungnahme *Kaas*: In den Beiträgen von *Diller*, *Köhler*, *Meyer* und *Steffenhagen* wird mit unterschiedlichem Akzent die Frage gestellt, was die Existenz mehrerer Paradigmata in unserer Disziplin für die Organisation der zukünftigen Forschung bedeutet. Sollen wir verhindern, dass die Forscher in den verschiedenen Paradigmata ihr Eigenleben führen und keine Notiz voneinander nehmen? Ist ein eklektizistisches Hin und Her von Übel? Sollen wir eine Integration der verschiedenen Paradigmen anstreben?

Integration klingt positiv, ich bin aber nicht der Meinung, dass wir nun alle Anstrengungen unternehmen müssen, um die drei Paradigmata zu integrieren. Das kann schon deswegen nicht gelingen, weil sie in mancherlei Hinsicht inkompatibel sind - sie wären sonst keine Paradigmata im *Kuhnschen* Sinne! Um nur ein Beispiel zu nennen: Man geht bei der Analyse menschlichen Verhaltens entweder, wie der Neobehaviorist, davon aus, dass Präferenzen kurzfristig verändert werden können, oder man unterstellt, wie der Mikroökonom, dass sie nicht verändert werden können. Tertium non datur, integrieren lässt sich hier nichts. Hier gibt es m.E. auch nicht den gemeinsamen Ursprung, den Frau *Meyer* finden möchte. Sie hat aber recht darin, dass die neoinstitutionalistische Mikroökonomie letztlich in der Neoklassik wurzelt und aus ihr hervorgegangen ist. Zwischen diesen beiden Paradigmen ist Integration deshalb viel eher möglich als zwischen einem von ihnen und dem neobehavioristischen Paradigma.

Manchmal geht aber auch dies. Ein Beispiel dafür ist die Prospect Theorie mit ihren Derivaten (vgl. *Kahneman/ Tversky* 1979; *Thaler* 1985; *Schade* 1999). Die Prospect Theorie übernimmt die neoklassische Idee des Erwartungsnutzens, sie verfeinert dieses Modell aber um psychologische Erkenntnisse über Framing-Effekte und über die Wahrnehmung von Risiken. Das Ergebnis ist eine „Wertfunktion" mit einem konvexen Abschnitt für Gewinne und einem (steileren) konkaven Abschnitt für Verluste und eine „π- Funktion" zur Gewichtung der Wahrscheinlichkeiten. Durch dieses psychologische „Tuning" der ökonomischen Entscheidungstheorie ist es gelungen, zahlreiche empirisch beobachtbare Anomalien in Entscheidungen bei Risiko zu erklären (vgl. *Jungermann/ Pfister/ Fischer* 1998).

Dass Theorien aus unterschiedlichen Paradigmata nicht immer integrierbar sind, schließt eine gewisse „additive" Arbeitsteilung im Sinne von Herrn *Diller* nicht aus. Was spricht dagegen, dass der Neoklassiker, der die Reaktion auf einen Preis analysiert, die neobehavioristischen Erkenntnisse zur Preiswahrnehmung, etwa zu Preisschwellen, berücksichtigt, so wie ein Unternehmen Zulieferteile fremd bezieht? Das ist oft nicht möglich, manchmal aber gelingt es. Ein Beispiel für diese Art der Arbeitsteilung ist der Aufsatz von *Gedenk/ Sattler* (1999) zur Entscheidung über Preisschwellen im Handel. Wenn diese Art der Arbeitsteilung eklektizistisch ist, dann verneine ich die Frage von Herrn *Steffenhagen*, ob Eklektizismus verwerflich ist. Es gibt allerdings eine Form des „Flattern von Blüte zu Blüte", die mir bedenklich zu sein scheint. Wenn wir bei jedem neuen Phänomen, das wir nicht auf Anhieb mit einer schon bewährten Theorie erklären können, uns schnell eine andere, womöglich aus anderen Disziplinen suchen, dann entsteht ein Flickenteppich von Erkenntnissen, in dem kein Muster mehr zu erkennen ist. Ich bin z.B. der Überzeugung, dass wir zur wissenschaftlichen Bewältigung der „Neuen Ökonomie" des Internet mit unseren alten Theorien sehr weit kommen werden, natürlich nur, wenn wir die Flinte nicht vorschnell ins Korn werfen.

Beide Formen der Koexistenz von Paradigmata - die Integration und die additive Arbeitsteilung - setzen allerdings eines voraus, was nach dem Eindruck des Verfassers in der deutschen Marketingforschung keine große Tradition hat: die Zusammenarbeit der Forscher, der Austausch über die Grenzen eines Paradigmas hinweg. Insofern ist die Anregung von Herrn *Köhler* nur zu begrüßen.[1]

Beitrag *Specht*: Zutreffend ist es, wenn Herr Kollege *Behrens* feststellt, dass einerseits in Anknüpfung an das *Hempel-Popper-Schema* Erklärung ein analytisch-logischer Vorgang ist, und dass andererseits in der Praxis ganzheitlich-intuitive Verhaltensweisen vorherrschen. Ungenau ist es jedoch, wenn einerseits theoretische Aussagen als Teil des logisch-deduktiven Erklärungsschemas dem Bereich der Theorie und andererseits technologische Aussagen im Sinne von *Hempel* und *Popper* der Praxis zugeordnet werden. Herr *Behrens* hat diese Trennung von Theorie und Praxis durch das Einzeichnen eines Trennungsstrichs zwischen Theorie und Technologie und entsprechende Äußerungen in seinem Vortrag angedeutet.

Ein solcher Trennungsstrich wäre falsch gezogen. Das Verhalten in der Praxis kann nicht mit dem logisch-deduktiven Erklärungsschema in Verbindung gebracht werden. Die Praxis liegt außerhalb dessen, was das Schema auszudrücken versucht.

In der Wissenschaftstheorie wurde zwar gelegentlich behauptet, dass es sich bei der Übertragung einer theoretischen Ursache-Wirkungs-Aussage in eine technologische Ziel-Mittel-Aussage um eine tautologische Transformation handele, also um eine Übersetzung, die den Sinn der Aussage nicht verändert. Eine solche Auffassung ist allerdings kaum haltbar, weil sich die semantische Qualität der Aussage durch die Transformation verändert. Konditionierte, technologische Ziel-Mittel-Aussagen liegen näher an der Praxis als Ursache-Wirkungs-Aussagen, und unterliegen deshalb einer größeren Gefahr, als Handlungsempfehlung missverstanden zu werden, als theoretische Aussagen.

Grundsätzlich ist anzumerken, dass größere Praxisorientierung von Wissenschaftlern auch der Theorieentwicklung nützt. Die Praxis kann als ein großes Experimentierfeld aufgefasst werden, in dem täglich zahlreiche Experimente durchgeführt werden. Die Experimente der Praxis genügen zwar nicht den strengen methodischen Anforderungen eines Wissenschaftlers; diese Unzulänglichkeiten können aber als Aufforderung an Wissenschaftler verstanden werden, sich in die Praxis einzumischen und in diese "Experimente" mehr Ordnung und Systematik hineinzubringen, um Gesetzeshypothesen zu überprüfen und wissenschaftlichen Fortschritt zu erzielen. Für wissenschaftlich orientierte Betriebswirte ist die Praxis eine wichtige, letztlich die maßgebliche Korrekturinstanz für ihre theoretischen Aussagen über die Praxis.

Praktiker haben allerdings keinen Anlass, sich mit Vertretern der Betriebswirtschaftslehre auseinanderzusetzen, wenn die Praktiker nicht erkennen, dass Wissenschaftler danach streben, der Praxis bei der Lösung ihrer Probleme durch die Bereitstellung von theoretischem Wissen zu helfen. Als Wissenschaftler können wir einen Beitrag zur Annäherung von Wissenschaft und Praxis leisten, indem wir z.B. in Workshops, Projekten und Seminaren mit Praktikern zusammenarbeiten. Dies sollten wir verstärkt tun, um auch aus der Praxis zu lernen.

---

[1] **Verwendete Literatur:**

Gedenk, K./ Sattler, H. (1999), The Impact of Price Thresholds on Profit Contribution - Should Retailers Set 9-Ending Prices?, in: Journal of Retailing, Jg. 75, 1999, S. 33-57.

Jungermann, H./ Pfister, H.-R./ Fischer, K. (1998), Die Psychologie der Entscheidung - Eine Einführung, Heidelberg 1998.

Kahneman, D./ Tversky, A. (1979), Prospect Theory: An Analysis of Decision under Risk, in: Econometrica, Vol. 47, 1979, S. 263-291.

Thaler, R.H. (1985), Mental Accounting and Consumer Choice, in: Marketing Science, Vol. 4, 1985, S. 199-214.

Schade, C. (1999), Konsumentenentscheidungen bei Versicherungen, Habil.Schrift, Frankfurt 1999.

B Forschungsrichtungen in der deutschsprachigen Marketingforschung

I. Die institutionelle Orientierung des Marketing

Institutionelle Orientierung des Marketing

Werner-Hans Engelhardt

Vorbemerkung: Thematische Einordnung		*108*
1.	*Ursprung des institutionellen Ansatzes*	*108*
	1.1 Enge Interpretation des institutionellen Ansatzes	*108*
	1.2 Ausweitung des engen institutionellen Ansatzes	*109*
2.	*Möglichkeiten und Grenzen des institutionellen Ansatzes*	*110*
	2.1 Konkretisierung und Fragmentierung	*110*
	2.2 Verbindung des institutionellen Ansatzes mit anderen Betrachtungsweisen des Marketing	*111*
	2.3 Strukturelle Veränderungen und ihre Auswirkungen auf den institutionellen Ansatz	*112*
	2.4 Grenzen einer theoretische Fundierung des institutionellen Ansatzes	*112*
3.	*Das Verhältnis des institutionellen Ansatzes zur Allgemeinen Betriebswirtschaftslehre und ihre Gliederung an den Hochschulen*	*113*
	3.1 Einbindung des institutionellen Ansatzes in die Allgemeine Betriebswirtschaftslehre	*113*
	3.2 Der institutionelle Ansatz und die Gliederung der Betriebswirtschaftslehre an den Hochschulen	*114*
4.	*Fazit*	*114*
Literatur		*116*

Vorbemerkung: Thematische Einordnung

Um Missverständnisse bezüglich des Themas zu vermeiden, bedarf es einer Vorbemerkung. "Institutionelle Orientierung des Marketing" meint nicht, in welcher institutionellen Ausprägung das Marketing einer Unternehmung innerhalb der Organisation durchgeführt wird. Dafür sind sehr verschiedenartige Ansätze entwickelt worden, die kontrovers diskutiert werden. Einige Möglichkeiten seien hier genannt:

- Gesonderte Abteilung Marketing, der vor allem die strategischen Aufgaben obliegen und die planende, steuernde und kontrollierende Funktionen übernimmt. Verkauf/ Vertrieb sind demgegenüber stärker operativ ausgerichtet und bilden eigene organisatorische Einheiten.

- Eine andere Form könnte in einer Zusammenfassung dieser genannten Bereiche in einer einheitlichen Abteilung bestehen, die sich mit allen mit dem Absatz der Produkte und Leistungen betrauten Aufgaben befasst.

- Ein grundlegend anderer Ansatz bestünde darin, den Marketinggedanken der marktorientierten Unternehmungsführung als eine alle Bereiche der Unternehmung betreffende Aufgabe anzusehen und deshalb auf eine gesonderte institutionelle Abgrenzung in einer bestimmten Abteilung zu verzichten. Der Marketinggedanke obliegt dann allen Funktionsbereichen in einer jeweils auf diese ausgerichteten Form.

Im Gegensatz zu diesen eher organisatorischen Fragen beschreitet der vorliegende Beitrag einen gänzlich anderen Weg, indem er die Frage stellt, inwieweit das Marketing in seiner Entwicklung mit der Institution Unternehmung verbunden war oder vor allem funktional bzw. instrumentell gesehen wurde. Einige Aspekte dieses Fragenkomplexes sollen hier exemplarisch behandelt werden.

1. Ursprung des institutionellen Ansatzes

1.1 Enge Interpretation des institutionellen Ansatzes

Der institutionelle Ansatz hat eine lange Tradition und stellt nach Ansicht vieler Autoren überhaupt den Ausgangspunkt des Marketing, besser, der Behandlung absatzwirtschaftlicher Prozesse dar. Dabei wird meist auf die US-amerikanische Handelsbetriebslehre verwiesen.

Um den institutionellen Ansatz genauer erfassen zu können, ist es zweckmäßig, eine engere und eine weitere Fassung zu unterscheiden. Im engeren Sinn sind "die Betriebe und Hilfsbetriebe der Absatzwirtschaft" (*Tietz* 1974), d.h. vor allem die Handelsbetriebe und die dazugehörenden Hilfsbetriebe gemeint, die nicht nur in bezug auf ihr Marketing (ihre Absatztätigkeit), sondern auch hinsichtlich ihrer Struktur, ihrer gesamten Prozesse und ihrer Entwicklung den Kern der institutionellen Analyse bilden. Bei dieser engeren Betrachtung wird bereits deutlich, dass die so verstandene institutionelle Betrachtung nicht nur das Marketing der jeweiligen Untersuchungen betrifft, sondern die Unternehmungen insgesamt erfasst, deren Tätigkeit schwerpunktmäßig in der Ausübung von Handelsfunktionen besteht. Insofern kann man nicht von einer institutionellen Orientierung nur des Marketing sprechen.

Soviel zu der engeren und gleichzeitig älteren Fassung des institutionellen Ansatzes.

1.2 Ausweitung des engen institutionellen Ansatzes

Die weitere Fassung des institutionellen Ansatzes besteht in der Fokussierung der wissenschaftlichen Untersuchungsansätze auf die absatzwirtschaftlichen Vorgänge aller Unternehmungen und damit in der Ausweitung der Betrachtung über die Handelsbetriebe hinaus, aber noch innerhalb eines institutionellen Ansatzes.

Das setzt voraus, dass Unternehmungen zu Gruppen zusammengefasst werden, die mindestens in einigen wichtigen Punkten übereinstimmen. Ob das gerade das Marketing ist, bleibt sehr fraglich.

Im Verlauf der Entwicklung der Betriebswirtschaftslehre sind daraus die Lehren für bestimmte Wirtschaftszweige entstanden:

- Neben der Handelsbetriebslehre

- die Industriebetriebslehre,

- die Betriebslehren der Kreditinstitute und Versicherungen,

- die Verkehrsbetriebslehre,

- die Betriebslehre der Freien Berufe etc.

Als Kriterium für die Zuordnung der Unternehmungen zu diesen Gruppen dient eine mehr oder weniger grobe Klassifizierung, die sich an dem funktionellen Schwerpunkt der Betriebstätigkeit orientiert. Damit wird ein Merkmal gewählt, das zwar prozessbezogen definiert ist, aber bezüglich des Marketing keine Homogenität innerhalb der Gruppe herstellt. Es weist zwischen den Wirtschaftszweigen Unterschiede in der Ausübung der Marketingaufgaben, aber auch Gemeinsamkeiten hinsichtlich derselben auf.

Positiv ist hervorzuheben, dass der so verstandene institutionelle Ansatz zu einer Sammlung, Aufbereitung und Systematisierung einer Fülle von empirisch vorfindlichem Material geführt hat. Es wurde nicht nur das Marketing der Wirtschaftszweige erfasst, sondern es sind ganze Betriebslehren des Handels, der Industrie etc. entstanden. Dieser Aspekt des institutionellen Ansatzes ist fast ausschließlich deskriptiv geblieben und konnte nur in Einzelaspekten zu verallgemeinernden Aussagen vorstoßen, hat aber die Betriebswirtschaftslehre bis in die jüngste Zeit wesentlich geprägt. Diese Vorgehensweise in Forschung und Lehre erreichte ihre Blüte in Deutschland in den 30er Jahren und nach dem zweiten Weltkrieg. Den Zenit ihrer Bedeutung hat sie aber wohl überschritten. Da jedoch noch kein neues Paradigma gefunden worden ist, für das Konsens besteht, wird der so verstandene institutionelle Ansatz noch weitergeführt werden (müssen). Das gilt um so mehr, weil die an die universitäre Ausbildung anschließende berufliche Tätigkeit der Absolventen noch weitgehend institutionell geprägt ist, obwohl auch in dieser Hinsicht sich deutliche Veränderungen abzeichnen. Allgemeine Kenntnisse der Handels-, Bank- oder Industriebetriebslehre - wie sie heute noch weitgehend vermittelt werden - reichen häufig nicht aus, weil sie zu unspezifisch sind. Wird aber eine stärkere Spezialisierung in Breite und/ oder Tiefe angestrebt, besteht die große Gefahr der im folgenden Punkt aufgezeigten Fragmentierung.

Man kann abschließend festhalten, dass der institutionelle Ansatz weder in seiner engen noch in einer erweiterten Fassung eine wissenschaftlich schlüssige Behandlung des Marketing erlaubt und auch bei der Lösung praktischer Probleme schnell an Grenzen stößt.

2. Möglichkeiten und Grenzen des institutionellen Ansatzes

2.1 Konkretisierung und Fragmentierung

Die Umsetzung der in den Betriebslehren gewonnenen Erkenntnisse über das Marketing im Sinne einer Angewandten Betriebswirtschaftslehre führt nicht sehr weit. Der Grund hierfür liegt darin, dass die gebildeten Klassen viel zu grob sind, um konkrete Ansätze für praktisches Handeln zu bieten. Es gibt nicht "den" Handelsbetrieb, noch weniger "das" Unternehmen, das im Non-Business-Bereich tätig ist und am wenigsten "das" Dienstleistungsunternehmen. Soll also der institutionelle Ansatz in der angedeuteten Richtung der Praxis eine Hilfestellung bieten, müssen kleinere, homogenere Gruppen gebildet werden.

Ein Beispiel soll das belegen: An die Stelle eines Marketing der Handelsbetriebe muss ein solches der Warenhäuser oder der Fachmärkte bzw. der in bestimmten Kooperationsformen arbeitenden Unternehmungen treten.

Typisch sind dafür die verschiedenen Typologien im Investitionsgütermarketing (Produkt-, Anlagen-, Systemgeschäft (*Backhaus* 1999)) oder die Typologie nach Einsatzstoffen, Teilen, Aggregaten und Systemen (*Engelhardt/ Günter* 1981). Ähnliches gilt für den Dienstleistungsbereich.

Eine Theorie des Marketing vermag der institutionelle Ansatz auf diese Weise nicht zu entwickeln, wohl aber gelangt man zu einer Clusterung von Unternehmungen mit einigermaßen gleichartigen Herausforderungen an die marktorientierte Unternehmungsführung.

Der Vorteil dieser Weiterführung des institutionellen Ansatzes besteht in einer Konkretisierung der Problemfelder. Dem steht als Nachteil die Fragmentierung gegenüber, die im Extrem zum einzelnen Unternehmen in seiner Unverwechselbarkeit und Einmaligkeit führt.

Der ursprüngliche institutionelle Ansatz, dem eine relativ grobe Klassifizierung aller Unternehmungen zugrunde lag, wird damit verlassen und die Möglichkeit, zu verallgemeinernden Aussagen zu gelangen, drastisch zugunsten einer stärkeren praktischen Anwendbarkeit eingeschränkt.

2.2 Verbindung des institutionellen Ansatzes mit anderen Betrachtungsweisen des Marketing

Im Gegensatz zu anderen Ansätzen in der Entwicklung des Marketing ist die institutionelle Betrachtungsweise nie in reiner Form in bezug auf das Marketing eingesetzt worden. Vielmehr wurde sie immer mit anderen Ansätzen zu einem mehrdimensionalen Ansatz verknüpft. Das gilt primär für eine Verbindung mit dem funktionellen, aber mehr noch mit dem instrumentellen Ansatz. So kam es zu Aussagen innerhalb des institutionellen Ansatzes die bestimmte Teilfunktionen zum Inhalt haben. Beispielhaft seien die Themen

- Absatzplanung,

- Marktforschung,

- Akquisition,

- Service,

- sowie logistische Auftragsabwicklung

genannt. Alle diese Bereiche sind ausführlich untersucht worden, zum Teil auch unter Bezugnahme auf bestimmte institutionell abgegrenzte Bereiche. In noch viel größerem Maße gilt das für den Einsatz bestimmter absatzpolitischer Instrumente in den verschiedenen Unternehmensgruppen des institutionellen Ansatzes betreffen. Beispiele dafür sind:

- Produktpolitik in der Industrie oder sogar in einzelnen Branchen der Industrie,

- Sortimentspolitik im Handel, eventuell der Warenhäuser oder der Fachmärkte,

- Distributionspolitik von Kreditinstituten,

- Preispolitik der Energieversorgungsunternehmen.

Ähnliche Verknüpfungen können mit dem strategischen Ansatz vorgenommen werden, indem das strategische Instrumentarium auf bestimmte Gruppen von Unternehmungen angewendet wird. Es kann festgehalten werden, dass der institutionelle Ansatz des Marketing stets der Ergänzung durch andere Betrachtungsweisen bedarf.

2.3 Strukturelle Veränderungen und ihre Auswirkungen auf den institutionellen Ansatz

Strukturelle Veränderungen des Institutionengefüges, wie sie sich zur Zeit vollziehen, beeinflussen auch die institutionelle Orientierung des Marketing. Zwei Beispiele: Die Outsourcing-Bewegung führt zu einer Vermehrung der Institutionen in der Wertschöpfungskette, wie umgekehrt enge Kooperationen und Fusionen zu deren Verkürzung führen. Damit verändert sich die Mehrstufigkeit, die auch ein Merkmal des institutionellen Ansatzes ist. Die Entwicklung virtueller Unternehmungen stellt dabei einen gewissen Endpunkt des institutionellen Ansatzes dar. Es zeigt sich, dass der institutionelle Ansatz sich nicht nur - wie dargestellt - auf einzelne Unternehmungen oder ganze Branchen bezieht, sondern auch die horizontale und vertikale Verknüpfung von Unternehmungen zum Gegenstand haben kann.

2.4 Grenzen einer theoretische Fundierung des institutionellen Ansatzes

Ein Vorwurf, der den institutionellen Ansatz ganz besonders hart trifft, ist der einer mangelnden theoretischen Fundierung des Marketing.

Sieht man von der Arbeit *Gümbels* von 1985 ab ("Handel, Markt und Ökonomik"), ist bislang keine Theorie der Handelsbetriebe oder - enger gefasst - der Fachmärkte oder der Versandhandelsunternehmungen entwickelt worden, aber auch nicht der Industriebetriebe, obwohl in dieser Beziehung die meisten Versuche unternommen worden sind.

Der mikroökonomische Ansatz erfasst nur einige Teilaspekte und enthält wenige brauchbare Ansätze zu anwendungsorientiertem praktischen Handeln.

Die vor allem in den 70er Jahren unternommenen Versuche, mit Hilfe der Verhaltenswissenschaften zu einer allgemeinen theoretischen Fundierung zu gelangen, haben ebenfalls nicht zu dem gewünschten Ergebnis geführt und wurden in neuerer Zeit wieder durch eine stärkere Betonung des begrenzt rationalen Handelns zurückgedrängt. Die Neue Institutionenökonomie oder die Informationsökonomik sind nicht spezifisch genug und gelten mit Abwandlungen übergreifend für alle Institutionen.

Ungeachtet der grundsätzlichen Brauchbarkeit dieser theoretischen Ansätze, können sie dem ursprünglichen institutionellen Ansatz nicht die fehlende Theoriebasis verschaffen. Bei dem Versuch, die theoretischen Grundlagen des institutionellen Marketingansatzes zu verbessern, ist darauf zu achten, dass empirisch gehaltvolle Theorieelemente eingefügt werden, die der Angewandten Betriebswirtschaftslehre entsprechen und nicht zum Modellplatonismus führen.

Die institutionelle Betrachtung bleibt in weiten Teilen deskriptiv und erkauft ihre größere Praxisnähe mit einem Verzicht auf eine schlüssige theoretische Untermauerung.

3. Das Verhältnis des institutionellen Ansatzes zur Allgemeinen Betriebswirtschaftslehre und ihre Gliederung an den Hochschulen

3.1 Einbindung des institutionellen Ansatzes in die Allgemeine Betriebswirtschaftslehre

Das Verhältnis des institutionellen Ansatzes zur Allgemeinen Betriebswirtschaftslehre ist nicht sauber geklärt.

In jeder institutionellen Teillehre stecken Aspekte der Allgemeinen Betriebswirtschaftslehre, auf der anderen Seite ist die "Allgemeine" Betriebswirtschaftslehre nicht allgemein, weil ihr meist ein bestimmtes Modell zugrunde liegt (in der Regel der Industriebetrieb, oft einer bestimmten Typologie). Die Summe der fragmentierten Aussagen, die alle ihren spezifischen Wert besitzen, ergibt aber auf der anderen Seite keine Allgemeine Betriebswirtschaftslehre.

Fazit: Institutioneller Ansatz und Allgemeine Betriebswirtschaftslehre sind nicht kompatibel.

3.2 Der institutionelle Ansatz und die Gliederung der Betriebswirtschaftslehre an den Hochschulen

Die früher absolut dominierende und heute immer noch weit verbreitete Gliederung der betriebswirtschaftlichen Lehre an den Hochschulen sowie die Struktur der Fakultäten im institutionellen Sinn scheint mir überholt. Sie bringt weder in den Teillehren klare und anwendbare Aussagen, noch wird sie dem heute viel wichtigeren Integrationsaspekt gerecht.

Die institutionelle Gliederung an den Hochschulen sollte - wo sie noch besteht - überdacht werden, aber auch nicht durch eine funktionelle Gliederung ersetzt werden, die ebenfalls modernen Erfordernissen nicht (mehr) entspricht. Vielmehr sollten mindestens ergänzend Querschnittsbetrachtungen eingeführt werden, so dass es zu einer Matrixbildung kommt. Eine solche könnte auch das Marketing neu befruchten, indem marketingstrategische und -operative Gesichtspunkte über die Institutionen hinweg zum Gegenstand von Forschung und Lehre gemacht werden. Dabei sollte das Schnittstellenmanagement stärker berücksichtigt werden. In ähnliche Richtung weist die übergreifende Betrachtung der Wertschöpfungsketten.

Die konsequente Verfolgung dieser Gedanken führt zu der sehr grundsätzlichen Frage, ob die moderne Informations- und Kommunikationstechnologie durch die Vernetzung der Institutionen bis hin zum virtuellen Unternehmen nicht generell zu einer Infragestellung aller institutionell geprägten Ansätze führt und ob wir am Ende einer institutionell geprägten wirtschaftlichen Welt (-betrachtung) stehen.

4. Fazit

Der institutionelle Ansatz war ohne Zweifel eine Triebfeder und ein bewegendes Element für die Strukturierung des Marketing, ja sogar der Betriebswirtschaftslehre. Seine Praxisrelevanz hat viele positive Effekte erbracht und darf nicht unterschätzt werden. Allerdings dürfen auch seine Schwächen nicht übersehen werden, die vor allem in den Schwierigkeiten der sauberen Klassifizierung und Abgrenzung, aber auch in der ungenügenden theoretischen Fundierung liegen und schließlich in der Gefahr, in seiner konsequenten Verfolgung zu fragmentierten Aussagen zu gelangen. Seine Stärke kann nach wie vor insofern genutzt werden, indem das mit institutioneller Ausrichtung erarbeitete Material in Verbindung zu anderen Ansätzen gebracht wird und diese ergänzend erweitert. Darüber hinaus müssen die Betriebswirtschaftslehre und auch das Marketing sich jedoch neuen Paradigmen öffnen und zu neuen Strukturen finden. Solche könnten beispielsweise im Integrativitätsansatz, in einer Abkehr von der Trennung von Sach- und Dienstleistungen, im Übergang von der Einzeltransaktions-Betrachtung zur Geschäftsbeziehungs-Perspektive und/ oder in einem verstärkten Netzwerkgedanken liegen. Die sich abzeichnende Entwicklung hin zu einer konsequenten Prozessbetrachtung geht ebenfalls in eine solche Richtung.

Literatur

Backhaus, K. (1999), Industriegütermarketing, 6. Auflage, München 1999.

Engelhardt, W. H. (1966), Grundprobleme der Leistungslehre, dargestellt am Beispiel der Warenhandelsbetriebe, in: Schmalenbachs Zeitschrift für betriebswirtschaftliche Forschung (ZfbF), 18. Jg., 1966, S. 158-178.

Engelhardt, W. H./ Günter, B. (1981), Investitionsgüter-Marketing, Stuttgart et al. 1981.

Engelhardt, W. H. (1997), Das Marketing in der Betriebswirtschaftslehre - Eine paradigmatische Betrachtung, in: *Bruhn, M./ Steffenhagen, H.* (Hrsg.), Marktorientierte Unternehmensführung: Reflexionen - Denkanstöße - Perspektiven, Wiesbaden 1997, S. 3-17.

Gümbel, R. (1985), Handel, Markt und Ökonomik, Wiesbaden 1985.

Meffert, H. (1992a), Marketing-Geschichte, in: *Diller, H.* (Hrsg.), Vahlens Großes Marketing-Lexikon, München 1992, S. 662-665.

Meffert, H. (1992b), Marketing-Theorie, in: *Diller, H.* (Hrsg.), Vahlens Großes Marketing-Lexikon, München 1992, S. 698-702.

Meffert, H. (1999a), Marketingwissenschaft im Wandel - Anmerkungen zur Paradigmendiskussion, in: *Meffert, H.* (Hrsg.), Marktorientierte Unternehmensführung im Wandel, Wiesbaden 1999, S. 35-66.

Meffert, H. (1999b), Herausforderungen an die Betriebswirtschaftslehre - Die Perspektive der Wissenschaft, in: *Meffert, H.* (Hrsg.), Marktorientierte Unternehmensführung im Wandel, Wiesbaden 1999, S. 517-550.

Meffert, H. (1999c), Marketingwissenschaft im Wandel - Anmerkungen zur Paradigmendiskussion, HHL-Arbeitspapier Nr. 30, 1999.

Picot, A./ Reichwald, R./ Wigand, R. (1998), Die grenzenlose Unternehmung, 3. Auflage, Wiesbaden 1998.

Raffée, H. (1995), Marketing-Wissenschaft, in: *Tietz, B./ Köhler, R./ Zentes, J.* (Hrsg.), Handwörterbuch des Marketing, Stuttgart 1995, Sp. 1668-1682.

Schäfer, E. (1950), Die Aufgabe der Absatzwirtschaft, Köln 1950.

Schneider, D. (1983), Marketing als Wirtschaftswissenschaft oder Geburt einer Marketingwissenschaft aus dem Geiste des Unternehmensversagens?, in: Schmalenbachs Zeitschrift für betriebswirtschaftliche Forschung (ZfbF), 35. Jg., 1983, S. 197-223.

Schneider, D. (1995), Betriebswirtschaftslehre, Band 1: Grundlagen, 2. Auflage, München 1995.

Schneider, D. (1997), Marketing-Wissenschaft als Lehre marktorientierter Unternehmensführung und betriebswirtschaftliche Strukturmerkmale für Wettbewerbsfähigkeit, in: *Backhaus, K. et al.* (Hrsg.), Marktleistung und Wettbewerb, Wiesbaden 1997, S. 13-32.

Schneider, D. (1999), Keine Wiener Schule der Betriebswirtschaft im 20. Jahrhundert, in: Journal für Betriebswirtschaft, 49. Jg., Heft 2, 1999, S. 52-59.

Tietz, B. (1974), Absatztheorie, institutionenorientierte, in: *Tietz, B.* (Hrsg.), Handwörterbuch der Absatzwirtschaft, 1974, Sp. 130-138.

Institutionelle Orientierung des Marketing - Anmerkungen zu den Thesen von *Werner Hans Engelhardt*

Joachim Zentes

Zur Beantwortung der Frage, ob ein Ansatz - hier die institutionelle Orientierung des Marketing -, eine Sichtweise oder gar ein Paradigma noch als aktuell und relevant gilt und welche Problemlösungskraft bzw. welches heuristische Potenzial ihm attestiert werden kann oder ob sich dieser Ansatz letztlich als unfruchtbar oder gar als Irrweg erwies, kann auch ein Blick in die gängige Literatur, so anerkannte Lehrbücher, Sammelwerke, Nachschlagewerke, Enzyklopädien u.ä. hilfreich sein.

War in dem 1974 erschienen „Handwörterbuch der Absatzwirtschaft" (HWA) noch ein eigenständiger Beitrag „Absatztheorie, institutionenorientierte" vorhanden, der von dem Herausgeber des HWA (*Bruno Tietz*) selbst bearbeitet wurde, was den Stellenwert dieses Beitrages sicherlich unterstrich (*Tietz* 1974, Sp. 130-138), so findet sich rund 20 Jahre später (1995) in der zweiten Auflage des „Handwörterbuch des Marketing" (HWM) das Stichwort nicht mehr. Noch nicht einmal im Sachregister ist es ausfindig zu machen. Ist die institutionelle Orientierung des Marketing, damit der Leitidee des „gezähmten Pluralismus" folgend (*Raffée* 1995, Sp. 1673), als überholt, als weitgehend unfruchtbar aufgegeben worden?

In dem „Handwörterbuch des Marketing" findet sich dagegen als neues Stichwort ein Beitrag „Institutionenökonomik" (*Gümbel/ Woratschek* 1995, Sp. 1008-1019). Es stellt sich die Frage, welchen Stellenwert die Informationsökonomik in der - wann immer erscheinenden - dritten Auflage des HWM haben wird. Sicherlich wird auch dies davon abhängen, wer als Herausgeber dieser Auflage in Erscheinung treten wird.

Schaut man in ausgewählte deutschsprachige Lehrbuchklassiker des Marketing der damaligen Zeit, so in die sechste Auflage des Standardwerkes „Marketing" von *Nieschlag/ Dichtl/ Hörschgen* aus dem Jahre 1972, so formulierten die Autoren damals (*Nieschlag/ Dichtl/ Hörschgen* 1972, S. 29): „Damit wird indessen nicht behauptet, dass die als institutionell und güterwirtschaftlich charakterisierten Ansätze als überholt zu bezeichnen seien. Vielmehr geht die Entwicklung des Faches gegenwärtig dahin, diese verschiedenen Aspekte zu einem einheitlichen und geschlossenen Lehrgebäude zusammenzufassen, das die Vorbereitung und Durchführung des Absatzes von Gütern und Dienstleistungen zum Inhalt hat und im angelsächsischen wie im deutschen Sprachgebrauch als Marketing bezeichnet wird."

Dass diese Synthetisierung so nicht realisiert wurde bzw. werden konnte, zeigt beispielsweise ein Blick in die achte Auflage des „Marketing" von *Meffert* aus dem Jahre 1998. Dort finden sich in einer dichotomischen Gliederung die „institutionenorientierte Forschung" zusammen mit anderen Ansätzen, so dem „warenorientierten Ansatz", in dem Gliederungspunkt „Klassische Ansätze der Marketingtheorie", dem der Abschnitt „Ansätze der modernen Marketingtheorie" folgt (*Meffert* 1998, S. 18ff.).

Gegenstand der „institutionenorientierten Forschung" bildet, so *Meffert* (*Meffert* 1998, S. 18) die Deskription, Klassifikation und (auch) Erklärung empirisch relevanter absatzwirtschaftlicher Institutionen. Für *Tietz* (1974, Sp. 132) ist aus methodischer Sicht induktives Vorgehen vorherrschend. Kernstück der institutionellen Betrachtungsweise ist für ihn die „Morphologie" der Betriebe, „die sich ursprünglich bevorzugt auf Faktormerkmale, so Beschäftigte, Fläche, Standort und vereinzelt auf marktorientierte funktionale Merkmale, so auf das Sortiment, beschränken." Einen besonderen Schwerpunkt der institutionenorientierten Forschung, so auch *Meffert* (1998, S. 18), bildet die Auseinandersetzung mit verschiedenen Betriebsformen des Handels und den Erklärungsansätzen - hier zeigt sich der explikative Anspruch - für den institutionellen Wandel im Handel.

In dieser einseitigen Ausrichtung liegt zugleich ein Vorwurf an den institutionellen Ansatz begründet, der einer asymmetrischen Sichtweise. Letztlich ist keine theoretisch-begründete Lehre des Marketing für bestimmte Wirtschaftszweige oder Sektoren entstanden, sieht man - wie *Engelhardt* zu Recht feststellt - von der Sammlung, Aufbereitung und Systematisierung einer Fülle von empirisch vorfindlichem Material über das Marketing einzelner Wirtschaftszweige ab; der Ansatz verblieb diesbezüglich in einem „vor-wissenschaftlichen" Stadium.

Der institutionenorientierte Ansatz konzentriert sich weitestgehend auf „den Handelsbetrieb", ohne aber eine Theorie der Handelsbetriebe zu entwickeln, was im übrigen - wie *Engelhardt* in einer seiner Thesen feststellt - auch nicht für andere Betriebe, so Industriebetriebe, gelang.

Engelhardt stellt insbesondere die mangelnde theoretische Fundierung heraus, ein Vorwurf, den - so *Engelhardt* - den institutionellen Ansatz besonders hart trifft. *Tietz* hebt bereits 1974 als Kritik an der institutionenorientierten Absatztheorie - der er sich nicht vollends anschließt - die vor allem detaillierten Beschreibungen also die primär deskriptive Orientierung und den fehlenden wissenschaftlichen Reiz hervor (*Tietz* 1974, Sp. 137). Trotz der pejorativen Betrachtung der Deskription wird man - so *Tietz* - den „absatzwirtschaftlichen Typologien und historischen Erörterungen auch nicht generell absprechen können, dass sie eine System bildende Relevanz haben und systemprägend wirken [...]"(*Tietz* 1974, Sp. 137).

Trotz aller berechtigten Kritik bzw. Relativierung ihrer Aussagekraft finden sich in der institutionenorientierten Betrachtungsweise Ansatzpunkte, die viele Jahre, ja Dekaden, später von anderen aufgegriffen wurden und heute eine große Relevanz haben. Auch ist die Praxisnähe geradezu typisch für die institutionenorientierte Sicht, so auch *Engelhardt*.

Man denke etwa - bei einer eher extensiven Auslegung des institutionenorientierten Ansatzes - an das *Schär'sche* Gesetz zur Ein- und Ausschaltung von Institutionen in den Warenweg oder in die Handelskette, dessen Aussagen sich in der Neuen Institutionenökonomik letztlich wiederfinden. Sicherlich hat die *Schär'sche* Formulierung eine hohe Plausibilität bzw. Evidenz, aber auch viele Ansätze der Institutionenökonomik, i.e.S. auch Ansätze der Principal-Agent-Theorie, sind auch oftmals Formalisierungen des gesunden Menschenverstandes.

Oder betrachtet man die heute vorherrschende prozessuale Betrachtung (Prozessorientierung), die sich bereits bei *Seyffert* und *Buddeberg* zeigt, dort jedoch vorrangig technologisch orientiert ist und die Beschaffungs- und Absatztechnik umschließt (*Tietz* 1974, Sp. 135). Und letztlich gilt dies auch für die überbetriebliche Betrachtungsweise, die sich heute beispielsweise in dem ECR-Konzept wiederfindet, in Fragen des Schnittstellenmanagements, der Strategischen Allianzen und Virtuellen Organisationen, eine Betrachtungsweise, die von *Cox/ Goodman* bereits 1956 eingeführt wurde (*Tietz* 1974, Sp. 135).

Sicherlich trifft auch diese neueren Ansätze, Konzepte, Entwürfe - wenn man sie überhaupt so einstufen darf - der Vorwurf, dass sie ihre große Praxisnähe mit einem Verzicht auf eine schlüssige theoretische Untermauerung erkaufen, wie das *Engelhardt* für den institutionellen Ansatz zu Recht herausstellt.

Literatur

Engelhardt, W.H. (2000), Institutionelle Orientierung des Marketing, Beitrag in diesem Band, S. 107-116.

Gümbel, R./ Woratschek, H. (1995), Institutionenökonomik, in: *Tietz, B./ Köhler, R./ Zentes, J.* (Hrsg.), Handwörterbuch des Marketing, 2. Auflage, Stuttgart 1995, Sp. 1008-1019.

Meffert, H. (1998), Marketing, 8. Auflage, Wiesbaden 1998.

Nieschlag, R./ Dichtl, E./ Hörschgen, H. (1972), Marketing, 6. Auflage, Berlin 1972.

Raffée, H. (1995), Marketing-Wissenschaft, in: *Tietz, B./ Köhler, R./ Zentes, J.* (Hrsg.), Handwörterbuch des Marketing, 2. Auflage, Stuttgart 1995, Sp. 1668-1682.

Tietz, B. (1974), Absatztheorie, institutionenorientierte, in: *Tietz B.* (Hrsg.), Handwörterbuch der Absatzwirtschaft, Stuttgart 1974, Sp. 130-138.

Tietz, B./ Köhler, R./ Zentes, J. (1995) (Hrsg.), Handwörterbuch des Marketing, 2. Auflage, Stuttgart 1995.

Diskussion zur institutionellen Orientierung im Marketing

Diskussionsleitung: Wulff Plinke

Beitrag *Köhler*: Die Schwerpunktverlagerung von der herkömmlichen Institutionenlehre hin zur Prozessbetrachtung, die eine aufgabenbezogene Verknüpfung von Funktionen bedeutet, leuchtet unter systematischen Gesichtspunkten ein. Bei der Ausbildung der Studierenden ergibt sich aber ein Dilemma: Die Praxis fordert oft noch nachdrücklich die institutionelle Ausrichtung, z.B. eine Bankbetriebslehre, Handelsbetriebslehre, Versicherungsbetriebslehre. Es werden dabei sogar neue, detaillierte Ausbildungserwartungen geltend gemacht, wie "Automobilwirtschaft", "Immobilienwirtschaft", "Messewirtschaft" (was meines Erachtens teilweise zu weit geht). Wir werden jedenfalls die institutionelle Ausrichtung nicht so einfach abschaffen können, auch wenn dies forschungsstrategisch angebracht erscheint.

Beitrag *Wimmer*: Im Zusammenhang mit dem institutionenorientierten Ansatz der Marketinglehre könnte sich auch eine Rückbesinnung auf den warenorientierten Ansatz - allerdings in moderner Interpretation - anbieten. Im Rahmen des Institutionenansatzes wird bekanntlich nach Betriebsformen differenziert, wobei im Mittelpunkt zwar die Handelsbetriebe stehen, prinzipiell aber als „Institutionen der Absatzwirtschaft" natürlich auch Industriebetriebe (mit ihren „Verkaufs-" ggf. auch „Einkaufsorganen") betrachtet werden können. Spezifische Marketingprobleme einzelner Betriebs- bzw. Unternehmenstypen ergeben sich nicht zuletzt aus Spezifika der abzusetzenden bzw. gehandelten Waren. Wenn heute beispielsweise vom Produkt-, Anlagen- oder Systemgeschäft als Varianten des „Industriellen Marketing" die Rede ist, so verbinden sich darin institutionen- und warentypologische Aspekte in einem modernen Sinne. Man könnte also auch darüber nachdenken, ob zu den tragenden Approaches der Marketinglehre nicht auch ein weiter entwickelter warentypologischer Ansatz gerechnet werden sollte.

Beitrag *Müller-Hagedorn*: Herr *Engelhardt* hat in seinem Vortrag erwähnt, dass die Unterteilung des Faches Betriebswirtschaftslehre bzw. Marketing sich nicht mehr an Funktionen und/ oder Institutionen orientieren werde, sondern dass neue Spezialisierungen ins Blickfeld treten werden. Dies veranlasst mich, folgende Frage zu stellen:

Welche Einteilungskriterien werden Ihrer Ansicht nach in der Zukunft eine besondere Rolle spielen?

Unter Bezug auf die Kölner Verhältnisse, wo nach dem funktionalen Gesichtspunkt nicht nur Beschaffung/ Produktion/ Absatz (Marketing) etc. angeboten werden, sondern wo der funktionale Gesichtspunkt mit dem institutionellen Gesichtspunkt kombiniert wird, was dann beispielsweise zu einem Angebot von „Marketing für Handelsbetriebe" führt, führe ich für den institutionellen Gesichtspunkt an, dass einzelne Gruppen von Unternehmungen spezifische Problemstellungen haben. Beispielsweise haben die Standortfrage und die Betriebsformenwahl für Handelsunternehmungen einen anderen Stellenwert als für Hersteller, deren Situation ansonsten häufig als Problemhintergrund gewählt wird. Obwohl die Wissenschaft nach allgemeinen Aussagen sucht, lassen meiner Meinung nach die Anforderungen des Marktes immer spezialisiertere Ausrichtungen entstehen, wobei - zumindest derzeit - die institutionelle Ausrichtung einige Vorteile hat.

Stellungnahme *Engelhardt*: Zu dem Beitrag von Herrn *Müller-Hagedorn* möchte ich wie folgt Stellung nehmen: Den Punkt 1 habe ich in meinem Beitrag - wenn auch kurz - unter 1.1 angesprochen. Auf die Verbindung des institutionellen Ansatzes mit anderen Ansätzen, beispielsweise dem funktionellen bin ich unter Punkt 1.4 meines Beitrags eingegangen. Dies sehe ich genau so wie Herr *Müller-Hagedorn*. Ob diese Kombinationen ausreichen, um den modernen Anforderungen an die Betriebswirtschaftslehre und das Marketing, speziell im Ausbildungsbereich, zu genügen, wage ich zu bezweifeln. Mindestens ist eine Ergänzung wünschenswert.

Beitrag *Hansen*: Der Nutzen des institutionellen Ansatzes liegt in seiner strukturierenden Funktion innerhalb institutioneller Vielfalt, die ja eher noch zugenommen hat. Er schafft für den Einsatz anderer Methoden, z.B. Prozessanalyse oder Instrumentalanalyse eine Untersuchungsbasis, die eine Reduktion komplexer Sachverhalte möglich macht. Institutionelle Gesichtspunkte wurden und werden auch für die hochschulpolitische Strukturierung der Betriebswirtschaftslehre herangezogen (z.B. Branchen-BWL, Versicherungen, Touristik). Der Vorteil liegt in einer engen Praxisanbindung, die für Universitäten durchaus von zunehmendem Interesse ist. Die Gefahr besteht in einer Überschneidung von Forschungsaktivitäten. Notwendig ist eine Unterfütterung durch breite Grundlagenforschung und -lehre.

II. Die instrumentale Orientierung des Marketing

Die instrumentale Orientierung in der Marketingwissenschaft - Eine Zwischenbilanz

Hermann Diller

1. Vorbemerkungen   *124*

2. Historische Einordnung der instrumentalen Orientierung   *125*

3. Defizite der instrumentalen Orientierung   *127*

    3.1 Unpräzise Begrifflichkeiten   *127*

    3.2 Parteilichkeit   *130*

    3.3 Mangelnde Integration   *131*

    3.4 Nachlaufende Betrachtung   *131*

    3.5 Detailflut und mangelnde Prozessorientierung   *132*

4. Leistungen der instrumentalen Orientierung   *133*

    4.1 Flexibilität   *133*

    4.2 Methodenentwicklung   *133*

    4.3 Sektorale Breite   *134*

    4.4 Theoriedifferenzierung   *134*

5. Aufarbeitung der Defizite der instrumentalen Orientierung   *135*

6. Fazit   *136*

Literatur   *138*

1. Vorbemerkungen

Anliegen dieses Beitrages ist eine kritische Würdigung der instrumentalen Orientierung (I.O.) in der Marketingwissenschaft. Darunter verstehe ich die programmatische Ausrichtung der Marketingwissenschaft am Raster einer Typologie der Marketinginstrumente.

Auch wenn mit dem Begriff des Paradigmas im Sinne *Kuhns* vorsichtig umgegangen werden sollte (vgl. *Engelhardt* 1997), kann man meines Erachtens die These vertreten, dass die instrumentale Orientierung des Marketing in diesem Sinne ein grundlegendes Paradigma der Nachkriegs-Marketingwissenschaft in Deutschland war. Hauptanliegen der so orientierten Arbeiten war und ist es, die Einwirkungsmöglichkeiten von Unternehmen auf Märkte zu systematisieren und entscheidungstheoretisch aufzubereiten. Trotz einiger unübersehbarer Schwächen hat sich dabei die 4er-Gliederung in Produkt-, Preis-, Kommunikations- und Distributions-Mix durchgesetzt, welche auf *McCarthy* (1960) zurückgeht und insbesondere durch *Kotlers* Lehrbücher weltweite Verbreitung fand (vgl. *Meffert* 2000a; *Kaas* 2000).

Meine kritische Würdigung dieser Orientierung zielt *nicht* auf eine detaillierte *inhaltliche* State of the Art-Bilanz des inzwischen gesammelten Wissens über die Marketinginstrumente ab, weil dies erheblich mehr Raum erfordern würde. Sie konzentriert sich vielmehr auf eine allgemeine Charakterisierung der Stärken und Schwächen dieses Ansatzes sowie dessen Entwicklungspfade in der deutschen Nachkriegs-Marketingwissenschaft.

Eine faire Beurteilung ergibt sich dabei nur dann, wenn wir auch die *historische Perspektive* aufnehmen, aus der heraus es zur instrumentalen Orientierung des Marketing kam. Dies wird im ersten Teil meines Beitrags geschehen. Daran schließt sich eine kritische Analyse der "*Geburtsfehler*" der I.O. sowie ein Blick auf die Versuche an, diese Geburtsfehler zu überwinden, ohne das Paradigma selbst aufzugeben. Eine abgewogene Betrachtung sollte aber auch die *Leistungen* der I.O. nicht außer Acht lassen. Sie sollen deshalb im Abschnitt 4 zusammengestellt werden, bevor wir dann ein *Fazit* ziehen können und zu einer Zwischenbilanz zum Jahrtausendwechsel kommen können.

Da wohl alle Teilnehmer an dieser Tagung zu irgendeiner Zeit selbst wissenschaftliche Beiträge im Sinne der I.O. geleistet haben, trifft meine kritische Analyse die Scientific Community als Ganzes. Keiner möge sich persönlich angegriffen fühlen, weder durch namentliche Erwähnung noch Nichterwähnung. Es geht mir allein um eine möglichst sachliche und objektive Bestandsaufnahme zum Zwecke der kritischen Reflexion und der Weiterentwicklung des Fachs.

Als begeisterter Bergwanderer möchte ich für mein Thema die Allegorie einer Gipfelbesteigung wählen, auf der wir uns als Marketingwissenschaftler befinden, um sozusagen den Olymp der Marketing-Wahrheit zu erreichen, wohl wissend, dass es sich hierbei um einen so hohen Berg handelt, dass wir ihn wohl nie ganz bezwingen werden. Trotzdem stehen wir - wie der Bergwanderer auch - immer wieder vor der Frage, welchen Weg wir auf den Gipfel einschlagen sollen, ob wir auf dem einmal eingeschlagenen Weg verbleiben oder umkehren und einen anderen suchen sollten, welche Ausblicke sich vom erreichten Niveau aus bieten und wie es mit unseren Kräften steht, die es einzusetzen gilt, wenn wir weiter nach oben streben.

Da die Zeit knapp bemessen ist, sollen die Kerngedanken thesenhaft vorgetragen und zur Diskussion gestellt werden, ohne dass in jedem Fall eine ausführliche Ausdifferenzierung und detaillierte Abwägung einzelner Aspekte möglich ist.

2. Historische Einordnung der instrumentalen Orientierung

Die I.O. entstand im Wesentlichen in den 60er-Jahren. Sie war eng verquickt mit den allgemeinen Entwicklungen der Betriebswirtschaftslehre als Wissenschaft und den Realentwicklungen in der Absatzwirtschaft (vgl. *Diller* 1995a). Eine realitätsgerechte Beurteilung des instrumentalen Ansatzes hat diese Ausgangssituation zu reflektieren. Ohne hier tief in die Wissenschaftshistorie einsteigen zu können, erscheinen mir dabei drei Entwicklungen der damaligen Zeit besonders bedeutsam, weil sie sozusagen die Wurzeln der I.O. legten.

(1) Eine erste Entwicklung war das damalige *Unbehagen über die deskriptivtypologischen Ausrichtungen* in der deutschen Absatzlehre, die sich z.B. in der *Institutionenlehre Seyfferts*, den *warentypologischen Ansätzen* der Absatzlehre oder auch der *Funktionslehre* innerhalb der Handelsbetriebslehre zum Ausdruck kam (vgl. *Meffert* 2000b). Schon das Selbstverständnis als Wissenschaft erforderte von der Marketinglehre eine größere Abstraktion und über das Deskriptive hinausgehende Hypothesen und Theorien von Zusammenhängen, die in deskriptiv-typologischen Ansätzen nicht verwirklicht werden konnten. Der z.T. eingeschlagene Weg einer streng ökonomischen Durchdringung des Absatzes als verlängerter Arm der Produktion, wie sie z.B. in der *Ökonomisierungslehre* von *Klein-Blenkers* versucht wurde, blieb mangels Praxis ohne große Resonanz. Auch die sog. *Nürnberger Schule*, die sich mit den Namen *Vershofen*, *Bergler* und *Schäfer* verbindet, und die mit der Nutzenlehre eine aus heutiger Sicht recht moderne Komponente des Marketing betonte, richtete sich zu einseitig auf die Techniken der Marktforschung, um damit theorieprägend zu wirken. Die späten Versuche *Schäfers*, eine Theoretisierung der eher intuitiven Konzepte der *Nürnberger Schule* voranzutreiben, waren da wohl zu

zaghaft. Schließlich sank auch der Stellenwert, der im Rahmen der *Handelsbetriebslehre* entwickelten Handelsfunktionenlehre, nachdem die Macht und die Bedeutung des Handels mit zunehmender Industrialisierung immer mehr schwanden und die industriellen Absatzprobleme in den Vordergrund rückten.

(2) Vor diesem Hintergrund gewannen die in den späten 60er-Jahren in Deutschland aufkommenden Ideen einer *entscheidungsorientierten Betriebswirtschaftslehre* ebenso schnell Anhänger wie jene der praktisch-normativen Produktivitätslehre *Gutenbergs*. Beiden Ansätzen gemeinsam ist eine instrumentale Perspektive im Hinblick auf die Ziel-Mittelbeziehungen bestimmter betrieblicher Aktivitäten, der sich mit einem modelltheoretischen Anspruch einer im wirklichen Sinne wissenschaftlichen Betriebswirtschaftslehre verband. Prototypisch für diese Denkhaltung war die Absatztheorie *Gutenbergs* (1964/ 1984), aber auch die 1967 von *Erwin Dichtl* in die Absatztheorie übernommene entscheidungstheoretische Perspektive, die damals insbesondere von *Heinen* und dessen Schülern als neues Paradigma in die Betriebswirtschaftslehre hinein getragen wurde. Sie prägte sowohl das erste deutsche Marketinglehrbuch im modernen Sinne von *Nieschlag / Dichtl / Hörschgen* (1968) als auch die späteren Arbeiten von *Meffert, Hammann* und vielen anderen Pionieren der deutschen Marketingtheorie.

Gemeinsam war ihnen ein *modelltheoretischer Anspruch* der Abbildung von Ziel-Mittel-Zusammenhängen, wobei die Mittel die absatzpolitischen Instrumente darstellten. Die wissenschaftliche Durchdringung bestand in der Diskussion der Eignung dieser Instrumente zur Erreichung bestimmter absatzwirtschaftlicher Ziele, wobei situative Differenzierungen für bestimmte „Umweltsituationen" vorzunehmen waren. Ein solcher gedanklicher Ansatz entsprach ganz dem „*Managerial approach*" der US-Amerikaner, welcher die Betriebswirtschaftslehre weniger als erklärende Wissenschaft denn als praktisch-normative Theorie zur Optimierung von betriebswirtschaftlichen Entscheidungen ansah.

Mit ihr entstand die Vision *Gutenbergs* einer *quasi naturwissenschaftlichen Absatztheorie*, in der die Wirkungen absatzpolitischer Eingriffe in den Markt exakt prognostiziert und optimiert werden können. Diese Vision wurde unterstützt durch die in der gleichen Zeit aufkommende und stürmisch vorangetriebene Entwicklung bei den *Datenanalyse- und Modellierungsverfahren,* etwa im Rahmen der Marktforschung, des Operations Research oder der EDV-gestützten Datenanalyse. Einen besonders heftigen Schub erfuhr diese Entwicklung mit der von *J. Sheth* als „Multivariate Revolution" gekennzeichneten Entwicklung von multiplen Dependenz- und Interdependenzanalysen, welche zur Stützung der theoretischen Konzepte und zur empirischen Überprüfung besonders brauchbar erschienen.

Im Vergleich zur eher phänomenologischen bzw. deskriptiv-typologisierenden Absatztheorie der 20er bis 50er-Jahre entwickelte diese Vision einer instrumentalen Marketingtheorie enorme Schubkraft, ohne dass damals die wissenschaftstheoretische Reife der Betriebswirtschaftslehre groß genug war, um alle Probleme zu erkennen, die sich mit einer derartigen Position verbanden (vgl. auch *Diller* 1995a). Insofern scheint mir *These 1* begründet, nach der die I.O. eine zum damaligen Zeitpunkt und in dieser Form zu anspruchsvolle Paradigmatik für die noch junge Marketingwissenschaft war.

3. Defizite der instrumentalen Orientierung

Wahrscheinlich ist es der starken Orientierung an den US-Vorbildern zuzuschreiben, dass dieser neue Ansatz der Marketingtheorie zudem mit einigen *„Geburtsfehlern"* behaftet war, die heute - im Nachhinein gesehen - schon Erstaunen erwecken können (vgl. *Steffenhagen* 1999).

3.1 Unpräzise Begrifflichkeiten

(a) Es beginnt bei der recht unpräzisen und uneinheitlichen *Begrifflichkeit* von Marketinginstrumenten (vgl. *Übersicht 1*). Die postulierten *Begriffsextensionen* dafür divergieren und beziehen sich

- z.T. auf *Handlungsoptionen* der Unternehmung,

- z.T. auf die *gestalterische Einflussnahme* auf die Märkte,

- z.T. die *akquisitorische Wirkung*,

- die *Zielgerichtetheit* und/ oder

- in späteren Jahren auch auf die *Austauschgestaltung* am Markt.

Gemeinsam ist allen Begriffen eigentlich nur die zumindest deklarierte Marktgerichtetheit sowie die Handlungsbezogenheit.

(b) Erstaunlich erscheint auch das sehr *unterschiedliche Spezifikationsniveau der Instrumente*, die z.T. als Sammelbegriff verschiedener Aktivitäten, z.T. als konkrete Aktionsparameter definiert sind, wobei die zur Modellierung von Marktreaktionsfunktionen erforderlichen Anforderungen an eine präzise inhaltliche, zeitliche und marktsegmentspezifische Spezifikation oft außer Acht gelassen werden (vgl. *Steffenhagen* 1993).

(c) Darüber hinaus werden die unterschiedlichen *Marktstufen* bei der Definition und Klassifikation von Marketinginstrumenten meist nicht spezifiziert und z.B. handelsgerichtete und konsumentengerichtete Werbung in einen Topf geworfen.

Autor	*Definition*
R. Berndt Marketing, Berlin et al. 1996, S. 10.	"Als Marketinginstrumente werden die Handlungsmöglichkeiten im Marketing bezeichnet."
F. Böcker Marketing, Stuttgart 1996, S. 438.	"[...] stellen die Marketing-Instrumente alle diejenigen Instrumente dar, die geeignet sind, eine solche (absatzmarktorientierte A.d.V.) Unternehmenspolitik zu realisieren."
M. Bruhn Marketing, Wiesbaden 1997, S. 30.	"Marketinginstrumente sind Werkzeuge, die Möglichkeiten eröffnen, auf Märkte gestaltend einzuwirken."
H. Diller Vahlens Großes Marketing Lexikon, München 1992, S. 670.	"Aktionsparameter oder Maßnahmebündel zur Realisation von Marketingzielen [...] alle Aktionsmöglichkeiten zur Beeinflussung von Marktparametern auch absatzpolitische Instrumente genannt"
Ph. Kotler/ F.W. Bliemel Marketing-Management, Stuttgart 1992, S. 98.	"Der Marketing-Mix ist die Kombination aus den Marketinginstrumentarien, die das Unternehmen zur Erreichung seiner Marketingziele auf dem Zielmarkt einsetzt."
R. Kühn Handwörterbuch des Marketing, Stuttgart 1994, S. 1615.	"[...] Instrumente, die sich [...] in unmittelbarer Weise an die für die Unternehmung wichtigen Marktteilnehmer [...] richten und diese in ihrem marktrelevanten Verhalten beeinflussen sollen."
H. Meffert Marketing, Wiesbaden 1991, S. 114.	"Marketinginstrumente beinhalten die Gesamtheit der Aktionen bzw. Handlungsalternativen, die sich auf eine Beeinflussung der Marktteilnehmer sowie der Makroumwelt richten mit dem Zweck, das "akquisitorische Potential der Unternehmung" (*Gutenberg*) zu erhöhen."
R. Nieschlag/ E. Dichtl/ *H. Hörschgen* Marketing, Berlin 1994, S. 21.	"[...] Aktionsparameter oder Maßnahmebündel" (enumerative Auflistung)
H. Steffenhagen Marketing, Stuttgart et al. 1991, S. 123.	"Ein Marketing-Instrument stellt eine auf potentielle Absatzmittler oder Verwender gerichtete Beeinflussungsform dar, mit Hilfe derer Markttransaktionen von anbietenden Unternehmen angebahnt werden können."

Übersicht 1: Ausgewählte Definitionen für Marketinginstrument(e)

(d) Aus definitorischer Sicht noch schwerwiegender ist die *Vermischung von Zielen und Handlungsparametern* bei der Definition von Marketinginstrumenten, wie sie z.B. beim Lieferservice, der Wahl des Absatzkanals oder der Imagegestaltung zum Ausdruck kommt. Ein 24-Stunden-Lieferservice ist kein Aktionsparameter, also auch kein Absatzinstrument, sondern ein absatzpolitisches Ziel! Ähnliches gilt für die Auswahl des Absatzkanals, der lediglich eine strategische Marktwahlentscheidung impliziert, nicht aber eine Marktgestaltung. Und auch das positive Image ist kein Parameter, sondern Ziel von Marketingaktivitäten.

(e) Weitere Unschärfen ergeben sich durch die *fehlende Trennung strategischer und operativer Parameter*, z.B. bei der Qualifikation der Produktpositionierung oder der Betriebsgröße als Marketinginstrumente, obwohl damit in Wirklichkeit strategische Konzepte angesprochen sind. Hierdurch entstehen auch Widersprüche zwischen der definitionsgemäß isolierbaren Wirkung von Marketinginstrumenten einerseits und dem definitionsgemäß ganzheitlichen Anspruch von Marketingstrategien andererseits.

(f) Eine letzte Problematik ergibt sich aus der *Vermischung innen- und außengerichteter Aktivitäten*, wenn z.B. Maßnahmen zur Beschleunigung der Neuproduktentwicklung oder zur Erhöhung der Kundennähe im Innenbereich der Unternehmung als Marketinginstrumente definiert werden. Eine solche Vermischung lässt keine saubere Reaktionsforschung zu, weil die innengerichteten Aktivitäten bestenfalls indirekt auf den Markt wirken. Darüber hinaus sind sie anderen Gesetzmäßigkeiten unterworfen.

Dass bei derart divergierenden und unpräzisen Begriffsgrundlagen auch die *Klassifikation der Marketinginstrumente* recht unterschiedlich ausfällt, kann eigentlich nicht mehr verwundern. Erstaunlicher ist schon, dass gut gemeinte Versuche einer Ausmerzung dieser Defizite, z.B. in *Hartwig Steffenhagens* einführendem Lehrbuch zum Marketing von 1988/ 1994, in der Scientific Community kaum Widerhall fanden. Offenkundig besaßen die vier P´s von *McCarthy* eine so starke Suggestionskraft, dass sich ihr die deutsche Marketingwissenschaft trotz aller Unzulänglichkeiten nicht entziehen konnte. Ich verzichte hier auf einen detaillierten Vergleich der Klassifikationen, die man beispielsweise bei *Hünerberg* (1984, S. 157), *Scheuch* (1996, S. 259) oder *Becker* (1998, S. 487f.) aufbereitet findet.

Eine mögliche Ursache für die fehlende begriffslogische Sensitivität mag in der offenkundigen *Theorielosigkeit der Begriffsdefinition und Typologisierung* liegen. Die Beschreibung dieser Instrumente ist nach wie vor von einer deskriptiven Sichtweise dominiert, die das Anliegen verfolgt, das Wirtschaftsgeschehen nachzuvollziehen und zu durchdringen. Dabei wird - oder sollte man sagen: wurde - auf eine theoretische Verankerung weitgehend verzichtet. Die Klassifikationen erfolgten weitgehend intuitiv, sodass die offenkundigen Widersprüche und Ungereimtheiten vieler Klassifikationen auch weniger auffallen. Für einen außenstehenden Betrachter, z.B. aus den Naturwissenschaften, erscheint ein solches Verhalten freilich als ziemlich dilettantisch und unwissenschaftlich.

3.2 Parteilichkeit

Eng mit der fehlenden theoretischen Fundierung verknüpft ist die faktische *Parteilichkeit* der instrumentellen Orientierung. Diese entsteht nämlich durch eine einseitige Analyse des Instrumenteneinsatzes aus Sicht der Anbieter, die zwar Wirkungen auf der Marktgegenseite fokussiert, aber eben meist nur hinsichtlich der Anbieterziele und nicht auch aus der Perspektive der Nachfragerinteressen oder aus einem interaktiven Prozessverständnis heraus. Eine kurzfristige Welle der verbraucherpolitischen Orientierung des Marketing Ende der 70er-Jahre war - abgesehen von den Arbeiten *E. Kuhlmanns* (1990) - schnell verebbt.

Diese Einseitigkeit führte zu dem paradoxen Ergebnis, dass das Kernpostulat des Marketing, nämlich die *Kundenorientierung*, lange Zeit verschüttet war und erst mit dem Aufkommen des Beziehungsmarketing Mitte der 80er-Jahre einen wirklichen Durchbruch in Theorie und Praxis erfuhr. Zuvor war es eine echte Minderheit unserer Community, die z.B. die Verbraucherperspektive pflegte und ein gewisses Pendant zur Parteilichkeit der „Unternehmensvertreter" bildete. Nicht umsonst kam dann auch ein wichtiger Impuls für die Entwicklung des Beziehungsmarketing von *Ursula Hansen* mit ihrem Konzept des Nachkaufmarketing (*Hansen* 1992), das heute von ihr und ihren Mitarbeitern z.B. durch Konzepte zur Konsumkompetenz (*Henning-Thurau* 2000) oder zum besitzlosen Konsum (*Hansen/ Schrader* 1997) weiter getrieben wird, Marketingthemen, die ganz und gar nicht in die Instrumentierung des klassischen Marketing passen.

Ähnlich ist es mit der geradezu sträflichen Vernachlässigung des *Beschaffungsmarketing*, einem Gebiet, auf dem bestenfalls nur eine Hand voll Fachvertreter forscherisch tätig war, die dann wiederum nahezu ausschließlich die Perspektive gewerblicher Beschaffer einnehmen, etwa die frühen Arbeiten von *Meffert/ Pfeiffer* (1980), *Hans Bauer* (1980) oder *U. Arnold* (1982) und auch das Lehrbuch von *Koppelmann* (1995). Die modernen Ansätze des ECR und Category Management machen deutlich, dass es auch in der Praxis übergreifender Interessenperspektiven bedarf, um die Wirkungen beim Einsatz von Marketinginstrumenten überparteilich und realitätsgerecht analysieren zu können.

Am weitesten vorangetrieben wurde eine kundenseitige Analyse bis hin zur interaktionstheoretischen Durchdringung in der Theorie des *Industriegütermarketing*, wie sie von *Engelhardt* und dessen Schülern angelegt wurde.

Schon der Aufbau des Lehrbuchs von *Backhaus* (1999) zum Industriegütermarketing macht deutlich, dass hier im Laufe der Jahre eine Abkehr von der reinen instrumentalen Orientierung hin zu einer nach Geschäftstypen differenzierten Betrachtung und andererseits einer deutlichen Trennung von strategischen und operativen Aspekten geprägten Abhandlung der Marketingtheorie versucht wird (vgl. auch *Backhaus* 1992).

Ein letzter Aspekt der Parteilichkeit betrifft das durch die instrumentale Orientierung stark geförderte *technokratische Wissenschaftsverständnis*, bei dem deutliche Defizite hinsichtlich der kritischen Funktion der Marketingwissenschaft und der Auseinandersetzung mit ethischen Fragen nicht zu übersehen sind (*Bauer* 1995). In einer Zeit, in der die Wissenschaft von vielen Seiten Anfechtungen ausgesetzt ist und z.B. an vielen Stellen von Unternehmensberatungen überholt zu werden droht, mag dieses Defizit besonders schmerzlich erscheinen, weil gerade hier ureigenste Wettbewerbsvorteile der Wissenschaft schlummern würden, die aber unzureichend gepflegt und vorangetrieben werden (vgl. *Hansen/ Bode* 1997).

3.3 Mangelnde Integration

Eine weitere Fehlentwicklung, die mit der instrumentalen Entwicklung einherging, ist in der *mangelnden Integration* einzelner instrumentenspezifischer Erkenntnisse zu sehen. Die Defizite bei der inhaltlichen Auseinandersetzung mit dem Marketing-Mix-Problem sind hier ein ebenso untrügliches und unrühmliches Zeichen unserer Wissenschaftsentwicklung, wie die verspätete und recht unsystematische inhaltliche Behandlung von Marketingstrategien, wo wir Marketingwissenschaftler von anderen Teildisziplinen, wie der Industrieökonomik (*Porter*) oder der Unternehmensberatung, schlicht überholt wurden.

3.4 Nachlaufende Betrachtung

Ein weiteres Syndrom scheint mir in der *nachlaufenden Behandlung* verschiedener Entwicklungen in der Marketingpraxis zu liegen, die letztlich auf der deskriptiven Haltung vieler Fachvertreter beruht. Beispielhaft möchte ich hier auf das Sponsoring, die Markenlizenzgeschäfte, die Markenwertdiskussion oder die modernen Formen der Preisdifferenzierung verweisen, die allesamt nicht von der Marketingwissenschaft kreiert, sondern erst von der Praxis vorexerziert werden mussten, bevor wir uns damit intensiver beschäftigten. Nicht selten wird dabei (manchmal von ein und demselben Forscher) ein zu undistanzierter „Propagierungszyklus" durchlaufen, der mit dem mehr oder minder euphorischen Verkünden eines neu entdeckten Marketinginstruments beginnt und in einer ernüchternden Kritik über die zu hoch gesteckten Erwartungen endet. Ein Musterbeispiel hierfür war Btx als Kommunikationsinstrument des Marketing.

3.5 Detailflut und mangelnde Prozessorientierung

Noch schwerwiegender als dieser Vorwurf muss uns die *Detailflut* betreffen, die angesichts einer solchen Wissenschaftsentwicklung überhand nahm und uns alle mit so viel Detailwissen konfrontiert, dass dessen Integration kaum mehr zu leisten ist und auch kaum geleistet wird. So ertrinken wir alle mehr oder minder in einer von *Bruno Tietz* (1993) einmal als „konfettisierter Wissenschaft" deklarierten Disziplin, die umso gieriger erfolgsträchtig erscheinenden Theoriekonzepten hinterher jagt, ohne wirklich deren Eignung und relative Attraktivität zu überprüfen.

Ein bereits seit längerem beklagtes Defizit, das seine Wurzeln ebenfalls, zumindest teilweise, in der instrumentalen Orientierung hat, ist die *mangelnde Prozessorientierung*, die uns den Blick für die Implementationsprobleme des Marketing erschwerte, wenn nicht verstellte. Kennzeichnend dafür ist, dass bis heute eigentlich eine allseits akzeptierte Monographie zur Marketingorganisation fehlt. Die vielfältigen Arbeiten *Richard Köhlers* (1991) auf diesem Gebiet sollen damit ebenso wenig herabgewürdigt werden wie die modernen Ansätze der Implementationsforschung, etwa jener von *Hilker* (1993) oder *v. d. Oelsnitz* (2000), die Arbeiten zum Internen Marketing (vgl. *Bruhn* 1999) oder die stärker prozessorientierten Arbeiten von *Gaitanides et al.* (1994).

Insgesamt erscheint mir hier der Entwicklungsstand der Marketingtheorie eher noch unterentwickelt und in vielerlei Hinsicht sogar noch unbearbeitet. Beispielsweise sind die Defizite bei der *ressourcentheoretischen Betrachtung* des Marketing ebenso unübersehbar wie bei der Entwicklung *sequentieller* Modelle, mit denen die schrittweise Implementation von Marketingzielen abgebildet werden könnte.

Angesichts dieser - ohne Zweifel überpointierten und vielleicht zu grobschlächtigen - Bestandsaufnahme kommt man um die *These 2* nicht herum, dass es im Marketing, wie freilich auch in anderen Teildisziplinen der BWL, zu mehreren *Identitätskrisen* kam, die nicht zuletzt in dieser Kommission Marketing auch thematisiert und z.T. auch bewältigt wurden.

Ganz am Rande möchte ich auch nur darauf hinweisen, dass die Vielfalt der Marketinginstrumente es auch zuließ, dass wir Fachvertreter, zumindest im deutschsprachigen Raum, uns ohne große Schwierigkeiten so *spezialisieren* konnten, dass jeder seine instrumentale Nische ohne großen Wissenschaftswettbewerb finden konnte, wenn er nur wollte. Für den wissenschaftlichen Fortschritt ist eine solche wettbewerbsarme Situation wohl eher schädlich.

4. Leistungen der instrumentalen Orientierung

Bei so viel Kritik an unserer Grundausrichtung wäre es natürlich völlig inakzeptabel, nicht auch nach den positiven Seiten der instrumentalen Orientierung zu suchen.

Dies führt zu meiner *dritten These*: Die instrumentale Orientierung hat auch beachtliche Leistungen der Marketingwissenschaft ermöglicht bzw. gefördert und sich insofern in gewisser Weise auch bewährt.

4.1 Flexibilität

Hinweisen möchte ich hier zunächst auf die erstaunliche *Flexibilität* dieses Konzeptes, die es möglich machte, sich immer wieder neuen Zielen der Marketing-Wertsysteme zu öffnen und diese - wegen der praktisch-normativen Grundausrichtung - zumindest technokratisch zu behandeln. Beispielhaft aufgeführt seien hier die Verbraucherpolitik, die ökologischen Aspekte des Marketing und die Behandlung von Kundenzufriedenheitsaspekten, die deutlich machen, wie vielseitig die Wirkungsanalyse angelegt werden kann.

Der oben massiv kritisierte Mangel an theoretischer Normung machte es andererseits möglich, dass ein gewisser *Wettstreit verschiedener Bezugstheorien* entstand, der sich auch positiv auf unsere Wissenschaft ausgewirkt hat. Wir waren nicht mit den Scheuklappen eines ganz bestimmten, vielleicht sogar ideologischen Theoriekonzeptes belastet, waren nicht - wie es *Bruno Tietz* an dieser Stelle 1993 formulierte - in einem *Marketingghetto* gefangen, sondern konnten den wissenschaftlichen Wettstreit verschiedener Bezugstheorien ungehindert austragen. Ich erinnere hier nur an die befruchtenden Wirkungen der Verhaltenswissenschaften, der Industrieökonomik, der Systemtheorie oder der Institutionenökonomie.

4.2 Methodenentwicklung

Die wirkungsanalytische Ausrichtung der instrumentalen Orientierung trug ferner auch erheblich zur *Methoden-Fortentwicklung* im Marketing bei. Gerade in den letzten Jahren haben wir wegen immer besserer Datenfundamente z.B. erheblich feinere Marktreaktionsmodelle (*Balderjahn* 1993), komplexere Modellstrukturen in der Kausalanalyse (*Hildebrandt/ Homburg* 1999) oder neue Vorgehensweisen bei der Behandlung von Wirkungszusammenhängen im Rahmen neuronaler Netze (*Gierl* 2000) kennen gelernt.

4.3 Sektorale Breite

Als *anpassungsfähig* und in gewissem Sinne *universal* erwies sich die instrumentale Orientierung auch dadurch, dass sie sich auch auf die sich im Laufe der Zeit entwickelnden speziellen Marketingtheorien des Dienstleistungs-, Investitionsgüter-, Handels- oder Non-Profit-Marketing anwenden ließen. Die allermeisten Lehrbücher zu solchen speziellen Marketinglehren sind „klassisch" instrumental untergliedert, wenngleich dies einer eigenständigen Entwicklung dieser Theorien oft auch im Wege stand.

4.4 Theoriedifferenzierung

Die umfassende Auseinandersetzung mit den Instrumenten und deren Wirkungen auf den Markt führte zu einer beachtlichen *Differenziertheit* und Ausweitung der Theorie der absatzpolitischen Instrumente. Beispielhaft möchte ich hier auf das *Innovationsmarketing* (z.B. *Trommsdorff* 1992), das *Direktmarketing* einschließlich der neuen Marketinginstrumente im elektronischen Markt (z.B. *Link/ Schleuning* 1999), die Maßnahmen der Kundenbetreuung in der Nachkaufphase, z.B. durch das *Beschwerdemanagement* und Kundenclubs (*Jeschke* 1995), oder die Möglichkeiten des *Erlebnis-Marketing* (*Weinberg* 1992) hinweisen.

Die einschlägigen Arbeiten wurden nicht nur differenzierter, sondern auch *vielfältiger* im Sinne des Einbezugs zusätzlicher Ziele sowie strategischer Wirkungsdimensionen. Diese m.E. durchaus beachtenswerten Leistungen der Marketingwissenschaft führten zu einem opulenten Teilwissen, vom dem oben schon die Rede war. Es erwies sich als sehr anpassungsfähig an wechselnde Problemschwerpunkte in der Marketingpraxis und führte wohl auch dazu, dass wir als Fachvertreter dort trotz aller Anfechtungen insgesamt eine recht hohe Akzeptanz besitzen.

Viele der oben kritisierten Fehlentwicklungen konnten auch zumindest teilweise aufgefangen und beseitigt werden. Dies gilt etwa für die strategischen Defizite und auch für die theoretische Fundierung und Abstraktion. Will man das Bild des Bergwanderers wieder aufgreifen, so scheint sich unser Weg zum Gipfel zwar teilweise als Umweg und mit manchen unergiebigen Seitenpfaden versehener Aufstieg darzustellen, von dem wir heute aber einen erheblich besseren Überblick über die Marketinglandschaft genießen dürfen als dies vor 40 Jahren möglich war. Insofern fasse ich die instrumentale Orientierung durchaus nicht als ein gescheitertes Paradigma des Marketing auf, sondern eher als ein Orientierungsmuster, das wir selbst ständig und in den jüngsten Jahren zunehmend verbessern und von den Defiziten befreien.

5. Aufarbeitung der Defizite der instrumentalen Orientierung

Genau dies ist Gegenstand meiner *4. These*: Die Defizite der I.O. werden zunehmend aufgearbeitet.

Deutlich wird dies etwa in der zunehmenden *Überwindung der aktionistischen Perspektive durch interaktionsorientierte Konzepte* des Beziehungsmarketing, in denen Interaktion und Integration, Individualisierung und investitionstheoretische Sichtweisen von Geschäftsbeziehungen, die herkömmliche Beeinflussungsperspektive abgelöst haben (*Diller* 1995b).

Bemerkenswert ist auch die *theoretische Unterfütterung* vieler im Grunde bereits bekannter, aber noch nicht abstrakt in ein Theoriesystem gefasster Phänomene des Marketing durch die *Neue Institutionenökonomie* und andere ökonomische Bezugstheorien, die auch zu einer Reintegration des Marketing in die ökonomische Theorie beitragen. Erwähnt seien hier nur die Klassifikationen von Gütern nach informationstheoretischer Perspektive in Inspektions-, Erfahrungs- und Vertrauensgüter (*Weiber/ Adler* 1995) oder die Einteilung von Marketingklassen in Austausch-, Kontraktgüter- und Beziehungsmarketing von *K. Kaas* (1995). Dass Marken Vertrauenspotentiale darstellen, war uns immer bewusst, welche Rolle dieses Vertrauen in ein Marktsystem voller Unsicherheiten tatsächlich spielt, konnte aber erst mit der Neuen Institutionenökonomie präzise formuliert und mit hoher Reichweite postuliert werden.

Ein erheblicher Fortschritt scheint mir auch in der nicht mehr nur reklamierten, sondern tatsächlich praktizierten *Kundenorientierung* der Marketingwissenschaftler in ihren wissenschaftlichen Konzepten von der Wirkung ganz bestimmter Instrumente zu liegen. Blickt man beispielsweise in neuere Lehrbücher zum Produktmarketing, so erkennt man, wie sich diese Theorie von der instrumentalen Verankerung löst und sich hin zu einer stark nutzenorientierten Theorie entwickelt (vgl. z.B. *Herrmann* 1998). Als Nürnberger Marketingvertreter freut mich diese *Wiederbelebung der Nutzenschule* natürlich ganz besonders. Sie erstreckt sich keineswegs nur auf die Produktqualität, sondern hat in Windeseile auch die Preis- und mit dem E-Commerce schließlich auch die Kommunikations- und Distributionspolitik erreicht.

Eine bemerkenswerte und für die Entwicklung des Fachs sehr grundlegende Weiterentwicklung der Marketingtheorie scheint mir in der *Konzeption der Marktobjekte als variable Leistungsbündel* zu liegen, wie sie *Engelhardt, Kleinaltenkamp* und *Reckenfelderbäumer* 1993 vorgeschlagen haben. Eine solche Konzeptionierung ermöglicht die Fortentwicklung nicht nur des Dienstleistungsmarketing, sondern auch der austauschtheoretischen Grundlegung von Marketingprozessen generell und darüber hinaus der Optimierung von Wertkettensystemen.

Theoretisch bereichernd waren ohne Zweifel auch die *situativen Differenzierungen* der Marketingtheorie, etwa nach Phasen der Marktentwicklung oder nach Geschäftstypen, wenngleich hier kritisch nach der empirischen Bewährung solcher Theorien zu fragen ist.

Schließlich muss zugestanden werden, dass das Marketing keineswegs nur aus Aussagen zum Einsatz der Marketinginstrumente besteht, sondern gerade in den letzten Jahrzehnten durch zusätzliche Konzepte ergänzt und ausgeweitet wurde, was zum *dualen Verständnis des Marketing* hinführte, in dem der Instrumenteneinsatz nur eines von zwei wesentlichen Definitionselementen darstellt (*Meffert* 1999).

6. Fazit

Vor dem Hintergrund der Vor- und Nachteile der instrumentalen Orientierung, die ich hier nur in aller Grobheit und Kürze darlegen konnte, scheint mir die *These 5* vertretbar: Die instrumentale Orientierung verdient eine zweite Chance in der Marketingwissenschaft, bei der wir alle gemeinsam versuchen, die Defizite noch mehr abzubauen, als dies bisher geschah, die Präzisierung der Aussagen zu erhöhen, die theoretische Verankerung zu verstärken und insbesondere die Integration der Detailerkenntnisse durch eine *theoriegestützte Abstraktion* voranzutreiben.

Darüber hinaus erscheint mir eine Ergänzung der instrumentalen Perspektive durch *prozessorientierte Modelle* aussichtsreich, wird hierbei doch dem interaktiven Charakter von Austauschprozessen ebenso Rechnung getragen wie der Implementierungsproblematik.

Schließlich scheint mir der Weg auf den Marketinggipfel durch Rückbesinnung auf die *ökonomischen Traditionen* und durch Bergkameraden aus den anderen Bereichen der Betriebswirtschaftslehre und der Wirtschaftswissenschaften wichtiger als die Inanspruchnahme immer weiter vom ökonomischen Kern unserer Wissenschaft entfernter Nachbarwissenschaften. Wie die Diskussion um die verhaltenswissenschaftliche Marketingtheorie gezeigt hat, laufen wir durch derartige Ausflüge in Klettersteige von Nachbarwissenschaften nicht selten in Bereiche, wo wir unsere ureigensten Themen und Kompetenzen aus dem Auge verlieren.

Dies gilt auch für die immer drängendere Frage nach der *Produktivität des Marketing* in einzel- und gesamtwirtschaftlicher Sicht. Der immer größere Anteil der Marketingkosten an den Gesamtkosten eines Unternehmens bringt es mit sich, dass wir gerade hier immer stärker gefordert werden und diesem Erfordernis nur dann gerecht werden können, wenn wir die Produktivitätsproblematik, die schon *Guten-*

berg umtrieb, erneut aufgreifen und im Lichte der heutigen Erkenntnisse neu angehen.

Dass hierbei eine instrumentale Orientierung nützlich ist, erscheint mir unstrittig. Dies zeigt z.B. schon der derzeit populäre Vergleich elektronischer und stationärer Geschäftsplattformen. Wenn wir uns auch auf diesem Gebiete von anderen, z.B. den Wirtschaftsinformatikern, den Systemberatern oder den Softwareingenieuren, überholen lassen, haben wir eine weitere Chance für die Marketingwissenschaft verspielt.

Popper sprach bekanntlich davon, dass man eine auch noch nicht hinreichend bewährte und ausgereifte Theorie solange nicht wegwirft, solange keine bessere zur Verfügung steht. Auch insofern möchte ich dafür plädieren, das Kind nicht mit dem Bade auszuschütten und auf dem Weg zum Marketinggipfel mit besserer Ausrüstung und zielsicherem Blick den eingeschlagenen Weg durchaus fortzusetzen und Tagungen wie diese hier im regelmäßigen Abstand dafür einzusetzen, den weiteren Fortschritt zu beobachten. Ich jedenfalls danke dem Veranstalter an dieser Stelle ganz offiziell für sein Engagement in dieser Sache und Ihnen und dem Koreferenten für die Geduld.

Literatur

Arnold, U. (1982), Strategische Beschaffungspolitik - Steuerung und Kontrolle strategischer Beschaffungssubsysteme der Unternehmung, Frankfurt/ Bern 1982.

Backhaus, K. (1992), Investitionsgütermarketing - theorieloses Konzept mit Allgemeinheitsanspruch?, in: Schmalenbachs Zeitschrift für betriebswirtschaftliche Forschung (ZfbF) 44. Jg., Nr. 9, 1992, S. 7-29.

Backhaus, K. (1999), Industriegütermarketing, 6. Auflage, München 1999.

Balderjahn, I. (1993), Marktreaktion von Konsumenten, Berlin 1993.

Bauer, H. (1980), Die Entscheidung des Handels über die Aufnahme neuer Produkte, Berlin 1980.

Bauer, H. (1995), Wege der Marketing-Kritik in: *Diller, H./ Bauer, H.,* Wege des Marketing, Festschrift zum 60. Geburtstag von *Erwin Dichtl*, Berlin 1995, S. 1937-1959.

Becker, J. (1998), Marketing-Konzeption: Grundlagen des strategischen und operativen Marketing-Managements, 6. Auflage, München 1998.

Bruhn, M. (Hrsg.) (1999), Internes Marketing, 2. Auflage, Wiesbaden 1999.

Dichtl, E. (1995), 25 Jahre Marketingwissenschaft in Deutschland. Zeit zum Feiern oder Anlaß zum Nachdenken?, in: Marketing ZFP, 17. Jg., H. 1, 1995, S. 54-55.

Dichtl, E. (1967), Über Wesen und Struktur absatzpolitischer Entscheidungen, Berlin 1967.

Diller, H. (1991), Entwicklungstrends und Forschungsfelder der Marketingorganisation in: Marketing ZFP, 13. Jg., H. 3, 1991, S. 157-163.

Diller, H. (1995a), Wege des Marketingmanagement, in: *Diller, H./ Bauer, H.* (Hrsg.), Wege des Marketing, Festschrift zum 60. Geburtstag von *Erwin Dichtl*, Berlin 1995, S. 3-30.

Diller, H. (1995b), Beziehungs-Marketing, in: Wirtschaftswissenschaftliches Studium (WiSt), 24. Jg., H. 9, 1995, S. 442-447.

Engelhardt, W. H./ Kleinaltenkamp, M./ Reckenfelderbäumer, M. (1993), Leistungsbündel als Absatzobjekte, in: Schmalenbachs Zeitschrift für betriebswirtschaftliche Forschung (ZfbF), 45. Jg., Nr. 5, 1993, S. 395-426.

Engelhardt, W.H. (1997), Das Marketing in der Betriebswirtschaftslehre - eine paradigmatische Betrachtung, in: *Bruhn, M./ Steffenhagen, H.* (Hrsg.), Marktorientierte Unternehmensführung. Reflexionen - Denkanstöße - Perspektiven, Festschrift für *Heribert Meffert*, Wiesbaden 1997, S. 3-17.

Esch, F.-R. (Hrsg.) (1999), Moderne Markenführung: Grundlagen - innovative Ansätze - praktische Beispiele, Wiesbaden 1999.

Gaitanides, M./ Raster, M./ Rießelmann, D. (1994), Die Synthese zwischen Prozeßmanagement und Kundenorientierung, in: *Gaitanides, M. et al.* (Hrsg.), Prozeßmanagement, Konzepte, Umsetzungen und Erfahrungen des Reengineering, München 1994, S. 207-224.

Gierl, H. (2000), Neuronale Netze, in: *Diller, H.* (Hrsg.), Vahlens Großes Marketinglexikon, 2. Auflage, München (im Druck).

Gutenberg, E. (1968/ 1984), Grundlagen der Betriebswirtschaftslehre, Bd. 2: Der Absatz, 17. Auflage, Berlin et al. 1968/ 1984.

Hansen, U. (1992/ 1995), Nachkaufmarketing, in: *Diller, H.* (Hrsg.), Vahlens Großes Marketinglexikon, 1. Auflage, München 1992, S. 805-806.

Hansen, U./ Bode, M. (1997), Blinde Flecken der Marketingwissenschaft - das Problemfeld der „4 Gs", in: *Bruhn, M./ Steffenhagen, H.* (Hrsg.), Marktorientierte Unternehmensführung, 1997, S. 57-83.

Hansen, U./ Schrader, U. (1997), Leistungs- statt Produktabsatz für einen ökologischen Konsum ohne Eigentum, in: *Steger, U.* (Hrsg.), Handbuch des integrierten Umweltmanagements, München 1997, S. 87-110.

Hennig-Thurau, Th. (2000), Konsum-Kompetenz: Eine neue Zielgröße für das Management von Geschäftsbeziehungen, Frankfurt a.M. 2000.

Herrmann, A. (1998), Produktmanagement, München 1998.

Hildebrandt, L./ Homburg, Ch. (Hrsg.) (1998), Die Kausalanalyse: Ein Instrument der empirischen betriebswirtschaftlichen Forschung, Stuttgart 1998.

Hilker, J. (1993), Marketingimplementierung, Univ.-Diss., Münster 1993.

Hünerberg, R. (1984), Marketing, München 1984.

Jeschke, K. (1995), Nachkaufmarketing, Kundenzufriedenheit und Kundenbindung auf Konsumgütermärkten, Frankfurt/ New York 1995.

Kaas, K.-P. (1995), Marketing zwischen Markt und Hierarchie, in: *Kaas, K.-P.* (Hrsg.), Kontrakte-Geschäftsbeziehungen, Netzwerke - Marketing und Neue Institutionentheorie, Schmalenbachs Zeitschrift für betriebswirtschaftliche Forschung (ZfbF), Sonderheft Nr. 35, 1995, S. 19-42.

Kaas, K.-P. (2000), Marketing-Mix, in: *Diller, H.* (Hrsg.), Vahlens Großes Marketinglexikon, 2. Auflage, München (im Druck).

Köhler, R. (1991), Beiträge zum Marketing-Management, 2. Auflage, Stuttgart 1991.

Koppelmann, U. (1995), Beschaffungsmarketing, 2. Auflage, Berlin 1995.

Kuhlmann, E. (1990), Verbraucherpolitik, München 1990.

Link, J./ Schleunig, C. (1999), Das neue interaktive Direktmarketing, Ettlingen 1999.

McCarthy, E.J. (1960), Basic Marketing - A Managerial Approach, 6. Auflage, Homewood, Ill. 1960.

Meffert, H. (1999), Marktorientierte Unternehmensführung im Umbruch, in: *Meffert, H.* (Hrsg.), Marktorientierte Unternehmensführung im Wandel, Wiesbaden 1999, S. 3-33.

Meffert, H. (2000), Marketing-Geschichte, in: *Diller, H.* (Hrsg.), Vahlens Großes Marketinglexikon, 2. Auflage, München (im Druck).

Meffert, H./ Pfeiffer, S. (1980), Die Akzeptanz von Produktinnovationen im Handel, in: Marketing ZFP, 2. Jg., H. 4, 1980, S. 229-238.

Niehans, J. (1996), Revolution und Evolution in der Wirtschaftstheorie, in: *Rieter, H.* (Hrsg.), Wege und Ziele der Forschung, Berlin 1996, S. 13-46.

Nieschlag, R../ Dichtl, E./ Hörschgen, H. (1968), Einführung in die Lehre von der Absatzwirtschaft - Ein entscheidungstheoretischer Ansatz, Berlin 1968.

Oelsnitz, D. v.d. (2000), Marktorientierte Organisationsgestaltung - Eine Einführung, Stuttgart 2000.

Scheuch, F. (1996), Marketing, 5. Auflage, München 1996.

Steffenhagen, H. (1993), Absatzpolitische Instrumente, in: *Wittmann, W. et al.* (Hrsg.), Handwörterbuch der Betriebswirtschaft, 5. Auflage, Stuttgart 1993, Sp. 23-37.

Steffenhagen, H. (1988/ 1994), Marketing - eine Einführung, 3. Auflage, Stuttgart et al. 1994.

Steffenhagen, H. (1999), Eine austauschtheoretische Konzeption des Marketing-Instrumentariums als Beitrag zur allgemeinen Marketing-Theorie, Arbeitsbericht 99/07, Aachen 1999.

Tietz, B. (1993), Die bisherige und künftige Paradigmatik des Marketing des Marketing in Theorie und Praxis, in: Marketing ZFP, 15. Jg., H. 3 und 4, 1993, S. 149-163 (Teil I) und 221-235 (Teil II).

Trommsdorff, V. (1992), Innovationsmanagement, in: *Diller, H.* (Hrsg.), Vahlens Großes Marketinglexikon, München 1992, S. 460-463.

Weiber, R./ Adler, J. (1995), Positionierung von Kaufprozessen im informations-ökonomischen Dreieck, in: Schmalenbachs Zeitschrift für betriebswirtschaftliche Forschung (ZfbF), 47. Jg., H. 2, 1995, S. 99-123.

Weinberg, P. (1992), Erlebnismarketing, München 1992.

Eine austauschtheoretische Konzeption des Marketing-Instrumentariums als Beitrag zu einer allgemeinen Marketing-Theorie

Hartwig Steffenhagen

1. Problemstellung, Gegenstand und Gang der Untersuchung — 142

2. Bestandsaufnahme zur Thematik — 145

   2.1 Zum Begriff des Marketing-Instruments — 145

   2.2 Gliederungen des Marketing-Instrumentariums — 147

   2.3 Kritische Erörterung — 148

3. Eine austauschtheoretische Konzeption zur Systematisierung der Marketing-Instrumente — 152

   3.1 Der austauschtheoretische Bezugsrahmen — 152

   3.2 Austauschtheoretische Konzeption des absatzpolitischen Instrumentariums — 154

      3.2.1 Zuschnitt anzubietender Leistungen — 157

      3.2.2 Zuschnitt erwarteter Gegenleistungen des Nachfragers — 160

      3.2.3 Beeinflussende Kommunikation — 162

   3.3 Austauschtheoretische Konzeption des beschaffungspolitischen Instrumentariums — 163

4. Diskussion — 166

   4.1 Wissenschaftliche Relevanz der verfolgten Intention — 166

   4.2 Vorgenommene Grenzziehungen — 167

   4.3 Reale Handlungspakete versus instrumentelle Klassifikation — 168

   4.4 Vollständigkeit und Griffigkeit des Instrumentenkatalogs — 169

   4.5 Relevanz des Instrumentariums in unterschiedlichen Wirtschaftssektoren — 169

Literatur — 171

1. Problemstellung, Gegenstand und Gang der Untersuchung[1]

Eine der in der Marketing-Lehrbuchliteratur am häufigsten hervortretende Konzeption, die Konzeption des Marketing-Instrumentariums, ist in den vergangenen rund 30 Jahren deutschsprachiger Marketinglehre interessanterweise das am seltensten ausdrücklich erörterte Aussagesystem der Disziplin geblieben. Mit überraschender Selbstverständlichkeit übernehmen Autoren - von Ausnahmen abgesehen - die von den Lehrbuch-Marktführern etablierten Standards zur Behandlung der Aktionsseite des Marketing, etwa entsprechend der auf *McCarthy* zurückgehenden 4-P-Konzeption (*McCarthy* 1960). Die Gründe für diesen verbreiteten Pragmatismus mögen vielfältig und nachvollziehbar sein; darüber sei hier nicht spekuliert. Die Auseinandersetzungsruhe lässt jedoch insofern verwundern, als in der Marketing-Disziplin Diskussionen über grundlegende Denkrahmen (Paradigmen) nicht selten waren (vgl. *Tietz* 1993; *Meffert* 1994a, S. 11ff.; *Bruhn/ Bunge* 1994) und weil gerade in einer noch jungen Disziplin von einer Reflexion über Kernkonzepte die weitreichendsten Impulse ausgehen können.

Es liegt nahe zu erwarten, dass das stillschweigende Tradieren der bisherigen Konzeption des Marketing-Instrumentariums sich nicht mehr lange bewähren wird. Mit der mittlerweile vertieften Behandlung des Business-to-Business-Marketing, des Industriegüter- und des Dienstleistungsmarketing wird zunehmend erkennbar, dass traditionelle, ursprünglich auf das Konsumgütermarketing zugeschnittene Konzeptionen des Marketing-Instrumentariums das aktive Verhalten eines Unternehmens in seinem Absatzmarkt nicht adäquat zu kennzeichnen erlauben. Die Analyse von Geschäftsbeziehungen (vgl. dazu *Diller/ Kusterer* 1988; *Plinke* 1989; *Diller* 1995a; *Kleinaltenkamp/ Preß* 1995; *Engelhardt/ Freiling* 1995c) auf der Grundlage von Interaktionsansätzen (vgl. dazu im Überblick *Backhaus* 1997, S. 114ff.) und Integrationskonzepten (vgl. etwa *Engelhardt/ Freiling* 1995a; 1995b) führt zu einer sich verzahnenden Betrachtung des aktiven Vermarkters und des aktiven Beschaffers (vgl. auch *Koppelmann* 1995, S. 33). Die sich daraus ergebende *Insuffizienz traditioneller Konzeptionen des Marketing-Instrumentariums* zeigt sich auch daran, dass bedeutsame Phänomene der Marktrealität in traditionellen Instrumentenkatalogen offensichtlich nicht berücksichtigt werden (vgl. *Dichtl* 1998) und sich auch in deren Rahmen nicht sinnvoll erfassen lassen. Dies gilt selbst für das Konsumgütermarketing, auf welches traditionelle Konzeptionen des Marketing-Instrumentariums in besonderem Maße zugeschnitten sind: Im Bewusstsein des Stellenwerts der Kundenbindung (vgl. *Diller* 1996) wird deutlich, dass sich gewisse Bindungskonzepte nur

---

[1] Für scharfsinnige, konstruktiv-kritische Kommentare zu einer Vorläuferversion dieses Beitrags danke ich meiner Mitarbeiterin, Frau *Dr. Gertrud Schmitz*, sehr herzlich. Mein Dank gilt ferner Herrn Kollegen *Hermann Diller* für sein konstruktiv-kritisches Feedback.

noch mit Mühe mit dem traditionellen Marketing-Instrumentarium in Einklang bringen lassen.

All dies mögen Gründe dafür sein, dass manche Autoren bei der Gliederung von
Lehrtexten das Konzept des Marketing-Instrumentariums bereits in den Hintergrund
treten lassen (z.B. *Backhaus* (1997) für das Industriegütermarketing). Mit einem
solchen Vorgehen wird allerdings auf die potenziell strukturgebende Kraft dieses im
Denken der Marketing-Wissenschaft und Marketing-Praxis mittlerweile verwurzel-
ten Konzepts verzichtet. Andere Autoren erweitern traditionelle Konzeptionen des
Marketing-Instrumentariums pragmatisch um gewisse Elemente (z.B. auf die 7 P's
bei *Booms/ Bitner* (1981) für das Dienstleistungsmarketing), um auf diese Weise
einen besseren „Fit" zwischen theoretischer Konzeption und Marktrealität herzustellen.

Die pragmatischen Erweiterungen als Reparaturen an bisherigen Konzeptionen des
Marketing-Instrumentariums lassen jedoch einen Kritikpunkt deutlicher hervortreten,
der bislang eher zaghaft und versteckt in der Literatur laut wurde: die *fehlende theoretische Fundierung* der grundsätzlichen Einbeziehung/ Nicht-Einbeziehung gewisser Sachverhalte in ein Marketing-Instrumentarium (vgl. *Scheuch* 1996, S. 260).
Es fehlt i.a. ein Bezugsrahmen, anhand dessen begründet wird, warum gewisse „Instrumente" in der Konzeption eines Marketing-Instrumentariums auftreten und warum andere Sachverhalte nicht enthalten sind. Enumeration tritt somit an die Stelle
der Deduktion. Daraus resultieren zum Teil willkürlich anmutende Auflistungen und
fehlende Abgrenzungen zu Nicht-Marketing-Entscheidungen im Unternehmen (vgl.
zu dieser Kritik *Bidlingmaier* 1973, S. 157; *Steffenhagen* 1993, Sp. 26), was schließlich auch *Systematisierungsdefizite* nach sich zieht (vgl. *van Waterschoot/ Van den
Bulte* 1992). Nur in Ausnahmefällen werden die für die Zusammensetzung des
jeweils konzipierten Marketing-Instrumentariums herangezogenen Auswahl- und
Sortierkriterien von den Autoren ausdrücklich aufgedeckt (z.B. bei *Berekoven* 1989,
S. 60f.; *Haedrich/ Berger* 1982, S. 2; *Becker* 1998, S. 487ff.; *Koppelmann* 1997a, S.
89ff.).

Der vorliegende Beitrag entwickelt deshalb auf der Grundlage eines austauschtheoretischen Gedankengangs eine Konzeption des Marketing-Instrumentariums,
welche auf eine große Vielfalt antreffbarer Marktrealitäten, d.h. auf unterschiedliche
Wirtschaftsstufen, -sektoren oder Geschäftstypen „passen" soll. Der sich ergebende
Instrumentenkatalog will folglich einen strukturierten Denkrahmen anbieten, in
welchem sich bei einer systematischen Auseinandersetzung mit der Aktionsseite des
Marketing - sowohl des Absatz- wie auch des Beschaffungsmarketing - Phänomene
der jeweiligen Marktrealität einordnen lassen, ohne dass jeweils „situativ" spezielle
Marketing-Instrumente bzw. -Instrumentenkataloge konzipiert werden müssen.

Ziel des vorliegenden Beitrags ist es, mittels eines allgemeinen nutzbaren Denkrahmens als gemeinsamem Bindeglied zu einer Überbrückung der sich öffnenden Kluft

zwischen sektoralen oder geschäftstypenspezifischen Marketing-Teiltheorien sowie zu einer integrierenden Behandlung des Absatz- und Beschaffungsmarketing beizutragen. Die Nützlichkeit eines solchen, auf Generalisierung der Marketing-Theorie abstellenden Unterfangens mag in mehrerem liegen: Zum einen mögen sich aus einem sektoral übergreifenden, einheitlichen Ordnungsschema zur Erfassung zentraler Ansatzpunkte des Marketing-Handelns Transfer-Denkanstöße ergeben, die ansonsten - infolge des Schleiers unterschiedlicher Terminologien und Sortierungen - verborgen blieben. Zum anderen mag die universitäre Lehre von einer allgemeinen Konzeption des Marketing-Instrumentariums profitieren: Sektoral ausgerichtete Lehrveranstaltungen ein und desselben Veranstalters lassen sich einheitlicher aufbauen und von den Studierenden veranstaltungsübergreifend leichter durchschauen und verinnerlichen (vgl. *Koppelmann* 1995, S. 252). Die generell anzustrebende Sparsamkeit jeglicher Theoriebildung würde sich - sofern nicht die Anforderung der Vollständigkeit verletzt wird - somit auch als didaktisch hilfreich erweisen.

Der *Gang der vorliegenden Untersuchung* ist wie folgt: In einem ersten Schritt ist der Begriff des Marketing-Instrumentariums bzw. der Begriff des Marketing-Instruments zu klären. Da hier - wie noch zu zeigen ist - überraschenderweise nicht an ein in der Literatur antreffbares, explizites Begriffsverständnis angeknüpft werden kann, wird zunächst anhand einer Inhaltsanalyse verbreiteter Marketing-Lehrbücher eine analytische Definition erarbeitet, von welcher auch der vorliegende Beitrag in seinen weiteren Schritten ausgeht. Dieses Vorgehen, nämlich das bewusste Anknüpfen an das in der Literatur mit „Marketing-Instrumente" implizit Gemeinte, soll dem zu entwickelnden Entwurf eine prinzipielle Akzeptanzchance in der Scientific Community sichern helfen.

In einem zweiten Schritt wird geprüft, welche der in den verbreiteten Instrumentenkatalogen enthaltenen Marketing-Instrumente begriffslogisch konsistent auch in einer Neukonzeption des Marketing-Instrumentariums enthalten sein müssen bzw. dort fehlen könnten. Diese Analyse lässt den Leser einige in der Literatur antreffbare Inkonsistenzen erkennen, die bei einer Neukonzeption zur Sicherung deren innerer Schlüssigkeit vermieden werden sollten.

In einem dritten Schritt sei der austauschtheoretische Bezugsrahmen erläutert, dem im Sinne der Zielsetzung dieses Beitrags ein großes Generalisierungspotenzial unterstellt wird. Aus dieser theoretischen Verankerung ergibt sich schließlich die Konzeption eines Marketing-Instrumentariums, die sich - infolge der austauschtheoretischen Symmetrie - nicht nur als eine absatzpolitisch-instrumentelle Konzeption, sondern zugleich als eine beschaffungspolitisch-instrumentelle Konzeption interpretieren lässt. Eine Diskussion der vorgelegten Konzeption bildet den Abschluss des Beitrags.

2. Bestandsaufnahme zur Thematik

2.1 Zum Begriff des Marketing-Instruments

Überraschenderweise führt die Lektüre angloamerikanischer und deutschsprachiger Lehrbücher, in denen das Konzept des „Marketing-Instruments" auftaucht, zu einem frappierenden Befund: Eine Umschreibung dessen, was mit „Marketing-Instrument" gemeint wird, ist nur andeutungsweise zu erkennen. Dies gilt auch für die in der Literatur offenkundig synonym verwendeten Termini wie „absatzpolitische Instrumente", „Instrumente der Marktgestaltung", „Instrumente der Absatzbeeinflussung", „Vermarktungsinstrumente", „absatzwirtschaftliche Aktionsbereiche", „marketingpolitische Instrumente", „Instrumentalvariablen", „absatzpolitische Mittel" u.ä. So scheint auch heute noch zu gelten, was *Bidlingmaier* bereits 1973 konstatierte: „Auffallend in diesem Zusammenhang ist, dass die meisten Autoren keine exakte Definition des Begriffs ‚absatzpolitische Instrumente' u.ä. geben" (*Bidlingmaier* 1973, S. 156).

Allerdings liefert eine Inhaltsanalyse 27 deutschsprachiger Marketing-Lehrbücher, die zwischen 1968 und 1998 erschienen, eine Reihe umschreibender *Begriffsmerkmale* zum Konzept des „Marketing-Instruments", die im Folgenden ohne Anspruch auf Überschneidungsfreiheit oder Unabhängigkeit der Merkmale aufgeführt seien:

- Ein eingesetztes Marketing-Instrument dient der *gestalterischen Einwirkung* auf den Absatzmarkt (vgl. *Bänsch* 1998, S. VI; *Böcker* 1996, S. 437f.; *Fritz/ von der Oelsnitz* 1998, S. 18; *Meffert* 1998, S. 7; *Nieschlag/ Dichtl/ Hörschgen* 1997, S. 22; *Scheuch* 1996, S. 259);

- der Einsatz eines Marketing-Instruments hat den Charakter einer *Einflussnahme auf Marktbeteiligte* (vgl. *Ahlert* 1984, S. VIII; *Berekoven* 1989, S. 52; *Böcker* 1996, S. 23; *Koppelmann* 1995, S. 252; *Meffert/ Bruhn* 1997, S. 193; *Müller-Hagedorn* 1996, S. 7; *Plinke* 1995, S. 125; *Scheuch* 1996, S. 259f.; *Steffenhagen* 1994, S. 122);

- ein Marketing-Instrument repräsentiert *Aktions-, Aktivitäts-* bzw. *Handlungsmöglichkeiten* (vgl. *Ahlert* 1984, S. VIII; S. 52f.; *Becker* 1998, S. 487; *Berndt* 1995, S. 15; *Meffert* 1977, S. 80; ders. 1998, S. 7 und 56; *Nieschlag/ Dichtl/ Hörschgen* 1997, S. 21; *Zentes* 1996, S. 3);

- vom Einsatz eines Marketing-Instruments wird ein *akquisitorischer bzw. präferenzbildender Effekt* erwartet (vgl. *Ahlert* 1984, S. 50; *Gutenberg* 1984, S. 104ff.; *Meffert* 1974, Sp. 887; *Nieschlag/ Dichtl/ Hörschgen* 1997, S. 21);

- eingesetzte Marketing-Instrumente dienen der *Erfüllung absatzpolitischer Aufgaben, Zwecksetzungen bzw. Ziele* (vgl. *Ahlert* 1984, S. 49; *Becker* 1998, S. 487; *Koppelmann* 1997a, S. 2); aus dem Blickwinkel des Beschaffungsmarketing wird analog die *Erfüllung beschaffungspolitischer Aufgaben bzw. Ziele* betrachtet (vgl. *Koppelmann* 1995, S. 250ff.). Eine solche Eingrenzung soll offenbar einerseits dazu beitragen, Marketing-Instrumente als *Mittel*entscheidungen (vgl. *Ahlert* 1984, S. 49; *Zentes* 1996, S. 3) von Zielentscheidungen zu trennen. Andererseits wird mittels dieses begrifflichen Kriteriums auch versucht, innerhalb der Marketing-Instrumente näher zwischen „absatzpolitischen Instrumenten" und „absatzpolitisch relevanten unternehmenspolitischen Instrumenten" (*Böcker* 1996, S. 438) zu trennen. So werden in der hier genannten Quelle etwa die Standortwahl eines (Handels-)Betriebes, personalpolitische Instrumente und die generelle unternehmensbezogene Öffentlichkeitsarbeit nach diesem begrifflichen Merkmal aus dem absatzpolitischen Instrumentarium ausgegrenzt.

- mit Marketing-Instrumenten werden *Anreiz-Beitrags-Relationen* (vgl. *Koppelmann* 1995, S. 29ff.) bzw. *Austauschrelationen definiert oder gestaltet* (*Scheuch* 1996, S. 259; *Plinke* 1995, S. 125). „Es geht dabei um [...] ein möglichst günstiges Verhältnis von erreichter Gegenleistung zu eigener Leistung" (*Plinke* 1995, S. 125).

Die somit aus einer Vielzahl von Literaturbeiträgen erkennbaren Merkmale des Begriffs Marketing-Instrument rechtfertigen es wohl, die Einreihung der „Instrumente der Informationsbeschaffung" in das Marketing-Instrumentarium (*Böcker* 1996, S. 438) als Ausnahmefall zu werten.

Auf der Grundlage dieser Merkmalssammlung sei ein für den Leser nachvollziehbarer Versuch einer verbal-qualitativen „Faktorenanalyse" unternommen. Die Merkmale „gestalterische Einwirkung", „Einflussnahme" und „Aktions-, Aktivitäts- bzw. Handlungsmöglichkeiten" scheinen einen gemeinsamen „Faktor", eine gemeinsame Dimension zu bilden; diese sei mit *Beeinflussungshandeln* umschrieben. In einer zweiten Dimension sind die Merkmale „akquisitorischer bzw. präferenzbildender Effekt", „Gestaltung von Austauschrelationen" und „Erfüllung absatzpolitischer (bzw. beschaffungspolitischer) Ziele" zusammengefasst. Marketing-Instrumente werden offenbar eingesetzt, um sowohl dem Nachfrager als auch dem Anbieter einen Austausch von Leistungen und Gegenleistungen attraktiv werden zu lassen. Diese Dimension kann somit - gleichgültig aus wessen Perspektive im Markt betrachtet - als *Förderung von Austauschprozessen* bezeichnet werden.

Das implizit erkennbare Lehrbuchverständnis des Marketing-Instrument-Begriffs im hier analysierten Autorenquerschnitt lässt sich folglich mit folgender analytischer Definition umschreiben:

- Ein *Marketing-Instrument* repräsentiert eine Form des auf Marktbeteiligte gerichteten, unmittelbaren Beeinflussungshandelns zur Förderung von Austauschprozessen.

Die mögliche Ausrichtung der Marketing-Instrumente auf unterschiedliche Gruppierungen von Marktbeteiligten, wie z.B. aus der Herstellersicht auf die Absatzmittlerstufe im Markt einerseits und auf die Verwenderstufe im Markt andererseits, wird nur in wenigen Quellen betont angesprochen (vgl. *Kühn* 1984, S. 185ff.; *Steffenhagen* 1993, Sp. 25). Im Allgemeinen gelten Marketing-Instrumente pauschal als „auf den Markt gerichtet".

Die Literaturanalyse zeigt ferner auf, dass jedes einzelne Marketing-Instrument als ein übergeordneter Sammelbegriff (*Nieschlag/ Dichtl/ Hörschgen* 1997, S. 21f.) eine Fülle einzelner „Aktionsparameter", „Aktionselemente", „Handlungsalternativen", „Aktivitätsarten", „Instrumentalvariablen" oder „Aktivitäten" umspannt (vgl. z.B. *Ahlert* 1984, S. 52; *Berndt* 1995, S. 15; *Koppelmann* 1995, S. 252; *Nieschlag/ Dichtl/ Hörschgen* 1997, S. 21f.; *Steffenhagen* 1994, S. 122), die nach einem gewissen Homogenitätsempfinden dem jeweiligen Instrument unter- bzw. zugeordnet werden. *Marketing-Maßnahmen* ergeben sich - so wird es ebenfalls in der Literatur reflektiert - als zu realisierende bzw. realisierte, einzelne Aktivitäten/ Aktionselemente aus nur einem Instrument oder als Kombination mehrerer Aktivitäten aus den Domänen mehrerer Marketing-Instrumente (vgl. *Ahlert* 1984, S. VIIf.; *Tietz* 1975, S. 795).

2.2 Gliederungen des Marketing-Instrumentariums

Die relativ geringe Prägnanz der jeweils implizit oder explizit zu Grunde liegenden Definition von „Marketing-Instrument" führt im Autorenvergleich dazu, dass - abgesehen von einem „harten Kern" gleichermaßen einbezogener Entscheidungstatbestände - gewisse Sachverhalte bei einem Autor als Marketing-Instrumente auftauchen, dieselben Sachverhalte jedoch bei anderen Autoren ausgeblendet bleiben (Beispiele: „Standortwahl", „Persönlicher Verkauf", „Qualitätssicherung", „Mengenpolitik", „Personalpolitik"). Die unterschiedliche qualitative und quantitative *Vielfalt* der bei unterschiedlichen Autoren *prinzipiell in das Marketing-Instrumentarium einbezogenen Sachverhalte* sowie abweichende Terminologien der Autoren lassen sich z.T. mit unterschiedlich fokussierten Marktperspektiven (Herstellerperspektive versus Handelsperspektive), aber auch mit der Fokussierung unterschiedlicher Wirtschaftssektoren (Konsumgüter, Industriegüter, Dienstleistungen) interpretativ nachvollziehen.

Durchgängig antreffbar ist in der Literatur eine Neigung der Autoren, die prinzipiell in den jeweiligen Gesichtskreis einbezogenen Marketing-Instrumente gruppierend zu ordnen. Somit entstehen „Instrumentgruppen" (vgl. *Bänsch* 1998, S. 73), „Instrumentalbereiche" (vgl. z.B. *Berekoven* 1989, S. 62; *Becker* 1998, S. 488; *Berndt* 1995, S. 15; *Haedrich/ Berger* 1982, S. 2) oder „Mix-Bereiche", „Submixes" bzw. „Submixbereiche" (vgl. z.B. *Meffert* 1974, Sp. 888; *Meffert/ Bruhn* 1997, S. 194; *Topritzhofer* 1974, Sp. 1247f.).

Vieles deutet darauf hin, dass US-amerikanische Vorlagen - wie z.b. die 4 P's von *McCarthy* (1960) und sich darauf stützende weitere amerikanische Marketing-Lehrbücher - die weit verbreitete *4er-Gliederung* des Marketing-Instrumentariums auch im deutschsprachigen Raum anregten (eine vergleichende Gegenüberstellung bieten z.B. *Hünerberg* 1984, S. 157; *Scheuch* 1996, S. 259; *Becker* 1998, S. 487f.). Die vier Hauptkomponenten lassen sich verkürzt mit „Programm", „Preis", „Distribution" und „Kommunikation" umschreiben. Durch die Hervorhebungen von „Service" (*Koppelmann* 1997a, S. 93), von „Verkauf/ Auftragsabwicklung/ Lieferung und Kundenservice" (*Hill* 1973) oder von „Absatzfinanzierung" (*Leitherer* 1969) ergeben sich auch *5er-Gliederungen*. Eine dienstleistungsspezifische Erweiterung resultiert in einer *7er-Gliederung* (vgl. *Booms/ Bitner* 1981; *Bitner* 1991, S. 24f.; *Magrath* 1986). In einer *3er-Gliederung* wird „Produkt" und „Preis" unter dem Gesichtspunkt des beide Komponenten verzahnenden Preis-Leistungs-Verhältnisses zusammengefasst und mit „Leistung" oder „Angebot" bezeichnet (eine Übersicht hierzu bietet *Becker* 1998, S. 488; ergänzend erwähnt sei die 3er-Gliederung von *Engelhardt/ Plinke* 1978). Noch sparsamer in der Strukturierung sind *2er-Gliederungen* angelegt, wo lediglich zwischen Instrumenten der Präferenzpolitik und der Preispolitik (etwa bei *Banse* 1962) oder wo zwischen Instrumenten der Leistungsfindung und Instrumenten der Leistungsbegründung getrennt wird (vgl. *Kaas* 1990).

2.3 Kritische Erörterung

Eine vergleichende Analyse der offenkundig unterschiedlichen Detaillierungsfeinheit sowohl bei der Unterscheidung einzelner Instrumente als auch bei der Segregierung von Instrumentengruppen sei hier nicht dargelegt. Dies würde den Gedankengang im Sinne der Zielsetzung des vorliegenden Beitrags nicht vorantreiben. Wichtiger ist es zu überlegen, welche der in die traditionellen Instrumentenkataloge einbezogenen Sachverhalte auch in der angestrebten Neukonzeption des Marketing-Instrumentariums antreffbar sein müssen bzw. ob aufgeführte Sachverhalte möglicherweise fehlen könnten. Eine Antwort auf diese Fragen kann sich allein aus einer strengen begriffslogischen Analyse ergeben, in welcher der oben literaturgestützt abgeleitete Begriff des Marketing-Instruments zum Maßstab einer Konsistenzprüfung der darauf bezogenen Instrumentenkataloge erhoben wird.

Eine kritische Analyse dieser Art lässt in traditionellen Instrumentenkatalogen *Inkonsistenzen* zwischen dem implizit zu Grunde liegenden Marketing-Instrument-Begriff als Beeinflussungshandeln und der Einbeziehung gewisser Entscheidungs-tatbestände als „Instrumente" in einen Instrumentenkatalog erkennen. Solche Inkon-sistenzen entstehen als Resultate zweier unterscheidbarer, unbewältigter Grenzzie-hungsprobleme, welche vor deren näherer Erörterung vorab genannt seien:

1. die Grenzziehung zwischen Beeinflussungshandeln und angestrebten Handlungs-resultaten und

2. die Grenzziehung zwischen marktteilnehmergerichtetem Beeinflussungshandeln und einem auf unternehmensinterne Potenziale gerichteten Handeln.

Das *erste Grenzziehungsproblem* sei am Beispiel der Einbeziehung von „Lieferzeit" oder „Wahl der Absatzkanäle" in einen Instrumentenkatalog verdeutlicht. Die mittels solcher Entscheidungen und entsprechendem Handeln mögliche akquisitorische Be-einflussung potenzieller Abnehmer ist zwar nicht zu bestreiten; denn eine gewisse räumliche oder zeitliche Verfügbarkeit/ Erhältlichkeit angebotener Sachgüter bzw. Dienstleistungen repräsentiert unmittelbar einen Nutzen für die Abnehmer. Dieser Nutzen wird dem Kunden vor einer Transaktion entweder versprochen oder mittels geeigneter Handlungen sichergestellt. Die Verfügbarkeit/ Erhältlichkeit repräsentiert jedoch keine Handlung! Vielmehr sind eine breite räumliche Distribution („Überall-erhältlichkeit") genauso wie eine kurze Lieferzeit als Kundennutzen Resultate ge-wisser Handlungen, wie z.B. das Resultat von Transportdienstleistungen, des Haltens von Vorräten in mehr oder weniger räumlich verteilten Lager- bzw. Outlet-netzen u.ä. Analoges würde gelten, wenn „Produktqualität" oder „Servicequalität" als Marketing-Instrumente eingestuft würden: Die Produktqualität bzw. Servicequa-lität ist sowohl in einem technisch-objektiven Sinn als auch in einem subjektiv-wahrnehmungsbezogenen Sinn ein Handlungsresultat; tätig wird der Anbieter dagegen im Rahmen der Produkt- bzw. der Servicegestaltung.

Der *fehlende Handlungscharakter* betrifft insbesondere die *Wahl der Absatzkanäle* als in Marketing-Instrumentenkataloge regelmäßig einbezogenes Instrument. Zwar suggeriert die sprachliche Formulierung ein Tätigwerden des Anbieters, aber die Wahl der Absatzkanäle ist lediglich eine abstrakte Entscheidung, ohne dass damit zugleich ein konkretes Tätigwerden im Sinne eines unmittelbaren Beeinflussungs-handelns angesprochen wird. Viel nahe liegender ist es deshalb, die Wahl der Ab-satzkanäle anstatt in das Marketing-Instrumentarium in die Entscheidungsdimensio-nen einer *Marketing-Strategie* einzureihen. Autoren, welche auf der Konzeptions-ebene des Marketing-Instrumentariums die Wahl der Absatzkanäle behandeln, befas-sen sich auf der Konzeptionsebene der Marketing-Strategien z.B. mit der „Auswahl der Zielmärkte" (*Kotler/ Bliemel* 1999, S. 425ff.), der „Marktabdeckungsstrategie" (*Meffert* 1998, S. 229ff.) oder der „Marktparzellierungsstrategie" (*Becker* 1998, S. 237ff.). In solchen Konzepten geht es um die bewusst gewählte Präsenz des Unternehmens im Markt bzw. in unterscheidbaren Marktsegmenten. In diese „Gedanken-abteilung" kann konsistent auch die Wahl der Absatzkanäle durch einen Hersteller eingeordnet werden (vgl. *Steffenhagen* 1994, S. 100 und 159). Die Wahl der Absatz-kanäle durch einen Hersteller ist ja nichts anderes als dessen Entscheidung über eine prioritäre Bearbeitung ausgewählter Marktsegmente - nämlich gewisser Absatzmitt-lersegmente: Mit der Wahl der Absatzkanäle legt ein Hersteller fest, bei Absatzmitt-lern ausgewählter Handelssegmente („Vertriebsschienen") als Nachfragern und als aktiven Mitanbietern vertreten sein zu wollen. Die Realisierung dieses Ziels wird durch den Einsatz eines Marketing-Instrumentariums dieses Herstellers angestrebt, in welchem die „Wahl der Absatzkanäle" als aufgeführtes Instrument fehlen kann.

Das hier angesprochene *Grenzziehungsproblem* bei Ein- oder Nicht-Einbeziehung von Marketing-Instrumenten in einen Instrumentenkatalog, die mangelnde Trennung prinzipiell durchführbarer Handlungen von den mittels solcher Handlungen ange-strebten Handlungsresultaten, lässt sich folglich *vermeiden*, indem

a) der zu bietende Kundennutzen (wie z.B. „kurze Lieferzeit", „hohe Produktquali-tät", „bequeme Erhältlichkeit" u.a.m.) nicht als Marketing-Instrument verstanden wird, sondern als konzeptioneller Bestandteil einer (strategischen) *Positionie-rungsentscheidung* (vgl. *Steffenhagen* 1994, S. 108f.),

b) Entscheidungen über die prioritäre Präsenz in gewissen Marktsegmenten (wie z.B. die Wahl der Absatzkanäle) sowie Positionierungsentscheidungen (= Priori-sierung des zu bietenden Kundennutzens) der Konzeptionsebene einer *Marke-ting-Strategie* zugeordnet werden,

und im Übrigen beim Einsatz von Marketing-Instrumenten nach deren möglicher Gerichtetheit auf unterschiedliche Gruppierungen von Marktbeteiligten (wie z.B. auf die Verwenderstufe oder Absatzmittlerstufe) geachtet wird.

Das *zweite Grenzziehungsproblem*, nämlich das der Grenzziehung zwischen markt-teilnehmergerichtetem Beeinflussungshandeln und einem auf unternehmensinterne Potenziale gerichteten Handeln, lässt sich beispielhaft an der anzutreffenden Einbe-ziehung des Instruments „Personalpolitik" im Dienstleistungsmarketing herausar-beiten.

Die *Personalpolitik* beinhaltet zwar ähnlich wie die Wahl der Absatzkanäle Mana-gement- bzw. Entscheidungsaufgaben, nach deren Bewältigung gute Voraussetzun-gen bestehen, angepeilte Abnehmer im Sinne des Anbieters erfolgreich zu beeinflus-sen. Die Personalpolitik und das damit verbundene Handeln ist jedoch nicht unmit-telbar „auf den Markt gerichtet" (d.h. auf Marktbeteiligte außerhalb des agierenden Unternehmens), sondern auf das eigene Personal des Anbieters. Werden auch „nach innen gerichtete" Realisierungshandlungen in das Marketing-Instrumentarium mit einbezogen, von denen - im Falle deren Erfolgs - absatzwirksame Impulse ausgehen können, dann müssten konsequenterweise viele weitere Handlungen zum Marketing-

Instrumentarium gezählt werden, wie z.B. Wartungsarbeiten am Fuhrpark, Neuanschaffungen von Abfüllmaschinen oder die Umstellung des Kassensystems. Denn auch solche Vorgänge betreffen wie die Personalpolitik den Auf- oder Ausbau qualitativer und quantitativer *Potenzialfaktoren* des Anbieters, somit dessen Potenzial, attraktive Leistungsbündel bieten zu können (vgl. *Kleinaltenkamp* 1995, S. 178).

Hier wird deutlich, dass in Literaturvorlagen Entscheidungen über den Auf- und Ausbau von Fähigkeiten/ Ressourcen/ Potenzialen eines Unternehmens zum Marketing-Instrumentarium gerechnet werden - aber nicht durchgängig konsequent. In der jüngeren Strategieliteratur wird im Rahmen des sog. Resource Based View der Auf- bzw. Ausbau von Fähigkeiten/ Ressourcen/ Potenzialen in den Gegenstandsbereich der Marketing- bzw. Wettbewerbs*strategie* eingereiht (vgl. *Rasche/ Wolfrum* 1994; *Rühli* 1994; *Engelhardt/ Freiling* 1995c, S. 15f.), da es um die grundsätzlichen Quellen von Wettbewerbsvorteilen geht. Mit einem auf Marktbeteiligte gerichteten Beeinflussungshandeln haben diese Dinge unmittelbar nichts zu tun. Sie (auch noch) in das Marketing-Instrumentarium einzubeziehen, wäre deshalb begriffslogisch verfehlt.

Der transaktions- bzw. geschäftsbeziehungsorientierte Auf- und Ausbau von Potenzialfaktoren, mit deren Hilfe die abnehmergerichtete Beeinflussung erfolgt (das qualifizierte Personal führt z.B. ein Beratungsgespräch durch), deutet darauf hin, dass es bei der Konzeption des Marketing-Instrumentariums offensichtlich schwer fällt, die Gestaltung unternehmensinterner *Potenziale* von den *Prozessen* zu trennen, in deren Verlauf Leistungen „vermarktet" oder - wie im Dienstleistungssektor unvermeidlich - gleichzeitig erstellt und abgesetzt werden. Eine solche konzeptionelle Trennung ist jedoch in der Literatur gedanklich bereits vorgezeichnet (vgl. *Engelhardt/ Kleinaltenkamp/ Reckenfelderbäumer* 1993, S. 398ff.); marktteilnehmergerichtetes, unmittelbares Beeinflussungshandeln kann dabei nur in den Bereich der Prozesse, nicht in den Bereich des internen Potenzialauf- oder -ausbaus fallen. Eine solche Zuordnung will hier nicht verkennen, dass das Signalisieren kundennützlicher Potenziale (vgl. etwa *Kaas* 1990, S. 545) nicht ebenfalls gedanklich in das Beeinflussungshandeln einzureihen sei. Jedoch das Treffen entsprechender potenzialbezogener Vorkehrungen ist schwerlich als marktteilnehmergerichtetes Beeinflussungshandeln zu interpretieren; lediglich die Kommunikation solcher Vorkehrungen fällt in den Bereich des Beeinflussungshandelns.

Die im Zuge einer begriffslogischen Konsistenzprüfung traditioneller Instrumentenkataloge hervortretenden Inkonsistenzen, welche sich aus den zwei aufgezeigten Grenzziehungsproblemen ergeben, sollten in einer Neukonzeption des Marketing-Instrumentariums im Sinne der Zielsetzung dieses Beitrags vermieden werden. Gestützt auf diese „Nebenbedingung" einer Neukonzeption sei im Folgenden versucht, die angestrebte Neuorientierung aus einem theoretischen Ansatz herzuleiten. Die oben erwähnte, in der Literatur bereits antreffbare Bezugnahme auf Anreiz-

Beitrags- bzw. Austauschkonzepte erweist sich dafür als nützlich. Dies soll im Folgenden näher verdeutlicht werden.

3. Eine austauschtheoretische Konzeption zur Systematisierung der Marketing-Instrumente

3.1 Der austauschtheoretische Bezugsrahmen

Transaktionen bzw. dauerhafte Geschäftsbeziehungen lassen sich als einmalige bzw. wiederkehrende Austauschvorgänge verstehen (vgl. *Scheuch* 1996, S. 11; insbesondere *Plinke* 1995). Dabei geht es um einen Austausch von Leistungen zwischen einem „Anbieter" und einem „Nachfrager": Beide leisten etwas in der Erwartung, dafür eine Gegenleistung zu bekommen. Streng genommen bieten somit beide etwas an und fragen beide etwas nach (vgl. *Engelhardt* 1995, Sp. 1697). *Abb. 3-1* veranschaulicht aus dem Blickwinkel des Anbieters und Nachfragers eines Gutes modellhaft die hierzu zweckmäßigen Grundgedanken. Die Erläuterung der Abbildung sei knapp gehalten, da das Konzept im Wesentlichen auf dem Beitrag von *Plinke* (1995) beruht.

Zu einem Austausch kommt es dann und nur dann, wenn aus dem Blickwinkel des Anbieters der erwartete Nutzen aus der zu erwartenden *Gegenleistung* des Nachfragers und aus der zu erbringenden eigenen *Leistung* die aus beidem zu erwartenden Kosten übersteigen und somit ein positiver Nettonutzen erwartet wird - und wenn dasselbe spiegelbildlich für den Nachfrager gilt (und sich für die Partner im Wettbewerb keine attraktivere Tauschgelegenheit bietet). Die fraglichen Leistungen können als ein Leistungsbündel verstanden werden, welches sich aus den Bestandteilen Sachgüter, Dienstleistungen, Informationen und Rechte/ Pflichten zusammensetzen mag.

In *Abb. 3-1* wird mit Pfeilen angedeutet, dass sich der vom Nachfrager (Anbieter) mittels eines Austauschs erwartete Nutzen nicht nur aus der zu erwartenden Leistung (Gegenleistung), sondern auch aus der zu erbringenden Gegenleistung (Leistung) ergeben kann. Dieser zunächst überraschend anmutende Zusammenhang wird mittels zweier Beispiele plausibel.

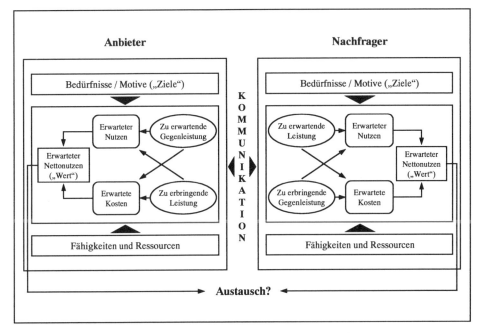

Abb. 3-1: Grundmodell des Austauschs im Markt

Beim Abschluss einer Versicherung willigt der Versicherungsnehmer (Nachfrager) in ein Lastschriftverfahren ein. Damit räumt er dem Versicherer (Anbieter) das Recht ein, zum Zeitpunkt der Fälligkeit der Versicherungsprämie auf sein Bankkonto zuzugreifen. Diese Gegenleistung des Versicherungskunden bedeutet für diesen nicht nur einen Verlust an Autonomie, sondern auch einen gewissen Nutzen: Er braucht fortan nicht länger an gewisse Fälligkeitstermine zu denken und entsprechende Zahlungsvorgänge auszulösen (= Bequemlichkeitsnutzen).

Ein Unternehmen (Nachfrager) beauftragt einen Unternehmensberater (Anbieter) mit der Entwicklung einer Problemlösungshilfe für gewisse Vertriebsabläufe. Diese zu erbringende Leistung bedeutet für den Berater nicht nur ein Opfer an Zeit, sondern stellt auch eine Chance dar, mit der Bewältigung dieses Projekts zwangsläufig etwas dazuzulernen (= Nutzen).

Leistungen bzw. Gegenleistungen werden von den Beteiligten aus dem Blickwinkel ihrer jeweiligen Bedürfnisse/ Motive („Ziele") und ihrer jeweiligen Fähigkeiten und Ressourcen bewertet. Aus solchen Bewertungen ergeben sich (subjektive) Nutzen- und Kostenhöhen bzw. nach gedanklicher Abwägung („Saldierung") der erwartete Nettonutzen des einmaligen oder wiederholten Austauschs.

Damit es zu einem Austausch zwischen einem Anbieter und Nachfrager kommen kann, bedarf es einer gewissen *Kommunikation* zwischen den Beteiligten. Die Kommunikation bewirkt,

- dass die Beteiligten überhaupt von der Bereitschaft der jeweils anderen Seite erfahren, in einen Austausch zu treten und

- dass die jeweils andere Seite auch wahrnimmt, welches Leistungsbündel bzw. Gegenleistungsbündel sie zu erwarten und welches Gegenleistungsbündel bzw. Leistungsbündel sie zu erbringen hat und

- dass die Art und der Umfang von Leistungen und Gegenleistungen passend derart zugeschnitten sind, so dass beide Seiten einen positiven Nettonutzen aus dem Austausch erwarten können.

Der *werbende Effekt der Kommunikation* des Anbieters liegt folglich vor allem darin, dass der Nachfrager die zu erwartende Leistung als existent (oder zumindest als realisierbar) und als attraktiv, gleichzeitig die zu erbringende Gegenleistung lediglich als geringes Opfer wahrnimmt. Bei dieser Betrachtungsweise wird das Aktivwerden in der Kommunikation dem Anbieter zugeordnet. Aber auch Nachfrager, z.B. als industrielle Beschaffer, werden in Transaktionen werbend aktiv: Sie setzen alles daran, die eigene Gegenleistung (z.B. rasche Bezahlung, Informationsleistungen) positiv erscheinen zu lassen, während die Lieferantenleistung in Produkten und Service gegenüber dem Anbieter als „nichts Besonderes" kommuniziert wird.

Trotz umfangreicher Kommunikation zwischen Anbieter und Nachfrager verbleibt bei einer Übereinkunft über einen Austausch auf beiden Seiten eine gewisse *Unsicherheit*, so dass der erwartete Nettonutzen nicht als eine mit Sicherheit anfallende Größe zu betrachten ist. Um die wahrgenommene Unsicherheit des Nachfragers zu reduzieren, beziehen Anbieter in ihr Leistungsbündel Bestandteile wie z.B. Garantien, Rückgabe- bzw. Umtauschrechte u.a.m. ein. Aber auch auf Seiten des Anbieters verbleibt eine Unsicherheit darüber, ob ihm der erwartete Nettonutzen zuteil wird. Manche Aufträge erweisen sich als kostenträchtiger als kalkuliert und nicht alle Kunden bezahlen ihre Rechnung in voller Höhe. Deshalb erwarten Anbieter gelegentlich Sicherheitsleistungen des Nachfragers (z.B. Anzahlungen, eine Bankbürgschaft) oder bauen in ihre Preise sog. Preisgleitklauseln ein.

Die hier erläuterte austauschtheoretische Betrachtung von Marktprozessen erlaubt es, eine dazu passende Konzeption des Marketing-Instrumentariums zu entwickeln - sowohl als absatzpolitisches Instrumentarium des Anbieters als auch als beschaffungspolitisches Instrumentarium des Nachfragers.

3.2 Austauschtheoretische Konzeption des absatzpolitischen Instrumentariums

Es sei an den bei *Scheuch* (1996, S. 44) sowie *Plinke* (1995, S. 125) geäußerten Gedanken angeknüpft, den Einsatz des Marketing-Instrumentariums als die *Gestaltung von Austauschrelationen* zu verstehen. Eine ähnliche Anregung vermittelt das bei *Koppelmann* (1995, S. 29ff.) präsentierte Anreiz-Beitrags-Konzept.

Aus absatzpolitischer Sicht scheint somit die Aufgabe der Förderung von Austauschvorgängen im Markt darin zu bestehen, dem Nachfrager einen Austausch dadurch attraktiv zu machen, dass ein zugeschnittenes Leistungsbündel mit einem zugeschnittenen Gegenleistungsbündel gekoppelt wird und dass dieses Paket (*Plinke* (1995, S. 69) spricht von „Programm") dem Nachfrager kommuniziert wird. Die Beeinflussung des Nachfragers erfolgt somit durch das Versprechen eines spezifischen Leistungszuschnitts und durch das Fordern eines spezifischen Gegenleistungszuschnitts.

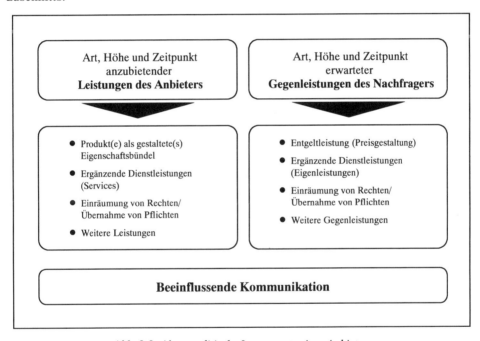

Abb. 3-2: Absatzpolitische Instrumente eines Anbieters

Als *absatzpolitische Instrumente* lassen sich somit die dem Nachfrager *versprochenen Leistungen*, die ihm *auferlegten Gegenleistungen* und die darauf bezogene *beeinflussende Kommunikation* verstehen.

Abb. 3-2 führt die aus diesem Blickwinkel zweckmäßigerweise zu differenzierenden *absatzpolitischen Instrumente* auf. Sie seien kurz erläutert, wobei allerdings die Anbieter- und Nachfragerrolle - je nach Blickwinkel - bei unterschiedlichen Marktbeteiligten liegen mag. Hersteller und Händler (synonym: Absatzmittler) können die Anbieterseite, Händler und Verwender die Nachfragerseite verkörpern (zur Terminologie bezüglich der Marktbeteiligten vgl. *Steffenhagen* 1994, S. 29ff.). *Abb. 3-3* legt vor diesem Hintergrund die zu beachtenden Träger des absatzpolitischen Instrumenteneinsatzes sowie dessen mögliche Ausrichtung auf Marktbeteiligte frei. Von der typischen Mehrstufigkeit moderner Handelsorganisationen sowie von der denkbaren Einbeziehung sog. Service-Anbieter oder Beeinflusser in den Kreis der Marktbeteiligten wird einfachheitshalber abgesehen (vgl. dazu *Steffenhagen* 1994, S. 33f.).

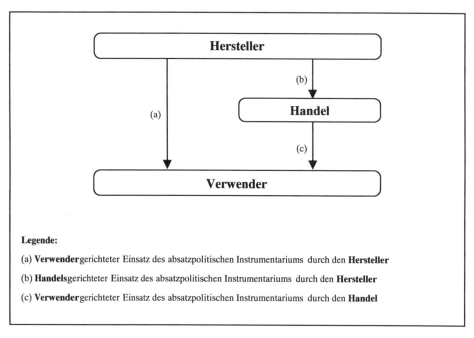

Abb. 3-3: Mögliche Träger und Richtungen des absatzpolitischen Instrumentariums

Der in *Abb. 3-3* gekennzeichnete Fall (a) trifft etwa auf das sog. Direktmarketing bzw. den sog. Direktvertrieb im Konsum-, Industriegüter- oder Dienstleistungsmarketing zu. Während im Rahmen der Fälle (a), (b) und (c) das Business-to-Business-Marketing (BtB-Marketing) vorliegen mag, repräsentiert Fall (b) stets das BtB-Marketing, sei es in Konsum-, Industriegüter- oder Dienstleistungsmärkten. In Konsumgütermärkten mit indirektem Vertrieb des Herstellers bilden dieser und dessen Transaktionsagent, der Händler, eine Anbietergemeinschaft gegenüber dem Konsumenten. Dies bedeutet, dass erst durch das Beeinflussungshandeln beider Anbieter dem nachfragenden Konsumenten (Verwender) ein komplettes Marketing-Instrumentarium entgegentritt. Fall (b) ist das handelsgerichtete Marketing eines

Herstellers, gelegentlich auch als Trade Marketing bezeichnet (vgl. *Böhlke* 1992). Fall (c) kennzeichnet das Handelsmarketing.

Die einzelnen absatzpolitischen Instrumente seien unter Berücksichtigung der möglichen Konstellationen (a), (b) und (c) im Folgenden erläutert.

3.2.1 Zuschnitt anzubietender Leistungen

3.2.1.1 Produkt(e) als gestaltete(s) Eigenschaftsbündel

Als Kernleistung eines Anbieters ist das dem Nachfrager angebotene Produkt anzusehen; je nach Lage des Falles kann dieses ein Sachgut, eine Dienstleistung (z.B. ein Versicherungsprodukt), eine Information oder ein Recht sein, welches im Mittelpunkt des Tauschinteresses der Beteiligten steht. Ein Sachgut als Tauschobjekt wird hier als das (technisch) gestaltete Wirtschaftsobjekt, d.h. als das „fertige" technische Leistungsbündel, verstanden. Dieses ist gestalterischem Handeln, der Produktgestaltung, zugänglich (vgl. dazu Näheres bei *Koppelmann* 1997b, S. 322ff.; *Steffenhagen* 1994, S. 125ff.). Bei Dienstleistungen tritt an die Stelle der Gestaltung eines „fertigen" Produktzuschnitts die Gestaltung des Dienstleistungsprozesses, der in hohem Maße durch Interaktivität zwischen Anbieter und Kunde geprägt sein mag. Wie aus Anbietersicht Kunden ein gestaltetes Eigenschaftsbündel wahrnehmen und welchen Nutzen sie subjektiv daraus ziehen sollen, ist als Wirkung des gestalteten Eigenschaftsbündels nicht Definitionsbestandteil dieses Marketing-Instruments, vielmehr Gegenstand des Positionierungskonzepts des Anbieters („Positionierung" als Zielsetzung des Anbieters bezüglich zu bietenden Kundennutzens).

In der Konstellation (c) wird das Marketing-Instrument „Produkt(e) als Eigenschaftsbündel" vom Händler ohne wesentliche eigene Produktgestaltungshandlungen eingesetzt (es sei denn, es handele sich um Eigenmarken des Handels). Ein gewisses Tätigwerden „am Produkt" des Herstellers kann als begleitende Dienstleistung (Service) im Marketing-Instrumentarium erfasst werden. Die Tatsache, dass der Händler ein Sortiment anbietet, ist entweder auf das gleichzeitige Führen von Produktalternativen innerhalb desselben Marktsegments, welches jeweils betrachtet wird, oder auf die multiple Marktsegmentpräsenz des Händlers (als Strategieentscheidung) zurückzuführen.

3.2.1.2 Ergänzende Dienstleistungen (Services)

Zur Kernleistung eines Anbieters treten häufig ergänzende Dienstleistungen - sog. Muss-, Soll- und Kannleistungen (vgl. *Friege* 1995, S. 41) - , die auch als Services bezeichnet werden; aus beidem ergibt sich ein umfassendes Leistungsbündel des Anbieters (vgl. *Engelhardt/ Kleinaltenkamp/ Reckenfelderbäumer* 1993). Insbesondere im Dienstleistungsmarketing mag es konzeptionelle Abgrenzungsprobleme zwischen Kernleistung und Service geben. Eventuelle Abgrenzungsprobleme im Einzelfall verhindern jedoch nicht die prinzipielle Behandelbarkeit von Services als gesondertes Marketing-Instrument (vgl. dazu z.B. *Homburg/ Garbe* 1996).

Die Vielzahl denkbarer Servicearten verbietet es, hierzu eine erschöpfende Auflistung vorlegen zu wollen. Beispielartig sei auf vielfältige Formen der Beratung, Schulung, Hilfe bei der Inbetriebnahme von Produkten, Prüfdienste, Entsorgungsdienste, Bestelldienste, Finanzdienste und Belieferungsdienste verwiesen (vgl. auch *Koppelmann* 1995, S. 260ff.). Solche und weitere Services spielen in den Konstellationen (a), (b) und (c) gleichermaßen eine Rolle - allerdings im Einzelfall nicht jede Serviceart in jeder Konstellation.

3.2.1.3 Einräumung von Rechten/ Übernahme von Pflichten

In das Leistungsbündel des Anbieters fließen häufig weitere Komponenten ein, die als separate Einräumung gewisser Rechte bzw. als eine Übernahme von Pflichten den Austausch für den Nachfrager attraktiv machen sollen (vgl. auch *Günter* 1995, S. 926ff.). In den Konstellationen (a) bzw. (c) geht es z.B. um folgendes:

- Rückgaberecht des Käufers bezüglich nicht benötigter, verfehlt gekaufter oder defekter Ware unter Erstattung des Kaufpreises;

- Qualitätsgarantien mit entsprechenden Konsequenzen;

- Gefahrentragung während des Auslieferungsvorgangs durch den Anbieter;

- Recht des Kunden auf Zahlung einer Vertragsstrafe durch den Anbieter bei nicht termingerechter Lieferung;

- Mitspracherecht des Kunden in Beiräten oder Aufsichtsräten des Anbieterunternehmens (vgl. *Dichtl* 1998);

- Recht des Kunden, in die Kalkulationsgrundlagen des Lieferanten Einblick zu nehmen;

- Recht des Kunden auf nachträgliche Kaufpreisminderung bzw. Rückgabe, falls der Verkauf der Artikel innerhalb eines begrenzten Zeitraums und Gebiets bei einem anderen Anbieter günstiger angeboten wird.

Die Beispiele verdeutlichen, dass es sich bei diesem Instrument um weit mehr als die in traditionellen Marketing-Instrumentenkatalogen aufgeführten „Lieferungs- und Zahlungsbedingungen" handeln kann. In der Konstellation (b) spielt darüber hinaus z.B. auch folgendes eine Rolle:

- Teilhabe des Händlers an Schutzrechten des Herstellers (z.B. Nutzung von Namensrechten);

- Hersteller verpflichtet sich zu exklusiver Belieferung des Händlers innerhalb einer bestimmten Region;

- Hersteller verpflichtet sich, anderen Händlern das Hineinverkaufen in das Verkaufsgebiet eines Händlers zu untersagen und jene entsprechend vertraglich zu binden.

Die Beispiele zu (b) lassen erkennen, dass mit diesem Marketing-Instrument insbesondere die sog. aufsteigenden Umsatzbindungen (Lieferantenbindungen) in vertraglichen Vertriebssystemen angesprochen werden (vgl. dazu *Ahlert* 1991, S. 194), die in traditionellen Instrumentenkatalogen explizit selten anzutreffen sind.

3.2.1.4 Weitere Leistungen

Weitere Leistungen eines Anbieters beinhalten Geld- und Sachzuwendungen sowie den Transfer von für den Nachfrager wertvollen Informationen.

Mit Geld- und Sachzuwendungen werden Vorgänge angesprochen, die - abgesehen von der einbeziehbaren Bestechung - in vielen Transaktionen gang und gäbe sind (vgl. in größerem Detail hierzu *Steffenhagen* 1994, S. 136ff.). In den verbreiteten Instrumentenkatalogen werden solche Dinge wie z.B. Zugaben, Produktproben, Gewinnspiele, Werbegeschenke u.a.m. der Verkaufsförderung zugeordnet. Auch in sog. Bonusprogrammen macht die Praxis von derartigen Zuwendungen Gebrauch, um Kunden an sich zu binden.

Gelegentlich macht der Anbieter in den Konstellationen (a) und (b) sein Leistungsbündel dadurch attraktiver, dass er dem Nachfrager einmalig oder wiederkehrend gewisse Informationen weitergibt, wie z.B. Marktstrukturdaten, Informationen zur Technologieentwicklung, Trendperspektiven u.a.m. Im Unterschied zum Marketing-Instrument „Beeinflussende Kommunikation" (vgl. Abschnitt 3.2.3) soll bei einem solchen Tun nicht der transferierte Informationsinhalt, sondern lediglich der Transfer als solcher eine Aufnahme oder Fortführung einer Geschäftsbeziehung attraktiv erscheinen lassen.

3.2.2 Zuschnitt erwarteter Gegenleistungen des Nachfragers

3.2.2.1 Entgeltleistung (Preisgestaltung)

Als klassischen Bestandteil der Gegenleistungspolitik (vgl. zu diesem Terminus auch *Engelhardt* 1995, Sp. 1706; *Scheuch* 1996, S. 330; *Backhaus* 1997, S. 404) definiert der Anbieter das vom Nachfrager im Falle einer Transaktion zu entrichtende Entgelt, den Preis. Handlungsspielräume in der Preisgestaltung liegen für den Anbieter in der Bemessung der Höhe der Gegenleistung pro Leistungseinheit des Anbieters sowie in der Festlegung, in welcher Wertdimension (z.B. als Geldleistung oder als Sachleistung) diese Gegenleistung vom Transaktionspartner zu erbringen ist. Nicht selten resultiert der zu zahlende Nettopreis aus dem Ansatz eines Bruttopreises (z.B. Listenpreis) und vielfältigen Modifikationen dieses Grundpreises mittels Rabatten, Rückvergütungen u.ä. Im BtB-Marketing werden diese Modifikationen unter der Bezeichnung Konditionengewährung bzw. Konditionensystem praktiziert.

3.2.2.2 Ergänzende Dienstleistungen (Eigenleistungen)

Gelegentlich übersehen wird die Tatsache, dass auch ein Nachfrager im Rahmen einer Transaktion ergänzende Dienstleistungen gegenüber dem Anbieter in sein Leistungsbündel einbringt bzw. dass dieses vom Anbieter zur Tauschbedingung gemacht wird. Hierzu zählen im BtB-Marketing etwa Leistungen des Kunden in der gemeinsamen Produktentwicklung und in entsprechenden Markttests, die Erteilung von Referenzen durch den Kunden, die Selbstabholung der Ware beim Werk des Herstellers oder die Ablieferung von Müll beim Entsorger.

Ähnliches kann auch im Konsumgütermarketing eine Rolle spielen (z.B. Abholung eines Neuwagens ab Werk). In der Konstellation (c) wird im Fall der in vielen Märkten bzw. Marktsegmenten selbstverständlich gewordenen Selbstbedienung vom Anbieter stillschweigend davon ausgegangen, dass der Nachfrager diese Leistung in die Transaktion einbringt. Dass die Nachfragerseite bei Einführung der Selbstbedienung (z.B. an Tankstellen, beim Einchecken in Flughäfen, beim Ticketerwerb an Bahnhöfen, in Parkhäusern u.ä.) diese Gegenleistung als Transaktionsbedingung „geräuschlos" akzeptiert, ist wohl darauf zurückzuführen, dass der Nachfrager diese eigene Zusatzleistung subjektiv nicht als Kosten, sondern als Nutzen bewertet (siehe *Abb. 3-1*).

3.2.2.3 Einräumung von Rechten/ Übernahme von Pflichten

Die Einwilligung eines Kunden in den Eigentumsvorbehalt des Lieferanten, in ein Lastschriftverfahren zur Abbuchung des Kaufpreises bzw. wiederkehrend fälliger Zahlungen oder in die Nutzung persönlicher Daten durch den Lieferanten - all diese Vorgänge belegen die nachfragerseitige Einräumung gewisser Rechte zu Gunsten des Anbieters. Die Verpflichtung, eine Bankbürgschaft zu stellen, ist dagegen ein Beispiel für die kundenseitige Übernahme einer separaten Pflicht im Rahmen einer Transaktion bzw. Geschäftsbeziehung. Solche Vorgänge sind - je nach Markt - in allen drei Konstellation (a), (b) und (c) anzutreffen.

Darüber hinaus gehen Vereinbarungen, die in der Marktrealität lediglich zwischen Hersteller und Handel (Konstellation (b)) relevant sind. Zu denken ist an sog. absteigende Umsatzbindungen (Abnehmerbindungen) in vertraglichen Vertriebssystemen (vgl. *Ahlert* 1991, S. 194). Hier behält sich der Hersteller bzw. eine Systemzentrale (wie im Franchising) gegenüber dem Geschäftspartner gewisse Rechte vor bzw. erlegt ihm gewisse Pflichten auf. Zu Letzteren gehören die regelmäßige Durchführung von Werbeaktionen, die anforderungsgerechte Ausgestaltung von Verkaufsräumen oder die Übernahme von Kundendienstleistungen; ferner sind alle Vertriebsbindungen räumlicher, personeller oder zeitlicher Art (vgl. hierzu *Ahlert* 1981, S. 82; *Tietz/ Mathieu* 1979, S. 32ff.) hier einzuordnen. Das Einfordern einzuräumender Rechte durch den und zu Gunsten des Lieferanten wird etwa an vorbehaltenen Kontrollrechten oder Inspektionsrechten (z.B. bei Betreten von Einkaufsstätten durch den Hersteller-Außendienst) deutlich.

3.2.2.4 Weitere Gegenleistungen

Über die bereits behandelten Gegenleistungen des Nachfragers hinaus werden gelegentlich vom Nachfrager - z.T. infolge Einforderung durch den Anbieter - weitere Gegenleistungen erbracht, die exemplarisch angesprochen seien. Hierzu gehören etwa das Erteilen von Referenzen, die Weitergabe interessanter Marktinformationen oder der Information über die Zusammensetzung abgelieferten Mülls sowie ein gewisser Know-how-Transfer. Letzterer erleichtert es dem Anbieter, seine Leistungen auf die besonderen Umstände des Nachfragers zuzuschneiden.

3.2.3 Beeinflussende Kommunikation

Die Fülle der Möglichkeiten für den Anbieter, den Nachfrager vor, während oder nach einer Transaktion bzw. Geschäftsbeziehung kommunikativ zu beeinflussen, wird hier mit „Beeinflussende Kommunikation" bezeichnet. Sie macht zusammen mit der auf Informationsgewinnung über die Nachfrager ausgerichteten, erkundenden Kommunikation (z.B. im Rahmen von Befragungen in der Marktforschung) die Marktkommunikation des Anbieters aus.

Soll der Handlungsspielraum dieses Instruments in detaillierter Form konkretisiert werden, lassen sich (beeinflussende) Kommunikationsinstrumente auffächern, wie z.B. mit der groben Trennung zwischen persönlicher und unpersönlicher Kommunikation. Innerhalb der unpersönlichen, beeinflussenden Kommunikation, die pauschal als Werbung bezeichnet sei, sind - falls als zweckmäßig empfunden - weiter untergliedernd verschiedene Werbeinstrumente aufzuführen. Zur Gliederung kann primär an die vom Werbungtreibenden bezahlten Kommunikationsagenten und die von ihnen angebotenen Übermittlungsmöglichkeiten angeknüpft werden, mit deren Hilfe werbende Botschaften zu den Nachfragern transportiert werden. Daraus mag sich z.B. die Aufgliederung in Klassische Werbung, Außenwerbung, Direktwerbung, Elektronische Werbung, Point-of-Sale-Werbung, Sponsoring, Messewerbung, Werbeveranstaltungen (Eventwerbung) u.a.m. ergeben. Wie aus den beispielartig aufgeführten Werbeinstrumenten ersichtlich, können sehr unterschiedliche bezahlte Kommunikationsagenten die Übermittlungsleistung übernehmen: Trägerorgane der „klassischen" Massenmedien, Anbieter der Außenwerbemedien, Verteiler- bzw. Zustellorganisationen/-unternehmen, Betreiber moderner elektronischer Medien, Betreiber von Einkaufsstätten, „gesponserte" Institutionen oder Personen, Messegesellschaften, Eventveranstalter u.a.m.

Beeinflussende Kommunikation - sowohl persönlicher wie auch unpersönlicher Art - ist in allen drei Konstellationen (a), (b) und (c) anzutreffen. Die Unterschiede in der praktischen Relevanz gewisser Erscheinungsformen beeinflussender Kommunikation für diese drei Konstellationen leiten sich im Einzelfall aus Gesichtspunkten der Effizienz und Effektivität ab.

Die beeinflussende Kommunikation wird seitens der Anbieter in Märkten in ihrer Adressatenrichtung nicht selten auf weitere Marktbeteiligte (z.B. auf Serviceanbieter oder Beeinflusser in Märkten) und sogar auf Zielgruppen im Marktumfeld, z.B. auf die breite Öffentlichkeit, ausgeweitet. Letzteres wird als Öffentlichkeitsarbeit (Public Relations) bezeichnet. Solche Aktivitäten bleiben von Marktbeteiligten nicht unbemerkt. Das absatzpolitische Handeln und der darüber hinausgehende, nicht absatzpolitische Teil der Public Relations sind deshalb nicht bzw. nur willkürlich voneinander zu trennen („Kommunikative Kuppelproduktion"). Deshalb mag auch

solches Beeinflussungshandeln in das hier vorgeschlagene Instrumentarium einbezogen werden - oder nicht.

3.3 Austauschtheoretische Konzeption des beschaffungspolitischen Instrumentariums

Während bei der Kennzeichnung absatzpolitischer Instrumente die Interessenlage
und Initiative auf Seiten des „Anbieters" im Vordergrund des betrachteten Beeinflussungshandelns steht, ist zum Verständnis des Konzepts beschaffungspolitischer
Instrumente die Interessenlage und Initiative eines „aktiven" Nachfragers als Beschaffers einzunehmen. Analog zur Konzipierung des absatzpolitischen Instrumentariums für ein anbietendes Unternehmen ist bei der Konzipierung des beschaffungspolitischen Instrumentariums ein nachfragendes Unternehmen Träger des *lieferan-
tengerichteten Beeinflussungshandelns*. Als Lieferant mag ein Hersteller oder
Händler gesehen werden, als Beschaffer ein Händler oder (industrieller) Verwender.

Mit *Abb. 3-4* wird der *Abb. 3-3* ein Pendant gegenübergestellt, das die hier betrach-
tete Beschaffungsmarktstruktur widerspiegeln soll; die Identität der Situation aus
lediglich verändertem Blickwinkel ist offensichtlich. Diese Spiegelbildlichkeit gilt
auch für das auf austauschtheoretischer Grundlage zu konzipierende *beschaffungspolitische Instrumentarium*. *Abb. 3-5* listet dieses analog zu *Abb. 3-2* auf.

Wie ersichtlich, liegt ein Unterschied lediglich in den verschiedenen Kopfzeilen der
Abb. 3-2 und *3-5*. Auf der linken Seite sind die aus Nachfragersicht vom Anbieter
erwarteten Leistungen aufgeführt, auf der rechten Seite die als *Gegenleistungen* vom
Beschaffer aktiv angebotene Kompensation.

Mittels *beeinflussender Kommunikation* versucht der Beschaffer, einen attraktiven
Lieferanten für sich zu gewinnen und in einer dauerhaften Geschäftsbeziehung zu
halten. Da viele der Ausführungen, die zum absatzpolitischen Instrumentarium erfolgten, auch zur Beschaffungsperspektive passen, sei an dieser Stelle lediglich kurz
auf die einzelnen beschaffungspolitischen Instrumente eingegangen.

- Auf das zu beschaffende *Produkt* nimmt der „aktive" Beschaffer im BtB-
  Marketing mittels eigener Spezifikationen Einfluss. Im Industriegütermarketing
  erfolgen seitens des Beschaffers im Rahmen von Pflichten- bzw. Lastenheften
  präzise Forderungen hinsichtlich gewisser technischer Eigenschaften (Leis-
  tungswerte, Festigkeit, Reinheit, Toxizität usw.), Abmessungen, Gewicht, Form,
  Farbe usw. Händler fordern vom Lieferanten nicht nur umweltschonende Verpa-
  ckungsmaterialien, sondern auch „modulfähige" Packungen, d.h. solche, die auf
  die Maße von Paletten und Warenträgern im Verkaufsraum genormt sind.

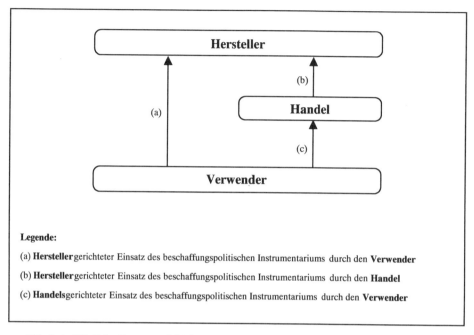

Abb. 3-4: Mögliche Träger und Richtungen des beschaffungspolitischen Instrumentariums

- Erwartet werden vom Lieferanten *ergänzende Dienstleistungen*, wie sie unter Abschnitt 3.2.1.2 erläutert wurden. Zwecks kontinuierlicher Belieferungssicherheit wird z.B. auch die Reservierung von Produktionskapazitäten in einem definierten Umfang erwartet.

- Die Vorgabe gewisser Stornierungsbedingungen, das Ausbedingen von Mitspracherechten in der Qualitätskontrolle bzw. von Auditingrechten in Werken des Lieferanten sowie die Vorgabe gewisser Gewährleistungspflichten belegen die beschaffungspolitische Relevanz des Instruments *Einräumung von Rechten/ Übernahme von Pflichten durch den Lieferanten*.

- Erwartete *weitere Leistungen des Lieferanten* sind z.B. die Übernahme von Umstellungskosten („Wechselkosten") bei Lieferantenwechsel durch den „neuen" Lieferanten, die kostenlose Bereitstellung von Equipment/ Spezialwerkzeug/ Prüfgeräten oder - in der Hersteller-Handel-Beziehung - die vom Kunden geforderte Listungs-, Zweitplatzierungs- oder Werbevergütung (Konditionen) bzw. kostenlose Testware bei Neuproduttests in den Geschäften. Auch vom Lieferanten bereitzustellende Referenzen durch andere Kunden können hier eingeordnet werden.

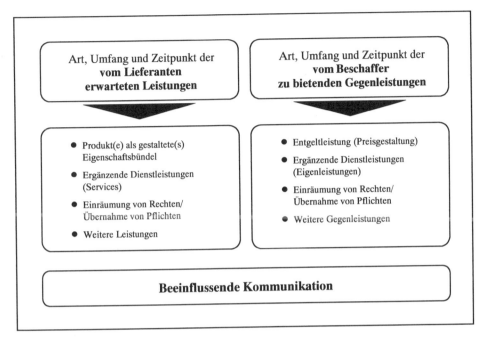

Abb. 3-5: Beschaffungspolitische Instrumente eines Nachfragers

- An Gegenleistungen bietet der Beschaffer ein *Entgelt*, u.U. in Verbindung mit Preisgleitklauseln für die Laufzeit einer vertraglichen Geschäftsbeziehung.

- Der Beschaffer bietet als *ergänzende Dienstleistungen* Logistikdienste (z.B. Abholung, Lagerung) an, ferner eine Mitwirkung an Produkttests oder die Übermittlung von Auftragsdaten in einem mit dem Lieferanten verabredeten Datenformat (elektronischer Datenaustausch). Händler als Beschaffer bauen in die Austauschbedingungen die von ihnen zu übernehmenden absatzpolitischen Aktivitäten zu Gunsten der Ware des Lieferanten ein (z.B. Durchführung von Sonderaktionen). Auch Finanzdienste werden z.T. aktiv ins Spiel gebracht, wie z.B. das Angebot der Vorauskasse, von Teilzahlungen u.a.m.

- Zur *Einräumung von Rechten/ Übernahme von Pflichten durch den Beschaffer* zählen etwa eine im Voraus vereinbarte Kulanz bei Qualitätsabweichungen im Rahmen einer Toleranzschwelle, die Akzeptanz von Verwendungsbeschränkungen bezüglich der gelieferten Ware, die Abgabe des Dispositionsrechts bezüglich nachzuliefernder Ware an den Lieferanten, die Einhaltung gewisser Mindestbezugsmengen u.a.m.

- *Weitere Gegenleistungen des Beschaffers* mögen in der Weiter- bzw. Abgabe von Informationen bestehen: Eigenes Know-how wird dem Lieferanten zugänglich gemacht oder er wird als Lieferant im Umfeld seiner Konkurrenten auf zu erfüllende Qualifikationen aufmerksam gemacht.

- Die *beeinflussende Kommunikation* („Beschaffungskommunikation": *Tempelmeier* 1993, Sp. 320) erfolgt durch den Beschaffer z.T. in persönlichen Gesprächen/ Verhandlungen, z.T. auf unpersönlichem Weg mittels Ausschreibungen, Wettbewerben, Selbstdarstellungen in Medien oder anderen Formen der *Beschaffungswerbung* (vgl. *Koppelmann* 1995, S. 277f.; *Lippmann/ Meyer* 1990, S. 208f.).

Das beschaffungspolitische Instrumentarium in der hier präsentierten Gliederung weist eine gewisse Ähnlichkeit zur entsprechenden Konzeption bei *Koppelmann* (1995, S. 252ff.) auf. Der Grund dafür liegt in der dortigen Bezugnahme auf das Anreiz-Beitrags-Konzept zum Verhältnis zwischen Lieferant und Beschaffer (*Koppelmann* 1995, S. 31), welches der austauschtheoretischen Konzeption sehr nahe kommt. Die auch von *Koppelmann* angestrebte Symmetrie („Strukturähnlichkeit") zwischen absatz- und beschaffungspolitischem Instrumentarium stellt sich jedoch dort nur teilweise ein, wie der Verfasser bemerkt (vgl. *Koppelmann* 1995, S. 253ff.).

4. Diskussion

4.1 Wissenschaftliche Relevanz der verfolgten Intention

Ziel der vorgestellten Konzeption eines Marketing-Instrumentariums ist es, einen Denkrahmen zur Verfügung zu stellen, welcher als ein gewisses Verbindungsstück zwischen sich sektoral zunehmend ausdifferenzierenden Ansätzen der Marketinglehre dienen könnte. Bei diesem Vorhaben wird davon ausgegangen, dass das begriffliche Konzept des Marketing-Instrumentariums auch in einem von Interaktion und Integration geprägten Verhalten der Marktakteure nicht überflüssig ist: Vielfältiges Beeinflussungshandeln - wie es im Konzept des Marketing-Instrumentariums zum Ausdruck kommt - wird nicht nur im Rahmen des sog. „Beeinflussungsmanagement" (*Diller* 1995b, S. 443) praktiziert, mit dessen Hilfe - sofern bezweckt - vom Anbieter einer Leistung eine „transaktionsgerichtete Überwältigung des Kunden" erfolgen soll. Vielmehr liegt ein marketing-instrumentelles Beeinflussungshandeln auch der Gestaltung dauerhafter, von wechselseitigem Leistungsaustausch getragenen Geschäftsbeziehungen zu Grunde, dem sog. Beziehungsmanagement (vgl. *Diller/ Kusterer* 1988; *Diller* 1995a). Allerdings ist in einer austauschtheoretisch fundierten Konzeption des Marketing-Instrumentariums das Handeln beider an einem

Austausch Beteiligter, also das Verhalten des Anbieters und Nachfragers von Leistungen und Gegenleistungen, zu berücksichtigen. Diesem Umstand wird mit der Symmetrie des absatzpolitischen und beschaffungspolitischen Instrumentariums in der vorliegenden Konzeption Rechnung getragen.

4.2 Vorgenommene Grenzziehungen

Die hier vorgestellte Konzeption des Marketing-Instrumentariums ist durch mehrere Grenzziehungen gekennzeichnet.

Erstens wird zwischen der marketing-strategischen Positionierung(sentscheidung) und dem Instrument-Begriff getrennt. Mit der Positionierung legt der Anbieter absichtsvoll fest, welches Bündel von Kundennutzenbestandteilen mit seinem Angebot entstehen soll. Diese Festlegung bewegt sich terminologisch in der Nutzen- bzw. Bedürfnis-/ Motivsphäre der Nachfrager; d.h. Positionierungen als bewusste Festlegungen des Anbieters bringen zum Ausdruck, wie das Angebot vom Kunden erlebt werden soll und welchen Nutzen es ihm stiftet. Als Gegenstand eines Marketing-Instruments dagegen wird dasjenige Handeln betrachtet, welches der Anbieter - den daraus entstehenden Kundennutzen als Ziel vor Augen - selbst ergreift, indem er dem Nachfrager etwas zu Vollbringendes in Aussicht stellt oder als zu Erbringendes auferlegt.

Zweitens wird die Konzeption des Marketing-Instrumentariums von Elementen des internen Auf- oder Ausbaus wettbewerbsstrategischer Potenziale freigehalten. Dieser Schritt folgt aus der begriffslogischen „Konsistenz-Nebenbedingung". Zerschnitten wird dadurch jedoch ein anderer bewährter Denkrahmen, die Drei-Gliederung „Potenziale-Prozesse-Ergebnisse" (vgl. *Donabedian* 1980; *Engelhardt* 1989; *Bruhn* 1991, S. 25; *Kleinaltenkamp* 1995, S. 178ff.). Mit Hilfe dieses Denkrahmens sind eine Reihe unternehmenspolitisch relevanter Konzepte (z.B. Qualitätskonzepte, Wettbewerbsvorteile, produktionswirtschaftliche Leistungskonzepte) griffig strukturierbar. Die mangelnde Kongruenz dieses und des hier zugrundegelegten Denkrahmens mag insbesondere aus dem Blickwinkel des verbreiteten Marketing-Verständnisses als „marktorientierte Unternehmensführung bzw. -politik" als kritikanfällig erscheinen. Dem sei entgegengehalten, dass das Nachdenken über Marketing-Instrumente dem Verständnis von „Marketing als (erweiterte) Absatzfunktion" im Rahmen der sog. dualen Marketing-Begriffsinterpretation entspringt (vgl. *Meffert* 1994b, S. 6). Die marktorientierte Unternehmensführung bzw. -politik als die zweite Marketing-Begriffsinterpretation wird anstelle der Instrumente kundengerichteten Beeinflussungshandelns dagegen Instrumente des unternehmerischen Führungshandelns fokussieren, welche die Führung des gesamten Unternehmens betreffen. Hierfür mag sich der dreigliedrige Denkrahmen, „Potenziale - Prozesse - Ergebnisse" durchaus als nützlich erweisen.

Drittens ergeben sich die im vorliegenden Gliederungsvorschlag aufgeführten Leistungen bzw. Gegenleistungen als Folge einer Trennung zwischen Sachgut bzw. Dienstleistung als angebotenem Eigenschaftsbündel, Nominalgut (Geld) als weit verbreiteter Währung der Entgeltleistung, ergänzenden Dienstleistungen, Rechten/ Pflichten sowie ergänzenden Sachgut-, Geld- und Informationsleistungen. Unter dem Gesichtspunkt einer gewissen intra-instrumentellen Homogenität und inter-instrumentellen Heterogenität in einer Instrumentengliederung mag der Gedanke entstehen, *alle* Sachgutleistungen oder *alle* Informationsleistungen (auch z.B. jene innerhalb von Services als ergänzenden Dienstleistungen) auf der „rechten" oder „linken" Seite des Instrumentariums (vgl. *Abb. 3-2*) vertikal bündelnd zu *einem* Instrument zusammenzufassen - oder entsprechende horizontale Bündelungen vorzunehmen (dieser Ansatz leitet die Konzeption beschaffungspolitischer Instrumente bei *Koppelmann* 1995). Unseres Erachtens würde darunter die erstrebenswerte inhaltliche Homogenität einzelner Instrumente und infolgedessen die Klarheit (Transparenz) und Verständlichkeit leiden.

Als ein unbewältigtes Problem mag eine vierte Grenzziehung erscheinen, nämlich die Separierung des Instruments „Beeinflussende Kommunikation" von Instrumenten wie „Produkt(e) als Eigenschaftsbündel" oder „Ergänzende Dienstleistungen (Services)", die zu einem gewissen Maße ebenfalls kommunikative Elemente umfassen, wie z.B. das Design eines Produkts oder Beratungsleistungen. Dieser Umstand ist jedoch auch in allen traditionellen Instrumentenkatalogen bzw. -gliederungen ein bislang ungelöstes Problem. Zu diesem Punkt wird hier eine pragmatische Haltung eingenommen (vgl. *Steffenhagen* 1994, S. 251): Der Versuch, Marketing-Instrumente so voneinander abzugrenzen, dass sie sich nicht infolge ubiquitärer kommunikativer Bestandteile inhaltlich überschneiden, würde zu einer Gliederung führen, die kaum eine Akzeptanzchance hätte - weder in der Scientific Community noch in der Praxis. Von einem solchen Versuch wird deshalb Abstand genommen.

4.3 Reale Handlungspakete versus instrumentelle Klassifikation

Die vorgeschlagene Gliederung der Marketing-Instrumente zerschneidet in ihrer abstrakten Grenzziehung die in der Realität antreffbaren, kompletten Handlungspakete wie z.B. ein angebotenes Bonusprogramm, einen angebotenen Kundenclub, eine Verkaufsförderungsaktion, das Angebot eines Abonnements, das Engagement eines Herstellers in ECR-Aktivitäten mit seinen Handelspartnern u.a.m. Viele in der Realität praktizierte Beeinflussungsaktivitäten lassen sich folglich als Ganzes nicht nur *einem* Marketing-Instrument zuordnen. Zu vielfältig sind jedoch die vielen unterschiedlichen Konglomerate von Handlungspaketen in der Marketing-Praxis, als dass diese überschneidungsfrei jeweils *einem* Instrument innerhalb einer Systematisierung zugeordnet werden könnten. Reale Handlungspakete sind somit häufig „Mini-Mixes" von Aktivitäten innerhalb eines Instruments oder mehrerer Marketing-Instrumente (vgl. *Steffenhagen* 1994, S. 154f.).

4.4 Vollständigkeit und Griffigkeit des Instrumentenkatalogs

Ob es gelingt, mit der vorgestellten Konzeption zumindest vollständiger als mit traditionellen Konzeptionen des Marketing-Instrumentariums das in der Realität antreffbare, auf Austauschförderung gerichtete Beeinflussungshandeln in unterschiedlichen Wirtschaftssektoren oder Geschäftstypen einzufangen, ist letztlich nur auf der Grundlage des Erfahrungspluralismus der Leserschaft dieses Beitrags zu beurteilen. Die hier aufgeführten Beispiele zu instrumentellen Aktivitäten sollen jedoch belegen, dass real beobachtbare Vorgänge sehr unterschiedlicher Kontexte im vorgestellten Instrumentarium einen Platz finden können.

Die hier vorgeschlagene 9-er Gliederung mag als weniger griffig empfunden werden als traditionelle Aufgliederungen. Aber auch traditionelle Instrumentenkataloge umfassen weit mehr Marketing-Instrumente als z.B. lediglich die 4 P's. Auf der Ebene sog. Instrumental- bzw. Submix-Bereiche, d.h. auf der Ebene von Instrumentengruppen, entspricht die hier vertretene Konzeption einer 3er-Gliederung aus „Leistungen", „Gegenleistungen" und „Beeinflussende Kommunikation".

4.5 Relevanz des Instrumentariums in unterschiedlichen Wirtschaftssektoren

Mit der Erläuterung des absatzpolitischen Instrumentariums gemäß vorliegendem Gliederungsvorschlag wird transparent, dass nicht alle der hierin enthaltenen instrumentellen Handlungsspielräume in allen denkbaren Wirtschaftssektoren gleichermaßen praktisch relevant sein mögen. Folgerichtig dürfte die praktische Nützlichkeit der vorliegenden Instrumenten-Konzeption mit der eher für Geschäftsbeziehungen typischen Leistung-Gegenleistung-Perspektive aus dem Blickwinkel z.B. des Konsumgütermarketing als fraglich erscheinen.

Entgegenzuhalten ist diesem Argument,

a) dass die in traditionellen Instrumentenkatalogen enthaltenen Instrumente mit ihrem jeweiligen Handlungsspielraum in leicht veränderter Bezeichnung auch im vorliegenden Katalog enthalten sind - bis auf explizit ausgegliederte Strategieinhalte und

b) dass eine inhaltlich reichhaltigere Instrumenten-Konzeption nützliche, sektoral übergreifende Transfer-Denkanstöße zu vermitteln vermag. Warum sollte nicht z.B. das Einräumen gewisser Rechte/ die Übernahme gewisser Pflichten gelegentlich ein interessanter Ansatzpunkt zum Handeln im Markt sein, auch wenn das in einem Wirtschaftssektor bislang nicht üblich war? Die deutliche Entwicklung des verwendergerichteten, absatzpolitischen Handelns im Konsumgütermarketing in Richtung eines auf Kundenbindung und Angebotsindividualisierung abzielenden Vorgehens (vgl. *Diller* 1995b) belegt die praktische Relevanz dieses Gedankens.

Die abstrakte Allgemeinheit der Instrumenten-Bezeichnungen in der vorliegenden Aufgliederung birgt folglich die wünschenswerte ideenfördernde Kraft in sich, welche stets mit sektoral übergreifenden Transferversuchen einhergeht. Vielleicht erweist sich bei erfolgreichem, kreativem Transfer von Marketing-Ideen über die Grenzen von Wirtschaftssektoren hinweg die Marketinglehre mit ihrem theoretischen Potenzial somit auch einmal als eine „Vorlauf-Wissenschaft" (vgl. *Engelhardt* 1997).

Literatur

Ahlert, D. (1981), Absatzkanalstrategien des Konsumgüterherstellers auf der Grundlage Vertraglicher Vertriebssysteme mit dem Handel, in: *Ahlert, D.* (Hrsg.), Vertragliche Vertriebssysteme zwischen Industrie und Handel, Wiesbaden 1981, S. 43-98.

Ahlert, D. (1984), Grundzüge des Marketing, 3. Auflage, Düsseldorf 1984.

Ahlert, D. (1991), Distributionspolitik, 2. Auflage, Stuttgart/ New York 1991.

Backhaus, K. (1997), Industriegütermarketing, 5. Auflage, München 1997.

Banse, K. (1962), Vertriebs(Absatz)-Politik, in: *Seischab, H./ Schwantag, K.* (Hrsg.), Handwörterbuch der Betriebswirtschaft, 3. völlig neu bearb. Auflage, Band IV, Stuttgart 1962, Sp. 5983-5994.

Bänsch, A. (1998), Einführung in die Marketing-Lehre, 4. Auflage, München 1998.

Becker, J. (1998), Marketing-Konzeption: Grundlagen des strategischen und operativen Marketing-Managements, 6. Auflage, München 1998.

Berekoven, L. (1989), Grundlagen der Absatzwirtschaft: Darstellung, Kontrollfragen und Lösungen, 4. Auflage, Herne/ Berlin 1989.

Berndt, R. (1995), Marketing, Band 2: Marketing Politik, 3. Auflage, New York et al. 1995.

Bidlingmaier, J. (1973), Marketing, Band I, Reinbek b. Hamburg 1973.

Bitner, M. (1991), The Evolution of the Services Marketing-Mix and its Relationship to Service Quality, in: *Brown, S. et al.* (Hrsg.), Service Quality, New York 1991, S. 23-37.

Böcker, F. (1996), Marketing, 6. Auflage, Stuttgart 1996.

Böhlke, E. (1992), Trade Marketing - Neuorientierung der Hersteller-Handelsbeziehungen, in: *Zentes, J.*, Strategische Partnerschaften im Handel, Stuttgart 1992, S. 187-203.

Booms, B./ Bitner, M. (1981), Marketing Strategies and Organization Structures for Service Firms, in: *Donnelly, J./ George, W.* (Hrsg.), Marketing of Services, Chicago 1981, S. 47-52.

Bruhn, M. (1991), Qualitätssicherung im Dienstleistungsmarketing - eine Einführung in die theoretischen und praktischen Probleme, in: *Bruhn, M./ Stauss, B.* (Hrsg.), Dienstleistungsqualität, Wiesbaden 1991, S. 19-47.

Bruhn, M./ Bunge, B. (1994), Beziehungsmarketing - Neuorientierung für Marketingwissenschaft und Praxis?, in: *Bruhn, M./ Meffert H./ Wehrle, F.* (Hrsg.), Marktorientierte Unternehmensführung im Umbruch, Stuttgart 1994, S. 41-84.

Dichtl, E. (1998), Neue Herausforderungen für Theorie und Praxis des Marketing, in: Marketing ZFP, 1998, S. 47-54.

Diller, H. (1995a), Beziehungsmanagement, in: *Tietz, B./ Köhler, R./ Zentes, J.* (Hrsg.), Handwörterbuch des Marketing, Stuttgart 1995, Sp. 285-300.

Diller, H. (1995b), Beziehungs-Marketing, in: Wirtschaftswissenschaftliches Studium (WiSt), 1995, S. 442-447.

Diller, H. (1996), Kundenbindung als Marketing-Ziel, in: Marketing ZFP, 1996, S. 81-94.

Diller, H./ Kusterer, M. (1988), Beziehungsmanagement, in: Marketing ZFP, 1998, S. 211-220.

Donabedian, A. (1980), The Definition of Quality and Approaches to its Assessment, Vol. I, Ann Arbor 1980.

Engelhardt, W.H. (1989), Dienstleistungsorientiertes Marketing - Antwort auf die Herausforderung durch neue Technologien, in: *Adam, D. et al.* (Hrsg.), Integration und Flexibilität, Wiesbaden 1989, S. 269-288.

Engelhardt, W.H. (1995), Markt, in: *Tietz, B./ Köhler, R./ Zentes, J.* (Hrsg.), Handwörterbuch des Marketing, Stuttgart 1995, Sp. 1696-1708.

Engelhardt, W.H. (1997), Marketing - der permanente Versuch, Denken zu verändern, in: Absatzwirtschaft, Nr. 4, 1997, S. 76-82.

Engelhardt, W.H./ Freiling, J. (1995a), Integrativität als Brücke zwischen Einzeltransaktion und Geschäftsbeziehung, in: Marketing ZFP, 1995, S. 37-43.

Engelhardt, W.H./ Freiling, J. (1995b), Die integrative Gestaltung von Leistungspotentialen, in: Schmalenbachs Zeitschrift für betriebswirtschaftliche Forschung (ZfbF), 1995, S. 899-918.

Engelhardt, W.H./ Freiling, J. (1995c), Leistungspotentiale als Basis für das Management von Geschäftsbeziehungen, in: *Diller, H.* (Hrsg.), Beziehungsmanagement, Arbeitspapier des Lehrstuhls für Marketing der Universität Erlangen-Nürnberg, Nürnberg 1995, S. 7-34.

Engelhardt, W.H./ Kleinaltenkamp, M./ Reckenfelderbäumer, M. (1993), Leistungsbündel als Absatzobjekte, in: Schmalenbachs Zeitschrift für betriebswirtschaftliche Forschung (ZfbF) 1993, S. 395-426.

Engelhardt, W.H./ Plinke, W. (1978), Elemente der Marketingstrategie, Bochum 1978.

Ford, D. (1990), The development of buyer-seller-relationships in industrial markets, in: *Ford, D.* (Hrsg.), Understanding Business Markets: Interaction, Relationships and Networks, London 1990.

Friege, Chr. (1995), Preispolitik für Leistungsverbunde im Business-to-Business-Marketing, Wiesbaden 1995.

Fritz, W./ von der Oelsnitz, D. (1998), Marketing, 2. Auflage, Stuttgart et al. 1998.

Gutenberg, E. (1984), Grundlagen der Betriebswirtschaftslehre, Band 2: Der Absatz, 17. Auflage, Berlin et al. 1984.

Günter, B. (1995), Vertragsgestaltung, in: *Kleinaltenkamp, M./ Plinke, W.* (Hrsg.), Technischer Vertrieb, Heidelberg 1995, S. 923-945.

Haedrich, G./ Berger, R. (1982), Angebotspolitik, Berlin/ New York 1982.

Hill, W. (1973), Marketing, Band I, 3. Auflage, Bern/ Stuttgart 1973.

Homburg, Ch./ Garbe, B. (1996), Industrielle Dienstleistungen, in: Zeitschrift für Betriebswirtschaft (ZfB), 1996, S. 253-282.

Hünerberg, R. (1984), Marketing, München 1984.

Kaas, K.P. (1990), Marketing als Bewältigung von Informations- und Unsicherheitsproblemen im Markt, in: Die Betriebswirtschaft (DBW), 1990, S. 539-548.

Kleinaltenkamp, M. (1995), Einführung in das Business-to-Business-Marketing, in: *Kleinaltenkamp, M./ Plinke, W.* (Hrsg.), Technischer Vertrieb, Heidelberg 1995, S. 135-191.

Kleinaltenkamp, M./ Preß, B. (1995), Asymmetrische Bindungen in Geschäftsbeziehungen, in: *Diller, H.* (Hrsg.), Beziehungsmanagement, Arbeitspapier des Lehrstuhls für Marketing der Universität Erlangen-Nürnberg, Nürnberg 1995, S. 167-183.

Koppelmann, U. (1995), Beschaffungsmarketing, 2. Auflage, Berlin/ Heidelberg 1995.

Koppelmann, U. (1997a), Marketing, 5. Auflage, Düsseldorf 1997.

Koppelmann, U. (1997b), Produktmarketing, 5. Auflage, Berlin/ Heidelberg/ New York 1997.

Kotler, P./ Bliemel, F. W. (1999), Marketing-Management, 9. Auflage, Stuttgart 1999.

Kühn, R. (1984), Heuristische Methoden zur Bestimmung des Marketing-Mix, in: *Mazanec, J./ Scheuch, F.* (Hrsg.), Marktorientierte Unternehmensführung, Wien 1984, S. 185-202.

Leitherer, E. (1969), Absatzlehre, 2. Auflage, Stuttgart 1969.

Lippmann, H.J./ Meyer, P.W. (1990), Die Funktionen des Beschaffungsmarketing, in: *Meyer, P.W.* (Hrsg.), Integrierte Marketingfunktionen, 2. Auflage, Stuttgart et al. 1990, S. 196-219.

Magrath, A.J. (1986), When Marketing Services, 4 P's Are Not Enough, in: Business Horizons, May/ June 1986, S. 44-50.

McCarthy, E.J. (1960), Basic Marketing, 6. Auflage, Homewood, Ill. 1960.

Meffert, H. (1974), Instrumente, absatzpolitische, in: *Tietz, B.* (Hrsg.), Handwörterbuch der Absatzwirtschaft, Stuttgart 1974, Sp. 887-896.

Meffert, H. (1977), Marketing, Wiesbaden 1977.

Meffert, H. (1994a), Marktorientierte Unternehmensführung im Umbruch, in: *Bruhn, M./ Meffert H./ Wehrle, F.* (Hrsg.), Marktorientierte Unternehmensführung im Umbruch, Stuttgart 1994, S. 3-39.

Meffert, H. (1994b), Marketing-Management, Wiesbaden 1994.

Meffert, H. (1998), Marketing, 8. Auflage, Wiesbaden 1998.

Meffert, H./ Bruhn, M. (1997), Dienstleistungsmarketing, 2. Auflage, Wiesbaden 1997.

Müller-Hagedorn, L. (1996), Einführung in das Marketing, 2. Auflage, Darmstadt 1996.

Nieschlag, R./ Dichtl, E./ Hörschgen, H. (1968), Einführung in die Lehre von der Absatzwirtschaft, Berlin 1968.

Nieschlag, R./ Dichtl, E./ Hörschgen, H. (1997), Marketing, 18. Auflage, Berlin 1997.

Plinke, W. (1989), Die Geschäftsbeziehung als Investition, in: *Specht, G./ Silberer, G./ Engelhardt, W.H.* (Hrsg.), Marketing-Schnittstellen, Stuttgart 1989, S. 305-325.

Plinke, W. (1995), Grundlagen des Marktprozesses, in: *Kleinaltenkamp, M./ Plinke, W.* (Hrsg.), Technischer Vertrieb, Heidelberg 1995, S. 3-95.

Rasche, Chr./ Wolfrum, B. (1994), Ressourcenorientierte Unternehmensführung, in: Die Betriebswirtschaft (DBW), 1994, S. 501-517.

Rühli, E. (1994), Die Resource-based View of Strategy, in: *Gomez, P. et al.* (Hrsg.), Unternehmerischer Wandel, Wiesbaden 1994, S. 31-57.

Scheuch, F. (1996), Marketing, 5. Auflage, München 1996.

Steffenhagen, H. (1993), Absatzpolitische Instrumente, in: *Wittmann, W. et al.* (Hrsg.), Handwörterbuch der Betriebswirtschaft, 5. Auflage, Stuttgart 1993, Sp. 23-37.

Steffenhagen, H. (1994), Marketing, 3. Auflage, Stuttgart et al. 1994.

Sundhoff, E. (1968), Über vertikale Absatzbindungen, in: *Sundhoff, E./ Kosiol, E.* (Hrsg.), Betriebswirtschaft und Marktpolitik, Festschrift für *R. Seyffert*, Köln-Opladen 1968.

Tempelmeier, H. (1993), Beschaffung, Materialwirtschaft, Logistik, in: *Wittmann, W. et al.* (Hrsg.), Handwörterbuch der Betriebswirtschaft, Teilband 1, 5. Auflage, Stuttgart 1993, Sp. 313-325.

Tietz, B. (1975), Die Grundlagen des Marketing, Zweiter Band: Die Marketing-Politik, München 1975.

Tietz, B. (1993), Die bisherige und künftige Paradigmatik des Marketing in Theorie und Praxis, in: Marketing ZFP, 1993, Teil 1, S. 149-163, Teil 2, S. 221-236.

Tietz, B./ Mathieu, G. (1979), Das Kontraktmarketing als Kooperationsmodell, FiW-Schriftenreihe, Köln et al. 1979.

Topritzhofer, E. (1974), Marketing-Mix, in: *Tietz, B.* (Hrsg.), Handwörterbuch der Absatzwirtschaft, Stuttgart 1974, Sp. 1247-1264.

van Waterschoot, W./ Van den Bulte, Chr. (1992), The 4P Classification of the Marketing Mix Revisited, in: Journal of Marketing (JoM), 1992, S. 83-93.

Zentes, J. (1996), Grundbegriffe des Marketing, 4. Auflage, Stuttgart 1996.

Diskussion zur instrumentalen Orientierung im Marketing

Diskussionsleitung: Wulff Plinke

Beitrag *Balderjahn*: Marketing ist in erster Linie ein wissenschaftliches Konzept, kein empirisches Phänomen. Doch gerade die konzeptionelle Basis des Marketing weist heute durch die zahlreichen Entwicklungslinien bzw. Paradigmen (z.B. Strategisches Marketing, Umweltorientierung im Marketing) m.E. erhebliche Schwächen auf. Es herrscht weitgehend noch ein Dualismus in Theorie und Praxis zwischen dem Konzept der marktorientierten Führung (Managementansatz) und dem instrumentellen Marketingkonzept. Was wir brauchen, ist eine ganzheitliche Konzeption des Marketing, die eine Paradigmenunterscheidung innerhalb des Marketing überflüssig macht.

Stellungnahme *Steffenhagen*: Das in der Bemerkung des Kollegen *Balderjahn* geforderte Ideal einer in sich geschlossenen, ganzheitlichen Konzeption dessen, was „Marketing" bedeutet, ist sicherlich ein wissenschaftliches Desiderat. Denn es stellt nicht sehr zufrieden, mit dem Terminus Marketing im Zuge der sog. dualen Interpretation zwei verschiedene Konzeptionen zu verbinden, nämlich Marketing als Unternehmensfunktion und Marketing als marktorientierte Führung des gesamten Unternehmens. Aber diese ungelöste Aufgabe macht die Befassung der Marketing-Disziplin mit einer instrumentalen Orientierung nicht überflüssig.

Beitrag *Kaas*: Ich möchte eine Anmerkung zu der symmetrischen Betrachtung von Absatz- und Beschaffungsmarketing als zwei mehr oder weniger gleichberechtigte Ausprägungen des Marketing machen. Die Übertragung der Marketingkonzeption auf den Beschaffungsmarkt scheint auf den ersten Blick sehr einleuchtend und konsequent zu sein. In Wirklichkeit werden hier aber zwei Problembereiche begrifflich gleichgesetzt, die auf Käufermärkten völlig unterschiedlich sind, und zwar aus folgendem Grund: Beim Beschaffungsmarketing bietet das Unternehmen, etwas überspitzt formuliert, ein homogenes Gut ohne jegliche Qualitätsprobleme an, das keinerlei Konkurrenz ausgesetzt ist und das ihm die Abnehmer aus der Hand reißen: nämlich das Geld, das es für die gesuchten Produktionsfaktoren anbietet. Deswegen sind hier all die Probleme der Produkt- und Qualitätspolitik, der Kommunikationspolitik, der Distributionspolitik, die das Absatzmarketing so spannend und schwierig machen, gegenstandslos. Deswegen ist Beschaffungsmarketing - bis auf ein paar

Gemeinsamkeiten in der Marktforschung oder im Beziehungsmanagement - etwas ganz und gar anderes als Absatzmarketing, was auch daran erkennbar ist, dass es als betriebswirtschaftliches Fach und als Aktionsfeld der Praxis auch nicht im entferntesten an die Bedeutung des Absatzmarketing heranreicht.

Stellungnahme *Steffenhagen*: Der in der Bemerkung des Kollegen *Kaas* enthaltene Hinweis auf die Käufermarktsituation liefert zugleich eine erste einschränkende Bedingung der Gültigkeit seiner Argumentation. In vielen Beschaffungsmärkten (z.B. Personalmärkte, Kreditmärkte, Markt für Unternehmensaufkäufe, Spezialitätenmärkte im Industriegütersektor sowie im Dienstleistungssektor) wird dem Beschaffer das von ihm angebotene Geld als der Anreiz für den Lieferanten eben gerade nicht aus der Hand gerissen. Hier bedarf es sehr intensiver Beschaffungsbemühungen durch Einsatz beschaffungspolitischer Instrumente.

Aber auch losgelöst von den Marktseitenverhältnissen bzw. Machtbeziehungen in Beschaffungsmärkten sollte nicht verkannt werden, dass es gerade das Bestreben jedes „aktiven" Beschaffers etwa im Industriegütersektor ist, das erwünschte, zu liefernde Leistungsbündel dezidiert gegenüber potenziellen Lieferanten zu artikulieren und auch die Gegenleistung „Bezahlung des Kaufpreises" durch anderweitige Eigenleistungen zu substituieren, was für den Zuschnitt des vom Lieferanten zu bietenden Leistungsspektrums nicht ohne Folgen bleibt. Gerade weil Beschaffer eine aktive Produkt- und Qualitäts(forderungs)politik, Konditionenpolitik, Kommunikationspolitik usw., sowie im Zuge einer strategischen Beschaffung auch eine bewusst angelegte Bezugswegepolitik betreiben können, ist das Beschaffungsmarketing in vielen Fällen mindestens so spannend wie das absatzmarktgerichtete Marketing. So lag im Handelssektor schon immer „der Segen im Einkauf"; daran hat sich nicht viel geändert. Die stiefmütterliche Behandlung der Beschaffung in der Betriebswirtschaftslehre spiegelt die praktische Relevanz dieses Tätigkeitsfeldes völlig unzureichend wider.

III. Die strategische Orientierung des Marketing

Thesen zum Beitrag der deutschsprachigen Marketing-forschung zum strategischen Marketing

Richard Kühn

1. *Problemfelder des strategischen Marketing* 178

2. *Thesen zum Problemfeld Unternehmensstrategie* 179

   2.1 „Klassische" Gedankenrahmen und Modelle 180

   2.2 Market Based View und Resource Based View 180

   2.3 Marktorientierung und strategische Rolle des Marketing 182

3. *Thesen zum Problemfeld Marketingstrategie* 182

   3.1 Gesamtprozess der strategischen Marketingplanung 183

   3.2 Geschäftsstrategie 183

   3.3 Strategic Process Research 187

4. *Schlussbemerkung* 187

Literatur 189

1. Problemfelder des strategischen Marketing

Strategien als langfristige Führungsvorgaben dienen der Schaffung und Erhaltung von Bedingungen - konkret von Marktpositionen und Wettbewerbsvorteilen auf den Ebenen der Angebote und Ressourcen -, die sicherstellen sollen, dass die Unternehmung langfristig einen ihren Zielen entsprechenden Gewinn realisiert. Strategien können sich auf unterschiedliche Objekte beziehen, was die Unterscheidung verschiedener Arten von Strategien und damit verschiedener Ebenen der strategischen Diskussion erlaubt (*Meffert* 1998, S. 223). So wird z.B. vorgeschlagen, Unternehmensstrategien, Geschäftsfeldstrategien und Funktionsbereichsstrategien (also z.B. Marketingstrategien) auseinander zu halten (*Hofer/ Schendel* 1978, S. 27f.). Gemäß ihrem Selbstverständnis kann die Marketingwissenschaft diesem Vorschlag nicht folgen, da sie Marketing nicht nur als spezifischen Funktionalbereich, sondern umfassender als Führungskonzeption für das gesamte Unternehmen, konkret als marktorientierte Unternehmensführung, versteht (*Raffée* 1993, S. 42).

Die weite Interpretation des Kompetenzbereiches des Marketing - die bekanntlich auch kontrovers diskutiert wird (vgl. z.B. *Schneider* 1983 und *Hansen/ Stauss* 1983) - führt dazu, dass die Marketingstrategie nicht als „funktionale Komponente" des strategischen Führungsinstrumentariums, sondern als „Kernstück der strategischen Unternehmensplanung" verstanden wird (*Meffert* 1998, S. 27). Wenn man Marketing als Führungskonzeption versteht, muss zudem das strategische Marketing sich auch mit Fragen der (marktorientierten) Planung von Unternehmensstrategien und Fragen der Durchsetzung der Marktorientierung in der Führung von Unternehmen auseinandersetzen (*Raffée* 1985; *Meffert* 1999).

Auf dieser Basis lassen sich zwei Problemfelder des strategischen Marketing auseinander halten:

- *als ergänzendes Problemfeld*, die Unterstützung der Planung und Implementierung von Unternehmensstrategien, insbesondere auch die Sicherung der Marktorientierung (als Produkt von Kunden- und Wettbewerbsorientierung) entsprechender Managementprozesse,

- *als zentrales Problemfeld*, die Unterstützung der Planung und Implementierung von Marketingstrategien, insbesondere auch die Sicherung der Marktorientierung von Geschäftsstrategien.

Zur Strukturierung der weiteren Ausführungen erscheint es zweckmäßig, die beiden Problemfelder durch eine Auflistung spezifischer Teilprobleme weiter zu konkretisieren (*Abb.1*). In Anbetracht des knappen zeitlichen Rahmens und mit Blick auf die von anderen Referenten behandelten Themen werden dabei Fragen der Strategie-Implementierung und Fragen der Planung von Instrumental-Strategien (subfunctional strategies) a priori ausgeklammert. Die begrenzte Zeit zwingt zudem zu einer Konzentration auf Kernfragen der strategischen Unternehmens- und Marketingplanung, was zur Folge hat, dass einige durchaus interessante Sonderthemen - wie z.B. Fragen der strategischen Kontrolle, der Markenpolitik, der Internationalisierung, der strategischen Allianzen usw. - nicht vertieft werden können. Berücksichtigt werden primär Beiträge, die von Forschern mit Forschungsschwerpunkt Marketing stammen.

Problemfeld Unternehmensstrategie	Problemfeld Marketingstrategie
Unternehmensstrategie	**Strategischer Marketingplan für ein Geschäftsfeld** •Marktwahl
•Mission	•Geschäftsfeldziele u. -strategien
•Produkt-Markt-Portfolio / Geschäftsportfolio	•Breite der Marktabdeckung
•Strategische Stossrichtung Marktpositionsziele, unternehmensweite Ressourcenallokation	•Wettbewerbsvorteile: Angebote, Marketing-Mix, Ressourcen
	•Marktteilnehmerstrategien
	•Budgetierung

Abb. 1: Problemfelder des strategischen Marketing
(Teilprobleme in Anlehnung an Meffert 1998, S. 25ff.)

2. Thesen zum Problemfeld Unternehmensstrategie

Die nachfolgenden Thesen zum Problemfeld der Unternehmensstrategie sollen ein grobes Bild entwerfen. Sie erheben nicht den Anspruch, vollständig alle Beiträge der deutschsprachigen Marketinglehre widerzuspiegeln und können deshalb auch nicht den Leistungen der einzelnen Forscher gerecht werden.

2.1 „Klassische" Gedankenrahmen und Modelle

Die in den 60er und 70er Jahren entwickelten einfachen *Gedankenrahmen und Modelle zur Unterstützung der Analyse und Planung der strategischen Geschäfte* von Unternehmen (Stichworte: Diversifikationsmatrix, Erfahrungskurve, Portfoliomethoden, frühere PIMS-Forschung, etc.) werden auch in neueren Lehrbüchern zum strategischen Marketing als Problemlösungshilfen vorgestellt. Die deutschsprachige Marketingwissenschaft hat in einer ganzen Reihe von Beiträgen „berechtigte und scharfsinnige Kritik" (*Engelhardt* 1985) formuliert, die sich auf die fehlende theoretische Fundierung, die Datenbasis und Datenanalyse wie auch auf die Anwendung zur Unterstützung praktischer Problemlösungsprozesse bezieht. Diese kritische Analyse ist grundsätzlich verdienstvoll (vgl. z.B. *Kreilkamp* 1987). Sie wurde jedoch nicht zum Anlass genommen, um die Vorschläge zur Portfolioplanung zu verbessern oder um Alternativen dazu zu entwickeln.

Ein anderes Bild ergibt sich, wenn man die durch die PIMS-Untersuchungen angestoßenen *Forschungen zum Thema genereller Erfolgsfaktoren* betrachtet. Hier haben verschiedene Vertreter der deutschsprachigen Marketingwissenschaft metaanalytische und empirische Beiträge geleistet, die z.T. wesentliche Erkenntnisgewinne beinhalten (z.B. *Hildebrand* 1992; *Hruschka* 1989; *Fritz* 1990; 1992; 1994). Dass es sich dabei auch um Replikationsstudien handelt, ist positiv hervorzuheben, da ein Haupthindernis für die Konsolidierung empirisch fundierter betriebswirtschaftlicher Erkenntnisse darin besteht, dass zu selten einmal ermittelte Zusammenhänge in weiteren Forschungsarbeiten gezielt überprüft und verfeinert werden.

2.2 Market Based View und Resource Based View

Die jüngere Entwicklung der Forschung zur strategischen Unternehmensplanung wird im Wesentlichen durch zwei Ansätze geprägt, die die Frage nach den Ursachen und Hintergründen des langfristigen Unternehmenserfolgs unterschiedlich beantworten: Die seit den frühen 80er Jahren in der Planungsliteratur intensiv diskutierten Vorstellungen des „structure-conduct-performance" Paradigmas der Industrieökonomik und die oft als Gegenposition verstandenen Vorschläge des „Resource Based View" zur Identifikation nachhaltiger strategischer Wettbewerbsvorteile. Beide Ansätze sind auch für die im dritten Teil dieses Beitrags zu diskutierende Planung von Geschäftsfeldstrategien von zentraler Bedeutung. Im vorliegenden Zusammenhang soll deshalb nur auf Beiträge eingegangen werden, die Grundsatzfragen oder Fragen der strategischen Unternehmensführung behandeln.

Die wichtigsten der in erster Linie von *Porter* in die Strategiediskussion eingeführten *Gedankenrahmen und Planungshilfen des „Market Based View"* wurden von der deutschsprachigen Marketingforschung vergleichsweise rasch aufgegriffen und im Hinblick auf ihre Brauchbarkeit als Hilfsmittel zur Lösung von Marketingproblemen beurteilt. Das Hauptinteresse galt dabei verständlicherweise den Überlegungen zur Thematik generischer Wettbewerbsstrategien, da damit in einer Kernfrage der Marketingstrategie neue Erkenntnisse zu gewinnen waren (*Meffert* 1983; 1984; 1985). Zu den für unternehmensstrategische Analysen vorgeschlagenen Konzepten der Branchenanalyse (Fünf-Kräfte-Modell) und der Branchenstrukturanalyse (Modell der strategischen Gruppen) entstanden nur wenige weiterführende Beiträge. Diese betreffen in erste Linie die Anwendbarkeit des Modells strategischer Gruppen als Konzept zur Bestimmung der Marktstruktur (*Bauer* 1989, S. 254ff.) und als Instrument zur Strukturierung einer strategisch ausgerichteten Konkurrenzforschung (*Homburg/ Sütterlin* 1992).

Ergänzend ist zu vermerken, dass in vielen deutschsprachigen Lehrbüchern zum strategischen Marketing - im Gegensatz zur amerikanischen Strategie-Literatur - weder die Modelle von *Porter*, noch die Erkenntnisse der Forschung zum Thema „generelle Erfolgsfaktoren" bewusst zur Verbesserung der Fundierung von Portfolioplanungsmodellen genutzt werden.

Erstaunlicherweise äußert sich die deutschsprachige Marketingwissenschaft zum „*Resource Based View*"*(RBV) der strategischen Unternehmensführung* bisher nur recht spärlich. Nach verdienstvollen ersten Darstellungen der Grundgedanken des Ansatzes (z.B. *Rasche/ Wolfrum* 1994; *Bamberger/ Wrona* 1996), die alle in der Feststellung enden, dass aus anwendungsorientierter Sicht die markt- und ressourcenorientierten Ansätze als komplementär anzusehen sind und zusammengeführt werden sollten, fehlen bisher eingehendere kritische Auseinandersetzungen oder Weiterentwicklungen aus Marketingsicht. Dies ist aus verschiedenen Gründen bedauerlich:

- Einerseits könnte und sollte die Marketingwissenschaft dazu beitragen, die Problematik der Beurteilung der Fähigkeit spezifischer Ressourcen zur „Stiftung von Kundennutzen deutlich herauszuarbeiten" (z.B. durch Klärung der Abhängigkeit von den Merkmalen entsprechender Angebote, von der Möglichkeit, von Kunden wahrnehmbare und glaubhafte Nutzendifferenzen zu kommunizieren und von den Mitteln, die hierfür nötig sind),

- zum anderen wären gewisse, aus der Sicht des Marketing besonders interessante Ressourcen, wie existierende Markenimages, Kundenbeziehungen, Distributionsanteile etc. gezielter als Grundlagen erfolgversprechender ressourcenbasierter Strategien zu untersuchen.

- Schließlich lädt der RBV dazu ein zu überlegen, was vorzunehmen wäre, um mit der marktorientierten Unternehmensführung ernst zu machen und diese effektiv in die Prozesse der Ressourcenplanung und –entwicklung, Marketingmethoden und -modelle einzubringen.

2.3 Marktorientierung und strategische Rolle des Marketing

Ein letzter Punkt betrifft die *Marktorientierung bzw. die strategische Rolle des Marketing*. Zu diesem Problembereich wurden gerade auch von der deutschsprachigen Marketingwissenschaft wesentliche Beiträge geleistet. Dabei ist insbesondere an empirische Untersuchungen zur Bedeutung der Marktorientierung als (generellem) Erfolgsfaktor (*Fritz* 1990 und 1992 sowie *Raffeé/ Fritz* 1991) und zur strategischen Rolle des Marketing im Unternehmen (*Homburg/ Wormann/ Krohmer* 1999) zu denken. Zusätzlich sind auch aus anwendungsorientierter Sicht in diesem Zusammenhang verschiedene Beiträge zum „Management der Kundenorientierung" bzw. zum „Internen Marketing" zu erwähnen (z.B. *Stauss/ Schulze* 1990; *Kühn* 1991; *Bruhn* 1999).

Allerdings ist nicht zu verhehlen, dass auch das deutschsprachige Marketing es offensichtlich nicht verstanden hat, die *Kompetenz zur Durchsetzung der situationsgerechten Markt- bzw. Kundenorientierung* gegenüber den übrigen Unternehmensfunktionen glaubhaft zu „verkaufen". Nur mit diesem Versagen lässt sich die offensichtliche Unverfrorenheit erklären, mit der produktionswirtschaftsnahe Qualitätssicherer und aus der Wirtschaftsinformatik stammende Prozessorganisatoren das „Patent" zur Einführung und Durchsetzung der Kundenorientierung im Unternehmen für sich beanspruchen.

3. Thesen zum Problemfeld Marketingstrategie

Entsprechend der Entwicklung des Faches werden in der deutschsprachigen Marketingwissenschaft auch Vorschläge zur Unterstützung der Planung von Marketingstrategien für spezifische Anwendungsbereiche, insbesondere für die Bereiche des Industriegütermarketing (z.B. *Backhaus* 1997) und des Dienstleistungsmarketing (z.B. *Meffert/Bruhn* 1997), entwickelt. Leider erlaubt es der enge Zeitrahmen nicht, auf die z.T. äußerst interessanten bereichsspezifischen Besonderheiten - man denke z.B. an die Sonderprobleme der Marktsegmentierung im Industriegütermarketing oder an die spezielle Einbindung von Ressourcen und Leistungserstellungsprozessen in Dienstleistungsstrategien - näher einzugehen.

3.1 Gesamtprozess der strategischen Marketingplanung

Aufgrund der vielschichtigen Aufgaben von Marketingstrategien ist davon auszugehen, dass die erforderlichen Steuerungsleistungen primär von sog. *„ integrativen Ansätzen"* (*Meffert* 1998, S. 118ff.) erbracht werden können, die mehrere Strategieebenen miteinander verknüpfen (*Becker* 1986, S. 189). Von Vertretern der deutschsprachigen Marketingwissenschaft wurden eine ganze Reihe derartiger praktisch normativ gedachter Vorschläge zur Strukturierung des Vorgehens zur Planung von Marketingstrategien formuliert (z.B. *Becker* 1986; *Backhaus* 1992; *Köhler* 1981; *Kühn* 1979 und 1984; *Meffert* 1994). Diese unterscheiden sich z.T. deutlich sowohl bezüglich der verwendeten Terminologie wie auch bezüglich der Umschreibung der als relevant bezeichneten Teilprobleme.

Der fehlende Konsens ist aus wissenschaftlicher Sicht bedauerlich, aber nicht wirklich kritisch. Immerhin führt er jedoch zu einer Verteilung von Forschungsanstrengungen auf Forschungsinseln, die z.T. unverbunden nebeneinander stehen. Problematisch ist die Vielfalt der konkurrierenden Vorschläge jedoch sicherlich mit Blick auf den praktisch normativen Anspruch der Marketingwissenschaft. Die (unnötige) Vielfalt inhaltlich verwandter Ansätze hemmt letztlich die Verbreitung der zur Unterstützung konkreter Problemlösungsprozesse entwickelten Methoden und Modelle in der Marketingpraxis.

Über die Hintergründe für diesen mangelnden Konsens auf der Ebene der konzeptionellen Grundlagen kann man nur spekulieren. Sicher spielt die Tatsache eine Rolle, dass „nur" konzeptionelle Beiträge immer seltener die Hürden der Gutachterverfahren überspringen. Was jedoch auch auffällt, ist die Tatsache, dass auch in Monographien der Gesamtprozess der Planung der Marketingstrategie nicht vertieft diskutiert wird. Eine Rolle könnte auch der Umstand spielen, dass generell in deutschsprachigen Fachzeitschriften konkrete Beiträge nur selten zum Ausgangspunkt eines kritischen Dialogs werden. Man kann sich des Eindrucks nicht erwehren, dass die deutschsprachige Marketingwissenschaft in dem ihr inhärenten Streben nach begrifflicher Präzision (dies im Gegensatz zu den pragmatischeren Angelsachsen) die grundsätzliche Begriffsfreiheit allzu übermäßig nutzt, um Innovation und Eigenständigkeit durch Wortschöpfungen und andersartigen Wortgebrauch unter Beweis zu stellen.

3.2 Geschäftsstrategie

Beiträge zu den zentralen Problemen der strategischen Marketingplanung der Planung von Geschäftsfeldzielen und -strategien sowie der damit eng verknüpften

Marktteilnehmerstrategien stehen unter dem Einfluss von zwei verschiedenen For-
schungstraditionen:

- der eher *an Gedankenrahmen und/oder Theorien orientierten Forschung zur
  strategischen Planung* (Stichworte: generische Wettbewerbsstrategien, „kritische" Erfolgsfaktoren, Kernkompetenzen, Ressourcen) und

- der eher *verhaltenswissenschaftlich und/oder entscheidmethodisch orientierten
  Marketingforschung* (Stichworte: Segmentierung, Angebotspositionierung, Ein-
  stellungsraum).

Während der 70er und der frühen 80er Jahre prägten insbesondere *Arbeiten der verhaltenswissenschaftlichen entscheidmethodischen Tradition der Marketingforschung*
die Diskussion zum strategischen Marketing. Im Zentrum der Forschungsinteressen
standen die Fragen der Marktsegmentierung und der Angebotspositionierung, die
auch heute noch als Kernprobleme des strategischen Marketing angesehen werden.
Rückblickend darf gesagt werden, dass die deutsche Marketingwissenschaft zur Behandlung beider Themenkreise wesentliche und dauerhaft wichtige Beiträge geleistet
hat. Obwohl die Forscher generell davon ausgingen, dass Marktsegmentierung und
Angebotspositionierung als interdependente Phänomene anzusehen sind, entstanden
meist Beiträge, die einen Schwerpunkt bei der einen oder der andern Fragestellung
haben.

Einen ersten Schwerpunkt bildeten Arbeiten zum Thema *Marktsegmentierung*. Im
Vordergrund standen die Auseinandersetzung mit den verhaltenswissenschaftlichen
Grundlagen, die Entwicklung von empirisch statistischen Methoden zur Erfassung
von Marktsegmenten und konzeptionelle Erwägungen zur Entwicklung segmentori-
entierter Marketingstrategien und Maßnahmen (*Dichtl* 1974; *Böhler* 1977; *Bauer*
1977; *Freter* 1983). Erwähnenswert ist auch der Versuch, aus entscheidorientierter
Sicht Fragen der „optimalen Marktsegmentierung" anzugehen (*Krautter* 1975).
Dieser hat jedoch bisher zu keinen praxisrelevanten Resultaten geführt.

Auch nach 1983 blieb die Marktsegmentierung ein Thema der Forschung zum strategischen Marketing. Die Zahl der Beiträge verringerte sich jedoch deutlich. Behandelt wurden primär Fragen der empirischen Erfassungsmethoden und gewisse anwendungsorientierte Themen, wie z.B. der Umgang mit „Verlagstypologien". Unbe-
handelt blieben dagegen Fragen der Erklärung der Entstehung und Veränderung von
Marktsegmenten bzw. der Interdependenz von Marktsegmentierung und Angebotspositionierung sowie Fragen zum Zusammenhang zwischen der Segmentstruktur
eines Marktes und der Breite der Marktabdeckung. Jüngere Arbeiten, die z.T. auch
neue Fragestellungen angehen, könnten auf einen neuen Entwicklungsschritt der
Segmentierungsforschung der deutschsprachigen Marketingwissenschaft hindeuten
(z.B. *Meffert/ Perrey* 1997; *Perrey* 1998; *Brogini* 1998; *Rosenbaum* 1999).

Auch zur Behandlung der Fragen der *Angebotspositionierung* hat die deutschsprachige Marketingwissenschaft wesentliche und als eigenständig zu qualifizierende Beiträge geleistet. Mit Blick auf diesen Themenkreis darf man sogar sagen, dass wesentliche erste Ideen bzw. Vorarbeiten aus dem deutschen Sprachraum stammen (*Spiegel* 1961; *Beyeler* 1964). Zu einem zentralen Forschungsthema des strategischen Marketing wurde die Angebotspositionierung aber erst, nachdem im angelsächsischen Raum leistungsfähigere Methoden zur empirischen Ermittlung und Darstellung von Angebotspositionen und Positionierungsräumen geschlagen worden waren.

Die deutschsprachige Marketingwissenschaft hat wesentliche Beiträge zur Weiterentwicklung der Positionierungsmethoden und Positionierungsmodelle geleistet (*Albers/ Brockhoff* 1977; *Albers* 1979; *Freter* o.J.; *Albers* 1989; *Trommsdorf* 1993). Wichtig erscheinen auch Beiträge, die aus anwendungsorientierter Sicht die Datengrundlagen, die Datenanalysemethoden und insbesondere auch die Aussagekraft der Marktmodelle zur Präzisierung von Wettbewerbsvorteilen kritisch würdigen (z.B. *Mayer* 1984). Die nicht oder noch nicht befriedigende heuristische Kraft der Modelle als Hilfsmittel für Positionierungsentscheide ist wohl auch die Ursache dafür, dass in jüngster Zeit verschiedene deutschsprachige Marketingforscher es „wagen“, in konzeptionellen Beiträgen praktisch normative Vorschläge zum Vorgehen bei der Planung einer situations- und zielgerechten strategischen Angebotsposition vorzulegen (*Mühlbacher/ Dreher/ Gabriel-Ritter* 1994 und 1997; *Tomczak/ Roosdorp* 1996; *Kühn* 1996; *Esch* 1999).

Erstaunlicherweise wurden *Fragen der Wettbewerbsstrategie* erst zu Beginn der 80er Jahre ausdrücklich als Gegenstand des strategischen Marketing thematisiert. Nachdem erste konzeptionelle Beiträge von Vertretern der deutschsprachigen Marketingwissenschaft ohne Echo geblieben waren (z.B. *Müller* 1981), wurden insbesondere die Beiträge von *Porter* zur Wettbewerbsstrategie zum Anlass für eine intensive Beschäftigung mit diesem Thema aus der Sicht des strategischen Marketing genommen. Es entstanden *eine ganze Reihe konzeptioneller Beiträge*, die den *Porterschen* Gedankenrahmen aus der Sicht des strategischen Marketing auf seine Brauchbarkeit beurteilen und z.T. auch speziell im Hinblick auf die Anwendung in spezifischen Marktsituationen weiterentwickeln bzw. konkretisieren (*Meffert* 1983; 1984; 1985; *Kleinaltenkamp* 1987; *Meffert/ Remmersbach* 1988). Ergänzend hierzu wurden weitere Vorschläge für „Grundstrategien“ entwickelt, die sich z.T. oder völlig vom *Porterschen* Gedankenrahmen lösen, jedoch ebenfalls ausgehend von Situationsmerkmalen bzw. Situationsclustern generische Strategievarianten definieren und deren Erfolgsvoraussetzungen untersuchen (z.B. *Picot* 1984; *Bauer* 1988; *Remmersbach* 1988 oder auch *Meffert* 1994). Diese Arbeiten haben doch erstaunlicherweise keine weiterführende Diskussion unter Vertretern der deutschsprachigen Marketingwissenschaft ausgelöst.

An der empirischen Forschung zur Überprüfung der effektiven *Anwendung und Erfolgswirkungen generischer Wettbewerbsstrategien* haben sich Vertreter der deutschen Marketingforschung kaum beteiligt. Einzig in zwei empirischen Studien zur Planungspraxis finden sich gewisse Anhaltspunkte (*Diller/ Lücking* 1993 und *Raffée/ Effenberger/ Fritz* 1994). Die fehlende empirische Bestätigung, insbesondere des *Porterschen* Ansatzes, hat jedoch auch in der deutschsprachigen Marketingwissenschaft dazu geführt, dass die Idee generischer Wettbewerbsstrategien distanzierter behandelt wird (*Homburg/ Simon* 1995).

Aus dem Bereich der *Erfolgsfaktorenforschung* interessieren im Zusammenhang mit Geschäftsstrategien insbesondere Untersuchungen, die sich auf Wirtschaftssektoren oder auf spezifische Märkte beziehen und einen empirisch fundierten Nachweis der erfolgsrelevanten Wettbewerbsdimensionen versprechen. Dabei geht es primär um Wettbewerbsdimensionen auf der Ebene der Angebote, aber auch um erfolgsrelevante „Ressourcen". Vertreter der deutschsprachigen Marketingwissenschaft haben sich vergleichsweise früh mit einer ganzen Reihe von Untersuchungen in diesem Forschungsfeld engagiert (Überblick bei *Fritz* 1990). Trotz z.T. anspruchsvoller Untersuchungsanlagen und Datenanalysen ergibt sich jedoch ein ernüchterndes Fazit (das natürlich nicht nur für die Untersuchungen aus dem deutschen Sprachraum gilt):

Die Untersuchungsergebnisse

- sind widersprüchlich,

- sind wegen fehlender theoretischer Fundierung schwer interpretierbar und

- bieten angesichts der Vielzahl aus anwendungsorientierter Sicht interessierender Märkte nur in seltenen Ausnahmefällen eine Unterstützung für die Bewältigung der konkreten strategischen Probleme.

Angesichts dieser Problematik ist zu fragen, ob die Marketingwissenschaft nicht weniger Energie auf die Ermittlung konkreter marktspezifischer Erfolgsfaktoren verwenden und statt dessen die *Entwicklung spezifischer Methoden zur Erfassung der situativ relevanten kritischen Erfolgsfaktoren* vorantreiben sollte. Voraussetzung hierfür bildet eine Präzisierung des Konstruktes der Wettbewerbsvorteile, wie sie in verschiedenen Beiträgen der deutschen Marketingwissenschaft angestrebt wird (*Simon* 1988; *Faix/ Görgen* 1994). Interessant wäre es zweifellos, die methodischen Erkenntnisse aus den Bereichen der Angebotspositionierung und Marktsegmentierung mit den konzeptionellen Vorstellungen von nachhaltigen strategischen Wettbewerbsvorteilen des „Market Based View" und des „Resource Based View" zu verbinden (vgl. auch *Trommsdorf* 1995). Erwähnenswert erscheinen in diesem Zusammenhang schließlich gewisse Vorschläge der deutschsprachigen Marketingforschung zur differenzierten Beurteilung der Erfolgsbedeutung von Instrumenten des Marketing-Mix (*Kühn* 1985; *Haedrich/ Tomczak* 1990; *Rudolph* 1993), die in der angelsächsischen Strategieliteratur in ähnlicher Form als Ansatzpunkte zur Charakterisierung der Art der Erfolgswirkungen marktspezifischer Erfolgsfaktoren vorgeschlagen werden (*Varadarajan* 1985).

3.3 Strategic Process Research

Ausgehend von der *Ansoff-Minzberg* Kontroverse zur synoptischen versus inkrementalen strategischen Planung hat sich im angloamerikanischen Bereich in neuerer Zeit die *empirische Strategie-Prozessforschung* stark entwickelt. Angesichts der Bedeutung, die von der deutschsprachigen Marketingwissenschaft, der Anwendungsorientierung und der praktisch-normativen Ausrichtung beigemessen wird, könnte gerade die Strategie-Prozessforschung für die weitere Entwicklung des Fachs besonders interessant werden. Dies umso mehr, als vieles darauf hindeutet, dass an Normstrategien, Situations-Clustern und Erfolgsfaktoren ausgerichtete, inhaltlich gehaltvolle Forschungsergebnisse vorerst und vermutlich auch auf Dauer situativ einsetzbare Analyse- und Planungsmethoden nicht ersetzen können.

Die deutschsprachige Marketingwissenschaft hat verschiedene interessante Einzelbeiträge vorzuweisen, die sich mit Fragen der Strategie-Prozessforschung aus exploratorischer und aus konfirmatorischer Perspektive auseinandersetzen (*Diller/ Lücking* 1993; *Raffée/ Effenberger/ Fritz* 1994; *Homburg/ Krohmer/ Workmann* 1997; *Jenner* 1999). Es könnte für die Entwicklung des Faches interessant sein, wenn sich die deutschsprachige Marketingwissenschaft in diesem Forschungsfeld verstärkt engagieren würde.

4. Schlussbemerkung

Es macht nicht viel Sinn, Überlegungen, die nur ein grobes thesenartiges Resümee des Beitrags der deutschsprachigen Marketingwissenschaft zum strategischen Marketing sein können, nochmals abschließend zusammenzufassen. Immerhin ergeben sich jedoch einige kritische Fragen, deren Diskussion mit Blick auf die künftige Entwicklung des Faches lohnend erscheint, dies vor dem Hintergrund, das offensichtlich die meisten Entwicklungen zu Kernthemen des strategischen Marketing durch die angloamerikanische Strategie- und Marketingforschung ausgelöst wurden.

Die folgenden Fragen sind nicht das Ergebnis einer systematischen Analyse, sondern eher der Reflex subjektiver Eindrücke des Betrachters. Sie erheben deshalb auch nicht den Anspruch, erschöpfend zu sein oder auch die wirklich zentralen forschungspolitischen Probleme anzusprechen; der Verfasser möchte diesen Beitrag jedoch nicht schließen, ohne sie zumindest aufgelistet zu haben:

- Was sind die tieferen Gründe für die beschränkte Pionierrolle der deutschsprachigen Marketingforschung?

- Sind es die (im Vergleich zur angloamerikanischen Forschungsszene) begrenzten personellen Kapazitäten, gepaart mit der nicht mehr zu verantwortenden Lehrbelastung?

- Oder verhindert die vorherrschende Forschungskultur die Entstehung und Akzeptanz innovativer Forschungsbeiträge?

- Welche Rolle spielt die Organisation der deutschsprachigen Universitäten in diesem Zusammenhang (Stichworte: fehlende Forschungsprofessuren, Rolle des Mittelbaus)?

- Warum werden interessante Einzelbeiträge deutschsprachiger Marketingforscher nicht auf breiter Basis diskutiert?

- Was sind die Ursachen für die konzeptionelle Vielfalt, die in einem dauerhaften Nebeneinander weiterbesteht?

- Könnte die Kommission Marketing eine aktivere Rolle übernehmen, um die Vernetzung der Forschungsbeiträge und Forscher zu verstärken?

- Könnte die große Zahl der Dissertationsprojekte und die damit einhergehende große zeitliche Investition nicht besser für die Arbeit an Schlüsselthemen der Marketingforschung genutzt werden?

Literatur

Albers, S. (1979), An extended algorithm for optimal product positioning, in: European Journal of Operational Research, Jg. 1979, S. 222-231.

Albers, S. (1989), Gewinnorientierte Neuproduktepositionierung in einem Eigenschaftsraum, in: Schmalenbachs Zeitschrift für betriebswirtschaftliche Forschung (ZfbF), Heft 3, 1989, S. 186-209.

Albers, S./ Brockhoff, K. (1977), A procedure for new product positioning in an attribute space, in: European Journal of Operational Research, Jg. 1977, S. 230-238.

Backhaus, K. (1992), Investitionsgütermarketing, 3. Auflage, München 1992.

Backhaus, K. (1997), Industriegütermarketing, 5. Auflage, München 1997.

Bamberger, I./ Wrona, Th. (1996), Der Ressourcenansatz und seine Bedeutung für die strategische Unternehmensführung, in: Schmalenbachs Zeitschrift für betriebswirtschaftliche Forschung (ZfbF), Heft 2, 1996, S. 130-153.

Bauer, E. (1977), Marktsegmentierung, Stuttgart 1977.

Bauer, H.H. (1988), Marktstagnation als Herausforderung für das Marketing, in: Zeitschrift für Betriebswissenschaft (ZfB), Heft 10, 1988, S. 1052-1071.

Bauer, H.H. (1989), Marktabgrenzung, Berlin 1989.

Becker, J. (1986), Steuerungsleistungen und Einsatzbedingungen von Marketingstrategien, in: Marketing ZFP, Heft 3, 1986, S. 189-198.

Beyeler, L. (1964), Grundlagen des kombinierten Einsatzes der Absatzmittel, Bern/ Stuttgart 1964.

Böhler, H. (1977), Methoden und Modelle der Marktsegmentierung, Stuttgart 1977.

Brogini, M. (1998), Über Kundengruppen zur Marktstruktur: Das Modell der Segmentintensität, Bern/ Stuttgart/ Wien 1998.

Bruhn, M. (1999), Internes Marketing als Forschungsgebiet der Marketingwissenschaft, in: *Bruhn, M.* (Hrsg.), Internes Marketing, 2. Auflage, Wiesbaden 1999, S. 15-43.

Dichtl, E. (1974), Die Bildung von Konsumententypen als Grundfrage der Maktsegmentierung, in: Wirtschaftswissenschaftliches Studium (WiSt), Heft 1, 1974, S. 54-59.

Diller, H./ Lücking, J. (1993), Die Resonanz der Erfolgsfaktorenforschung beim Management von Grossunternehmen, in: Zeitschrift für Betriebswissenschaft (ZfB), Heft 12, 1993, S. 1229-1249.

Engelhardt, W.H. (1985), Versäumnisse der Marketing-Wissenschaft in der Strategiediskussion, in: Marketing ZFP, Heft 3, 1985, S. 211-212.

Esch, F.-R. (1999), Markenpositionierung als Grundlage der Markenführung, in: *Esch, F.-R.* (Hrsg.), Moderne Markenführung, Wiesbaden 1999, S. 233-265.

Faix, A./ Görgen, W. (1994), Das „Konstrukt" Wettbewerbsvorteil, in: Marketing ZFP, Heft 3, 1994, S. 160-166.

Freter H. (o.J.), Markenpositionierung - Ein Beitrag zur Fundierung markenpolitischer Entscheidungen auf der Grundlage psychologischer und ökonomischer Modelle, unveröff. Habil. Münster, o.J.

Freter H. (1983), Marktsegmentierung, Stuttgart et al. 1983.

Fritz, W. (1990), Marketing - ein Schlüsselfaktor des Unternehmenserfolges?, in: Marketing ZFP, 1990, S. 91-110.

Fritz, W. (1992), Marktorientierte Unternehmensführung und Unternehmenserfolg, Stuttgart 1992.

Fritz, W. (1994), Die Produktqualität - ein Schlüsselfaktor des Unternehmenserfolgs, in: Zeitschrift für Betriebswissenschaft (ZfB), Heft 8, 1994, S. 1045-1062.

Haedrich, G./ Tomczak, T. (1990), Strategische Markenführung, Bern/ Stuttgart 1990.

Hansen, U./ Stauss, B. (1983), Marketing als marktorientierte Unternehmenspolitik oder als deren integrativer Bestandteil?, in: Marketing ZFP, Heft 2, 1983, S. 77-86.

Hildebrandt, L. (1988), Store Image and the Prediction of Performance in Retailing, in: Journal of Business Research, 1988, S. 91-100.

Hildebrandt, L. (1992), Wettbewerbssituation und Unternehmenserfolg, in: Zeitschrift für Betriebswirtschaft (ZfB), 1992, S. 1069-1084.

Hildebrandt, L./ Buzzell, R.D. (1991), Product Quality, Market Share and Profitability: A Causal Modelling Approach, Working Paper 91-145, Harvard Business School 1991.

Hildebrandt, L./ Trommsdorff, V. (1989), Anwendungen der Erfolgsfaktorenanalyse im Handel, in: *Trommsdorff, V.* (Hrsg.), Handelsforschung 1989, Wiesbaden 1989.

Hofer, Ch. W./ Schendel, D. (1978), Strategy Formulation: Analytical Concepts, St. Paul et al. 1978.

Homburg, Ch. (1992), Wettbewerbsanalyse mit dem Konzept der Strategischen Gruppen, in: Marktforschung und Management, Heft 2, 1992, S. 83-87.

Homburg, Ch./ Sütterlin, S. (1992), Strategische Gruppen: Ein Survey, in: Zeitschrift für Betriebswissenschaft (ZfB), Heft 6, 1992, S. 635-662.

Homburg, Ch./ Simon, H. (1995), Wettbewerbsstrategien, in: *Tietz, B./ Köhler, R../ Zentes, J.* (Hrsg.), Handwörterbuch des Marketing, Stuttgart 1995, Sp. 2753-2762.

Homburg, Ch./ Krohmer, H./ Workman, J.P. (1997), Performance Impact of Strategic Consensus: The Role of Strategy Type and Market-Related Dynamism, Wissenschaftliche Schriftenreihe des Zentrums für Marktorientierte Unternehmensführung (ZMU), Arbeitspapier Nr. 7, Valendar 1997.

Homburg, Ch./ Workman, J.P./ Krohmer, H. (1999), Marketing's Influence Within the Firm, in: Journal of Marketing (JoM), April 1999, S. 1-17.

Hruschka, H. (1989), Erfolgsfaktoren der strategischen Marketing-Planung, in: Die Betriebswirtschaft (DBW), Heft 6, 1989, S. 743-750.

Jenner, Th. (1996), Zur Integration des Marketing in das strategische Management, in: Die Unternehmung, Heft 1, 1996, S. 33-47.

Jenner, Th. (1999), Determinanten des Unternehmenserfolgs, Stuttgart 1999.

Kleinaltenkamp, M. (1987), Die Dynamisierung strategischer Marketingkonzepte, in: Schmalenbachs Zeitschrift für betriebswirtschaftliche Forschung (ZfbF), Heft 1, 1987, S. 31-52.

Köhler, R. (1981), Grundprobleme der strategischen Marketingplanung, in *Geist, M.N./ Köhler, R.* (Hrsg.), Die Führung des Betriebes, Stuttgart 1981.

Krautter, J. (1975), Zum Problem der optimalen Marktsegmentierung, in: Zeitschrift für Betriebswirtschaft (ZfB), Heft 2, 1975, S. 109-128.

Kreilkamp, E. (1987), Strategisches Management und Marketing, Berlin/ New York 1987.

Kühn, R. (1979), Marketing Mix, in: *Poth, L.G.* (Hrsg.), Marketing Handbuch, Neuwied 1976, Nachlieferung 1979.

Kühn, R. (1984), Heuristische Methoden zur Bestimmung des Marketing-Mix, in: *Mazanec, J./ Scheuch, F.* (Hrsg), Marktorientierte Unternehmensführung, Wien 1984, S. 183-202.

Kühn, R. (1985), Marketing-Instrumente zwischen Selbstverständlichkeit und Wettbewerbsvorteil, in: Thexis, Heft 4, 1985, S. 16-21.

Kühn, R. (1991), Methodische Überlegungen zum Umgang mit Kundenorientierung, in: Marketing ZFP, Heft 2, 1991, S. 97-107.

Kühn, R. (1996), Angebotspositionierung als Ansatz zur Präzisierung von Wettbewerbsstrategien, in: *Tomczak, T./ Rudolph, T./ Roosdorp, A.* (Hrsg.), Positionierung - Kernentscheidung des Marketing, St. Gallen 1996, S. 112-121.

Mayer, R.U. (1984), Produkt-Positionierung, Köln 1984.

Meffert, H. (1983), Strategische Planungskonzepte in stagnierenden und gesättigten Märkten, in: Die Betriebswirtschaft (DBW), Heft 2, 1983, S. 193-209.

Meffert, H. (1984), Marketingstrategien in stagnierenden und schrumpfenden Märkten, in: *Pack, L./ Börner, D.* (Hrsg.), Betriebswirtschaftliche Entscheidungen bei Stagnation, Wiesbaden 1984, S. 37-72.

Meffert, H. (1985), Zur Bedeutung von Konkurrenzstrategien im Marketing, in: Marketing ZFP, Heft 1, 1985, S. 13-19.

Meffert, H. (1994), Marketing Management, Wiesbaden 1994.

Meffert, H. (1998), Marketing-Management; Analyse - Strategie - Implementierung, Nachdruck zur 1. Auflage, Wiesbaden 1998.

Meffert, H. (1999), Marktorientierte Unternehmensführung im Umbruch, in: *Meffert, H.* (Hrsg.), Marktorientierte Unternehmensführung im Wandel, Wiesbaden 1999, S. 3-33.

Meffert, H./ Bruhn, M. (1997), Dienstleistungsmarketing, 2. Auflage, Wiesbaden 1997.

Meffert, H./ Perrey, J. (1997), Nutzensegmentierung im Verkehrsdienstleistungsbereich, in: Tourismus Journal, Heft 1, 1997, S. 13-40.

Meffert, H./ Remmersbach, K.-U. (1988), Marketingstrategien in jungen Märkten, in: Die Betriebswirtschaft (DBW), Heft 3, 1988, S. 331-346.

Mühlbacher, H./ Dreher, A./ Gabriel-Ritter, A. (1994), MIPS-Managing Industrial Positioning Strategies, in: Industrial Marketing Management, 1994, S. 287-297.

Mühlbacher, H./ Dreher, A./ Gabriel-Ritter, A. (1996), Strategische Positionierung - Grundpfeiler des Marketing in komplexen und dynamischen Umwelten, in: Die Betriebswirtschaft (DBW), Heft 2, 1996, S. 203-219.

Müller, W. (1981), Zum Gerüst der Konkurrenzpolitik, in: *Geist, M.N./ Köhler, R.* (Hrsg.), Die Führung des Betriebs, Stuttgart 1981, S. 293-309.

Perrey, J. (1998), Nutzenorientierte Marktsegmentierung, Wiesbaden 1998.

Picot, A. (1984), Alternativen der Unternehmenspolitik bei rückläufiger Wirtschaftsentwicklung: Die Rolle der Kostenpolitik, in: *Pack, L./ Börner, D.* (Hrsg.), Betriebswirtschaftliche Entscheidungen bei Stagnation, Wiesbaden 1984, S. 145-163.

Raffeé, H. (1985), Grundfragen und Ansätze des strategischen Marketing, in: *Raffeé, H./ Wiedmann, K.-P.* (Hrsg.), Strategisches Marketing, Stuttgart 1985, S. 3-33.

Raffeé, H. (1993), Gegenstand, Methoden und Konzepte der Betriebswirtschaftslehre, in: *Bitz, M. et al.* (Hrsg.), Vahlens Kompendium der Betriebswirtschaftslehre, 3. Auflage, München 1993, S. 1-46.

Raffeé, H./ Fritz, W. (1991), Die Führungskonzeption erfolgreicher und weniger erfolgreicher Unternehmen, in: Zeitschrift für Betriebswirtschaft (ZfB), 1991, S. 1211-1226.

Raffeé, H./ Effenberger, J./ Fritz, W. (1994), Strategieprofile als Faktoren des Unternehmenserfolgs, in: Die Betriebswirtschaft (DBW), Heft 3, 1994, S. 383-396.

Rasche, C./ Wolfrum, B. (1994), Ressourcenorientierte Unternehmensführung, in: Die Betriebswirtschaft (DBW), Heft 4, 1994, S. 501-517.

Remmersbach, K.-U. (1988), Markteintrittsentscheidungen, Wiesbaden 1988.

Rosenbaum, M.C. (1999), Chancen und Risiken von Nischenstrategien, Wiesbaden 1999.

Rudolph, T. (1993), Positionierungs- und Profilierungsstrategien im europäischen Einzelhandel, St. Gallen 1993.

Schneider, D. (1983), Marketing als Wissenschaft oder Geburt einer Marketingwissenschaft aus dem Geist des Unternehmensversagens, in: Schmalenbachs Zeitschrift für betriebswirtschaftliche Forschung (ZfbF), Heft 3, 1983, S. 197-223.

Simon, H. (1988), Management strategischer Wettbewerbsvorteile, in: Zeitschrift für Betriebswissenschaft (ZfB), Heft 4, 1988, S. 461-480.

Spiegel, B. (1961), Die Struktur der Meinungsverteilung im sozialen Feld, Bern/ Stuttgart 1961.

Stauss, B./ Schulze, H. (1990), Internes Marketing, in: Marketing ZFP, Heft 2, 1990, S. 149-158.

Tomczak, T./ Roosdorp, A. (1996), Positionierung - Neue Herausforderungen verlangen neue Ansätze, in: *Tomczak, T./ Rudolph, T./ Roosdorp, A.* (Hrsg.), Positionierung: Kernentscheidung des Marketing, St. Gallen 1996, S. 26-42.

Trommsdorf, V. (1993), Konsumentenverhalten, 2. Auflage, Stuttgart/ Berlin/ Köln 1993.

Trommsdorf, V. (1995), Positionierung, in: *Tietz, B./ Köhler, R./ Zentes, J.* (Hrsg.), Handwörterbuch des Marketing, Stuttgart 1995, Sp. 2055-2068.

Varadarajan, P.R. (1985), A Two-factor Classification of Competitive Strategy Variables, in: Strategic Management Journal 1985, S. 357-375.

Strategisches Marketing -
Anmerkungen zum Referat von *Richard Kühn*

Peter Hammann[1]

1. *Zum Begriff „Strategie"*　　　　　　　　　　　　　　　　*194*

2. *Von der Vielfalt der „Strategie" im Marketing*　　　　　　　*195*

3. *Unternehmungs-, Geschäftsfeld- und Marketingstrategien*　*197*

4. *Strategie und Strategieplanung*　　　　　　　　　　　　　*198*

5. *Marketing und ökonomische Theorie*　　　　　　　　　　　*199*

6. *(Strategisches) Marketing und die „Neuorientierung"*
    der Unternehmenspolitik　　　　　　　　　　　　　　　*201*

Literatur　　　　　　　　　　　　　　　　　　　　　　　　*203*

[1] Der Verfasser dankt *Dr. Martin Reckenfelderbäumer* (Bochum) für eine kritische Kommentierung des Manuskripts.

1. Zum Begriff „Strategie"

Gültige Begriffe unterliegen im Laufe der Zeit semantisch mehr und mehr der Abnutzung infolge undifferenzierter und unspezifischer, die ursprüngliche Wortbedeutung leugnender Verwendung. Zu den in dieser Hinsicht besonders auffälligen Wortschöpfungen (andere Beispiele wären „System", „dynamisch", „integriert", „koordiniert" etc.) zählt auch der Begriff „Strategie". Seine Wurzeln in der betriebswirtschaftlichen Theorie liegen eindeutig in der Entscheidungstheorie, wo unter einer Strategie ein vollständiges Aktionsprogramm verstanden wird. Übertragen auf den Kontext des Marketing würde „Strategie" ein vollständiges Aktionsprogramm einer Unternehmung auf ihrem relevanten Markt bedeuten. *Dieter Schneider* (1997, S. 134ff.) definiert „Strategie" als „beabsichtigte Handlungsfolge unter Einbeziehen vermuteter Handlungen anderer". Diese definitorische Plattform wird - zumindest in der Standardliteratur des Marketing - nur allzu gerne verlassen. So heißt es bei *Nieschlag/ Dichtl/ Hörschgen* (1994, S. 883) bezeichnenderweise: „Strategien (i.O. fett; d.V.) sind mittel- bis langfristig wirkende Grundsatzentscheidungen mit Instrumentalcharakter. Ihnen kommt die Aufgabe zu, nachgeordnete Entscheidungen und den Mitteleinsatz eines Unternehmens im Bereich des Marketinginstrumentariums an den Bedarfs- und Wettbewerbsbedingungen sowie am vorhandenen Leistungspotential auszurichten und auf die Erreichung der Ziele hin zu kanalisieren". Bei *Meffert* (1998) fehlt eine spezifische Definition des viel verwendeten Strategiebegriffs. Unter den acht Merkmalen, mit denen der Verfasser „Marketing" charakterisiert, findet sich u.a. der sog. „Strategieaspekt", welcher auf die Notwendigkeit einer „Festlegung marktorientierter Unternehmensziele und Marketingstrategien" verweist, „das heißt den Entwurf eines längerfristigen, auf die Marktteilnehmer (Konsumenten, Handel und Wettbewerber) und die relevante Umwelt (zum Beispiel Öffentlichkeit, Staat) ausgerichteten Verhaltensplanes sowie die Setzung von Akzenten bei der Auswahl und Bearbeitung von Märkten" (*Meffert* 1998, S. 7). An späterer Stelle (derselbe 1998, S. 223) wird der Begriff „Unternehmensstrategie" eingeführt. Damit ist eine Strategie gemeint, die „vor allem Antwort auf die Frage" gibt, „in welchem Bereich (Produkt-Markt-Kombinationen) das Unternehmen tätig werden soll". In diesen Aussagen spiegelt sich offensichtlich weniger ein ökonomisch, als vielmehr ein militärisch vorgeprägtes Begriffsverständnis von „Strategie". Prüft man das semantische Verständnis in dieser Richtung nach, so kann man z.B. im Jahre 1909 in *Meyer's* Lexikon (S. 326) folgende Definition finden: „Strategie (i.O. fett; d.V.) (griech.), Feldherrenkunst, Kriegsführung, Heeresleitung, erhält ihre Leitpunkte von der Politik, bereitet selbst die Operationen vor und leitet sie bis zum Zusammenstoß mit dem Feinde und nach dem Zusammenstoß". Eine Konversion der Begriffe - ganz im Sinne der Bemühungen der (*weiland*) „Kommission für die handelswissenschaftliche Forschung" beim Bundesminister für Wirtschaft - schiene daher nicht unangebracht, zumal in Lehrtexten, deren semiotische Tradition durchwegs uneinheitlich und somit verwirrend ist und in denen Missverständnisse leicht Vorverständnisse induzieren können, die sich länger halten als ihren Vertretern lieb sein müsste.

Dem Begriff „Strategie" wohnt - und dies verdient festgehalten zu werden - somit stets ein Wettbewerbsbezug inne, weshalb Marketingstrategien als Handlungs- oder Aktionsprogramme verstanden werden müssen, die ein auf die Veränderung der Wettbewerbsposition zielendes Verhalten vorsehen. Ein Verhalten wäre somit als „strategisch" zu bezeichnen, wenn es diese Zielsetzung verfolgt. Hier ergibt sich jedoch auch ein Unterschied zum militärischen (Vor-)Verständnis von Strategie: Wer militärisch agiert, muss auf die Vernichtung von Gegnern bzw. Feinden zum Zwecke der Aneignung von deren Vermögen bzw. deren Verfügungsrechte abzielen. Wettbewerbliches Verhalten zielt nicht (zumindest nicht primär) auf die Aneignung von Verfügungsrechten, die Wettbewerber innehaben, sondern vielmehr auf eine Schwächung der Wettbewerber durch Präferenzbildung auf der Marktgegenseite zugunsten des eigenen Angebotes. Der entscheidungstheoretisch begründete Begriffsinhalt von „Strategie" lässt diese Interpretation o.w. zu, der militärisch begründete indessen (leider?) nicht.

Die Lehrbuchinhalte zum Themenfeld „Strategie" offenbaren zudem eine lange überlieferte, aber deshalb nicht zugleich zutreffende Sichtweise zum Planungshorizont, wie sie sich auch in der allgemein-betriebswirtschaftlichen Planungsliteratur hartnäckig zu halten scheint: Strategien gelten für die mittel- bis langfristig unterstellte Zukunft, obwohl die Praxis seit langem lehrt, dass zwar die Wirkungen von implementierten Strategien durchaus längerfristig beobachtet werden können, die Wettbewerbsposition hingegen höchst kurzfristig veränderbar sein muss. Offenbar liegt eine Verwechslung zwischen der kurzfristigen Umsetzbarkeit des Maßnahmenbündels und seinen z.T. auch längerfristigen Wirkungen vor. Die Wirkungen müssen - obwohl dies denkmöglich ist - nicht längerfristig zum Tragen kommen, wenn das Verhalten von Wettbewerbern zur Anpassung bzw. zur Änderung des eigenen Verhaltens nötigt. Auch hier wäre eine vorsichtigere Beurteilung bzw. Richtigstellung geboten. Ein Gleiches gilt für die Grundsätzlichkeit der Strategieentscheidung. Deren Erstreckungsbereich bleibt vage: Dominiert die Strategie des Markthandelns alle anderen Strategiekonzepte oder limitiert sie Handlungen bzw. Aktionsprogramme, die sich nicht auf Märkte beziehen?

2. Von der Vielfalt der „Strategie" im Marketing

Es gehört mittlerweile zu den Gepflogenheiten vieler Wissenschaftler, Berater und Praktiker, jede Art von Markthandeln als „Strategie" (d.h. als Marketing-Strategie) auszugeben, obwohl nicht jedes Markthandeln eine Veränderung der Wettbewerbsposition bezweckt bzw. erreichen kann.

Im Jahre 1962 formulierten *Lazer* und *Kelly* ihre Dreiteilung des absatzpolitischen Instrumentariums in einen Güter- und Service-Mix, einen Distributionsmix und einen Kommunikationsmix (vgl. *Lazer/ Kelly* 1962, S. 413). Die Zusammenfassung dieser „Sub-Mixe" erfolgte im sog. Marketing-Mix, der entsprechend den jeweiligen Ausprägungen der Instrumentalvariablen als „Marketing Strategy" zu interpretieren war. Hier schwingt offensichtlich noch die Vorstellung eines „vollständigen Aktionsprogramms" im entscheidungstheoretischen Sinne mit, wenn man bedenkt, dass die Instrumentalvariablen auf einem spezifischen Niveau (dem „planned level") definiert und zueinander konjugiert sind.

In *Ansoffs* im Jahre 1957 veröffentlichtem Beitrag zum wachstumsfördernden Markthandeln sind die aufgewiesenen Entwicklungspfade als „Strategien" bezeichnet. Die Marketing-Strategie-Alternativen im hier verstandenen Sinn sind somit in erster Linie als Stoßrichtungskennzeichnungen für das Markthandeln zu interpretieren. Eine vergleichbare Position findet sich bei *Kotler/ Bliemel* (1999, S. 110ff.) oder bei *Becker* (1998, S. 121ff.). Strategien im entscheidungstheoretischen Sinne liegen somit nicht vor bzw. könnten erst durch „Auffüllung" mit Alternativen, Wahrscheinlichkeitsschätzungen für das Eintreten bestimmter Verhaltensweisen der Marktpartner sowie Ergebnisprognosen bei unsicheren Umweltlagen operationalisiert werden.

Eine etwas abweichende Sicht verraten die Schriften *Porters* (insbes. 1983, S. 62ff.), in welchen die „Strategie der umfassenden Kostenführerschaft", die „Differenzierungs-Strategie" und die „Strategie der Konzentration auf Schwerpunkte" als „Wettbewerbs-Strategien" vorgestellt werden (vgl. dazu auch die Einteilung der absatzpolitischen Instrumente von *Banse* 1962, Sp. 5983ff. in präferenzbildende und preispolitische Instrumente). Dies nun sind sie nicht, sie können es auch nicht sein, weil sie das Verhalten von Wettbewerbern nicht in der Weise berücksichtigen, wie dies für eine „Strategie" im entscheidungstheoretischen Sinn zu fordern wäre. Sie denken aber im Vergleich zur „wettbewerbslosen" Sicht bei *Kotler/ Bliemel, Lazer/ Kelly, Ansoff* oder *Becker* eine spezifische Marktperspektive an, die für „Strategien" im entscheidungstheoretischen Sinne unverzichtbar wäre. Es findet jedoch (unverständlicherweise) keine Antizipation des Mitbewerber- sowie des Nachfragerverhaltens statt. Hier wären Operationalisierungen nachzutragen. *Porters* „Strategien" können derzeit nur als (mehr oder weniger) wohlbegründete Vorschläge für Marktbearbeitungskonzepte betrachtet werden. In eine ähnliche Richtung weisen die sog. „zielgruppenbezogenen Strategien", zu denen das undifferenzierte, das differenzierte und das konzentrierte „Marketing" zu zählen sind. „Marketing" muss hier als „Marketing-Strategie" interpretiert werden, obwohl ihr die für „Strategien" im entscheidungstheoretischen Sinne konstitutiven Merkmale fehlen. Als Fazit bleibt: Es wäre folglich zu fordern, den Begriff „Strategie" lediglich dann zu verwenden, wenn er lege artis operationalisierbar ist. Im übrigen kann festgestellt werden, dass immer dort, wo über Marketing-Strategien als Aktionsprogramme gesprochen wird, auch eine Instrumental- bzw. Leistungsbündelbetrachtung erforderlich ist. Sonst wäre eine „Auffüllung" eines strategischen Konzepts in Richtung auf eine Strategie, im Sinne eines vollständigen Aktionsprogramms, wohl unvollständig und damit wirkungslos im Hinblick auf die Unternehmensziele.

3. Unternehmungs-, Geschäftsfeld- und Marketingstrategien

Die Abgrenzung von Unternehmungs-, Geschäftsfeld- und Marketingstrategien scheint nicht zuletzt deshalb Probleme zu bereiten, weil nicht (hinreichend) geklärt ist, wie „Marketing" verstanden werden soll. Zwar herrscht Übereinstimmung darüber, dass Marketing als Führungskonzept für Unternehmungen („marktorientierte Unternehmungsführung") zu verstehen sei. Dies wirft aber die Frage auf, ob „Marketing" etwa keine operativen Funktionen (wie Verkauf, Vertrieb, Werbung, Kundendienst usw.) zugeordnet werden dürften. Bekanntlich liegen in der Praxis die Funktionsverantwortlichen des (operativen) „Marketing" mit den Führungsverantwortlichen in Geschäftsleitungen und Vorstand im Streit miteinander, wem das Recht auf Erhalt der „Marketing"-Zuständigkeit zukomme. Vollends unbefriedigend wird die Lage, wenn die Aufgaben des „Marketing" Vorstands- bzw. Geschäftsleitungs-Stäben oder solchen der Funktionsbereichsverantwortlichen zugeordnet werden (Syndrom der sog. „Marketing-Abteilung").

Folgt man der Meinung, „Marketing" sei Aufgabe der „obersten Heeresleitung", dann wird die für die Gesamtunternehmung ggf. entwickelte Strategie zwangsläufig eine Marketing-Strategie (und zwar im weiteren bzw. weitesten Sinne) sein müssen. In einer marktwirtschaftlichen Gesellschaftsordnung können Unternehmen nicht anders als marktorientiert geführt werden. Hier ist zu bedenken, dass der Markt (d.h. die Nachfrager, Lieferanten und Wettbewerber) die jeweiligen Prinzipien des Markthandelns einer Unternehmung induziert und nicht „das Marketing". Insoweit geht es bei der (marktorientierten) Unternehmungsführung nicht um das Primat des (alles dominierenden) Marketing, sondern das des Marktes.

Analoges gilt für die Ausrichtung sog. strategischer Geschäftsfelder (existieren operative Geschäftsfelder?). Es wäre daher wohl zweckmäßig, wenn man folgende begriffliche Vereinheitlichung wählen würde:

a) Als Unternehmensstrategie wird diejenige Strategie bezeichnet, die das Markthandeln der gesamten Unternehmung an den Erfordernissen des den jeweiligen Engpass konstituierenden Marktes ausrichtet.

b) Als „Geschäftsfeldstrategie" wird diejenige Strategie bezeichnet, die das Markt-handeln der einzelnen Geschäftseinheit an den Erfordernissen ihres den jeweili-gen Engpass konstituierenden Marktes ausrichtet.

c) Dem Charakter nach sind sowohl die Unternehmensstrategie wie auch die Geschäftsfeldstrategie vollständige Aktionsprogramme zur Gestaltung des Markt-handelns und damit - in herkömmlicher Lesart - „Marketing-Strategien".

Ein „operatives Marketing" existiert in dieser Sichtweise nicht. Die Aktionspro-gramme in den Bereichen Verkauf, Vertrieb, Kommunikation usw. sind keine Stra-tegien, da sie nicht vollständig sind (und auch weder sein können noch sollen).

Im Zuge dieser Überlegungen erübrigt es sich somit, das Präfix „strategisch" mit dem Begriff „Marketing" (ebenso wie bei „Geschäftseinheiten" bzw. „-feldern") in Verbindung zu bringen, da der Begriff „strategisches Marketing" einen Pleonasmus konstituiert. Ein Gleiches gilt für die Bezeichnung „marktorientierte Unterneh-mungsführung" aus den oben genannten Gründen. Marketing ist Unternehmungsfüh-rung. Einer dieser Begriffe könnte folglich eingespart werden, was dann im übrigen auch für „Controlling" (i.S. einer Führung, Steuerung und Kontrolle der Aktivitäten in allen Bereichen der Unternehmung) gelten müsste, da eine Trennung gegenüber „Unternehmungsführung" einerseits und „Marketing" andererseits nicht mehr voll-ziehbar ist.

4. Strategie und Strategieplanung

Aus den im dritten Abschnitt vorgetragenen Überlegungen lässt sich auch ohne Mühe folgern, dass die Planung einer (Marketing-)Strategie nicht mit ihrem Ergeb-nis, eben der Strategie, verwechselt werden darf. Insoweit ist eine Bezeichnung „strategische Marketing-Planung" in mehrfacher Hinsicht missverständlich. Es han-delt sich zunächst um die Planung einer Strategie, die nur „strategisch" erfolgen kann, da sie als „Marketing-Strategie" auf eine nachhaltige Änderung der Wettbe-werbsposition der Unternehmung abzielt. Sodann eröffnet die Bezeichnung Speku-lationen über die Existenz einer „operativen Marketing-Planung", die - gemäß den Ausführungen in Abschnitt 3 - nicht existieren kann. Im übrigen ist festzuhalten, dass die Impulse für die Strategie-Planung nicht durch die Strategie, sondern durch ein Strategiekonzept (z.B. „umfassende Kostenführerschaft" o.ä.) ausgelöst werden. Die Planungsbemühung zielt darauf ab, das Konzept in eine im jeweiligen Markt umsetzbare Strategie zu überführen. Dazu sind Hilfsmittel (z.B. Diagnose- oder Analyseinstrumente) erforderlich, die zielführend, d.h. strategie-bildend, eingesetzt werden müssen. Insoweit sollte die in der Literatur häufig anzutreffende Verwechs-lung der Strategie-Planung mit der Anwendung ihrer Hilfsmittel vermieden werden (vgl. auch die Verwechselung von „Prozess" und „Prozessplanung", wenn bei der Charakterisierung eines Prozesses lediglich die Phasen des Planungsprozesses aufgelistet werden; vgl. dazu z.B. mit Bezug zur Produktion *Adam* 1993, S. 391ff.).

Die Strategieplanung bzw. -bildung ist als „innerbetrieblicher Dienst" zu verstehen (die womögliche Unentgeltlichkeit des Dienstes sollte nicht über die entstandenen Kosten täuschen). Die Führung einer Unternehmung nach innen, die auf die Übernahme der Markt-Orientierung in allen Funktionsfeldern abzielt, ist somit in der Verfügbarmachung von (Strategie-)Informationen zu sehen. Die Verfügbarmachung von (Strategie-)Informationen ist notwendige Voraussetzung für die Umsetzungsbemühungen in den einzelnen Funktionsbereichen. In analoger Weise erfordern die interne wie die externe Umsetzung der Strategie in Markthandlungen Koordinations- und Steuerungsdienste. In dieser Perspektive wäre „Controlling" als ein Funktionsfeld zur Produktion führungsspezifischer, innerbetrieblicher Informationsdienste zu sehen. Marketing bzw. Unternehmensführung lassen sich damit als Tätigkeiten auffassen, die durch Informationsdienste, i.e.S. Wissensbereitstellungsleistungen, gespeist werden.

5. Marketing und ökonomische Theorie

Es gehört zu den Binsenweisheiten, dass die Theorie des Markthandelns von Unternehmungen ein Defizit aufweist, was nicht zuletzt auf den Umstand zurückzuführen ist, dass praktisches Handeln wissenschaftlicher Erkenntnis im „Marketing" traditionell vorauseilt. Insoweit befindet sich die Theorie des „Marketing" nicht erst seit *Dieter Schneiders* Aufsatz von 1983 (S. 197ff.) in diesen (bzw. „anderen") Umständen.

Richtig und wohl auch unbestritten ist, dass die theoretische Fundierung der vorfindlichen Strategiekonzeptionen bislang schmal ist. Zu den Stützen in dieser Hinsicht zählt die Entscheidungstheorie, die z.B. *Homburg* (1991 bzw. 1998, insbesondere S. 207ff.) zur Grundlage seiner Abhandlung gemacht hat. Daneben existieren theoretische Grundlagen in den Wirkungstheorien zu ausgewählten Instrumenten der Marktbearbeitung (Kommunikation, Distribution, Preis; siehe hierzu u.a. *Hammann/ Erichson/ Scheel* 1975; *Kroeber-Riel* 1993 oder *Simon* 1992). In den letzten zwei Jahrzehnten sind zahlreiche Beiträge aus der Institutionenökonomie zugewachsen (siehe z.B. die Übersicht bei *Kaas* 1995 bzw. bei *Hammann/ Palupski/ von der Gathen* 1998, S. 189ff.), die jedoch kein geschlossenes Bild (aufgrund erheblicher methodologischer Disparitäten) vermitteln können, was nicht grundsätzlich gegen ihre Berücksichtigung spricht. Methodologische Disparitäten charakterisieren auch die Versuche, ökonomische und sozialwissenschaftliche Erklärungen des Marktverhaltens von Individuen und solchen in Organisationen anzunähern (vgl. z.B. *Kroe-*

ber-Riel/ Weinberg 1999, insbesondere S. 224ff. bzw. S. 358ff.). Aufmerksamkeit beanspruchen auch die verschiedenen Beiträge aus dem Kreis am „Resource-based View" ausgerichteter Forscher, die die Wettbewerbsvorteilsbetrachtungen von *Porter* (s.o.) in wirkungsvoller Weise ergänzen (siehe *Freiling* 2000, S. 13ff.). Insgesamt fehlen nach wie vor markt- und wettbewerbstheoretische Fundierungen einer Theorie des Markthandelns. Die von *Dieter Schneider* entworfene Theorie einzelner Marktprozesse (1997, S. 237f.), die zumindest einen gangbaren Weg aufweist, bedarf der Ergänzung und Vertiefung. Es mangelt generell an einer Klärung der Frage, welche Begriffsinhalte für „Markt" und „Wettbewerb" maßgeblich sein sollen.

Im übrigen wird man *Dieter Schneider* (1997, S. 5) beipflichten können, dass im Rahmen einer Theorie der Unternehmung (bzw. einer Theorie ihres Markthandelns) „vor allem die Probleme einer Übersetzung von (... [insbesondere] mathematisch begleiteten) Modellergebnissen in Musterbeispiele und Hypothesen herauszuarbeiten sein" werden, „weil in der Modellsprache selbst keine wirtschaftlichen Erfahrungssachverhalte mitgeteilt werden können. Vielmehr bedarf es dazu einer wissenschaftlichen Beobachtungssprache. Gerade die Übersetzungsprobleme von der Modellsprache, die wirtschaftliche Erfahrungssachverhalte auszudrücken vermag, werden in den bisherigen Theorien der Unternehmung viel zu häufig ausgeklammert".

Als „Markthandeln" kann man die Anbahnung und Durchführung von Tauschhandlungen (*Dieter Schneider* nennt sie „Marktprozesse"; vgl. 1997, S. 238) mit anderen Wirtschaftssubjekten mit dem Zweck der Bedürfnisbefriedigung bzw. der Vermögensbildung durch Einsatz von (nicht benötigtem) Vermögen bezeichnen. Die Entwicklung von Handlungsstrategien impliziert somit eine geeignete Ressourcendisposition, deren Ergebnis in den jeweiligen vollständigen Aktionsprogrammen niedergelegt wird. Diese Sicht lässt auch deutlich werden, dass die Verfolgung einer strategischen Perspektive in der Führung von Unternehmungen, d.h. im Marketing, zu einer Berücksichtigung allgemein betriebswirtschaftlicher Belange nötigt. Es gibt keine „strategischen Marketing-Entscheidungen" ohne Berücksichtigung der Gegebenheiten der Fertigungs-, Finanz-, Beschaffungs- oder Forschungs- und Entwicklungsbereiche. „Marketing" als wissenschaftliche, akademische Teildisziplin der Betriebswirtschaftslehre verlöre damit an Bedeutung zugunsten einer Stärkung ihrer Verankerung im Forschungs- und Lehrkanon als „Allgemeine Betriebswirtschaftslehre". Wie anders können „Marketing"- bzw. Unternehmungsstrategien fundiert sein, die die Wettbewerbsposition der Unternehmung positiv verändern sollen, als allgemein betriebswirtschaftlich? Wäre es vielleicht angesichts des Wettbewerbs um die Verfügungsrechte am Begriff „Marketing" besser, diese den Verkäufern und Vertreibern zu überlassen?

Marktorientierung ist im übrigen die Minimalforderung an die Unternehmung und ihre Leistungen. Sie ist zwingend erforderlich, wie die Diskussion um die Konzipierung von Strategien gezeigt hat. Sie ist auf allen Ebenen und in allen Bereichen notwendig. Die Kunst der Unternehmensführung besteht u.a. darin, die widerstrebenden, die Orientierung an eigenen (d.h. partikularen) Interessen bevorzugenden Mitarbeiter zu einem angeleiteten, d.h. koordinierten Handeln zu veranlassen.

6. (Strategisches) Marketing und die „Neuorientierung" der Unternehmenspolitik

Die Weiterentwicklung des (strategischen) Marketing muss sich von der Erkenntnis leiten lassen, dass Unternehmungen (ob reell oder virtuell) primär auf die Produktion von Diensten und sekundär auf die Produktion von Sachen ausgerichtet sind. Die Phase des wirtschaftlichen Aufschwungs nach dem zweiten Weltkrieg war gekennzeichnet durch einen (über-)großen Bedarf nach Sachen aller Art, den es zu decken galt. Die Entwicklung der Betriebswirtschaftslehre der Industrie, an der u.a. *Erich Gutenberg* maßgeblich Anteil hatte, bescherte zugleich ein Paradigma, das für drei weitere Jahrzehnte als Verpflichtung galt: das Paradigma von der alles überragenden Bedeutung der industriellen Fertigung, deren Ergebnisse (also Sachen) abzusetzen waren und auch abgesetzt werden konnten, wie die industriellen Wachstumsraten deutlich machten. Die „Sirenengesänge" *Gutenbergs* und seiner Schüler (fürwahr ein stattlicher Chor!) haben dazu geführt (und wohl auch verführt), den Blick für die Realität nicht zu schärfen. Die strategische Formel für die Führung des Wettbewerbs kann daher nicht lauten: „Produkt-(d.h. Sach-)Differenzierung durch Dienste, sondern „Dienstedifferenzierung" durch spezialisierte (evtl. auch individualisierte) Sachen". Was einstmals aus Sicht der Nachfrager „Primärleistung" war, ist heute vielfach „Sekundärleistung" und umgekehrt (vgl. zu den Begriffen *Hammann* 1974, S. 135ff.). Unter vielen Beispielen mögen die Automobil- und die Energiebranchen in diesem Bezug hervorgehoben sein.

Wer kurz schließt, mag darin einen fundamentalen Wandel unseres Wirtschaftssystems erblicken. Wer sich hingegen die Geschichte des 20. Jahrhunderts und die in diesem Zeitraum entstandene betriebswirtschaftliche Literatur näher ansieht, wird zu der Erkenntnis gelangen, dass dies nicht durchwegs zutrifft. Richtig ist, dass „Verfügbarmachen" (ein umfangreiches Bündel von Diensten) vielfach als die wichtigste unternehmerische Funktion (auch im Sinne von *Dieter Schneider* 1995, S. 30ff., der von der Übernahme von Einkommensunsicherheit(en) durch arbeitsteiliges (Markt-)Handeln spricht) angesehen wurde. Damit rücken die „Absatzfunktionen" als Funktionen der Verfügbarmachung im Wettbewerb stärker in den Vordergrund. Offenbar geht es dabei auch eher um Prozess- als um Produktinnovationen, obwohl aus Sicht der Ingenieurwissenschaften (namentlich des Maschinenbaus) eher das Gegenteil verlautet. Auffällig ist, dass es gerade nicht die Innovationen technischer Prozesse waren, welche in jüngster Zeit dem Wirtschaftsleben neue Impulse vermitteln konnten, sondern vielmehr die radikale Neu- bzw. Umgestaltung ökonomischer Prozesse.

Das Beispiel „E-Commerce" verdeutlicht dies in besonders prägnanter Weise - nicht zuletzt weil es glauben macht, es handele sich primär um eine technische (Produkt- oder Prozess-) Innovation.

Ein wissenschaftshistorischer Rückblick zeigt, dass immerhin zu Beginn des 20. Jahrhunderts (vgl. *Hellauer* 1910; *Schär* 1911 oder *Nicklisch* 1912) das Interesse an Fragen der Verfügbarmachung von Leistungen mindestens ebenso groß war wie das Interesse an Fragen der Entstehung solcher Leistungen. Schon damals war klar, dass man - die Betriebswirtschaftslehre des Handels thematisiert dies gerade - sehr wohl etwas verfügbar machen konnte, was man nicht produziert (i.e.S. gefertigt) haben musste. Die Möglichkeit der Arbitrage (i.S. einer Ausnutzung von Wissen über Preisdifferenzen zwischen Absatz- und Beschaffungsmärkten) hat bereits *Cantillon* (1755) beschäftigt. In neuerer Zeit bildet sie die Grundlage der in den „New Austrian Economics" wurzelnden Arbeiten von *Kirzner* (1973 und später). Ihre Bedeutung zur Erhaltung der Institution „Unternehmung" wird von *Dieter Schneider* (1995, S. 37) unterstrichen, der sie zu den drei zentralen Unternehmerfunktionen zählt. Das Leistungsspektrum der Unternehmung konzentriert sich dabei auf die Bereitstellung und Verfügbarmachung von sachlichen Hilfsmitteln zur Befriedigung von Bedürfnissen der Nachfrager sowie weitere Dienste, die aus deren Sicht unabdingbar sind. In *Erich Schäfers* Theorie der Unternehmung liest sich der Katalog der „Absatzfunktionen" wie die Beschreibung der Teilleistungen im Rahmen der Verfügbarmachung (*Schäfer* 1974, S. 135; zuvor bereits derselbe 1936, S. 41). Es wäre an der Zeit, angesichts der Veränderungen im Leistungsgefüge einen Paradigmenwechsel einzuleiten, der das Markthandeln als von den Diensten und der Dienstfertigkeit der Unternehmung bestimmt zu erklären hätte. Dies lässt Erkenntnisse zur Sachproduktion keinesfalls überflüssig, obsolet oder zweitrangig erscheinen. Eine Akzentverschiebung ist jedoch notwendig.

Die Diensteunternehmung als Phänotyp der Unternehmung des 21. Jahrhunderts erlegt der Wissenschaft von der Unternehmung dann aber noch eine weitere Verpflichtung auf: die eingehende Befassung mit der „Ressource Mensch" und mit ihrer nicht nur effizienten und effektiven, sondern auch ethisch verantwortungsbewussten Nutzung. Wer von „Kernkompetenzen der Unternehmung" und von „(Strategischem) Kompetenzmanagement" redet bzw. schreibt, muss sich im klaren darüber sein, dass nicht die juristische Person „Unternehmung" über Kompetenzen, Fähigkeiten, Wissen und Urteilskraft verfügt, sondern ausschließlich die Gesamtheit der ihr aufgrund von spezifischen Verfügungsrechten zugeordneten natürlichen Personen. (Strategisches) Marketing erweist sich in dieser Hinsicht als eine nach innen und außen gerichtete zweckdienliche Führung der „Zusammenarbeit" der Individuen, die in der bzw. für die Unternehmung tätig sind. Die Kunst der Führung besteht folglich auch in der Ausübung der Fähigkeit durch Führungsverantwortliche, anderen Menschen die Angst vor der Verantwortung ihrer Handlungen zu nehmen.

Literatur

Adam, D. (1993), Produktionsmanagement, 7. Auflage, Wiesbaden 1993.

Ansoff, H. J. (1957), Strategies for Diversification, in: Harvard Business Review (HBR), Vol. 35, September/ October 1957, S. 113-124.

Banse, K. (1962), Vertrieb-(Absatz-)Politik, in: *Seischab, H./ Schwantag, K.* (Hrsg.), Handwörterbuch der Betriebswirtschaft, Band 4, 3. Auflage, Stuttgart 1962, Sp. 5983-5994.

Becker, J. (1998), Marketing-Konzeption - Grundlagen des strategischen Marketing-Managements, 6. Auflage, München 1998.

Cantillon, R. (1755), Essai sur la nature du commerce en général, London 1755.

Freiling, J. (2000), Entwicklungslinien und Perspektiven des strategischen Kompetenz-Managements: Positionen und Perspektiven, in: *Hammann, P./ Freiling, J.* (Hrsg.), Strategisches Kompetenzmanagement, Wiesbaden 2000, S. 13-33 (im Druck).

Hammann, P. (1974), Sekundärleistungspolitik als absatzpolitisches Instrument, in: *Hammann, P./ Kroeber-Riel, W./ Meyer, C. W.* (Hrsg.), Neuere Ansätze der Marketingtheorie - Festschrift für *Otto Schnutenhaus*, Berlin 1974, S. 135-154.

Hammann, P./ Erichson, B./ Scheel, W-D. (1975), Entscheidungsanalyse im Marketing - Betriebswirtschaftliche Abhandlung, Bd. 16., Berlin 1975.

Hammann, P./ Palupski, R./ von der Gathen, A. (1998), Markt und Unternehmung - Handlungsfelder des Marketing, Aachen 1998.

Hellauer, J. (1910), System der Welthandelslehre - Erster Band: Allgemeine Welthandelslehre, Berlin 1910.

Homburg, Ch. (1991), Modellgestützte Unternehmensplanung, Wiesbaden 1991.

Homburg, Ch. (1998), Quantitative Betriebswirtschaftslehre, 2. Auflage, Wiesbaden 1998.

Kaas, K. P. (1995), Marketing zwischen Markt und Hierarchie, in: *Kaas, K. P.* (Hrsg.) Kontrakte, Geschäftsbeziehungen, Netzwerke - Marketing und Neue Institutionenökonomik, Schmalenbachs Zeitschrift für betriebswirtschaftliche Forschung (ZfbF)-Sonderheft 35, 1995, S. 19-42.

Kirzner, I. M. (1973), Competition and Entrepreneurship, Chicago 1973.

Kotler, P./ Bliemel, F. (1999), Marketing-Management - Analyse, Planung, Umsetzung und Steuerung, 9. Auflage, Stuttgart 1999.

Kroeber-Riel, W. (1993), Strategie und Technik der Werbung - Verhaltenswissenschaftliche Ansätze, 4. Auflage, Stuttgart et al. 1993.

Kroeber-Riel, W./ Weinberg, P. (1999), Konsumentenverhalten, 7. Auflage, München 1999.

Lazer, W. S./ Kelly, E. J. (1962), Managerial Marketing: Perspectives and Viewpoints, Revised Ed., Homewood/ Ill. 1962.

Meffert, H. (1998), Marketing - Grundlagen marktorientierter Unternehmensführung, Konzepte - Instrumente - Praxisbeispiele, 8. Auflage, Wiesbaden 1998.

Meyer's Lexikon in 6 Bänden (1909), Band 6, Leipzig, 1909.

Nicklisch, H. (1912), Allgemeine Kaufmännische Betriebslehre als Privatwirtschaftslehre des Handels (und der Industrie), Leipzig 1912.

Nieschlag, R./ Dichtl, E./ Hörschgen, H. (1997), Marketing, 18. Auflage, Berlin 1997.

Porter, M. E. (1983), Wettbewerbsstrategie, Frankfurt a.M. 1983 (engl.: Competitive Strategy, Glencoe/ Ill. 1980).

Schäfer, E. (1936), Über die künftige Gestalt der Absatzlehre, in: *Bergler, G./ Schäfer, E.* (Hrsg.), Um die Zukunft der deutschen Absatzwirtschaft, Berlin 1936, S. 41ff.

Schäfer, E. (1974), Die Unternehmung, 8. Auflage, Opladen 1974.

Schär, J. F. (1911), Allgemeine Handelsbetriebslehre, I. Teil, Leipzig 1911.

Schneider, D. (1983), Marketing als Wirtschaftswissenschaft oder Geburt einer Marketing-Wissenschaft aus dem Geiste des Unternehmerversagens? In: Schmalenbachs Zeitschrift für betriebswirtschaftliche Forschung (ZfbF), 35. Jg., Nr. 3, 1983, S. 197-222.

Schneider, D. (1995), Betriebswirtschaftslehre, Band 1: Grundlagen, 2. Auflage, München/ Wien 1995.

Schneider, D. (1997), Betriebswirtschaftslehre, Band 3: Theorie der Unternehmung, München/ Wien 1997.

Simon, H. (1992), Preismanagement, 2. Auflage, Wiesbaden 1992.

Diskussion zur strategischen Orientierung im Marketing

Diskussionsleitung: Wulff Plinke

Beitrag *M. Meyer*: Die im Verlauf der Diskussion als richtungsweisend angesehenen marketingstrategischen Ansätze, z.B. von *Arnold Picot* über strategische Netzwerke und Unternehmertum oder von *Michael Porter* über Wettbewerbsstrategien und -vorteile oder auch von *Peter Drucker* über Marketing als Management und Führungsaufgabe sind dem Gedankengut der Wettbewerbsprozesstheorie der österreichischen Schule der Nationalökonomie sehr nahe, insbesondere den Vertretern *Ludwig von Mises, Joseph Schumpeter* und *Friedrich August von Hayek*.

Das folgende Zitat von *Ludwig von Mises* stellt beispielsweise eine genaue Definition dessen dar, was wir heute unter dem Begriff Marketing, verstanden als der eigentlichen unternehmerischen Aufgabe im Wettbewerb, verstehen:

"Die Notwendigkeit, Gewinne zu erzielen, zwingt den Unternehmer, sich den Wünschen der Verbraucher, die auf dem Markt geäußert werden, so schnell und so vollkommen als möglich anzupassen. Wenn er das nicht vermag oder wenn er sich dagegen auflehnt, wird er über kurz oder lang aufhören, Unternehmer zu sein." (*von Mises* 1940, S. 271).

So entsteht der Eindruck, dass die deutsche Marketingforschung sich vor allem von amerikanischen Wissenschaftlern - angefangen bei *Peter Drucker* bis hin zu *Michael Porter* - inspirieren lässt, während die amerikanischen Forscher auf das Gedankengut der Österreicher zurückgreifen. Auf diese Weise sind die amerikanischen Marketingforscher viel stärker in der ökonomischen Theorie verwurzelt als die deutschen, die diesen Weg bisher stark vernachlässigt haben bzw. nicht eigenständig gehen und sozusagen nur aus zweiter Hand davon profitieren.

Interessanterweise hat *Dieter Schneider* - einer der schärfsten Kritiker der deutschen Marketingzunft - mehrfach gefordert, dass sich die Marketingwissenschaft mit Hilfe der Arbitragetheorie - die von *Kirzner* (fünfte Generation der Österreichischen Schule und heute noch in USA lebend) ausformuliert wurde - in der ökonomischen Theorie verankern sollte (siehe hierzu auch das Arbeitspapier *Meyer/ Beer* 1999). Und wenn *Dieter Schneider* vollends das Potential dieses Vorschlags erkannt hätte, wäre er sicherlich mit größter Freude zur Marketingwissenschaft konvertiert.[1]

Stellungnahme *Kühn*: Über die Frage, ob die amerikanischen oder die deutschsprachigen Marketingforscher sich stärker an der ökonomischen Theorie orientieren, lässt sich sicher streiten. Zweifellos hat sich jedoch die Theorieverankerung des deutschsprachigen Marketing in den letzten Jahren zumindest in Teilbereichen verstärkt. (Man denke etwa an Publikationen von *Kaas, Picot, Kleinaltenkamp, Plinke, Hruschka* - um nur einige zu nennen.)

Meine Feststellung, dass die meisten Entwicklungen durch angelsächsische Autoren ausgelöst werden, bezog sich primär auf anwendungsorientierte Analyse- und Planungsansätze und weniger auf die theoretischen Grundlagen. Allerdings gilt auch für diesen Bereich - dies bestätigt auch der Grundtenor Ihrer Aussage - , dass zumindest in der Literatur zum strategischen Marketing die Amerikaner häufiger als die deutschsprachigen Forscher Pionierarbeit leisten.

Beitrag *Burmann*: 1. Angesichts der wachsenden Komplexität und Dynamik vieler Märkte und der damit einhergehenden sinkenden Vorhersehbarkeit technologischer und marktlicher Entwicklungen ist m.E. die Bedeutung des Strategiebegriffs zu relativieren. Statt der schriftlichen Festlegung des für die nächsten drei bis fünf Jahre (und länger) beabsichtigten Verhaltens kommt zukünftig der Flexibilität des Unternehmens eine wachsende Bedeutung zu. Damit geht für den Strategiebegriff eine Verkürzung des Zeithorizontes einher.

2. Angesichts der wachsenden Turbulenz gerade technologieintensiver Märkte ist eine Dynamisierung der theoretischen Ansätze im strategischen Marketing dringender denn je. Hier liegen noch große Defizite in der Marketingforschung. Die Ressourcentheorie - insbesondere der Dynamic Capabilities Ansatz sowie die Beiträge zum Wissensmanagement - bildet hierfür die zur Zeit erfolgversprechendste Grundlage. Teilen die Podiumsmitglieder meine Einschätzungen?

Stellungnahme *Kühn*: Zu 1.: Sie haben zweifellos recht, wenn Sie von einer zunehmenden Bedeutung der Flexibilität des unternehmerischen Verhaltens ausgehen. Eine Verkürzung des Zeithorizontes der Gültigkeit strategischer Vorgehen ist jedoch nur eine der möglichen Reaktionen.

Es könnte auch interessant sein, den Zeithorizont der Vorgaben nicht zu ändern, die Strategien jedoch in kürzere Zeitintervallen im Hinblick auf die Gültigkeit ihrer Erfolgsvoraussetzungen (relative Bedeutung relevanter Erfolgsfaktoren, Nachhaltigkeit und Bedürfnis relevant der Wettbewerbsvorteile auf der Ebene der Angebote und Ressourcen) zu überprüfen. Unter Umständen ist es sogar zweckmäßig, davon auszugehen, dass viele strategische Vorgaben „auf Zusehen" hin gelten und nur die zur Sicherung der Umsetzung definierten „mile stones" einen klaren (Kalender-) Zeitbezug aufweisen. Da Strategien immer Rahmenvorgaben darstellen, die den Handlungsspielraum unterschiedlich eng definieren können, wäre es auch denkbar, dass dem steigenden Flexibilitätsbedarf durch „offenere", weniger einschränkende strategische Vorgaben begegnet wird. Dabei besteht allerdings die Gefahr, dass entsprechende Strategien viel von der gewünschten Steuer- und Koordinationswirkung verlieren.

Zu 2.: Ich teile grundsätzlich diese Einschätzung. Es dürfte interessant sein, sowohl das Thema der Metakompetenzen, wie auch die Fragen des Wissensmanagement zu vertiefen. Ein anderer Ansatz, der allerdings noch einer theoretischen Untermauerung harrt, könnte in einer dynamischen Interpretation marktspezifischer Erfolgsfaktoren liegen. Bekanntlich kann die strategische Bedeutung entsprechender Wettbewerbsparameter variieren, einerseits in Abhängigkeit von der zeitbezogenen Veränderung der bedeutungsbegründenden Bedürfnisse, andererseits bedingt durch die Art der Nutzung der Erfolgsfaktoren im Wettbewerb. Zu denken ist etwa daran, dass ursprünglich dominierende Erfolgsfaktoren durch Imitation im Wettbewerbsverhalten zu Standardfaktoren werden, die kaum noch den Aufbau von Wettbewerbsvorteilen erlauben.

Beitrag *Hruschka*: Von einer fehlenden Verbindung von Industrieökonomik und Marketing kann man meiner Meinung nach nicht mehr sprechen. So findet man in jenen Kapitel von US-Lehrbüchern der Industrieökonomik, die sich mit heterogenen Produkten befassen, räumliche Wahrnehmungsmodelle und Verweise auf Arbeiten von *Green*, *Carmone* usw. Das von der Industrieökonomik früher vertretene Structure-Conduct-Performance Paradigma (auf dem auch die Arbeiten von *Michael Porter* aufbauen) wurde weitgehend durch die Analyse strategischer Interaktionen mit Hilfe der Spieltheorie abgelöst.

Ein Blick in betriebswirtschaftliche Zeitschriften wie Marketing Science oder Management Science zeigt, dass Ansätze der modernen Industrieökonomik etwa seit den 80er Jahren auf Marketing-Probleme angewendet werden. Es handelt sich dabei meist um spieltheoretische Arbeiten zur Bestimmung von Gleichgewichtslösungen (z.B. von Produkteigenschaften) auf oligopolistischen Märkten. Auch in der deutschsprachigen Literatur findet man einschlägige Überlegungen (etwa in einer von Herrn *Albers* betreuten Dissertation von *Marks*).

Stellungnahme *Kühn*: Dieser Aussage kann man grundsätzlich zustimmen - sie ist jedoch zu relativieren.

Zwar finden sich in der industrieökonomischen Literatur Hinweise auf marketingspezifische Konstrukte und auch auf Arbeiten einzelner Marketingwissenschaftler. Meist handelt es sich dabei jedoch um grobe Bezüge und nicht um eine differenzierte Verarbeitung komplexerer Marketing-Modelle und Ansätze. Zuweilen erhält man den Eindruck, dass nur Worthülsen gebraucht werden und einzelne Autoren Marketing auf den Einsatz gewisser Kommunikationsinstrumente, insbesondere der Werbung, reduzieren.

Das aus der Industrieökonomik stammende und u.a. durch *Porter* in die betriebswirtschaftliche Strategie-Diskussion eingebrachte Structure-Conduct-Performance Paradigma wird sicher zurecht als „überholt" kritisiert, es spielt aber bis heute in Lehrbüchern zur strategischen Planung eine zentrale Rolle. Dass es in der anwendungsbezogenen Diskussion nicht durch spieltheoretische Ansätze abgelöst wurde, hat wohl in erster Linie damit zu tun, dass letztere eine Modellierung auf hohem Abstraktionsniveau verlangen und deshalb selten die konkreteren und gleichzeitig komplexeren Fragestellungen der Planungspraxis genügend differenziert abbilden und in Problemlösungen überführen.

---

[1] **Verwendete Literatur:**

von Mises, Ludwig (1940), Nationalökonomie, Genf 1940.

Meyer/ Beer (1999), Hochschul-Spin-offs, technologischer Fortschritt, Unternehmertum und Entrepreneurship, Arbeitspapier Nr. 4 der Reihe "Marketingtheorie und -management", Würzburg 1999.

IV. Die quantitative Orientierung des Marketing

30 Jahre Forschung im deutschen Sprachraum zum quantitativ orientierten Marketing

Sönke Albers

1. *Einleitung* 210

2. *Bereiche des quantitativen Marketing* 211

3. *Kalibrierung von Response-Funktionen* 213

   3.1 Methodische Gesichtspunkte 214

   3.2 Erkenntnisse bei der Kalibrierung von Preis-Response-Funktionen 218

   3.3 Erkenntnisse bei der Kalibrierung von Response-Funktionen für Marketing-Instrumente mit finanziellem Mitteleinsatz 219

   3.4 Erkenntnisse bei der Kalibrierung von Response-Funktionen für die Produktqualität 220

   3.5 Erkenntnisse bei der Kalibrierung von Response-Funktionen für den Marketing-Mix 222

4. *Erkenntnisse zur Kalibrierung von Reaktionsfunktionen des Wettbewerbs* 223

5. *Prinzipien der Entscheidungsunterstützung bei der Optimierung des Marketing-Mix* 224

   5.1 Prinzipien der Entscheidungsunterstützung 225

   5.2 Entscheidungsunterstützung nach Art der Marketing-Entscheidungen 228

   5.3 Entscheidungsmodelle für die einzelnen Marketing-Instrumente 229

6. *Schlussfolgerungen* 231

Literatur 233

1. Einleitung

Wissenschaftler beschäftigen sich damit, wie etwas funktioniert, prognostizieren Entwicklungen für die Zukunft, geben aufbauend auf Wirkungsbeziehungen konkrete Handlungsempfehlungen und beziehen auch normativ Stellung dazu, wie etwas gestaltet werden sollte (*Chmielewicz* 1979). Überträgt man diese Forschungskonzeptionen auf den Bereich des Marketing, so muss man feststellen, dass Forschungsarbeiten zu den beiden Bereichen der Abgabe von Prognosen und der Ableitung konkreter Handlungsempfehlungen nur mit Hilfe quantitativer Methoden möglich sind. Orientieren sich Unternehmen nämlich am erwerbswirtschaftlichen Prinzip und maximieren ihre langfristigen Gewinne, so geht es um monetäre, also quantitative Größen. Eine solche Maximierung verlangt, die Wirkung von Marketing-Inputs auf den Gewinn zu quantifizieren, so dass letztendlich herausgefunden werden kann, mit welchen Inputs, die daneben auch Kostenwirkungen entfalten, der höchstmögliche langfristige Gewinn erreicht werden kann. Insofern besteht das quantitativ orientierte Marketing immer aus den beiden Bereichen der Ermittlung der monetären Wirkung von Marketing-Maßnahmen und aufbauend auf diesen Wirkungsbeziehungen aus Entscheidungsmodellen zum optimalen Einsatz der Marketing-Instrumente.

Mit dieser Charakterisierung von quantitativem Marketing wird gleichzeitig deutlich, dass nicht jede Marketing-Studie, in der Zahlen vorkommen, quantitativ orientierte Marketing-Forschung darstellt. Wenn z.B. in einer Studie zum Umweltbewusstsein von Konsumenten erfragt wird, in welche Faktoren sich das Umweltbewusstsein zerlegen lässt, so gehört eine solche Studie nicht zum quantitativ orientierten Marketing, da letztendlich keine in ihren monetären Auswirkungen abschätzbare Empfehlung zur Gestaltung des Marketing-Instrumentariums abgeleitet wird, auch wenn in der Studie selbst mit Zahlen und statistischen Methoden gearbeitet worden ist. Diese Abgrenzung betrifft auch viele Studien, in denen die Kausalanalyse eingesetzt worden ist, sofern das latente Modell nicht eine monetäre Zielgröße umfasst. Solange es nämlich dort primär darum geht, verschiedene Skalen zu validieren, können daraus keine unmittelbaren Erkenntnisse für ein quantitativ orientiertes Marketing gewonnen werden. Ebenso wenig sollen hier Beiträge von Statistikern oder Mathematikern herangezogen werden, die bessere Methoden entwickelt haben, aber in allen Gebieten eingesetzt werden können und nicht spezifisch für das quantitativ orientierte Marketing entwickelt worden sind. Insofern werden im Folgenden ausschließlich Beiträge diskutiert, mit denen die Wirkung des Einsatzes von Marketing-Instrumenten auf den Gewinn kalibriert und auf der Basis dieser Wirkungsbeziehungen der Einsatz des Marketing-Instrumentariums optimiert werden.

2. Bereiche des quantitativen Marketing

Wie aus der Einleitung hervorgeht, wird zum Bereich des quantitativen Marketing alles gezählt, was der Erforschung der Wirkung des Marketing-Instrumentariums in Bezug auf den damit erzielten oder erzielbaren Deckungsbeitrag dient. Dabei kann diese Wirkung, wie z.b. bei der Werbung, auch über mehrere Stufen erfolgen, z.b. wenn durch Werbeaufwendungen zuerst ein höherer Bekanntheitsgrad erzielt wird, der dann relativ zu den Konkurrenz-Maßnahmen zu einem höheren Marktanteil führt, der wiederum unter Einbezug des Marktvolumens den erzielten Absatz und multipliziert mit dem Preis den damit erzielten Umsatz determiniert. Kennt man einmal die monetären Wirkungen aller Marketing-Instrumente, so sind diese mit den Auswirkungen der Instrumente auf die Kosten in optimaler Weise abzuwägen. Die hier angesprochenen Bereiche sind weiter detailliert in *Abb. 1* aufgeführt.

Wie man *Abb. 1* entnehmen kann, steht im Mittelpunkt der quantitativen Marketing-Forschung der Marketing-Mix eines untersuchten Unternehmens. Konkret geht es darum, welche Wirkungen alle eingesetzten Instrumente über verschiedene Stufen auf den Absatz haben, welcher Erlös unter Einbezug der gewählten Preise resultiert und welcher Deckungsbeitrag unter Beachtung der dabei entstandenen Kosten entsteht. Dabei werden die direkten Wirkungen der Marketing-Instrumente, z.B. der Werbeaufwendungen auf Kommunikationsziele wie den Bekanntheitsgrad, von den indirekten Wirkungen über den Wettbewerbseinfluss auf den Absatz unterschieden. Zunächst muss man Response-Funktionen kalibrieren, die solche direkten Wirkungen ausschließlich in Abhängigkeit von den Marketing-Maßnahmen des betrachteten Unternehmens abbilden. Daneben braucht man Response-Funktionen, mit denen der mengenmäßige Marktanteil in Abhängigkeit von den jeweiligen direkten Wirkungen der Marketing-Instrumente des betrachteten Unternehmens, aber auch der Konkurrenzunternehmen angegeben werden kann.

In *Abb. 1* wird darauf hingewiesen, dass die Response-Funktionen zum einen vom Mitteleinsatz, zum anderen aber auch von den Wirkungen vergangener Perioden (Carry-Over-Effekte) und exogenen Einflüssen abhängen. Neben dem Marktanteil spielt noch das Marktvolumen eine Rolle, das zum Teil exogen gegeben ist, aber durch entsprechende Kommunikations- und Distributionsmaßnahmen vergrößert werden kann, wobei hier die Effekte aller Anbieter in einem Markt gemeinsam wirken. Das Produkt aus Marktanteil und Marktvolumen ergibt den Absatz und multipliziert mit dem Preis den Umsatz. Zieht man davon die eingesetzten Mittel für die Marketing-Instrumente ab, so ist ein vollständiges Modell spezifiziert, mit dem die eingesetzten Mittel optimiert werden können, was einen weiteren wichtigen Bereich des quantitativen Marketing darstellt. Eine Dekomposition aller aufgeführten Effekte entwickelt *Albers* (1992; 1998).

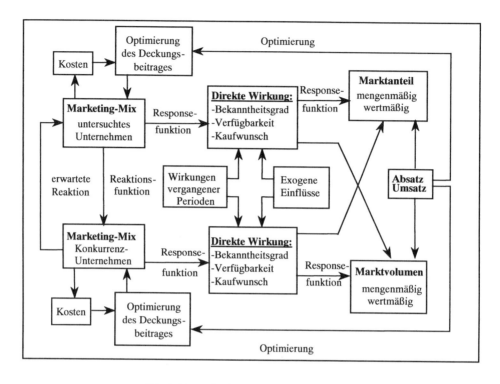

Abb. 1: Bereiche des quantitativen Marketing

Bei der Diskussion der Wirkungen haben wir bereits den Einfluss der Maßnahmen von Wettbewerbern einbezogen. Unberücksichtigt blieb dabei, dass Konkurrenzunternehmen direkt auf die Aktionen eines betrachteten Unternehmens reagieren, so dass die Bekanntheitsgrade und Verfügbarkeiten der Konkurrenzprodukte nicht unbedingt exogene Größen darstellen, sondern zum Teil durch die eigenen Entscheidungen des betrachteten Unternehmens hervorgerufen werden. Wie diese Reaktionen ausfallen, muss mit Hilfe von Reaktionsfunktionen des Wettbewerbs kalibriert werden. Auf der Basis einer solchen Funktion ist man dann in der Lage, für beliebige Entscheidungen über den Einsatz des Marketing-Mix eines betrachteten Unternehmens die erwarteten Reaktionen der Wettbewerber zu prognostizieren, um dann die jeweiligen Marketing-Mixe über die beschriebene Wirkungskette auf Marktanteil und Marktvolumen und schließlich auf den Absatz und Umsatz der betrachteten Produkte wirken zu lassen.

Aufgrund des dargestellten Wirkungsgefüges wollen wir im folgenden dritten Abschnitt untersuchen, welche Erkenntnisse zum Kalibrieren von Response-Funktionen auf der ersten Stufe der direkten Wirkung und auf späteren Stufen der indirekten Wirkung auf den Marktanteil und das Marktvolumen bestehen und welche

Methoden in der deutschsprachigen Marketing-Forschung dafür vorgeschlagen und eingesetzt worden sind. In ähnlicher Weise wird im vierten Abschnitt diskutiert, welche Vorschläge zur Kalibrierung der Reaktionsfunktionen von Wettbewerbern oder für Theoreme zur Prognose des Wettbewerbsverhalten unterbreitet worden sind. Der fünfte Abschnitt ist dann dem Thema gewidmet, welche Fortschritte bei Bestimmung eines optimalen Mitteleinsatzes oder unter Einbezug des Preises des optimalen Marketing-Mix erreicht worden sind.

3. Kalibrierung von Response-Funktionen

Wie gemäß *Abb. 1* erläutert, braucht man Response-Funktionen entlang der Wirkungskette von Marketing-Instrumenten. In inhaltlicher Hinsicht ist zwischen Response-Funktionen für einzelne Marketing-Instrumente und den Marketing-Mix zu unterscheiden. Dabei sollte man letztendlich drei verschiedene Typen von Marketing-Instrumenten unterscheiden. Klassisch sind die Response-Funktionen für den Preis. Ausgehend von den klassischen Modellen der Volkswirtschaftslehre wird hier ein unmittelbarer, negativer Zusammenhang zwischen Marktanteil und Preis unterstellt. Gerade die Forschungen von *Diller* (1991) haben jedoch gezeigt, dass es auch beim Preis zunächst einmal direkte Wahrnehmungswirkungen bezüglich der Preisgünstigkeit und Preiswürdigkeit gibt. Unumstritten ist die Annahme, dass Konsumenten den Preis immer relativ zu einem Referenzpreis beurteilen, der das bisherige Preisniveau oder alternative Preise für vergleichbare Produkte oder in alternativen Geschäften darstellen kann (*Natter/ Hruschka* 1997). Offensichtlich geht man von Preisschwellen aus (*Gedenk/ Sattler* 1999), wenn Unternehmen ihre Preise auf Werte wie DM -,99 statt DM 1,-- festsetzen. Erst diese Effekte führen dann zu einer Wirkung auf den Marktanteil relativ zu den Wahrnehmungen bezüglich der Konkurrenzpreise.

Die zweite Klasse von Response-Funktionen betrifft die Marketing-Instrumente, bei denen man mit Hilfe von finanziellen Aufwendungen in die Produktqualität, die Kommunikation und Distribution den Marktanteil steigern kann. Hier geht es im Wesentlichen um Response-Funktionen des Bekanntheitsgrades oder der Distributionsquote in Abhängigkeit von einem Werbe- oder Distributionsbudget. Dabei spielen die Maßnahmen der Wettbewerber keine Rolle. Diese wirken sich erst in der Gesamtheit des Marketing-Mix auf den Marktanteil aus.

Die dritte Klasse von Response-Funktionen betrifft Aspekte der Produktqualität. Hier gilt es, Nutzenfunktionen für Kunden zu schätzen in Abhängigkeit von Produkteigenschaftsausprägungen, um dann auf der Basis dieses Nutzens Aussagen über den Marktanteil treffen zu können.

Als vierte Klasse von Response-Funktionen werden Marketing-Mix-Funktionen betrachtet, in denen der Marktanteil von den direkten Wirkungen der einzelnen Marketing-Maßnahmen sowohl des betrachteten Unternehmens als auch der Wettbewerber abhängt.

3.1 Methodische Gesichtspunkte

In methodischer Hinsicht sind bei der Kalibrierung von Response-Funktionen die in *Abb.* 2 aufgeführten Probleme der Wahl des Funktionstyps, des Grades der modellierten Heterogenität und der Berücksichtigung von Verbundbeziehungen zu betrachten. Während bei dem Instrument des Preises die linear fallende Preis-Absatz-Funktion eine lange Tradition hat, sind lineare Funktionen für Instrumente in der Kommunikations- und Distributionspolitik nicht denkbar. Alle Instrumente, bei denen finanzielle Mittel eingesetzt werden, um einen höheren Absatz und dadurch einen höheren Umsatz und Deckungsbeitrag erzielen zu können, müssen - abgesehen von einem Anfangsbereich - immer abnehmende Grenzzuwächse aufweisen, ansonsten könnte man durch Steigerung des Mitteleinsatzes den Deckungsbeitrag unendlich steigern, was in der Realität nicht denkbar ist. Hier stellt sich dann die Frage, mit welcher konkaven Funktion man am besten arbeitet. Dabei sind viele Formen untersucht worden, von der multiplikativen Funktion, deren Koeffizienten bereits direkt Elastizitäten darstellen, bis hin zu Funktionen, die eine Sättigungsmenge aufweisen, z.B. die modifiziert-exponentielle oder die ADBUDG-Funktion (*Hruschka* 1996). Gerade wenn es um die Modellierung des Marktanteils geht, stellen sich die Forderungen nach logischer Konsistenz, nämlich dass die ermittelten Marktanteile immer zwischen 0 und 1 liegen und sich in der Summe zu 1 addieren. Hier sind dann komplexe Funktionstypen vorgestellt worden, die alle auf der Idee einer Attraktionsfunktion basieren. Dabei wird die Attraktion eines Produktes ins Verhältnis gesetzt zu der Attraktion aller am Markt sonst verfügbaren Produkte. Unterschiede gibt es lediglich in der Spezifizierung der Attraktionen, wofür multiplikative Funktionen oder Exponential-Funktionen unterstellt werden können, im ersten Fall handelt es sich um das Multiplicative Competitive Interaction Model (MCI) und im zweiten um das Multinomial Logit Model (MNL) (*Hruschka* 1996).

Neben der Wahl des Funktionstyps stellt sich grundsätzlich das Problem des Grades der zu berücksichtigenden Heterogenität. Soll man die Response-Funktionen für einen Gesamtmarkt kalibrieren, was nicht berücksichtigt, dass die Response einzelner Kunden unterschiedlich ausfallen kann? Oder soll man im anderen Extrem sogenannte Choice-Modelle auf individueller Ebene formulieren, die alle auf dem Prinzip der MCI- oder MNL-Modelle basieren.

Diese Modelle haben aber den Nachteil, dass Daten auf der Basis individueller Personen vorliegen müssen und dann meistens nur wenige Freiheitsgrade zur Schätzung der Parameterwerte bestehen. Wenn man weder eine Funktion für den Gesamtmarkt noch auf individueller Ebene schätzen will, bleibt als Kompromiss noch die Kalibrierung einer Response-Funktion auf der Segment-Ebene. Dann aber stellt sich zusätzlich das Problem, welche Person zu welchem Segment gehört. Während man dazu früher deterministisch vorgegangen ist, indem man eine Clusteranalyse gerechnet und die Zuordnung von Personen zu Clustern als Segmentierung angesehen hat, spezifiziert man heute sogenannte Mixture-Modelle, bei denen Personen nur mit gewisser Wahrscheinlichkeit zu einem Segment gehören (*Wedel/ Kamakura* 1998).

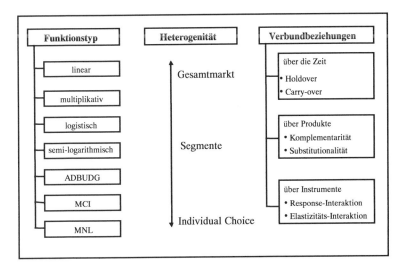

Abb. 2: Probleme bei der Kalibrierung von Response-Funktionen

Auch wenn grundsätzlich alle Kombinationen von Funktionstyp und Heterogenitätsgrad miteinander kombiniert werden können, so hat sich doch über die Zeit eine gewisse Entwicklung eingestellt (siehe *Abb. 3*).

In den 70er Jahren herrschten lineare bzw. linearisierbare Funktionstypen vor. Dazu zählen neben der linearen Funktion die multiplikative Funktion, die nach Logarithmierung eine lineare Response-Funktion ergibt, sowie die semi-logarithmische Funktion, die linear in den Koeffizienten ist. Die Wahl solcher Funktionstypen hängt damit zusammen, dass diese Funktionen sehr leicht mit der linearen Regression geschätzt werden können, wozu entsprechende Statistikpakete existierten. In methodischer Hinsicht hat man sich dann Fragestellungen zugewandt, wie z.B. vorzugehen ist, wenn Variablen multikollinear sind (z.B. *Nenning/ Topritzhofer/ Wagner* 1979). Als Aggregationsniveau wurde meist der Gesamtmarkt gewählt oder die Ebene von

Regionen. In aller Regel handelte es sich um Querschnittsanalysen über Produkte oder Regionen.

Funktionstyp	Aggregationsniveau	Schätzmethode
Lineare Multiplikative Semilog	Gesamtmarkt (Querschnitte über Produkte, Geschäfte oder Regionen)	OLS (mit Modifikationen gegen Multikollinearität)
Attraktions-funktionen	Gesamtmarkt, Marktanteile nach Produkten	OLS nach geeigneten Transformationen
Alle linearisierbaren Funktionen	Panel-Daten über Produkte, Zeit, Geschäfte und Regionen	Fixed-Effects-Modelle, Random-Effects-Modelle
Multinomial Logit (MNL)	Individuelle Wahlentscheidungen	Maximum- Likelihood
Mixture Models	Individuelle Wahlentscheidungen aggregiert zu Segmenten	Maximum- Likelihood, OLS, Glimmix

Abb. 3: Entwicklungspfad der empirischen Schätzung von Marketing-Mix-Response-Funktionen

Ende der 70er Jahre hat man sich dann mit Attraktionsfunktionen beschäftigt, da diese den Vorteil der logischen Konsistenz besitzen. Auch hier bestand der Fokus zunächst einmal auf den Gesamtmarkt und es wurden Marktanteile nach Produkten analysiert. Bei diesen Arbeiten stand zunächst im Vordergrund, wie man Attraktionsfunktionen, die ja zunächst aus einem Quotienten von Attraktionen bestehen, geeignet transformieren kann, so dass man die Funktionen trotzdem noch linear schätzen kann, da nur dafür Standard-Software verfügbar war (*Nakanishi/ Cooper* 1974). Mit dem Aufkommen von Scanner-Panel-Daten, die sowohl für verschiedene Produkte und Zeiträume als auch Geschäfte und Regionen vorliegen, beschäftigte man sich mit der Schätzung von Response-Funktionen, die auf der Basis über diese Dimensionen gepoolter Daten vorgenommen wurden (*Schmalen/ Pechtl* 1995). Da jetzt die einzelnen Segmente über Produkte, Zeit, Geschäfte oder Regionen nicht mehr in ihrer Varianz homogen sind, ist untersucht worden, wie man die Heterogenität berücksichtigen kann. Ein Weg besteht in der Spezifikation von Dummy-Variablen, mit denen die spezifischen Effekte über Produkte oder Zeit erfasst werden können. Damit konnten dann auch Wettbewerbsbeziehungen adäquat abgebildet werden (*Hildebrandt* 1998). Aus der Statistik wurden dann sogenannte Fixed-Effects-Modelle und Random-Effects-Modelle entwickelt und in Software, z.B. RATS, zur Verfügung gestellt.

Ende der 80er Jahre hatte die nichtlineare Optimierung so große Fortschritte gemacht, dass Standardsoftware-Pakete wie SPSS und SAS auch die Schätzung nichtlinearer Response-Funktionen ermöglichten. In der Folge dieses Angebots findet man nunmehr sehr häufig, dass auch nichtlineare Response-Funktionen statistisch bestimmt werden. Für sie sind auch Tests auf statistische Signifikanz entwickelt worden und in den Programmpaketen verfügbar. Die Fortschritte bei der nichtlinearen Optimierung haben auch dazu geführt, dass Modelle auf der Ebene individueller Wahlentscheidungen spezifiziert wurden. Hier beobachtet man bestimmte Entscheidungen von Kunden und versucht, die Wahrscheinlichkeit der Wahl verschiedener Alternativen den individuellen Wahlentscheidungen nach Maßgabe eines MNL-Modells bestmöglich anzupassen. Dazu ist nicht mehr die Schätztechnik der kleinsten Quadrate sinnvoll, sondern die Methode der Maximum-Likelihood-Schätzung.

Während in den 70er Jahren gelegentlich A-priori-Segmente unterschieden wurden, für die dann einzelne Response-Funktionen geschätzt wurden, ist man jetzt nicht zuletzt dank der effizienten Schätztechniken dazu übergegangen, die inhärente Heterogenität von Gesamtmarktdaten dadurch zu berücksichtigen, dass man individuelle Personen mit bestimmten Wahrscheinlichkeiten zu Segmenten gehören lässt und dann Response-Funktionen für die so definierten Segmente schätzt. Auch hier steht dahinter die Maximum-Likelihood-Methode, kombiniert mit linearer Regression. Dafür hat sich insbesondere die Software Glimmix von *Wedel* und *Kamakura* (1998) als sehr wertvoll herausgestellt.

Wie man weiterhin aus der Entwicklung in *Abb. 3* erkennen kann, hat sich die Wahl des Funktionstyps zusammen mit dem Aggregationsniveau in Abhängigkeit von den verfügbaren Schätzmethoden und den verfügbaren Daten entwickelt. Erst durch die moderne Scanner-Technologie lagen massenhaft Daten vor, so dass Daten gepoolt werden konnten und entsprechende Panel-Schätzmethoden entwickelt werden mussten. Vielfach lagen dann auch individuelle Wahlentscheidungen vor, für die dann die Methode der Maximum-Likelihood-Schätzung verwendet wurde (*Boztug/ Hildebrandt* 2000), die nur deshalb heute dominierend eingesetzt wird, weil entsprechende Fortschritte in der nichtlinearen Optimierung erreicht wurden und entsprechende Methoden in Standard-Softwarepaketen zur Verfügung standen.

In methodischer Hinsicht hat es darüber hinaus sehr große Fortschritte bei der Berücksichtigung von Verbundbeziehungen gegeben. Wie in *Abb. 1* schon verdeutlicht worden ist, hängt die Response nicht nur von den betrachteten Aktionen, sondern auch von den Aktionen vergangener Perioden ab. So kann bei einem Hold-over mit einer Werbung heute auch eine entsprechende Wirkung in allen Folgeperioden erzielt werden. Allein die Erzielung von Marktanteilen kann dazu führen, dass dieser wiederum im Wege von Carry-over-Effekten Auswirkungen auf zukünftige Marktanteile hat (*Hruschka* 1996).

Ein großes Problem besteht auch darin, welche Verbundbeziehungen über Produkte bestehen. Dieses Problem kann man durch eine Marktabgrenzung lösen, die darüber bestimmt, welche Substitutionsbeziehungen berücksichtigt werden oder nicht (*Hruschka* 1986; *Bauer/ Herrmann* 1992). Diese Überlegungen sind auch von Relevanz bei der Frage, auf welcher Ebene von Produkten, nämlich der Klasse, der Marke, der Verpackung oder dem EAN-Code (insbesondere wenn Produkte für Promotion-Maßnahmen unterschiedliche EAN-Codes bekommen) Schätzungen durchgeführt werden. Hier ist man sich der Vielschichtigkeit des Problems bewusst, ohne dass generelle Erkenntnisse erzielt wurden.

Wichtige Erkenntnisse wurden zu den Verbundbeziehungen über Instrumente erzielt. Hier unterscheiden die beiden Arbeiten von *Hruschka* (1991) und *Simon* (1992) sogenannte Response-Interaktionen von Elastizitäts-Interaktionen. Bei den Response-Interaktionen hängt die marginale Wirkung eines Instrumentes auch von dem Niveau der Ausprägung der anderen Marketing-Instrumente ab. Bei einer Elastizitäts-Interaktion hängt die Elastizität eines Marketing-Instrumentes auch von dem Niveau anderer Marketing-Instrumente ab. Response-Interaktionen sind z.B. nicht bei linearen Funktionen vorhanden, dagegen bei multiplikativen Funktionen. Umgekehrt gibt es aufgrund der konstanten Elastizitäten bei multiplikativen Funktionen keine Elastizitätsinteraktionen, dafür aber bei Linearfunktionen. Dies ist von Bedeutung, da nach *Dorfman/ Steiner* (1954) die Mittelverteilung nach dem Verhältnis der Elastizitäten vorzunehmen ist. Während *Simon* (1992) insbesondere die Funktionen charakterisiert, geht *Hruschka* (1991) weiter und schlägt Funktionen vor, die sowohl eine Response- als auch Elastizitäts-Interaktion aufweisen.

3.2 Erkenntnisse bei der Kalibrierung von Preis-Response-Funktionen

Besonders große Fortschritte, auch in Relation zu der internationalen Forschung, wurden im Bereich der Kalibrierung von Preis-Response-Funktionen erzielt. Hier war es insbesondere *Simon* mit seinem 1982 erstmals erschienenen Buch „Preismanagement", der nach einem Vergleich der Eigenschaften verschiedener Preis-Response-Funktionen beschreibt, wie die Funktionen zu kalibrieren sind. Auf der Basis einer Befragung von Managern und dem durch die Funktionen implizierten Verlauf der Elastizitäten kommt *Simon* zu dem Ergebnis, dass die *Gutenberg*-Funktion am plausibelsten ist. *Simon* weist insbesondere darauf hin, dass der Funktionstyp nicht nach Maßgabe des erzielten R^2 (erklärte Varianz) ausgewählt werden kann, da die verschiedenen Funktionstypen in einem kleinen Beobachtungsfenster fast gleichartig verlaufen. Viel besser ist es deshalb, sich mit dem Verlauf über den gesamten Wertebereich und seiner Plausibilität zu beschäftigen, insbesondere wenn man auf der Basis dieser Funktionen später Optimierungen vornehmen möchte. *Simon/ Kucher* (1988) beschreiben später, welche Möglichkeiten der Funktionskalibrierung je nach Datenquelle bestehen. Später gibt es Vergleiche von *Brockhoff* (1988) und *Hruschka* (1997) über die Vorteilhaftigkeit verschiedener Reaktionsfunktionen. Auch diese Autoren finden heraus, dass insbesondere die *Gutenberg*-Response-Funktion besonders geeignet ist.

Bei der Schätzung von Preis-Response-Funktionen muss man darauf achten, ob man Querschnitte, Zeitreihen oder Paneldaten analysiert. Analysiert man nur Marktanteile in Abhängigkeit von Preisen in einem Querschnitt unter Vernachlässigung weiterer Variablen, so findet man häufig positive Verläufe der Response-Funktion, da besonders starke Marken auch hohe Preise aufweisen. Dies ist jedoch kein Ergebnis des Preises, sondern der Markenbildung. Würde man hierfür Zeitreihendaten analysieren, so käme man schnell auf negative Verläufe der Preis-Response-Funktionen. Über die Zeit findet man jedoch häufig keine so gravierenden Variationen des Preises, so dass diese Analyseform meist nicht vorkommt. Erst mit dem Aufkommen von Paneldaten hat man die verschiedenen Effekte voneinander trennen können. Damit lagen Daten vor, die sowohl über Produkte, Geschäfte als auch die Zeit variierten, so dass man mit Dummy-Variablen für die Marken die Markenstärke von den Preiseffekten separieren konnte (*Simon/ Kucher/ Sebastian* 1982). Eine andere Möglichkeit, den Allokationseffekt des Preises von seinem Informationseffekt mit Hilfe der Conjoint-Analyse zu trennen, beschreiben *Sattler/ Rao* (1997). Weitere Möglichkeiten der Bestimmung von Preis-Response-Funktionen beschreibt *Balderjahn* (1991; 1994).

3.3 Erkenntnisse bei der Kalibrierung von Response-Funktionen für Marketing-Instrumente mit finanziellem Mitteleinsatz

Response-Funktionen für Marketing-Instrumente, bei denen man mit Hilfe finanzieller Mittel erhöhte Umsätze anstrebt, sind in Deutschland vorwiegend für den Verkaufsaußendienst geschätzt worden. Hierzu ist gezeigt worden, dass man subjektive Schätzungen nicht unbedingt als Punktschätzungen realisieren muss, aus denen man dann durch Lösen eines Gleichungssystems die Parameter der Response-Funktion gewinnt, wie es *Little* für seine ADBUDG-Funktion vorgeschlagen hat (1970), sondern dass man subjektive Schätzungen auch mit Hilfe von Regressionen analysieren kann. Dazu ist es lediglich erforderlich, mehr Urteile als zu schätzende Parameterwerte subjektiv zu erfragen. Damit werden in dem Modell BEPPLAN von *Albers* (1985) gute Ergebnisse erzielt.

Durch die Scannertechnologie konnte auch die Vielzahl von Promotion-Maßnahmen besser abgebildet und untersucht werden. In zwei Studien zeigen *Ailawadi/ Gedenk/ Neslin* (1999) und *Gedenk/ Neslin* (1999), worauf die Wirkung von Preis-Promotions beruht. Beide Studien wenden bereits die Erkenntnis an, dass aufgrund der Heterogenität Regressionsgleichungen für das Gesamtsample weniger sinnvoll sind und vielmehr simultan Segmente gebildet werden müssen. Mit einer Technik ähnlich zu Glimmix können sie wesentlich bessere Ergebnisse erzielen.

3.4 Erkenntnisse bei der Kalibrierung von Response-Funktionen für die Produktqualität

Die Ausprägungen der Produkteigenschaften entscheiden darüber, welche Produkte gewählt werden. Insofern lag ein Schwerpunkt der Forschungen seit den 70er Jahren auf den Effekten von Produkteigenschaften auf die Präferenz von Kunden. Wie man *Abb. 4* entnehmen kann, konzentrierte sich die Forschung zunächst auf Ansätze, bei denen wahrgenommene Eigenschaftsausprägungen herangezogen wurden. Hier war die Vorstellung, dass man die Vielzahl der Eigenschaften eines Produktes auf einige wahrgenommene Dimensionen reduzieren sollte. Dazu ist die multidimensionale Skalierung vorgeschlagen worden, mit deren Hilfe man aus globalen Ähnlichkeitseinschätzungen von Produkten Positionen von Produkten in einem gering dimensionierten Eigenschaftsraum ableiten kann.

Einen Überblick dazu und eine Reihe von Anwendungen zeigen *Dichtl/ Schobert* (1979). In diesen Raum werden dann zusätzlich Idealprodukte der Nachfrager so positioniert, dass die Distanzen der real existierenden Produkte zu dem jeweiligen Idealprodukt pro Individuum einer erfragten Präferenzrangreihenfolge bestmöglich entsprechen. Dazu sind die Programme LINMAP (*Srinivasan/ Shocker* 1973) und PREFMAP entwickelt worden. Ein Beispiel für die Schätzung solcher Idealpunkte mit LINMAP zeigt *Albers* (1982) bei der Analyse der Idealvorstellungen holländischer Wähler. Eine umfassende Simulation der Güte von PREFMAP schließlich geben *Brockhoff/ Waldeck* (1984).

Aufgrund der Probleme, dass für eine beste Position eines Produktes in einem solchen wahrgenommenen Eigenschaftsraum noch nicht gesagt werden kann, welche physischen, also objektiv angebbaren Eigenschaften ein solches Produkt haben soll, hat sich über die Zeit die Conjoint-Analyse durchgesetzt. Eine umfassende Aufarbeitung aller bisher publizierten deutschsprachigen Studien gibt *Voeth* (1999).

Funktionstyp	Aggregationsniveau	Schätzmethoden	Anwendungen
Idealpunkt-modell	Individuum	LINMAP, PREFMAP	*Albers* (1982b) *Brockhoff/ Waldeck* (1984)
Teilnutzen-Conjoint-Modell	Individuum	LINMAP, Dummy-Variablen-OLS	*Albers* (1983) *Albers/ Brock-hoff* (1985) *Simon* (1985)
Hybride-Verfahren	Individuum und Segment	Dummy-Variablen-OLS und Self-Explicated	*Baier/ Säuber-lich* (1997)
Choice-Based Conjoint	Segment (Individuum möglich)	Maximum-Likelihood	

Abb. 4: Entwicklungspfad der empirischen Schätzung von Nutzenfunktionen in Abhängigkeit von Produkteigenschaften

Bei der Conjoint-Analyse werden operationale Eigenschaften mit ihren Ausprägungen in Leistungsbündeln vorgegeben, die es gilt, in eine Rangreihenfolge zu bringen. Frühe ausführliche Darstellungen der Anwendung dieses Verfahrens geben *Albers* (1983) und *Albers/ Brockhoff* (1985). Als Schätztechnik wurde zunächst meist die Methode LINMAP angewandt, bei der das Ausmaß der Verletzungen von Rangordnungen minimiert wird. Später hat sich durchgesetzt, die Teilnutzen mit Hilfe einer Dummy-Variablen-Regression zu schätzen. Alle diese Befragungen oder Modelle werden auf individuellem Niveau durchgeführt. Der Conjoint-Analyse hat insbesondere *Simon* mit vielen Anwendungen seiner Unternehmensberatung zum Durchbruch verholfen.

Die Beschränkung der traditionellen Conjoint-Analyse auf wenige Eigenschaften (bis zu sechs) und der Wunsch von Praktikern, Nutzenfunktionen für mehr als sechs Eigenschaften schätzen zu können, hat zur Entwicklung von hybriden Verfahren geführt. Hier besteht die Idee darin, dass für einen Teil der Eigenschaften die Idealpräferenz und das Gewicht für eine solche Eigenschaft mit Hilfe von Self-Explicated-Ansätzen erhoben werden, um dann die restlichen Teilnutzen der einzelnen Eigenschaften traditionell mit Hilfe des Teilnutzenmodells zu erheben. Dazu wurde dann wieder die Dummy-Variablen-Regression eingesetzt. Dieses Verfahren ist z.B. in der Adaptive-Conjoint-Analysis implementiert worden, zu deren Verbreitung in Deutschland insbesondere *Simon* beigetragen hat. Dieses Verfahren funktioniert nämlich computergestützt und ist besonders plausibel für Praktiker. Eine Anwendung dieses Verfahrens zeigen z.B. *Baier/ Säuberlich* (1997). Viele Eigenschaften können auch mit der Technik des Analytic Hierarchy Process (AHP) behandelt werden, was in einem empirischen Vergleich sogar bessere Prognosewerte erzielte (*Tscheulin* 1991).

Aufgrund der Beobachtung, dass Rangreihen häufig nicht verlässlich erhoben werden können und Schätzprobleme bestehen (*Teichert* 1998), ist in den 90er Jahren insbesondere die Choice-Based-Conjoint-Analyse aufgekommen. Hier wird für eine geringe Anzahl von Alternativen (meist 3 oder 4) und eine geringe Anzahl von Eigenschaften und Ausprägungen der jeweils Befragte gebeten, aus den Alternativen eine zu wählen. Damit können dann die schon erwähnten Methoden der MNL-Modelle zusammen mit der Maximum-Likelihood-Schätztechnik angewendet werden. Aufgrund der Tatsache, dass bei wenigen Auswahlentscheidungen nur geringe Freiheitsgrade existieren, ist eine individuelle Schätzung von Präferenzfunktionen meist nicht möglich. Vielmehr erfolgt die Schätzung auf der Ebene von Segmenten. Dabei stellt sich insbesondere das Problem, wie Personen den Segmenten zugewiesen werden, wofür noch keine abschließenden Erkenntnisse erzielt worden sind.

Ein Schwerpunkt der Forschung bestand insbesondere in dem Vergleich von Verfahren und dem Test, inwieweit verschiedene Verfahren der Conjoint-Analyse in der Lage sind, wahre Präferenzfunktionen zu reproduzieren. Hier wurde meist herausgefunden, dass die eingesetzten Modelle zur Conjoint-Analyse alle in etwa die gleichen internen Validitäten liefern. Herkömmliche Conjoint-Designs sind auf dem individuellen Level mit erheblichen methodischen Schwächen verbunden (*Teichert* 1998), liefern aber überraschenderweise trotzdem gute Validitäten in bezug auf die Prognose von Marktanteilen. Dies hängt damit zusammen, dass sich Schätzfehler bei der aggregierten Marktsimulation häufig gegenseitig aufheben. Entscheidend ist allerdings die richtige Ausgestaltung des Marktsimulators, was insbesondere von *Simon* betont wird.

3.5 Erkenntnisse bei der Kalibrierung von Response-Funktionen für den Marketing-Mix

Die Erkenntnisse bei der Kalibrierung von Response-Funktionen für die Produktqualität und Marketing-Instrumente, bei denen die Höhe des finanziellen Mitteleinsatzes entscheidend ist, können auch für die Kalibrierung von Response-Funktionen für den gesamten Marketing-Mix verwendet werden. Letztendlich bieten die logisch konsistenten MNL-Modelle die Möglichkeit, beliebig viele Marketing-Instrumente abzubilden. Besonders ist diskutiert worden, wie Interdependenzen zwischen den Marketing-Instrumenten gemessen werden sollen (*Wagner* 1980; *Hruschka* 1990). Aufgrund der Bedeutung von PIMS-Daten hat *Hruschka* (1993) untersucht, wie Absatzreaktionsfunktionen auf dieser Datenbasis geschätzt werden können. Hat man Daten auf dem Niveau von Individuen, stellt sich neben der Schätzung von Kaufwahrscheinlichkeiten auch das Problem der Schätzung der Länge von Kaufintervallen. Hierfür sind Simultanansätze auf der Basis einer Multivariaten Polya-Verteilung (*Wagner/ Taudes* 1986) sowie von neuronalen Netzen (*Heimel et al.* 1998) vorgeschlagen worden. Ihre Erfahrungen mit unterschiedlichen Modellierungen und Daten berichten *Wagner/ Taudes* (1989).

Inzwischen liegt eine gesicherte Basis von Wissen über Marketing-Mix-Wirkungen vor, nachdem in den 80er Jahren damit begonnen worden ist, Meta-Analysen durchzuführen, bei denen die Ergebnisse vieler Studien in Abhängigkeit von Eigenschaften der Produkte, Regionen, einbezogenen Instrumente und anderer methodischer Aspekte differenziert analysiert werden. Für den Preis liegt hier die bekannte Studie von *Tellis* (1988) vor. Im Bereich der Werbung ist von *Assmus/ Farley/ Lehmann* (1984) eine entsprechende Studie durchgeführt worden, während zu den langfristigen Wirkungen eine Studie von *Clarke* (1976) vorliegt. *Mauerer* stellt in seiner Arbeit (1995) alle Meta-Analysen zusammen und leitet daraus verallgemeinerbare Ergebnisse ab.

4. Erkenntnisse zur Kalibrierung von Reaktionsfunktionen des Wettbewerbs

Will man die Wirkung des Einsatzes eines Marketing-Instrumentariums abschätzen, so ist dies nur möglich, wenn man eine Annahme darüber trifft, wie der Wettbewerb auf die eigenen Aktionen reagieren wird. Dieses Problem unterteilt sich in die beiden Subprobleme der Marktabgrenzung und der eigentlichen Kalibrierung von Reaktionsfunktionen.

Bei der Marktabgrenzung geht es zunächst einmal darum, zu bestimmen, welche Anbieter mit welchen Produkten als Konkurrenz in Frage kommen. Dies hat natürlich Auswirkungen auf die Modellierung. Hat man nur Konkurrenten im engeren Sinne berücksichtigt, kann es sein, dass man potentielle Substitute übersieht. Zieht man den Kreis der Wettbewerber zu weit, kann die Prognosefähigkeit des Modells beeinträchtigt werden. Mit dem Problem der Marktabgrenzung hat sich insbesondere *Bauer* (1989) beschäftigt, der verschiedene qualitative und quantitative Methoden vorstellt.

Bei der eigentlichen Reaktionsfunktion muss man unterscheiden zwischen dem Fall, dass man mit bestimmten Wahrscheinlichkeiten eine bestimmte Reaktion erwartet, und dem Fall, dass Ungewissheit herrscht. Gerade für die Preispolitik schlägt *Simon* (1992) die Schätzung von Reaktionsfunktionen vor, die aber schwierig zu kalibrieren sind. Hier ist man im Wesentlichen auf Annahmen angewiesen. Im Fall der Ungewissheit liegen wenige Erkenntnisse vor. Insbesondere bei den Modellen zur Produktpositionierung wird unterstellt, dass Wettbewerber sich gemäß dem *Nash*-Theorem verhalten. Dies besagt, dass die Wettbewerber eine Lösung anstreben, bei der sich keiner mehr verbessern kann, ohne dass sich der Andere verschlechtert. Auf der Basis dieser Annahme sind dann je nach Modell Erkenntnisse abgeleitet worden. In der Dissertation von *Marks* (1994) ist mit Hilfe von experimentell variierten Spielen gezeigt worden, dass sich Wettbewerber nicht gemäß dem *Nash*-Theorem verhalten, sondern aggressiver reagieren, als man nach dem *Nash*-Gleichgewicht erwarten würde. Dabei wollen sie häufig die Asymmetrie verringern, die darin besteht, dass ein Wettbewerber wesentlich höheren Deckungsbeitrag erzielt als man selbst. Das Ziel der Reduktion der Asymmetrie wird selbst dann angestrebt, wenn es zu Lasten des eigenen Deckungsbeitrages geht. Diese Erkenntnis ist von hoher Bedeutung, weil die Ergebnisse aus bisherigen Optimierungsmodellen auf Basis des *Nash*-Theorems damit möglicherweise wertlos sind.

Es sei noch angemerkt, dass in der internationalen Literatur in manchen empirischen Arbeiten beobachtet worden ist, dass in nicht einmal 50 % der Fälle überhaupt Konkurrenzsituationen auftreten. Dies bedeutet, dass das naive Arbeiten mit monopolistischen Modellen gar nicht so abwegig ist und zumindest für eines der Szenarien durchaus herangezogen werden kann. Ansonsten gibt es aus der deutschsprachigen Marktforschung noch eine Arbeit von *Kuester/ Homburg/ Robertson* (1999), in der das Wettbewerbsverhalten bei der Einführung von Neuprodukten und insbesondere die Strategie der Vergeltung näher untersucht wird.

5. Prinzipien der Entscheidungsunterstützung bei der Optimierung des Marketing-Mix

Hat man einmal alle benötigten Response-Funktionen kalibriert und plausible Annahmen über die Wettbewerbsreaktionen getroffen, so lässt sich prinzipiell der Marketing-Mix, bestehend aus Maßnahmen der Produkt-, Preis-, Kommunikations- und Distributionspolitik, optimieren. Dazu sind über die Zeit verschiedene Prinzipien der Entscheidungsunterstützung vorgeschlagen worden, die im Detail in Abschnitt 5.1 diskutiert werden. In Abschnitt 5.2 werden dann die Erkenntnisse nach Art der getroffenen Marketing-Entscheidungen systematisiert, während in Abschnitt 5.3 die Ergebnisse, die für die einzelnen absatzpolitischen Instrumente entwickelt worden sind, referiert werden.

5.1 Prinzipien der Entscheidungsunterstützung

In den letzten 30 Jahren sind sehr unterschiedliche Ansätze aufgezeigt worden, wie man die Entscheidungen im Marketing bis hin zum Auffinden eines optimalen Marketing-Mix unterstützen kann. In *Abb.* 5 sind sechs verschiedene Prinzipien aufgeführt, nach deren Maßgabe diese Entscheidungen unterstützt werden können. Zu jedem dieser Prinzipien wird auch ein prototypischer Artikel angegeben, um deutlich machen zu können, was damit gemeint ist. Dabei sind diese sechs Prinzipien nicht unbedingt in einer zeitlichen Reihenfolge zu sehen, sondern nach dem Grad der Spezifität geordnet, mit der eine konkrete Lösung abgeleitet wird.

Ende der 60er und Anfang der 70er Jahre bestand eine gewisse Euphorie darin, dass man alle Entscheidungsprobleme allein dadurch lösen könne, dass man sie in Form eines linearen Programms (LP) oder gemischt-ganzzahligen Programms (MIP: mixed integer programming) formuliert, da für diese Arten von Problemen bereits damals leistungsfähige Algorithmen und Computerprogramme zur Verfügung standen.

Inspiriert durch die großen Simultan-Investitionsplanungs-Modelle hat z.B. *Theisen* (1977) ein umfassendes Modell der Distributionspolitik formuliert. In solchen Modellen bestand häufig das Ziel darin, die Sachverhalte so detailliert wie möglich abzubilden. Letztendlich sind dann Modelle mit vielen Tausenden von Variablen und Nebenbedingungen entstanden, die zwar grundsätzlich mit Hilfe von MIP-Software optimal gelöst werden können, aber nicht innerhalb einer angemessenen Rechenzeit. Insofern brachten diese Modelle Einsichten in die exakte Formulierung von Entscheidungsproblemen, aber leider keine Erkenntnisse für ihre Lösung.

Einen ganz anderen Weg verfolgen Modelle, die sehr einfach gehalten sind und für die optimale Lösungen formelmäßig hergeleitet werden können. Derartige Modellen sind insbesondere in der Preispolitik eingesetzt worden, z.B. bei der *Amoroso-Robinson*-Relation des optimalen Preises und den optimalen Preisen im vertikalen Handelsmanagement (*Simon* 1992), sowie bei der Ableitung optimaler Werbebudgets, aber auch zur Ableitung optimaler Provisionssätze für Handelsvertreter (*Albers* 1984). Erst kürzlich haben *Skiera/ Spann* (1998) einen Aufsatz geschrieben, in dem die Formeln für optimal differenzierte Preise bei zeitlich unterschiedlicher Nachfrage angegeben werden. In aller Regel wird dafür die Marginalanalyse herangezogen. Natürlich braucht man stark vereinfachende Annahmen, um geschlossene Lösungen in Form von Formeln zu erreichen. Auf der anderen Seite führt die Vereinfachung des Problems über das Vorhandensein von Optimalitätsformeln zu grundsätzlicheren Einsichten.

Nr.	Prinzip	Prototyp	Bewertung
1	Problemformulierung als LP oder MIP	*Theisen* (1978)	Je komplexer, desto interessanter, keine wesentlichen Erkenntnisse
2	Ableitung von Optimalitätsformeln	*Skiera/ Spann* (1998)	Braucht einfache Annahmen, um geschlossene Lösungen zu erreichen
3	Lösungsstruktur	*Feichtinger* (1983) *Albers* (1998b)	Nur sinnvoll, wenn implementierbare Entscheidungsregel resultiert
4	„What-if"- Simulationen	*Decker/ Röhle/ Wagner* (1997)	Einsichten sind möglich, aber keine exakte Optimierung
5	Numerische Lösung Auf Basis von GPS/ Excel	*Haase/ Salewski/ Skiera* (1998) *Albers/ Bielert* (1996)	Liefert isolierte Lösungen ohne Einsicht in die Lösungsstruktur
6	Numerische Lösung auf Basis spezieller Algorithmen	PROPOSAS (*Albers* 1979) COSTA (*Skiera/ Albers* 1998)	Entwicklungsaufwand lohnt sich nur bei häufiger Anwendung

Abb. 5: Prinzipien der Entscheidungsunterstützung

Verwandt damit ist das Prinzip der Ableitung von Lösungsstrukturen, ohne dass die optimale Lösung konkret numerisch bestimmt werden kann. Dieses Prinzip ist in vielen Aufsätzen zu finden, die z.B. *Feichtinger* (1983) und *Feichtinger/ Luhmer/ Sorger* (1998) zur Lösung dynamischer Marketing-Mix-Probleme publiziert haben, in denen die Kontrolltheorie herangezogen wird. In ähnlicher, allerdings marginalanalytischer Weise hat *Albers* (1998b) hergeleitet, wie die Optimalitätsbedingung für die optimale Allokation eines Marketing-Budgets auf Segmente aussieht. Auch hier kann die Lösung nicht numerisch bestimmt werden, da in der Optimalitätsbedingung die einzelnen Terme, wie z.B. die Elastizitäten, von anderen Termen abhängig sind. Auf der anderen Seite kann *Albers* (1998b) zeigen, dass seine Lösung gegen ein Optimum konvergiert, wenn man immer wieder die Ergebnisse der letzten Entscheidung in die Optimalitätsbedingung einsetzt und daraus dann wieder die Entscheidung ableitet. Diese Ansätze können interessante Einsichten für Manager bieten, wenn die resultierende Entscheidungsregel tatsächlich implementierbar ist. Insbesondere bei dem Allokationsprinzip von *Albers* ist dies leicht möglich, so dass eine praxisrelevante Regel vorliegt.

Während bei den vorhergehenden Lösungsprinzipien sehr einfache Probleme betrachtet werden mussten, um überhaupt Formeln für die optimale Lösung oder Optimalitätsbedingungen ableiten zu können, wird bei den folgenden Ansätze der gegenteilige Weg eingeschlagen, nämlich das Problem so detailliert modelliert, dass das Entscheidungsproblem korrekt abgebildet wird. Hier werden die Abhängigkeiten der Zielgrößen von den Variablen meist in vielstufigen Funktionen sehr detailliert abgebildet, so dass exakte Optimierungen kaum noch denkbar sind. Durch Einsetzen von vorgeschlagenen Lösungen in sogenannte What-if-Simulationen kann jedoch überprüft werden, wie gut eine solche Lösung ist. Dies haben z.B. *Decker/ Röhle/ Wagner* (1997) in ihrem Aufsatz getan.

Will man eine numerische Lösung für das Entscheidungsproblem ableiten, so muss meistens ein Mittelweg beschritten werden, bei dem das Problem zwar einigermaßen detailliert und korrekt abgebildet, aber doch so stark vereinfacht wird, dass Algorithmen der mathematischen Programmierung eingesetzt werden können. Bei dem fünften Prinzip aus *Abb. 5* versucht man, das Problem so zu formulieren, dass vorhandene Standardsoftware angewandt werden kann. In diesem Fall spricht man von „general purpose solver". Als solche Solver können die auch anfangs angesprochenen linearen und gemischt-ganzzahligen Programme angesehen werden, wenn sie denn nicht zu komplex werden. Aber auch Tabellenkalkulationsprogramme, wie MS-Excel, bieten die Möglichkeit, mit Hilfe des eingebauten Solver für fast beliebig strukturierte Probleme, wenn sie denn nicht allzu umfangreich sind, optimale Lösungen abzuleiten. Ein Beispiel für die Anwendung der gemischt-ganzzahligen Programmierung auf das Auffinden bestmöglicher Telekommunikations-Tarife zeigen *Haase/ Salewski/ Skiera* (1998). Eine Anwendung des Solver in MS-Excel auf das Problem der Gestaltung optimaler Anreize für Hoteldirektoren demonstrieren z.B. *Albers/ Bielert* (1996).

Mit Hilfe dieser Lösungsprogramme erhält man konkrete Lösungen für sein Entscheidungsproblem, allerdings nicht unbedingt eine Einsicht in die Lösungsstruktur. Man ist also dazu gezwungen, immer alle Daten zu pflegen und bei Datenveränderung nach neuen konkreten Lösungen zu suchen. Noch spezieller wird es, wenn das spezifizierte Entscheidungsproblem gar nicht mehr mit Hilfe von Standard-Software gelöst werden kann, sondern spezielle Algorithmen zur numerischen Lösung erforderlich sind. Hier lohnt sich der Entwicklungsaufwand natürlich nur, wenn solche Probleme sehr häufig angewendet werden. Ein Beispiel dafür stellt das Programm PROPOSAS von *Albers* (1982a) dar, mit dessen Hilfe auf der Basis von Idealpunkten für Befragte und den wahrgenommenen Positionen der bisher existierenden Produkte die optimale Position für ein neues Produkt gefunden werden kann. Ähnlich stellt sich die Situation bei dem Programm COSTA dar, das *Skiera/ Albers* (1994; 1998) für den Fall der deckungsbeitragsmaximalen Verkaufsgebietsplanung entwickelt haben. Beide Entscheidungsprobleme stellen sich häufiger für eine Vielzahl von Unternehmen, so dass der Entwicklungsaufwand gerechtfertigt sein kann.

5.2 Entscheidungsunterstützung nach Art der Marketing-Entscheidungen

Betrachtet man insbesondere die Marketing-Instrumente, bei denen finanzielle Mittel eingesetzt werden müssen, um über eine direkte Wirkung, wie z.B. über den Bekanntheitsgrad und die Distributionsquote, einen höheren Marktanteil und dann später Absatz und Umsatz zu erzielen, stellen sich verschiedenartige Probleme. Verfügt das Unternehmen über unbeschränkt viele finanzielle Mittel, so kann die Höhe der Marketingaufwendungen für jedes einzelne Instrument unabhängig voneinander getroffen werden. Sobald dem Unternehmen nur ein beschränktes Budget zur Verfügung steht, entsteht ein Allokationsproblem, einmal bezüglich des Instrumenteneinsatzes und zum anderen bezüglich des Einsatzes auf verschiedene Segmente. Solche Segmente können aus Kundengruppen oder Regionen bestehen.

Gerade bei der Ableitung der optimalen Höhe von Marketingaufwendungen sind Optimalitätsformeln (siehe Prinzip Nr. 2 in *Abb. 5*), wie z.B. das von *Dorfman/ Steiner* (1954), gewählt worden. Wendet man das z.B. auf das Werbebudget oder die optimale Größe eines Außendienstes an, so stellt man fest, dass für solche Niveauentscheidungen das Flat-Maximum-Prinzip gilt, nach dem der resultierende Deckungsbeitrag über einen weiten Bereich unterschiedlicher Budgets und unterschiedlicher Größen des Außendienstes fast gleich hoch ist (*Tull et al.* 1986). Die Güte der Entscheidung ist damit nicht sensitiv bezüglich des gewählten Niveaus der Marketing-Aufwendungen. Dies bedeutet zum einen, dass Schätzfehler offenbar nicht entscheidend für die Bestimmung der optimalen Höhe sind. Andererseits stellt sich aber gar nicht mehr das Problem, weil man mit vielen verschiedenen Höhen für die Marketing-Aufwendungen in der Nähe des Optimums landet. Hier ist nur zu beachten, dass man mit einem sehr gering gewählten Budget in die Gefahr gerät, dass dann keine Wirkung erzielt wird. Auf der anderen Seite erscheint „Overspending" risikolos, da die Deckungsbeiträge nur in geringem Maße sinken.

Eine wesentlich stärkere Wirkung auf den erzielbaren Deckungsbeitrag haben Allokationsentscheidungen, bei denen es darum geht, ein begrenztes Budget auf die einzelnen Instrumente und gerichtet auf die einzelnen Segmente zu verteilen. Hier ist in Experimenten festgestellt worden, dass Schätzfehler insofern gering sind, als die relativen Unterschiede der Wirkungen von Bedeutung sind (*McIntyre* 1982). Von dem *Dorfmann-Steiner*-Theorem (1954) weiß man, dass die finanziellen Mittel proportional zu den Elastizitäten auf die Instrumente verteilt werden sollten. *Albers*

(1998b) findet, dass die Mittel auf die Segmente so verteilt werden sollen, dass sie proportional zu dem erzielten absoluten Deckungsbeitrag und der Elastizität sind. Wendet man dieses Prinzip immer auf die zuletzt erzielten Ergebnisse an, so konvergiert diese Lösung sogar gegen das Optimum.

Während eben nach der Art der Entscheidungen, und zwar Niveau- versus Allokationsentscheidungen, unterschieden worden ist, sollen im Folgenden Entscheidungsmodelle nach Art der Adressaten unterschieden werden. In der bisherigen Diskussion ist immer eine direkte Beziehung des Unternehmens zu seinen Kunden unterstellt worden. Wenn Optimierungen vorgenommen worden sind, so sind die optimalen Variablenwerte bestimmt worden, so wie sie sich an den Kunden richten. Dies bezieht sich z.B. auf den Preis, das Werbebudget oder den Außendiensteinsatz. In der Praxis hat ein Unternehmen es dagegen häufig mit Intermediären zu tun. Wenn ein Unternehmen seine Produkte über den Handel absetzt, so kann es den Endverbraucherpreis nicht festlegen, sondern nur den Abgabepreis gegenüber dem Handel. *Simon* (1982b/ 1992) hat deswegen untersucht, welche Preise sich je nach Verhalten des Handels bei der Bestimmung seiner Endverbraucherpreise ergeben. Dabei stellen sich Hersteller und Handel am besten, wenn sie kooperieren oder wenn der Handel ankündigt, nicht seinerseits nach optimalen Preisen zu suchen, sondern eine Kostenplus-Kalkulation anzuwenden.

Setzt ein Unternehmen einen Außendienst zum Verkauf seiner Waren ein, so muss man dem Außendienst üblicherweise einen gewissen Spielraum in seinen Entscheidungen gewähren. Dann wird die Ableitung optimaler Anreize wichtig. Parallel zur Entwicklung der Prinzipal-Agenten-Theorie ist von *Albers* bereits 1980 ein Aufsatz vorgelegt worden, in dem Grundsätze der Prinzipal-Agenten-Theorie bei der Entlohnung von Außendienstmitarbeitern verwirklicht worden sind. In einem weiteren Aufsatz zeigt *Albers* (1984), wie eine progressive Provisionsstaffel bestimmt werden kann, so dass der Deckungsbeitrag abzüglich der Entlohnungskosten maximal wird. Für das Grundmodell von *Basu et al.* (1985) zeigt *Albers* später (1995), dass in diesem Modell das Festgehalt für realistische Parameterwerte negative Werte annehmen wird. Vereinfacht man das Modell so, dass nur lineare Provisionssysteme zugelassen sind, und setzt man Untergrenzen für das Festgehalt ein, so ergibt sich, dass entgegen den bisherigen Annahmen der Festgehaltsanteil mit höherem Risiko sinken kann. Dies ist insofern von Bedeutung, als empirisch genau diese Relationen bisher immer gefunden worden sind (*Albers/ Krafft* 1996).

5.3 Entscheidungsmodelle für die einzelnen Marketing-Instrumente

Zur Optimierung der Preispolitik sind im Wesentlichen Ergebnisse von *Simon* (1982b; 1992) vorgelegt worden. Er beschreibt die Erlösfunktion in Abhängigkeit verschiedener Funktionen. Dabei wird deutlich, dass hier keine aufwendigen Entscheidungsmodelle notwendig sind, da es genügt, Erlöse für die einzelnen Preisniveaus zu berechnen und als Kurve auszugeben, so dass man visuell das Maximum bestimmen kann. Dies ist immer dann von Bedeutung, wenn wie bei der *Gutenberg*-Funktion die Erlösfunktion mehrgipflig ist. Schwieriger wird es, wenn es darum geht, Preise zu differenzieren. Hier zeigt *Albers* (1985) in seinem Modell BEPPLAN, wie dies simultan mit der Bestimmung der optimalen Besuchszeit erfolgen kann. *Skiera* und *Spann* (1998) untersuchen die verschiedenen Möglichkeiten, optimale zweiteilige Tarife zu bestimmen.

Schwierige dynamische Probleme entstehen dann, wenn ein optimaler Preispfad über die Zeit zu bestimmen ist. Hier hat *Simon* (1977) mit Hilfe von Simulationen optimale Zeitpfade abgeleitet. Später ist dieses Problem von *Feichtinger* (1983) als Kontrollproblem formuliert worden. Meist ergab sich, dass der Preis von Anfang an niedrig angesetzt werden sollte.

Für die Produktpolitik ist von *Albers/ Brockhoff* (1977) und erweitert durch *Albers* (1979) das Modell PROPOSAS vorgelegt worden, mit dessen Hilfe die optimale Position eines Neuproduktes in einem Eigenschaftsraum bei Vorliegen von Idealpunktpräferenzen und wahrgenommenen Positionen existierender Produkte bestimmt werden kann. Später ist von *Berndt* (1978) die Entwicklung von Produktkonzepten mit Hilfe der *Bayesschen* Entscheidungstheorie beschrieben worden. Wie man bei Verwendung der Conjoint-Analyse und objektiver Eigenschaftsdimensionen die optimalen Eigenschaftsausprägungen eines Produktes bestimmen kann, zeigt *Albers* bereits 1983 für den ÖPNV. Welche Schwierigkeiten sich dabei ergeben, wenn man nicht nur nach der erlösmaximalen Position in einem Eigenschaftsraum sucht, sondern nach einer deckungsbeitragsmaximalen Position, untersucht *Albers* (1989). Er zeigt, dass man auf der Basis der Heuristik, dass sich für jede Position der Deckungsbeitrag aus einem gewichteten Mittelwert der Deckungsbeiträge der Idealpositionen ergibt, das früher entwickelte Modell PROPOSAS mit diesen Deckungsbeiträgen als Personengewichte einsetzen kann. Für die Conjoint-Analyse zeigen später *Bauer/ Herrmann/ Menges* (1994) eine sogenannte Conjoint- und Cost-Simulation, bei der zusätzlich die Deckungsbeiträge berücksichtigt werden. Ungleich komplexer wird das Problem, wenn nicht nur ein einzelnes Produkt, sondern eine ganze Produktlinie geplant werden soll. Hierfür stellen *Gaul/ Aust/ Baier* (1995) einen Lösungsansatz dar.

Im Bereich der Werbung entwickeln *Berndt* (1981) und *ter Haseborg* (1990) Programme zur optimalen Werbestreuplanung. *Simon* (1982a) zeigt, unter welchen Bedingungen das Pulsieren von Werbung optimal sein kann.

Für den Bereich der Verkaufsaußendienststeuerung entwickelt *Albers* (1985) ein Modell zur optimalen Besuchsplanung (BEPPLAN). Zusammen mit *Skiera* entwickelt er ein Modell zur optimalen Verkaufsgebietseinteilung, mit dem man direkt den Deckungsbeitrag maximieren kann (1994). Für dieses Modell wird von denselben Autoren ein effizienter Algorithmus in einem Artikel in der Zeitschrift Marketing Science (1998) vorgestellt. Dieser Algorithmus kann beliebige Reaktionsfunktionen verarbeiten und zur Suche nach den optimalen Standorten und zur Bestimmung der optimalen Außendienstgröße eingesetzt werden.

Für den gesamten Marketing-Mix kann man Schwerpunkte bei der Optimierung des Marketing-Mix über die Zeit, wie es insbesondere bei Diffusionsmodellen erforderlich ist, und bei der Optimierung ganzer Produktlinien erkennen. *Schmalen* (1977) hat das Diffusionsmodell von *Bass* (1969) so erweitert, dass der Einfluss des Marketing-Mix unter Beachtung von Konkurrenz-Maßnahmen berücksichtigt wird. Dafür zeigt er mit Hilfe von Simulationen und genetischen Algorithmen optimale Pfade für den Marketing-Mix auf (*Schmalen* 1978). *Feichtinger/ Luhmer/ Sorger* (1988) formulieren ein ähnliches Problem als kontrolltheoretische Optimierungsaufgabe. Besondere Schwierigkeiten stellen sich bei der Optimierung von Produktlinien, bei denen Interdependenzen zwischen den Produkten bestehen. Auf der Basis empirisch geschätzter Absatzreaktionsfunktionen formuliert *Simon* (1985) ein Modell, mit dem die Preise und der Werbeaufwand optimal aufeinander abgestimmt werden können. *Gaul/ Aust/ Baier* (1995) schlagen ein Entscheidungsmodell vor, bei dem auf der Basis individueller Präferenzfunktionen ein optimales Produktprogramm einschließlich Preissetzung bestimmt werden kann.

6. Schlussfolgerungen

Alles in allem kann man feststellen, dass die deutsche quantitative Marketing-Forschung beträchtliche Fortschritte bei der Kalibrierung von Wirkungsfunktionen und der Optimierung von Problemstellungen der Marketing-Praxis erzielt hat. Bei der Kalibrierung von Response-Funktionen lag der Schwerpunkt auf der Diskussion geeigneter Funktionstypen, insbesondere für den Preis, und der Behandlung von Interaktionen zwischen den Instrumenten. Über die Zeit hat sich eine Entwicklung der Schätzung einfacher linearer Funktionen aus Querschnittsdaten mit Hilfe der linearen Regression auf aggregiertem Niveau hin zur Schätzung von Response-Funktionen für Segmente auf der Basis von Maximum-Likelihood-Schätzungen eingestellt. Ausschlaggebend dafür waren erhebliche Fortschritte bei der nichtlinearen Optimierung, die dann zum Angebot entsprechender Schätzmethoden in Standard-Statistikprogrammen geführt haben. Im Bereich der Wettbewerbsreaktionen wurden nur sehr wenige Ergebnisse erzielt, die aber Zweifel an der Gültigkeit des *Nash*-Theorems anmelden.

Bei der Optimierung konnten sechs verschiedene Prinzipien der Entscheidungsunterstützung festgestellt werden, die von marginalanalytisch hergeleiteten optimalen Lösungen bzw. Optimalitätsbedingungen für den Marketing-Mix, die natürlich nur sehr
einfach sein können, bis hin zu Modellen reichen, die alle Beziehungen sehr komplex berücksichtigen, dann aber nur noch What-if-Simulationen zulassen. In der
Mitte davon liegen Modelle, die zum Ziel haben, konkrete Lösungswerte abzuleiten,
entweder mit Hilfe von Standard-Optimierungssoftware oder mit speziell entwickelten Algorithmen oder Heuristiken. Nach Art der Entscheidungen wurde festgestellt, dass Niveauentscheidungen kaum Auswirkungen auf den Deckungsbeitrag
haben, während Allokationsentscheidungen von Bedeutung sind. Hierfür wurde das
Lösungsprinzip vorgestellt, Marketing-Aufwendungen proportional zum bisher erzielten Deckungsbeitrag und der Elastizität zu allozieren. Bezüglich der vier Instrumente konnte festgestellt werden, dass bei der Preispolitik der Schwerpunkt insbesondere bei der Ableitung dynamischer Preispfade lag. In der Produktpolitik sind
Modelle zur optimalen Produktpositionierung und zum Auffinden optimaler Pro-
dukteigenschaftsausprägungs-Kombinationen auf der Basis der Conjoint-Analyse
entwickelt worden. Bei der Werbung lag der Schwerpunkt in der Ableitung optimaler Streupläne. In der Verkaufsaußendienststeuerung wurden Modelle zur Besuchsplanung und zur Verkaufsgebietseinteilung entwickelt.

Insgesamt sind bei der Kalibrierung von Reaktionsfunktionen und der Bereitstellung
von Entscheidungsmodellen über die letzten 30 Jahre erhebliche Fortschritte erzielt
worden, durch die konkrete Probleme in der Praxis gelöst werden konnten.

Literatur

Ailawadi, K.L./ Gedenk, K./ Neslin, S.A. (1999), Heterogeneity and Purchase Event Feedback in Choice Models: An Empirical Analysis with Implications for Model Building, in: International Journal of Research in Marketing 1999, S. 177-198.

Albers, S. (1979), An extended algorithm for optimal product positioning, in: European Journal of Operational Research, 1979, S. 222-231.

Albers, S. (1980), Außendienststeuerung mit Hilfe von Lohnanreizsystemen, in: Zeitschrift für Betriebswirtschaft (ZfB), 1980, S. 713-736.

Albers, S. (1982a), PROPOPP: A Program Package for Optimal Positioning of a New Product in an Attribute Space, in: Journal of Marketing Research, 1982, S. 606-608.

Albers, S. (1982b), Optimal Positioning of Political Parties, in:*Fleischmann, B. et al.* (Hrsg.), Operations Research Proceedings 1981, Berlin et al. 1982, S. 322-328.

Albers, S. (1983), Schätzung von Nachfragereaktionen auf Variationen des Tarif- und Leistungsangebots im öffentlichen Personennahverkehr, Zeitschrift für Verkehrswissenschaft, 1983, S. 207-230.

Albers, S. (1984), Zum Einsatz von umsatzabhängigen Provisionssätzen bei der Steuerung von Handelsvertretern, in: Marketing ZFP, 1984, S. 21-30.

Albers, S. (1985), Die Planung der Preis- und Besuchspolitik eines Verkaufsaußendienstes, in: Zeitschrift für Betriebswirtschaft (ZfB), 1985, S. 899-923.

Albers, S. (1989), Gewinnorientierte Neuproduktpositionierung in einem Eigenschaftsraum, in: Schmalenbachs Zeitschrift für betriebswirtschaftliche Forschung (ZfbF), 1989, S. 186-209.

Albers, S. (1992), Ursachenanalyse von marketingbedingten IST-SOLL-Deckungsbeitragsabweichungen, in: Zeitschrift für Betriebswirtschaft (ZfB), 1992, S. 199-223.

Albers, S. (1995), Optimales Verhältnis zwischen Festgehalt und erfolgsabhängiger Entlohnung bei Verkaufsaußendienstmitarbeitern, in: Schmalenbachs Zeitschrift für betriebswirtschaftliche Forschung (ZfbF), 1995, S. 124-142.

Albers, S. (1998a), A Framework for Analysis of Profit Contribution Variance Between Actual and Plan, in: International Journal of Research in Marketing 1998, S. 109-122.

Albers, S. (1998b), Regeln für die Allokation eines Marketing-Budgets auf Produkte oder Marktsegmente, in: Schmalenbachs Zeitschrift für betriebswirtschaftliche Forschung (ZfbF), 1998, S. 211-235.

Albers, S./ Bielert, W. (1996), Kostenminimale Gestaltung von finanziellen Nebenleistungen für Führungskräfte, in: Zeitschrift für Betriebswirtschaft (ZfB), 1996, S. 459-473.

Albers, S./ Brockhoff, K. (1977), A procedure for new product positioning in an attribute space, in: European Journal of Operational Research, 1977, S. 230-238.

Albers, S./ Brockhoff, K. (1985), Die Gültigkeit der Ergebnisse eines Testmarktsimulators bei unterschiedlichen Daten und Auswertungsmethoden, in: Schmalenbachs Zeitschrift für betriebswirtschaftliche Forschung (ZfbF), 1985, S. 191-217.

Albers, S./ Krafft, M.(1996), Zur relativen Aussagekraft und Eignung von Ansätzen der Neuen Institutionenlehre für die Absatzformwahl sowie die Entlohnung von Verkaufsaußendienstmitarbeitern, in: Zeitschrift für Betriebswirtschaft (ZfB), 1996, S. 1383-1407.

Assmus, G./ Farley, J.U./ Lehmann, D.R. (1984), How Advertising Affects Sales, in: Journal of Marketing Research, 1984, S. 65-74.

Baier, D./ Säuberlich, F. (1997), Kundennutzenschätzung mittels individueller Hybrid-Conjointanalysen, in: Schmalenbachs Zeitschrift für betriebswirtschaftliche Forschung (ZfbF), 1997, S. 951-972.

Balderjahn, I. (1991), Ein Verfahren zur empirischen Bestimmung von Preisresponsefunktionen, in: Marketing ZFP, 1991, S. 33-42.

Balderjahn, I. (1994), Der Einsatz der Conjoint-Analyse zur empirischen Bestimmung von Preisresponsefunktionen, in: Marketing ZFP, 1994, S. 12-20.

Bass, F. (1969), A New Product Growth Model for Consumer Durables, in: Management Science, 1969, S. 215-227.

Basu, A.K. et al. (1985), Salesforce Compensation Plans: An Agency Theoretic Perspective, in: Marketing Science, 1985, S. 267-291.

Bauer, H.H. (1989), Marktabgrenzung, Berlin 1989.

Bauer, H.H./ Herrmann, A. (1992), Eine Methode zur Abgrenzung von Märkten, in: Zeitschrift für Betriebswirtschaft (ZfB), 1992, S. 1341-1360

Bauer, H.H./ Herrmann, A./ Menges, A. (1994), Eine Methode zur gewinnmaximalen Produktgestaltung auf der Basis des Conjoint Measurement, in: Zeitschrift für Betriebswirtschaft (ZfB), 1994, S. 81-94.

Berndt, R. (1978), Anwendungsmöglichkeiten der Bayesschen Entscheidungsanalyse bei der Einführung eines neuen Produktes, in: Schmalenbachs Zeitschrift für betriebswirtschaftliche Forschung (ZfbF), 1978, S. 146-167.

Berndt, R. (1981), Planungsrechnungen zur Mediaselektion, abgeleitet aus Optimierungsmodellen der Mediaplanung, in: Marketing ZFP, 1981, S. 115-128.

Boztug, Y./ Hildebrandt, L. (2000), Die Schätzung von Responsefunktionen mit parametrischen und nichtparametrischen Verfahren über Scannerdaten, erscheint in: *Hippner, H./ Küsters, U./ Meyer, M./ Wilde, K.* (Hrsg.), Handbuch Data Mining im Marketing, Wiesbaden 2000.

Brockhoff, K. (1988), Die Bewährung von Gutenbergs Preis-Absatz-Funktion im Zigarettenmarkt, in: Zeitschrift für Betriebswirtschaft (ZfB), 1988, S. 828-838.

Brockhoff, K./ Waldeck, B. (1984), The robustness of PREFMAP-2, in: International Journal of Research in Marketing, 1984, S. 215-233.

Chmielewicz, K. (1979), Forschungskonzeptionen der Wirtschaftswissenschaft, 2. Auflage, Stuttgart 1979.

Clarke, D.G. (1976), Econometric Measurement of the Duration of Advertising Effects on Sales, in: Journal of Marketing Research, 1976, S. 345-357.

Decker, R./ Röhle, M./ Wagner, U. (1997), Modellgestützte Marketing-Mix-Planung unter Berücksichtigung von Konkurrenzeffekten, in: Zeitschrift für Betriebswirtschaft (ZfB), 1997, S. 1167-1187.

Dichtl, E./ Schobert, R. (1979), Mehrdimensionale Skalierung, München 1979.

Diller, H. (1991), Preispolitik, 2. Auflage, Stuttgart et al. 1991.

Dorfman, R./ Steiner, P.O. (1954), Optimal Advertising and Optimal Quality, in: American Economic Review (AER), 1954, S. 826-836.

Feichtinger, G. (1983), Optimale dynamische Preispolitik bei drohender Konkurrenz, in: Zeitschrift für Betriebswirtschaft (ZfB), 1983, S. 156-171.

Feichtinger, G./ Luhmer, A./ Sorger, G. (1988), Optimal Price and Advertising Policy for a Convenience Goods Retailer, in: Marketing Science, 1988, S. 187-201.

Gaul, W./ Aust, E./ Baier, D. (1995), Gewinnorientierte Produktliniengestaltung unter Berücksichtigung des Kundennutzens, in: Zeitschrift für Betriebswirtschaft (ZfB), 1995, S. 835-855.

Gedenk, K./ Neslin, S.A. (1999), The Role of Retail Promotion in Determining Future Brand Loyalty: Its Effects on Purchase Event Feedback, in: Journal of Retailing, 1999, S. 433-459.

Gedenk, K./ Sattler, H. (1999), Preisschwellen und Deckungsbeitrag - verschenkt der Handel große Potentiale, in: Schmalenbachs Zeitschrift für betriebswirtschaftliche Forschung (ZfbF), 1999, S. 693-713.

Haase, K./ Salewski, F./ Skiera, B. (1998), Preisdifferenzierung bei Dienstleistungen am Beispiel von „Call-by-call"-Tarifen, in: Zeitschrift für Betriebswirtschaft (ZfB), 1998, V 1053-1071.

Heimel, J.P. et al.. (1998), Konnexionistische Kaufakt- und Markenwahlmodelle, in: Schmalenbachs Zeitschrift für betriebswirtschaftliche Forschung (ZfbF), 1998, S. 596-613.

Hildebrandt, L. (1998), Marketing-Mix-Modelle und Wettbewerbsstruktur-Analysen, in: *Erichson, B./ Hildebrandt, L.* (Hrsg.): Probleme und Trends in der Marketing-Forschung, Stuttgart 1998, S. 95-114.

Hruschka, H. (1986), Market definition and segmentation using fuzzy clustering methods, in: International Journal of Research in Marketing 1986, S. 117-134.

Hruschka, H. (1990), Messung von Interdependenzen zwischen Marketing-Instrumenten, in: Zeitschrift für Betriebswirtschaft (ZfB), 1990, S. 549-560.

Hruschka, H. (1991), Marktreaktionsfunktionen mit Interaktionen zwischen Marketing-Instrumen-ten, in: Zeitschrift für Betriebswirtschaft (ZfB), 1991, S. 339-356.

Hruschka, H. (1993), Die Bestimmung von Absatzreaktionsfunktionen auf der Grundlage von PIMS-Daten, in: Zeitschrift für Betriebswirtschaft (ZfB), 1993, S. 253-265.

Hruschka, H. (1996), Marketing-Entscheidungen, München 1996.

Hruschka, H. (1997), Schätzung und normative Analyse ausgewählter Preis-Absatz-Funktionen, in: Zeitschrift für Betriebswirtschaft (ZfB), 1997, S. 845-864.

Kuester, S./ Homburg, Ch./ Robertson, Th. S. (1999), Retaliatory Behavior to New Product Entry, in: Journal of Marketing (JoM), No. 4, 1999, S. 90-106.

Little, J.D.C. (1970), Models and Managers: The Concept of a Decision Calculus, in: Management Science, 1970, S. B466-B485.

Marks, U.G. (1994), Neuproduktpositionierung in Wettbewerbsmärkten, Wiesbaden 1994.

Mauerer, N. (1995), Die Wirkung absatzpolitischer Instrumente: Metaanalyse empirischer Forschungsarbeiten, Wiesbaden 1995.

McIntyre, S.H. (1982), An experimental Study of the Impact of Judgment-based Marketing Models, in: Management Science, 1982, S. 17-33.

Nakanishi, M./ Cooper, L.G. (1974), Parameter Estimation for a Multiplicative Competitive Interaction Model - Least Squares Approach, in: Journal of Marketing Research 1974, S. 303-311.

Natter, M./ Hruschka, H. (1997), Ankerpreise als Erwartungen oder dynamische latente Variablen in Marktreaktionsmodellen, in: Schmalenbachs Zeitschrift für betriebswirtschaftliche Forschung (ZfbF), 1997, S. 747-764.

Nenning, M./ Topritzhofer, E./ Wagner, U. (1979), Multikollinearität im Marketing-Mix: Ridge Regression und andere Diagnose- und Korrekturverfahren aus der Sicht des Anwenders, in: Marketing ZFP, 1979, S. 101-113.

Sattler, H./ Rao, V.R. (1997), Die Validität eines Ansatzes zur Separierung der Allokations- und Informationsfunktion des Preises, in: Zeitschrift für Betriebswirtschaft (ZfB), 1997, S. 1285-1307.

Schmalen, H. (1977), Ein Diffusionsmodell zur Planung des Marketing-Mix bei Einführung langlebiger Konsumgüter auf einem Konkurrenzmarkt, in: Zeitschrift für Betriebswirtschaft (ZfB), 1977, S. 697-714.

Schmalen, H. (1978), Marketing-Mix-Entscheidungen im dynamischen Oligopol, in: Zeitschrift für Betriebswirtschaft (ZfB), 1978, S. 1035-1060.

Schmalen, H./ Pechtl, H. (1995), Die Absatzwirkung von Sonderangebotsaktionen im Lebensmitteleinzelhandel - Theoretische Überlegungen und ihre empirische Identifikation mit Scanner-Daten, in: Zeitschrift für Betriebswirtschaft (ZfB), 1995, S. 587-607.

Simon, H. (1977), Preispolitik bei erwartetem Konkurrenzeintritt - Ein dynamisches Oligopolmodell, in: Zeitschrift für Betriebswirtschaft (ZfB), 1977, S. 745-766.

Simon, H. (1982a), ADPULS: An Advertising Model with Wearout and Pulsation, in: Journal of Marketing Research, 1982.

Simon, H.(1982b), Preismanagement, 1. Auflage, Wiesbaden 1982, 2. Auflage, Wiesbaden 1992.

Simon, H. (1985), Produktlinienpolitik: Ein empirisches Marketingmodell, in: Marketing ZFP, 1985, S. 5-12.

Simon, H. (1992), Marketing-Mix-Interaktion: Theorie, empirische Befunde, strategische Implikationen, in: Schmalenbachs Zeitschrift für betriebswirtschaftliche Forschung (ZfbF), 1992, S. 87-110.

Simon, H./ Kucher, E. (1988), Die Bestimmung empirischer Preis-Absatz-Funktionen, in: Zeitschrift für Betriebswirtschaft (ZfB), 1988, S. 171-183.

Simon, H./ Kucher, E./ Sebastian, K.-H. (1982), Scanner-Daten in Marktforschung und Marketing-Entscheidung, in: Zeitschrift für Betriebswirtschaft (ZfB), 1982, S. 555-579.

Skiera, B./ Albers, S. (1994), COSTA: Ein Entscheidungs-Unterstützungs-System zur deckungsbeitrags-maximalen Einteilung von Verkaufsgebieten, in: Zeitschrift für Betriebswirtschaft (ZfB), 1994, S. 1261-1283.

Skiera, B./ Albers, S. (1998), COSTA: Contribution Optimizing Sales Territory Alignment, in: Marketing Science, 1998, S. 196-213.

Skiera, B./ Spann, M. (1998), Gewinnmaximale zeitliche Preisdifferenzierung für Dienstleistungen, in: Zeitschrift für Betriebswirtschaft (ZfB), 1998, S. 703-717.

Srinivasan, V./ Shocker, A.D. (1973), Linear Programming Techniques for Multidimensional Analysis of Preferences, in: Psychometrika, 1973, S. 731-756.

Teichert, T. (1998), Schätzgenauigkeit von Conjoint-Analysen, in: Zeitschrift für Betriebswirtschaft (ZfB), 1998, S. 1245-1266.

Tellis, G.J. (1988), The Price-Elasticity of Selective Demand, in: Journal of Marketing Research, 1988, S. 331-341.

ter Haseborg, F. (1990), Zur Konzeption einer integrierten dynamischen Werbemittelprogramm- und Mediabudgetplanung, in: Zeitschrift für Betriebswirtschaft (ZfB), 1990, S. 963-986.

Theisen, P. (1977), Optimierungsmodelle der Distributionspolitik, in: Zeitschrift für Betriebswirtschaft (ZfB), 1977, S. 65-88.

Tscheulin, D.K. (1991), Ein empirischer Vergleich der Eignung von Conjoint-Analyse und AHP zur Neuproduktplanung, in: Zeitschrift für Betriebswirtschaft (ZfB), 1991, S. 1267-1280.

Tull, D. S. et al. (1986), „Leveraged" Decision Making in Advertising: The Flat Maximum Principle and Its Implications, in: Journal of Marketing Research, 1986, S. 25-32.

Voeth, M. (1999), 25 Jahre conjointanalytische Forschung in Deutschland, in: Zeitschrift für Betriebswirtschaft (ZfB), Ergänzungsheft 2, 1999, S. 153-176.

Wagner, U. (1980), Reaktionsfunktionen mit zeitvariablen Koeffizienten und dynamischer Interaktionsmessung zwischen absatzpolitischen Instrumenten, in: Zeitschrift für Betriebswirtschaft (ZfB), 1980, S. 416-425.

Wagner, U./ Taudes, A. (1986), A Multivariate Polya Model of Brand Choice and Purchase Incidence, in: Marketing Science, 1986, S. 219-244.

Wagner, U./ Taudes, A. (1989), Erfahrungen bei der empirischen Marktmodellierung, in: Marketing ZFP, 1989, S. 59-65.

Wedel, M./ Kamakura, W.A. (1998), Market Segmentation: Conceptual and Methodological Foundations, Boston et al. 1998.

30 Jahre Forschung im deutschen Sprachraum zum quantitativ orientierten Marketing - Korreferat zum Beitrag von *Sönke Albers*

Lutz Hildebrandt

1.	*Vorbemerkung*	*240*
2.	*Zum Beitrag*	*241*
3.	*Zum Stand der Multivariaten Datenanalyse*	*244*
Literatur		*246*

1. Vorbemerkung

Ehe ich auf die Inhalte des Beitrags von *Sönke Albers* eingehe, möchte ich zunächst einige Anmerkungen zur Situation der quantitativen Forschung im Marketing machen. Die Qualität von quantitativ orientierten Forschungsarbeiten lässt sich am ehesten durch ihre Publikation in einem internationalen referierten Journal messen. Für Marketingstudien sind im Reviewprozess Kriterien zu erwarten, die im Wesentlichen durch die amerikanische INFORMS-Marketing Science Group geprägt werden. Die Reviewer erwarten entweder neue Methoden der Modellierung, die Anwendung einer bekannten Methodologie auf neue Daten oder einen Lösungsansatz für ein bisher ungelöstes Problem. Akzeptierte quantitative Verfahren zur Modellierung liegen im Schnittbereich von Operations Research, Ökonometrie und Statistik. Die Publikation einer einschlägigen Forschungsarbeit in einem Top-Journal (etwa dem Journal of Marketing Research) wird bei mehrmaligen Review-Runden etwa drei bis fünf Jahre in Anspruch nehmen.

Orientiert sich der Forscher an den Standards der Marketing Science Group, dann findet er häufig bei anderen Marketing-Kollegen im eigenen Land wenig Verständnis. Die Kritik geht von „Einsatz der Methode um der Methode willen", „kein sichtbarer Erkenntniszuwachs" bis zu „Elfenbeinturm-Forschung ohne Anwendungsrelevanz". Häufig wird nicht erkannt, was eine neue Methodik oder ein auch in der Anwendung schwer zu vermittelnder Modellansatz mehr leistet, als eine bereits diffundierte Methodik. Die Forschungsarbeit bewegt sich im Konflikt zwischen praktischer Handhabbarkeit bzw. Praxisrelevanz und wissenschaftlicher Akzeptanz im internationalen Forschungsumfeld, wie man z.B. im Elfenbeinturm-Artikel von *Hermann Simon* (1992) nachlesen kann.

Häufig werden die Transferprobleme nicht gelöst und es dauert Jahre, bei manchen Methoden Jahrzehnte, bis sich eine verbreitete praktische Anwendung durchsetzt. Beispiele sind die Methoden Kausalanalyse und das Conjoint-Measurement. Erste Programmversionen lagen bereits in den 60er Jahren vor. Die verbreitete Anwendung im Marketingmanagement und in der Marktforschung hat sich aber erst mit den Fortschritten in der Computertechnik und der Entwicklung von leistungsfähiger, allgemein zugänglicher Software durchgesetzt. Vieles von dem, was in der quantitativen Forschung common knowledge ist, findet sich in den quantitativen Lehrbüchern der 70er Jahre, und auch die Mehrzahl der Modellstrukturen, die im Beitrag von *Sönke Albers* genannt sind, kann man anhand der frühen Monografien der deutschen quantitativen Marketingforschung studieren.

2. Zum Beitrag

Der Beitrag von *Sönke Albers* gibt einen exzellenten Einblick in die deutschsprachige Marketingforschung zum Marketing-Mix-Management. Er liefert einen State of the Art, dem nur schwer etwas hinzuzufügen ist. Allerdings bleibt die Frage offen, welchen Stellenwert die erwähnten Beiträge im Kontext der internationalen Forschung haben. Es gehen auch zwei Aspekte etwas unter. Erstcns sollten bei der Bestandsaufnahme auch ältere quantitative Beiträge gewürdigt werden, die durch die Evolution methodischer Trends heute in den Hintergrund getreten sind. Zweitens greift der Beitrag bis auf das Conjoint-Measurement kaum Forschungsarbeiten auf, die sich mit der Mess- und Operationalisierungsproblematik oder mit dem Bereich der Multivariaten Datenanalyse auseinandersetzen. Gerade hier hat die deutsche quantitative Marketingforschung eine Vielzahl von Beiträgen vorzuweisen (vgl. *Hildebrandt/ Wagner* 2000). In den vergangenen 30 Jahren wurden etwa 250 Aufsätze mit quantitativem Schwerpunkt veröffentlicht, davon etwa ein Drittel zur Entwicklung von Messmodellen und dem Einsatz multivariater Analysemethoden. Die Existenz valider Messungen macht ja die Anwendung quantitativer Modelle auch mit ökonomischen Zielgrößen, wie z.B. in der Markenwertforschung (vgl. z.B. die Arbeit von *Sattler* 1997) erst möglich. Ich möchte deshalb zunächst in einem kurzen historischen Abriss auf einige m.E. richtungsweisende Beiträge der letzten 30 Jahre hinweisen und auf grundlegende Treiber der Methodenentwicklung eingehen. Anschließend greife ich einige Beiträge in der Multivariaten Analyse auf, die ich als repräsentativ für den derzeitigen Forschungsstand halte.

Um einen generellen Überblick der Methodenentwicklung der vergangenen 30 Jahre zu geben, erscheint es sinnvoll, verschiedene Phasen zu unterscheiden. Dazu wird eine Unterscheidung in Fünf-Jahresintervalle gewählt (vgl. *Tabelle 1*). In den siebziger Jahren ist die quantitative Forschung insbesondere durch die Diffusion von Methoden geprägt, die im Operations Research entwickelt wurden und die normative (entscheidungsorientierte) Modellierung in den Vordergrund stellen. Umfassende Übersichten bieten die Monografien von *Krautter* (1973) zu Entscheidungsmodellen, von *Topritzhofer* (1974) zur Kaufentscheidungsmodellierung und von *Hammann* (1975), der praktisch eine Gesamtübersicht zur Modellentwicklung in dieser Dekade gibt.

Als Ergebnis der methodischen Forschungsausrichtung dieser Jahre können auch die Arbeiten von *Schmalen* (1978) zu Marketing-Mix-Entscheidungen, von *Simon* (1977) zur Preispolitik und *Berndt* (1978) zur Neuprodukteinführung angesehen werden. Die in diesen Arbeiten verwendeten Optimierungsansätze haben ihre Aktualität nie verloren und der in der Arbeit von *Berndt* eingesetzte *Bayes*-Ansatz feiert gerade in der Markenwahl-Modellierung ein Comeback.

Phase	Methodische Trends	Anwendungen	ausgewählte Beiträge
Bis 1975	Entscheidungsorientierte Modellierung / OR-Methoden Adaption	Marketing-Mix-Management	*Hammann* (1975) *Krauter* (1973) *Topritzhofer* (1974)
1976-1980	Psychometrische Messung explorative und multivariate Analyse	Positionierung Segmentierung Konsumentenverhalten	*Dichtl/ Schobert* (1979) *Kaas* (1977) *Albers* (1979)
1981-1985	Integration von Methoden zur Analyse und Prognose	Prognose Strukturelle Analyse und Test	*Erichson* (1981) *Albers* (1979; 1982) *Hildebrandt* (1983), *Böcker* (1986)
1986-1990	PC-basierte Entscheidungs-unterstützung und Experten-systeme	Integrierte Analyse-systeme Neuprodukt- und Werbe-planung	*Baier/ Gaul* (1990) *Gaul/ Baier* (1993) *Esch/ Kroeber-Riel* (1992) *Neibecker* (1989)
1991-1995	KI und Daten als Treiber der Methodenentwicklung	Preis- und Promotion-management Strukturelle Analyse Quantitative Kauf-verhaltens-forschung	*Hruschka/ Natter* (1993) *Hruschka* (1993) *Gaul/ Decker/ Wartenberg* (1994)
1996-2000	Wiederentdeckung der ökonomischen Theorie	Preismanagement Wettbewerbsanalyse Marketing-Mix	*Skiera* (1999) *Wiese* (1998) *Hempelmann* (1997)

Tabelle 1: Phasen der quantitativen Marketingforschung - Einige Beobachtungen

Die zweite Hälfte der 70er Jahre ist durch die Aufnahme psychometrischer Methoden und den Einsatz multivariater Techniken geprägt. Hier sind die Arbeiten von *Dichtl/ Schobert* (1979) und *Dichtl/ Bauer/ Schobert* (1980) zur mehrdimensionalen Skalierung und der Dynamisierung der MDS-Lösung charakteristisch. Auch die Arbeit von *Kaas* (1977) zur Verwendung des „Laws of Comparative Judgement" bei der Schätzung von Preisabsatzfunktionen und der Beitrag von *Albers* (1979) zur optimalen Produktpositionierung auf der Basis von individuellen Daten wären hier einzuordnen.

Die erste Hälfte der 80er Jahre zeigt als Trend die Integration unterschiedlicher Methoden, sowohl für den simultanen Einsatz mehrerer Verfahren aus der Multivariaten Analyse als auch zur Integration von psychometrischen Methoden im Entscheidungskalkül. Zu letzterem wurden die Beiträge von *Albers* (1979; 1982) schon aufgeführt, der psychometrische Messmethoden durch Einsatz eines Wahlsimulators mit einem Optimierungsmodell verbindet. Vorschläge zur Nutzung der Präferenzforschung mit dem Conjoint-Measurement finden sich bei *Böcker* (1986). Zu erwähnen ist auch das Testmarktsimulationsmodell TESI (*Erichson* 1981), das Präferenzmessung, Marktanteilsschätzung und Preisoptimierung integriert. Der wohl wichtigste Beitrag zur Integration von Methoden der Multivariaten Analyse ist der Strukturgleichungsansatz mit LISREL zur Validierung von Messmodellen und dem Test von „kausalen" Beziehungsstrukturen (z.b. *Hildebrandt* 1983) auf der Ebene latenter Variablen.

Im Zeitabschnitt bis zum Ende der 90er Jahre hat sich diese Tendenz zur Integration von Modellen besonders in der Entwicklung einer neuen Generation von Entscheidungsunterstützungssystemen niedergeschlagen, die PC-basiert auf Bedürfnisse des Marketing-Managers zugeschnitten sind (z.b. *Baier/ Gaul* 1990; *Gaul/ Baier* 1993). Techniken wie Segmentierung, Positionierung und Optimierung einzelner Instrumente sind bei Vorhandensein entsprechender Daten einfach durchführbar. Erwähnt werden müssen in diesem Zusammenhang auch die Entwicklungen im Bereich der Expertensysteme. Hier sind die Systeme von *Esch* und *Kroeber-Riel* (1992) sowie *Neibecker* (1989) zu nennen und die Arbeiten in *Gaul/ Schader* (1994).

Die Veröffentlichungen der neunziger Jahre sind in der Folge gekennzeichnet durch das Aufgreifen von Methoden aus der Künstlichen-Intelligenz-Forschung und der Verfügbarkeit einer neuen Generation von Daten, z.B. durch die Scannertechnologie. Die Anwendung von neuronalen Netzen bei der Datenanalyse zu typischen Marketingproblemen finden sich in einer Serie von Publikationen (z.B. *Hruschka/ Natter* 1993; *Hruschka* 1993 und *Gaul/ Decker/ Wartenberg* 1994).

Zum Ende des Betrachtungszeitraums ist heute m.E. die theoretische Fundierung quantitativer Modelle wieder mehr in den Vordergrund getreten. Man kann ein Wiederentdecken der ökonomischen Theorie und die explizite Berücksichtigung von Wettbewerb in den Modellen der quantitativen Marketingentscheidungen beobachten. Hervorzuheben sind dabei die spieltheoretisch fundierten Arbeiten von *Hempelmann* (1997), *Wiese* (1998) und *Steiner* (1999) sowie die Schrift von *Skiera* zur Preistheorie (1999).

An dieser Übersicht soll zunächst deutlich werden, dass man die quantitative Modellierung im Marketing weiter gefasst sehen muss, als es im Beitrag von *Sönke Albers* geschieht. Die quantitative Arbeit war immer von zwei Faktoren abhängig, dem Vorhandensein von validen Daten, die eine quantitative Modellierung zur Optimierung einer ökonomischen Zielgröße zulassen und der Verfügbarkeit von Informationstechnologien (Hardware/ Software), mit der komplexe Analysen in einer angemessenen Zeit möglich wurden. Der jeweilige Entwicklungsstand der quantitativen Marketingforschung ist dann immer auch ein Spiegel des dahinterliegenden technischen Fortschritts, von den „selbstgestrickten" lochkartenbasierten Fortran-Programmen der 70er Jahre bis hin zu den internetgestützen Softwareprogrammen, wie Explore (*Härdle et al.* 2000) mit allen Arten moderner Schätztechniken (z.B. *Boztug/ Hildebrandt* 2000).

3. Zum Stand der Multivariaten Datenanalyse

Die Diskussion über die quantitative Marketingforschung verdeutlicht, dass der Einsatz psychometrischer Methoden und die Anwendung Multivariater Analysetechniken eine Vielzahl herausragender Forschungsbeiträge geliefert hat, die zwar nicht der Marketing-Mix-Modellierung zuzurechnen sind, aber erwähnt werden müssen. In dem Bereich der Multivariaten Analysemethoden kann dies anhand von Beiträgen aus der Methodenforschung deutlich gemacht werden, die Produktpositionierung, Segmentierungsprobleme und die Analyse von strukturellen („kausalen") Beziehungen zum Gegenstand haben.

Bei den Ansätzen zur Produktpositionierung kann wieder die Arbeit zur Dynamisierung der Multidimensionalen Skalierung (*Dichtl/ Bauer/ Schobert* 1980) erwähnt werden. Der Trend zur Entwicklung von testbaren Lösungskonfigurationen in der Multidimensionalen Skalierung hat heute eine neue Software-Generation mit probabilistischen Verfahren hervorgebracht. Einen Beitrag zu diesem Modellansatz liefern *Böckenholt* und *Gaul* (1988).

Zur Berücksichtigung von latenter Heterogenität in Untersuchungsgesamtheiten hat sich der „Finite-Mixture"-Ansatz durchgesetzt, der neue Wege zur Segmentierung aufzeigt. Das Aufdecken latenter Gruppen und die Schätzung der Wirkung von Einflussgrößen (z.B. Marketing-Mix-Einsatz) auf abhängige Erfolgsgrößen (z.B. Marktanteil) erfolgt in Finite-Mixture-Modellen simultan und liefert dabei segmentspezifische Ergebnisse. Die Schätzung kann mit und ohne a priori Spezifikation von Segmentierungsvariablen erfolgen. Hier liegen Beiträge von *Baier* (1997) zur Clusterwise-Regression und von *Görz/ Hildebrandt/ Annacker* (2000) zur Berücksichtigung von latenter Heterogenität bei Strukturgleichungsmodellen vor. Eine vergleichbare Vorgehensweise verwenden auch *Gedenk* (1999) und *Hruschka* (1999) zur Berücksichtigung von Heterogenität bei der Schätzung von Markenwahlmodellen etwa mit dem Logit-Modell.

Mit der gleichen Problemstellung, der strukturellen Analyse in Verbindung mit einer Clusterung der Untersuchungseinheiten für eine Segmentierung, befassen sich auch die Multimodalen Analyseansätze. Hier lieferten *Gaul* und *Schader* (1996) einen Beitrag zur Mehrmodalen Clusteranalyse. *Kessing* (1993) und *Hildebrandt/ Klapper* (1999) haben sich mit Anwendungsmöglichkeiten der dreimodalen Faktorenanalyse zur simultanen Positionierung und Segmentierung auseinandergesetzt. Vorteilhaft hat sich dieses Verfahren auch zur Dekomposition von Marketing-Mix-Elastizitäten gezeigt, die über Scannerdaten mit asymmetrischen Marktanteilsmodellen geschätzt werden. *Klapper* (1998) hat für diese Problematik einen Modellansatz zur Einbeziehung von a priori Informationen entwickelt. Auch im Bereich der Strukturgleichungsmethodologie (*Hildebrandt/ Homburg* 1998) sind einige methodische Beiträge der jüngeren Forschung zu erwähnen. So hat *Balderjahn* (1988) einen Ansatz zur Kreuzvalidierung von Kausalmodellen vorgestellt, *Homburg* (1991) liefert eine Übersicht von Möglichkeiten der Modellselektion bei explorativer Anwendung der Strukturgleichungsmethodologie und *Hildebrandt/ Annacker* (1996) stellen ein Modell vor, wie auf der Basis von Paneldaten der Einfluss von unbeobachtbaren Einflussgrößen - hier als Brücke zwischen klassischer Erfolgsfaktorenforschung und ressourcenbasiertem Ansatz der Strategieforschung konzipiert - kontrolliert und geschätzt werden kann.

Zu den neueren Beiträgen in der Multivariaten Analyse zählen auch Forschungsarbeiten im Bereich des Conjoint-Measurement. Hier werden methodologische Erweiterungen auf der Datenerhebungsebene (*Voeth/ Hahn* 1998) vorgeschlagen, Erweiterungen auf der Anwendungsebene, wie z.B. die Einbeziehung von Kosten (*Bauer/ Herrmann/ Mengen* 1994) und Erweiterungen bei den adaptiven Verfahren (z.B. *Hensel-Börner/ Sattler* 2000).

Abschließend noch einige Anmerkungen zur internationalen Wahrnehmung deutscher quantitativer Marketingforschung. Trotz einer Vielzahl eigenständiger Beiträge werden viele Arbeiten international nicht wahrgenommen. Auch die Publikation in europäischen Journalen bringt nur in wenigen Zeitschriften Beachtung. Letztendlich muss vom Forscher der recht mühsame Weg der Publikation in amerikanischen Journalen gewählt werden, um wahrgenommen zu werden.

Literatur

Albers, S. (1979), An Extended Algorithm for Optimal Product Positioning, in: European Journal of Operational Research, 1979, S. 222-231.

Albers, S. (1982), PROPOPP - A Program Package for Optimal Product Positioning of a New Product in an Attribute Space, in: Journal of Marketing Research, 1982, S. 606-608.

Baier, D. (1997), A Constrained Clusterwise Regression Procedure for Benefit Segmentation, in: *Hayashi, C. et al.* (Hrsg.), Data Science, Classification and Related Methods, Heidelberg 1997, S. 676-683.

Baier, D./ Gaul, W. (1990), Computer-Assisted Market Research and Marketing Enriched by Capabilities of Knowledge-Based Systems, in: New Ways in Marketing and Market Research, EMAC / ESOMAR Symposium, Athens 1990, S. 139-160.

Balderjahn, I. (1988), Der Einsatz von LISREL zur Kreuzvalidierung von Kovarianzstrukturmodellen, in: *Faulbaum, F./ Uehlinger, H.-M.* (Hrsg.), Fortschritte der Statistik-Software, Stuttgart 1988, S. 65-74.

Bauer, H/, Herrmann, A./ Mengen, A. (1994), Eine Methode zur gewinnmaximalen Produktgestaltung auf Basis des Conjoint Measurement, in: Zeitschrift für Betriebswirtschaft (ZfB), 1994, S. 81-94.

Böckenholt, I./ Gaul, W. /1988), Probabilistic Multidimensional Scaling of Paired Comparisons Data, in: *Bock, H. H.* (Hrsg.), Classification and Related Methods of Data Analysis, Amsterdam 1988, S. 405-412.

Böcker, F. (1986), Präferenzforschung als Mittel marktorientierter Unternehmensführung, in: Schmalenbachs Zeitschrift für betriebswirtschaftliche Forschung (ZfbF), 1986, S. 543-575.

Boztug, Y./ Hildebrandt, L. (2000), Nichtparametrische Methoden zur Schätzung von Responsefunktionen, in: *Hippner, H. et al.* (Hrsg.), Handbuch Data Mining im Marketing, Wiesbaden 2000.

Dichtl, E./ Bauer, H. H./ Schobert, R. (1980), Die Dynamisierung mehrdimensionaler Marktmodelle am Beispiel des deutschen Automobilmarktes; in: Marketing ZFP, 1980, S. 163-178.

Dichtl, E./ Schobert, E. (1979) (Hrsg.), Mehrdimensionale Skalierung, München 1979.

Erichson, B. (1981), TESI: Ein Test- und Prognoseverfahren für neue Produkte, in: Marketing ZFP, 1981, S. 201-208.

Esch, F.-R./ Kroeber-Riel, W. (1992), Expertensysteme in der Werbung, in: *Hermanns, A./ Flegel, V.* (Hrsg.), Electronic Marketing - Handbuch der Informations- und Kommunikationstechnik im Marketing, München 1992, S. 487-509.

Gaul, W./ Baier, D. (1993), Marktforschung und Marketing-Management - Computerbasierte Entscheidungsunterstützung, Oldenburg 1993.

Gaul, W./ Decker, R./ Wartenberg, F. (1994), Analyse von Panel- und POS-Scanner-Daten mit Neuronalen Netzen, in: Jahrbuch der Absatz- und Verbrauchsforschung, 1994, S. 281-306.

Gaul, W./ Schader, M. (1988), Clusterwise Aggregation of Relations, in: Applied Stochastic Models and Data Analysis, 1988, S. 273-282.

Gaul, W./ Schader, M. (1994) (Hrsg.), Wissensbasierte Marketing-Datenanalyse, Frankfurt a.M. 1994.

Gaul, W./ Schader, M. (1996), A New Algorithm for Two-Mode Clustering, Studies in Classification, Data Analysis and Knowledge Organization, 1996, S. 15-23.

Gedenk, K. (1999), Erfolgsanalyse und Planung von Verkaufsförderung für Konsumgüter, unveröffentlichte Habilitationsschrift, Universität Kiel, 1999.

Härdle, W./ Klinke, S./ Müller, M. (2000), XploRe - Learning Guide, Berlin 2000.

Hammann, P. (1975), Entscheidungsanalyse im Marketing, Berlin 1975.

Hempelmann, B. (1997), Ein dynamisches Modell der optimalen Produktsicherheit im Duopol, in: Schmalenbachs Zeitschrift für betriebswirtschaftliche Forschung (ZfbF), 1997, S. 437-448.

Hensel-Börner, S./ Sattler, H. (2000), Ein empirischer Validitätsvergleich zwischen der Customized Computerized Conjoint Analysis (CCC), der Adaptive Conjoint Analysis (ACA) und Self-Explicated-Verfahren, erscheint in: Zeitschrift für Betriebswirtschaft (ZfB), 2000.

Hildebrandt, L. (1983), Konfirmatorische Analysen von Modellen des Konsumentenverhaltens, Berlin 1983.

Hildebrandt, L./ Annacker, D. (1996), Panelanalysen zur Kontrolle „unbeobachtbarer" Einflußgrößen in der Erfolgsfaktorenforschung, in: Zeitschrift für Betriebswirtschaft (ZfB), 1996, S. 1409-1426.

Hildebrandt, L./ Görz, N./ Annacker, D. (2000), Analyzing Multigroup Data with Structural Equation Models, in: *Gaul, W./ Decker, R.* (Hrsg.), Classification and Information Processing at the Turn of the Millenium, Heidelberg 2000, (im Druck).

Hildebrandt, L./ Homburg, C. (1998) (Hrsg.), Die Kausalanalyse, Stuttgart 1998.

Hildebrandt, L./ Klapper, D. (1999), Möglichkeiten zur Analyse dreimodaler Daten für die Marktforschung mit Komponentenanalysen, in: Marketing ZFP, 1999, S. 313-327.

Hildebrandt, L./ Wagner, U. (2000), Marketing and operations research - a literature survey, in: OR Spektrum 2000, S. 5-18.

Homburg, Ch. (1991), Cross-Validation and Information Criteria in Causal Modeling, in: Journal of Marketing Research, 1991, S. 137-144.

Hruschka, H. (1993), Determining market response functions by neural network modeling: A comparison to econometric techniques, in: European Journal of Operational Research, 1993, S. 27-35.

Hruschka, H./ Natter, M. (1993), Analyse von Marktsegmenten mit Hilfe konnexionistischer Modelle, in: Zeitschrift für Betriebswirtschaft (ZfB), 1993, S. 425-442.

Kaas, K. (1977), Empirische Preisabsatzfunktionen bei Konsumgütern, Berlin 1977.

Kessing, O. (1993), Dynamisierung strategischer Planungsinstrumente mit Hilfe multivariater Methoden der Datenanalyse, Frankfurt a.M. 1993.

Klapper, D. (1998), Die Analyse von Wettbewerbsbeziehungen mit Scannerdaten, Heidelberg 1998.

Krautter, J. (1973), Marketing-Entscheidungsmodelle, Wiesbaden 1973.

Neibecker, B. (1990), Werbewirkungsanalyse mit Expertensystemen, Heidelberg 1990.

Sattler, H. (1997), Monetäre Bewertung von Markenstrategien für neue Produkte, Stuttgart 1997.

Schmalen, H. (1978), Marketing-Mix-Entscheidungen im dynamischen Oligopol, in: Zeitschrift für Betriebswirtschaft (ZfB), 1978, S. 1037-1060.

Simon, H. (1977), Preispolitik bei erwartetem Konkurrenzeintritt: Ein dynamisches Oligopolmo-dell, in: Zeitschrift für Betriebswirtschaft (ZfB), 1977, S. 745-766.

Skiera, B. (1999), Mengenbezogene Preisdifferenzierung bei Dienstleistungen, Wiesbaden 1999.

Steiner, W. J. (1999), Optimale Neuproduktplanung: Entscheidungsmodelle und wettbewerbsorien-tierte Ansätze, Wiesbaden 1999.

Topritzhofer, E. (1974), Absatzwirtschaftliche Modelle des Kaufentscheidungsprozesses unter be-sonderer Berücksichtigung des Markenwahlaspektes, Wien 1974.

Voeth, M./ Hahn, C. (1998), Limited Conjoint-Analyse, in: Marketing ZFP, 1998, S. 119-132.

Wiese, H. (1998), Kompatibilität, Netzeffekte und Produktdifferenzierung, in: Marketing ZFP, 1998, S. 15-24.

Diskussion zur quantitativen Orientierung des Marketing

Diskussionsleitung: Wulff Plinke

Beitrag *Trommsdorff*: Es sollte nicht übersehen werden, dass einen ganz wesentlichen Beitrag innerhalb der quantitativen Orientierung des Marketing methodische Entwicklungen und die Diffusion der multivariaten Analyse, insbesondere der Kausalanalyse komplexer Strukturen bzw. komplex zusammenhängender empirischer Daten ausgemacht haben. Die deutschsprachige Marketingforschung hat einen wesentlichen Teil dazu beigetragen. Die wissenschaftstheoretisch mit *Carnaps* Zwei-Sprachen-Theorie korrespondierende kausalanalytisch-konfirmatorische Marketingforschung hat das seinerzeit noch vorherrschende theoretisch unfruchtbare Datenschaufeln zu einem guten Teil ersetzt und damit wesentliche Beiträge zur Theoriebildung in der Marketingwissenschaft und zum Validitätscontrolling bei der Operationalisierung theoretischer Konstrukte geleistet.

Stellungnahme *Albers*: Die kausalanalytisch-konfirmatorische Marketingforschung und entsprechende Entwicklungen der multivariaten Analyse habe ich bewusst nicht behandelt, weil ich nicht ihren Beitrag zur quantitativen Unterstützung von Marketing-Entscheidungen erkennen kann. Die Kausalanalyse ist z.B. zur Validierung von Konstrukten wie Kundenzufriedenheit und Kundennähe eingesetzt worden, hat aber keinen Beitrag zur quantitativen Gestaltung dieser Instrumente geleistet. Die Kausalanalyse ist auch nicht zur Schätzung von Absatzreaktionsfunktionen eingesetzt worden. Alle mir bekannten Anwendungen verwenden im übrigen ein lineares Modell, während (abgesehen vom Preis) Absatzreaktionsfunktionen immer nichtlinear ausfallen müssen, weil sonst kein Optimum existiert. Die kausalanalytisch-konfirmatorische Marketingforschung quantifiziert zwar Beziehungen zwischen Variablen, leistet aber keine Hilfe zur Lösung von Optimierungsproblemen, sondern lediglich zum besseren Verständnis von Problemzusammenhängen. Aus diesem Grund gehört sie nach der von mir vorgenommenen Abgrenzung nicht zum Themengebiet des quantitativ orientierten Marketing.

Stellungnahme *Hildebrandt*: Dies ist sicher richtig, sofern es sich um methodische Weiterentwicklungen oder innovative Anwendungen handelt, aber es trifft für einen Großteil der Beiträge im deutschen Sprachraum nicht zu. Die meisten Forschungsarbeiten mit multivariater Analyse kann man eher als die Anwendung einer existierenden Methodik auf empirische Daten zur Lösung eines Messproblems ansehen, bei der kein methodischer Fortschritt - was die quantitative Modellierung angeht - zu erkennen ist. Die Anwendung einer Methodik zur Datenanalyse sehe ich nicht als Beitrag zur methodischen Entwicklung.

Beitrag *Balderjahn*: Die Richtung des wissenschaftlichen Fortschritts sollte nicht nur durch persönliche Karrierepläne und Opportunitätsabwägungen einzelner Wissenschaftler bestimmt werden. Insofern sollte man m.E. dem Nachwuchswissenschaftler nicht empfehlen, sich zur persönlichen Profilierung die letzte methodische Nische (z.B. der 50. Fit Index) zu suchen. Es gibt noch so viele grundlegende methodische Probleme, deren Bearbeitung vordringlicher ist. Darüber hinaus sollte dem Zwang zur Publikation in hochkarätigen wissenschaftlichen Journalen nicht unkritisch gefolgt werden. Eine wissenschaftliche Publikation leistet erst dann einen Beitrag zum wissenschaftlichen Fortschritt, wenn sie beachtet, d.h. rezipiert und zitiert wird. Nicht die Publikation an sich, sondern ihr Nutzen für andere Wissenschaftler und für die Wissenschaft insgesamt sollte handlungsleitend sein. Das Argument, die Praxis versteht die Methoden nicht und wendet sie deshalb nicht an, halte ich für wenig zutreffend. Einerseits wird „die Praxis" zum größten Teil von uns ausgebildet und zum anderen gibt es genügend Beispiele, die belegen, dass auch komplexere Methoden in der Praxis eingesetzt werden. Einen Schlüssel zur Akzeptanz von Methoden in der Praxis stellen Visualisierungsmöglichkeiten von Methode und Ergebnissen dar.

Stellungnahme *Albers*: Ich sehe zwischen den Ausführungen von *Balderjahn* und meinem Beitrag keinen Widerspruch. Den Forderungen von *Balderjahn* kann ich fast vollständig zustimmen. In meinen Ausführungen habe ich mich auch sehr stark mit dem auseinandergesetzt, was praktisch anwendbar ist. Bezüglich der hochkarätigen wissenschaftlichen Journale muss man allerdings konzedieren, dass gerade dort besonders einflussreiche Artikel erscheinen, weil dort die Qualitätskontrolle, nämlich der Review-Prozess am strengsten ausgeprägt ist. Schließlich möchte ich noch darauf hinweisen, dass jede neue Methode einem Diffusionsprozess unterliegt, bis sie in der Praxis nachhaltig angewendet wird. Insofern sehe ich ein hohes Potenzial für die Methodenentwicklung zur Unterstützung von Entscheidungen in der unternehmerischen Praxis.

Beitrag *Köhler*:

Sie haben die quantitativen Ansätze vorrangig nach Methodentypen behandelt, z.B. "linear/ nichtlinear", "deterministisch/ stochastisch", "univariat/ multivariat" usw. Die Marketingdisziplin und die Praxis haben sich aber immer auch dafür interessiert, für welche Marketinginstrumente Fortschritte in der Entscheidungsunterstützung erzielt worden sind (z.B. Werbebudgetierung, Mediaselektion, Preispolitik, Distributionslogistik, Produktinnovation). Es wäre wünschenswert, auch unter diesem Systematisierungsansatz etwas über die Entwicklung und Bewährung quantitativer Techniken zu erfahren.

Stellungnahme *Albers*: Meine Darstellung der Fortschritte in der Entscheidungsunterstützung systematisiert nach Marketing-Instrumenten ist der Zeitbeschränkung meines Vortrages zum Opfer gefallen. Der von mir vorgelegte Aufsatz enthält Ausführungen gegliedert nach Marketing-Instrumenten.

Beitrag *Steffenhagen*: Worin sehen Sie die Existenzberechtigung der quantitativen Marketingforscher angesichts der Konkurrenz mit Mathematikern, Physikern und/ oder Statistikern?

Stellungnahme *Albers*: Quantitativ ausgerichtete Marketingforscher stehen fast nie in Konkurrenz zu Mathematikern, Physikern und/ oder Statistikern, weil sie eine genaue Kenntnis des Problems besitzen und dann nach Methoden suchen bzw. sie entwickeln, mit denen das Problem ökonomisch gelöst werden kann. Auf der anderen Seite haben Mathematiker, Physiker und Statistiker meist eine bessere Methodenkenntnis. Entscheidend ist hier aber der Zugang zu echten Problemen in der Unternehmenspraxis.

V. Die Marketingimplementierung

Marketingimplementierung - Was hat die deutschsprachige Marketingforschung an Erkenntniszugewinn erbracht?

Richard Köhler

1. Herausforderungen an die Marketingwissenschaft und -praxis   254

2. Marktorientierung als zentraler Implementierungsgegenstand   255

   2.1 Studien zur Marktorientierung als Erfolgsfaktor   256

   2.2 Analysen zu Teilaspekten der Marktorientierung   258

3. Aufgabendimensionen der Marketingimplementierung   261

   3.1 Die kulturelle Dimension
     (Entstehung einer marktorientierten Unternehmenskultur)   262

   3.2 Die strukturelle Dimension
     (Gestaltung marktorientierter Organisationsformen)   264

   3.3 Die Mitarbeiterführungsdimension („Internes Marketing")   266

   3.4 Die Methodendimension
     (Analyse-, Planungs- und Kontrollsysteme)   268

   3.5 Die Prozessdimension
     (Entwicklung von Implementierungsschritten)   270

4. Fazit   271

Literatur   273

Implementierung bedeutet die „Überführung eines gedanklichen Konzepts in die praktische Realität" (*von der Oelsnitz* 1999, S. 41), d.h. die Umsetzung grundsätzlicher Entwürfe in konkretes Handeln (vgl. *Hilker* 1993, S. 3). Ohne Implementierung bleiben Visionen, Strategievorstellungen und Pläne letztlich folgenlos. Somit stellen sog. Implementierungslücken ein schwerwiegendes Managementproblem dar, weil sie Mängel im koordinierten Durchsetzen von Basisüberlegungen offenbaren (vgl. *Meffert* 1994, S. 361).

1. Herausforderungen an die Marketingwissenschaft und -praxis

Bei der Marketingimplementierung geht es in erster Linie darum, die Grundsätze marktorientierter Unternehmensführung in allen betrieblichen Tätigkeitsbereichen zu verankern und zur tatsächlichen Anwendung zu bringen. Der wissenschaftlichen Marketingdisziplin stellt sich dabei die Aufgabe, theoretisch begründete Hilfen für die Verwirklichung einer solchen Führungskonzeption zu entwickeln. Es genügt nicht, die Prinzipien des Marketing zu definieren und daraus Folgerungen hinsichtlich der wesentlichen Planungsinhalte abzuleiten. Als anwendungsbezogene Wissenschaft ist das Fach auch dazu aufgefordert, Vorschläge zur Realisierbarkeit dieser gedanklichen Grundlagen zu erarbeiten, mit anderen Worten: „Making Marketing Work" (*Graham* 1998, S. 40).

Hierzu bedarf eines umfassenden Untersuchungsansatzes, der zum einen klärt, was *„Marktorientierung"* von den Unternehmensmitgliedern verlangt, und zum anderen Wege zur systematischen Herbeiführung entsprechender Sicht- und Handlungsweisen aufzeigt. Dieses Implementierungsproblem hat die deutschsprachige Marketingforschung bis in die 90er Jahre hinein nicht in seiner ganzen Komplexität behandelt. Vielmehr hat sie sich mit Teilgesichtspunkten (wie Fragen der zweckmäßigen Marketingorganisation oder einer angemessenen Planungsmethodik) beschäftigt, ohne diese zu einem Gesamtkonzept zu verknüpfen. Erst die eingangs schon erwähnten Buchveröffentlichungen, die *Hilker* 1993 und *von der Oelsnitz* 1999 vorgelegt haben, verfolgen eine übergreifende Perspektive.

Eine ähnliche Entwicklung lässt sich übrigens ebenso für die amerikanische Marketingdisziplin feststellen. Auch hier hat lange die Erörterung von Einzelaspekten der Implementierung überwogen, bis *Bonoma* Mitte der achtziger Jahre versuchte, unternehmensstrukturelle Regelungen und personelle Fähigkeiten in ihrem Zusammenwirken als Implementierungsvoraussetzungen zu systematisieren (vgl. *Bonoma* 1985, S. 23, S. 38 und passim; s. auch *Bonoma/ Crittenden* 1988, S. 9).

Es ist nicht ohne Folgen für die Marketingpraxis geblieben, dass die Marketing-wissenschaft Implementierungsprobleme geraume Zeit vernachlässigt hat. Die Marketingforschung, im englischsprachigen wie im deutschsprachigen Bereich, hat die Grundsätze einer marktorientierten Unternehmensführung sowie Strategie- und Instrumentalkonzepte auf hohem Niveau ausgearbeitet. Dem steht jedoch nicht sel-ten noch ein etwas verkümmertes Marketingverständnis in der Praxis gegenüber (vgl. auch *Day* 1999, S. 5ff.). Die Umsetzung der gedanklichen Entwürfe wird nicht konsequent genug betrieben. „Anspruch und Wirklichkeit der Marketingrealisierung klaffen in manchen Bereichen weit auseinander" (*Müller/ Walti* 1997, S. 148; vgl. auch *Backhaus/ Hilker* 1994, S. 242; *Benkenstein* 1997, S. 197). Eine Umfrage bei industriellen Großunternehmen zeigte im Jahre 1998, dass immerhin 33% der ant-wortenden Firmen unter Marketing lediglich ein absatzsteigerndes Hilfsinstrument verstanden. Weitere 24% interpretierten Marketing als Aufgabenbereich einer besonderen Funktionsabteilung, aber nicht als Leitmaxime der Unternehmensfüh-rung (vgl. *Köhler/ Habann/ Hahne* 1999, S. 48f.). Eine 1999 an der Universität Münster durchgeführte Befragungsstudie ergab 27% Nennungen für „Marketing als verkaufsunterstützendes Instrument" und 49% Zustimmung für „Marketing als gleichberechtigte Funktion bzw. Abteilung", mit einem im Vergleich zu 1994 deutli-chen Zuwachs der Deutung von „Marketing als Führungsphilosophie" (76%; vgl. *Bongartz* 1999, S. 30). Diese Ergebnisse sind aber mit der davor zitierten 1998er Umfrage nicht unmittelbar vergleichbar, weil sich der Befragtenkreis vorwiegend aus Unternehmensvertretern mit offenkundig starkem Marketinginteresse zusam-mensetzte (u.a. Teilnehmer an einem einschlägigen Symposium) und weil hier Mehr-fachnennungen zugelassen waren, die sich zu insgesamt mehr als 100% addierten.

Als Fazit bleibt festzuhalten, dass nach wie vor deutliche Implementierungslücken in der Marketingpraxis vorkommen und dass die Marketingforschung zur Verbesserung dieses Zustandes beitragen kann, indem sie sich verstärkt mit den Bedingungen für eine Umsetzbarkeit der Marketingkonzeption beschäftigt. Beide sind also herausge-fordert, Fragen zur Realisierung des Marketing systematisch aufzugreifen.

2. Marktorientierung als zentraler Implementierungsgegenstand

Für Implementierungsüberlegungen ist zunächst grundlegend zu klären, *was* aus der gedanklichen Sphäre in die konkrete Verwirklichung umzusetzen ist. Dabei rückt das Konstrukt der *Marktorientierung* in den Mittelpunkt, entsprechend der Um-schreibung des Marketing als „marktorientierte Unternehmensführung" (*Meffert* 1998, S. 3; vgl. auch *Nieschlag/ Dichtl/ Hörschgen* 1997, S. 23; *Köhler* 1993, S. 257). *Kohli* und *Jaworski* kommt das Verdienst zu, sich frühzeitig um eine Definition der Begriffsmerkmale von „Marktorientierung" und um deren Messung bemüht zu haben, nachdem kurze Zeit zuvor *Shapiro* provokativ gefragt hatte: „What the Hell Is ´Market Oriented`?" (*Shapiro* 1988, S. 119; vgl. *Kohli/ Jaworski* 1990, S. 1ff.; *Jaworski/ Kohli* 1993, S. 53ff.). Im Wesentlichen werden dabei drei Kriterien hervorgehoben:

- die Gewinnung umfeldbezogener Informationen,
- die konsequente unternehmensinterne Verbreitung dieser umfeldbezogenen Informationen und
- die unternehmensweite Reaktionsfähigkeit auf die verfügbaren Marktsignale.

„Market orientation is the organizationwide *generation* of market intelligence pertaining to current and future customer needs, *dissemination* of the intelligence across departments, and organizationwide *responsiveness* to it" (*Kohli/ Jaworski* 1990, S. 6). Bemerkenswerterweise wird in dieser Umschreibung, die ausdrücklich Nachfrager- bzw. Kundenbedürfnisse anspricht, nicht explizit (und im übrigen Text nur kurz) auf konkurrentenbezogene Informationen und Maßnahmen eingegangen. In einer etwas späteren Veröffentlichung der Messskalen zur empirischen Ermittlung von Marktorientierung sind bei allen drei Kriterien allerdings Item-Formulierungen mit Bezug auf Wettbewerber enthalten (vgl. *Jaworski/ Kohli* 1993, S. 65f.). Ebenso wird im konzeptionellen Ansatz von *Narver* und *Slater* neben der Kundenorientierung die Konkurrentenorientierung als Merkmal einer marktgerichteten Unternehmenssteuerung hervorgehoben, ergänzt durch die interfunktionale Koordination, die bei *Kohli* und *Jaworski* (s.o.) durch die Stichwörter „across departments" sowie „organizationwide" angesprochen ist (vgl. *Narver/ Slater* 1990, S. 21f.).

Zusammenfassend lässt sich die *Marktorientierung*, auf deren unternehmensweite Verankerung es im Implementierungszusammenhang ankommt, durch die in *Abb. 1* genannten Kriterien kennzeichnen. Die Darstellung konzentriert sich insoweit - wie auch die erwähnte Literatur - auf den *Absatz*-Markt als Bezugspunkt der betrieblichen Leistungsprozesse.

2.1 Studien zur Marktorientierung als Erfolgsfaktor

Mit den begrifflichen Überlegungen zur Marktorientierung hat sich frühzeitig auch die Frage verbunden, welche Konsequenzen dieses Konzept der Unternehmensführung für den betrieblichen Erfolg hat (vgl. *Narver/ Slater* 1990; zu den „Benefits of Market Orientation" s. auch *Jaworski/ Kohli* 1996, S. 128ff.). In den USA sind hierzu seit Beginn der neunziger Jahre mehrere empirische Studien durchgeführt worden, die überwiegend positive Erfolgsauswirkungen aufzeigten (vgl. eine systematische Übersicht bei *Becker* 1999, S. 36ff.).

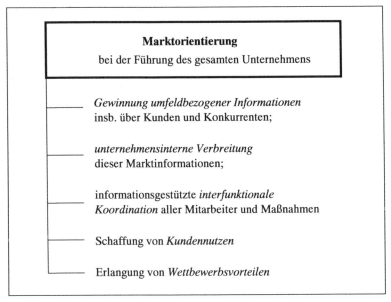

Abb. 1: Merkmale der Marktorientierung

Auch in der deutschsprachigen Marketingforschung ist dieser Zusammenhang in empirischen Arbeiten untersucht worden, bei denen allerdings - ebenso wenig wie in den USA - keine *einheitliche* Konzeptualisierung und Operationalisierung der Einflussgröße „Marktorientierung" zugrunde liegt. Zunächst hat *Lingenfelder* einen besonderen personellen Gesichtspunkt aufgegriffen, nämlich die Ausrichtung von Vertriebsleitern an Marketinggrundsätzen als Erfolgsfaktor (vgl. *Lingenfelder* 1990). In sehr umfassender Weise ist sodann *Fritz* der Bedeutung einer marktorientierten Unternehmensführung für den Unternehmenserfolg nachgegangen (vgl. *Fritz* 1992 sowie 1995). Die marktorientierte Führungsdimension, ursprünglich durch sieben Indikatoren gekennzeichnet, wird hierbei im Gesamtzusammenhang weiterer Grundausrichtungen gesehen: der Produktions-, Kosten- und Finanzorientierung, der Technologie- und Innovationsorientierung, der Mitarbeiterorientierung sowie der Umwelt- und Gesellschaftsorientierung (vgl. *Fritz* 1995, S. 189 und 196). Es ergibt sich, dass Marktorientierung im *Zusammenspiel* mit den anderen genannten Führungsdimensionen einen wichtigen, positiven Beitrag zum Unternehmenserfolg bewirkt (vgl. *Fritz* 1995, S. 453f.), was u.a. besonders gilt, wenn der Absatzmarkt den Engpass-Sektor der betrieblichen Tätigkeit darstellt und „die Unternehmen sich einer hohen gesamtwirtschaftlichen Dynamik gegenübersehen" (*Fritz* 1995, S. 432).

Erwähnenswert ist auch die Arbeit von *Schlüter* (1997), der Beziehungen zwischen marktorientiertem Management und betrieblicher Zielrealisation speziell für die Investitionsgüterindustrie überprüft. Ihm gelingt allerdings in seinem Untersuchungsdesign nur teilweise eine Bestätigung positiver Beziehungen (vgl. zusammenfassend *Schlüter* 1997, S. 179f.).

In jüngster Zeit hat *Jan Becker* eine Studie vorgelegt, die auf die Erfolgsauswirkungen marktorientierter Unternehmensführung eingeht (vgl. *Becker* 1999). Er wählt einen eigenen Weg der Konzeptbildung: In seinem Messmodell der marktorientierten Unternehmensführung wird auf die Teilbereiche von Managementaufgaben zurückgegriffen, nämlich auf das Organisations-, Informations-, Planungs-, Kontroll- und Personalführungssystem. Für jedes dieser Subsysteme entwickelt *Becker* einen Messansatz, der Indikatoren für das Ausmaß ihrer *marktorientierten* Gestaltung enthält. Ein zentrales Ergebnis der von *Becker* vorgenommenen Hypothesenprüfungen lautet: „Zwischen der marktorientierten Unternehmensführung und dem Geschäftserfolg besteht ein signifikanter positiver Zusammenhang" (*Becker* 1999, S. 202).

Die bisher vorliegenden empirischen Arbeiten verdeutlichen, wie wichtig eine *Implementierung* des Marketingdenkens unter Erfolgsgesichtspunkten ist. Um dies festzustellen, ist es natürlich jeweils erforderlich gewesen, nicht nur eine begriffliche Umschreibung des Konstrukts "Marktorientierung" vorzunehmen (wie etwa oben in der *Abb. 1*), sondern auch Indikatoren der *bereits stattgefundenen Umsetzung* zu bestimmen und in ihrer Ausprägung zu messen. Insofern sind in den erwähnten Studien Überlegungen zum Implementierungs-*Gegenstand* und zum erreichten Implementierungs-*Ausmaß* unmittelbar verknüpft.

Weniger thematisiert wird dabei die Frage, *wie* eine Marketingimplementierung im Unternehmen bewerkstelligt werden kann und auf welche *Aufgabendimensionen* bei diesem *Prozess* der Umsetzung zu achten ist. Darauf werden sich die weiteren Ausführung im Abschnitt 3 konzentrieren.

Zuvor soll aber noch der Forschungsstand bei der bisherigen Untersuchung einiger *Einzelkriterien* der Marktorientierung skizziert werden.

2.2 Analysen zu Teilaspekten der Marktorientierung

Unter den konstituierenden Merkmalen der marktgerichteten Unternehmensführung hat die *Kundenorientierung* bzw. *Kundennähe* besondere Aufmerksamkeit gefunden, nicht zuletzt auch seit den populär gewordenen Beschwörungen der Kundennähe als Erfolgsfaktor durch *Peters* und *Waterman* (vgl. *Peters/ Waterman* 1982, S. 157ff.). Damit wird aus der triadischen Beziehung zwischen Anbieter, Wettbewerbern und Kunden ein dyadischer Ausschnitt mit besonderem Vorrang betrachtet (vgl. *Plinke* 1992, S. 837).

Um die Konzeptualisierung und Operationalisierung von Kundennähe hat sich in der deutschsprachigen Literatur *Homburg* besonders verdient gemacht (vgl. *Homburg*

1995 und 1998a). Seine messtheoretischen und empirischen Untersuchungen führen zur besonderen Hervorhebung der kundenbezogenen Leistungsqualität, Flexibilität und Interaktion (vgl. *Homburg* 1998a, S. 76f.). Schließlich wird Kundennähe durch die beiden Dimensionen „Kundennähe des Leistungsangebots" und „Kundennähe des Interaktionsverhaltens" abgebildet, denen sieben Faktoren auf der Grundlage von 28 Indikatoren zugeordnet werden: Produkt- und Dienstleistungsqualität, Qualität der kundenbezogenen Prozesse, Flexibilität im Umgang mit Kunden, Qualität der Beratung durch Verkäufer, Offenheit im Informationsverhalten gegenüber Kunden, Offenheit gegenüber Anregungen von Kundenseite, Kundenkontakte von nicht im Verkauf tätigem Personal (vgl. *Homburg* 1998a, S. 127 und S. 120 mit einem Hinweis auf gewisse Ähnlichkeiten zur Konzeptualisierung von Kundennähe durch *Frese* und *Noetel*, die ebenfalls Leistungs- und Interaktionsdimensionen betrachten. Vgl. *Frese/ Noetel* 1992, S. 83f.). Grundsatzüberlegungen anderer Autoren zur Kundennähe heben gleichfalls die an Kundenerwartungen ausgerichtete Differenzierung des Leistungsangebots sowie die Flexibilität gegenüber Kundenwünschen auf der Grundlage interaktiver Kundenbeziehungen hervor (vgl. *Albers/ Eggert* 1988, S. 11f.; *Albers* 1989, S. 110ff.; *Eggert* 1993, S. 30ff.; ähnlich auch *Bruhn* 1999a, S. 10).

Die empirischen Untersuchungen *Homburgs* über die Auswirkungen von Kundennähe auf den *Geschäftserfolg* zeigen im Wesentlichen einen deutlich positiven Einfluss auf die Profitabilität, wenn auch andererseits erkennbar wird, dass eine besonders hohe Ausprägung kundengerichteter Aktivitäten wegen der damit verbundenen Kosten letztlich wieder zu Gewinnrückgängen führt (vgl. *Homburg* 1998a, S. 173ff.). Im Ganzen führt die Studie „zu dem Ergebnis, daß Kundennähe tatsächlich - wie vielfach postuliert - ein strategischer Erfolgsfaktor ist" (*Homburg* 1998a, S. 175).

Auch *Utzig* kommt in seiner vorwiegend messtheoretisch angelegten Arbeit aufgrund einiger empirischer Anhaltspunkte zu dem vorsichtig formulierten Schluss, dass „Kundenorientierung ein positiver Erfolgsfaktor ist" (*Utzig* 1997, S. 177). Der Schwerpunkt dieser Untersuchung liegt aber in einem eigenständigen Ansatz zur Operationalisierung des Konstrukts „Kundenorientierung". Der Verfasser stellt die Betrachtung von Kundenbeziehungen in einen weiteren theoretischen Zusammenhang mit dem Resource-Dependence-Ansatz. Er sucht auf dieser Grundlage geeignete Messdimensionen für die Kundenorientierung zu entwickeln, woran sich eine empirische Prüfung des Messmodells und Validitätsbeurteilungen anschließen. Kundenorientierung wird von *Utzig* anhand von 14 Items bestimmt, die vier Faktoren zugeordnet werden: „Kenntnis der Interessen" (Ansprüche und Erwartungen der Kunden, aber auch anderer Interessengruppen), „Abwägen der Interessen" (Relevanzbeurteilung der verschiedenen Interessengruppen), „Vorgabe der Sollgröße"

(Planung einer Anspruchserfüllung gegenüber den Kunden) und „Umsetzung der Sollgröße", d.h. Realisation dieser Planung (vgl. *Utzig* 1997, S. 93ff.).

Wenn man sich die Befragungs-Items im Einzelnen ansieht (vgl. *Utzig* 1997, S. 185) und sich dazu den theoretischen Hintergrund vergegenwärtigt, wird deutlich, dass es sich eigentlich um eine Messung von Kundenorientierung zusammen mit Merkmalen der Markt- und der noch weitergespannten Stakeholder-Orientierung handelt.

Unter den Einzelaspekten der Marktorientierung ist der Ausrichtung auf *Kunden* und Kundennutzen eindeutig die meiste Aufmerksamkeit zuteil geworden. Dies äußert sich auch in der Vielzahl von Veröffentlichungen zum Kundenmanagement sowie zur Kundenzufriedenheit und ihrer Messung, womit die Wichtigkeit der Kundenorientierung als Erfolgsfaktor noch zusätzlich unterstrichen wird, ohne dass auf dieses Forschungsgebiet hier näher eingegangen werden kann (vgl. zum Überblick *Simon/ Homburg* 1998; *Bruhn/ Homburg* 1999).

Auffällig ist es, dass demgegenüber die anderen Teilmerkmale der Marktorientierung viel weniger im Mittelpunkt konzeptioneller und empirischer Arbeiten gestanden haben. So ist zwar die Bedeutung von *Wettbewerbsstrategien* zur Erlangung von Wettbewerbsvorteilen vor allem seit den einschlägigen Beiträgen von *Porter* (vgl. ursprünglich *Porter* 1980 und 1985) vielfach beachtet und diskutiert worden (vgl. überblicksweise *Görgen* 1992; *Faix/ Görgen* 1994; *Faix* 1998). „Dennoch hat beim Entwurf von Marketing-Konzeptionen lange die verwenderbezogene Ausrichtung einseitig im Vordergrund gestanden" (*Köhler* 1998a, S. 26).

So ist festzustellen, dass derart ausführliche messtheoretische Auseinandersetzungen mit den Konstrukten „Wettbewerbs-" oder „Konkurrentenorientierung", wie sie hinsichtlich der Kundenorientierung vorzufinden sind, noch ausstehen. Ebenso ist die im sog. strategischen Dreieck (vgl. *Ohmae* 1982, S. 92) als Notwendigkeit betonte Ausrichtung auf Wettbewerber noch nicht hinreichend als *Erfolgsfaktor* empirisch untersucht worden. Konkurrenzbezüge fließen lediglich unter anderem in die Befragungs-Items bei umfasenderen Erhebungen über marktorientierte Verhaltensweisen und -konsequenzen mit ein.

Gleiches gilt für die restlichen Merkmale der Marktorientierung, die von *Kohli/ Jaworski* (1990) und von *Narver/ Slater* (1990) akzentuiert worden sind: die Gewinnung und unternehmensinterne Verbreitung umfeldbezogener Informationen sowie die interfunktionale Koordination auf dieser Grundlage. Auch sie finden zum Teil nur in knapper Form Berücksichtigung in Fragekatalogen zur grundsätzlichen Marktorientierung (vgl. beispielsweise Variablen zum marktorientierten Informationssystem und zum marktorientierten Organisationssystem in empirischen Analysen zum Markterfolg bei *Becker/ Homburg* 1999, S. 33ff. In den Untersuchungen von *Jenner* 1999, etwa S. 218ff. und S. 307, klingt der positive Erfolgseinfluss von „organischen Organisationsformen" an).

Speziellere Überprüfungen als Erfolgsfaktor fehlen weitgehend, obwohl ansonsten ja die Wichtigkeit der Marktforschung und der an Markterfordernissen ausgerichteten Organisation in allgemeinen Marketinggrundsätzen immer unterstrichen wird.

3. Aufgabendimensionen der Marketingimplementierung

Während Marktorientierung sowie insbesondere Kundenorientierung in einer Reihe konzeptioneller und empirischer Untersuchungen thematisiert worden sind, hat es lange an systematischen Abhandlungen zu ihrer *Implementierungsmöglichkeit* gefehlt. Erst mit der umfassend angelegten Arbeit von *Hilker* ist ein Bezugsrahmen entwickelt worden, der eine Gesamtsicht von Aufgaben zur Realisierung des Marketing bietet. Eine Synopse englischsprachiger Quellen (vgl. *Hilker* 1993, S. 54) zeigt, dass als Implementierungsdimensionen immer wieder Änderungen der Organisationsstruktur, die Mitarbeiterkommunikation und -führung, Planungs- und Kontrollansätze sowie Informationssysteme, vereinzelt auch die Gestaltung einer marktorientierten Unternehmenskultur, Erwähnung finden. *Hilker* gliedert diese Einflüsse auf die Umsetzung des Marketing in eine *verhaltensorientierte Betrachtungsebene* (im Wesentlichen Unternehmenskultur, funktionsübergreifende Zusammenarbeit, Fähigkeiten und Verhalten der Mitarbeiter) sowie in eine *strukturorientierte Betrachtungsebene* (Marketingplanungs-, Marketingorganisations- und Marketingkontrollsysteme).

Ähnliche Systematisierungen finden sich bei *Backhaus/ Hilker* (1994, S. 250ff.) und bei *Backhaus* (1996, S. 21). Auf erforderliche Anpassungen der Unternehmenskultur, der Unternehmensstruktur sowie der Informations-, Planungs- und Kontrollsysteme weisen auch *Meffert* (1998, S. 1022ff.) und *Bruhn* (1999a, S. 305ff.) hin. Eine strikte theoretische Herleitung dieser Aufgabendimensionen erfolgt nicht. Die Bedeutung struktureller und verhaltensprägender Maßnahmen für Implementierungsvorhaben lässt sich aber ansatzweise unter Rückgriff auf Theorien zum organisationalen Wandel begründen (so *von der Oelsnitz* 1999, S. 63ff., S. 131).

Im Folgenden wird auf die Dichotomie von Verhaltens- und Strukturebene verzichtet, zumal zwischen beiden vielfältige Wechselbeziehungen bestehen (hierzu *Hilker* 1993, S. 152ff.). Die *Abb. 2* hat lediglich den Zweck, die wesentlichen Dimensionen der Marketingimplementierung aufzulisten, um auf dieser Grundlage zu erörtern, was die deutschsprachige Marketingdisziplin bisher zur Erforschung der Aufgabeninhalte und zu ihrer Verknüpfung in einem gesamthaften Implementierungskonzept beigetragen hat.

• **Die kulturelle Dimension**	(Entstehung einer marktorientierten Unternehmenskultur)
• **Die strukturelle Dimension**	(Gestaltung marktorientierter Organisationsformen)
• **Die Mitarbeiterführungsdimension**	("Internes Marketing")
• **Die Methodendimension**	(Analyse-, Planungs- und Kontrollsysteme)
• **Die Prozessdimension**	(Entwicklung von Implementierungsschritten)

Abb. 2: Aufgabendimensionen der Marketingimplementierung

Es wird davon ausgegangen, dass das Zusammenspiel unternehmenskultureller, -struktureller und die Mitarbeiterführung betreffender Faktoren sowie „technokratischer" Methodeneinflüsse in einem schrittweisen Implementierungsprozess zur Verwirklichung des Marketing beiträgt.

3.1 Die kulturelle Dimension (Entstehung einer marktorientierten Unternehmenskultur)

Deshpandé und *Webster*, die sich frühzeitig aus Marketingsicht mit der Unternehmenskultur befasst haben, verstehen darunter „the pattern of shared values and beliefs that help individuals understand organizational functioning and thus provide them norms for behavior in the organization" (*Deshpandé/ Webster* 1989, S. 4). In diesem Sinne kann man Marktorientierung, sofern sie tatsächlich unternehmensweit als Grundhaltung verankert ist, als Bestandteil und Ausdruck einer bestimmten Unternehmenskultur auffassen. So sehen dies, mit speziellerem Bezug zur Kundenorientierung, beispielsweise auch *Deshpandé/ Farley/ Webster* (1993, S. 27) sowie *Kühn* (1991, S. 99).

Wesentliche Merkmale, in denen sich eine Unternehmenskultur manifestiert, sind Grundannahmen und Werte, Normen, Artefakte und Verhaltensweisen (vgl. *Pflesser* 1999, S. 59ff., aufbauend u.a. auf *Schein* 1984 und 1992). *Grundannahmen* werden von den Organisationsmitgliedern geteilt, ohne dass sich diese darüber stets bewusst zu sein brauchen. *Werte* beinhalten eher bewusste, grundsätzliche Vorstellungen über Zustände, die für richtig gehalten werden und zu wünschen sind. *Normen* weisen demgegenüber einen stärker konkretisierten, regelnden Handlungsbezug auf. *Artefakte* spiegeln in symbolischer Weise Werte und Normen wahrnehmbar wider, z.B. durch sichtbare Gestaltungselemente, Sprechweisen und Rituale. Durch alle genannten Kulturkomponenten wird letztlich auch das zweckgerichtete *Verhalten* der Unternehmensmitglieder geprägt.

Im Marketingzusammenhang kann eine Grundannahme etwa lauten, dass nur die Ausrichtung am „strategischen Dreieck" den Unternehmenserfolg langfristig zu sichern vermag. Dementsprechend besagen allgemeine Wertvorstellungen beispielsweise, dass Kundennähe und Innovativität zur Abhebung von Konkurrenten etwas Positives seien. Normen beinhalten Regeln z.B. für den Umgang mit Kundenbeschwerden. Artefakte symbolisieren die erwähnten Grundhaltungen u.a. in der Gestaltung von Kundenempfangsräumen oder im Redestil bei Kundengesprächen. Sie prägen damit zugleich auch das aufgabenbezogene Verhalten, etwa im Rahmen der Auftragsakquisition.

Fachliche Diskussionen zur Unternehmenskultur sind im deutschsprachigen Bereich lange Zeit eher bei Vertretern der Organisations- und Personalwirtschaftslehre angesiedelt gewesen als in der Marketingdisziplin, von Ausnahmen abgesehen (vgl. *Meffert/ Hafner* 1987; *Kepper* 1990; *Meffert/ Hafner/ Poggenpohl* 1990). Dies liegt vielleicht daran, dass sich ein offenkundiger Bezug zu absatzwirtschaftlichen Fragestellungen gar nicht so unmittelbar zeigt. Wenn man sich aber vergegenwärtigt, dass Marktorientierung prinzipielle Auffassungen über die Notwendigkeit einer informationsgestützten Ausrichtung an Kundenbedürfnissen und Wettbewerbsbedingungen einschließt und dass es zur Umsetzung auf eine unternehmensweite Akzeptanz dieser Sichtweise ankommt, wird die Bedeutung des Kulturphänomens sehr deutlich.

So erscheint es folgerichtig, dass jüngst zwei Buchveröffentlichungen zum Thema „Marktorientierte Unternehmenskultur" vorgelegt worden sind. *Pflesser* (1999) befasst sich mit der *Messung* von Ausprägungen der Unternehmenskultur, die ja oft als „soft fact" mit entsprechend schwieriger empirischer Erfassbarkeit eingestuft worden ist. Hierzu wird an die konzeptionelle Unterscheidung und Verknüpfung von Werthaltungen, Normen, Artefakten und Verhaltensweisen zurückgegriffen. Für alle diese Kulturmerkmale finden (mit Bezugnahme auf *Marktorientierung*) Operationalisierungen anhand begründet ausgewählter Indikatoren statt, wobei Verfahren der konfirmatorischen Faktorenanalyse zur Gütebeurteilung der Messinstrumente Anwendung finden. Die empirische Untersuchung der Beziehungen zwischen den Kulturkomponenten zeigt, dass sich grundlegende Werte der Marktorientierung positiv auf entsprechende Normen auswirken und diese wiederum auf Artefakte. Werte und Normen prägen marktorientierte Verhaltensweisen in erster Linie indirekt über Artefakte, denen eine starke unmittelbare Auswirkung auf das Verhalten der Unternehmensmitglieder zukommt. Diese Feststellung liefert praktisch bedeutsame Anhaltspunkte für Gestaltungsmaßnahmen zur Unternehmenskulturentwicklung und zur

Umsetzung von Marketingkonzeptionen in schlüssige Handlungsweisen. Dem „symbolischen Management" (vgl. *Pflesser* 1999, S. 216f.) ist hierbei erhebliches Gewicht beizumessen.

Überdies verweist die empirische Analyse auf grundsätzlich günstige Erfolgsauswirkungen einer marktorientierten Unternehmenskultur, wobei verschiedene moderierende Variablen (wie z.B. die Wettbewerbsintensität) berücksichtigt werden.

Die zweite thematisch einschlägige Buchveröffentlichung stammt von *Krohmer* (1999). Er wirft die Frage auf, inwieweit eine marktorientierte Unternehmenskultur die erfolgreiche Verwirklichung von (Differenzierungs-)Strategien fördert. Allerdings wird hier die „Unternehmenskultur" nicht in derselben Weise operationalisiert wie bei *Pflesser*. Vielmehr greift der Verfasser auf die von *Kohli* und *Jaworski* vorgeschlagenen Merkmale der Marktorientierung zurück (s.o., Abschnitt 2), die er „Gewinnung von Marktinformationen", „Interne Weitergabe von Marktinformationen" und „Reagibilität auf Marktinformationen" nennt (*Krohmer* 1999, S. 128). Es werden in dieser Arbeit also „die Begriffe Marktorientierung und marktorientierte Unternehmenskultur synonym gebraucht" (*Krohmer* 1999, S. 37). Empirisch kommt die Studie zu dem Schluss, dass die erfolgreiche Durchsetzbarkeit von Differenzierungsstrategien gefördert wird, wenn die genannten Kriterien der Marktorientierung stark ausgeprägt sind, wobei moderierende Effekte berücksichtigt werden. Der Erfolg wird in Größen der Effektivität beim Erreichen von Zielen wie z.B. Kundenzufriedenheit oder Marktanteil gemessen, weiterhin in Angaben zur Effizienz (insb. Profitabilität) und auch mit Blick auf das Gelingen von Anpassungen an marktliche Veränderungen (vgl. *Krohmer* 1999, S. 125f.).

Die Problemsicht *Krohmers* weicht von der im vorliegenden Beitrag eingenommenen Untersuchungsperspektive ab. Hier wird Marktorientierung und deren unternehmensweite Verankerung als *Implementierungsgegenstand* betrachtet, nicht als Erfolgsprämisse für die Strategiedurchsetzung. Bestimmte umfeldbezogene Ausprägungen der Unternehmenskultur, wie sie *Pflesser* (s.o.) in sehr differenzierter Weise erörtert hat, stellen einen günstigen Kontext für die Realisierung von Marketingkozepten dar. So sehen es auch *von der Oelsnitz* (1999, S. 278ff.) und *Hilker*, der betont, dass „die Unternehmenskultur als bedeutender Einflußfaktor der Marketingimplementierung betrachtet werden muß", wobei Marketing eben als *marktorientierte Führung* des gesamten Unternehmens verstanden wird (*Hilker* 1993, S. 76).

3.2 Die strukturelle Dimension
(Gestaltung marktorientierter Organisationsformen)

Organisatorische Regelungen bleiben zwar weitgehend wirkungslos, wenn die Mitarbeiter nicht die Mentalität und Fähigkeiten zur Erfüllung der damit verbundenen

Aufgaben mitbringen. Insofern kommt dem besprochenen kulturellen Rahmen eine Basisbedeutung zu. Organisationsgestaltungen können aber wesentlich dazu beitragen, dass kunden- bzw. konkurrentenbezogene Informationen generiert, verbreitet und zur interfunktionalen Koordination genutzt werden. Sie schaffen einen verhaltenswirksamen Rahmen. *Kotler* und *Bliemel* konzentrieren sich bei der Erörterung der Umsetzbarkeit von Marketingprogrammen sogar ganz schwerpunktartig auf Organisationsbedingungen (vgl. *Kotler/ Bliemel* 1999, S. 1147ff.).

Die strukturelle Dimension der Marketingimplementierung ist ein Thema, dem sich Fachvertreter des Marketing schon länger zugewandt haben als den „soft facts" der Unternehmenskultur. Dabei ging es ursprünglich vorwiegend um Fragen der funktions- oder objektbezogenen Aufgabenzuordnung *innerhalb* der Marketing- bzw. Vertriebsabteilung. Dem Produkt- und dem Kundenmanagement als objektorientierten Organisationsformen wurde seit den siebziger Jahren viel Aufmerksamkeit zuteil (vgl. zum Überblick *Bauer* 1993, Sp. 2733ff.; *Köhler* 1995, Sp. 1636ff.).

Inzwischen wird der Problemkreis der Marketingorganisation unter einem erweiterten Blickwinkel gesehen, der sich nicht auf Stellen und Abteilungen des Absatzbereiches beschränkt, sondern alle Wertkettenstufen einschließt, die bei der Schaffung von Kundennutzen und Wettbewerbsvorteilen mitwirken können. Marktorientierte Organisationsformen dienen nach diesem Verständnis vor allem dem Zusammenwirken und der Abstimmung verschiedener betrieblicher Tätigkeitsbereiche in der Ausrichtung auf Märkte. Diesen Aspekt haben *Ruekert* und *Walker* schon frühzeitig betont (vgl. *Ruekert/ Walker* 1987, S. 3).

Dementsprechend werden heute zunehmend *kundenorientierte Organisationsstrukturen* diskutiert (vgl. auch *Simon* 1991, S. 264; *Homburg/ Workman/ Jensen* 1998), wobei eine Erweiterung des klassischen Kundenmanagements zu interfunktionalen kundenbezogenen *Teams* für zweckmäßig gehalten wird (vgl. *Köhler* 1998b, S. 7f.). Diese Entwicklungstendenz entspricht zum einen eher dem Koordinationsmerkmal der Marktorientierung (s. oben, *Abb. 1*), zum anderen ist sie Ausdruck einer stärkeren organisatorischen Verankerung des *Beziehungsmanagements* (vgl. hierzu *Diller* 1991, S. 161f.; *Webster* 1992, S. 14; *Kleinaltenkamp/ Rieker* 1997, S. 175ff.; *Gummesson* 1998, S. 243ff.). In diesem Zusammenhang ist auch die betriebsintern funktionsübergreifende und bei der externen Beziehungspflege wichtige Rolle von Organisationseinheiten zu sehen, die sich mit der Auswertung von Kundenanregungen und Kundenbeschwerden beschäftigen. Mit diesem Implementierungsgesichtspunkt der Kundenorientierung hat sich *Hansen* in vielfältiger Weise, auch unter Organisationsgesichtspunkten, beschäftigt (vgl. exemplarisch *Hansen/ Schoenheit* 1985).

Dem Tatbestand, dass Kundennähe und überhaupt Marktorientierung eine organisatorische Einbindung von Abläufen über die traditionell absatzwirtschaftlichen Tätigkeitsfelder hinaus erfordert, haben seit längerem Überlegungen zum *Schnittstellen-*

management Rechnung getragen. So wurden im deutschsprachigen Bereich vor allem Vorkehrungen zur zielgerichteten Verknüpfung von Marketing und F&E, Marketing und kundenbezogenem Rechnungswesen sowie Marketing und Produktion erörtert (vgl. *Benkenstein* 1987; *Brockhoff* 1989; *Köhler* 1989; 1999; *Wermeyer* 1994). In jüngster Zeit wird diese zweiseitige Schnittstellenbetrachtung auf die Analyse von Abläufen im gesamten Wertkettenzusammenhang und auf eine *marktgerichtete Prozessorganisation* ausgedehnt (vgl. *Homburg/ Gruner/ Hocke* 1997, S. 108ff.; *Köhler* 1998b, S. 11f.). Die Durchdringung dieses Problemkreises und die praktische Entwicklung sind noch im Fluss; aber prozessorganisatorische Ansätze sind jedenfalls ein Beispiel für die Bemühungen um ein Aufbrechen der überkommenen Funktions- und Abteilungsgrenzen, so dass Marketing eher als „Shared Value" denn als „Abteilung im Unternehmen" verwirklicht wird (*Backhaus* 1996, S. 18). Derartige Öffnungen gehen übrigens teilweise auch über die eigentlichen Unternehmensgrenzen hinaus, indem *kundenorientierte Wertkettenverknüpfungen* mit anderen Wirtschaftseinheiten geschaffen werden, wie zwischen Industrie und Handel in der Organisationsform des Category Management nach dem Konzept des „Efficient Consumer Response".

Es ist weitgehend unbestritten, dass die Gestaltung marktorientierter Organisationsformen ein wichtiger Schritt zur Implementierung des Marketing ist (s. auch *Hilker* 1993, S. 91ff. und S. 143ff.). Während allerdings die Auswirkung grundlegender Bestandteile der Unternehmenskultur auf die marktorientierte Verhaltensweise empirisch überprüft worden ist (vgl. *Pflesser* 1999, S. 185), sind entsprechende Studien für Organisationsstrukturen bisher nicht üblich. Empirische Anhaltspunkte liegen dafür vor, dass die Organisationsform die Nutzung von Marktinformationen und ein marktorientiertes Planungsverhalten beeinflusst (vgl. *Köhler* 1984, S. 591). Hier besteht aber noch weiterer Forschungsbedarf, der auch die möglichen organisatorischen Vorkehrungen für eine konsequente *Konkurrenzorientierung* betrifft.

Offenes Forschungsfeld bietet sich außerdem für die empirische Untersuchung, was marktorientierte Organisationsformen für die Kundenzufriedenheit, Kundenbindung und den Unternehmenserfolg durch Wettbewerbsvorteile bewirken. Die *Kosten-Nutzen-Relationen* sind noch zu wenig bekannt.

3.3 Die Mitarbeiterführungsdimension („Internes Marketing")

Internes Marketing wird hier weder als Maxime der Erfüllung von Mitarbeiterbedürfnissen noch als eine Anwendung von Marketing-Mix-Instrumenten auf unternehmensinterne Leistungsbeziehungen verstanden. Beide Deutungen kommen vor (vgl. *Bruhn* 1999a, S. 235f.), treffen aber nicht den hier gemeinten Implementierungszusammenhang. Wird hingegen „Internes Marketing als Methode zur innerbetrieblichen Implementierung einer im Hinblick auf externe Märkte konzipierten Marketingstrategie" gesehen (*Stauss* 1995, S. 261), kommt es auf die kommunikative Vermittlung kunden- bzw. wettbewerbsbedingter Anforderungen und marktstrategischer Grundsätze an die Mitarbeiter sowie auf *Anreize* für marktorientiertes Verhalten an. „Es geht darum, absatzmarktbezogene Marketingkonzepte, z.B. das der Kundennähe [...], innerorganisatorisch abzusichern. Dazu gilt es, die Marketing-Leitidee sozusagen in die Herzen der Mitarbeiter zu tragen und die Implementations- und Umsetzungsproblematik vorweg zu denken" (*Diller* 1991, S. 157).

Mit den Erfordernissen einer marktorientierten Mitarbeiterinformation und -beeinflussung haben sich nur wenige Vertreter der deutschsprachigen Marketingdisziplin eingehend beschäftigt. Hervorzuheben sind *Stauss, Schulze* und *Bruhn* (vgl. *Stauss/ Schulze* 1990; *Schulze* 1992; *Stauss* 1995; *Bruhn* 1999b). Die grundlegende Bedeutung dieses Führungsaspekts für das Umsetzen von Marketingkonzeptionen ist aber nicht zu übersehen. Man mag geteilter Meinung sein, ob der u.a. auf *Grönroos* (1981) zurückgehende Ausdruck „Internes Marketing" unmissverständlich und zweckmäßig ist. Es handelt sich um ein sprachliches Kürzel für Bemühungen, „das Marketing als interne Denkhaltung durchzusetzen, damit die marktgerichteten Unternehmensziele effizient erreicht werden" (*Bruhn* 1999a, S. 237).

Die *Instrumente* des Internen Marketing sind im Wesentlichen kommunikativer Art. Kunden- und konkurrentengerichtete Strategien sind allen Mitarbeitern, die an ihrer Verwirklichung mitwirken sollen, durch entsprechenden innerbetrieblichen Informationsaustausch zu verdeutlichen, so dass Kenntnis und Akzeptanz entsteht. Die externe Unternehmenskommunikation, die Mitarbeiter entweder in ihrer Rolle als Konsument erleben (z.B. Werbung) oder selbst mittragen (z.B. im Außendienst), muss als verträglich mit den intern vermittelten Inhalten empfunden werden und diese bekräftigen. Zur Mitteilung der strategischen Grundsätze und der strategiekonformen Handlungsrichtlinien kommen ergänzend Maßnahmen der Personalauslese, -schulung und -entwicklung hinzu, um Verstehen, Können und Wollen zu fördern (vgl. dazu *Hilker* 1993, S. 14f.).

Das Interne Marketing steht mit der Entwicklung einer marktorientierten Unternehmenskultur in enger Beziehung. Es trägt zur Prägung von Werthaltungen und Normen sowie darauf beruhenden Verhaltensweisen bei. Auch mit den Organisationsstrukturen besteht ein Zusammenhang: Interfunktionale Organisationsformen erleichtern den Kommunikationsfluss, der ja insbesondere auch Mitarbeiter außerhalb der herkömmlichen Marketing- oder Vertriebsabteilungen erreichen soll. Insofern sind die gedanklich unterscheidbaren Implementierungsdimensionen nicht unabhängig voneinander.

Weiterer *Forschungsbedarf* scheint hinsichtlich der Frage zu bestehen, welche *Aufgabenträger* im Unternehmen für Maßnahmen des Internen Marketing zuständig sein sollen. Einzelne Informations- und Schulungsveranstaltungen wären viel zu punktuell; es muss sich um einen kontinuierlichen Prozess handeln. Sicherlich können dabei grundlegende Impulse von den Stellen oder Teams ausgehen, die Marktinformationen gewinnen und auswerten sowie Marketingstrategien entwerfen. Benötigt werden aber auch intern anerkannte Multiplikatoren, die den anderen anzusprechenden Unternehmensteilbereichen angehören und dort eine Mittlerrolle übernehmen (ähnlich den aus der Organisationslehre bekannten „Linking Pins"). Für ein wirkungsvolles Internes Marketing ist aber im Übrigen die sichtbare Unterstützung durch das Top Management sowie dessen erkennbares Engagement für Kunden- und Wettbewerbsorientierung unerlässlich.

3.4 Die Methodendimension
(Analyse-, Planungs- und Kontrollsysteme)

Nicht zu unterschätzen ist die Bedeutung verfahrenstechnischer Instrumente für die Implementierung des Marketing (vgl. ähnlich *Hilker* 1993, S. 140ff.). Man könnte insoweit - keineswegs abwertend gemeint - von „technokratischen" Ansätzen sprechen. Analyse-, Planungs- und Kontrollmethoden kanalisieren nämlich die Suche nach und die Auswertung von Marktinformationen. Wenn sie eingeführt und grundsätzlich akzeptiert sind, haben sie für die Verwender einen *Aufforderungscharakter*, sich näher mit Marktgegebenheiten zu befassen. Wer beispielsweise Kundenportfolios, SWOT-Analysen, Suchfeldanalysen für die strategische Planung der Geschäftstätigkeit, Budgetierungssysteme oder Absatzsegmentanalysen (wie die Kundendeckungsbeitragsrechnung) anwenden will, wird durch die vorgegebenen Verfahrensraster auf die erforderlichen Informationsinputs hingewiesen und zur marktbezogenen Problemsicht hingeführt.

Die deutschsprachige Marketingdisziplin hat sich mit Analyse-, Prognose-, Entscheidungs- und Kontrollkalkülen eingehend befasst. Eine regelrechte Welle von Buchveröffentlichungen war hierzu in den siebziger Jahren zu verzeichnen (vgl. u.a. *Krautter* 1973; *Hammann/ Erichson/ Scheel* 1975; *Köhler/ Zimmermann* 1977; *Meffert/ Steffenhagen* 1977). Später wurden Methoden der strategischen Planung (vgl. beispielsweise *Raffée/ Wiedmann* 1989) sowie multivariate Analyseverfahren (vgl. *Backhaus et al.* 1996) stärker mit einbezogen. Die Systematisierung formaler Entscheidungshilfen nach den verschiedenen Teilbereichen des Marketing-Mix ist nach wie vor aktuell (vgl. *Hruschka* 1996).

Hin und wieder wird die Anwendbarkeit solcher Techniken unter dem Gesichtspunkt reflektiert, inwieweit sie dem Problemverständnis, den verfügbaren Informationen und den Fähigkeiten der Planer bzw. Entscheidungsträger entsprechen und deshalb *Akzeptanz* oder Ablehnung finden (vgl. *Köhler/ Uebele* 1986, S. 158ff.; *Diller* 1998,

S. 25f.; *Homburg* 1998b, S. 47f.). Damit ist die Implementierung der *Methoden* angesprochen. Die anders akzentuierte Frage, was diese Methoden ihrerseits zur Implementierung des *Marketing* beitragen, indem sie zur Beachtung von Umfeldparametern auffordern und damit eine marktorientierte Denkweise fördern, ist erst wenig aufgegriffen worden. Nur vereinzelt finden sich empirische Studien, die in diesem oder ähnlichem Sinne die *Verhaltenswirkungen* der Methodenverwendung überprüfen (vgl. *Uebele* 1980, S. 341ff. und S. 482ff.).

Eine koordinierende Verhaltenssteuerung, mit der die Ausrichtung aller Unternehmensteilbereiche auf Kundenwünsche erreicht werden soll, kommt auch formalen Techniken im Rahmen des *Total Quality Management* (TQM) zu. Insbesondere das sog. Quality Function Deployment (vgl. hierzu kritisch *Engelhardt/ Freiling* 1997, S. 10ff.) beinhaltet Verfahren zur „Übersetzung" der Qualitätsanforderungen von Kunden in die Sprache und Verständnisweise aller Funktionsträger, die in der betrieblichen Wertkette zusammenwirken müssen, um Kundennutzen zu schaffen (u.a. auch Mitarbeiter in Konstruktions-, Einkaufs- oder Produktionsabteilungen). Von der Grundkonzeption her ist das TQM deshalb ein methodischer Ansatz, der einen Beitrag zum Realisieren von Marktorientierung bewirken kann, zumal dabei auch Analysen zum Abbau von Wettbewerbsnachteilen und zur Erlangung von Konkurrenzvorteilen eingeschlossen sind, nämlich Instrumente des Benchmarking. Es steht auf einem anderen Blatt, dass in der praktischen Anwendung von TQM-Systemen, etwa bei einem Vorherrschen der Ingenieurperspektive, die konsequente Marktorientierung doch manchmal zu kurz kommt (vgl. *Stauss* 1994, S. 154f.). *Hilker* sieht jedenfalls das TQM sogar als einen möglichen „Totalansatz" der Marketingimplementierung an (vgl. *Hilker* 1993, S. 182ff.).

Als ein Hauptelement der Marktorientierung wird, wie oben im Abschnitt 2 dargelegt, die Gewinnung und unternehmensweite Verbreitung umfeldbezogener Informationen angesehen. Innerhalb der Methodendimension der Marketingimplementierung kommt deshalb der Gestaltung von *Informationssystemen* eine große Bedeutung zu (vgl. auch *Becker/ Homburg* 1999, S. 15f.). Die rasche Entwicklung neuer Informations- und Kommunikationstechniken fördert die strukturierte Zusammenstellung marktbezogener Daten, etwa in Kundendatenbanken oder in einem Data Warehouse als Grundlage des *Database-Marketing*. Die technische Informationsvernetzung innerhalb des gesamten Unternehmens ermöglicht in einer früher nicht gegebenen Weise die jederzeitige *Verfügbarkeit* von Informationen am Arbeitsplatzrechner, wobei die Datenaufbereitung an den spezifischen Informationsbedarf der verschiedenen Aufgabenträger angepasst werden kann.

Kundenorientierten Informationssystemen ist bei dieser Entwicklung bisher starkes Gewicht beigemessen worden (vgl. *Link/ Gerth/ Voßbeck* 2000, S. 49ff.). Die Pflege konkurrentenbezogener Informationssysteme steht im Verhältnis dazu noch etwas im Hintergrund (vgl. *Köhler* 1999a, S. 44f.).

Die Methodendimension der Marketingimplementierung beinhaltet insgesamt vielseitige Möglichkeiten, um zur Herausbildung marktorientierter Verhaltensweisen beizutragen. Freilich greifen die „technokratischen" Ansätze zu kurz, sofern die Einbettung in eine marktorientierte Unternehmenskultur fehlt und wenn die Mitarbeiter bei fehlendem Internen Marketing kein Verständnis für marktgerichtete Strategiekonzepte vermittelt bekommen.

3.5 Die Prozessdimension
(Entwicklung von Implementierungsschritten)

Die Prozessdimension der Marketingimplementierung betrifft vor allem die Fragen, von wem die Implementierungsanstöße auszugehen haben, wie mit Widerständen umzugehen ist, ob es sich um einen diskontinuierlichen oder ständig ablaufenden Vorgang handelt und welche Abfolge von Implementierungsschritten sich empfiehlt.

Ohne ausdrückliches *Engagement des Top Managements* wird es zu keiner umfassenden Verankerung der Marktorientierung kommen. Der ursprüngliche Anstoß zu strukturellen, personellen und verfahrenstechnischen Änderungen mag zwar von Entscheidungsträgern aus den absatzwirtschaftlichen Tätigkeitsfeldern kommen, vielleicht auch von externen Unternehmensberatern. Diese Vorschläge werden sich aber nicht nachhaltig durchsetzen, wenn die erkennbare Unterstützung durch entsprechend überzeugte (und überzeugende) Mitglieder der Geschäftsleitung fehlt. Insofern ist Marketingimplementierung keine alleinige Aufgabe der Marketingabteilung, sondern der obersten Führungsebene des Gesamtunternehmens, zumal von dort auch wesentliche Einflüsse auf die Unternehmenskultur ausgehen. Es werden aber außerdem *Promotoren* auf den nachfolgenden Organisationsebenen und in den verschieden betrieblichen Tätigkeitsbereichen benötigt.

Um *Widerstände* abzubauen, erscheint auf allen Wertkettenstufen die Gewinnung von „*Key Players*" wichtig, wie dies *von der Oelsnitz* in machtpolitischer Hinsicht nennt (vgl. *von der Oelsnitz* 1999, S. 191ff.). Ein Weg zum Umgang mit Widerständen könnte auch darin bestehen, die Implementierungsbemühungen zunächst auf einen Teil des Unternehmens zu beschränken, z.B. eine aufgeschlossen erscheinende Produktsparte, um bei positiv beurteilten Änderungsprozessen auf diese erfolgreiche Referenzeinheit verweisen zu können. In diesem Sinne kennzeichnet *Hilker* den sog. Market-Back-Ansatz des Implementierungsprozesses (vgl. *Hilker* 1993, S. 230f.). Nicht zu übersehen ist dabei aber die Gefahr, dass es bei dauerhaften „Insellösungen" bleibt.

Wirkungsvolle Implementierung darf sich im Übrigen nicht auf *diskontinuierliche* Schritte, etwa zeitlich befristete Projekte zur Einrichtung eines marktorientierten Informationssystems oder zum Umbau der Marketingorganisation, beschränken. Sie verlangt *kontinuierliche* Weiterentwicklungen, bei denen dem *organisationalen Lernen* große Bedeutung zukommt. „Organisationen lernen, indem ihre Mitglieder [...] einzeln oder in Gruppen lernen und das Erlernte in organisatorisches Handeln transformieren" (*Hilker* 1993, S. 256). Die ständige Verbreitung von Marktinformationen, der Einsatz von Methoden zur Informationsnutzung sowie die Dokumentation der Auswertungs- und Handlungsergebnisse sind wesentliche Lernhilfen.

In der *Abfolge von Implementierungsschritten* ist wohl dem Internen Marketing ein vorrangiges Gewicht beizumessen, denn innerbetriebliche Kommunikation über die Inhalte und Begründungen marktbezogener Strategien schafft eine Grundlage für das Verständnis und die Akzeptanz der damit verbundenen Handlungsanforderungen. Flankierend dazu wirken die Vermittlung und der Einsatz von Analyse-, Planungs- und interfunktionalen Abstimmungsmethoden wie auch der Wandel hin zu kundenorientierten Organisationsstrukturen.

Gezielt aktiver Einfluss auf die Unternehmenskultur kann nur teilweise genommen werden, etwa durch die Formulierung von Handlungsnormen und durch die Gestaltung von Artefakten. Die Unternehmenskultur entwickelt sich ansonsten in einem länger währenden Prozess, in den die Lernergebnisse aus Erfahrungen innerhalb der anderen hier besprochenen Implementierungsdimensionen ständig einfließen.

Prozesse zur wirkungsvollen Marketingimplementierung sind ein Untersuchungsgegenstand, der noch offene Fragen für zukünftige Forschungen aufwirft. Beispielsweise könnten *Kontextbedingungen* des Unternehmensumfeldes und der innerbetrieblichen Merkmale noch stärker für die Analyse der erforderlichen Implementierungsschritte und ihrer Abfolge berücksichtigt werden.

4. Fazit

Zu den verschiedenen Aufgabendimensionen der Marketingimplementierung hat die deutschsprachige Marketingforschung vielfältige Beiträge geliefert; zu manchen recht intensiv (z.B. zur Methodendimension, auch zur marktorientierten Organisationsstruktur), vereinzelt hingegen nur zur kulturellen Dimension und zur Mitarbeiterführung durch Internes Marketing.

Die *integrative Zusammenfassung* zu einem systematischen Umsetzungskonzept für Marktorientierung ist lange vernachlässigt worden, wird aber inzwischen in den Monografien von *Hilker* (1993) und *von der Oelsnitz* (1999) in den Mittelpunkt gerückt. So lässt sich feststellen, dass die Marketingdisziplin im deutschsprachigen Bereich auf diesem Gebiet den Vergleich mit dem Forschungsstand in den USA nicht zu scheuen braucht, sondern zum Teil sogar auf umfassendere und differenziertere Ergebnisse verweisen kann.

In den Marketinglehrbüchern finden sich allerdings ausführlichere Abhandlungen in ausdrücklichen Kapiteln nur vereinzelt, so bei *Backhaus* (1999, S. 755ff.), *Becker* (1998, S. 838ff.), *Fritz/ von der Oelsnitz* (1998, S. 197ff.) und *Meffert* (1994, S. 361ff., sowie 1998, S. 1013ff.).

Wie die einschlägige Literatur hat sich die vorliegende Synopse beim Erörtern der Marktorientierung und ihrer Umsetzung auf den *Absatzmarkt* konzentriert. Dass dieser spezielle und sicherlich für den Unternehmenscrfolg bedeutsame Blickwinkel erweiterungsfähig ist, hat schon frühzeitig *Raffée* mit seinem Hinweis angedeutet, dass die „Maxime der Kundenorientierung [...] in ein abgestuftes System von weiteren Umweltbezügen einzubetten" sei (*Raffée* 1984, S. 90). Ein Unternehmen weist verschiedenartige Marktbeziehungen auf, u.a. auch zu Materialbeschaffungs-, Arbeits- und Finanzmärkten. Dies legt es nahe, die Kunden- und Wettbewerbsorientierung zu einem umfassenderen *Stakeholder-Konzept* zu erweitern, bei dem versucht wird, vielfältige externe Anforderungen und interne Ressourcen - insbesondere Kernkompetenzen - in Einklang miteinander zu bringen (vgl. *Engelhardt/ Freiling* 1998, S. 566ff.; siehe zur derart erweiterten Marketingsicht auch *Dreher* 1995, S. 132ff.). Selbst unter diesem größeren Blickwinkel kommt aber unbestritten den Kunden- und Wettbewerbsbeziehungen auf der Absatzseite ein hoher Stellenwert für den Unternehmenserfolg zu. Der Prozess der Marketingimplementierung nimmt im Regelfall mit einer Ausrichtung hierauf seinen zweckmäßigen Anfang.

Literatur

Albers, S. (1989), Kundennähe als Erfolgsfaktor, in: *Albers, S. et al.* (Hrsg.), Elemente erfolgreicher Unternehmenspolitik in mittelständischen Unternehmen, Stuttgart 1989, S. 101-122.

Albers, S./ Eggert, K. (1988), Kundennähe - Strategie oder Schlagwort?, in: Marketing ZFP, 10. Jg., 1988, S. 5-16.

Backhaus, K. (1996), Marketing: Shared Value oder Abteilung im Unternehmen?, in: Marktforschung & Management, 40. Jg., 1996, S. 18-21.

Backhaus, K. (1999), Industriegütermarketing, 6. Auflage, München 1999.

Backhaus, K. et al.(1996), Multivariate Analysemethoden, 8. Auflage, Berlin et al. 1996.

Backhaus, K./ Hilker, J. (1994), Marketingimplementierung in Unternehmen der Investitionsgüterindustrie, in: *Bruhn, M./ Meffert, H./ Wehrle, F.* (Hrsg.), Marktorientierte Unternehmensführung im Umbruch, Stuttgart 1994, S. 241-264.

Bauer, H.H. (1993), Marketing-Organisation, in: *Wittmann, W. et al.* (Hrsg.), Handwörterbuch der Betriebswirtschaft, 5. Auflage, Bd. 2, Stuttgart 1993, Sp. 2733-2751.

Becker, Jan (1999), Marktorientierte Unternehmensführung, Wiesbaden 1999.

Becker, Jochen (1998), Marketing-Konzeption, 6. Auflage, München 1998.

Becker, J./ Homburg, Ch. (1999), Market-Oriented Management: A Systems-Based Perspective, in: Journal of Market-Focused Management, Vol. 4, 1999, S. 17-41.

Benkenstein, M. (1987), F&E und Marketing, Wiesbaden 1987.

Benkenstein, M. (1997), Strategisches Marketing, Stuttgart et al. 1997.

Bongartz, M. (1999), Erfolgsfaktoren im Marketing, in: *Meffert, H.* (Hrsg.), Wissenschaftliche Gesellschaft für Marketing und Unternehmensführung e.V., „Jubiläumsausgabe", Münster 1999, S. 29-32.

Bonoma, T.V. (1985), The Marketing Edge: Making Strategies Work, New York et al. 1985.

Bonoma, T.V./ Crittenden, V.L. (1988), Managing Marketing Implementation, in: Sloan Management Review, Winter 1988, S. 7-14.

Brockhoff, K. (1989), Schnittstellen-Management, Stuttgart 1989.

Bruhn, M. (1999a), Kundenorientierung, München 1999.

Bruhn, M. (1999b), Internes Marketing als Forschungsgebiet der Marketingwissenschaft, in: *Bruhn, M.* (Hrsg.), Internes Marketing, 2. Auflage, Wiesbaden 1999, S. 15-44.

Bruhn, M./ Homburg, Ch. (1999) (Hrsg.), Handbuch Kundenbindungsmanagement, 2. Auflage, Wiesbaden 1999.

Day, G.S. (1999), Misconceptions about Market Orientation, in: Journal of Market-Focused Management, Vol. 4, 1999, S. 5-16.

Diller, H. (1991), Entwickungstrends und Forschungsfelder der Marketingorganisation, in: Marketing ZFP, 13. Jg., 1991, S. 156-163.

Diller, H. (1998), Planung und Marketing, in: *Diller, H.* (Hrsg.), Marketingplanung, 2. Auflage, München 1998, S. 3-29.

Deshpandé, R./ Farley, J.U./ Webster, F.E.jr. (1993), Corporate Culture, Customer Orientation, and Innovativeness in Japanese Firms: A Quadrad Analysis, in: Journal of Marketing (JoM), Vol. 57, 1993, S. 23-37.

Deshpandé, R./ Webster, F.E.jr. (1989), Organizational Culture and Marketing: Defining the Research Agenda, in: Journal of Marketing (JoM), Vol. 53, 1989, S. 3-15.

Dreher, A. (1995), Marketingorientierung als Unternehmensphilosophie, Wiesbaden 1995.

Eggert, K. (1993), Die Strategie Kundennähe, Diss. Lüneburg 1993.

Engelhardt, W.H./ Freiling, J. (1997), Marktorientierte Qualitätsplanung: Probleme des Quality Function Deployment aus Marketing-Sicht, in: Die Betriebswirtschaft (DBW), 57. Jg., 1997, S. 7-19.

Engelhardt, W.H./ Freiling, J. (1998), Aktuelle Tendenzen der marktorientierten Unternehmungsführung, in: Wirtschaftswissenschaftliches Studium (WiSt), 27. Jg., 1998, S. 565-572.

Faix, A. (1998), Michael E. Porter - Verfechter einer nachhaltigen Wettbewerbsorientierung, in: Das Wirtschaftsstudium (WISU), 27. Jg., 1998, S. 1413-1416.

Faix, A./ Görgen, W. (1994), Das „Konstrukt" Wettbewerbsvorteil, in: Marketing ZFP, 16. Jg., 1994, S. 160-166.

Frese, E./ Noetel, W. (1992), Kundenorientierung in der Auftragsabwicklung, Stuttgart 1992.

Fritz, W. (1992), Marktorientierte Unternehmensführung und Unternehmenserfolg, Stuttgart 1992.

Fritz, W. (1995), Marketing-Management und Unternehmenserfolg, 2. Auflage von „Marktorientierte Unternehmensführung und Unternehmenserfolg", Stuttgart 1995.

Fritz, W./ Oelsnitz, D. von der (1998), Marketing, 2. Auflage Stuttgart et al. 1998.

Görgen, W. (1992), Strategische Wettbewerbsforschung, Bergisch Gladbach et al. 1992.

Graham, J.R. (1998), Making Marketing Work, in: Direct Marketing, 61. Jg., September 1998, S. 40-42.

Grönroos, C. (1981), Internal Marketing - An Integral Part of Marketing Theory, in: *Donnelly, J.H./ George, W.R.* (Hrsg.), Marketing of Services, Chicago 1981, S. 236-238.

Gummesson, E. (1998), Implementation Requires a Relationship Paradigm, in: Journal of the Academy of Marketing Science, Vol. 26, 1998, S. 242-249.

Hammann, P./ Erichson, B./ Scheel, W.-D. (1975), Entscheidungsanalyse im Marketing, Berlin 1975.

Hansen, U./ Schoenheit, I. (1985, Hrsg.), Verbraucherabteilungen in privaten und öffentlichen Unternehmen, Frankfurt a.M. et al. 1985.

Hilker, J. (1993), Marketingimplementierung, Wiesbaden 1993.

Homburg, Ch. (1995), Kundennähe von Industriegüterunternehmen, Wiesbaden 1995.

Homburg, Ch. (1998a), Kundennähe von Industriegüterunternehmen, 2. Auflage, Wiesbaden 1998.

Homburg, Ch. (1998b), Quantitative Betriebswirtschaftslehre, 2. Auflage, Wiesbaden 1998.

Homburg, Ch./ Gruner, K./ Hocke, G. (1997), Entwicklungslinien der Marketingorganisation, in: Zeitschrift für Betriebswirtschaft (ZfB), 67. Jg., 1997, Ergänzungsheft 1, S. 91-116.

Homburg, Ch./ Workman, J.P.jr./ Jensen, O. (1998), Fundamental Changes in Marketing Organization: The Movement toward Customer-focused Organizations, Arbeitspapier Nr. 10 des Zentrums für Marktorientierte Unternehmensführung der WHU Koblenz, Koblenz 1998.

Hruschka, H. (1996), Marketing-Entscheidungen, München 1996.

Jaworski, B.J./ Kohli, A.K. (1993), Market Orientation: Antecedents and Consequences, in: Journal of Marketing (JoM), Vol. 57, July 1993, S. 53-70.

Jaworski, B.J./ Kohli, A.K. (1996), Market Orientation: Review, Refinement, and Roadmap, in: Journal of Market-Focused Management, Vol. 1, 1996, S. 119-135.

Jenner, T. (1999), Determinanten des Unternehmenserfolges, Stuttgart 1999.

Kepper, G. (1990), Unternehmenskultur als wesentliche Einflußgröße einer erweiterten Corporate Identity - Strategie, Arbeitspapier des Instituts für Markt- und Distributionsforschung der Universität zu Köln, Köln 1990 (DBW-Depot 91-2-9-3).

Kleinaltenkamp, M./ Rieker, S.A. (1997), Kundenorientierte Organisation, in: *Kleinaltenkamp, M./ Plinke, W.* (Hrsg.), Geschäftsbeziehungsmanagement, Berlin et al. 1997, S. 161-217.

Köhler, R. (1984), Marketingplanung in Abhängigkeit von Umwelt- und Organisationsmerkmalen - Ergebnisse empirischer Studien, in: *Mazanec, J./ Scheuch, F.* (Hrsg.), Marktorientierte Unternehmungsführung, Wien 1984, S. 581-602.

Köhler, R. (1989), Marketing-Accounting, in: *Specht, G./ Silberer, G./ Engelhardt, W.H.* (Hrsg.), Marketing-Schnittstellen, Stuttgart 1989, S. 117-139.

Köhler, R. (1993), Beiträge zum Marketing-Management, 3. Auflage, Stuttgart 1993.

Köhler, R. (1995), Marketing-Organisation, in: *Tietz, B./ Köhler, R./ Zentes, J.* (Hrsg.), Handwörterbuch des Marketing, 2. Auflage, Stuttgart 1995, Sp. 1636-1653.

Köhler, R. (1998a), Methoden und Marktforschungsdaten für die Konkurrentenanalyse, in: *Erichson, B./ Hildebrandt, L.* (Hrsg.), Probleme und Trends in der Marketing-Forschung, Stuttgart 1998, S. 25-48.

Köhler, R. (1998b), Kundenorientierte Organisation, in: Signale aus der WHU Koblenz, 12. Jg., H. 37, Juni 1998, S. 5-13.

Köhler, R. (1999), Kundenorientiertes Rechnungswesen als Voraussetzung des Kundenbindungsmanagements, in: *Bruhn, M./ Homburg, Ch.* (Hrsg.), Handbuch Kundenbindungsmanagement, 2. Auflage, Wiesbaden 1999, S. 329-357.

Köhler, R./ Habann, F./ Hahne, H. (1999), Marketingabsolventen: Was die Praxis jetzt fordert, in: Absatzwirtschaft, Zeitschrift für Marketing, 42. Jg., 1999, H. 1, S. 48-54.

Köhler, R./ Uebele, H. (1986), Planning Techniques: Conditions for their Application and Acceptance, in: *Witte, E./ Zimmermann, H.-J.* (Hrsg.), Empirical Research on Organizational Decision-Making, Amsterdam et al. 1986, S. 139-170.

Köhler, R./ Zimmermann, H.-J. (1977) (Hrsg.), Entscheidungshilfen im Marketing, Stuttgart 1977.

Kohli, A.K./ Jaworski, B.J. (1990), Market Orientation: The Construct, Research Propositions, and Managerial Implications, in: Journal of Marketing (JoM), Vol. 54, April 1990, S. 1-18.

Kotler, P./ Bliemel, F. (1999), Marketing-Management, 9. Auflage, Stuttgart 1999.

Krautter, J. (1973), Marketing-Entscheidungsmodelle, Wiesbaden 1973.

Krohmer, H. (1999), Marktorientierte Unternehmenskultur als Erfolgsfaktor der Strategieimplementierung, Wiesbaden 1999.

Kühn, R. (1991), Methodische Überlegungen zum Umgang mit Kundenorientierung im Marketing-Management, in: Marketing ZFP, 13. Jg., 1991, S. 97-107.

Lingenfelder, M. (1990), Die Marktorientierung von Vertriebsleitern als strategischer Erfolgsfaktor, Berlin 1990.

Link, J./ Gerth, N./ Voßbeck, E. (2000), Marketing-Controlling, München 2000.

Meffert, H. (1994), Marketing-Management, Wiesbaden 1994.

Meffert, H. (1998), Marketing: Grundlagen marktorientierter Unternehmensführung, 8. Auflage, Wiesbaden 1998.

Meffert, H./ Hafner, K. (1987), Unternehmenskultur und marktorientierte Unternehmensführung, Arbeitspapier Nr. 35 der Wissenschaftlichen Gesellschaft für Marketing und Unternehmensführung e.V., Münster 1987.

Meffert, H./ Hafner, K./ Poggenpohl, M. (1990), Unternehmenskultur und Unternehmensführung - Ergebnisse einer empirischen Untersuchung, in: *Simon, H.* (Hrsg.), Herausforderung Unternehmenskultur, Stuttgart 1990, S. 47-63.

Meffert, H./ Steffenhagen, H. (1977), Marketing-Prognosemodelle, Stuttgart 1977.

Müller, R./ Walti, Ch. (1997), Anspruch und Wirklichkeit der Marketingrealisierung - dargestellt am Beispiel der Schweizer Werkzeugmaschinenindustrie, in: *Belz, Ch.* (Hrsg.), Marketingtransfer, St. Gallen 1997, S. 130-149.

Narver, J.C./ Slater, S.F. (1990), The Effect of a Market Orientation on Business Profitability, in: Journal of Marketing (JoM), Vol. 54, October 1990, S. 20-35.

Nieschlag, R./ Dichtl, E./ Hörschgen, H. (1997), Marketing, 18. Auflage, Berlin 1997.

Oelsnitz, D. von der (1999), Marktorientierter Unternehmenswandel: Managementtheoretische Perspektiven der Marketingimplementierung, Wiesbaden 1999.

Ohmae, K. (1982), The Mind of the Strategist, New York et al. 1982.

Peters, T.J./ Waterman, R.H.jr. (1982), In Search of Excellence, New York et al. 1982.

Pflesser, Ch. (1999), Marktorientierte Unternehmenskultur, Wiesbaden 1999.

Plinke, W. (1992), Ausprägungen der Marktorientierung im Investitionsgüter-Marketing, in: Schmalenbachs Zeitschrift für betriebswirtschaftliche Forschung (ZfbF), 44. Jg., 1992, S. 830-846.

Porter, M.E. (1980), Competitive Strategy, New York 1980.

Porter, M.E. (1985), Competitive Advantage, New York 1985.

Raffée, H. (1984), Marktorientierung der Betriebswirtschaftslehre zwischen Anspruch und Wirklichkeit, in: *Mazanec, J./ Scheuch, F.* (Hrsg.), Marktorientierte Unternehmungsführung, Wien 1984, S. 81-108.

Raffée, H./ Wiedmann, K.-P. (1989) (Hrsg.), Strategisches Marketing, 2. Auflage, Stuttgart 1989.

Ruekert, R.W./ Walker, O.C.jr. (1987), Marketing's Interaction with Other Functional Units: A Conceptual Framework and Empirical Evicence, in: Journal of Marketing (JoM), Vol. 51, January 1987, S. 1-19.

Schein, E. (1984), Coming to a New Awareness of Organizational Culture, in: Sloan Management Review, Vol. 26, Winter 1984, S. 3-16.

Schein, E. (1992), Organizational Culture and Leadership, 2. Auflage, San Francisco 1992.

Schlüter, S. (1997), Handlungsparameter des marktorientierten Managements, Minden 1997.

Schulze, H.S. (1992), Internes Marketing von Dienstleistungsunternehmungen, Frankfurt a.M. et al. 1992.

Shapiro, B.P. (1988), What the Hell is 'Market Oriented'?, in: Harvard Business Review (HBR), Vol. 66, November-December 1988, S. 119-125.

Simon, H. (1991), Kundennähe als Wettbewerbsstrategie und Führungsherausforderung, in: *Kistner, K.-P./ Schmidt, R.* (Hrsg.), Unternehmensdynamik, Wiesbaden 1991, S. 253-273.

Simon, H./ Homburg, Ch. (1998) (Hrsg.), Kundenzufriedenheit, 3. Auflage, Wiesbaden 1998.

Stauss, B. (1994), Total Quality Management und Marketing, in: Marketing ZFP, 16. Jg., 1994, S. 149-159.

Stauss, B. (1995), Internes Marketing als personalorientierte Qualitätspolitik, in: *Bruhn, M./ Stauss, B.* (Hrsg.), Dienstleistungsqualität, 2. Auflage, Wiesbaden 1995, S. 257-276.

Stauss, B./ Schulze, H.S. (1990), Internes Marketing, in: Marketing ZFP, 12. Jg., 1990, S. 149-158.

Uebele, H. (1980), Einsatzbedingungen und Verhaltenswirkungen von Planungstechniken im Absatzbereich von Unternehmen - Eine empirische Untersuchung, Diss. Aachen 1980.

Utzig, B.P. (1997), Kundenorientierung strategischer Geschäftseinheiten, Wiesbaden 1997.

Webster, F.E.jr. (1992), The Changing Role of Marketing in the Corporation, in: Journal of Marketing (JoM), Vol. 56, October 1992, S. 1-17.

Wermeyer, F. (1994), Marketing und Produktion, Wiesbaden 1994.

Marketingimplementierung

Korreferat

Hans Mühlbacher

Versucht man, die Thesen von Herrn Kollegen *Köhler* in ihrer Essenz zu erfassen, dann fällt zuerst einmal auf, dass er bei der Beantwortung der Frage, was umzusetzen sei, offenbar nur an die Marktorientierung denkt. Geht man allerdings davon aus, dass das Marketing neben einer grundlegenden Perspektive der Führung betrieblicher Organisationen auch aus Prozessen der strategischen Positionierung, der Sammlung und Verteilung austauschbezogener Informationen, der Kreation sowie Gestaltung von Leistungen sowie deren Bereitstellung besteht, dann kann man den Gegenstandsbereich der Implementierungsforschung wesentlich breiter angelegt sehen.

Betrachtet man einmal nur das strategische Marketing, dann gibt es dort zumindest zwei wesentliche Prozesse, die mit Implementierungsproblemen behaftet sind. Einerseits ist das die Implementierung der strategischen Positionierung von organisatorischen Einheiten, also die Umsetzung von Marktauswahl- und Differenzierungsentscheidungen sowie der gezielte Aufbau, die Akquisition und Pflege dafür notwendiger strategischer Fähigkeiten. Andererseits geht es - eng damit verbunden - um die Schaffung und Pflege einer gewissen Identität einer organisatorischen Einheit, aber auch einer Marke. Versteht man darunter mehr als nur das Corporate Design oder ein Markenzeichen, besteht nämlich die Aufgabe des strategischen wie operativen Marketings darin, einen wesentlichen Beitrag zum selbstähnlichen Auftritt der organisatorischen Einheit oder der Marke zu leisten. In diesem Fall sind dann Wissen und Fähigkeiten bezüglich der integrierten Umsetzung des Identitäts- oder Markenkonzeptes von wesentlich größerer Bedeutung als das bisher in der Literatur in den Vordergrund gestellte instrumentelle Know how.

In beiden Bereichen, der Implementierung strategischer Positionierungsentscheidungen, wie auch der Umsetzung von Identitäts- und Markenkonzepten liegt die deutschsprachige Forschung weitgehend brach. Man hat diese Felder den Kollegen aus der Strategie- und Organisationsforschung sowie einigen Markenberatern großzügig überlassen.

Diese Entwicklung mag mit einer anderen - aus meiner Sicht noch wichtigeren Fehlentwicklung - wesentlich zusammenhängen. Auch diese wird in Herrn *Köhlers* Thesenpapier angesprochen. Es handelt sich um die weitgehend kritiklose Übernahme der a-theoretischen Konzepte der amerikanischen Literatur zum Thema Markt- oder Marketingorientierung. Nur weil die starke instrumentelle Ausrichtung der Marketingforschung der vergangenen drei Jahrzehnte ein weitestgehend einseitig instrumentell-funktionales Verständnis von Marketing bevorzugt hat, sollten wir nicht den Fehler begehen, das Marketing in eine geistige Sackgasse zu treiben. Marktorientierung als Gewinnung und unternehmensinterne Verbreitung umfeldbezogener Informationen vor allem über Kunden und Konkurrenten zu konzipieren, entspricht zwar der verkürzten Sichtweise der von *Kohli* und *Jaworski* (1990) befragten amerikanischen Manager. Es hat aber keine erkennbare theoretische Basis (*Dreher* 1995).

Das verwundert umso mehr, als das Marketing eine ausgezeichnete theoretische Grundlage besitzt, auf die in diesem Zusammenhang zurückgegriffen werden könnte. Ob das Austausch-Paradigma (*Bagozzi* 1975) nun auf die Transaktionskosten-Theorie (*Williamson* 1985) oder auf die Theorie des sozialen Austausches (*Emerson* 1972) zurückgeführt wird, beide Ansätze sind dazu tauglich, ein theoriegeleitetes Konzept der Marketingorientierung und damit auch seiner Implementierung zu entwickeln.

Bedient man sich des Austausch-Paradigmas bei der Betrachtung des Gegenstandes von Marketingimplementierungsforschung, dann wird sehr schnell klar, dass wir es mit dynamischen Systemen komplexen Austausches zu tun haben, die freiwillige und erzwungene Anspruchsträger oder Austauschpartner innerhalb und außerhalb der betrieblichen Organisation umfassen (wobei diese Unterscheidung gar nicht so einfach zu treffen ist). Um solche Systeme verstehen und erklären zu können und daraus Ableitungen für die Umsetzung von Marketing zu machen, bedarf es der von *Köhler* geforderten und bisher noch in der Marketingforschung unterentwickelten Prozessorientierung.

Die fatale konzeptuelle Trennung zwischen Analyse plus Entscheidung und Umsetzung steckt noch immer in unseren Köpfen. Strategien, Marken und Leistungen werden aber nicht am Reißbrett baukastenartig funktionstüchtig entworfen und dann per Beschluss realisiert. Sie sind das Resultat eines für alle Beteiligten mit vielfältigen Bedeutungen behafteten Gestaltungsprozesses sowie einer sich dazu parallel entwickelnden spontanen Ordnung. Erst wenn wir die noch immer vorherrschende Trennung von Strategieentwicklung und -implementierung durch ein integrierendes Prozessverständnis ersetzen, sind echte Durchbrüche in der Marketingimplementierungsforschung zu erwarten.

Die Anwendung von Erkenntnissen unserer eigenen Forschung über Austausch-handlungen, ob in Transaktionen oder in längerfristigen Beziehungen, auf Implementierungsprozesse, erscheint höchst an der Zeit. Es ist dabei nebensächlich, ob sie mehr ökonomischen oder eher sozialwissenschaftlichen Wurzeln entspringen. Zudem gibt es in benachbarten Disziplinen Fortschritte bezüglich relevanter Prozesse - wie z.B. des „sensemaking" (*Weick* 1995) oder der Entwicklung von „shared cognitions" (*Sims/ Gioia* 1986) in Entscheidungs-Teams und in Organisationen, die in der Marketingliteratur noch nicht gebührenden Eingang fanden.

Noch ein zusätzlicher Aspekt ist zu beachten: Das Austausch-Paradigma führt bei der Betrachtung komplexer Austausch-Systeme auch zu der Frage, was warum ausgetauscht wird. Damit wird die Erklärung von Nutzen- oder Wertentstehungs- bzw. -vernichtungsprozessen zu einem wesentlichen Gegenstand der Marketingimplementierungsforschung, der durch die nach wie vor grassierende Produktorientierung in Forschung und Praxis fast in Vergessenheit geraten wäre.

Literatur

Bagozzi, R. P. (1975), Marketing as Exchange, in: Journal of Marketing (JoM), Vol. 39, October 1975, S. 32-39.

Dreher, A. (1995), Marketingorientierung als Unternehmensphilosophie, Phänomem und empirische Erfassung, Univ. Diss., Wiesbaden 1995.

Emerson R. M. (1972), Exchange Theory, part I: Exchange Relations and Network Structures, in: *Zelditch M./ Anderson B.* (Hrsg.), Sociological Theories in Progress 2, Boston 1972, S. 58-87.

Kohli, A./ Jaworski, B. J. (1990), Market Orientation: The Construct, Research Propositions and Managerial Implications, in: Journal of Marketing (JoM), Vol. 54, April 1990, S. 1-18.

Sims, H. P./ Gioia, G. A., (1986) (Hrsg.), The Thinking Organization: Dynamics of organizational social cognition, San Francisco 1986.

Weick, K. E. (1995), Sensemaking in Organizations, Thousand Oaks 1995.

Williamson, O.E. (1985), The Economic Institutions of Capitalism, New York 1985.

Diskussion zur Marketingimplementierung

Diskussionsleitung: Wulff Plinke

Beitrag *Löbler*: Wählt man als zentralen Untersuchungsgegenstand des Marketing den Austausch von Leistungen gegen Geld oder gegen andere Leistungen, ohne diesen Tausch weiter einzugrenzen, dann bietet es sich natürlich an, auch die Tauschbeziehungen in Organisationen, also in hierarchischen Gebilden, mit einzubeziehen. Es stellt sich jedoch die Frage, ob in dem Begriff Marketing nicht der Begriff Markt konstitutiv verstanden werden soll. Folgt man der Ansicht, den Begriff Markt als konstitutiv für Marketing zu verstehen und betrachtet dann Tauschbeziehungen als Objekt der Marketingwissenschaft, dann sind in dem Objektbereich automatisch nur Tauschbeziehungen auf Märkten eingeschlossen, nicht aber solche, die innerhalb hierarchischer Gebilde bzw. Organisationen stattfinden. Erweitert man hingegen den Begriff auch auf innerorganisationale Tausche, dann stellt sich die Frage, was der Forschungsgegenstand der Organisationslehre ist und ob dann die Marketingwissenschaft nicht lieber "Exchange Science" heißen sollte. Die Tatsache, dass in hierarchischen Strukturen, also Organisationen, Weisungsbefugnisse vorhanden sind, bedeutet gleichzeitig, dass es sich im Unternehmen - zumindest in der vertikalen Struktur - um andere Tauschbeziehungen handelt als um marktliche Tauschbeziehungen. Mit Weisungsbefugnissen in Hierarchien wird die Unsicherheit der Tauschbeziehungen dramatisch reduziert, die für die marktliche Tauschbeziehung konstitutiv ist. Ob wir als Marketing-Community den Begriff Marketing auf das "interne" Marketing erweitern und damit auch die Tauschverhältnisse und Beziehungen innerhalb von Organisationen zum Gegenstand unserer Wissenschaft machen, hängt davon ab, ob wir den Markt als konstitutives Element verstehen wollen oder nicht. Ich würde persönlich zwar dafür plädieren, dies so zu tun, aber ich kann durchaus auch sehen, dass es die Ansicht gibt, dass man sagt, wir halten nicht den Markt für das konstitutive Element im Marketing, sondern den Tausch, und abstrahieren vom Markt, womit das interne Marketing zum Marketing gehören kann. (Wenngleich ich dieser Ansicht nicht gerne folgen würde.) Man wird in Zukunft ferner beobachten müssen, inwieweit der Marktbegriff selbst durch neue Technologien (Stichwort: Virtuelle Unternehmen) Veränderungen erfährt.

Stellungnahme *Mühlbacher*: Prinzipiell meine ich, dass die Betrachtung von Interaktionen aus der Perspektive des Austausches ein konstitutives Element der Marketingwissenschaft darstellt. Ob das eine Abstraktion vom Markt voraussetzt, hängt wohl von der Definition eines Marktes ab. Löst man sich von der sehr engen Sichtweise des Transaktionskostenansatzes, dann existieren Märkte überall dort, wo etwas ausgetauscht wird. Diesem Austausch das Prinzip der Freiwilligkeit zugrunde zu legen, wäre eine völlige Missachtung real existierender Machtverhältnisse. Macht und damit teilweise oder völlig erzwungener Austausch existiert nicht nur innerhalb von Hierarchien. Sie läßt sich auch in einer Vielfalt von außerhierarchischen Beziehungen beobachten. Ich denke daher, dass eine Definition von Markt, die - realistischerweise gegebene - Machtverhältnisse und damit Abhängigkeitsbeziehungen zwischen Auschtauschpartner berücksichtigt, auch internes Marketing zulässt.

Beitrag *Hansen*: Zum Thema Marketingimplementierung ist es wichtig, zwei Ebenen zu unterscheiden: Erstens: Implementierung auf der Praxisebene. Hier ist der Frage nachzugehen, wie der Marketingmanager in der Unternehmung seine konzeptionellen Entwürfe umsetzt. Dieses Thema wird zunehmend beachtet, nachdem es in der Vergangenheit auf Grund einer stärker externen Perspektive vernachlässigt wurde und als negative Folge die Marketingpraxis zu wenig an innerbetrieblichen Diskussionen, wie z.B. dem Qualitätsmanagement, beteiligt war. Zweitens: Implementierung auf der Metaebene (mit der Fragestellung, wie die Marketingcommunity ihre Erkenntnisse in der Praxis umsetzt). Vernachlässigungen auf dieser Ebene haben dazu geführt, dass von verschiedenen Wissenschaftlern die zu geringe Verbreitung der Marketingtheorie und - damit verbunden - eine zu geringe praktische Wirkung beklagt wird.

Stellungnahme *Mühlbacher*: Ich stimme dieser Feststellung zu und meine, die Marketing-Wissenschafter sollten sich mit Implementierungsfragen auf beiden Ebenen auseinandersetzen.

Politische Widerstände bei der Marketing-implementierung: ein (nach wie vor) unterschätztes Problem

Dietrich von der Oelsnitz

(Competitive Paper)

1. *Marketingimplementierung:*
   Das Problem und seine praktischen Gestaltungsdimensionen   286

2. *Konflikte als Ausgangspunkt einer handlungs-*
   praktischen Implementierungsperspektive   288

3. *Marketingimplementierung als*
   machtpolitischer Veränderungsauftrag   289

4. *Ansätze einer politischen Implementierungsdiagnostik*   292

   4.1 Analyse des Implementierungskonzepts   292

   4.2 Analyse des machtpolitischen Kräftefeldes   294

       4.2.1 Identifikation der Key Player   295

       4.2.2 Die Machtgrundlagen der Key Player   298

       4.2.3 Haltung und Vorgehen der Key Player   299

5. *Resümee und zukünftige Aufgaben*   302

Literatur   304

1. Marketingimplementierung: Das Problem und seine praktischen Gestaltungsdimensionen

Überdurchschnittlich marktorientierte Unternehmen waren in der Vergangenheit deutlich erfolgreicher als weniger auf die Bedürfnisse des Marktes ausgerichtete Unternehmen (vgl. u.a. *Backhaus/ Schwarz/ Schlüter* 1994; *Fritz* 1997, S. 61ff.). Dennoch scheint sich in weiten Teilen der deutschen Unternehmenspraxis das Wissen um die erfolgsbestimmende Kraft des Marketing immer noch nicht durchgesetzt zu haben; entsprechende Umfragen der Marketinglehrstühle in Münster und Köln belegen eine verbreitete Mischung aus Unkenntnis und Ignoranz. So gilt in vielen Fällen noch immer: "The marketing concept is a philosophical idea which serves as an idealistic policy statement for management, but relatively few companies are able - for whatever reasons - to implement the concept and make it operational on a day-to-day basis" (*Barksdale/ Darden* 1971, S. 36).

Das Streben nach mehr Marktorientierung erfordert für nicht wenige Unternehmen einen systematischen Unternehmenswandel. Die Marketingwissenschaft hat den praktisch Betroffenen jedoch hierbei nicht wesentlich weiterhelfen können. So hat sie es in der Vergangenheit z.B. oft vermieden, ihre inhaltlichen Empfehlungen mit weiterführenden Gedanken zu deren binnenpolitischer Durchsetzung zu belasten. Stattdessen herrscht(e) in der Regel eine dezidierte Außenorientierung vor: Marketingwissenschaftler widmen sich eher dem externen Markt- oder Konsumentenverhalten als den organisatorischen, psychologischen oder mikropolitischen Konsequenzen ihres Konzepts (vgl. *Sashittal/ Wilemon* 1996, S. 67; zu einer organisationsbezogenen Ausnahme vgl. *Köhler* 1998). Konsequenterweise zeigte man sich bislang wenig an der Implementierungsproblematik interessiert, so dass *Simkin* zu Recht "omission of work on the areas of implementation and control in marketing" (*Simkin* 1996, S. 378) beklagt.

Neben diesen forschungsprogrammatischen Defiziten ist es allerdings auch die ausgesprochene Vielschichtigkeit der hiermit verbundenen Managementaktivitäten, die handlungsnahe Gestaltungsempfehlungen bis heute an Zahl und Qualität begrenzt hat. Eine verbesserte Marktorientierung ist schließlich kein Automatismus, d.h. stellt sich z.B. nicht schon dadurch ein, dass der Umfang funktionenübergreifender Gremiensitzungen vergrößert, ein eigenständiges Beschwerdemanagement eingerichtet oder die Zahl der Marketingspezialisten aufgestockt wird. Vielmehr bedarf es eines betont ganzheitlich ausgerichteten Maßnahmenpaketes, um dem Marketingkonzept in einem unzureichend marktorientierten Unternehmen zu einer besseren Entfaltung zu verhelfen.

Erklärung wie Gestaltung des marktorientierten Unternehmenswandels sind dementsprechend in einer **integrativen Gesamtsicht** zu sehen. In diesem Zusammenhang gilt die Erfahrung der allgemeinen Change Management-Forschung: "To change culture without changing structure, systems, and people, or visions without positions, programs, and facilities, would appear to constitute an empty gesture - a change, in thinking with no change in action" (*Mintzberg/ Westley* 1992, S. 41).

Die meisten Marketingimplementierungsprojekte scheitern vor diesem Hintergrund nicht an unzulänglichen Inhalten, sondern an Defiziten in der Beachtung dieses ganzheitlichen Zusammenhangs. Vor dem Hintergrund des ineinander verwobenen Wechselspiels diverser Einflussfaktoren müssen vom Management des Unternehmens letztlich vier zentrale Aufgaben als **Basistätigkeiten der Marketingimplementierung** geleistet werden (vgl. *von der Oelsnitz* 1999a, S. 163):

1. Die Entwicklung einer marktorientierten, sinnstiftenden und zugleich motivierenden Veränderungsvision ("Visioning");

2. die mikropolitische Förderung und Durchsetzung der Veränderungsvision, von der angenommen wird, dass sie unter den gegenwärtigen Marktbedingungen einen entscheidenden Beitrag zum Unternehmenserfolg leistet ("Promoting");

3. die interaktionelle Vermittlung, d.h. das Bekanntmachen, Erklären, Konkretisieren und Vorleben der entwickelten Veränderungsvision in der vertikalen Führer-Geführten-Beziehung ("Leading");

4. die strukturelle Umsetzung der Vision durch eine entsprechende Anpassung des organisationalen Gerüsts sowie der organisationalen Managementsysteme ("Fitting").

Marktorientierung ist letztlich keine dichotome Eigenschaft - ein Unternehmen ist in den allermeisten Fällen nicht "marktorientiert" oder "nicht-marktorientiert". Eher ist von einem Kontinuum unterschiedlicher Intensitätsgrade bei der Realisierung dieses Postulats auszugehen, d.h. die Mehrzahl der Unternehmen in einem funktionierenden Markt wird seine Handlungen mithin *mehr oder weniger* an den Anforderungen des Wettbewerbs ausrichten. Dabei wird ein Unternehmen naturgemäß eine um so spürbarere Veränderung erfahren, je weiter es in seinem bisherigen Selbstverständnis und seinen traditionellen Fähigkeiten von den Erfordernissen einer "echten" Marktorientierung entfernt ist.

Nun aktivieren größere organisationale Wandlungsprozesse in der Regel nahezu alle bekannten Formen von strukturellem, kulturellem und persönlichem Veränderungswiderstand (vgl. *Strebel* 1994, S. 31). Ein Großteil dieses Widerstandes ist ohne Zweifel macht- und interessenpolitisch bedingt. Der vorliegende Beitrag möchte für dieses nach wie vor unterschätzte Problem sensibilisieren und erste Sondierungen zu einem politischen Implementierungsansatz liefern.

2. Konflikte als Ausgangspunkt einer handlungspraktischen Implementierungsperspektive

Hinsichtlich der Um- und Durchsetzung einer marktorientierten Führungskonzeption treten nicht nur die für eigentlich jeden Wandlungsprozess typischen *vertikalen Konflikte* zwischen Konzept- und Strategieplanern auf der einen und operativ Betroffenen auf der anderen Seite auf, sondern auch *horizontale Konflikte*, d.h. Interessengegensätze zwischen verschiedenen Fachabteilungen. Exemplarisch für derartige Konflikte sind die in der Literatur besonders stark reflektierten Gegensätze zwischen Marketing und Forschung und Entwicklung (F & E) (vgl. hierzu u.a. *Domsch/ Gerpott/ Gerpott* 1992; *Ruekert/ Walker* 1987; *Shaw/ Shaw* 1998).

Die aus diesem spezifischen Konflikttyp entstehenden Spannungen sind ein nahezu prototypisches Beispiel für die Ursachen (und zugleich Folgen) einer mangelhaften innerbetrieblichen Kooperation. Die von seiten des Marketing am häufigsten beklagten Missstände sind z.B. immer wieder: zu geringe Kundenorientierung von F&E, zu langsame Reaktionen auf angeforderte Hilfen, unzureichende Informationsbereitstellung und Serviceunterstützung sowie Unklarheit über Ziele, Aufgaben und Kompetenzen zwischen F&E und Marketing (vgl. *Ruekert/ Walker* 1987, S. 240).

Kolks (1990, S. 120f.) systematisiert die **Konflikte**, die im Kontext organisationaler Veränderungen auftreten, wie folgt:

- *Zielkonflikte*: Diese bestehen sowohl zwischen den Bereichen als auch zwischen einem Bereich und dem Strategiegesamtziel sowie zwischen den persönlichen Zielen relevanter Führungskräfte und dem Strategieziel. Ein klassischer Zielkonflikt resultiert u.a. aus der Effizienz- und Kostenorientierung der Produktion und den Ertragszielen des Verkaufs.

- *Gegensätzliche Erfolgs- und Risikoeinschätzungen*: Diese verkörpern zunächst einen vertikalen Konflikt über die instrumentelle Zweckmäßigkeit verfolgter

Strategien und Maßnahmen. Dieser Konflikttyp wird u.a. als Ausgangspunkt von Implementationsbarrieren im Middle-Management gesehen. Unterschiedliche Erfolgs- und Risikoeinschätzungen können aber auch ein Problem der horizontalen Strategievermittlung sein.

- *Verteilungskonflikte*: Hierbei geht es vor allem um funktionsspezifisch abweichende Vorstellungen über die unternehmensinterne Ressourcenallokation. Verteilungskonflikte berühren vorrangig die mesoorganisationale Ebene.

- *Durchsetzungskonflikte*: Zwischen Strategieplanern und umsetzenden Bereichen können vertikale Konflikte auftreten, die sowohl auf sozio-emotionale Ursachen (z.B. Bequemlichkeit, Ablehnung der Stabstechnokratie) als auch auf objektive Qualifikationsdefizite zurückzuführen sind.

- *Kulturelle Konflikte*: Hier stehen wiederum Inter-Gruppen-Prozesse im Mittelpunkt. Die beteiligten Gruppen müssen dabei nicht zwingend funktional abgegrenzt sein, sondern können sich im Einzelfall auch über spartenbezogene, hierarchische oder demographische Merkmale (Produktzuständigkeit, beruflicher Status, Nationalität u.ä.) definieren. Nicht selten bilden organisationale Subkulturen die jeweiligen Referenzeinheiten (vgl. *von der Oelsnitz* 2000).

Die genannten Konflikte lassen sich schlicht auch als Differenzen über Fakten, Ziele, Methoden und Werte charakterisieren. *Kolks* Systematik übersieht allerdings die *Interdependenzen* zwischen den einzelnen Konfliktarten. So werden Zielkonflikte oft in horizontale Verteilungskonflikte münden.

3. Marketingimplementierung als machtpolitischer Veränderungsauftrag

Die politische Denkschule innerhalb der betriebswirtschaftlichen Entscheidungsforschung stellt heraus, dass letztlich jedem strategischen Sachverhalt, der im Rahmen der Unternehmenspolitik Beachtung findet, eine politische Dimension innewohnt. Dies gilt natürlich erst recht für politisierte Prozesse, die sich durch widersprüchliche Zielpräferenzen, wichtige betroffene Interessen und divergierende Auffassungen bezüglich der einzusetzenden Mittel charakterisieren lassen. Unternehmenspolitische Reorientierungen besitzen diese Merkmale und sind daher zu den politisierten Prozessen zu zählen.

Zentrale Organisationsmerkmale wie die Art und die Kriterien der betrieblichen Abteilungsbildung, die gegenwärtigen Über- und Unterordnungsverhältnisse, der Verlauf der Dienstwege und Instanzenzüge oder die Form des bestehenden Statussystems - kurz: die jeweiligen Rollen-, Autoritäts- und Kommunikationsstrukturen der Organisation - können als das nach außen sichtbare Ergebnis einer **temporär eingependelten Machtbalance** gedeutet werden. Binnenorganisational verteilte Macht schlägt sich im Laufe der Zeit in einem schlüssigen Arrangement dominanter Kompetenzen, Regeln und Interpretationsschemata nieder, welches neuen Organisationsmitgliedern als quasi natürlich erscheint und kaum als das heute sichtbare Konvolut früherer Bargainingprozesse ersichtlich ist.

Genau diese Machtbalance ist es, die durch einen grundlegenden Unternehmenswandel in aller Regel gestört, und die als wesentlicher Bestimmungsfaktor bei konkreten Veränderungseingriffen des Managements oft sträflich vernachlässigt wird. Macht ist aber kein absolutes Attribut, sondern konstituiert sich als *relationales Phänomen*, d.h. im sozialen Miteinander verschiedener Meinungen und Methoden. Sie wird folglich generiert, gesteigert, erhalten und verloren im Kontext unterschiedlicher Beziehungs- und Einflussgeflechte.

Begreift man Macht als wechselseitige Tausch- und Verhandlungsbeziehung, die in erster Linie auf die Überwindung von Widerständen zielt (z.B. bei *Crozier/ Friedberg* 1979, S. 40), dann wird die besondere Relevanz dieses Konstrukts für marktorientierte Veränderungsprozesse deutlich. *Pfeffer* (1992, S. 46) meint daher schlicht: "Managing with power means understanding that to get things done, you need power - more power than those whose opposition you must overcome - and thus it is imperative to understand where power comes from and how these sources of power can be developed".

Diejenigen, die Macht einsetzen, tun dies nicht ohne eine bestimmte Absicht: In der einfachsten Unterscheidung sind somit Befürworter (**Change Agents**) und Gegner (**Status quo Agents**) des Wandels zu differenzieren (vgl. *Strebel* 1994, S. 31). Finden sich die Befürworter und Gegner des Wandels in Erkenntnis ihrer gemeinsamen Interessen zu größeren Gruppen zusammen, entstehen entsprechende Koalitionen. Koalitionen bezeichnen als "interest groups" eine Ansammlung von "actors who are aware of the commonality of their goals" (*Bacharach/ Lawler* 1980, S. 8).

Das Ausmaß, in dem sich bestimmte Interessen und Orientierungen im Unternehmen durchsetzen lassen, hängt gemäß koalitionstheoretischer Ansätze vor allem von den innerbetrieblichen Machtverhältnissen ab. Für die Promotoren des marktorientierten Wandels ergibt sich hieraus neben der Notwendigkeit, die von ihnen angestrebte Veränderung als "Strategic issue" nachhaltig auf der Agenda des Unternehmens zu plazieren. Hieraus wiederum resultiert die Verpflichtung, das bisherige Einflussinstrumentarium explizit um machtpolitische Mittel zu erweitern. Die Steuerung politischer Prozesse ist eine zentrale Aktivität des unternehmerischen Veränderungsmanagements.

Vor dem Hintergrund der o.g. Konflikttypologie sieht *Stefflre* (1986, S. 71f.) in den auseinanderklaffenden Bereichsinteressen und den hiermit verbundenen Ausgleichsnotwendigkeiten das Hauptproblem der Marketingimplementierung. In diesem Sinne wird die **politische Durchsetzung des Marketingkonzepts** zur wichtigsten Aufgabe der Marketingimplementierung. Und dies auch, weil der Implementierungsakt nicht durch die Machtpotentiale abgesichert werden kann, mit denen eine Organisation normalerweise ihre Zielvorstellungen gegenüber Andersdenkenden durchsetzt. So meint *Bonoma* (1985, S. 78) pointiert: "Im Unternehmen gibt es eine regelrechte Parade von Gleichrangigen, denen der Marketingmann keine Vorschriften machen kann - er muss also wie ein Pferdehändler vorgehen."

In diesem Sinne zielt die innerbetriebliche Mikropolitik als "Politik im Kleinen" (vgl. hierzu *von der Oelsnitz* 1999b, S. 711; *Neuberger* 1995, S. 14) auf die Förderung bestimmter Werte, Ideen und letztlich auch Ansprüche im Unternehmen. Das Wesen der Mikropolitik ist dabei keineswegs statisch: Veränderte Kontextbedingungen, neue Rohstoffe oder Technologien, modifizierte Leistungsangebote oder neue Führungsstrukturen bewirken letztendlich eine stetige Veränderung des unternehmensinternen Kräfteverhältnisses.

Darüber hinaus herrscht in aller Regel eine **doppelte Kontingenz**: Das Tun des einen richtet sich nach dem Tun des anderen. Opponenten und Koalitionäre bedürfen in diesem Sinne einander, um überhaupt Interessen und Ansprüche artikulieren, abgrenzen und "verhandeln" zu können. Insofern begründet der organisationale Machtschöpfungs- und -anwendungsprozess eine höchst dialektische Beziehung: Mikropolitik erschöpft sich nicht im Antagonismus, vielmehr *kultiviert* sie den Antagonismus (vgl. *Neuberger* 1995, S. 22, 64). Die von den Wandlungsbefürwortern eingesetzten Maßnahmen sind vor diesem Hintergrund nichts Verwerfliches - jedenfalls so lange nicht, wie sie in ihrem praktischen Ziel- und Verhaltenskodex der unternehmerischen Grundordnung verpflichtet bleiben.

Es ist vor diesem Hintergrund ein zentrales Ziel der Wandlungspromotoren, im Sinne der Koalitionentheorie die anderen Fachabteilungen vom Wert des Marketingkonzepts zu überzeugen und auf diesem Wege ihre Unterstützung - oder zumindest ihre wohlwollende Neutralität - im Implementierungsprozess zu erhalten. Kein Autor hat die hiermit verbundene Aufgabe der politischen Implementierungsdurchsetzung besser beschrieben als *Anderson* (1982, S. 24), der den Marketingverantwortlichen die **Rolle eines unternehmenspolitischen Advokaten** zuweist. Ähnlich sieht *Plinke* (1992, S. 834) sogar eine "Doppeladvokaten"-Funktion des Marketing: Dieses muss seine Perspektive sowohl gegenüber dem Markt als auch gegenüber den internen Ressortkollegen durchsetzen.

Im Folgenden beschäftigt sich dieser Beitrag mit der Frage, wie diese Advokaten-rolle am effektivsten auszufüllen ist. Grundlage hierfür ist die möglichst objektive Analyse des Implementierungskonzepts auf der einen sowie die umfassende Evaluation der internen Kräfteverhältnisse und (mutmaßlichen) Unternehmensreaktionen auf der anderen Seite. Die Analyse des politischen Kräftefeldes geschieht vor dem Hintergrund des Wissens um die zentrale Bedeutung des Faktors "Macht" im organisationalen Veränderungsprozess; denn: "The success of any claimant in furthering his interests will be a consequence of his ability to mobilize power for his demands" (*Pettigrew* 1975, S. 192).

4. Ansätze einer politischen Implementierungsdiagnostik

4.1 Analyse des Implementierungskonzepts

Die organisationalen Einflussgruppen werden in der Regel von einigen zentralen Schlüsselpersonen geführt, die als unternehmenspolitische **Key Player** bezeichnet werden können. Key Player treffen ihre Entscheidung für oder gegen den geplanten Wandel, d.h. darüber, ob sie den Schritt zu mehr Marktorientierung nach besten Kräften unterstützen oder eben behindern, in erster Linie auf der Basis eines Abgleichs der (erwarteten) Wandlungskonsequenzen mit ihren ureigenen Zielen und Interessen (vgl. in allgemeinem Zusammenhang *Bateman* 1980, S. 204).

Es ist für die Promotoren des Marketingkonzepts daher hilfreich, ihre Vorstellung vom zukünftigen Auftritt ihres Unternehmens möglichst nüchtern und objektiv auf potentielle Reizpunkte und Stolpersteine zu überprüfen. Hierzu muss das gesamte Implementierungskonzept - quasi im Sinne einer mikropolitischen Folgenabschätzung - in seine einzelnen Bestandteile zerlegt und dann Komponente für Komponente auf seine politische Durchsetzbarkeit im gegebenen Kräftekontext hin evaluiert werden.

Wichtig ist in diesem Zusammenhang, dass **Personen oder Koalitionen als Handlungseinheit** erkannt werden, und nicht etwa offizielle organisationale Institutionen (Gremien, Organe, Ausschüsse u.ä.). Denn Institutionen werden in der Regel von einzelnen Key Playern geprägt und dienen diesen als Einflussarena. Die Arbeit in Institutionen ist für verschiedene Key Player oft hoch willkommen - besitzen die entsprechenden Gremien als fixe Elemente der Aufbauorganisation doch den großen Vorteil der offiziellen Legitimität und erscheinen damit nach außen streng sachgebunden. (Möglicherweise ist diese Attraktivität auch ein Grund für die wundersame Vermehrung von Kommissionen und Ausschüssen in bürokratischen Großorganisationen.)

Kombiniert man die unterschiedliche Priorität, die die einzelnen Komponenten des Implementierungskonzeptes für die Promotoren besitzen, mit der prognostizierten politischen Wirkung auf die verschiedenen Einflussgruppen, dann erhält man eine *Prioritäten-/Akzeptanzmatrix* in der nachfolgend dargestellten Form (vgl. *Abb. 1*).

Die Matrix erlaubt zum einen eine erste Abschätzung des zu erwartenden Opponentenverhaltens und zum anderen die Identifikation derjenigen Konzeptelemente, die aus Gründen der politischen Zweckmäßigkeit modifiziert oder gar ganz aufgegeben werden sollten, da sie für die Realisierung des zugrundeliegenden Implementierungskonzeptes letztlich weniger wichtig sind (sog. "losers"). Eine entsprechende Analyse bildet zugleich die Grundlage für die Konzentration der politischen Kräfte auf diejenigen Konzeptelemente, die vermutlich kaum akzeptiert und daher schwer durchzusetzen, aber dennoch hoch prioritär sind (sog. "conflicts").

Die Wandlungspromotoren minimieren auf diese Weise sowohl eine Verzettelung ihrer Kräfte als auch das bedingungslose Festhalten an insgesamt weniger wichtigen Bestandteilen ihres Implementierungskonzeptes. Im Sinne des logischen Inkrementalismus von *Quinn* (1978) kann es sich empfehlen, neuralgische Punkte des Veränderungsprozesses zunächst auszuklammern und deren Um- und Durchsetzung auf einen späteren, günstigeren Zeitpunkt zu vertagen, wenn z.B. unternehmerisches Spitzenpersonal ausgetauscht oder der Wert der Marktorientierung durch ein aufsehenerregendes Ereignis aus dem externen Unternehmensumfeld unter Beweis gestellt wurde.

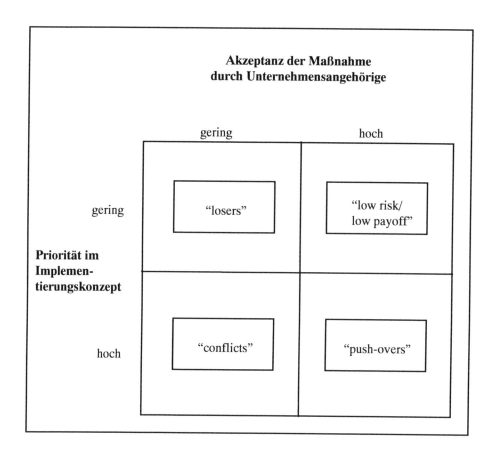

Abb. 1: Prioritäten-/Akzeptanzmatrix (Piercy 1989a, S. 25)

4.2 Analyse des machtpolitischen Kräftefeldes

Macht erfordert neben der reinen Verfügbarkeit von Machtquellen sowohl die politische Fähigkeit als auch den Willen, die verfügbaren Quellen auch faktisch zu mobilisieren. Der bloße Besitz machtrelevanter Ressourcen begründet folglich ebenso wenig reale Machteffekte wie die isolierte Begabung und/oder Bereitschaft ihres Einsatzes. Auf der anderen Seite wirkt Macht bereits durch ihr Potential, d.h. durch die bloße Möglichkeit, sie *gegebenenfalls* einzusetzen (zur Unterscheidung zwischen potentieller und ausgeübter Macht vgl. insb. *Provan* 1980, S. 550f.). Ob Macht tatsächlich ausgeübt wird, ist für ihren faktischen Effekt somit unwesentlich.

Zur Analyse des unternehmensinternen Kräftefeldes sind insbesondere **drei Fragen** zu beantworten: a) Wer sind die entscheidenden Personen (Key Player) im Implementierungsprozess? b) Über welche Machtgrundlagen verfügen diese Key Player? und c) Wie und wofür üben die Key Player ihre Macht aus?

4.2.1 Identifikation der Key Player

Die Identifikation der Schlüsselpersonen und wichtigsten Anspruchsgruppen im Wandlungsprozess ist die Vorbedingung für die Ableitung mikropolitischer Implementierungsstrategien. Erstaunlicherweise hat sich die Marketingwissenschaft bislang kaum für dieses Thema interessiert. Die Identifikation der für den Implementierungserfolg maßgeblichen Personen ist allerdings ein schwieriges Unterfangen. Es erfordert angesichts der oft wechselnden Fronten und Interessenlagen eine unmittelbar situationsbezogene Analyse. Hierzu bedarf es sowohl eines fundierten, auch historisch begründeten Insiderwissens als auch der Intuition und Kombinationsgabe, welche das Fehlen "offizieller" Daten ersetzen müssen. Da diese verschiedenen Fähigkeiten und Kenntnisse von verschiedenen Personen unterschiedlich gut bereitzustellen sind, empfiehlt sich die Bildung eines gemischten, aus Unternehmensmitgliedern und externen Spezialisten zusammengesetzten Analysegremiums.

Zur **Diagnose des binnenpolitischen Kräftefeldes** können vor allem folgende **Methoden** eingesetzt werden:

- **Organigramme und Sekundärorganisation**

  Ein Organigramm vermag als graphische Darstellung des formalen organisatorischen Stellengefüges einen ersten Überblick sowohl über generell einflussreiche Positionen als auch über die durch das jeweilige Implementierungsprojekt vermutlich am meisten betroffenen Unternehmensbereiche zu vermitteln. Hierbei geht man zum einen von der Annahme aus, dass die Inhaber formaler Einflusspositionen in der Lage und willens sind, ihre formale Position zu einer entsprechenden Machtakkumulation zu nutzen. Zum anderen wird unterstellt, dass diejenigen Personen sich am stärksten im Implementierungsprozess engagieren, deren Interessen am nachdrücklichsten berührt werden. Dies ist u.a. für diejenigen der Fall, für die die unternehmenspolitische Reorientierung eine umfangreiche Neuverteilung von Aufgaben, Zuständigkeiten und Ressourcen mit sich bringt.

Da Implementierungsprogramme oft als singuläre Vorhaben betrachtet und dementsprechend durch ein spezifisches Projektmanagement abgewickelt werden, muss zur Abrundung der formalen Analyse auch die Sekundärorganisation des Unternehmens einbezogen werden. Diese zeichnet sich insbesondere durch ihren ressortübergreifenden Charakter aus. Die Analyse der zur Marketingimplementierung neu geschaffenen oder ggf. umgewidmeten Koordinationsorgane (Kommissionen, Task Forces, Projektausschüsse u.ä.) beleuchtet primär deren funktionale, personelle und hierarchische Zusammensetzung, den Zeithorizont ihrer Tätigkeit sowie die vorgegebenen Ziele und Arbeitsstatuten.

- **Unternehmensinterne Reputationsanalyse**

Die Reputationsanalyse ist der "klassische" Ansatz der politischen Kräftefelddiagnostik. Die Reputationsanalyse geht von der Prämisse aus, dass die einflussreichsten Personen im Unternehmen einschlägig Informierten bekannt sind und dass diese als Informanten zur zweckfreien Preisgabe ihres Wissens auf Nachfrage bereit sind. Beide Annahmen sind mit Vorsicht zu genießen. *Ryan* (1984, S. 209) hat zeigen können, dass die Auskunft der Informanten oft von der sozialen und politischen Nähe zur interessierenden Person abhängt. Ob der Auskunftgeber sich seiner Subjektivität bewusst ist oder nicht, ob er also absichtlich oder unbewusst falsche Angaben macht, ist dabei unwesentlich. Des Weiteren hat sich gezeigt, dass Informanten von den Experten häufig nicht explizit nach den Hintergründen einer bestimmten Einflusssituation befragt werden (vgl. *Provan* 1980, S. 554). Das aus derartigen Analysen resultierende Ergebnis repräsentiert daher nicht selten einen relativ undifferenzierten Gesamteindruck, der sich pauschal aus der Summe diverser Einzelerlebnisse zusammensetzt. Trotz dieser Bedenken vermag die Reputationsanalyse durchaus wertvolle Einsichten zu vermitteln und bereits gewonnene Daten abzusichern.

- **Selbstauskünfte und Alltagsbeobachtungen**

Eine dritte Methode der Kräftefeldanalyse besteht in der direkten Befragung der Personen, die für das angestrebte Implementierungskonzept bereits aufgrund von Plausibilitätsüberlegungen wichtig sind bzw. für die auch die Auswirkungen des Konzeptes bedeutsam sind. Diese Personen sind in erster Linie nach ihrem unternehmenspolitischen Selbstverständnis und ihrer Haltung zur intendierten Veränderung zu befragen. Um die unausweichliche Interessengeleitetheit der Auskünfte relativieren zu können, ist es sinnvoll, die Befragungen mit weniger direkten, möglicherweise aber ebenfalls erhellenden Fragen, wie z.B. zum biographischen

Hintergrund und Werdegang des Befragten, seinen wichtigsten Lebensmaximen oder persönlichen Entwicklungszielen, zu ergänzen.

Sofern sich die Möglichkeit bietet, ist das hierbei entstehende Bild von der Macht und Persönlichkeit der Key Player durch Beobachtungen im Alltagsgeschäft abzusichern. Die Art und Weise ihres Umgangs mit Untergebenen, die Organisation und Führung von Gremiensitzungen, die Analyse der intra- und interfunktionalen Interaktionen (Art und Häufigkeit der benutzten Kommunikationskanäle, wichtige Ansprechpersonen u.ä.) sowie zeitliche und inhaltliche Workflow-Analysen ihres täglichen Arbeitsprozesses vermögen oft ebenfalls wichtige Einblicke in die faktische Macht- und Einflussstruktur des Unternehmens zu vermitteln.

• **Plausibilitätsüberlegungen**

Ein weiterer Ansatz zur Identifizierung individueller Macht- und Einflusspotenziale besteht in der systematischen Analyse von Gruppenmitgliedschaften und/oder der Aufdeckung besonderer Beziehungen zu externen Ressourcenträgern. So kann z.B. ein eher außerdienstliches "Bekanntsein" mit einem ggf. wichtigen Kapitalgeber die machtpolitische Aufwertung eines Unternehmensmitgliedes nach sich ziehen, die durch offiziell verfügbare Einflusspotentiale ansonsten nicht zu begründen wäre. Auch die Verbindung zu wichtigen externen Einflussgruppen (Gewerkschaftsvertretern, politischen Parteifreunden u.ä.) verschafft in der Regel besondere Einwirkungsmöglichkeiten. Formale Machtdefizite werden auf diese Weise "auf anderem Wege" kompensiert (vgl. hierzu *Mintzberg* 1983, S. 24). Die Kenntnis personaler Beziehungen dieser Art lässt als Vermutungswissen bestehende Nebenhierarchien zumindest erahnen. Darüber hinaus bestehen Bezüge zur Analyse der formalen Einflusspositionen: Inhaber *informaler* Macht können die ihnen "inoffiziell" gewährte Unterstützung schließlich mittelfristig zum Sprung auf eine formale Einflussposition nutzen.

• **Sozio-historische Entscheidungsanalyse**

Politische Aktoren trachten per definitionem danach, den Prozess, den Inhalt und letztlich auch das Ergebnis organisationaler Entscheidungen in ihrem Sinne zu beeinflussen. Da viele Machtquellen tradierten Ursprungs sind, ist schließlich auch eine sozio-historische Bestandsaufnahme wichtig. Die sozio-historische Entscheidungsanalyse versucht, zum einen das Verhalten der Key Player bei vergleichbaren Issues in der Vergangenheit zu klären und daraus Rückschlüsse auf ihre aktuell zu erwartende Reaktion zu gewinnen, und ist zum anderen bemüht, anhand der Art der bislang behandelten politischen Sachverhalte sujet- und situationsübergreifende Einflussmuster zu rekonstruieren. Diese Einflussmuster sind sowohl Ergebnis vorhergehender als auch Ursache nachfolgender Entscheidungen. Interessant ist dabei nicht nur, welche Sachverhalte den offiziellen Entscheidungsforen vorgelegt wurden, sondern auch, welche in der Vergangenheit erfolgreich "unterdrückt" worden sind. Macht und Einfluss zeigen sich schließlich auch in dem Vermögen, bestimmte, die eigene Machtstellung möglicherweise beeinträchtigender Sachverhalte, gezielt auszublenden. Aus diesem Grund liefert auch das systematische Aufspüren *nicht behandelter* Fragestellungen wichtige Informationen - so schwierig eine diesbezügliche Rekonstruktion in der Praxis natürlich ist.

Natürlich sind die genannten Methoden in Abhängigkeit von der konkreten Implementierungssituation deskriptorisch wie prädiktiv unterschiedlich gut geeignet. Überdies verbinden sich mit ihnen verschiedene "blind spots", die bei Nichtbeachtung das reale Kräftefeld einer Organisation möglicherweise verzerrt darstellen. So tendieren sowohl die formale Positionsanalyse als auch Selbstauskünfte oder Auskünfte Dritter zu einer Überschätzung persönlicher wie positionaler Macht (sog. false positives; vgl. *Cobb* 1986, S. 483). Darüber hinaus beschreiben formale Stellenpläne ersichtlich nur die offizielle Seite der Wirklichkeit. Die genannten Methoden sollten daher bedarfsgerecht miteinander kombiniert werden.

4.2.2 Die Machtgrundlagen der Key Player

Für den hier interessierenden Sachverhalt sind primär die Machtgrundlagen wichtig, die das *politische* Handeln der Akteure beeinflussen. Das sind vor allem solche, die *neben* den offiziell vergebenen Einflussmöglichkeiten bestehen. Diese Machtquellen sind in der Regel verdeckt und beeinflussen die organisationalen Entscheidungen in einem häufig unvorhersehbaren Sinne. Beispiele für derart **verdeckte Machtquellen** sind nicht nur private Beziehungen des Middle-Managements zu Mitgliedern der Unternehmensspitze, sondern auch schwammig-diffuse Sachverhalte wie z.B. die "Firmentradition". Letztere artikuliert sich möglicherweise in der überkommenen Dominanz einer bestimmten betrieblichen Kernfunktion. Derartige Faktoren beeinflussen nicht selten in einer für Außenstehende kaum nachvollziehbaren Weise wesentliche Unternehmensentscheidungen.

Zu diesen inoffiziellen Machtgrundlagen zählt insbesondere die Kontrolle wichtiger, d.h. für einzelne oder die Gesamtorganisation erfolgskritischer Informationen. Die Möglichkeit der Erlangung politischer Informationsmacht ist dabei häufig eine Frage der Zentralität im unternehmerischen Leistungsprozess. So wie funktionales Wissen Expertenmacht begründet, so konstituiert der Besitz wichtiger Informationen politische Macht (vgl. mit speziellem Marketingbezug *Piercy* 1989b). Entscheidend ist indes der *exklusive* Besitz der Information ("privileged information"; *Mintzberg* 1983, S. 184).

Ein Blick in die inzwischen legendäre Fallstudie von *Crozier* mag dies belegen: Dort haben die Ingenieure einer Tabakfabrik ihr (ohnehin schon beträchtliches) Einflusspotenzial nicht anhand interner Informations- und Aufklärungsmaßnahmen erhöht, sondern vielmehr durch das genaue Gegenteil: Sie haben sich geweigert, ihre Erfahrungen mit der Reparatur und Wartung der für die Produktqualität entscheidenden Tabakpressmaschinen schriftlich niederzulegen. Die Ingenieure bestanden vielmehr darauf, in den Schulungsveranstaltungen bestenfalls Hilfskräfte heranzubilden und diese zudem nur mündlich zu unterweisen (vgl. *Crozier* 1964). Praktische Machtpolitik ersetzte hier "weiches" Argumentieren; das Vertrauen auf den guten Willen anderer wich der gezielten Konservierung der eigenen Machtquellen.

Eine empirische Studie von *Piercy* (1989b, S. 234ff.) konnte nachweisen, dass zwischen der **machtpolitischen Stellung des Marketingressorts** und seiner **innerbetrieblichen Informationspolitik** signifikante Wechselwirkungen bestehen: Je einflussreicher sich das Marketing sieht, um so besser ist nicht nur sein Zugang zu den relevanten Informationen anderer Funktionalbereiche, sondern um so eher ist es auch bereit, seine eigenen Erkenntnisse weiterzugeben. Im Falle einer schwachen Stellung des Marketingressorts ist es hingegen bestrebt, den horizontalen Informationsfluss zu beschränken und den Informationszugang anderer Bereiche zu beschneiden.

4.2.3 Haltung und Vorgehen der Key Player

Die Tatsache, dass der bloße Besitz von Machtressourcen noch keine reale Machtwirkung begründet, führt zu der Frage, inwieweit diejenigen im Unternehmen, die auf den geplanten Implementierungsprozess in irgendeiner Form reagieren wollen, bereit sind, ihre diesbezüglichen Ressourcen zur Förderung oder Behinderung des Wandels einzusetzen. Mit anderen Worten: Es interessiert das **Engagement der Meinungsführer** bezüglich der geplanten Implementierungsmaßnahmen.

Dabei kann erwartet werden, dass das Ausmaß dieses Engagements mit der jeweiligen Haltung zu den angestrebten Veränderungen zusammenhängt. So dürften sowohl bei den entschiedenen Gegnern als auch bei den überzeugten Befürwortern des

Marketingkonzepts ein besonderes Engagement und eine besonders feste Einstellung zu erwarten sein. Demgegenüber werden sich die Neutralen, die aus verschiedenen Gründen den mit der verbesserten Marketingimplementierung einhergehenden Veränderungen relativ emotionslos gegenüberstehen, zunächst nur vergleichsweise schwach in den entsprechenden Entscheidungsprozessen engagieren. Diese Überlegung korrespondiert mit einer Grundprämisse des bekannten Mülleimer-Modells, wonach wechselnde Entscheidungsgelegenheiten wechselnde Grade individuellen Engagements nach sich ziehen (sog. fluid participation).

Unter dieser Annahme ergibt sich der in *Abb. 2* dargestellte Zusammenhang. Dabei repräsentiert der markierte Bereich den **machtpolitischen Ambivalenzbereich**, den man als das eigentliche "strategische" Einflussfeld bezeichnen könnte, da in ihm am ehesten machtpolitische Landgewinne zu erzielen sind. Da feste Einstellungen kurzfristig kaum veränderbar sind, werden die Neutralen zur Hauptzielgruppe mikropolitischer Beeinflussung.

Die akteureigenen Machtpotentiale sind ebenfalls - jedenfalls auf kurze Sicht - als Datum zu begreifen. Aus diesem Grund sind einflussschwache Promotoren zunächst ebenso zu vernachlässigen wie einflussschwache Opponenten. Insgesamt erscheinen somit die auf die **einflussreichen Neutralen** gerichteten Einflussversuche am aussichtsreichsten; auf diese Zielgruppe sollte daher ein Großteil der wandlungspromovierenden Aktivitäten konzentriert werden. Der eingezeichnete Pfeil markiert die Richtung, in welcher Haltung und Engagement der Akteure von den Marketingpromotoren zu verändern sind.

Zur Kennzeichnung des *politischen "Stils"* der Key Player kann zunächst auf die Unterscheidung zwischen dem institutionalen und dem personalen Managertyp zurückgegriffen werden (vgl. *Cobb* 1986, S. 487f.). Diese Begriffe stehen letztlich stellvertretend für zwei verschiedene Philosophien der Machtanwendung: Während der institutionale Managertyp dem Unternehmen loyal verpflichtet ist und seinen Einfluss vorwiegend zur Erreichung der Organisationsziele einsetzt, pflegt der personale Managertyp einen eher machiavellistischen Stil. Er geht davon aus, dass der Zweck alle (Macht-)Mittel heiligt und neigt demgemäß dazu, sowohl Untergebene als auch betriebliche Sachverhalte als Instrumente zur Erreichung seiner eigenen Ziele anzusehen.

Eine diesbezügliche Einordnung ist keine Rabulistik. Von ihr hängt ganz wesentlich ab, mit welchen Argumenten die Marketingpromotoren den Wandlungsopponenten begegnen und welche Gratifikationen letzteren dabei zweckmäßigerweise für den Fall ihrer Unterstützung in Aussicht zu stellen sind.

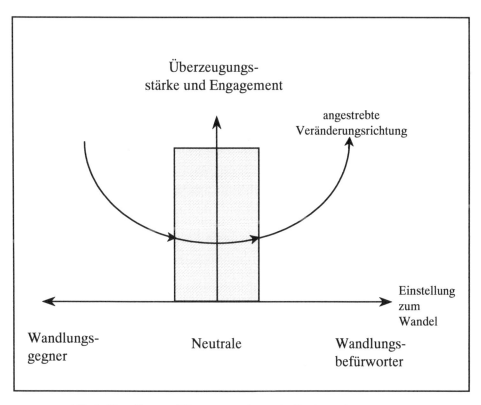

Abb. 2: Einstellung und Engagementniveaus im Implementierungsprozess

Zusammenfassend muss die Diagnose des politischen Kräftefeldes im Interesse einer effizienteren und effektiveren Marketingimplementierung folgende **Fragen** beantworten:

- Können sich die Key Player auf offiziell sanktionierte Macht berufen oder stützen sie sich vorrangig auf mikropolitische Machtquellen der oben skizzierten Art?

- Wie breit sind die Machtbasen der Key Player, d.h. auf wieviele komplementäre Machtquellen können sie sich stützen?

- Wie groß ist die Zentralität der Key Player bzw. der von ihnen repräsentierten Funktionseinheiten im unternehmerischen Wertschöpfungsprozess?

- Welche Machtphilosophie haben die Key Player, d.h. aus welchen Motiven pflegen sie ihre Macht im Regelfall einzusetzen?

Es ist hervorzuheben, dass die potentiellen Einwände der marketingfremden Funktionsbereiche nicht per se unberechtigt sein und ungelegen kommen müssen. Im Gegenteil: Ihre Explikation fördert nicht selten Schwachstellen des anvisierten Implementierungskonzepts zutage. Es ist daher ratsam, abweichende Meinungen im Veränderungsprozess nüchtern aufzunehmen und nicht von vornherein als unbegründete oder gar böswillige Störaktion zu disqualifizieren.

5. Resümee und zukünftige Aufgaben

Die unternehmenspolitische Grundhaltung eines Unternehmens ist keine interessenneutrale Konzeption. Stattdessen ist zu berücksichtigen, dass mit der Priorisierung einer bestimmten Führungskonzeption immer auch unterschiedliche Karriere- und Allokationsaussichten für die Personen verbunden sind, die diese Konzeption im Unternehmen repräsentieren. Wenn also die "Neutralen" und möglicherweise auch der institutionale Managertyp mit Sachargumenten und Informationen für die offene Unterstützung des Implementierungsprozesses gewonnen werden können, so bleibt doch fraglich, ob es zur Gewinnung (oder zumindest Neutralisierung) der einflussreichen Opponenten in vielen Fällen nicht weiterführender Mittel bedarf.

Für den Prozess der politischen Durchsetzung des Marketingkonzepts ist mitentscheidend, welche machtpolitische Geltung für das Konzept als solches zu erwarten ist. Diese Geltung bemisst sich auf der Grundlage der offen oder verdeckt ausgetragenen Auseinandersetzung mit den Ideologien und Ansprüchen der anderen Funktionseinheiten im Unternehmen. Wenngleich die intra-organisationale Stellung der verschiedenen Funktionsbereiche in jedem Unternehmen branchen- und geschäftsbezogen variieren dürfte, scheinen gewisse Limitationen des intra-organisationalen Machterwerbs für die Marketingpromotoren "die Regel" zu sein. Hierzu trägt in der Regel auch die **häufig unzureichende interne Reputation des Marketing** - als Funktion ebenso wie als Institution - bei. Über die Gründe ist andernorts bereits ausführlich spekuliert worden (vgl. *Homburg/ Workman/ Krohmer* 1999; *von der Oelsnitz* 1999a, S. 212ff.; *Piercy* 1998; *Workman* 1993).

Besonders erschwert wird die unternehmenspolitische Durchsetzung des Marketingkonzepts, wenn das institutionale Marketing nicht übergreifend den gesamten Wertschöpfungsprozess des Unternehmens lenkt, sondern, zur bloßen Verkaufsfunktion degradiert, als letztes "vermarktendes" Glied der betrieblichen Wertschöpfungskette erscheint. Auch dies lässt letztlich auf ein falsches oder zumindest stark eingeschränktes Verständnis von den Möglichkeiten einer modernen Marketingkonzeption schließen.

Darüber hinaus muss das Marketing seinen unternehmensweiten Führungsanspruch nicht nur fordern, sondern durch eine forcierte **Entwicklung handlungsnaher Instrumente** sowie die **aktive Teilnahme an der Diskussion um aktuelle Qualitätskonzepte** auch nachweisen, dass es zur Übernahme der unternehmenspolitischen Führungsrolle auch tatsächlich bereit und qualifiziert ist. In diesem Sinne nützt es der Akzeptanz des modernen Marketing-Management nicht, dass es bezüglich der in jüngerer Zeit heiß diskutierten Programme zur Geschäftsprozessoptimierung oder Unternehmensverschlankung im trügerischen Bewusstsein eigener Überlegenheit abseits steht.

In diesem Zusammenhang ist überdies der Versuch zu unternehmen, im Rahmen einer gezielten Informationspolitik bestehende Verständnisdefizite abzubauen. Zur Unterstützung dieses schwierigen Unterfangens bietet sich das **Konzept des Internen Marketing** an (vgl. dazu u.a. *Stauss* 1995). Dessen beträchtliche Bedeutung gerade auch für den Prozess der Marketingimplementierung ist bis heute kaum ausreichend erkannt und ausgeschöpft worden. Dabei werden im Rahmen des *Marketing interner Leistungen* die Marketingpromotoren quasi "in eigener Sache" tätig.

Gerade in älteren, von einer dominanten Führungsphilosophie geprägten Unternehmen sind die retardierenden Kräfte oft so stark, dass auch diejenigen, die aufgrund ihrer Stellung und Funktion die wettbewerblichen Veränderungen und damit Fragwürdigkeit kundenferner Verhaltensweisen erkennen, nicht genügend Kraft zur Veränderung aufbringen. Paradoxerweise sind es gerade erfolgreiche Unternehmen, die aus diesem Grund von Misserfolg bedroht sind, da gerade ihnen - bedingt eben durch ihren bisherigen Erfolg - der Blick für notwendige Reorientierungen verstellt ist (vgl. hierzu u.a. *Nystrom/ Starbuck* 1984). Das Marketing hilft sich und dem Unternehmen, wenn es zur Vergrößerung seines internen Einflusses die Leistungsfähigkeit der von ihm propagierten Grundhaltung immer wieder gezielt herausstellt und dabei gleichzeitig bemüht ist, seinen Einfluss auf die Unternehmenspolitik zu verstärken.

Literatur

Anderson, P.F. (1982), Marketing, Strategic Planning and the Theory of the Firm, in: Journal of Marketing, Vol. 46, Heft 1, 1982, S. 15-26.

Bacharach, S.B./ Lawler, E. (1980), Power and Politics in Organizations, San Francisco 1980.

Backhaus, K./ Schwarz, P./ Schlüter, S. (1994), Investgüter-Studie: Unternehmen vernachlässigen ihre Kunden, in: VDI nachrichten, Vol. 48, Heft 5, 1994, S. 1 und 4.

Barksdale, H./ Darden, B. (1971), Marketer's Attitude Toward the Marketing Concept, in: Journal of Marketing, Vol. 35, Heft 10, 1971, S. 29-36.

Bateman, T. (1980), Organizational Change and the Politics of Success, in: Group&Organizational Studies, Vol. 5, Heft 2, 1980, S. 198-209.

Bonoma, T.V. (1985), Wie man Marketingstrategien in die Praxis umsetzt, in: Harvard Business Manager (HBM), Vol. 7, Heft 2, 1985, S. 72-79.

Cobb, A.T. (1986), Political Diagnosis: Application in Organizational Development, in: Academy of Management Review, Vol. 11, 1986, S. 482-496.

Crozier, M. (1964), The Bureaucratic Phenomenon, London 1964.

Crozier, M./ Friedberg, E. (1979), Macht und Organisation, Die Zwänge kollektiven Handelns (Original: "l'Acteur et le Système, 1977), Königstein i.Ts. 1979.

Domsch, M./ Gerpott, T.J./ Gerpott, H. (1992), Wie sehen Industrieforscher Mitarbeiter aus dem Marketing?, in: Die Betriebswirtschaft (DBW), Vol. 52, Heft 1, 1992, S. 71-89.

Fritz, W. (1997), Erfolgsursache Marketing, Stuttgart 1997.

Hedberg, B. (1981), How Organizations Learn and Unlearn, in: *Nystrom, P./ Starbuck, W.* (Hrsg.), Handbook of Organizational Design, Band 1, New York 1981, S. 3-37.

Homburg, C./ Workman, J.P./ Krohmer, H. (1999), Marketing's Influence Within the Firm, in: Journal of Marketing, Vol. 63, Heft 4, 1999, S. 1-17.

Köhler, R. (1998), Kundenorientierte Organisation, in: Signale - Zeitschrift der Otto-Beisheim-Hochschule/ WHU Koblenz, 12. Jg., Heft 2, 1998, S. 5-13.

Kolks, U. (1990), Strategieimplementierung, Wiesbaden 1990.

Mintzberg, H. (1983), Power in and Around Organizations, Englewood Cliffs 1983.

Mintzberg, H./ Westley, F. (1992), Cycles of Organizational Change, in: Strategic Management Journal, Vol. 13, Special Issue Winter 1992, S. 39-59.

Neuberger, O. (1995), Mikropolitik, Stuttgart 1995.

Nystrom, P.C./ Starbuck, W.H. (1984), To Avoid Organizational Crisis, Unlearn, in: Organizational Dynamics, Vol. 12, Spring 1984, S. 53-65.

Oelsnitz, D. von der (1999a), Marktorientierter Unternehmenswandel, Wiesbaden 1999.

Oelsnitz, D. von der (1999b), Mikropolitik in Organisationen, in: Das Wirtschaftsstudium (WISU), Vol. 28, Heft 5, 1999, S. 710-716.

Oelsnitz, D. von der (2000), Marketingimplementierung durch „Counter-Cultures", in: Marketing ZFP, Vol. 22, Heft 2, 2000, S. 109-118.

Pettigrew, A.M. (1975), Towards a Political Theory of Organizational Intervention, in: Human Relations, Vol. 28, 1975, S. 191-208.

Pfeffer, J. (1992), Understanding Power in Organizations, in: California Management Review, Vol. 34, Heft 2, 1992, S. 29-50.

Piercy, N. (1989a), Diagnosing and Solving Implementation Problems in Strategic Planning, in: Journal of General Management, Vol. 15, Heft 1, 1989, S. 19-38.

Piercy, N. (1989b), Information Control and the Power and Politics of Marketing, in: Journal of Business Research (JBR), Vol. 18, 1989, S. 229-243.

Piercy, N. (1998), Marketing Implementation: The Implications of Marketing Paradigm Weakness for the Strategy Execution Process, in: Journal of the Academy of Marketing Science, Vol. 26, Heft 3, 1998, S. 222-236.

Plinke, W. (1992), Ausprägungen der Marktorientierung im Investitionsgüter-Marketing, in: Schmalenbachs Zeitschrift für betriebswirtschaftliche Forschung (ZfbF), Vol. 44, Heft 9, 1992, S. 830-846.

Provan, K.G. (1980), Recognizing, Measuring, and Interpreting the Potential/ Enacted Power Distinction in Organizational Research, in: Academy of Management Review, Vol. 5, Heft 4, 1980, S. 549-559.

Quinn, J.B. (1978), Strategic Change: Logic Incrementalism, in: Sloan Management Review, Vol. 20, Heft 3, 1978, S. 7-21.

Ruekert, R.W./ Walker, O. (1987), Interaction between Marketing and R&D Departments in Implementing Different Business Strategies, in: Strategic Management Journal, Vol. 8, Heft 3, 1987, S. 233-248.

Ryan, M. (1984), Perception of Power: A Case Study of a College, in: *Kakabadse, A./ Parker, C.* (Hrsg.), Power, Politics and Organizations, Chichester 1984, S. 203-217.

Sashittal, H.C./ Wilemon, D. (1996), Marketing Implementation in Small and Midsized Industrial Firms, in: Industrial Marketing Management, Vol. 25, Heft 1, 1996, S. 67-78.

Shaw, V./ Shaw, C. (1998), Conflicts Between Engineers and Marketers, in: Industrial Marketing Management, Vol. 27, Heft 3, 1998, S. 279-291.

Simkin, L. (1996), People and Processes in Marketing Planning: The Benefits of Controlling Implementation, in: Journal of Marketing Management, Vol. 12, Heft 5, 1996, S. 375-390.

Stauss, B. (1995), Internes Marketing, in: *Tietz, B. et al.* (Hrsg.), Handwörterbuch des Marketing, 2. Auflage, Stuttgart 1995, Sp. 1045-1056.

Stefflre, V. (1986), Developing and Implementing Marketing Strategies, New York et al. 1986.

Strebel, P. (1994), Choosing the Right Change Path, in: California Management Review, Vol. 37, 1994, S. 29-51.

Workman, J.P. (1993), Marketing's Limited Role in New Product Development in One Computer Systems Firm, in: Journal of Marketing Research, Vol. 30, Heft 11, 1993, S. 405-421.

C Entwicklungstrends in der Marketingwissenschaft - Quo Vadis?

Entwicklungstrends in der Marketingwissenschaft: Quo Vadis?

Ursula Hansen/ Matthias Bode

1. *Marketing für die Marketingwissenschaft als Zukunftskonzept* 310

    1.1 Zukunft? Welche Zukunft? 310

    1.2 Marketing für die Marketingwissenschaft 311

2. *Die Identitätsproblematik: Marketingwissenschaft zwischen Superioritäts- und Inferioritätskomplexen* 313

    2.1 Problemanalyse 313

    2.2 Gründe für die Identitätsproblematik 315

3. *Handlungsfelder im Marketing und Transfer auf die Marketingwissenschaft* 317

4. *Zukunft einer Identität der wissenschaftlichen Marketingcommunity in Zeiten der Informations- und Kommunikationsrevolution* 322

Literatur 324

1. Marketing für die Marketingwissenschaft als Zukunftskonzept

1.1 Zukunft? Welche Zukunft?

Quo Vadis - Wohin gehst du, Marketingwissenschaft?

Die Frage nach der Zukunft ist eine der wenigen Konstanten, die sich seit Beginn der Marketingwissenschaft vor fast 100 Jahren wie ein roter Faden durch eine wechselvolle und dynamische Geschichte zieht. Unsere Beschäftigung mit der Marketingwissenschaft geht davon aus, dass deren Geschichte eine Basis für Entwicklungsprognosen und Einschätzungen für Veränderungsmöglichkeiten liefern könne. Es stellt sich also die Frage, was man aus den vielfältig abgegebenen Zukunftsprognosen lernen kann.

Zunächst zeigen sich unterschiedliche Anlässe der Fragestellung, die nach externen und internen Faktoren zu unterscheiden sind. Zu den *externen Faktoren* gehören die Dekadenabrechnungen, neue Anforderungen an die Marketingwissenschaft aus dem näheren und weiteren Umfeld (z.B. die Kritik an der Marketingausbildung in Amerika durch die Ford Foundation und Carnegie Foundation Ende der 50er-Jahre (*Lazer/ Shaw* 1988), die gesellschaftliche Kritik am Marketing Ende der 60er-Jahre (*Fischer-Winkelmann* 1972), die Praxisnachfrage nach Handlungskonzepten für ein Internet Marketing (*Diller* 1997)) oder allgemeine Brüche in der Entwicklung des Makroumfeldes (z.B. die Ölkrise in den 70er-Jahren oder der Zusammenbruch der sozialistischen Staaten Ende der 80er-Jahre). Mindestens ebenso wichtig sind aber auch die *internen* Faktoren im Rahmen der Marketingwissenschaft für die Diskussion um ihre Zukunft gewesen. Hierbei handelt es sich um potenzielle Umbruchphasen, in denen konkurrierende Theorienentwürfe zur Diskussion stehen (z.B. die Diskussion zur verhaltenswissenschaftlichen Ausrichtung der deutschen Absatzlehre in den 60er-Jahren (*Vershofen* 1960), die Forderung einer Ausweitung des Marketing in den 70er-Jahren (*Specht* 1974) oder der postulierte Paradigmawechsel im Sinne eines Beziehungsmarketing (*Grönroos* 1994)). Generell werden solche Phasen wissenschaftssoziologisch als positiv bewertet. Sie geben die Gelegenheit, konsensuale, aber auch konfliktäre Positionen zu verdeutlichen und abzustecken und erfordern deshalb eine verstärkte Reflexion des bisher Erreichten und der potenziell anvisierten Ziele.

Ein externer Faktor der heutigen Fragestellung ist zunächst die symbolträchtige Zeitenwende in ein neues Millennium. Wir begrüßen die damit verbundene Eigendynamik einer verstärkten Reflexion des bisher Erreichten und möglicher Zukunftsentwicklungen, obwohl wir natürlich alle von der Zufälligkeit dieses Ereignisses wissen. Wichtiger ist uns allerdings die Bezugnahme auf externe markante Veränderungen im Umfeld der Marketingwissenschaft, deren Auswirkungen bisher nur unzureichend gewürdigt wurden. Wir sehen unsere folgenden Betrachtungen zur Zukunft der Marketingwissenschaft aber auch in einem engen Zusammenhang zu internen Faktoren. Hier zeigt sich nämlich, dass die Frage nach der Zukunft nur in den seltensten Fällen die „wahrscheinliche Zukunft" meint. Implizit oder explizit verbindet sich damit zumeist die zentrale interne Frage der Marketingwissenschafts-Community nach einer „anzustrebenden oder zu vermeidenden Zukunft". Jeder Bezug auf wahrscheinliche Rahmenveränderungen bietet die Möglichkeit unterschiedlicher Reaktionen. Zukunft ist also gestaltbar. In diesem Sinne sehen wir als die grundlegende Fragestellung an: Wohin *will* die Marketingwissenschaft gehen? Mit dieser Auffassung stimmen wir mit *Georges Minois* überein, der in seinem Buch zur Geschichte der Zukunft der Vorhersage die Rolle einer gesellschaftlichen oder individuellen Therapie beimisst (*Minois* 1998).

Den folgenden Ausführungen legen wir als Ansatzpunkt die Überlegung zu Grunde, dass zur Beantwortung unserer Frage nach dem quo vadis der Marketingwissenschaft eine verstärkte Rückbesinnung auf das von ihr selbst entwickelte Marketing helfen kann. Zum einen dient es prozessual der Klärung von konfliktären und konsensualen Positionen, die zur Formulierung intendierter Zielpfade notwendig ist. Zum anderen bietet das Marketing auch inhaltlich zu nutzende Lösungspotenziale.

1.2 Marketing für die Marketingwissenschaft

In der Erweiterungsdebatte um das Marketing gingen *Kotler* und *Levy* 1969 davon aus, dass alle Organisationen in irgendeiner Weise Marketing betreiben und dabei nur die Wahl zwischen gutem oder schlechtem Marketing haben. Wie sieht es nun mit dem Marketing der Marketingwissenschaft aus? Vereinzelt lassen sich fragmentarische Anwendungen von Marketingbegriffen auf die Marketingwissenschaft finden.[1] Unser Vorschlag, der hier nur ansatzweise präsentiert werden kann, soll darüber hinaus gehen. Er nutzt die umfassende Sichtweise des Marketing für die Marketingwissenschaft selbst, die damit im Kontext ihrer Austauschbeziehungen mit ihrer Umwelt betrachtet wird. Dieses Modell ist ein Veranschaulichungsmodell mit einer primär heuristischen Funktion. Es handelt sich dabei um eine fiktive Darstel-

---

[1] So bezieht z.B. *Hunt* die klassische Fragestellung von *Levitt* auf die Marketingwissenschaft „What kind of business is our discipline in?" (*Hunt* 1992, S. 301), und *Simon* kritisiert 1986 ein mangelndes Verständnis der Marketingwissenschaft für die Bedürfnisse der Kunden in der Marketingpraxis mit der rhetorischen Frage: „Sind die Marketingforscher selbst nicht marketingorientiert?" (*Simon* 1986, S. 212).

lung im Sinne einer „als-ob-Konstruktion". Derartige Modelle (wie eine Vielzahl mikroökonomischer Modelle) bewähren sich in der Realität ex-post über die Frage nach der Nützlichkeit (*Kötter* 1986, S. 47). Inhaltlich zeigt sich für uns die Nützlichkeit, indem Probleme neu wahrgenommen werden und einer kreativen Findung von Problemlösungen dienen können.

Die marketingtheoretische Betrachtung der Marketingwissenschaft ergibt für uns einen Zukunftsweg, der in entscheidendem Maße von der zukünftigen Ausgestaltung des Schnittstellenmanagements geprägt sein wird. Primär sind dabei die Beziehungen zu den Kunden, den gesellschaftlichen Anspruchsgruppen und den Konkurrenten der Marketingwissenschaft angesprochen. Als Kernproblem der Kundenbeziehung wurde von uns an anderer Stelle eine *Praxiskrise* festgestellt, die sich in der Bewertung und Selektion ihrer Kunden und in einer nachlassenden Kundenbindung manifestiert (vgl. *Hansen/ Bode* 1997, S. 75ff.). Eine *Legitimationskrise* sehen wir in den z.T. negativen Beziehungen zu den gesellschaftlichen Anspruchsgruppen, die sich als Inhalts- und als Imageproblem der Marketingwissenschaft darstellt. Des Weiteren besteht eine *Kompetenzkrise*, bei der Marktanteilsverluste gegenüber Konkurrenten der Marketingwissenschaft zu beobachten sind. Diese Schnittstellenprobleme führten unseres Erachtens zu einer übergeordneten *Identitätskrise* der Marketingwissenschaft[2] (siehe *Abb. 1*).

Im Folgenden soll eine nähere Betrachtung dieser attestierten Identitätskrise wünschenswerte Entwicklungswege der Marketingwissenschaft aufzeigen. Zur Anwendung gelangt dabei der *informatorische* und der *gestalterische* Aspekt des Marketing. In einer Problemanalyse werden zunächst die Krisenphänomene als Marketingprobleme beschrieben. Auf dieser Basis werden anschließend Handlungsempfehlungen entwickelt und für die Marketingwissenschaft umgesetzt.

---

[2] Vgl. zu ähnlichen Einschätzungen für die deutsche Marketingwissenschaft *Meffert*, der bereits 1994 feststellte: „Neuerdings mehren sich die Anzeichen, daß die Marketingdisziplin in eine Identitätskrise läuft." (*Meffert* 1994, S. 9) und für die anglo-amerikanische Marketingwissenschaft die Zusammenstellung von *Brown* 1998, S. 17-22.

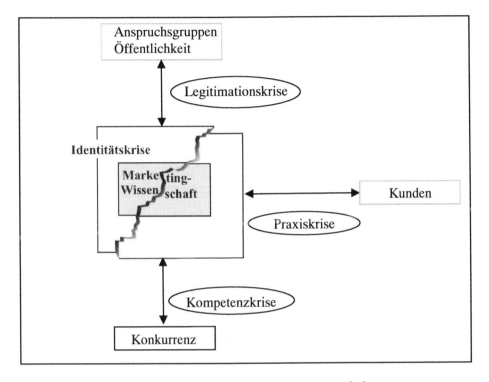

Abb. 1: Identitätskrise der Marketingwissenschaft

2. Die Identitätsproblematik: Marketingwissenschaft zwischen Superioritäts- und Inferioritätskomplexen

2.1 Problemanalyse

Die Frage nach der eigenen Identität ist ein altes wissenschaftstheoretisches Anliegen. Sie wird diskutiert als Problem des Erkenntnisobjektes, das gegenüber dem zu untersuchenden Erfahrungsobjekt ein Selektionsprinzip für die Problemsicht darstellt und damit Identität für eine wissenschaftliche Gemeinschaft herstellt (*Hunt* 1976). Identität im hier verstandenen Sinne soll Eindeutigkeit im Selbstverständnis bedeuten. Für die Marketingwissenschaft wurden von verschiedenen Seiten und zu verschiedenen Zeiten Identitätskrisen festgestellt (u.a. *Bartels* 1974; *Schneider* 1983), was zunächst für eine junge Disziplin wie die der Marketingwissenschaft noch nicht allzu alarmierend ist.

Typisch für die Marketingwissenschaft scheint uns als Identitätsproblem ein Schwanken zwischen *Superioritäts- und Inferioritätskomplexen* zu sein.[3] Mit stolzgeschwellter Brust wird zunächst von einem Siegeszug des Marketing berichtet, der entscheidend zum Wohle der Geschäftswelt, der Konsumenten oder am besten gleich von ganzen Wirtschaftssystemen oder (fast) der gesamten Menschheit beigetragen hat. Diese anspruchsvolle Sicht der Dinge zeigt sich in klassischen Einführungen zu Marketinglehrbüchern, in denen die letzten 100 oder sogar gleich 1000 Jahre wirtschaftlicher Entwicklungen in der Entstehung des Marketingkonzeptes kulminieren und die Ubiquität der Marketingphänomene bis in die letzten menschlichen Lebensbereiche hinein demonstriert wird: das Marketing als universelle Wahrheit und Fundamentalprinzip des menschlichen Seins. Schon wird von der Marketing-Gesellschaft gesprochen, in der sich die kulturelle Dominanz des Marketing als Sinnstifter und Methode der Lebensbewältigung vollends durchgesetzt hat. Einen wissenschaftlichen Bezugspunkt bildet hierbei die Sichtweise, in der das Marketing als ein allgegenwärtiges Austauschprinzip betrachtet wird und ihm damit eine ungeheuerlich breite Zuständigkeit für die Gestaltung sozialer Prozesse zukommt. Diese Sichtweise weckt Allmachtsfantasien bei den Beteiligten, die dann schnell ins Gegenteil umschlagen können, wenn Kritiker lautstark das Marketing als Oberflächenkosmetik verteufeln. Es kann ein Gefühl der Anspannung diagnostiziert werden, eine Angst vor möglicher Zurückweisung bis hin zur Hypersensitivität bei möglicher Kritik. Derartige Inferioritätskomplexe artikulieren sich in den verschiedensten Formen: die Wehklagen darüber, dass die Gesellschaft unsere lebensbeglückenden Wissensprodukte völlig übersieht; die Angst vor mangelnder wissenschaftlicher Anerkennung, die eine unvergleichliche methodische Aufrüstungsspirale anfeuert oder die Verkündungen einer Götterdämmerung, bei der die Marketingwissenschaft nur noch vor der Alternative „Endlagerung" oder „Grunderneuerung" steht. Eine nahe liegende Erklärung für den Januskopf der Marketingwissenschaft besteht in der Differenzierung zwischen einer nach außen gerichteten Erfolgskommunikation und einer nach innen gerichteten kritischen Reflexion. Berücksichtigt man jedoch die personelle und institutionelle Überschneidung beider Perspektiven, so scheidet diese Erklärung aus. Unseres Erachtens bildet vielmehr die Identitätsbestimmung einen geeigneten Ansatz zur Analyse und Diagnose derartiger Symptome.

---

[3] Vgl. dazu die Übersicht bei *Hansen/ Bode* 1999, S. 206-212.

2.2 Gründe für die Identitätsproblematik

Identitätsprobleme entwickeln sich zumeist in Phasen des Wandels (z.B. in der Adoleszenz), wenn sich bisherige stabile und kohärente Konzeptionen des Selbstbildes in der gesellschaftlichen Interaktion als nicht mehr adäquat erweisen. Identität wird immer dann als Problem gegenwärtig, wenn der Ort der Zugehörigkeit hinterfragt wird. Hierdurch erfährt dieser Begriff eine zeitliche Dynamisierung. Er basiert auf einer kritischen Gegenwartsbeschreibung und bezieht sich auf die projizierte Zukunft eines adäquaten und intakten Selbstbildes. Identität wird deshalb als ein Prozess begriffen, der niemals vollends abgeschlossen ist und angesichts der Veränderungsdynamik in unserer Gesellschaft als permanentes Projekt verstanden werden muss (*Hall* 1996, S. 4). In diesem Sinne ist ein Erkennen der beschriebenen Problematik ein wichtiger und positiver Schritt. Viele Unternehmen haben in den letzten Jahren diesen Schritt getan und sich verstärkt einer Positionsbestimmung gestellt und eine klare Unternehmensidentität erarbeitet. Von einer hinreichend geführten Diskussion zur Positionsbestimmung der Marketingwissenschaft kann dagegen nicht gesprochen werden.

In einem ersten Schritt soll deshalb die kritische **Gegenwartsbeschreibung** vorgenommen werden, die nach *Gründen für die Identitätsprobleme* sucht. Dazu zählen aus unserer Sicht insbesondere:

a) die Vernachlässigung der eigenen Geschichte,

b) die mangelnde Analyse der wissenschaftlichen Rahmenbedingungen,

c) die fehlende Diskussion von zentralen Überzeugungen und Werten.

ad a) Jedes Unternehmen weiß von den Spuren des eigenen vergangenen Handelns in der Fremdwahrnehmung von außen. Das Wissen um die eigene Geschichte ist insofern eine Voraussetzung zur kontinuierlichen Arbeit am Selbstbild, die nicht nur kommunikative Maßnahmen, sondern beispielsweise auch die Integration neuer Mitarbeiter in das Unternehmen umfasst. Die Marketingwissenschaft hat dagegen ihre eigenen *historischen Wurzel*n unserer Einschätzung nach zu sehr aus den Augen verloren und die Einordnung und Bewertung des eigenen Wissenstandes vernachlässigt (*Hansen/ Bode* 1999). Weit verbreitet scheint eine Fortschrittsideologie zu sein, die ältere Werke unweigerlich mit einem Verfallsdatum versieht. Obsoleszenzpolitik auch in der Marketingwissenschaft! Wie kann jedoch eine zukünftige Positionierung diskutiert werden, wenn die eigenen Erfahrungen und Leistungen nicht mehr vergegenwärtigt werden können? Ein **geschichtsloser** „Gegenwartszentrismus" beinhaltet nicht nur methodologische Probleme, sondern führt auch zu aktuellen Orientierungsschwierigkeiten und verhindert eine systematische Weiterentwicklung der Marketingwissenschaft (*Leitherer* 1961 S. 10).

ad b) Fragen der Identität werden akut bei sich verändernden Beziehungen zwischen der Innen- und der Außenwelt von Personen und Institutionen. Für die Unternehmen fordert deshalb das Marketing zu Recht als Ausgangspunkt einer strategischen Positionsbestimmung die elaborierte Analyse des engeren und weiteren Unternehmensumfeldes. Wo wird aber über die Implikationen sich verändernder *wissenschaftlicher Rahmenbedingungen* für den zukünftigen Weg der Marketingwissenschaft selber nachgedacht? Seit längerem wird davon gesprochen, dass man sich mehr den Problemen der umwälzenden Entwicklungen im Bereich der *Informations- und Kommunikationstechnologien* widmen müsse, da hier fundamentale Veränderungen in den marktlichen Wertschöpfungsprozessen zu erwarten sind. Kaum beachtet wird dagegen, dass sich diesen Anforderungen auch die Wissensproduktion der Marketingwissenschaft zu stellen hat. Zu diskutieren wäre hier bspw., welche Auswirkungen sich auf die wissenschaftliche Problemstellung, Werte und Arbeitsmethoden ergeben. Eng damit verbunden ist die zunehmende Dynamik der Veränderungen, die sich schon fast zur Standardfloskel im Marketing entwickelt hat. Diskontinuitäten und Umweltturbulenzen haben zugenommen und erfordern eine Beobachtung der gesamten Unternehmensumwelt. Die *Zeit* verändert hierbei ihren Charakter von einer Restriktion hin zu einem strategischen Erfolgsfaktor (*Gemünden* 1993). Diese sich auch gesellschaftlich artikulierende Beschleunigung beeinflusst ebenso die Marketingwissenschaft. So stellt sich z.B. die Frage, ob wir uns bei einer Beschleunigung der Wissenschaftsproduktion noch Zeit nehmen können oder wollen, uns gegenseitig systematisch zur Kenntnis zu nehmen oder ob dies nur noch äußerst selektiv stattfindet und - wenn ja - nach welchen Prinzipien. Statt mit Früherkennungssystemen und einer strategischen, langfristigen Planung zu *agieren*, wird nur hektisch *reagiert* im Sinne eines „Theory of the Month Club" (*Jacoby* 1978). Selbst signifikante Veränderungen in dem unmittelbaren Marktumfeld, wie z.B. im Rahmen hochschulpolitischer Umorientierungen der zunehmende Stellenwert von *Drittmitteleinwerbungen,* werden zwar persönlich aber nicht institutionell wahrgenommen. Dabei erscheint es nicht allzu abwegig, hier potenzielle Einflüsse auf die Problemsicht der Marketingwissenschaft zu sehen.

ad c) Ein elementarer Baustein des Unternehmensselbstverständnisses bildet die Formulierung zentraler Werte und Überzeugungen. Die *Unternehmenskultur* bildet in diesem Sinne einen notwendigen Rahmen für die Suche nach Zielen und Strategien und deren Realisierung. In der Marketingwissenschaft ist dies eine akzeptierte Erkenntnis, die anscheinend für alle Institutionen von Relevanz ist, außer für sich selbst. Häufig wird der Begriff der *„scientific community"* angeführt, ohne aber den eigentlichen Kern dieser Gemeinschaft diskutieren zu wollen. So ist zu fragen, welcher Produktionsmodus unsere Theorienentwicklung bestimmt, mit welchen Kriterien wir unsere Wissensprodukte bewerten, welche Forschungsinteressen uns als legitim erscheinen und welche grundsätzlichen Überzeugungen wir in Bezug auf unser Forschungsprogramm teilen? Um diese Themen ist es relativ still geworden, und die heftigen Methodenstreits unserer Vorväter, die immerhin ein Ringen um eine gemeinsame wissenschaftliche Basis und damit um eine einvernehmliche Positionierung zum Ausdruck brachten, sind eher rar geworden. Wie hält es die Marketingwissenschaft eigentlich noch mit dem aufklärerisch-emanzipatorischen Ideal, eingefordert von Wissenschaftlern wie u.a. *Raffée* und *Specht* (1974) Mitte der 70er-Jahre? Und kann eine wissenschaftliche Werte-Enthaltsamkeit wirklich mit dem obligatorischen Bezug auf den kritischen Rationalismus legitimiert werden? Vergessen wird nur allzu oft, dass eine derartige Identität permanent gelebt werden muss und ein einfacher Verweis auf einmal geführte Diskussionen nicht ausreicht. So ist eine reflektierte Auswahl von *Basiswerturteilen* auch kompatibel mit dem kritischen Rationalismus und eine Mindestvoraussetzung für die aktive Zukunftsgestaltung (*Raffée* 1980, S. 322). Im Mittelpunkt der Diskussion Mitte der 70er-Jahre stand explizit das Selbstverständnis der Marketingwissenschaft, während heute aus einer engagierten Diskussion das gegenseitige Prinzip des „leben-und-leben-lassen" geworden ist. Selbst die respektabel klingende Formulierung einer „pluralistisch-offenen Marketingwissenschaft" ist oft nur ein Euphemismus für die positionslose Position eines „hilft das eine nicht, hilft vielleicht das andere". Dies kann aber keine Antwort auf die zukünftigen Herausforderungen und die dafür notwendige Positionsbestimmung sein.

Die hier nur angerissenen Identitätsprobleme haben zu einer Situation geführt, die meist als starke *Ausdifferenzierung und Fragmentierung* der Marketingwissenschaft beschrieben wird und sowohl die Inhalte und Methoden wie auch institutionell und wissenschaftssoziologisch die Träger und Anwender betrifft. Die Fragmentierung ist nach unserer Einschätzung institutionell ablesbar an einer abnehmenden Kontakthäufigkeit und gegenseitigen Bezugnahme innerhalb der wissenschaftlichen Marketing-community . So gibt es viele, die schreiben und wenige, die lesen; ganz zu schweigen vom Kommentieren. Wer sich für seine wissenschaftlichen Werke keine Rezensionen selbst organisiert, bleibt in der wissenschaftlichen community unbeachtet und undiskutiert; ein Zustand, der früher im wissenschaftlichen Ehrencodex ganz undenkbar war. Ein derartiges commitment und eine Identifikation mit der Gemeinschaft kann aber nicht einfach eingefordert werden, wenn die mangelnde Positionsbestimmung offen lässt, auf was eigentlich der Bezug erfolgen soll.

3. Handlungsfelder im Marketing und Transfer auf die Marketingwissenschaft

Aus den vorgetragenen Gründen einer Identitätsproblematik ergeben sich Vorschläge für Therapiemaßnahmen nach innen und nach außen, die insgesamt dem Thema einer Behebung der Identitätsproblematik und damit einer eindeutigen Positionierung entsprechen. Aus der Vielzahl potenzieller Handlungsfelder haben wir die folgenden Bereiche der *drei I's* ausgewählt:

a) Positionsbestimmung durch marktbezogene *Intelligenz*: strategische Marktforschung für die Marketingwissenschaft,

b) Positionsbestimmung durch *Identifikation*: Corporate Identity-Gestaltung (CI-Gestaltung) für die Marketingwissenschaft,

c) Positionsbestimmung durch *Institutionalisierung*: Netzwerke für die Marketingwissenschaft.

ad a): Eine wichtige Voraussetzung der Identitätsfindung stellt die Erfassung der Rahmenbedingungen und ihres schnellen Wandels dar, die im Rahmen einer *strategischen Marktforschung* und hier insb. eines issue monitoring (*Coates et al.* 1986; *Häßler* 1999) für die Marketingwissenschaft betrieben werden muss. Dieses sollte in der Lage sein, die allgemeine gesellschaftliche Diskussion über veränderte Problemlagen für die Marketingwissenschaft abzubilden und damit eine Positionsbestimmung im Wandel ihrer Umwelt herzustellen. Bisher wurde hier nur eine *mittelbare* Analyse vorgenommen. Typischerweise werden dabei die Rahmenbedingungen in ihren Implikationen auf die Unternehmenspraxis betrachtet. Die resultierenden Problemlagen werden anschließend als die eigenen definiert. Dieses Vorgehen im Rahmen einer praktisch-normativen Konzeption (*Kirsch* 1979, S. 108f.) beschreibt aber nur zu bearbeitende Forschungsfragen, nicht jedoch direkte Implikationen aus dem Umfeld für die Marketingwissenschaft selber. Zu einer Marktanalyse für die Marketingwissenschaft gehört neben vielen Faktoren des weiteren Umfeldes - wie z.B. Globalisierung der Wirtschaft oder Entwicklungen der Kommunikations- und Informationstechnologien -, dass im engeren Umfeld die eigene *Marktstellung* bezüglich der aktuellen und potenziellen Beziehungspartner definiert wird. Zu unterscheiden sind als primäre *Kundensegmente* Unternehmen, bzw. Non-Profit Organisationen (im Sinne von Handlungsempfehlungen für die Praxis), Studenten (im Sinne der Ausbildung), und Wissenschaftler (im Sinne einer Weiterentwicklung der Marketingtheorie). Gegenüber fragmentarischen Einzelbetrachtungen der jeweiligen Kundenbeziehungen gilt es hier in Zukunft verstärkt, die Interdependenz und Koordination der jeweiligen Beziehungen über eine integrative Marktanalyse zu entwickeln. Im Rahmen der *Wettbewerbsbeziehungen* ist der Mangel einer strategischen Marketingforschung besonders auffällig. Erst nach offensichtlichen Marktanteilsverlusten in der Unternehmenspraxis wurde beispielsweise realisiert, dass über Konzepte wie dem TQM Ingenieurswissenschaften auf dem Markt originärer Produkte der Marketingwissenschaft agieren (*Stauss* 1994). Neben aktuellen Konkurrenten wie Unternehmensberatern gilt es hier aber auch verstärkt, zukünftige Mitanbieter zu identifizieren. So haben die Sozialwissenschaften ihre traditionelle Abneigung gegenüber „profanen Marktproblemen" abgelegt und widmen sich zunehmend dem

Konsum, der Werbung oder der Unternehmenspraxis als sozialem Handeln (*Holt* 1995). Potenzielle Konkurrenzbeziehungen bestehen hierbei nicht nur auf dem Wissenschaftsmarkt, sondern zunehmend auch auf dem Praxismarkt. Schließlich beinhaltet die Empfehlung für eine strategische Marktforschung auch die Ebene der *Anspruchsgruppen*. Eine derartige „Stakeholder-Landkarte" (*Savage et al.* 1991) für die Marketingwissenschaft sollte die heute noch vorzufindende ex-post Identifikation von Anspruchsgruppen bei eingetretenen Imageschäden oder Beeinträchtigungen des Markterfolges ersetzen. Wenn bspw. die mangelhafte Wahrnehmung der Marketingwissenschaft in den Bereichen Politik und Medien beklagt wird, reicht als Konsequenz das Vertrauen auf die Qualität der eigenen Produkte, angereichert mit kommunikativen Verbesserungsvorschlägen einfach nicht aus. Hier sind Überlegungen in Richtung eines erweiterten Stakeholdermanagements notwendig.[4]

ad b) Für die *Identitätsgestaltung der Marketingwissenschaft* stellt sich die Frage nach der eigenen Mission, dem zu Grunde gelegten Problemverständnis, den verwendeten Methoden und insgesamt der alles verbindenden Wissenschaftskultur. Hierbei gilt es, eine zweiseitige Orientierung vorzunehmen. Zum einen bedarf es über die oben geforderte Marktintelligenz einer Abschätzung der aktuellen und intendierten Marktstellung. Diese in die Zukunft gerichtete Orientierung muss aber reflexiv, über die Klärung der eigenen Voraussetzungen abgesichert werden, was eine *Arbeit am Gedächtnis der Marketingtheorie* erfordert. Indem die Entwicklungsstränge und Verbindungen zur Vergangenheit einer Einschätzung der Gegenwart und Zukunft dienen, geht eine derartige historische Perspektive über eine einfache Vergangenheitsbewältigung weit hinaus. Sie muss eine Betrachtung von Gegenwart und Zukunft sein aus dem Bewusstsein dessen heraus, woher das Jetzt sich entwickelt hat. Dabei darf die wichtige soziale Funktion der Gedächtnisarbeit nicht vergessen werden, die den für jede Gemeinschaft erforderlichen Bezug auf geteilte Erfahrungen und Wurzeln ermöglicht.

Neben dem Blick auf die eigenen Erfahrungen erfordert die strategische Identitätsentwicklung auch eine übergreifende Definition unserer *Kernkompetenz* im Sinne einer Entwicklung von Lösungsangeboten für die Gestaltung von Austauschbeziehungen. Ein besonderer Vorteil der Marketingwissenschaft gegenüber Wettbewerbern stellt die Verbindung zweier Märkte dar: zum einen die engen Beziehungen zur Marktpraxis und zum anderen die theoretisch fundierte Weiterentwicklung der Wissensprodukte. Aus der Perspektive des Gesamtsystems Marketingwissenschaft kann festgestellt werden, dass diese primären Absatzmärkte Praxis und Wissenschaft sich gegenseitig bedingen. Während die Vernachlässigung der Praxis die Gefahr einer „l'art pour l'art"-Wissensproduktion birgt, führt der Weg einer reinen Praxisbe-

---

[4] Weitere Anknüpfungspunkte zum Management der Umweltbeziehung liefert *Wiedmann* (1996, S. 250ff.) mit dem Reputations- und Beziehungsmanagement sowie dem Kontextmanagement.

ratung unweigerlich in die wissenschaftliche Stagnation. Nach vielen Diskussionen in der Marketinggeschichte kann dies inzwischen als common-sense-Position bezeichnet werden. Was bisher aber fehlt, ist die Erkenntnis, dass die Bearbeitung der beiden Absatzmärkte eine *Koordination* erfordert. Wettbewerbsvorteile sind von der Marketingwissenschaft vor allem dann zu realisieren, wenn der Marktauftritt in Wissenschaft und Praxis auf einer *Gesamtidentität* basiert.[5] Im Rahmen der Kulturentwicklung gilt es hier, ein Bewusstsein für die übergreifende Mission zu stärken. Aus diesem Selbstverständnis heraus sollten dann auch die Synergien stärker genutzt werden. So liefert der Praxismarkt zurzeit sehr häufig - und u.E. zu häufig - die Impulse für die Wissensprodukte des Wissenschaftsmarktes. Eine Zukunftsorientierung beinhaltet für uns aber, ebenso proaktiv im Wissenschaftsmarkt zu arbeiten, um von dort aus Angebote für die Praxis zu entwickeln. Die Stärkung einer Gesamtidentität erfordert zudem ein entsprechendes internes Anreizsysteme, das die wissenschaftliche Reputation an den inhaltlichen Erkenntnisfortschritt für die Marketingwissenschaft bindet. Dass dies bisher nicht der Fall ist, zeigt exemplarisch ein Blick in den Praxismarkt, wo eine Dominanz des Kundensegments Großunternehmen bei Vernachlässigung kleinerer und mittlerer Unternehmen zu beobachten ist. Aus Sicht des Gesamtsystems Marketingwissenschaft muss diese Orientierung als defizitär bewertet werden. Die Lösung von Praxisproblemen größerer Unternehmen bedingt keinesfalls einen größeren Erkenntniszuwachs. Vielmehr scheint für die Dominanz eher die Reputation des Kundensegmentes ausschlaggebend zu sein.

Schließlich impliziert eine derartige Gesamtidentität auch eine veränderte Kommunikation nach innen und außen, um das Selbstverständnis nach innen zu harmonisieren und die Wahrnehmung nach außen entsprechend kommunikativ zu beeinflussen.

ad c) Die vorgeschlagenen Maßnahmen zur Stärkung der Identität der Marketingtheorie erfordern von den Marketingwissenschaftlern die Bereitschaft zu einer stärkeren wissenschaftstheoretischen Auseinandersetzung und zu einem Engagement für die *institutionelle Festigung* der wissenschaftlichen Marketingcommunity. Hier fragt sich zunächst, wo diese anzusiedeln ist, so etwa - fachlich gesehen - innerhalb der Betriebswirtschaftslehre bzw. grenzüberschreitend in interdisziplinären Netzwerken oder -institutionell gesehen - an der Universität bzw. grenzüberschreitend auch in anderen Forschungs- und Bildungseinrichtungen. Unseres Erachtens erweist sich angesichts der zunehmenden Komplexität von Problemlagen und deren miteinander verbundenen Beziehungen eine klare Zuordnung von Marktproblemen zu spezialisierten Problemlösungsinstanzen als immer fragwürdiger. Des Weiteren zeigt sich in

---

[5] Als Analogie bietet sich hierfür das Unternehmensproblem der Bearbeitung verschiedener Märkte an. Sprechen keine strategischen Gründe gegen einen verbundenen Marktauftritt, dann fördert eine Gesamtkoordination der Märkte die optimale Ressourcenverwendung und die synergetische Nutzung marktspezifischer Informationen und Erfahrungen.

der Unternehmenspraxis eine wachsende Diffusion des prozessualen Marketingverständnisses: Während die Unternehmensfunktion Marketing nämlich an Bedeutung
verliert, ist sie als Unternehmensphilosophie präsenter denn je. Für das System
Marketingwissenschaft ergeben sich hier durchaus sinnvolle Anknüpfungspunkte im
Rahmen einer stärkeren *Einbindung in interfunktionale und interdisziplinäre Netz-
werke*. Zu denken ist dabei zunächst an themenzentrierte Sonderforschungsbereiche
wie Gesundheit, Soziales, Ökologie oder Technologie. Diese implizieren veränderte
Beziehungen zu den Wettbewerbern, die als *horizontale* (z.B. internationalen
Marketingwissenschaftlern), *vertikale* (z.B. mit Zulieferwissenschaften wie der
Psychologie) oder *diagonale* Kooperationsbeziehungen (z.B. mit der Medizin)
strukturiert werden können. Ein zentraler Fragenkomplex zur Beurteilung derartiger
Positionierungen stellt wiederum die Identitätsfrage dar. Analog zur gesellschaftlichen Ausdifferenzierung und Fragmentierung, die mit einem Bedürfnis nach neuen
sozialen Zusammenhängen korrespondiert, zeigt sich auch in der Marketingwissenschaft das Bedürfnis nach integrativen Zukunftspositionen. Bisweilen artikuliert sich
dieses Bedürfnis in fundamentalistischen Bestrebungen, die auf einer „Reinheit" der
Marketinglehre oder einer Rückbesinnung auf die ökonomischen Wurzeln beharren.
Dieser Weg ist u.E. weder problemadäquat noch ein zukunftsorientierter Umgang
mit der Identitätskrise. Es erfolgt hierbei ein Rückzug auf vermeintliche Sicherhei-
ten, deren mythische Konstruktion schon ein Blick in die Marketinggeschichte
belegt. So gab es ja bspw. schon in den frühesten Marketing- und Absatztheorien
eine starke Tradition sich öffnender, gesamtwirtschaftlicher Orientierungen, die erst
durch die einzelwirtschaftliche Marketingmanagement-Theorie in den 50er-Jahren
zurückgedrängt wurde (*Sundhoff* 1956, S. 270). Als problematisch erscheint das
Verständnis von Identität als starrem, unveränderlichem Kern, den es zu entdecken
gilt. Wir haben versucht zu zeigen, dass Identität vielmehr als ein permanenter *Prozess* verstanden werden muss, der ein aktives Handeln erfordert. In dieser Perspektive zeigen sich nicht nur Risiken, sondern auch identitätsfördernde Potenziale einer
Netzwerkeinbindung der Marketingwissenschaft, wenn deren implizite Unternehmenskultur durch die reflexive Interaktion mit anderen Kulturen explizit wird
(*Wimmer* 1996, S. 413). Eine derartige Betrachtung verortet das institutionelle
Selbstverständnis innerhalb *evolutionärer Managementkonzepte*, in denen sich orga-
nisationsinterne Handlungen erst in der Außenperspektive zu einem Muster zusam-
menfügen (*Knyphausen* 1988). Für die Identitätsentwicklung der Marketingwissenschaft bedeutet dies, dass hier weniger die „großen Entscheidungen" gefragt sind, als
vielmehr die Schaffung geeigneter Systeme und Prozesse, die eine langfristig
„geplante Evolution" der in reflexiven Netzwerken eingebundenen Marketingwissenschaft Gewähr leisten (*Sydow/ Windeler* 1997). In konkreter Anwendung auf die
Wissenschaftscommunity der Marketingkommission im Verband der Hochschullehrer für Betriebswirtschaft e.V. hieße dies, dass sie zwar als institutionelle Interessen-
vertretung für universitäre Marketingforschung und -lehre wichtig ist, sich jedoch

mehr als bisher für problemorientierte marketingwissenschaftliche Diskussionen öffnen müsste, um reflexive Netzwerke zu entwickeln.

4. Zukunft einer Identität der wissenschaftlichen Marketingcommunity in Zeiten der Informations- und Kommunikationsrevolution

Wohin will die Marketingwissenschaft gehen? Wir haben argumentiert, dass die Wissensprodukte der Marketingwissenschaft selbst einen prozessualen und inhaltlichen Weg zur Beantwortung dieser Frage im Sinne eines **Marketing für die Marketingwissenschaft** aufzeigen können. Dieser heuristische Ansatz führt primär zur neuen Wahrnehmung von Problemen und kreativen Findung von Problemlösungen. Der Wahrnehmungsaspekt dient uns zur Deutung der verschiedenen Problemphänomene als Identitätskrise, um anschließend den Problemlösungsaspekt im Sinne einer Identitätsbildung herauszuarbeiten. Einen impliziten Bezugspunkt bildet die Annahme, dass die Identifikation mit der Marketingwissenschaft positiv besetzt und erwünscht sei. Nimmt man nun aber die Rahmenveränderungen in unserer Gesellschaft ernst, dann stellt sich unweigerlich die Frage, ob es überhaupt diesen gewünschten Bezug zu dem sozialen System Marketingwissenschaft gibt. Auch Marketingwissenschaftler sind Mitglieder einer Gesellschaft, die sich vor allem durch die abnehmende Loyalität gegenüber kollektiven Bindungen kennzeichnet. Ist nicht angesichts derartiger Individualisierungstendenzen der Ruf nach einer selbstbewussten Wissenschaftscommunity hoffnungslos blauäugig? Wir glauben - aller Skepsis zum Trotz -, dass Wissenschaft auch unter heutigen Bedingungen und gerade auch wegen dieser Bedingungen die Solidarität, aber auch die Kontrolle einer identitätsstiftenden Gemeinschaft braucht, die allerdings in Zukunft anders organisiert sein könnte.

Eine Katalysatorfunktion können hierbei die neuen Informations- und Kommunikationstechnologien ausüben. Hier hat das Internet besondere Relevanz, das nicht nur für Unternehmen sondern auch für die Marketingwissenschaft die Kommunikation, Transaktion, Distribution und damit auch die Organisationspotenziale zunehmend verändern wird. Erste Einschätzungen dazu haben allerdings betont, dass die Virtualität zur verstärkten Auflösung bestehender Gemeinschaften führe und sich die Identität der beteiligten Nutzer im frei gestaltbaren Cyberspace aufzulösen begänne, was unserem Anliegen einer Identitätsverstärkung entgegenstände. Inzwischen wurde aber erkannt, dass sich auch hier Formen der Selbstorganisation und der Selbstregulierung (wie z.B. die Netiquette) entwickelt haben. Zudem finden so genannte „virtual communities" verstärkte wissenschaftliche und kommerzielle Beachtung (*Granitz/ Ward* 1996; *Hagel/ Armstrong* 1997). Bezogen auf die Marketingwissenschaft kann hier als Beispiel die von der AMA gesponserte Diskussionsliste „EL-MAR" (Email List for Marketing Academic Researchers) genannt werden. Daneben bestehen noch vielfältige andere Foren, in denen weltweit Wissenschaftler über spezifische Forschungsinteressen in Kontakt kommen. In derartigen virtuellen Interaktionen löst sich die Identität nicht auf, sondern verändert sich. Identitäten werden hier nicht mehr über akademischen Hintergrund, Erscheinung, Status oder Arbeitsplatz sondern über textliche Interaktion und gemeinsame Interessen definiert. Jahrhundertelang eintrainierte Formen der akademischen Rituale und Hierarchien erweisen sich virtuell als funktionsunfähig und im Prozess der Erosion - auch bedingt durch die Globalität der virtuellen Interaktion. Genau in diesem Kontext sehen wir aber auch die Potenziale unserer Vorschläge zur Netzwerkgemeinschaft der Marketingwissenschaft. Die selbstorganisatorische Herausbildung neuer Strukturen erfolgt nicht beliebig. Identitäten sind im Wandel, aber nicht frei wählbar, und Gemeinschaften entwickeln auch hier Formen der Selbstregulierung. Für die Marketingwissenschaft gilt es verstärkt, prozessbegleitend zu agieren, indem beispielsweise Kriterien zur Qualitätssicherung für Online-Publikationen entwickelt werden oder Standards für den Umgang mit geistigem Eigentum im Internet. Zudem ist eine Gesamtidentität der Marketingwissenschaft auch strategisch für das Internet als Marktmedium von Relevanz. Die Informationsflut des Internet, in der jede Information gleichwertig neben anderen erscheint, erhöht die Bedeutung der *Vertrauensqualität* für den Nutzer. Die Wissensprodukte der Marketingwissenschaft erfordern deshalb verstärkt ein *Signaling*, das die Kommunikation einer klaren Gesamtidentität beinhaltet.[6] Die Stärkung der Gesamtidentität ist insofern auch im Wettbewerb um Aufmerksamkeit und Vertrauen zunehmend wichtig.

Fragen wir zum Schluss, welche Zukunft wir für die Marketingwissenschaft wünschen, so ist es eine gemeinsam gestaltete, virtuelle und reale Zukunft. Trotz und gerade wegen zunehmender Individualisierung und Beschleunigung von Wissenschaftsprozessen ist die Entwicklung und Pflege reflexiver Netzwerke von großer Bedeutung, und es ist schließlich auch eine Frage des Marketing für die Marketingwissenschaft, welche Anreize dafür geschaffen werden können, um eine Implementierung sicher zu stellen.

---

[6] Für *Kaas* geht ein Signaling über rein kommunikative Maßnahmen hinaus. Wenn er die Nähe zu Selbstverpflichtungen beschreibt, dann entspricht dies unseren Handlungsempfehlungen für die Marketingwissenschaft: „Die wichtigsten und für das Marketing bedeutsamsten Formen glaubhafter Selbstbindungen sind irreversible Investitionen in qualitätssicherndes Sach- und Humankapital und vor allem in *Reputation* als kompetenter und fairer Anbieter hoher Qualitäten (Hervorhebung im Original, *U.H./ M.B.*)." (*Kaas* 1995, S. 29).

Literatur

Bartels, R. (1974), The Identity Crisis in Marketing, in: Journal of Marketing, Vol. 38, 1974, No. 4, S. 73-76.

Brown, S. (1998), Postmodern Marketing Two, London et al. 1998.

Coates, J.F et al. (1986), Issues Management, Mt. Airy 1986.

Diller, H. (1997), Veränderungen im Marketing durch Online-Medien, in: *Bruhn, M./ Steffenhagen, H.* (Hrsg.), Marktorientierte Unternehmensführung: Reflexionen - Denkanstöße - Perspektiven, Festschrift für *Heribert Meffert* zum 60. Geburtstag, Wiesbaden 1997, S. 513-537.

Fischer-Winkelmann, W.F. (1972), Marketing: Ideologie oder operable Wissenschaft?, München 1972.

Gemünden, H.G. (1993), Zeit - Strategischer Erfolgsfaktor in Innovationsprozessen, in: *Domsch, M./ Sabisch, H./ Siemers, S.H.A.* (Hrsg.), F&E-Management, Stuttgart 1993, S. 67-118.

Granitz, N.A./ Ward, J.C. (1996), Virtual Community: A Sociocognitive Analysis, in: *Corfman, K.P./ Lynch, J.G., Jr.* (Hrsg.), Advances in Consumer Research, Vol. 23, 1996, S. 161-166.

Grönroos, C. (1994), Quo Vadis marketing? Toward a Relationship Marketing Paradigm, in: Journal of Marketing Management, Vol. 10, 1994, No. 5, S. 1-13.

Hagel, J., III/ Armstrong, A.G. (1997), Net Gain: Expanding Markets through Virtual Communities, Boston: Harvard University Press 1997.

Hall, S. (1996), Introduction: Who Need's ‚Identity'?, in: *Hall, S./ Gay, P.d.* (Hrsg.), Questions of Cultural Identity, Newbury Park 1996, S. 1-17.

Hansen, U./ Bode, M. (1997), Blinde Flecken der Marketingwissenschaft: Das Problemfeld der „4 Gs", in: *Bruhn, M./ Steffenhagen, H.* (Hrsg.), Marktorientierte Unternehmensführung: Reflexionen - Denkanstöße - Perspektiven, Festschrift für *Heribert Meffert* zum 60. Geburtstag, Wiesbaden 1997, S. 57-83.

Hansen, U./ Bode, M. (1999), Marketing und Konsum: Theorie und Praxis von der Industrialisierung bis ins 21. Jahrhundert, München 1999.

Häßler, R.-D. (1999), Issue Monitoring - Grundlagen eines Systems zur Analyse und zum Management gesellschaftlicher Ansprüche; imug-Arbeitspapier 7/1999, Hannover 1999.

Holt, D.B. (1995), Consumption and Society: Will Marketing Join the Conversation? In: Journal of Marketing Research, Vol. 31, 1995, No. 4, S. 487-494.

Hunt, S.D. (1976), The Nature and Scope of Marketing, in: Journal of Marketing, Vol. 40, 1976, No. 3, S. 17-28.

Hunt, S.D. (1992), Marketing is ..., in: Journal of the Academy of Marketing Science, Vol. 20, 1992, No. 4, S. 301-311.

Jacoby, J. (1978), Consumer Research: A State of the Art Review, in: Journal of Marketing, Vol. 42, 1978, No. 2, S. 87-96.

Kaas, K.P. (1995), Marketing zwischen Macht und Hierarchie, in: *Kaas, K.P.* (Hrsg.), Kontrakte, Geschäftsbeziehungen, Netzwerke: Marketing und neue Institutionenökonomik, Düsseldorf 1995, S. 19-42.

Kirsch, W. (1979), Die verhaltenswissenschaftliche Fundierung der Betriebswirtschaftslehre, in: *Raffée, H./ Abel, B.* (Hrsg.), Wissenschaftstheoretische Grundfragen der Wirtschaftswissenschaften, München 1979, S. 105-120.

Knyphausen, D.Z. (1988), Unternehmungen als evolutionsfähige Systeme - Überlegungen zu einem evolutionären Konzept der Organisationstheorie, München 1988.

Kotler, P./ Levy, S.J. (1969), Broadening the Concept of Marketing, in: Journal of Marketing, Vol. 33, 1969, No. 1, S. 10-15.

Kötter, R. (1986), Modell und ökonomische Realität, in: *Hödl, E./ Müller, G.* (Hrsg.), Die Neoklassik und ihre Kritik, Diskussionsband zu „Ökonomie und Gesellschaft", Frankfurt a.M. 1986, S. 41-59.

Lazer, W./ Shaw, E. (1988), The Development of Collegiate Business and Marketing Education in America: Historical Perspectives, in: *Shapiro, S./ Walle, A.H.* (Hrsg.), Marketing: A Return to the Broader Dimension - Proceedings of the Winter Educators' Conference, Chicago 1988, S. 147-152.

Leitherer, E. (1961), Geschichte der handels- und absatzwirtschaftlichen Literatur, Köln, Opladen 1961.

Meffert, H. (1994), Marktorientierte Unternehmensführung im Umbruch - Entwicklungsperspektiven des Marketing in Wissenschaft und Praxis, in: *Bruhn, M.* (Hrsg.), Marktorientierte Unternehmensführung im Umbruch: Effizienz und Flexibilität als Herausforderungen des Marketing, Stuttgart 1994, S. 3-39.

Minois, G. (1998), Geschichte der Zukunft - Orakel, Prophezeiungen, Utopien, Prognosen, Düsseldorf 1998.

Raffée, H. (1980), Grundfragen der Marketingwissenschaft, in: Das Wirtschaftswissenschaftliche Studium (WiSt), 9. Jg., 1980, H. 7, S. 317-324.

Raffée, H./ Specht, G. (1974), Basiswerturteile der Marketing-Wissenschaft, in: Schmalenbachs Zeitschrift für betriebswirtschaftliche Forschung (ZfbF), 26. Jg., 1974, S. 373-396.

Savage, G.T. et al. (1991), Strategies for Assessing and Managing Organizational Stakeholders, in: Academy of Management Executives, Vol. 5, 1991, No. 2, S. 61-75.

Schneider, D. (1983), Marketing als Wirtschaftswissenschaft oder Geburt einer Marketingwissenschaft aus dem Geiste des Unternehmensversagens?, in: Schmalenbachs Zeitschrift für betriebswirtschaftliche Forschung (ZfbF), 35. Jg., 1983, S. 197-223.

Simon, H. (1986), Herausforderung an die Marketingwissenschaft, in: Marketing ZFP, 8. Jg., 1986, H. 3, S. 205-213.

Specht, G. (1974), Marketing-Management und Qualität des Lebens, Stuttgart 1974.

Stauss, B. (1994), Total Quality Management und Marketing, in: Marketing ZFP, 16. Jg., 1994, Nr. 3, S. 149-159.

Sundhoff, E. (1956), „Der Absatz" - Zum 2. Band von *Gutenbergs* „Grundlagen", in: Betriebswirtschaftliche Forschung und Praxis (BFuP), 8. Jg., 1956, H. 5, S. 257-283.

Sydow, J./ Windeler, A. (1997), Komplexität und Reflexivität - Management interorganisationaler Netzwerke, in: *Ahlemeyer, H.W./ Königswieser, R.* (Hrsg.), Komplexitätsmanagement - Strategien, Konzepte und Fallbeispiele, Wiesbaden 1997, S. 147-162.

Vershofen, W. (1960), Warum? Die alte Frage (Zugleich Anmerkungen zu zwei neuen Büchern), in: Jahrbuch der Absatz- und Verbrauchsforschung, 6. Jg., 1960, H. 1, S. 79-89.

Wiedmann, K.-P. (1996), Unternehmensführung und gesellschaftsorientiertes Marketing, in: *Bruch, H./ Eickhoff, M./ Thiem, H.* (Hrsg.), Zukunftsorientiertes Management - Handlungshinweise für die Praxis, Frankfurt a.M. 1996, S. 234-262.

Wimmer, A. (1996), Kultur - Zur Reformulierung eines sozialanthropologischen Grundbegriffs, in: Kölner Zeitschrift für Soziologie und Sozialpsychologie, 48. Jg., 1996, H. 3, S. 401-425.

Marketingdisziplin im Spannungsfeld zwischen wissenschaftlichem Anspruch und praxisbezogenen Anforderungen

Heribert Meffert

1.	Zur Ausgangssituation	328
2.	Perspektiven marketingwissenschaftlicher Ansätze	332
3.	Forderungen an Forschung und Lehre	335
4.	Schlussbemerkung	337
Literatur		338

Voraussagen über die Zukunft sind nur dann wissenschaftlich fundiert, wenn im Hinblick auf künftige Situationen bedingte Allgemeinaussagen gemacht werden können. Diese sind auf ihren Wahrheitsgehalt überprüfbar, wenn sie durch empirische Daten belegt werden können. Beide Anforderungen erweisen sich für Prognosen über die Entwicklung wissenschaftlicher Disziplinen als kaum erfüllbar.

Vor diesem Hintergrund sollen die Perspektiven der Marketingwissenschaft im deutschsprachigen Raum aus einer mehr oder weniger subjektiven Sicht beleuchtet werden. Den Ausführungen liegt dabei die Vorstellung zugrunde, dass sich Marketing als angewandte Disziplin im Spannungsfeld zwischen wissenschaftlichem Anspruch und praxisbezogenen Anforderungen bewegen wird bzw. muss. Diese Basisthese erfordert zunächst einen kurzen Rückblick auf die noch junge Geschichte und den Status quo des Faches. Darauf aufbauend werden die Perspektiven zentraler Ansätze der Marketingwissenschaft beleuchtet und einige programmatische Forderungen an die Forschung und Lehre des Faches abgeleitet. Die Ausführungen erfolgen in kurz begründeter Thesenform. Sie werden durch eine Längsschnittbefragung von Marketingexperten in Wissenschaft und Praxis ergänzt (vgl. hierzu den Beitrag von *Meffert/ Bongartz* in diesem Buch).

1. Zur Ausgangssituation

These 1: Bisherige Entwicklung

Die bisherige Entwicklung der Marketingwissenschaft zeigt, dass deren primäre Treiber im Wandel der Markt- und Umweltbedingungen liegen.

Theoriegeleitete Impulse für die Entwicklung der Disziplin sind nur schwach ausgeprägt. Dies liegt im wesentlichen in der starken, auf Probleme der Unternehmungen ausgerichteten Anwendungsorientierung begründet.

Die Entwicklungslinien der Marketingdisziplin im deutschsprachigen Bereich werden unterschiedlich systematisiert und in Phasen eingeteilt (*Meffert* 1994; *Hansen/ Bode* 1999). Vor dem Hintergrund des Wandels vom Verkäufer- zum Käufermarkt lassen sich die Schwerpunkte des wissenschaftlichen Interesses wie folgt darstellen:

- In der Verteilungswirtschaft der 50er Jahre herrschte mit dem Streben nach Massenfertigung in den Unternehmungen eine starke Produktions- und Distributionsorientierung vor. Die Produkt- und Verkaufsorientierung stand im Mittelpunkt der Überlegungen.

- Mit der Herausbildung von Absatzengpässen rückte in den 60er Jahren die Orientierung an den Verbraucherbedürfnissen und damit das endkäufergerichtete

Marketing in den Vordergrund. Das vorrangige Interesse galt den Instrumenten des Marketing-Mix und der organisatorischen Implementierung (Marketingabteilungen, Product-Management).

- Die 70er Jahre lenkten bei wachsender Marktbedeutung des Handels das Interesse verstärkt auf Aspekte des vertikalen Marketing. Das handelsgerichtete Marketing sowie die Forschung in diesem Bereich wurden ausgebaut.

- Unter dem Einfluss des wachsenden Verdrängungswettbewerbs und der Arbeiten von *Porter* (1983) entdeckte die Marketingwissenschaft und –praxis das strategische Marketing, die Quellen komparativer Wettbewerbsvorteile, die Marktpositionierung und die damit einhergehenden Investitionen zur Sicherung von Wettbewerbsvorteilen. In Verbindung mit der wachsenden Globalisierung des Wettbewerbs rückten Aspekte des wettbewerbsgerichteten und internationalen Marketing in den Mittelpunkt des Interesses.

- In den 90er Jahren erweiterte sich das Anspruchsspektrum des Marketing durch die im Zeichen des Wertewandels veränderten gesellschaftlichen und ökologischen Rahmenbedingungen abermals. Die integrierte, ganzheitliche marktorientierte Führung beschäftigte die Marketingwissenschaft. Neben einem verstärkten funktionsübergreifenden Denken innerhalb der Unternehmung wurden mit dem sog. „internen Marketing" auch die Mitarbeiter als Schlüsselquelle des Markterfolges verstärkt in die wissenschaftliche Analyse einbezogen.

- Unter dem derzeitigen Einfluss der umwälzenden Entwicklungen im Bereich der Informations- und Kommunikationstechnologie gewinnt das interaktive und virtuelle Marketing in globalen Netzwerken an Bedeutung. Klassische Denkmuster, die auf dem Modell des Massenmarketing beruhen, verlieren zunehmend an Aussagewert.

These 2: Übereinstimmung im Marketingverständnis

Induziert durch die hohe Anwendungsorientierung der Marketingwissenschaft ist eine weitgehende Übereinstimmung im Marketingverständnis der unternehmerischen Praxis und der Marketingwissenschaft zu konstatieren. Dies zeigt sich auch in der hohen Übereinstimmung hinsichtlich künftig bedeutsamer Marketingthemen.

In den letzten Jahrzehnten hat sich das Marketingverständnis in der wissenschaftlichen Diskussion von einer eher instrumentellen Sichtweise hin zu einer funktionsübergreifenden Führungsphilosophie entwickelt. Während sich in der Praxis noch Mitte der 90er Jahre ein eher diffuses Bild vom Marketingverständnis zeigte und gelegentlich von einer „Marketing-Lücke" (Backhaus/Schlüter 1994) die Rede war, haben sich zwischenzeitlich die Verhältnisse angenähert. Marketing als funktionsübergreifende Führungsphilosophie mit der besonderen Betonung des Management von Wettbewerbsvorteilen herrscht in Wissenschaft und Praxis gleichermaßen vor. Dies wird auch durch die weitgehend übereinstimmenden Profile in der Einschätzung künftiger Schwerpunktthemen in Wissenschaft und Praxis bestätigt. Strategisches Marketing, Kommunikationspolitik und der Einsatz von Computern und interaktiven Medien werden gleichermaßen hoch eingeschätzt (vgl. hierzu den Beitrag _Meffert/ Bongartz_ in diesem Buch).

These 3: Spezialisierung und Fragmentierung

Zahlreiche Ansätze eines Broadening und Deepening führten seit geraumer Zeit zu einer verstärkten Spezialisierung und Fragmentierung in der Marketingforschung, ohne die Suche nach einem soliden Fundament voranzutreiben.

Den Vorwurf der „Theorielosigkeit" verstärken zahlreiche Modewellen im Marketing, die zu einer schleichenden Erosion der Akzeptanz der Disziplin führen.

Die Marketingwissenschaft hat in den vergangenen 30 Jahren die Herausforderungen in der Praxis aufgegriffen und durch zahlreiche neue Konzeptionen zu beantworten versucht. So hat sich im Zuge der Entwicklung von der Konsumenten- über die Handels- und Wettbewerbs- zur Umweltorientierung ein Wandel im Marketingverständnis und eine Anpassung in den Marketingdefinitionen vollzogen (_Meffert_ 1998a). Dieser Wandel wurde jedoch – neben fundierten Theorieansätzen – auch durch zahlreiche Modewellen von Beratern und Gurus begleitet. Die Marketingwissenschaft hat diese zum Teil willfährig aufgegriffen, adaptiert und nicht kritisch reflektiert. Immer schneller aufeinanderfolgende „Theoriewellen" und neue „Marketingvarianten", wie Mega-, Maxi-, Warfare-, Turbo-, Retro-, Retention-, Multilevel- und Lean-Marketing, führten zu einer Verwässerung und schleichenden Erosion des Marketinggedankens (vgl. _Abb. 1_).

These 4: Chancen- und Risikopotenziale der Marketingwissenschaft

Die SWOT-Analyse der Marketingdisziplin zeigt in den Stärken und Schwächen ebenso wie in den Chancen und Risiken ein differenziertes Bild:

Zentrale Stärken der in nahezu allen deutschen Hochschulen vertretenen Disziplin sind:

- Enge Orientierung zur Marketingpraxis,
- Pluralistische Forschungsansätze,
- Verankerung in der Ökonomie,
- Hohe Akzeptanz der Absolventen in der Praxis,
- Hohe Akzeptanz der Transferforderung.

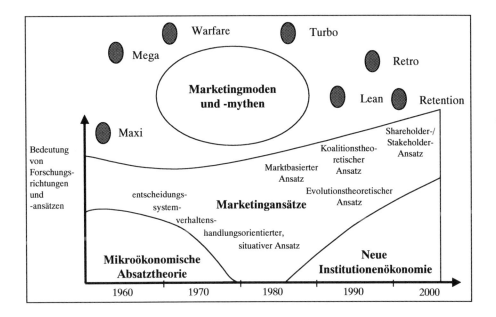

Abb. 1: "Modewellen" des Marketing

Demgegenüber sind folgende Schwächen zu konstatieren:

- Fehlen eigenständiger Theoriekonzepte,
- Fehlendes Geschichtsverständnis,
- Überdehnung des Marketingverständnisses,
- Schwache internationale Präsenz und Anerkennung,
- Geringer originärer Innovationsgrad,
- Unzureichende Förderung des wissenschaftlichen Nachwuchses.

Unter Beachtung veränderter Rahmenbedingungen in Wissenschaft und Praxis sind folgende Chancen für die Disziplin erkennbar:

- Wachsendes Bedürfnis nach marktorientierter Steuerung (z. B. Deregulierung, Privatisierung),
- Neue Informations- und Kommunikationstechnologien (z. B. Internetökonomie),
- Frühe Lebenszyklusphase der Marketingwissenschaft.

Die Bedrohungen bzw. Risiken der Marketingwissenschaft liegen vor allem in

• der wachsenden anglo-amerikanischen Dominanz,

• dem Auftreten neuer Wettbewerber durch andere Wissenschaften (z. B. Ingenieurwissenschaften),

• der Gefahr der Verzettelung,

• zunehmenden Akzeptanz- und Legitimationsproblemen,

• der Gefahr des Identitätsverlustes.

Daraus ergibt sich folgendes Fazit zur Ausgangssituation:

Wachsender interner und externer Wettbewerb und knapper werdende Ressourcen erfordern eine klare, strategisch ausgerichtete Positionierung der Disziplin mit einer stärkeren Konzentration auf wissenschaftlich fundierte Kernkompetenzen.

Die Stärken- und Schwächenprofile sind ebenso wie das Chancen- und Bedrohungspotenzial der Disziplin im Lichte der relevanten Wettbewerber unterschiedlich zu gewichten. Stellt man den wissenschaftlichen Anspruch in den Vordergrund, so werden innovative Forschungsleistungen zur Sicherung des Wettbewerbsvorteils ebenso bedeutsam wie eine theoriegeleitete, analytisch-methodenorientierte Ausbildung. Die Marketingwissenschaft sollte dabei weniger mit Beratungsunternehmungen als mit wissenschaftlich ausgerichteten Forschungsinstitutionen konkurrieren. Das „Gespenst der Fachhochschulen" als wichtigste Wettbewerber beruht m.E. auf Fehleinschätzungen.

2. Perspektiven marketingwissenschaftlicher Ansätze

Die in der deutschsprachigen Marketingwissenschaft vorherrschenden Forschungsansätze sind stark aus dem angelsächsischen Bereich und durch die in der Betriebswirtschaftslehre diskutierten Paradigmen beeinflusst worden. Dabei herrscht im Rückblick weitgehend die Forderung nach einer marktorientierten Betrachtungsweise (Market-based-view) vor. In jüngerer Zeit wird mit der Betonung des komparativen Konkurrenzvorteils (KKV) (*Backhaus* 1999) eine stärker ressourcenorientierte Betrachtungsweise verfolgt. Unabhängig von der jeweils betrachteten Zielsetzung können zur Kennzeichnung der Forschungsansätze die zeitliche Abfolge ihrer Entstehung (herkömmliche und neuere Ansätze), der zugrundeliegende Austauschcharakter (transaktions- und beziehungsorientierte Ansätze) sowie die KKV-Perspektive (markt- und kompetenzorientierte Ansätze) differenziert werden (*Meffert* 1999).

Diese in *Abb. 2* dargelegten Ansätze möchte ich im Hinblick auf ihre Entwicklungsperspektiven thesenartig wie folgt kennzeichnen:

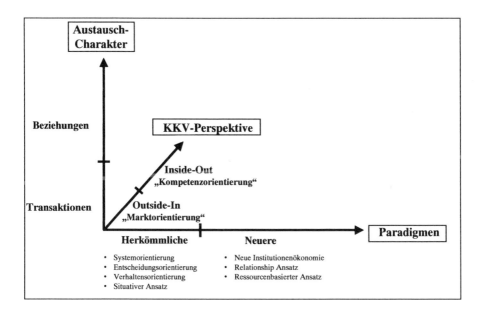

Abb. 2: Forschungsansätze der Marketingwissenschaft

These 5: Herkömmliche und neuere Ansätze

Herkömmliche Ansätze wie die der Entscheidungs- und Systemorientierung führten primär zu Fortschritten im instrumentellen und methodischen Bereich. Schwächen offenbaren sich bei der Entwicklung gehaltvoller Hypothesen zur Erfüllung der Gestaltungsaufgabe. Trotz der Wiederentdeckung des ökonomischen Kerns bei der Gestaltung von Marktprozessen durch neuere Forschungsrichtungen kann allenfalls von einer evolutionären Erweiterung der Denkansätze und Konzepte gesprochen werden. Ein Paradigmenwechsel als „revolutionärer Wandel im wissenschaftlichen Denken" erscheint daher unwahrscheinlich. Die herkömmlichen Forschungsansätze werden – trotz oder gerade wegen der Wiederentdeckung des ökonomischen Kerns der Austauschprozesse auf Märkten – durch das Vordringen institutionenökonomischen Gedankenguts nicht obsolet.

These 6: Verhaltenswissenschaftliche Ansätze

Die verhaltenswissenschaftliche Marketingtheorie wird – trotz der Kritik der „unreflektierten Übernahme der Konstrukte aus anderen Disziplinen" (Hansen/ Bode 1997) - fester Bestandteil der Marketingdisziplin bleiben.

Die Herausforderungen liegen hier vor allem bei der Entwicklung leistungsfähiger Erklärungsansätze für das veränderte Käuferverhalten (hybrider, multioptionaler Konsument).

These 7: Transaktions- und Relationship-Marketing

Der Ansatz des Relationship-Marketing bewegt sich derzeit auf einer vorwiegend beschreibenden und systematisierenden Ebene von Beziehungen. Damit erbringt er weniger eigenständige Leistungen als eine Bündelung verschiedener Theorie- und Forschungsrichtungen (Bruhn/ Bunge 1996; Backhaus 1997). Das transaktionsorientierte Marketing hat bei vergleichsweise geringerer Bindungsbereitschaft der Kunden und geringem Kundenwert für den Anbieter in vielen Bereichen des Konsumgütermarketing auch künftig seine Berechtigung.

Die Marketingwissenschaft muss vor diesem Hintergrund für eine Relativierung und Fundierung des Relationship-Marketing eintreten und diejenigen situativen Kontexte erforschen, in denen Beziehungen von besonderer Bedeutung für den Markterfolg sind.

These 8: Markt- und Ressourcenorientierung

Die vorherrschende marktbasierte Betrachtung ist durch eine ressourcenorientierte Betrachtung zu ergänzen.

Der duale Zugang über den ressourcen- und marktorientierten Ansatz sieht keinen Abschied vom Marketing vor, sondern fördert durch seine umfassende Sichtweise die Fähigkeit zur Sicherung und Erneuerung von Wettbewerbsvorteilen.

These 9: Meta-Theorie des Marketing

Statt paralysierender Paradigmendiskussionen ist es künftig erforderlich, sich situationsspezifisch desjenigen Ansatzes zu bedienen, der das jeweils größte Problemlösungspotenzial besitzt. Eine Kombination mehrerer Ansätze kann darüber hinaus zu einer verbesserten „Ausleuchtung der Marketingbühne" beitragen.

Zur Vermeidung der vielbeklagten Spezialisierungsfalle benötigen wir eine stärkere Hinwendung zur Entwicklung einer allgemeinen Theorie des Marketing. Dies erfordert wieder eine verstärkte Beschäftigung mit wissenschaftstheoretischen Fragen.

Wissenschaftlicher Fortschritt ist auf das Engste mit der Forderung nach Pluralität und Wettbewerb der Ansätze verbunden. Dies gilt auch und insbesondere für die Marketingdisziplin. Welche Ansätze sich letztlich im Widerstreit der wissenschaftlichen Diskussion auch immer durchsetzen, Wissenschaft und Praxis werden das Marketing zunehmend als individualisiertes, vernetztes und multioptionales Beziehungsmarketing verstehen müssen. Im Zusammenwachsen der „alten" und „neuen" Ökonomie" ist eine erweiterte Sichtweise der marktorientierten Unternehmensführung im Sinne Kotlers Vision vom „totalen Marketing" erforderlich. Zur Sicherung und Gestaltung von Wettbewerbsvorteilen sind alle Marktpartner im Beschaffungs- und Absatzbereich sowie die Koalitionspartner und gesellschaftlichen Anspruchsgruppen unter dem Aspekt der marktorientierten Führung einzubeziehen. Letztlich bedeutet dies, dass Marketing bei der Lösung marktgerichteter Koordinationsaufgaben in realen und virtuellen Netzwerken „integrative Kraft" (Ahlert 1997) entfalten und die Marketingwissenschaft hierzu entsprechende Beiträge leisten muss.

3. Forderungen an Forschung und Lehre

Meine Forderungen an die Forschung und Lehre im Marketing ergeben sich aus einem wünschenswerten Szenario, das die Marketingwissenschaft im „Gleichgewicht" zwischen wissenschaftlichem Anspruch und praktisch bezogenen Anforderungen sieht. Die Marketingwissenschaft wird diesen Vorstellungen nicht gerecht, wenn sie entweder sich im Elfenbeinturm in vielen Spezialgebieten zersplittert und fragmentiert oder im „kleinen Bogen der Praxiserkenntnis" ohne wissenschaftlichen Fortschritt sich mit der Lösung konkreter Marketingprobleme beschäftigt. Sie wird dann weiter wachsen und sich im Wettbewerb der Disziplinen behaupten, wenn sie sich auf den ökonomischen Kern der Erklärung und Gestaltung von Marktprozessen konzentriert, dabei disziplinenübergreifend neue Domänen integriert und den Aspekt der Nachhaltigkeit von Produktion und Konsum nicht aus den Augen verliert. Im Hinblick auf diese Perspektive sind vor allem die in den folgenden Thesen erhobenen Forderungen an die Marketingwissenschaft zu stellen.

These 10: Von der Nachlauf- zur Vorlaufwissenschaft

Die Marketingwissenschaft sollte der Praxis nicht mit zeitlicher Verzögerung folgen, sondern sich künftig stärker als „Vorlaufwissenschaft" (Tietz) verstehen. Sie sollte mehr als bisher zur Entwicklung eigenständiger Konzepte und gehaltvoller Aussagen zur Lösung gegenwärtiger und zukünftiger Probleme beitragen.

These 11: Stärkere Vernetzung der Marketing-Community

Die Bildung nationaler und internationaler sowie intra- und interdisziplinärer Forschungsnetzwerke ist unter Ausschöpfung des Dialogpotenzials neuer interaktiver Medien voranzutreiben. Dies wird unter Heranziehung von Erkenntnissen des Wissensmanagement zu neuen Organisationsformen in der Forschung führen.

These 12: Relevanz immaterieller Vermögenswerte

Materielle Vermögenswerte verlieren in der Wissens- und Informationsgesellschaft an strategischer Erfolgsrelevanz. Intellektuelles Vermögen, Vertrauen und Marken rücken vermehrt in den Mittelpunkt unternehmensstrategischer Überlegungen und verschieben das Bedeutungsgewicht von unternehmerischen Werttreibern zugunsten immaterieller Größen. Eine zukunftsorientierte und realitätsnahe Marketingwissenschaft muss sich daher mit Konzepten zur Operationalisierung und Messung derartiger Konstrukte intensiv auseinandersetzen.

These 13: Gesellschaftliche Verantwortung der Marketingwissenschaft

Die noch im vergangenen Jahrzehnt sich auf dem Vormarsch befindliche gesellschaftliche und ökologische Entwicklung des Marketing stagniert bzw. befindet sich heute im Rückschritt.

Die Ausweitung des Faches in institutionelle Felder findet lediglich dort verstärkt Aufmerksamkeit, wo konkreter ökonomischer Nutzen realisiert werden kann. Die Übertragung und Weiterentwicklung von Konzepten in nicht-kommerziellen Bereichen, insbesondere auf dem Gebiet der Ökologie, bedarf auch in Zukunft originärer und proaktiver Beiträge der Marketingwissenschaft.

These 14: Differenzierung der Aus- und Weiterbildung

Im Bereich der Aus- und Weiterbildung hat die Marketingwissenschaft neuen Anforderungen Rechnung zu tragen (Meffert/Kirchgeorg 1994). Zur Steigerung der Effizienz und Effektivität ist eine stärkere strukturelle und inhaltliche Differenzierung der Ausbildung erforderlich (Meffert 1998b). Insbesondere durch eine Modularisierung von Weiterbildungsprogrammen ist den veränderten Bedürfnissen Rechnung zu tragen. Durch den Markteintritt internationaler Business Schools und enge bürokratische Reglementierungen besetzen deutsche Universitäten in diesem Bereich derzeit noch eine Nachzüglerposition. Zudem steht die Marketingausbildung in der Verantwortung teamfähige Generalisten oder Multispezialisten zu fördern, wobei neben die Vermittlung von Fachwissen die Entwicklung sozialer und interkultureller Kompetenz sowie emotionaler Intelligenz als neue Ausbildungsaufgabe tritt.

4. Schlussbemerkung

Die deutsche Marketingwissenschaft steht an der Jahrtausendwende vor einer Vielzahl von Herausforderungen. Sie wird künftig ihren Platz im Wettbewerb der Disziplinen dann behaupten, wenn sie

- sich auf ihren eigenen Auftrag und die Kernkompetenzen als Wissenschaft zur Erklärung und Gestaltung von Marktprozessen konzentriert und dabei in der wirtschaftswissenschaftlichen Denktradition verankert bleibt;

- die aus den veränderten Rahmenbedingungen (z. B. wachsende Marktorientierung, neue Kommunikationstechnologien, Globalisierung) sich ergebenden Chancen zur eigenständigen Weiterentwicklung der Forschungs- und Lehrprogramme nutzt;

- bei der notwendigen Praxisorientierung dem Bildungsauftrag einer Universität, d.h. einer theorie- und forschungsgeleiteten Ausbildung, verpflichtet bleibt;

- die disziplinäre und interdisziplinäre Zusammenarbeit im länderübergreifenden Zusammenhang weiter ausbaut und neue Organisationsformen der Vernetzung von Forschung und Lehre entwickelt.

Viele Anzeichen sprechen dafür, dass Deutschland auf dem Gebiet des Marketing – trotz der bestehenden Transferprobleme in den dominierenden angelsächsischen Sprachraum – kein Entwicklungsland ist. Wir leiden nicht an einer tiefgreifenden Identitätskrise, sondern müssen mit mehr Selbstvertrauen und Konzentration auf die Stärken der deutschsprachigen Marketingdisziplin im wachsenden Wettbewerb die Zukunftsaufgaben gestalten. Die Bewältigung dieser Aufgaben setzt einen permanenten Dialog und eine Stärkung der Zusammenarbeit in Form von Lernpartnerschaften zwischen Wissenschaft und Praxis voraus. Im diesem Sinne gilt:

„Der Weg ist das Ziel".

Literatur

Ahlert, D. (1997), Vertikales Marketing im Wandel - Zur Frage des Restrukturierungsbedarfes vertikaler Marketingkonzeptionen in Theorie und Praxis, in: *Bruhn, M./Steffenhagen, H.* (Hrsg.), Marktorientierte Unternehmensführung: Reflexionen – Denkanstösse - Perspektiven, Wiesbaden 1997, S. 141-157.

Backhaus, K. (1997), Relationship-Marketing – Ein neues Paradigma im Marketing?, in: *Bruhn, M./Steffenhagen, H.* (Hrsg.), Marktorientierte Unternehmensführung: Reflexionen – Denkanstösse – Perspektiven, Wiesbaden 1997, S. 19-36.

Backhaus, K. (1999), Industriegütermarketing, 6. Auflage., München 1999.

Backhaus, K./ Schlüter, S. (1994), Mehr Marktorientierung in der Investitionsgüterindustrie – Weg aus der Krise, Dokumentation eines Kooperationsprojektes des Betriebswirtschaftlichen Instituts für Anlagen und Systemtechnologien der Westfälischen Wilhelms-Universität Münster und der VDI nachrichten, Münster 1994.

Bruhn, M./ Bunge, B. (1996), Beziehungsmarketing als integrativer Ansatz der Marketingwissenschaft, in: Die Unternehmung, Nr. 3, 1996, S. 171-194.

Hansen, U./ Bode, M. (1997), Blinde Flecken der Marketingwissenschaft – Das Problemfeld der „4Gs"., in: *Bruhn, M./Steffenhagen, H.* (Hrsg.), Marktorientierte Unternehmensführung: Reflexionen – Denkanstösse - Perspektiven, Wiesbaden 1997, S. 57-102.

Hansen, U./ Bode, M. (1999), Marketing und Konsum, München 1999.

Meffert, H. (1994), Marktorientierte Unternehmensführung im Umbruch – Entwicklungsperspektiven des Marketing in Wissenschaft und Praxis, in: *Bruhn, M./Meffert, H./Wehrle, F.* (Hrsg.), Marktorientierte Führung im Umbruch, Stuttgart 1994, S. 3-39.

Meffert, H. (1998a), Marketing: Grundlagen marktorientierter Unternehmensführung, 8. Aufl., Wiesbaden 1998.

Meffert, H. (1998b), Herausforderungen an die Betriebswirtschaftslehre – Die Perspektive der Wissenschaft, in: Die Betriebswirtschaft (DBW), 58. Jg., 1998, Nr. 6, S. 709-730.

Meffert, H., (1999), Marketing – Entwicklungstendenzen und Zukunftsperspektiven, in: Die Unternehmung, Nr. 6, 1999, S. 409-431.

Meffert, H./ Kirchgeorg, M. (1994), Marketingausbildung im Umbruch? – Bestandsaufnahme und Perspektiven aus Sicht der Hochschullehrer, in: *Bruhn, M./Meffert, H./Wehrle, F.* (Hrsg.), Marktorientierte Unternehmensführung im Umbruch, Stuttgart 1994, S. 563-586.

Porter, M.E. (1983), Wettbewerbsstrategie. Methoden zur Analyse von Branchen und Konkurrenten, Frankfurt a. M. 1983.

Tietz, B. (1993), Die bisherige und zukünftige Paradigmatik des Marketing in Theorie und Praxis, Erster Teil in: Marketing ZFP, Nr. 3, 1993, S. 149-163, zweiter Teil in: Marketing ZFP, Nr. 4, 1993, S. 221-236.

Entwicklungslinien der deutschsprachigen Marketingforschung[1]

Christian Homburg

1. *Thematische Orientierung*   *340*

2. *Zielgruppenbezogene Orientierung*   *346*

3. *Theoretische Orientierung*   *355*

4. *Methodische Orientierung*   *356*

5. *Schlussbemerkungen*   *357*

Literatur   *358*

[1] Der Verfasser dankt *Dr. Martin Faßnacht* und *Dr. Harley Krohmer* für ihre Unterstützung bei der Entstehung dieses Beitrages.

Mit den Entwicklungslinien eines Fachs kann man sich zurückschauend oder vorausschauend auseinandersetzen. An der Schwelle eines neuen Jahrhunderts ist es naheliegend, die vorausschauende Perspektive einzunehmen. In den folgenden Ausführungen soll es daher um die zukünftigen Entwicklungslinien der deutschsprachigen Marketingforschung gehen. Legt man diese zukunftsorientierte Perspektive zu Grunde, so ist im Weiteren die Auswahl zwischen einer prognostischen und einer normativen Orientierung zu treffen. Während die prognostische Orientierung sich mit der Frage befasst, wie sich das Fach entwickeln *wird*, befasst sich die normative Orientierung mit der Frage, wie sich das Fach entwickeln *sollte*. Der folgende Beitrag nimmt eine normative Orientierung ein. Es sollen aus Sicht des Verfassers wünschenswerte Entwicklungslinien der Marketingforschung aufgezeigt werden. Selbstverständlich trägt man sich als Verfasser eines solchen Beitrags mit der Hoffnung, dass hiervon auch gewisse Impulse ausgehen, so dass letztlich die tatsächliche Entwicklung zumindest gewisse Ähnlichkeiten mit der geforderten aufweist.

Die folgenden Ausführungen sind in vier Abschnitte gegliedert. Zunächst geht es in Abschnitt 1 um die thematische Orientierung der Marketingforschung. Hier werden insbesondere Themenfelder aufgezeigt, die zukünftig stärker gewichtet werden sollten. In Abschnitt 2 geht es um die zielgruppenbezogene Orientierung. Hier stehen Aspekte der Internationalisierung sowie der Praxisorientierung im Vordergrund. Gegenstand der Abschnitte 3 bzw. 4 sind die theoretische sowie die methodische Orientierung der deutschsprachigen Marketingforschung.

1. Thematische Orientierung

Im Folgenden sollen einige Themenfelder aufgezeigt werden, die nach Ansicht des Verfassers zukünftig mehr Aufmerksamkeit als bisher erfahren sollten. Hierbei wird keineswegs Anspruch auf Vollständigkeit erhoben. Auch Objektivität kann bei derartigen Aussagen natürlich niemals beansprucht werden. Im Gegenteil, die Aussagen sollten als subjektive Meinungsäußerung des Verfassers verstanden werden.

These 1

Fragestellungen der marktorientierten Unternehmensführung sollten zukünftig eine stärkere Rolle als bisher spielen.

Obwohl die Marketingforschung den Marketingbegriff seit etlichen Jahren mit marktorientierter Unternehmensführung gleichsetzt, ist sie diesem Anspruch bislang nicht umfassend gerecht geworden. Die Auffassung, dass Marketing mit marktorientierter Unternehmensführung gleichzusetzen sei, ist mittlerweile in weiten Teilen der Marketingforschung akzeptiert. Bei *Meffert* (1998, S. 6) findet man in einer Ab-

bildung sogar die Gleichsetzung unter Verwendung des mathematischen Gleich-
heitszeichens - zweifellos die stringenteste Form der Gleichsetzung (vgl. zur Kritik
an diesem Anspruch *Hansen/ Stauss* 1983). Ich stehe prinzipiell hinter diesem
Anspruch der Marketingforschung. Allerdings habe ich den Eindruck, dass die
Marketingforschung (und dies gilt keineswegs nur für die deutschsprachige) diesem
Anspruch bislang nicht umfassend gerecht wurde. Der Themenbereich der marktorientierten Unternehmensführung ist bislang noch nicht hinreichend durchdrungen.

Beispielhaft sei hier auf das Phänomen marktorientierter Unternehmenskultur
verwiesen. Erste Ansätze zur wissenschaftlichen Durchdringung dieses Phänomens
wurden Anfang der 90er Jahre in den USA (*Kohli/ Jaworski* 1990; *Kohli/ Jaworski/
Kumar* 1993; *Narver/ Slater* 1990) und darauf aufbauend auch in der deutschsprachigen Marketingforschung (*Backhaus/ Schlüter* 1994; *Schlüter* 1997) publiziert.
Kritisch ist zu diesen Arbeiten jedoch anzumerken, dass sie der aus der Organisati-
onsliteratur bekannten Komplexität des Begriffs Unternehmenskultur nicht gerecht
werden. Angesichts von weithin akzeptierten Modellen, die mehrere unterschiedlich
sichtbare Ebenen der Unternehmenskultur unterscheiden (vgl. z.B. das Modell von
Schein 1984 sowie *Deshpandé/ Webster* 1989), erscheint es problematisch, die
Marktorientierung einer Unternehmenskultur lediglich über Verhaltensweisen zu
messen, wie dies beispielsweise *Narver/ Slater* (1990) sowie *Jaworski/ Kohli* (1993)
tun. Arbeiten, die einen Beitrag zum Verständnis der Marktorientierung einer Unternehmenskultur leisten möchten, sollten sich zukünftig stärker mit der Komplexität
des Phänomens Unternehmenskultur auseinandersetzen und stärker auf entsprechende Vorarbeiten aus der Organisationswissenschaft zurückgreifen. Die Arbeit von
Homburg/ Pflesser (2000) stellt einen ersten Schritt in diese Richtung dar. Darüber
hinaus halte ich es für erforderlich, die Bedeutung der marktorientierten Unternehmenskultur im Zusammenhang mit der Implementierung von Strategien fundierter zu
durchleuchten, wie es beispielsweise in der Arbeit von *Krohmer* (1999) geschieht.

Ein weiterer Aspekt der marktorientierten Unternehmensführung, der bislang
systematisch vernachlässigt wurde, sind die Anreizsysteme. Monetäre und nicht-
monetäre Anreize sind in Unternehmen ein wesentliches Instrument der Verhaltens-
beeinflussung. In vielen Unternehmen beobachtet man in diesem Zusammenhang,
dass in den Leitsätzen zwar Markt- bzw. Kundenorientierung gefordert wird, die
Vergütungssysteme aber ausschließlich kurzfristigen wirtschaftlichen Erfolg hono-
rieren. Auch die Marketingforschung hat, von wenigen Ausnahmen abgesehen (vgl.
z.B. *Becker/ Homburg* 1999; *Homburg/ Jensen* 2000), die Thematik der Markt- bzw.
Kundenorientierung von Vergütungssystemen noch nicht aufgegriffen. Hier besteht
ein erhebliches Forschungsdefizit, das die Marketingforschung nicht ignorieren
kann, wenn sie ihrem Anspruch, sich mit marktorientierter Unternehmensführung zu
befassen, gerecht werden will.

Ein weiteres Themenfeld, das im Bereich der marktorientierten Unternehmensführung mehr Aufmerksamkeit verdient, ist die Untersuchung von Machtstrukturen in Unternehmen. Macht ist in Organisationen ein allgegenwärtiges Phänomen. Machtverteilungen beeinflussen die Verhaltensweisen von Organisationen und Organisationsmitgliedern in hohem Maße. Inwieweit bestimmte Machtstrukturen Marktorientierung fördern bzw. behindern, ist eine interessante Forschungsfrage. Eine erste Untersuchung der Macht des Marketingbereichs in Unternehmen sowie der Einflussgrößen dieser Macht wurde von *Homburg/ Workman/ Krohmer* 1999 vorgelegt.

Die bislang im Bereich marktorientierter Unternehmensführung genannten Aspekte bewegen sich auf organisationaler Ebene. Auf individueller Ebene existieren weitere interessante Forschungsfragen: Beispielsweise ist die Frage, welche Führungsstile kundenorientiertes Verhalten von Mitarbeitern fördern bzw. behindern, sowohl wissenschaftlich als auch praxisbezogen von größter Relevanz (vgl. hierzu auch *Homburg/ Stock* 2000). Die Arbeiten auf diesem Gebiet sollten sich in hohem Maße der vorhandenen Kenntnisse auf dem Gebiet der Führungspsychologie bedienen.

These 2

Die Frage nach der monetären Bewertung des Erfolgs von Marketingaktivitäten wird in Zukunft immer vehementer in den Vordergrund treten. Ansätze zur Messung und Steigerung der Marketingproduktivität müssen einen Schwerpunkt der zukünftigen wissenschaftlichen Arbeit darstellen.

Die letzten Jahre/ Jahrzehnte waren in vielen Branchen und Unternehmen gekennzeichnet von nachhaltigen Produktivitätssteigerungen. Befasst man sich jedoch mit der Frage, in welchen Unternehmensbereichen die Produktivität gesteigert werden konnte, so bekommt man vielerorts den Eindruck, dass dies insbesondere der Bereich der internen Leistungserstellung (Produktion/ Operations) sowie die allgemeine Verwaltung (Overhead) ist. Mit systematischem Produktivitätsmanagement im Marketing- und Vertriebsbereich haben viele Unternehmen noch nicht einmal begonnen. Die Ursachen für dieses Versäumnis sind vielfältig und sollen an dieser Stelle nicht diskutiert werden (vgl. hierzu *Homburg/ Daum* 1997). Das Resultat dieser Entwicklung liegt letztlich auf der Hand: In vielen Unternehmen liegen die wesentlichen Produktivitätssteigerungspotentiale heute nicht mehr im Bereich der internen Leistungserstellung, sondern im Bereich der Marktbearbeitung (vgl. hierzu die empirischen Ergebnisse aus dem Industriegüterbereich bei *Homburg/ Daum/ Lehnhäuser* 1996). Die Notwendigkeit, Produktivitätssteigerungen zu realisieren, wird für Unternehmen in Hochlohnländern auch zukünftig gegeben sein. Angesichts des geschilderten Sachverhalts wird die Marktbearbeitung hierbei immer mehr in den Blickpunkt des Interesses rücken (müssen). Die Marketingforschung muss sich dieser Herausforderung stellen.

In Teilbereichen ist das Verständnis des Zusammenhangs zwischen Marketingaktivitäten und wirtschaftlichen Erfolgsgrößen bereits recht gut ausgeprägt. In anderen Bereichen ist dieses Verständnis nach meiner Einschätzung eher rudimentär. Ein Negativbeispiel aus der angloamerikanischen Forschung ist hier meines Erachtens die Untersuchung von Geschäftsbeziehungen zwischen Herstellern und ihren Handelspartnern (Marketing Channels). Hier sind in den letzten 20 Jahren insbesondere im Journal of Marketing und im Journal of Marketing Research (darüber hinaus gibt es noch ein Journal of Marketing Channels) Dutzende von Arbeiten erschienen, die Aspekte solcher Geschäftsbeziehungen (Macht, Konflikte, Vertrauen, Zufriedenheit, Commitment usw.) untersuchen (vgl. *Schneider* 2001 für einen Überblick), wobei die Frage der wirtschaftlichen Erfolgsauswirkungen allenfalls am Rande thematisiert wird.

These 3

Die Behandlung des Vertriebsmanagements in der Marketingforschung wird der Bedeutung dieser Thematik in der Praxis nicht gerecht. Die Marketingforschung vernachlässigt auch nahezu vollständig eine der in der Unternehmenspraxis problematischsten Schnittstellen: die zwischen Marketing und Vertrieb.

Fragestellungen des Vertriebsmanagements werden in den meisten Standardlehrbüchern als Teilgebiet der Distributionspolitik - und somit als Teilbereich eines der vier Marketing-Mix-Instrumente - behandelt. Damit wird Vertriebsmanagement konzeptionell zu einem Teil des Marketingmanagements. Diese Systematik hat sich weitgehend durchgesetzt. Allerdings wird sie der Bedeutung des Vertriebsmanagements in der Unternehmenspraxis kaum gerecht. Entsprechend der konzeptionellen Einordnung des Vertriebsmanagements als Teilbereich einer Komponente des Marketing-Mix sind wissenschaftliche Aktivitäten auf diesem Gebiet eher dünn gesät. Auch ist in der Praxis immer wieder zu konstatieren, dass die Unterordnung des Vertriebsmanagements unter das Marketingmanagement in dieser Form nicht erfolgt. Betrachtet man beispielsweise die diesbezügliche Gestaltung der Organisationsstruktur, so stellt man fest, dass Marketing und Vertrieb sehr häufig separate Verantwortungsbereiche darstellen (vgl. z.B. *Workman/ Homburg/ Gruner* 1998). Darüber hinaus beobachtet man in der Unternehmenspraxis, dass die Schnittstelle zwischen den Marketing- und Vertriebsbereichen häufig hochgradig problematisch ist. Die Kulturen der beiden Funktionsbereiche unterscheiden sich in vielen Unternehmen signifikant. Auch die Zielsetzungen sind selten wirklich konsistent. Wahrscheinlich ist es eine logische Konsequenz aus der konzeptionellen Einordnung des Vertriebsmanagements, dass die Schnittstelle zwischen den Marketing- und den Vertriebsbereichen von der Marketingforschung, mit Ausnahme weniger Arbeiten (vgl. z.B. *Cespedes* 1992, 1995; *Krohmer/ Homburg/ Workman* 2001), ignoriert wird. Während die Schnittstelle zwischen Marketing und Forschung & Entwicklung Gegenstand umfassender Forschungsarbeiten war und ist (*Brockhoff* 1985; *Griffin/ Hauser* 1996; *Gupta/ Raj/*

Wilemon 1986; *Menon/ Jaworski/ Kohli* 1997), wird die Schnittstelle zwischen Marketing und Vertrieb, die meines Erachtens von ähnlich großer Bedeutung ist, weitgehend ignoriert. Hier besteht weiterer Forschungsbedarf.

These 4

Neue Medien wie das Internet stellen Teile des wissenschaftlich fundierten Kenntnisstandes im Marketingbereich in Frage. Darüber hinaus lenkt das Internet die Aufmerksamkeit auf „klassische Marketingthemen".

Im Rahmen eines solchen Beitrags nicht auf neue Medien und insbesondere das Internet einzugehen, wäre wohl eine schwerwiegende Unterlassung. In der Tat ist unübersehbar, dass das Internet die Art und Weise, wie Marketingaktivitäten in der Praxis betrieben werden, deutlich verändert. Es ist mehr eine Veränderung dessen, *wie* Dinge getan werden, und weniger dessen, *was* man tut.

Vielerorts ist zu beobachten, dass Erkenntnisse der Marketingforschung im „Zeitalter des Internet" vorschnell als obsolet bezeichnet werden. Hier ist Vorsicht angebracht. Sicherlich ist richtig, dass das Internet in Teilbereichen den wissenschaftlich fundierten Kenntnisstand im Marketing in Frage stellt. Als Beispiele seien die Konsumenten-Verhaltensforschung sowie die strategische Erfolgsfaktoren-Forschung genannt. Im Hinblick auf die Konsumenten-Verhaltensforschung ist zu konstatieren, dass die dort zur Beschreibung/ Erklärung der Informationsaufnahme und -weiterverarbeitung verwendeten Modelle vor dem Hintergrund der zur Zeit ihrer Entstehung existierenden Medien entstanden sind. Inwieweit diese Modelle bei Konsumenten, die einen wesentlichen Teil ihrer Informationen aus dem Internet und nicht aus klassischen Medien beziehen, noch Gültigkeit haben, ist eine lohnende Forschungsfrage. Auch die strategische Erfolgsfaktoren-Forschung sollte vor dem Hintergrund des Internet neu beleuchtet werden. Die empirische Forschung in diesem Bereich ist stark vom PIMS-Projekt getrieben. Wesentliche Teile des empirisch gesicherten Erkenntnisstandes (vgl. *Szymanski/ Bharadwaj/ Varadarajan* 1993 für einen Überblick) im Bereich der Erfolgsfaktoren-Forschung basieren auf PIMS-Daten. Diese Datenbasis wird dominiert von großen produzierenden Unternehmen. Dienstleister spielen hier eine untergeordnete Rolle. Unternehmen, die stark internetorientiert sind, existierten zu PIMS-Zeiten noch nicht. Insofern stellt sich die Frage, inwieweit die empirisch fundierten Kenntnisse über strategische Erfolgsfaktoren heute noch gültig sind. Insbesondere der Erfolgsfaktor Schnelligkeit könnte im Internetkontext eine neue Gewichtung erfahren.

Es ist also durchaus zu konstatieren, dass in Teilbereichen „conventional wisdom" in Frage gestellt wird. Gleichzeitig gibt es jedoch zahlreiche „klassische" Marketingthemen, deren Bedeutung durch das Internet gesteigert wird. Beispielhaft sei hier die **Markenpolitik, die Preisdifferenzierung** sowie das Management von **Mehrkanalsystemen** genannt.

Markenpolitik - ein zentrales Feld der Marketingforschung - wird im Internetzeitalter noch an Bedeutung gewinnen. Eine wesentliche Funktion von Marken liegt darin, dass sie dem Kunden helfen, sich in Situationen, die durch Informationsüberflutung gekennzeichnet sind, einfach zurechtzufinden. Informationsüberflutung ist im Internet ein allgegenwärtiges Phänomen. Bereits jetzt beobachtet man die Entstehung starker Marken im Internet.

Auch die Thematik der Preisdifferenzierung (vgl. *Faßnacht* 1996) - ebenfalls ein zentrales Forschungsgebiet der Marketingforschung - wird in Zukunft an Bedeutung noch gewinnen. Für viele Unternehmen, die das Internet als Absatzkanal nutzen, stellt sich die Frage, inwieweit dies zu unterschiedlichen Preisen gegenüber den konventionellen Absatzkanälen geschehen soll. Diese Frage ist insbesondere deshalb naheliegend, weil das Internet in vielen Branchen kostengünstiger als die herkömmlichen Absatzwege ist. Auch innerhalb des Internets ist die Thematik der Preisdifferenzierung relevant. Es stellt sich hier die Frage, inwieweit auf Grund der hohen Transparenz Preisdifferenzierung zwischen Kunden dauerhaft überhaupt möglich ist.

Schließlich sei das Management von Mehrkanalsystemen erwähnt. Die wenigsten Unternehmen, die über das Internet verkaufen oder dies in Zukunft tun werden, werden das Internet als ausschließlichen Vertriebsweg nutzen. Viel häufiger ist das Phänomen, dass das Internet einer von mehreren Vertriebswegen ist. In vielen Unternehmen existieren bereits derzeit indirekter Vertrieb, außendienstgestützter Vertrieb, Direktvertrieb über Call-Center sowie internetgestützter Vertrieb nebeneinander. Die zentrale Frage lautet in diesem Zusammenhang, wie man die Vertriebskanäle voneinander abgrenzen und Konflikte auf ein erträgliches Niveau begrenzen kann. Auch dies ist eine „klassische" Fragestellung der Marketingforschung, die im Internetzeitalter an Bedeutung gewinnt.

Insgesamt zeigt sich also, dass das Internet in Teilbereichen zwar etabliertes Wissen in Frage stellt. In anderen Teilbereichen forciert es dagegen „klassische" Fragestellungen der Marketingforschung. Vor diesem Hintergrund empfiehlt sich ein differenzierter Umgang mit dem Phänomen Internet. Die hektische Gründung von Lehrstühlen, Instituten und Zentren zum Thema E-Commerce ist sicherlich ein Irrweg. E-Commerce kann kein eigenständiger Bereich der Marketingforschung werden. Es ist offensichtlich, dass diese Thematik sich durch alle Bereiche des Marketing durchzieht. Die Internetentwicklung muss in die Forschungsaktivitäten in den verschiedenen Teilbereichen des Marketing integriert werden. Man sollte sich in diesem Zusammenhang auch klarmachen, dass das Internet in einigen Jahren als Instrument des Marketing so trivial sein wird wie heute das Telefon. Angesichts der rasanten Entwicklung glaube ich nicht, dass es sehr lange gehen wird, bis dieser Zustand erreicht sein wird, und dass ein Institut für Telefonmarketing keine sehr sinnvolle wissenschaftliche Institution darstellt, dürfte außer Frage stehen.

2. Zielgruppenbezogene Orientierung

In diesem Abschnitt soll die zielgruppenbezogene Orientierung der deutschsprachigen Marketingforschung unter zwei Gesichtspunkten beleuchtet werden. Es geht zum einen um die Ansprache der internationalen „Scientific Community" und zum anderen um die Praxisorientierung.

These 5

Wie in vielen Wirtschaftszweigen wird auch im akademischen Bereich der Wettbewerb immer internationaler. Dies gilt nicht nur für die Lehre, sondern auch für die Forschung: Die Konkurrenz zwischen den besten wissenschaftlichen Arbeiten auf dem Gebiet der Marketingforschung findet heute auf internationaler Ebene statt.

Es ist derzeit insbesondere in der Lehre zu beobachten, dass eine starke Internationalisierung stattfindet. Für hochqualifizierte Studienanfänger der Betriebswirtschaftslehre ist es heute weitaus weniger selbstverständlich als noch vor einigen Jahren, in Deutschland zu studieren. Immer stärker konkurrieren deutsche BWL-Fakultäten mit ausländischen Business-Schools (insbesondere, aber nicht nur in den USA) um erstklassige Studenten. Ein bemerkenswertes Phänomen ist in diesem Zusammenhang, dass das Studienmodell des Diplom-Kaufmanns immer intensiver in Frage gestellt wird und gegenüber dem MBA-Modell in die Defensive gerät. Englischsprachige MBA-Angebote von BWL-Fakultäten deutscher Universitäten existieren bereits in nennenswerter Zahl.

Diese Entwicklung geht einher mit einer zunehmenden Internationalisierung der Forschung. Es findet mittlerweile ein ausgeprägter wissenschaftlicher Dialog auf internationaler Ebene im Marketingbereich statt. Er vollzieht sich insbesondere in den führenden referierten Zeitschriften sowie auf den führenden Tagungen. Hier sind insbesondere die Tagungen der *American Marketing Association* sowie die *Marketing Science Conference* zu nennen. Für den Marketingbereich ist allerdings zu konstatieren, dass der deutschsprachige Raum hier stark unterrepräsentiert ist. Dies gilt insbesondere im Vergleich zu anderen europäischen Ländern wie Frankreich, Belgien, den Niederlanden, aber auch den skandinavischen Ländern.

These 6

Marketingforscher aus dem deutschsprachigen Raum spielen im internationalen Kontext nur eine untergeordnete Rolle. Eine kurzfristige Intensivierung der internationalen Orientierung ist für die deutschsprachige Marketingforschung erforderlich. Andernfalls wird die Bedeutungslosigkeit im internationalen Kontext zementiert.

Die Frage, welche Veränderungen in der deutschen Universitätslandschaft erforderlich sind, um diese zunehmende internationale Orientierung zu unterstützen, wird von *Simon* (1993) ausführlich diskutiert. Zum einen sind hier natürlich die Anreizsysteme zu nennen: Berufungsentscheidungen sollten zukünftig in stärkerem Ausmaß als bisher Publikationserfolge in hochkarätigen internationalen Zeitschriften berücksichtigen. Zu den Begutachtungsprozessen, die dort praktiziert werden, gibt es nach meiner Einschätzung in der deutschsprachigen Betriebswirtschaftslehre kein Pendant hinsichtlich Niveau und Stringenz.

Von geringerer Bedeutung erscheint mir dagegen die Sprachbarriere zu sein - zumindest im Hinblick auf die jüngere Generation von Wissenschaftlern. Auch habe ich den Eindruck, dass in internationalen Zeitschriften stärker als in der Vergangenheit kleinere sprachliche Defizite im englischen akzeptiert werden. Sofern ein Artikel den Begutachtungsprozess besteht, wird üblicherweise ein Technical Editor die Endredaktion des Textes vornehmen und die Sprache optimieren.

Der Nutzen einer stärkeren internationalen Orientierung der Publikationstätigkeit ist vielfältig. Zum einen ist damit ein deutlich stärkerer „Impact" verbunden: Als Wissenschaftler erhofft man sich, dass die eigenen theoretischen Überlegungen, Konzepte, Erkenntnisse und Methoden in weiteren wissenschaftlichen Arbeiten aufgegriffen werden. Die Wahrscheinlichkeit, dass dies geschieht, hängt natürlich sehr stark von der Zahl der Wissenschaftlicher ab, von denen man wahrgenommen wird. Kommuniziert man seine wissenschaftlichen Erkenntnisse in deutscher Sprache, so grenzt man den Personenkreis von vornherein sehr stark ein. Angesichts der zunehmenden Spezialisierung in der Marketingforschung ist klar, dass man so in der Regel keinen breiten Impact hat.

Ein zweiter wesentlicher Nutzen liegt in den Lerneffekten, die mit den Begutachtungsprozessen in internationalen Zeitschriften verbunden sind. Ich habe immer wieder die Erfahrung gemacht, dass die höfliche aber bestimmte Auseinandersetzung mit hochkarätigen Spezialisten im Rahmen eines doppelt-blinden Review-Verfahrens mit erheblichen Lerneffekten verbunden ist. Auch zwingt man sich durch diese Prozesse zu einem hohen Maß an Stringenz in Argumentation und Methodik. Im Gegensatz hierzu habe ich die Gutachten von führenden deutschen betriebswirtschaftlichen Zeitschriften bisweilen als intellektuelle Zumutung empfunden.

These 7

Die deutschsprachige Marketingforschung hat für Erfolg auf der internationalen Ebene hervorragende Voraussetzungen.

Ich bin durchaus der Meinung, dass zahlreiche wissenschaftliche Beiträge aus dem deutschsprachigen Raum auch im internationalen Vergleich ein hohes Niveau haben und - auf englisch veröffentlicht - einen wesentlichen Impact haben könnten. Beispielhaft seien hier die Arbeiten von *Dwyer/ Schurr/ Oh* (1987) und *Diller/ Kusterer* (1988) genannt. Die erstgenannte wurde im *Journal of Marketing* veröffentlicht, die zweitgenannte in der *Marketing-Zeitschrift für Forschung und Praxis*. Beide Arbeiten befassen sich mit der damals recht jungen Forschungsrichtung des

Relationship-Marketing. Beide Arbeiten sind konzeptioneller Art und versuchen, einen Beitrag zur theoretischen Durchdringung des Phänomens von Geschäftsbeziehungen zu leisten. Von der inhaltlichen Aussagekraft her bewegen sich beide Arbeiten meines Erachtens in etwa auf dem gleichen (und zwar auf einem recht hohen) Niveau. Die Arbeit von *Dwyer/ Schurr/ Oh* hat auf internationaler Ebene maßgeblich die weiteren Forschungsaktivitäten des Relationship-Marketing geprägt. Der Arbeit von *Diller/ Kusterer* ist dieser Impact (natürlich) versagt geblieben. Zahlreiche weitere Beispiele dieser Art lassen sich nennen. Ich bin davon überzeugt, dass in der deutschsprachigen Marketingforschung regelmäßig Beiträge publiziert werden, die im Falle der Publikation in englischer Sprache auf internationaler Ebene hohe Beachtung finden würden.

Es ist an dieser Stelle auch darauf hinzuweisen, dass die deutsche Marketingforschung durchaus spezifische Vorteile gegenüber der im internationalen Kontext dominanten amerikanischen Marketingforschung hat. Meines Erachtens liegt ein wesentlicher Vorteil darin, dass deutsche Marketingforscher im Vergleich zu ihren häufig extrem spezialisierten amerikanischen Kollegen inhaltlich breiter angelegt sind - sie überblicken ein größeres Themenspektrum. Die extreme Spezialisierung in den USA ist eine Konsequenz des dortigen Karrieremodells. Will ein junger Marketingforscher nicht an einer dritt- oder viertklassigen Business-School irgendwo in der amerikanischen Provinz enden, so muss er sich sehr früh (im Regelfall schon während der Promotionszeit) in führenden Zeitschriften positionieren. Diese *Publish- or Perish-Logik* ist in der Regel bis zu einem Lebensalter von 35 bis 40 Jahren prägend. Das Erfolgsprinzip in diesem Kontext lautet: Finde eine enge Nische und suche dort den Anschluss zur Weltspitze. Viele amerikanische Kollegen kommen von dieser extremen Spezialisierung nicht mehr los. Vor diesem Hintergrund fällt ihnen das Einordnen neuer Entwicklungen häufig recht schwer. Auch die Behandlung von Themen, die eine gewisse inhaltliche Breite erfordern, liegt ihnen nicht. Beispielsweise seien Fragestellungen der Marketingorganisation, des Marketing-Controlling oder der marktorientierten Unternehmensführung genannt. Hier hat die deutschsprachige Marketingforschung auf Grund der strukturellen Unterschiede zu den USA natürliche Vorteile.

Außerdem sind die „Zäune" zwischen den einzelnen betriebswirtschaftlichen Spezialdisziplinen in den USA noch deutlich höher als in Deutschland. Dies ist teilweise eine Konsequenz der extremen Spezialisierung. Wer sich auf ein kleines Teilgebiet der Marketingwissenschaft begrenzt, wird die Dialogfähigkeit mit einem Wissenschaftler einer anderen betriebswirtschaftlichen Teildisziplin nahezu zwangsläufig verlieren. Außerdem ist es meines Erachtens eine Konsequenz der sogenannten Departmentstruktur, die heute oft als überlegenes Organisationsmodel im Vergleich zum deutschen Lehrstuhlmodell propagiert wird. Ich bin in diesem Zusammenhang eher skeptisch. Beide Organisationsformen haben Vor- und Nachteile. Der Vorteil des Departmentmodells liegt natürlich darin, dass eine kritische Masse von Wissenschaftlern an einer Institution tätig ist. Der wesentliche Nachteil ist allerdings in der Spezialisierung zu sehen, die von dieser Struktur gefördert wird. Meines Erachtens kann man den Nachteil der kritischen Masse im Lehrstuhlmodell mittlerweile recht leicht durch ein gutes, internationales Netzwerk kompensieren. Ich sehe daher keine zwingende Veranlassung, im Zusammenhang mit der zunehmenden Internationalisierung der wissenschaftlichen Arbeit das Lehrstuhlmodell in Frage zu stellen.

Hat man akzeptiert, dass zunehmende Publikationen deutschsprachiger Marketingforscher in internationalen Fachzeitschriften zwingend erforderlich sind, so stellt sich die Frage, welche Fachzeitschriften dies sein sollten. Englischsprachige Fachzeitschriften erscheinen in Amerika, in Europa und auch in Asien. Meine Antwort auf diese Frage ist recht einfach (vgl. *These 8*).

These 8

International erfolgreich zu sein, setzt voraus, in den USA erfolgreich zu sein.

Um keine Missverständnisse aufkommen zu lassen: Ich möchte mich mit dieser Aussage nicht in die Reihe der naiven Bewunderer des amerikanischen Wissenschaftssystems einreihen. Eine solche naive Bewunderung ist nur aus der Ferne möglich. Wer das Wissenschaftssystem in den USA näher kennt, wird hier zwangsläufig zu einem differenzierten Urteil kommen (vgl. hierzu *Homburg* 1999).

Vergegenwärtigt man sich jedoch die Zielsetzungen internationaler Publikationsaktivitäten, so ist offensichtlich, dass diese im großen Stil nur mit den führenden, in den USA veröffentlichten Fachzeitschriften erreicht werden können. Nur mit Publikationen in den führenden Marketingzeitschriften in den USA erreicht man wirklich flächendeckend eine weltweite Zielgruppe. Beispielhaft sei hier auf die Situation des *International Journal of Research in Marketing* verwiesen. Diese Zeitschrift basiert im Wesentlichen auf einer europäischen Initiative auf der Ebene der *European Marketing Academy* (EMAC). Obwohl sie ein sehr ordentliches wissenschaftliches Niveau erreicht hat, ist ihre Beachtung im internationalen Kontext auch mehr als 15 Jahre nach ihrer Gründung noch recht begrenzt (vgl. z.B. *Hult/ Neese/ Bashaw* 1997 sowie die aktuellen Impact Ratings des Social Sciences Citation Index (SSCI) des *Institutes for Scientific Information* 1999). Weltweiten Impact erreicht man im Marketingbereich derzeit nur durch Publikationen in den führenden US-amerikanischen Zeitschriften. Auch bin ich der Meinung, dass dies auf mittlere Sicht so bleiben wird.

Welches sind nun die relevanten Zeitschriften? International üblich ist eine ABC-Klassifizierung (vgl. *Abb. 1*). Bezüglich der Einstufung einzelner Zeitschriften besteht nicht immer vollkommene Einigkeit. Beispielsweise tendieren sehr quantitativ orientierte Marketingforscher zu einer höheren Bewertung der quantitativ orientierten Zeitschrift *Marketing Science* als die Breite der Marketingforscher. Im Wesentlichen kann man jedoch von der in *Abb. 1* dargestellten Zuordnung ausgehen.

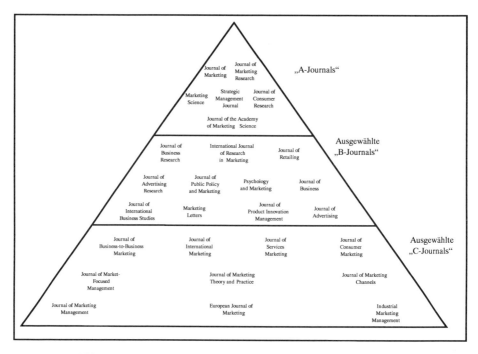

Abb. 1: A/ B/ C-Klassifikation internationaler Marketing-Zeitschriften

Die oberste Kategorie der „A-Journals" umfasst solche Zeitschriften, deren Begutachtungsverfahren extrem restriktiv sind. Dies drückt sich in Annahmequoten von unter 10% aus. Der Lohn für einen erkämpften Publikationserfolg in einer solchen Zeitschrift ist weltweiter Impact - und dies häufig über eine lange Zeit hinweg.

An erster Stelle unter den A-Journals sind das *Journal of Marketing* und das *Journal of Marketing Research* zu nennen (vgl. zu dieser Einstufung auch *Hult/ Neese/ Bashaw* 1997). Während das *Journal of Marketing* eher für konzeptionelle und grundsätzlichere Beiträge geeignet ist, kommen im *Journal of Marketing Research* häufig speziellere Beiträge zur Publikation, die methodisch anspruchsvoll sind. Im Gegensatz zu diesen beiden Zeitschriften ist das *Strategic Management Journal* keine Marketingzeitschrift im engeren Sinn. Dennoch verdient sie die Berücksichtigung von Marketingforschern - insbesondere von solchen mit einer strategischen Ausrichtung. Im Bereich der empirischen Strategieforschung ist die Zeitschrift weltweit führend.

Sehr viel spezieller von ihrer Orientierung her sind *Marketing Science* und das *Journal of Consumer Research*. In *Marketing Science* kommen nahezu ausschließlich Arbeiten zur Publikation, die sich mit komplexen analytischen Modellen befassen. Das *Journal of Consumer Research* ist sehr verhaltenswissenschaftlich orientiert und hat auch im psychologischen Bereich weite Verbreitung gefunden. Das *Journal of the Academy of Marketing Science* hat sich erst in den letzten Jahren in die Spitzengruppe hineinkatapultiert. Seine Wahrnehmung als A-Journal hat sich noch nicht ganz flächendeckend durchgesetzt. Dennoch halte ich es für angemessen, es bereits jetzt dort zu platzieren. Bei *Hult/ Neese/ Bashaw* (1997) rangiert es bereits vor *Marketing Science*. Die konsequente Arbeit hochkarätiger Herausgeber in den letzten Jahren hat hier bemerkenswerte Früchte getragen. Von der Orientierung her ist es dem *Journal of Marketing* recht ähnlich.

Ebenfalls sehr angesehen sind die B-Journals. Auch hier sind die Begutachtungs- und Selektionsprozesse sehr stringent. Die größte Aufmerksamkeit erzielen in dieser Kategorie zweifellos Publikationen im *Journal of Business Research* (vgl. zu dieser Einschätzung auch *Hult/ Neese/ Bashaw* 1997).

Auch einige der C-Journals haben durchaus ein gutes wissenschaftliches Niveau. Bei den meisten Zeitschriften in dieser Kategorie handelt es sich um thematisch spezialisierte Zeitschriften, die auf Grund dieser Spezialisierung weniger Beiträge eingereicht bekommen und nicht so selektiv sein können wie die führenden Journals. Dennoch findet man zu speziellen Themengebieten des Marketing hier regelmäßig sehr gute Artikel. Allerdings ist die Qualitätsvarianz bei diesen Zeitschriften deutlich größer als bei den beiden oberen Kategorien.

These 9

Zunehmende internationale Publikationsaktivitäten deutschsprachiger Marketingforscher sollten die Verankerung in der deutschsprachigen Betriebswirtschaftslehre nicht untergraben.

Ich halte es für grundsätzlich verfehlt, wenn deutsche Betriebswirte *nur* noch international publizieren. Publikationen in deutschsprachigen betriebswirtschaftlichen Zeitschriften erfüllen einen anderen Zweck als Publikationen in führenden internationalen Zeitschriften: Während letztere auf den Dialog mit international führenden Spezialisten abzielen, pflegen Publikationen in deutschsprachigen betriebswirtschaftlichen Zeitschriften den Dialog zwischen verschiedenen betriebswirtschaftlichen Teildisziplinen. Wie bereits erläutert wurde, ist dieser Dialog sehr wichtig. Einer der Vorteile der deutschen Betriebswirtschaftslehre im Vergleich zu den USA liegt mit Sicherheit darin, dass dieser Dialog in Deutschland noch recht intensiv stattfindet, während er in den USA nach meiner Einschätzung weitgehend verkümmert ist. Auch der Schreibstil sowie die Positionierung wissenschaftlicher Untersuchungen sind im deutschsprachigen Kontext anders als in internationalen Zeitschriften: Aufgrund der sehr viel heterogeneren Zielgruppe empfiehlt es sich, in deutsch-sprachigen betriebswirtschaftlichen Zeitschriften weniger auf detaillierteste methodische Aspekte einzugehen und die Untersuchung eher in einen breiten Rahmen einzuordnen. Letztlich geht es darum, eigene Untersuchungen Wissenschaftlern anderer betriebswirtschaftlicher Teilgebiete nahezubringen. Wer sich ausschließlich auf internationale Zeitschriften konzentriert, wird diese Dialogfähigkeit auf die Dauer verlieren. Der Weg in die Überspezialisierung droht bei einer solchen Strategie. Vor diesem Hintergrund plädiere ich für eine ausgewogene Publikationstätigkeit in internationalen bzw. nationalen Medien.

In letzter Zeit sind verstärkt Überlegungen zu beobachten, deutschsprachige betriebswirtschaftliche Zeitschriften teilweise in englischer Sprache erscheinen zu lassen. Sehr konsequent ist hier die *Zeitschrift für betriebswirtschaftliche Forschung,* die bereits einen Teil ihrer Ausgaben ganz in englisch erscheinen lässt. Ich stehe diesen Aktivitäten eher skeptisch gegenüber: Es ist unwahrscheinlich, dass führende internationale Autoren dort ihre Beiträge einreichen werden. Autoren aus dem deutschsprachigen Raum, die in der Lage sind, das Qualitätsniveau der A- und B-Journals zu erreichen, werden aufgrund einfachster Nutzenerwägungen ebenfalls ihre Artikel dort platzieren. Insofern ist die Gefahr, dass es zu einer Negativ-Selektion unter englischsprachigen Beiträgen kommt, offensichtlich. Ich halte es auf mittlere Sicht für illusorisch, aus Deutschland heraus eine Zeitschrift mit hoher internationaler Reputation aufzubauen. Die deutschsprachigen betriebswirtschaftlichen Zeitschriften dienen, wie erläutert, dem Dialog innerhalb der deutschsprachigen Betriebswirtschaftslehre. Sie sollten sich meines Erachtens darauf konzentrieren, diese Funktion gut zu erfüllen. Hierfür ist bei den meisten Zeitschriften, wie *Simon* (1993) verdeutlicht, eine Professionalisierung der Begutachtungs- und Selektionsprozesse erforderlich.

These 10

Die Marketingforschung sollte mit dem Begriff Praxisorientierung vorsichtig umgehen. Praxisorientierung ist grundsätzlich im Hinblick auf die untersuchten Forschungsfragen zu begrüßen. Praxisorientierung darf aber nicht kurzfristig bewertet werden.

In Managerkreisen gehört es heute mancherorts schon zum guten Ton, universitären Lehr- und Forschungsaktivitäten im Marketingbereich Praxisferne vorzuwerfen. Dieser Vorwurf steht allerdings in bemerkenswertem Gegensatz zu den immer vehementer praktizierten Aktivitäten, um die (angeblich so praxisfern ausgebildeten) Absolventen für das eigene Unternehmen zu gewinnen.

Die Marketingforschung sollte mit dem Begriff Praxisorientierung differenziert und vorsichtig umgehen. Kurzfristige und oberflächliche Orientierung an Praxisanforderungen ist meines Erachtens grundsätzlich abzulehnen. Ich bin durchaus der

Meinung, dass die Auswahl der untersuchten Forschungsfragen die Praxisrelevanz nicht gänzlich außer Acht lassen darf. Als Wissenschaft, die nicht nur Erkenntnis-, sondern auch Gestaltungsziele verfolgt, müssen derartige Praxisaspekte in irgendeiner Form bei der Auswahl der untersuchten Forschungsfragen berücksichtigt werden. Allerdings ist es verfehlt, diese Frage mit einer sehr kurzfristigen Orientierung zu stellen. Maßstab für das wissenschaftliche Arbeiten kann nicht die kurzfristige Anwendbarkeit in der Praxis sein. Es gibt auch zahlreiche Beispiele dafür, dass Praxisrelevanz erst im Zeitablauf entsteht. Beispielsweise wurden in den 70er und 80er Jahren zahlreiche quantitative Marketingmodelle entwickelt, für die in der damaligen Zeit die Daten in den Unternehmen im Regelfall nicht verfügbar waren. Diese Modelle waren also bei oberflächlicher kurzfristiger Betrachtung *nicht* praxisrelevant. Das Datenproblem hat sich mit der Verbreitung von Scannerkassen und den damit verbundenen Scannerdaten stark relativiert. Viele der angesprochenen Modelle können heute auf der Basis von Scannerdaten angewendet werden und liefern hier für die Praxis sehr bedeutsame Erkenntnisse. Eine ähnliche Entwicklung, was die Verfügbarkeit von Daten in der Unternehmenspraxis angeht, könnte vom Internet ausgehen.

Auch muss an dieser Stelle darauf hingewiesen werden, dass viele im Hochschulbereich entwickelte Methoden einen gewissen Diffusionsprozess durchlaufen, bis sie in der Praxis breite Anwendung finden. Beispielhaft seien hier zahlreiche multivariate Datenanalyseverfahren genannt. Viele der heute in der Praxis weit verbreiteten Methoden sind in den 60er und 70er Jahren entstanden, teilweise sogar noch früher. Mit der Zeit entstand benutzerfreundliche Software, es wurde Anwendungserfahrung mit diesen Methoden gesammelt, es fand ein Diffusionsprozess statt. Kaum jemand würde heute beispielsweise der Conjoint-Analyse die Praxisrelevanz absprechen. Ich bin mir sehr sicher, dass sie zur Zeit ihrer Entwicklung und ihrer ersten Anwendungen im akademischen Bereich nicht als praxisrelevant angesehen wurde. Die Beispiele verdeutlichen: Praxisrelevanz darf nicht unter kurzfristigen Gesichtspunkten bewertet werden.

These 11

Die Lücke zwischen der Marketingforschung und der Marketingpraxis resultiert nicht aus einem inhaltlichen Problem, sondern aus einem Kommunikationsproblem.

Es ist unübersehbar, dass der Dialog zwischen Marketingforschung und Marketingpraxis eher bruchstückhaft erfolgt. Viele Praktiker fühlen sich mit ihren Fragen und Problemen bei Unternehmensberatern „besser aufgehoben" als im Dialog mit Hochschullehrern. Es stellt sich die Frage nach den Gründen für dieses Phänomen.

Ich bin davon überzeugt, dass es sich hierbei nicht um ein Problem der Forschungsinhalte handelt. Mehr als 90% der in der deutschsprachigen Marketingforschung veröffentlichten Untersuchungen haben meines Erachtens zumindest prinzipielle

Praxisrelevanz (für die US-amerikanische Marketingforschung würde ich diesen Prozentsatz aufgrund der extremen Spezialisierung niedriger ansetzen). Dies gilt auch für theoretisch orientierte Arbeiten. Als Beispiel seien transaktionskosten-theoretische und informationsökonomische Arbeiten genannt. Die Transaktionskostentheorie ist meines Erachtens von größter Bedeutung, wenn es beispielsweise um die Vertriebswegewahl geht. Sehr viele Unternehmen befassen sich angesichts der zunehmenden Bedeutung des Internet derzeit mit ihren Vertriebswegen. Ich habe immer wieder festgestellt, dass hierbei im Grunde Überlegungen angestellt werden, die denen im Rahmen der Transaktionskostentheorie sehr ähnlich sind.

Wo liegt also das Problem? Ich bin davon überzeugt, dass es im Wesentlichen ein Kommunikationsproblem ist. Es liegt zum einen in der verwendeten Sprache begründet. Wissenschaftler tendieren dazu, in einer recht komplexen Sprache miteinander zu kommunizieren. Bisweilen gewinnt man auch den Eindruck, dass diese Komplexität in der Sprache eine gewisse Inhaltsleere kaschieren soll. Die meisten Praktiker legen dagegen Wert auf einfache, klare Sprache. Ich bin davon überzeugt, dass die meisten Praktiker, die einem wissenschaftlichen Vortrag intellektuell folgen könnten, dennoch aufgrund der Komplexität der Sprache größte Probleme hätten, ihm tatsächlich zu folgen. Auch erlebe ich häufig, dass Manager überrascht sind, wenn sie einen Professor kennenlernen, der „wie ein normaler Mensch" spricht. Hier liegt der Kern des Problems zwischen Marketingforschung und Marketingpraxis - nicht in den Arbeitsschwerpunkten der Marketingforschung. Eine zweite Facette des Kommunikationsproblems zwischen Marketingforschung und Marketingpraxis ist das der Kommunikationsmedien. Primär wissenschaftlich orientierte Zeitschriften werden in der Praxis niemals große Verbreitung finden. Wer den Dialog mit der Praxis sucht, muss sich „dazu herablassen", in praxisorientierten Zeitschriften zu publizieren.

These 12

Eine fatale Konsequenz eines überzogenen Strebens nach Praxisorientierung wäre (bzw. ist) eine zunehmende Spezialisierung auf Marketingfragestellungen in speziellen Branchen.

Eine Form der „Praxisorientierung", die nicht selten aus der Praxis an Hochschullehrer herangetragen wird, ist die Beschäftigung mit den Aspekten spezieller Branchen, die häufig sehr fragmentiert definiert werden. Ich halte diese Entwicklung für sehr problematisch. Forschung hat mit der Entwicklung generalisierbaren Wissens zu tun. Wer sich immer mehr in den (vermeintlichen) Besonderheiten spezieller Branchen bewegt, verliert diesen Generalisierungsanspruch und letztendlich den wissenschaftlichen Anspruch überhaupt. Begriffe wie Kulturmarketing, Stadtmarketing, Regionalmarketing, Sportmarketing und Tourismusmarketing sind Symptome einer problematischen Entwicklung. Um nicht falsch verstanden zu werden: Ich halte es nicht grundsätzlich für problematisch, wenn ein Kollege einmal zum Thema Regionalmarketing publiziert. Ich halte es aber für problematisch, wenn man seine wissenschaftliche Kompetenz über die Spezialisierung auf solche Fragmente des Wirtschaftslebens definiert.

3. Theoretische Orientierung

Die Frage, an welchen grundlegenden Theorien die Marketingforschung sich orientieren sollte, ist in der Vergangenheit vehement diskutiert worden. Besondere Aufmerksamkeit erfuhr hier der Rundumschlag von *Schneider* (1983) (vgl. hierzu auch die Arbeiten von *Dichtl* 1983 und *Müller-Hagedorn* 1983). Im Kern ging es hierbei insbesondere um die Frage, inwieweit Marketing neben einer Verankerung in der mikroökonomischen Theorie auch verhaltenswissenschaftlich orientiert sein sollte. Diese Frage ist heute im Grunde eindeutig beantwortet. Es steht außer Frage, dass die Mikroökonomie wichtige Erkenntnisse für die Untersuchung von Marketing-Fragestellungen bereitstellt. Als Beispiel sei hier das Preismanagement genannt. Aber auch im Preismanagement gibt es zahlreiche Phänomene (wie z.B. Preisbeurteilung, Preiswahrnehmung, Preiserinnerung), die mikroökonomisch nur schwer zu erklären sind. Es kann heute wohl als unbestritten gelten, dass die Verhaltenswissenschaften und die Mikroökonomie sich als theoretische Fundierungen im Marketingbereich gut ergänzen.

These 13

Theoretischer Pluralismus sollte auch zukünftig die grundlegende Orientierung der Marketingforschung sein. Ein gesundes Miteinander von mikroökonomischen und verhaltenswissenschaftlichen theoretischen Konzepten ist von größerem Nutzen als die dogmatische Forcierung einer speziellen Theorierichtung.

Im Zusammenhang mit dem theoretischen Pluralismus wird bisweilen auch auf die Gefahr des Dilletantismus hingewiesen: Sicher ist nicht von der Hand zu weisen, dass diese Gefahr bei der Orientierung an vielfältigen theoretischen Orientierungen prinzipiell gegeben ist. Die Konsequenz aus dieser Gefahr kann jedoch meines Erachtens nicht die Einengung auf ein sehr enges Theoriespektrum sein. Vielmehr sollten sich Marketingforscher diese Gefahr bewusst machen und die hohen Anforderungen an die eigene Arbeit, die aus dieser Gefahr resultieren, verinnerlichen. Eine weitere Möglichkeit, mit dieser Gefahr umzugehen, liegt in intelligent angelegten Forschungskooperationen zwischen Wissenschaftlern mit komplementären Kompetenzfeldern.

Im übrigen bin ich der Auffassung, dass die Marketingforschung mit den hin und wieder zu beobachtenden intellektuellen Bevormundungsversuchen aus Kreisen dogmatischer Betriebswirte oder Volkswirte gelassen umgehen sollte. Ein gewisser

Neid auf die Praxiswahrnehmung der Marketingforschung, der durch den Nachweis intellektueller Überlegenheit kompensiert werden soll, ist hier bisweilen nicht zu übersehen.

4. Methodische Orientierung

Zur Durchführung empirischer Untersuchungen steht heute ein breites Methoden-spektrum zur Verfügung. Beispielhaft seien hier multivariate Verfahren zur Beur-teilung von Konstruktmessung unter Validitäts- und Reliabilitätsgesichtspunkten (vgl. *Homburg/ Giering* 1996) sowie von Dependenzanalysen genannt (vgl. *Herr-mann/ Homburg* 2000 für einen Überblick). Diese Methoden wurden größtenteils in Nachbardisziplinen, wie der Psychologie (Psychometrie) und der Soziologie, entwi-ckelt.

These 14

Die deutschsprachige Marketingforschung hat im internationalen Vergleich im Zusammenhang mit der methodischen Stringenz bei empirischen Untersuchungen Nachholbedarf.

Es ist zu konstatieren, dass diese Methoden in der internationalen Marketingfor-schung intensiver rezipiert wurden als in der deutschsprachigen. Zumindest bei den in *Abb. 1* genannten A- und B-Zeitschriften ist eine souveräne Beherrschung des statistischen Methodenspektrums im Rahmen einer empirischen Untersuchung erfor-derlich. Der Grund, weshalb man sich in der deutschsprachigen Marketingforschung mit diesen Methoden bislang nicht so intensiv beschäftigt hat, mag mit der begrenz-ten Internationalisierung zusammenhängen: Ein hohes Maß an methodischer Stringenz bei empirischen Arbeiten ist auch heute noch *nicht* unerlässliche Voraus-setzung, um diese in führenden deutschen BWL-Zeitschriften zu publizieren.

These 15

In methodischer Hinsicht ist die Marketingforschung derzeit von einer Mainstream-Richtung dominiert. Sie ist charakterisiert durch die Analyse großer, durch Befra-gung gewonnener Datensätze mit Hilfe komplexer statistischer Methoden. Eine methodische Offenheit gegenüber alternativen Ansätzen ist wünschenswert.

Es steht außer Frage, dass die Analyse von durch (zumeist schriftliche) Befragung gewonnenen Datensätzen - mit Hilfe anspruchsvoller statistischer Methoden - die Marketingforschung voran gebracht hat. Allerdings hat der „Siegeszug" dieser Vorgehensweise meines Erachtens dazu geführt, dass alternative methodische Designs derzeit ein Schattendasein führen, das ihrem Anwendungspotential in der Marketingforschung nicht gerecht wird. Beispielhaft seien systematische Meta-Analysen (vgl. z.B. *Geyskens/ Steenkamp/ Kumar* 1999 sowie *Bauer/ Fischer/*

McInturff 1999) sowie qualitative, interpretative Forschung genannt (vgl. z.B. *Workman* 1993).

Im Hinblick auf die interpretative, qualitative Forschung sind vielfach kritische Stimmen erhoben worden. Sie beziehen sich auf die Problematik der Subjektivität sowie die Schwierigkeit der Etablierung von Qualitätsstandards. Diese Hinweise sind nicht unberechtigt. Allerdings sollte man bei der Beurteilung der qualitativen, interpretativen Forschung eines nicht vergessen: Die auf den ersten Blick sehr objektiven Qualitätsstandards quantitativer Forschung artikulieren bei näherer Betrachtung häufig eine gewisse Scheinobjektivität. Auch diese Methoden sind nicht 100%ig objektivierbar. Auch hier kommt man irgendwann an einen Punkt, wo man auf die Ehrlichkeit des Forschers vertrauen muss.

5. Schlussbemerkungen

Meines Erachtens kann die deutschsprachige Marketingforschung selbstbewusst auf das bisher Erreichte zurückblicken. Von allen hier angesprochenen Aspekten ist die Notwendigkeit der Internationalisierung wahrscheinlich der wichtigste. Die deutschsprachige Marketingforschung muss darauf hinarbeiten, in den internationalen Fachzeitschriften angemessen vertreten zu sein. Sie sollte sich selbstbewusst und in dem Bewusstsein der eigenen Stärken in diesen Prozess begeben.

Literatur

Backhaus, K./ Schlüter, S. (1994), Mehr Marktorientierung in der Investitionsgüterindustrie: Wege aus der Krise, Dokumentation eines Kooperationsprojektes des Betriebswirtschaftlichen Institutes für Anlagen und Systemtechnologien und der VDI-Nachrichten, Münster 1994.

Bauer, H.H./ Fischer, M./ McInturff, Y. (1999), Der Bildkommunikationseffekt - eine Metaanalyse, Schmalenbachs Zeitschrift für betriebswirtschaftliche Forschung (ZfbF), Jg. 51, 1999, H. 9, S. 805-832.

Becker, J./ Homburg, Ch. (1999), Market-Oriented Management: A Systems-Based Perspective, Journal of Market-Focused Management, Jg. 4, 1999, H. 1, S. 17-41.

Brockhoff, K. (1985), Abstimmungsprobleme zwischen Marketing und Technologiepolitik, Die Betriebswirtschaft (DBW), Jg. 45, 1985, H. 6, S. 623-632.

Cespedes, F.V. (1992), Sales Coordination: An Exploratory Study, Journal of Personal Selling & Sales Management, Jg. 12, 1992, H. 3, S. 13-29.

Cespedes, F.V. (1995), Concurrent Marketing: Integrating Products, Sales, and Service, Boston 1995.

Deshpandé, R./ Webster, F. (1989), Organizational Culture and Marketing: Defining the Research Agenda, Journal of Marketing (JoM), Jg. 53, January 1989, S. 3-15.

Dichtl, E. (1983), Marketing auf Abwegen?, Schmalenbachs Zeitschrift für betriebswirtschaftliche Forschung (ZfbF), Jg. 35, H. 11/12, S. 1066-1074.

Diller, H./ Kusterer, M. (1988), Beziehungsmanagement - Theoretische Grundlagen und explorative Befunde, Marketing-ZFP, Jg. 10, 1988, H. 3, S. 211-220.

Dwyer, F./ Schurr, P./ Oh, S. (1987), Developing Buyer-Seller Relationships, Journal of Marketing (JoM), Jg. 51, April 1987, S. 11-27.

Faßnacht, M. (1996), Preisdifferenzierung bei Dienstleistungen: Implementationsformen und Determinanten, Wiesbaden 1996.

Geyskens, I./ Steenkamp, J./ Kumar, N. (1999), A Meta-Analysis of Satisfaction in Marketing Channel Relationships, Journal of Marketing Research, Jg. 36, May 1999, S. 223-238.

Griffin, A./ Hauser, J.R. (1996), Integrating R&D and Marketing: A Review and Analysis of the Literature, Journal of Product Innovation Management, Jg. 13, May 1996, S. 191-215.

Gupta, A.K./ Raj, S.P./ Wilemon, D.L. (1986), A Model for Studying R&D - Marketing Interface in the Product Innovation Process, Journal of Marketing (JoM), Jg. 50, April 1986, S. 7-17.

Hansen, U./ Stauss, B. (1983), Marketing als marktorientierte Unternehmenspolitik oder als deren integrativer Bestandteil?, Marketing-ZFP, Jg. 5, 1983, H. 2, S. 77-86.

Herrmann, A./ Homburg, Ch. (2000) (Hrsg.), Marktforschung, 2. Auflage, Wiesbaden 2000.

Homburg, Ch. (1999), Die Rolle der deutschen Betriebswirtschaftslehre im internationalen Vergleich, in: *Lingenfelder, M.* (Hrsg.), 100 Jahre Betriebswirtschaftslehre in Deutschland, München 1999, S. 195-212.

Homburg, Ch./ Daum, D. (1997) Marktorientiertes Kostenmanagement, Frankfurt a. M. 1997.

Homburg, Ch./ Daum, D./ Lehnhäuser, M. (1996), Produktivitätsmanagement in Marketing und Vertrieb: Eine Bestandsaufnahme in Industriegüterunternehmen, Management Know-how Arbeitspapier, Institut für Marktorientierte Unternehmensführung (IMU) an der Universität Mannheim, Mannheim 1996.

Homburg, Ch./ Giering, A. (1996), Konzeptualisierung und Operationalisierung komplexer Konstrukte - Ein Leitfaden für die Marketingforschung, Marketing-ZFP, Jg. 18, 1996, H. 1, S. 5-24; (nochmals abgedruckt in: *Hildebrandt, L./ Homburg, Ch.* (1998) (Hrsg.), Die Kausalanalyse, Stuttgart 1998, S. 111-146).

Homburg, Ch./ Jensen, O. (2000), Kundenorientierte Vergütungssysteme: Voraussetzungen, Verbreitung, Determinanten, Zeitschrift für Betriebswirtschaft (ZfB), Jg. 70, 2000, H. 1, S. 55-74.

Homburg, Ch./ Pflesser, Ch. (2000), A Multiple Layer Model of Market-Oriented Organizational Culture: Measurement Issues and Performance Outcomes, erscheint in: Journal of Marketing Research, 2000.

Homburg, Ch./ Stock, R. (2000), Kundenorientierung von Mitarbeitern, Wiesbaden 2000.

Homburg, Ch./ Workman, J.P./ Krohmer, H. (1999), Marketing's Influence Within the Firm, Journal of Marketing (JoM), Jg. 63, April 1999, S. 1-17.

Hult, G./ Neese, W./ Bashaw, R. (1997), Faculty Perceptions of Marketing Journals, Journal of Marketing Education, Jg. 19, 1997, H. 1, S. 37-52.

Institute for Scientific Information (1999), Social Sciences Citation Index, Philadelphia 1999.

Jaworski, B.J./ Kohli, A.K. (1993), Market Orientation: Antecedents and Consequences, Journal of Marketing (JoM), Jg. 57, July 1993, S. 53-70.

Kohli, A.K./ Jaworski, B.J. (1990), Market Orientation: The Construct, Research Propositions, and Managerial Implications, Journal of Marketing (JoM), Jg. 54, April 1990, S. 1-18.

Kohli, A.K./ Jaworski, B.J./ Kumar, A. (1993), MARKOR: A Measure of Market Orientation, Journal of Marketing Research, Jg. 30, November 1993, S. 467-477.

Krohmer, H. (1999), Marktorientierte Unternehmenskultur als Erfolgsfaktor der Strategieimplementierung, Wiesbaden 1999.

Krohmer, H./ Homburg, Ch./ Workman, J.P. (2001), Should Marketing Be Cross-Functional? Conceptual Development and International Empirical Evidence, erscheint in: Journal of Business Research.

Meffert, H. (1998), Marketing, 8. Auflage, Wiesbaden 1998.

Menon, A./ Jaworski, B.J./ Kohli, A.K. (1997), Product Quality: Impact of Interdepartmental Interactions, Journal of the Academy of Marketing Science, Jg. 25, Summer 1997, S. 187-200.

Müller-Hagedorn, L. (1983), Marketing ohne verhaltenswissenschaftliche Fundierung, Marketing, Jg. 5, 1983, H. 3, S. 205-211.

Narver, J./ Slater, S. (1990), The Effect of a Market Orientation on Business Profitability, Journal of Marketing (JoM), Jg. 54, October 1990, S. 20-35.

Schein, E. (1984), Coming to a New Awareness of Organizational Culture, Sloan Management Review, Jg. 26, Winter 1984, S. 3-16.

Schlüter, S. (1997), Handlungsparameter des marktorientierten Managements: Eine konzeptionelle und empirische Analyse am Beispiel der Investitionsgüterindustrie, Minden 1997.

Schneider, D. (1983), Marketing als Wirtschaftswissenschaft oder Geburt einer Marketingwissenschaft aus dem Geiste des Unternehmensversagens?, Schmalenbachs Zeitschrift für betriebswirtschaftliche Forschung (ZfbF), Jg. 35, 1983, H. 3, S. 197-223.

Schneider, J. (2001), Indirekter Vertrieb im Industriegüterbereich, Wiesbaden 2001.

Simon, H. (1993), Die deutsche Betriebswirtschaftslehre im internationalen Wettbewerb - ein schwarzes Loch?, Zeitschrift für Betriebswirtschaft (ZfB), Ergänzungsheft 3, 1993, S. 73-84.

Szymanski, D.M./ Bharadwaj, S.G./ Varadarajan, P.R. (1993), An Analysis of the Market-Share-Profitability Relationship, Journal of Marketing (JoM), Jg. 57, 1993, H. 3, S. 1-18.

Workman, J.P. (1993), Marketing's Limited Role in New Product Development in One Computer Systems Firm, Journal of Marketing Research, Jg. 30, 1993, H. 4, S. 405-421.

Workman, J.P./ Homburg, Ch./ Gruner, K. (1998), Marketing Organization: An Integrative Framework of Dimensions and Determinants, Journal of Marketing (JoM), Jg. 62, 1998, H. 3, S. 21-41.

Entwicklungstrends in der Marketingwissenschaft - Quo Vadis?

Korreferat

Manfred Bruhn

1. Fachliche Aspekte   362

2. Organisatorische Aspekte   368

3. Personelle Aspekte   369

4. Literatur   371

Die Ausführungen von Frau *Hansen* und den Herren *Meffert* und *Homburg* haben die unterschiedlichen Perspektiven in der Diskussion über die Entwicklungstrends der Marketingwissenschaft deutlich werden lassen. Auch die Referate und Diskussionen am ersten Konferenztag haben das Spektrum der Forschungsergebnisse der letzten Jahrzehnte in der deutschsprachigen Marketingwissenschaft aufgezeigt.

Die folgenden Statements sollen deshalb nicht die bereits artikulierten detaillierten Ergebnisse und Trends in Erinnerung rufen, sondern spannen eine Art von „Abschlussbogen" für die Gesamttagung auf, um anhand von ausgewählten Trends einige Relativierungen vorzunehmen. Jeder Trend bzw. jedes Statement wird dabei auch einige normative Bezüge aufgrund eigener Erfahrungen und Einschätzungen enthalten.

Dieser Integrationsversuch basiert auf zehn Thesen, die die drei folgenden Aspekte der Entwicklungsperspektiven der Marketingwissenschaft thematisieren sollen:

(1) fachliche Aspekte,

(2) organisatorische Aspekte und

(3) personelle Aspekte.

1. Fachliche Aspekte

These 1

Es gibt keine paralysierende Paradigmendiskussion in der deutschsprachigen Marketingwissenschaft, sondern eine Parallelentwicklung von Paradigmen mit jeweils unterschiedlichem Fokus.

Herr *Kaas* hat durch seinen Beitrag deutlich gemacht, dass auf einer übergeordneten Ebene zwischen drei unterschiedlichen Ansätzen bzw. Forschungsrichtungen unterschieden werden kann: dem Neo-Klassischen, dem Neo-Institutionellen sowie dem Neo-Behavioristischen Ansatz. Es hat sich in den letzten Jahrzehnten gezeigt, dass diese Forschungsansätze nicht als alternative Ansätze zu begreifen sind. Vielmehr haben sie sich alle aufgrund ihrer Tradition und Forschungsergebnisse bewährt und weisen auch zukünftig Bestand auf.

Allerdings muss auch darauf hingewiesen werden, dass sie sich zum Teil sehr isoliert entwickelt haben. Ansatzübergreifende Forschungsdiskussionen über ähnlich gelagerte Fragestellungen haben kaum stattgefunden. So kann es nicht verwundern, dass sie im eigentlichen Sinne auch nicht miteinander konkurriert haben. Sie haben sich parallel entwickelt, ohne auch nur durch Themenstellungen oder Personen miteinander in Konkurrenz zu treten. Diese „wettbewerbsfreie Zone" in der Paradigmenentwicklung kann für die zukünftige Weiterentwicklung der Disziplin nicht förderlich sein.

Zusammenfassend kann konstatiert werden, dass kein gänzlich neues Paradigma erkennbar ist, sondern dass die Parallelentwicklung auch für die Zukunft Bestand haben wird.

In diesem Zusammenhang sollten allerdings zwei Gefahren nicht unterschätzt werden:

(1) Erstens ist dies die Gefahr des Eklektizismus. Betrachtet man die Bearbeitung unterschiedlicher Problemstellungen durch ausgewählte Fachvertreter, so ist ein unselbständiges Zusammentragen verschiedener Theorieansätze nicht ganz von der Hand zu weisen. Die Beliebigkeit der Theorieansätze - nach dem Motto „Wie es uns gefällt" - kann nicht das Ziel einer Wissenschaftsdisziplin sein.

(2) Zweitens besteht die Gefahr des Dilettantismus. Dies gilt nicht nur für jene Ansätze, die etwas außerhalb des ökonomischen Kerns der Wirtschaftswissenschaften liegen (z.B. die Neo-Behavioristischen Ansätze), sondern auch für die anderen „Neo"-Ansätze. Sämtliche Wissenschaftsdisziplinen außerhalb der Betriebswirtschaftslehre haben sich in den letzten zwei Jahrzehnten derart ausdifferenziert (z.B. Spieltheorie, Verhaltenswissenschaften), dass eine Anlehnung an diesen Disziplinen auf dem neuesten Stand nicht immer sichergestellt werden kann.

These 2

Die Notwendigkeit einer „Allgemeinen Theorie des Marketing" (General Theory, Meta Theory) wird zwar allgemein gesehen und deren Entwicklung gefordert. Allerdings ist die Erfolgswahrscheinlichkeit zum gegenwärtigen Stand der Diskussion eher gering.

Die Forderung nach einer „Allgemeinen Theorie des Marketing" ist so alt wie die Marketingdisziplin selbst. Bereits Mitte der siebziger Jahre wurde in der deutschsprachigen Diskussion ein Plädoyer für eine Allgemeine Marketingtheorie mit einem ökonomischen Kern abgegeben (*Meffert/ Bruhn* 1978). Auch später wurde diese Forderung und die Notwendigkeit immer wieder hervorgehoben.

Allerdings muss nach 25 Jahren realistischerweise festgestellt werden, dass es hier kaum nennenswerte Forschungsresultate gibt. Bereits damals wurde Bezug genommen auf einen Beitrag von *Richard Bagozzi* (1975), der sich mit der Eignung einer Austauschtheorie für die Marketingdisziplin beschäftigte. Diese erscheint heute wieder aktuell, hatte aber damals fast keine Resonanz gefunden.

Die Gründe für die mangelhaften Bemühungen um eine Allgemeine Theorie des Marketing - und dies gilt weltweit - sind sicherlich vielschichtig und können hier nicht detailliert erörtert werden. Allerdings muss festgestellt werden, dass beispielsweise auch die amerikanischen Forscher kaum ein Interesse an der Entwicklung einer Allgemeinen Theorie des Marketing haben. Die amerikanische Marketingforschung scheint derart ausdifferenziert zu sein, dass zentrale Impulse für die Marketingtheorie nicht erkennbar sind.

Auch im deutschsprachigen Raum sind diese Impulse nicht zu erkennen. Jedoch wird hier - im Gegensatz zu der amerikanischen Diskussion - die Notwendigkeit einer Allgemeinen Marketingtheorie noch stärker gesehen. Dies kann an der Besonderheit und an der spezifischen Kritik an der Marketingdisziplin in den achtziger Jahren liegen, die deren Versuch zur Folge hat, ihrer Akzeptanz innerhalb der Betriebswirtschaftslehre und innerhalb der Wirtschaftswissenschaften dadurch gerecht zu werden, indem sie immer wieder nach einer Integration und Einbindung in die ökonomische Theorie sucht.

Auf der einen Seite sollte sicherlich nicht die Klammerfunktion der Marketingwissenschaft vergessen werden, indem die Bezüge der bearbeiteten Problemstellungen zu den ökonomischen Fragestellungen der Wirtschaftswissenschaften aufgezeigt werden. Auf der anderen Seite ist aber auch ein anderes Selbstverständnis angezeigt, denn die Forschungsergebnisse der deutschsprachigen Marketingwissenschaft sind insgesamt beachtlich. Die Dogmatiker der ökonomischen Theorie können nicht weiterhin die „Lehrmeister" der Marketingwissenschaft sein.

These 3

Die Halbwertzeit der Forschungsergebnisse der Marketingdisziplin wird in der Zukunft dramatisch abnehmen.

Forschungsergebnisse werden in der Regel nicht mit einem „Verfallsdatum" versehen, sondern es ist beabsichtigt, generalisierende Aussagen ohne zeitliche Beschränkungen zu produzieren. Dies ist zumindest die Absicht aller Forschenden.

Betrachtet man jedoch die Forschungsergebnisse der Marketingdisziplin in den letzten dreißig Jahren, dann haben nur wenige einen Bestand, der auf mehrere Jahrzehnte ausgerichtet ist. Die anwendungsorientierte Forschung muss sich an den Rahmenbedingungen von Märkten und den Verhaltensweisen der Marktteilnehmer ausrichten, um generalisierende Aussagen zu entwerfen. Jedoch haben sich in der Vergangenheit die Strukturen und Prozesse in den Märkten sowie das Verhalten von Anbietern, Absatzmittlern und Nachfragern in einer Schnelligkeit entwickelt, die es immer schwieriger werden lässt, generalisierende Aussagen ohne „Verfallsdatum" zu treffen.

Die Gründe dafür liegen in den Veränderungen der Rahmenbedingungen. Schlagwortartig seien hier Entwicklungen in den Bereichen der neuen Informations- und Kommunikationstechnologien, des Direct Marketing, des Online Marketing, des

E-Commerce, der Neustrukturierung der Wertschöpfungsketten, der New Economy bzw. der Internet-Ökonomie u.a.m. genannt.

Die Konsequenzen werden dabei nicht nur für die Marketingwissenschaft, sondern auch für die Marketingausbildung zu überdenken sein. Auch für die Lehrbücher im Marketing wird es notwendig sein, zu „entlernen", um die alten, klassischen Konzepte der siebziger und achtziger Jahre nicht für die nächsten Jahrzehnte „fortzuschreiben".

These 4

Die zentralen zukünftigen Forschungsimpulse für die Marketingwissenschaft kommen aus dem Dienstleistungsmarketing.

Das Dienstleistungsmarketing hat im deutschsprachigen Raum eine etwas „merkwürdige" Entwicklung genommen. Zeigten sich in den siebziger Jahren einige ausgewählte Monographien mit sehr stark deskriptivem Charakter, so hat es zwischen Mitte der siebziger und Mitte der achtziger Jahre fast einen „Stillstand" gegeben. Erst nachdem in den USA die Diskussionen über Problemstellungen des Dienstleistungsmarketing fast „explodierten", wurde dies im deutschsprachigen Raum zur Kenntnis genommen und versucht, durch intensive Forschungsbemühungen den Anschluss zu finden.

Der „Boom des Dienstleistungsmarketing" im deutschsprachigen Raum Ende der achtziger und in den neunziger Jahren hat vor allem drei Gründe:

1. Das (klassische) externe Marketing im Sinne eines Transaktionsmarketing ist bei vielen Fragestellungen an seine Grenzen gestoßen. Die sog. „Inside-out"-Perspektive mit einer Fokussierung auf die 4Ps konnte den unterschiedlichen Arten von Kundenbeziehungen nicht immer gerecht werden.

2. Das interaktive Marketing hat im Dienstleistungsmarketing einen besonders hohen Stellenwert und sich damit zum Gegenstand wichtiger Fragestellungen des Relationship Marketing entwickelt. Dabei ist deutlich geworden, dass die interaktionsorientierten Konzepte (bereits seit langem im Industriegütermarketing diskutiert) eine zentrale Bedeutung für die Marketingdisziplin aufweisen.

3. Das Dienstleistungsmarketing zeigt die zwingende Notwendigkeit einer internen Perspektive. Auch wenn man über den Begriff „Internes Marketing" unterschiedlicher Meinung sein kann, so kann dies jedoch nicht darüber hinwegtäuschen, dass die internen Kunden-Lieferanten-Beziehungen eine wesentliche Ursache für den Erfolg des externen Marketing darstellen. Deshalb ist eine Auseinandersetzung mit den sog. „internen Märkten" notwendig. Dies setzt auch den Einsatz von internen Steuerungsinstrumenten im Rahmen der Implementierung voraus.

Wenn Marketing den Anspruch erhebt, als Denkhaltung im Sinne einer markt- und kundenorientierten Unternehmensführung die Voraussetzungen dafür zu schaffen, dass Unternehmen in Märkten erfolgreich agieren, dann impliziert dies, sich neben dem externen Marketing intensiver mit den Erfolgsbedingungen des interaktiven und internen Marketing auseinanderzusetzen.

Das Dienstleistungsmarketing ist zur Zeit - nach dem Stand der einschlägigen Literatur - noch sehr stark auf sektorale Aspekte bezogen, mit einem Schwerpunkt auf klassische konsumtive Dienstleistungen. Wenn sich jedoch die Erkenntnisse des Dienstleistungsmarketing auch für die anderen Sektoren als brauchbar erweisen, dann wird sich das Marketing sehr stark als Dienstleistungsmarketing entwickeln. In der Konsequenz ist der Begriff des Dienstleistungsmarketing bald in der bisherigen Form nicht mehr notwendig.

These 5

Die Konzepte des Relationship Marketing sind zwar zur Zeit sehr deskriptiv und werden als Paradigmenwechsel im Marketing nicht anerkannt, jedoch sollte ihr Strukturierungspotential für die Zukunft nicht unterschätzt werden.

Das Relationship Marketing stellt durch die konsequente Kundenperspektive scheinbar einiges der klassischen Marketingkonzepte in Frage. Durch den Perspektivenwechsel im Sinne eines

- „Inside-out" (dokumentiert durch das Denken im Produktlebenszyklus und die 4Ps: Product, Price, Promotion, Place) zu einem

- „Outside-in" (dokumentiert durch das Denken im Kundenlebenszyklus und die 3Rs: Recruitment, Retention, Recovery)

verändert sich die Sichtweise bei der Bearbeitung von Problemstellungen. Im Mittelpunkt steht nicht mehr das Produkt mit dem Ziel einer Optimierung des Marketingmix, sondern die Art der Kundenbeziehungen wird zum Ausgangspunkt für eine differenzierte Marktbearbeitung genommen.

Wenngleich wesentliche Prinzipien des klassischen Marketing auch für das Relationship Marketing Gültigkeit haben (z.B. Marktsegmentierung, Markenführung) und die Frage des Paradigmenwechsels bislang noch nicht inhaltlich tiefgehend diskutiert wurde, so werden durch das Relationship Marketing eine Reihe interessanter Forschungsfragen aufgeworfen, die im klassischen Transaktionsmarketing weitgehend vernachlässigt wurden. Es ist zu erwarten, dass auch zukünftig das Relationship Marketing zu einer Neustrukturierung von Themenfeldern führt, die weitere Forschungsimpulse zur Folge haben.

These 6

Die Marketingwissenschaft der Zukunft wird sich notwendigerweise stärker mit Schnittstellenproblemen innerhalb des Unternehmens beschäftigen müssen.

Die Marketingwissenschaft der letzten dreißig Jahre war dadurch gekennzeichnet, dass sie einerseits fachübergreifend Themenstellungen bearbeitete (interdisziplinär, z.B. durch verhaltenswissenschaftliche Analysen), aber andererseits „Berührungs-ängste" zu klassischen betriebswirtschaftlichen Disziplinen (intradisziplinär, z.B. Qualitätsmanagement, Personal, Forschung & Entwicklung, Controlling) aufwies.

Die Gründe für diese Berührungsängste sind mannigfaltiger Natur und können hier nicht aufgearbeitet werden. In der Praxis wird jedoch seit langem eine schnittstellen-übergreifende Arbeit praktiziert (z.B. durch Wertketten, Prozessanalysen, Netzwer-ke). Deshalb ist es verwunderlich, dass die Marketingwissenschaft so lange Zeit benötigt, sich stärker mit Schnittstellenproblemen zu beschäftigen.

Dies soll an drei Beispielen deutlich gemacht werden:

- Mit dem Qualitätsmanagement haben sich schwerpunktmäßig die Experten aus dem Fertigungsbereich beschäftigt. Erst durch das Dienstleistungsmarketing ist deutlich geworden, dass die Sicherstellung einer konstanten Servicequalität eine originäre Aufgabe des Marketing darstellt.

- Auch zum Personalbereich gab es in der Vergangenheit kaum enge inhaltliche Bezüge. Die Fokussierung auf Fragestellungen des internen und interaktiven Marke-ting hat gezeigt, dass hier auch originäre Fragestellungen, z.B. aus der Personalent-wicklung, für Marketingstrategien von zentraler Bedeutung sind.

- Schließlich wurde das stark „finanzlastige" Controlling von den Marketingvertretern eher zur Kenntnis genommen, ohne sich Gedanken über das Controlling als Führungskonzept zu machen. Nicht zuletzt die Shareholder Value-Diskussion hat deutlich gemacht, dass eine wertorientierte Unternehmensführung auch Konsequen-zen für das Marketing hat, z.B. in der intensiveren Auseinandersetzung mit Fragen des Marken- und Kundenwertes. Versteht man Marketing als einen Teil der Betriebswirtschaftslehre, dann sind Überlegungen über die sog. „Ökonomisierung von Marketingentscheidungen" zwingend. Deshalb wird es zukünftig darauf ankom-men, insbesondere in der Zusammenarbeit mit dem Controllingbereich die ökono-misch relevanten Fragestellungen aufzugreifen und zu bearbeiten.

2. Organisatorische Aspekte

These 7

Bei der Organisation der Marketingwissenschaft, insbesondere im Hinblick auf die Organisation der Finanzmittel, wird die „Marktgebundenheit" der Marketingforschung zunehmen.

Vom intensiven Ausbau der Hochschulen Ende der sechziger und Anfang der siebziger Jahre hat auch die Marketingwissenschaft sehr stark profitiert. Es gelang ihr, sich als betriebswirtschaftliche Disziplin an nahezu allen Universitäten in Form eigener Lehrstühle zu institutionalisieren und ihr Fach in Lehre und Forschung zu entwickeln. Finanzierungsprobleme waren damals kaum zu erkennen, weil die steigenden Studentenzahlen bei damals weitgehenden wirtschaftlichen Wachstumsphasen bewältigt werden mussten.

Spätestens seit den achtziger und neunziger Jahren sind die starken Budgetkürzungen verschiedener Bundesländer auch an den Marketinglehrstühlen nicht vorbeigegangen. Die Streichung von Lehrstühlen (vor allem bei Mehrfachbesetzungen) sowie die Verschlechterung der Ausstattung führte dazu, dass die Rahmenbedingungen für Lehre und Forschung immer schlechter wurden.

Bei zunehmenden Budgetkürzungen und Autonomiebestrebungen ist es nur eine Frage der Zeit, bis die Frage beantwortet werden muss, inwieweit sich Lehrstühle, insbesondere für die Forschungsarbeiten, selbst finanzieren müssen. Die Selbstfinanzierung erfolgt nicht nur durch Forschungsinstitutionen, sondern auch wissenschaftsnahe Einrichtungen, wie Stiftungen und Förderkreise, sowie Verbände und Unternehmen mit ihren Eigeninteressen. Bereits heute kann man beobachten, dass sich Marketinglehrstühle überwiegend durch Forschungsprojekte und andere Aktivitäten (z.B. Weiterbildung, Beratung) selbst finanzieren.

Bei einer Ausrichtung der Marketingwissenschaft als eine anwendungsorientierte Disziplin muss dies nicht unbedingt ein falsches Signal sein, denn die Synergieeffekte für die Lehre sind nicht verkennbar. Jedoch kann auch nicht darüber hinweggesehen werden, dass es bestimmte Forschungsschwerpunkte leichter haben, an Fördermittel zu gelangen als andere. Auf jeden Fall ist für die Zukunft abzusehen, dass die Fragestellungen der realen Märkte Einfluss nehmen werden auf die Forschungsschwerpunkte und die Fragestellungen der Marketingwissenschaft.

These 8

Die deutschsprachige Marketingwissenschaft wird sich auch zukünftig an der amerikanischen Marketingwissenschaft orientieren und - bezogen auf die betriebliche Praxis - auch weiterhin eine „Nachlaufwissenschaft" sein.

Seit mehr als 30 Jahren war die deutschsprachige Marketingwissenschaft von der amerikanischen Marketingwissenschaft geprägt. Dies galt für Forschungsschwerpunkte, Einsatz von Methoden, Fragestellungen u.a.m. In vielen Bereichen hat sich ein „time lag" von drei bis sechs Jahren gezeigt, je nach Themenstellung.

Es steht zu vermuten, dass dies auch zukünftig der Fall sein wird. Der Grund dafür liegt in der „kritischen Masse": Durch die unterschiedliche Anzahl der Marketinglehrstühle (USA: im vierstelligen Bereich; D: im dreistelligen Bereich; CH und A: im ein- bis zweistelligen Bereich) ist es nicht verwunderlich, dass die Menge auch die Vielfalt bringt. Wenn die nordamerikanische Marketingwissenschaft mehr als das Zehnfache an Marketingprofessoren hat, dann sind stärkere Forschungsaktivitäten sowohl in der Breite als auch in der Tiefe nicht verwunderlich.

Dazu kommt allerdings auch, dass die amerikanische Marketingwissenschaft nach anderen Prinzipien funktioniert. Durch den wesentlich stärkeren Wettbewerbscharakter in den USA ist das Bemühen um eine qualitativ hochwertige und innovative Forschung stärker als im deutschsprachigen Raum, der immer noch sehr klassisch und durch eine wenig ausgeprägte Konkurrenzausrichtung gekennzeichnet ist. Die wenigen privaten wissenschaftlichen Hochschulen haben - zumindest in der Forschung - bislang auch noch keine wesentlichen Impulse geben können.

In Bezug auf die Praxis galt die deutschsprachige Marketingwissenschaft als sog. „Nachlaufwissenschaft". Bei den begrenzten Forschungsressourcen (wie in *These 7* erwähnt) und der starken Dynamik der Wettbewerbsbedingungen ist dies auch zukünftig zu erwarten.

3. Personelle Aspekte

These 9

Der wissenschaftliche Wettbewerb zwischen den Marketingforschern kann nur international ausgetragen werden; allerdings gibt es zur Zeit keinen internationalen Wettbewerb, sondern einen Wettbewerb auf dem US-Markt.

Die Forderung nach einer internationalen Forschung wird seit langem erhoben und einem internationalen Wettbewerb ist auch für die Marketingwissenschaft uneingeschränkt zuzustimmen. Dies ist auch an den beiden Kommissionstagen in vielen Referaten deutlich geworden. Wenngleich viele Fragestellungen eine nationale Bedeutung haben, sind die generalisierenden Aussagen unabhängig von den einzelnen Ländern. Für andere Wissenschaftsdisziplinen (z.B. Chemie, Physik, Medizin) ist eine internationale Ausrichtung bereits seit langem eine Selbstverständlichkeit.

Bei der Kommissionssitzung wurde auch festgestellt, dass die deutsche Sprache und die deutschen Fachzeitschriften international keine große Bedeutung aufweisen. Dies muss als Faktum zur Kenntnis genommen werden. Wenn man aber die sich daraus ergebenden Schlussfolgerungen betrachtet und vor allem die Empirie beobachtet, das heißt, wie der sog. internationale Wettbewerb in der Marketingwissenschaft stattfindet, dann stellt sich die Frage, ob es in der Marketingdisziplin überhaupt einen internationalen Wettbewerb gibt.

Die führenden Fachzeitschriften im Marketing sind ohne Ausnahme in den USA angesiedelt und mit amerikanischen Professoren als Fachgutachtern besetzt. Zwar existieren eine Reihe von europäischen Zeitschriften, jedoch konnten diese sich gegenüber den amerikanischen Zeitschriften (noch) nicht durchsetzen. Betrachtet man speziell das Review-Verfahren der amerikanischen Zeitschriften, dann ist aus vielen Begutachtungs- und Überarbeitungsverfahren zu beobachten, dass es bei den Beiträgen in erster Linie darum geht, die Beiträge den amerikanischen Verhältnissen anzupassen. Wenn dies die Regel sein sollte, dann existiert für die Marketingwissenschaft allerdings kein internationaler Wettbewerb, sondern nur ein Wettbewerb auf dem US-Markt. Auch in anderen Bereichen kann vielfach beobachtet werden, dass viele amerikanischen Forscher von internationaler Forschung sprechen, aber amerikanische Forschung meinen.

Was die sich daraus ergebenden Konsequenzen für die Wettbewerbsfähigkeit der deutschsprachigen Marketingwissenschaft betrifft, so sind sie nicht sehr erfreulich. Denn wenn ein deutschsprachiger Forscher im US-Journal Akzeptanz finden will, so muss er bzw. sie über die Auswahl der Fragestellung, die Suche nach US-Partnern, das Umschreiben auf amerikanische Verhältnisse u.a.m. intensiv nachdenken. Hier liegen offensichtlich komparative Konkurrenznachteile („KKNs") vor, mit denen umgegangen werden muss.

These 10

Für den deutschsprachigen Marketingwissenschaftler wird es notwendig sein, häufiger und intensiver über das eigene Selbstverständnis zu reflektieren.

In der Vergangenheit wurde immer nur sehr sporadisch über das eigene Selbstverständnis als Wissenschaftsdisziplin nachgedacht. Die Impulse dafür kamen auch häufig von außen, indem stark (mikro-)ökonomisch geprägte Wissenschaftler den Marketingvertretern Vorwürfe einer mangelnden Verankerung innerhalb der Betriebswirtschaftslehre entgegenbrachten. Diesen Vorwürfen wird heute eine Pluralität in den Theorien, Methoden usw. entgegengehalten; dies ist auch an den beiden Kommissionstagen deutlich geworden.

Eine Diskussion der Diskrepanz zwischen dem Eigen- und Fremdbild in den Forschungsansätzen sowie Forschungsergebnissen der Marketingwissenschaft kann an dieser Stelle nicht vertiefend erfolgen. Jedoch kann konstatiert werden, dass die

Fachvertreter einerseits auf erfolgreiche Forschungsbemühungen verweisen und andererseits zu wenig Zeit dafür verwenden - wie etwa in diesen Tagen - sich über Forschungsansätze zu streiten oder zumindest zu reflektieren, ob und inwieweit die Forschungsbemühungen eigentlich wertvoll waren.

Literatur

Meffert, H./ Bruhn, M. (1978), Marketingtheorie - Quo Vadis, in: *Bratschitsch R./ Heinen E.* (Hrsg.), Absatzwirtschaft - Marketing. Betriebswirtschaftliche Probleme und gesellschaftlicher Bezug, Wien 1978, S. 1-24.

Bagozzi, R.P. (1975), Marketing as Exchange, in: Journal of Marketing (JoM), Vol. 39, Nr. 3, 1975, S. 32-39.

Diskussion zu Entwicklungstrends
in der Marketingwissenschaft

Diskussionsleitung: Peter Hammann

Beitrag *Diller*: Die Vorträge, insbesondere jenen von Frau *Hansen*, empfand ich außerordentlich anregend. Ohne Zweifel müssen wir immer wieder unseren Standort und die Entwicklungen überprüfen, um unsere wissenschaftliche Arbeit einem Controlling zu unterwerfen. Auf der anderen Seite erscheint mir diese Diskussion aber auch sehr akademisch, weil wir als wissenschaftliche Kommission gar kein Aktionszentrum sind, keinen Change Agent besitzen, der die Dinge wirklich in die Hand nehmen und uns Kollegen zu einem bestimmten Verhalten drängen könnte. Darüber hinaus sehen wir uns bei dem Versuch, die wissenschaftliche Arbeit durch die Kommission Marketing zu steuern, vor einem Free-Rider Problem, weil hier jeder an den Ergebnissen einer solchen Arbeit partizipieren könnte, ohne selbst etwas dazu beigetragen zu haben. Das eigentliche Problem liegt also darin, Steuerungsmechanismen zu entwickeln, die unserem Unabhängigkeitsstreben als Professoren gerecht werden, etwa durch Kleingruppen mit thematischer Ausrichtung, Schwerpunkt-Forschungsprogrammen etc.

Ein zweites Problem betrifft die These des Kollegen *Meffert*, dass wir durch die unmittelbare Vermittlung von Forschungswissen an die Praxis gegenüber anderen Konkurrenten auf den Wissensmarkt einen Vorsprung erzielen könnten. Am Beispiel ECR mag deutlich werden, dass dies kein naturgegebener Wettbewerbsvorteil ist. Das Wissen um Category Management und ECR wächst seit Jahren in der EC-Europe-Group heran, an der anfangs noch einige Kollegen beteiligt waren, in der nunmehr aber praktisch ohne wissenschaftliche Unterstützung, dafür aber mit umso stärkerer Einschaltung von Beratern gearbeitet wird. Dabei entsteht durchaus hohe Wertschöpfung im monetären wie im Know-how-Sinn, und die ECR-Europe-Tagungen werden von mehr als 1000 bis 1500 Personen besucht. Hier ist eine Konkurrenz durch die Unternehmensberater entstanden, die im Wege einer Art Aktionsforschung Themen besetzen, deren die Marketingwissenschaft kaum mehr habhaft werden wird. Wir werden damit sozusagen von Wettbewerbern umzingelt, die sich darüber hinaus jene Probleme auswählen, welche für die Praxis von besonderer Relevanz sind. In dieser Situation scheint es mir besser, auf unsere Unabhängigkeit, Neutralität und wissenschaftliche Zuverlässigkeit im Sinne von Methodenkompetenz und Lauterkeit als Wettbewerbsvorteil zu bauen, denn auf den direkten Forschungstransfer. Insofern möchte ich die von Ihnen, Herr Kollege *Meffert*, favorisierte projektbezogene Forschungsarbeit als Instrument der wissenschaftlichen Marketingforschung etwas relativieren.

Beitrag *A. Meyer*: .... die rasante Entwicklung des Internet bietet ja auch dem einzelnen Konsumenten ganz neue Möglichkeiten, sich innerhalb von Online-
Communities mit anderen Kunden über Produkterfahrungen auszutauschen. Denken
Sie, dass diese neue dynamische und interaktive Form der Mund-zu-Mund Kommunikation auch neue Marktforschungsmethoden erfordert, um die dort generierten
Informationen gezielt nutzen zu können??

Stellungnahme *Homburg*: Ich denke, die Frage von Herrn Kollege *Meyer* ist klar
zu bejahen: Das Internet wird Auswirkungen auf die Marktforschung haben. Zum
heutigen Zeitpunkt ist es wohl sehr schwer, diese Veränderungen zu überblicken.
Eine Entwicklung liegt meines Erachtens darin, dass die Beobachtung als Form der
Datenerhebung an Bedeutung gewinnen wird. Das Internet bietet ja ganz neue Möglichkeiten, den Kunden bei der Informationsaufnahme sowie der Entscheidungsfindung zu beobachten. Weniger dürfte sich bei den Datenanalysemethoden verändern.

Beitrag *Hildebrandt*: Ich bin der Meinung, dass sich die deutsche Marketing-
Wissenschaft von der Binnenperspektive lösen muss. Sie muss deutlich international
sichtbar werden. Dazu gehört auch, dass deutsche Zeitschriften in englisch publizieren, besser wäre eine deutsche internationale Zeitschrift. Denn die wesentliche
Barriere ist die Sprachbarriere. Ohne Überwindung dieser Barriere keine Aufnahme
in das internationale Zitationsnetzwerk und der „Forscher" wird zwangsläufig als
zweitklassig angesehen. Jedem ist bekannt, dass unsere Unternehmen hier diese
Beurteilung längst übernommen haben. Das Management-Training in deutschen
Unternehmen für den internationalen Wettbewerb wird vermehrt an amerikanischen
Hochschulen eingekauft. Viele deutsche Hochschulen spielen bei dieser Aufgabe
keine oder eine vergleichsweise untergeordnete Rolle. Die führenden Unternehmen
fliegen zur Beratung ihrer Top-Manager amerikanische Spitzenforscher ein. Die
deutsche Marketing-Wissenschaft muss sich deshalb viel stärker dem internationalen
Wettbewerb stellen und ihre Forschungsergebnisse auch letztendlich in amerikanischen Spitzenjournals publizieren. Der einfachste Weg ist wahrscheinlich das
Huckepack-Verfahren in Form einer internationalen wissenschaftlichen Kooperation, um allein die formalen Anforderungen (Stil und Sprache) für ein Top-Journal zu
erfüllen.

Beitrag *Kaas*: Einige der Probleme und Defizite, auf die Frau *Hansen* und die Kollegen *Meffert* und *Homburg* hingewiesen haben, etwa die mangelnde Außenwirkung unserer Kommissionsarbeit oder unsere unzureichende Präsenz in den großen internationalen Zeitschriften, sind ganz ohne Zweifel gegeben, und sie sind sehr ernst zu nehmen. Ich fürchte aber, dass die Appelle, sich verstärkt für Abhilfe einzusetzen, zwar kurzfristig unser Problembewusstsein schärfen können, langfristig aber wenig ändern werden. Was die mangelnde Wahrnehmung der Marketingforschung und unserer Kommissionsarbeit in der Öffentlichkeit angeht, so stecken wir in dem Dilemma des kollektiven Handelns, das *Mancur Olson* so schön beschrieben hat. Jeder einzelne von uns hat nicht genügend Anreize (ich sage nicht: ist zu bequem!), sich für die Verbesserung eines Zustandes einzusetzen, den wir als Gruppe alle beklagen. Was unsere mangelhafte Präsenz in den großen internationalen Zeitschriften unseres Fachs angeht, so wird sich m.E. daran so lange nichts ändern, wie man bei uns einen Ruf auf eine C4-Professur bekommen kann, ohne in unseren eigenen, deutschen, Zeitschriften der ersten Kategorie publiziert zu haben. Erst wenn es unter den Universitäten mehr Wettbewerb geben wird, werden wirkungsvolle Anreize zum Publizieren in den internationalen Zeitschriften entstehen. Das aber wird ohne grundlegende Universitätsreform kaum zu erwarten sein. Auch hier gilt demnach: Die Lösung dieses Problems liegt nur bedingt in unserer Hand.

Stellungnahme *Homburg*: Ich schließe mich den Ausführungen von Herrn *Kaas* durchaus an. Allerdings bin ich der Auffassung, dass sich im Hinblick auf die Berücksichtigung internationaler Publikationen bei Berufungsentscheidungen in den letzten Jahren doch einiges bewegt hat. Diese Entwicklung wird sich intensivieren, denn die Internationalisierung der Lehre wird Fakultäten dazu zwingen, Internationalität bei ihren Berufungsentscheidungen noch stärker zu gewichten. Dies bezieht sich zum einen auf hochkarätige internationale Publikationen. Zum anderen wird aber auch die Fähigkeit, in englischer Sprache zu unterrichten, von immer größerer Bedeutung bei Berufungsentscheidungen sein.

Stellungnahme *Bruhn*: Eine gesamte grundlegende Universitätsreform liegt zwar nicht in unserer Hand, das ist sicherlich richtig. Aber Anreize zum Publizieren in den internationalen Zeitschriften sollten wir meines Erachtens bei unserem eigenen wissenschaftlichen Nachwuchs praktizieren. Dies ist auch ein Element der Nachwuchsförderung.

Beitrag *Wimmer*: Die thematische Ausrichtung dieser Kommissiontagung auf grundsätzliche Fragestellungen der Marketingwissenschaft/ -theorie, die Leistungsfähigkeit verschiedener Ansätze, den Stellenwert einzelner Beiträge dazu etc. gibt nach meiner Überzeugung ein gelungenes Vorbild für weitere Tagungen ab. Wenn sich einmal im Jahr Marketingprofessoren in dieser Anzahl und aus teilweise großer Entfernung für zwei Tage zusammenfinden, sollte die Chance nicht verpasst werden, sich ausschließlich oder vorrangig mit solchen Grundsatzfragen zu beschäftigen.

Im Laufe der Tagung konnten interessante Fragestellungen vielfach nur kurz angesprochen und keineswegs ausreichend ausdiskutiert werden; so zum Beispiel unterschiedliche und neuere wissenschaftstheoretische Ansätze in ihrer Bedeutung für die Marketinglehre (siehe Statement *Behrens*) oder quantitative Ansätze (siehe Statements *Albers* und *Hildebrandt*). Es gäbe also für weitere Tagungen genügend Stoff. Statt dessen könnte auf so manchen Vortrag zu Spezial- bzw. „Minderheitsthemen", wie er in vergangenen Tagungen gehalten wurde, getrost verzichtet werden. Deshalb ergeht an den jeweiligen Kommissionsvorsitzenden die Bitte, ähnlich wie auf dieser Tagung gezielt Themen vorzugeben und Referenten einzuladen.

Stellungnahme *Bruhn*: Diesen Gedanken möchte ich als voraussichtlich neuer Vorsitzender für die Amtszeit 2000/01 gerne aufgreifen. Wenn Sie einverstanden sind, werde ich auf der Pfingsttagung einen Vorschlag unterbreiten, den wir dann diskutieren können.

Beitrag *Hörschgen*: Ich komme noch einmal auf die Diskussion über den entscheidungsorientierten Ansatz zurück: Auch ich betrachte dieses Konzept als eine sehr nützliche Heuristik; seine Etikettierung als "entscheidungsorientiert" hat uns nach meiner Überzeugung jedoch verleitet, den Blick zu einseitig auf die Generierung optimaler Entscheidungen zu richten. Implizit wurde dadurch der Anschein erweckt, die Implementierung gestalte sich quasi wie von selbst. Die Probleme der Praxis mit der Umsetzung von Entscheidungen zeigen jedoch, dass dies keineswegs der Realität entspricht. Insoweit bin ich der Meinung, dass dem Implementierungsmanagement ein höherer Stellenwert eingeräumt werden sollte, d.h. dass man die Lösung von Implemen-tierungsproblemen als eine mit Planung und Kontrolle gleichwertige Aufgabe ansehen müsste. Eine solche Akzentverlagerung hätte darüber hinaus noch einen nützlichen Nebeneffekt: Würde eine Intensivierung der Implementierungsforschung nicht auch einen Beitrag zur Lösung der Akzeptanzprobleme des Marketing in der Praxis leisten? Ließen sich so nicht Beiträge erwarten, die Probleme, die wir als Scientific Community mit der Umsetzung unserer Erkenntnisse in die Praxis haben, zu verringern?

Stellungnahme *Homburg*: Ich möchte diese Aussage nachhaltig unterstreichen. Das zentrale Problem in der Praxis ist häufig nicht das Finden einer „guten" (manchmal sogar der optimalen) Entscheidung, sondern die Umsetzung von als richtig erkannten Konzepten. Diese Thematik ist in der Marketingforschung meines Erachtens noch nicht hinreichend gewichtet. Die Ausführungen von Herrn *Köhler* haben diesbezüglich ja auch auf deutliche Lücken hingewiesen. Eine intensivere Beschäftigung mit der Umsetzungsproblematik würde zwangsläufig zu Themen wie Trägheit in Unternehmen, Machtstrukturen, problematische Anreizsysteme in Unternehmen usw. führen. Arbeiten auf dem Gebiet der Organisationstheorie sowie der Arbeits- und Organisationspsychologie sind hier von größter Bedeutung. Wie ich bereits erwähnt habe, sehe ich gerade hier eine große Chance für die deutsche Marketingforschung: Auf Grund unserer größeren Breite im Vergleich zu amerikanischen Kollegen sollten wir hier wesentliche Beiträge leisten können.

Stellungnahme *Bruhn*: Es ist aus meiner Sicht schon erstaunlich, wie spät wir uns im deutschsprachigen Raum mit der Implementierungsproblematik beschäftigt haben. Aber auch hier können wir wertvolle Hinweise aus dem Dienstleistungsmarketing erhalten, denn dort (also zunächst einmal wiederum in den USA) hat man sich seit langem mit den Gründe für gescheiterte externe Marketingkonzepte beschäftigt und die Schlussfolgerung gezogen, sich intensiver dem Internen Marketing zu widmen.

Beitrag *Sattler*: In der bisherigen Diskussion wurde der Beitrag der Marketingforschung zur Lösung von Fragestellungen in der Praxis eher kritisch beurteilt. Ich kann dieser Auffassung nur bedingt zustimmen. In Bereichen wie z.B. der Markenwertmessung oder der Präferenzmessung, insbesondere im Hinblick auf Conjoint-Analysen, sind klare Beiträge der Marketingwissenschaft zu verzeichnen. Auch bei der Entwicklung von ECR-Konzepten hat die Forschung wichtige Grundlagen geliefert. Das Problem hierbei ist jedoch zum einen, dass zwischen der Entwicklung von Wissen und dessen Anwendung in der Praxis eine oftmals erhebliche Zeitlücke klafft. Zum anderen besteht ein Kommunikationsproblem darin, dass Beiträge der Marketingforschung als solche nicht klar erkennbar sind, sondern die Diskussion vielfach von der Praxis (z.B. Unternehmensberatern) dominiert wird. So wird z.B. der Eindruck erweckt, dass die gegenwärtig in der Praxis am häufigsten verwendete Form der Conjoint-Analyse - die Adaptive Conjoint Analysis (ACA) - eine Erfindung der Praxis sei, was jedoch nicht zutreffend ist.

Stellungnahme *Bruhn*: Auch wenn man dieser Situationsbeschreibung zustimmen mag, sollte man nach den Ursachen für diesen Tatbestand fragen. Meines Erachtens ist den Unternehmensberatern kein Vorwurf zu machen, dass sie Märkte erkennen und diese auch mit Produkten nutzen. Allerdings ist es teilweise abenteuerlich und geht an die Grenzen des Zumutbaren, wenn Ergebnisse von Marketingwissenschaftlern aus Büchern oder Zeitschriften entnommen werden, ohne sie zu zitieren. Da die Verwendung meistens im nicht-öffentlichen Raum stattfindet, wird dies auch sehr selten bekannt. Mein Eindruck ist jedoch auch, dass wir durchaus ein eigenes Kommunikations- und Umsetzungsproblem bei den Forschungsergebnissen haben. Selbst bei guten Forschungsergebnissen denken wir bei der Verwertung ja meistens an den „Wissenschaftsmarkt" und weniger an den „Praktikermarkt". Vielleicht wäre es zweckmäßig, über neue Formen der Verwertung von Forschungsergebnissen in der Praxis nachzudenken (z.B. durch Kooperations- und Netzwerkmodelle).

Beitrag *Köhler*: Zu Recht ist von *Heribert Meffert* ein Manko hinsichtlich der gezielten Nachwuchsförderung seitens der Kommission Marketing erwähnt worden. Wir haben zwar die Arbeitsgruppe Nachwuchsförderung im Verband der Hochschullehrer für Betriebswirtschaft, die sich - z.B. durch Vortragsveranstaltungen und Workshops - um eine Unterstützung der Habilitanden bemüht; ebenso wie der Obmann unserer Kommission für die Habilitanden, Herr *Balderjahn*. Gemeinsam müssten wir aber noch weitere Initiativen entfalten, z.B. durch die Bildung von Habilitandenkollegs (analog zu den vereinzelt gegründeten Graduiertenkollegs) oder durch eine gezielte Unterstützung der internationalen Kontakte von Habilitanden.

Stellungnahme *Bruhn*: Die Nachwuchsförderung wird eines der zentralen Themenstellungen zur Veränderung der bisherigen Strukturen und für die Wettbewerbsfähigkeit der deutschsprachigen Marketingwissenschaft. Den von Herrn *Köhler* angesprochenen Maßnahmen kann uneingeschränkt zugestimmt werden. Aber meines Erachtens sind auch Überlegungen anzustellen in Hinblick auf die Berufungen. In anderen Wissenschaftsdisziplinen wurden beispielsweise sehr gute Erfahrungen mit „tenure tracks" gemacht. Dies wäre durchaus auch für das Marketing vorstellbar.

Beitrag *Steffenhagen*: Herr *Bruhn* meinte, in der amerikanischen Szene würde die Zersplitterung des Faches kaum bedauert. Ich glaube jedoch, dass die Zersplitterung unseres Faches auch in der US-amerikanischen Scientific Community beklagt wird und dass versucht wird, dem gelegentlich entgegenzusteuern. So gab es z.B. 1995 ein Sonderheft der Zeitschrift Marketing Science zu Fragen der empirischen Generalisierung vorhandener Marketing-Erkenntnisse. Und ich meine mich zu erinnern, dass bei einem Wechsel der Herausgeberschaft der renommierten Zeitschriften von den jeweils neuen Herausgebern betont wird, besonders willkommen seien in Zukunft Beiträge, die einer theoretischen Verklammerung vorhandener Forschungsansätze bzw. Erkenntnisse dienen könnten.

Stellungnahme *Bruhn*: Es ist seit langem zu beobachten, dass in der amerikanischen Szene bzw. bei den renommierten Zeitschriften Beiträge zu einer Allgemeinen Theorie des Marketing oder zumindest einer theoretischen Verklammerung wünschenswert sind. Diese Forderung haben wir ja auch seit mehr als 20 Jahren im deutschsprachigen Raum. Das Problem liegt jedoch meines Erachtens darin, dass diesem Aufruf nicht gefolgt wird. Wo sind denn die zentralen Diskussionen über die theoretische Verklammerung der Zweige einzelner Richtungen der Marketingwissenschaft? Weder in den renommierten amerikanischen Zeitschriften, noch in deutschen Fachzeitschriften ist dies zu beobachten.

Stellungnahme *Meffert*: Es ist erfreulich, welch breites Echo die Thesen zu Entwicklungstrends in der Marketingwissenschaft gefunden haben. Sie betreffen sowohl die Leistungsfähigkeit wissenschaftlicher Ansätze als auch und insbesondere die Frage der Verbreitung und Akzeptanz wissenschaftlicher Erkenntnisse unserer Disziplin. Im einzelnen möchte hier wie folgt Stellung nehmen:

Marketingwissenschaft kann und sollte nicht die Addition zahlreicher - vor allem aus den Verhaltenswissenschaften entlehnter - Theoriekonzepte sein. Vielmehr - und hier teile ich die Auffassung von Herrn *Steffenhagen* - bedarf es im Hinblick auf das Erkenntnisziel der Erklärung und Gestaltung von Marktprozessen einer theoretischen Verklammerung vorhandener Forschungsansätze. Soweit wir die Marketingwissenschaft als Teil der Betriebswirtschaftslehre verstehen, sollte diese Verklammerung unter der ökonomischen Perspektive erfolgen.

Wenngleich ich die eher pessimistische Beurteilung des Status quo unserer Wissenschaft von Frau Hansen nur bedingt teile, so hat sie doch ausgehend von der Identitätsproblematik die Handlungsfelder für die Positionierung der Marketingwissenschaft in Zeiten der Informations- und Kommunikationsrevolution sehr treffend aufgezeigt. Hier liegt zweifellos die größte Herausforderung für die wissenschaftliche Marketing-Community. Einmal geht es darum, die Leistungen und Beiträge zum Erkenntnisfortschritt in den einschlägigen Zielgruppen, vor allem in der Praxis, richtig zu vermarkten. Es muss dort angesetzt werden, wo die größten Beiträge zur Lösung von Fragestellungen in der Praxis geleistet werden. Diese liegen - und hier stimme ich Herrn *Sattler* zu - vor allem in der Marketingforschung und in computergestützten Entscheidungsunterstützungsmöglichkeiten für Marketingfragestellungen. Freilich sollte man dabei den entscheidungsorientierten Ansatz nach dem Denkmuster der „Bewertung von Alternativen" nicht zu eng sehen, sondern die Lösung von Implementierungsproblemen mit in die Betrachtung einbeziehen. Diese Forderung *Hörschgens* entspricht seit langem den Grundkonzepten des geplanten Wandels und neuerdings den Forderungen des Wissensmanagement.

Damit sind auch Probleme angesprochen, welche die Rezeption und Verbreitung marketingrelevanten Wissens betreffen. Der Hinweis von Herrn *Günther* auf den Ansatz *Georg Francks* „Ökonomie der Aufmerksamkeit" muss sicherlich auch mit dem von Herrn *Kaas* hervorgehobenen „Dilemma des kollektiven Handelns" und dem damit verbundenem Trittbrettfahrerproblem gesehen werden. Dieses Dilemma kann in der Tat nur dann beseitigt werden, wenn im Rahmen einer grundlegenderen Universitätsreform wirkungsvollere Anreize für wissenschaftliche Publikationen und Karrieren geschaffen werden. Die Internationalisierung des Faches wird aber auch hier - trotz der eher bürokratischen Regelungen in der deutschen Hochschullandschaft - den Wettbewerb stimulieren.

Die Lösung der Nachwuchsfrage im wissenschaftlichen Bereich wird m.E. bei wachsendem Wettbewerb um Humanressourcen in der neuen Ökonomie zu einer Schlüsselfrage für die Zukunftsfähigkeit unseres Faches. Nur wenn es gelingt, herausragende Nachwuchskräfte für die Hochschullehrerlaufbahn zu motivieren, wird der bevorstehende Generationswechsel in unserem Fach zu bewältigen sein. Die Anstrengungen von Herrn *Köhler* und Herrn *Baldrian* in unserer Kommission zur Förderung und Unterstützung der Habilitanden zielt in die richtige Richtung, müsste aber nicht nur durch die Bildung von Habilitandenkollegs oder durch gezielte Unterstützung der internationalen Kontakte verstärkt werden. Vielmehr bedarf es auch und insbesondere einer attraktiveren Gestaltung der Hochschullehrerlaufbahn. Es bleibt zu hoffen, dass die im neuen Hochschulrahmengesetz vorgesehene Leistungskomponente mit einer entsprechenden Anreizsteuerung verbunden wird.

Schließlich gebe ich Herrn *Diller* Recht, dass in der unmittelbaren Vermittlung von Forschungswissen an die Praxis nicht der zentrale Wettbewerbsvorteil der Marketingwissenschaft liegt. Hier konkurrieren wir unmittelbar mit einer Vielzahl qualifizierter Unternehmensberater. Dennoch zeigt das Beispiel des ECR, dass in der wissenschaftlichen Begleitung solcher Projekte auch für unseren Kreis eine wichtige Aufgabe zu sehen ist. Nur auf diese Weise können aus erster Hand zukunftsweisende Fragestellungen rechtzeitig aufgegriffen, wissenschaftlich vertieft und gegebenenfalls Fehlentwicklungen in der Praxis verhindert werden. Ich plädierte in meinen Thesen für den „großen Bogen" in der Zusammenarbeit mit der Praxis. Gemeint war damit die von Ihnen hervorgehobene wissenschaftliche Kompetenz, die zweifellos mit Unabhängigkeit, Neutralität und Zuverlässigkeit im Rahmen der Forschung und Lehre die eigentlichen Wettbewerbsvorteile für die Zukunft sichert.

Marktorientierte Unternehmensführung an der Jahrtausendwende aus Sicht der Wissenschaft und Unternehmenspraxis - eine empirische Untersuchung[1]

Heribert Meffert/ Michael Bongartz

(Competitive Paper)

1. *Zur Ausgangssituation*   382

2. *Bestandsaufnahme und Zukunftsperspektiven der marktorientierten Unternehmensführung*   384

   2.1 *Marketingverständnis in Wissenschaft und Unternehmenspraxis*   385

   2.2 *Verankerung der Marktorientierung in der Unternehmensphilosophie*   389

   2.3 *Marktorientierte Unternehmensführung und Unternehmenserfolg*   392

   2.4 *Zukünftige Praxisrelevanz ausgewählter Marketingbereiche*   398

3. *Implikationen und Herausforderungen für die Marketingwissenschaft und –praxis*   401

Literatur   404

---

[1] Dieser Beitrag basiert auf: *Meffert, H./ Bongartz, M.*: Perspektiven des Marketing an der Jahrtausendwende - Bestandsaufnahme aus der Sicht der Wissenschaft und Unternehmenspraxis, Arbeitspapier Nr. 135 der Wissenschaftlichen Gesellschaft für Marketing und Unternehmensführung e.V., hrsg. von *Meffert, H./ Backhaus, K./ Becker, J.*, Münster 2000.

1. Zur Ausgangssituation

Die Betrachtung der gegenwärtigen Situation des Marketing zeigt, dass derzeit ein tiefgreifender Wandel in den Markt- und Umweltbedingungen der Unternehmungen stattfindet, aus dem neue Herausforderungen an das Verständnis und das Anspruchsspektrum der marktorientierten Unternehmensführung erwachsen. Aus den vielfältigen Veränderungen in den ökonomischen, politisch-rechtlichen, technologischen, ökologischen und sozio-kulturellen Umweltbedingungen, die auf die Handlungen der Unternehmungen und ihrer Transaktionspartner einen Einfluss ausüben, sind einige einschneidende Entwicklungen besonders hervorzuheben.

Zunächst sind die umwälzenden Entwicklungen im Bereich der *Informations- und Kommunikationstechnologien* anzuführen. So basiert das Internet auf einer digitalen Infrastruktur, die eine vereinfachte Abwicklung von Transaktionen in elektronischen Märkten ermöglicht und zum Aufbrechen tradierter Wertschöpfungsketten führen kann. In elektronischen Märkten kommt es daher vermehrt zur Ausschaltung klassischer Handelsmittler (Dis-Intermediation). Gleichzeitig eröffnen sich jedoch auch Möglichkeiten zur Etablierung neuartiger Intermediäre (Re-Intermediation) und damit zur Entstehung neuartiger Marktteilnehmer (*Zerdick et al.* 1999).

Parallel dazu kommt es durch technologische Konvergenzprozesse sowie Deregulierungen und Privatisierungen zur Wanderung von Unternehmungen in neue Geschäftsbereiche und damit zum Zusammenwachsen einstmalig klar abgegrenzter Branchen und Märkte (z.B. Verschmelzung von Computer-, Telefon- und Fernsehtechnologie). Als Folge entwickelt sich eine wachsende *Instabilität und Verschwommenheit von Markt-, Branchen- und Unternehmensgrenzen* (*Pauls* 1998). Zudem schaffen informationstechnologische Verbesserungen die Voraussetzungen für eine zunehmende inner- und zwischenbetriebliche Vernetzung von Marktakteuren, die die Einbindung in branchen- und länderübergreifende Unternehmensnetzwerke ermöglicht und die *Bildung horizontaler und vertikaler Wertschöpfungspartnerschaften* forciert. Im Zuge dieser Entwicklung bauen kleine, vormals regionale und lokale Wettbewerber strategische Netzwerke zur Know-how-Stärkung auf, während große Unternehmungen zur Sicherung ihrer Wettbewerbsposition strategische Allianzen eingehen oder fusionieren (*Meffert* 1999).

Die Netzwerkbildung auf der Anbieterseite und die weltweite Nutzbarkeit des Internet durch Nachfrager fungieren als zusätzliche Treiber der voranschreitenden *Internationalisierung* und *Globalisierung*. Dabei ziehen die Internationalisierung und Globalisierung der Unternehmensaktivitäten nicht nur eine länderübergreifende Koordination der Beschaffung, Produktion und Vermarktung nach sich, sondern umfassen auch einen internationalen bzw. globalen Wettbewerb um Humanressourcen, die multinationale Entwicklung von Führungskräften sowie die Bildung von und den

Zugang zu neuen globalen Kompetenzzentren (*Simon* 1999). Andererseits lassen sich in jüngster Zeit spezifische lokale und regionale Konsumpräferenzen beobachten, die ein wiederbelebtes Regionalbewusstsein der Bevölkerung zum Ausdruck bringen und der *Regionalisierung* von Unternehmensaktivitäten neue Chancen eröffnen (*Meffert* 1998a).

In diesem Zusammenhang ermöglicht der Einsatz neuer Informations- und Kommunikationstechnologien ein individuelles, auf den einzelnen Konsumenten zugeschnittenes *„customized" Marketing*. Der individuellen Ansprache und Bearbeitung von Konsumenten, die die Gewinnung, Erfassung und Auswertung der vielfältigen Kundeninformationen voraussetzen, steht jedoch das angesichts des Wertewandels in der postindustriellen Multioptionsgesellschaft zunehmend hybride und uneinheitliche Konsumentenverhalten (hybrider, multioptionaler, paradoxer Konsument) gegenüber. *Multioptionales Konsumentenverhalten* stellt dabei nicht mehr lediglich einen Trend dar, der von Trend- und Zukunftsforschern analysiert wird, sondern hat sich insbesondere in endkäufernahen Bereichen bereits zur Unternehmensrealität entwickelt. Die Märkte, die durch multioptionales Konsumentenverhalten geprägt sind, werden zunehmend turbulent, fragmentieren und fluktuieren immer mehr (*Schüppenhauer* 1998). In derartigen „chaotisch reagierenden Märkten" (*Gerken* 1994) werden klassische Marktsegmentierungskonzepte somit unbrauchbar. Damit bewegt sich das Marketing in einem Spannungsfeld zwischen den technologischen Möglichkeiten zur individuellen Kundenansprache und der mangelnden Prognostizierbarkeit der Reaktionen aufgrund der Inkonsistenz und zeitlichen Instabilität der Verhaltensmuster von Konsumenten. Liberalisierungstendenzen, die zum Eintritt neuer Anbieter in vormals geregelte Märkte führen, eröffnen den Konsumenten weitere Wahlalternativen und erschweren die Vorhersage ihres Verhaltens zusätzlich.

Neben den veränderten und zunehmend unvorhersehbaren Konsumentenreaktionen lassen sich insbesondere auch grundlegende Neuordnungen im Wettbewerbsumfeld der Unternehmungen konstatieren. Die verstärkte Einbindung der Unternehmungen in vertikale und horizontale Wertschöpfungsnetzwerke führt in Verbindung mit überlappenden Branchen- und Marktgrenzen zu *neuartigen Wettbewerbskonstellationen*, die durch Tendenzen zur Globalisierung von Unternehmensaktivitäten weiter forciert werden können. So nehmen Unternehmungen hinsichtlich ihres Marktumfeldes mehrere Rollen gleichzeitig ein. Auf der Absatzseite stehen sie beispielsweise in einem ausgeprägten Konkurrenzkampf mit einem Wettbewerber, mit dem sie in anderen Bereichen (z.B. Beschaffung, Forschung und Entwicklung) eine Kooperation eingegangen sind. Derartige Wettbewerbssituationen werden unter dem Begriff der *Coopetition* in Wissenschaft und Praxis intensiv diskutiert (*Nalebuff/ Brandenburger* 1996).

Veränderte Spielregeln insbesondere auf etablierten und reifen Märkten durch Deregulierungen und Privatisierungen münden häufig in wachsender Markttransparenz und erhöhter Wettbewerbsintensität. Unternehmungen in den betroffenen Bereichen sind in steigendem Maße komplexen, dynamischen und aggressiven Wettbewerbssituationen ausgesetzt, die als *Hyperwettbewerb* gekennzeichnet werden (*Bruhn* 1997). In derartigen Situationen erlangen Preis, Qualität, Wissen, Flexibilität und Zeit simultan eine hohe Bedeutung für die Erzielung und Sicherung von komparativen Konkurrenzvorteilen.

Insgesamt gesehen lassen sich die bedeutsamsten Auswirkungen der veränderten situativen Rahmenbedingungen somit durch die Entstehung neuartiger und das Ausscheiden klassischer Marktteilnehmer aufgrund von Veränderungen in den Wertschöpfungsketten, die Entwicklung neuer Wettbewerbssituationen mit vielschichtigen und mehrdimensionalen Beziehungen zwischen den Akteuren sowie zunehmend komplexe Konsumstrukturen auf Seiten der Nachfrager kennzeichnen.

2. Bestandsaufnahme und Zukunftsperspektiven der marktorientierten Unternehmensführung

Vor dem Hintergrund dieser fundamentalen Veränderungen in den Markt- und Umweltbedingungen der Unternehmungen führte das Institut für Marketing 1999 eine schriftliche Befragung zur Erfassung des derzeitigen Stellenwertes und der Entwicklungsperspektiven des Marketing durch. Ziel dieser Untersuchung war es, zentrale Aspekte der marktorientierten Unternehmensführung in Deutschland angesichts der dargestellten Entwicklungen durch Experten einschätzen zu lassen und Hinweise darüber zu erlangen, inwieweit die aufgezeigten Veränderungen im Umfeld der Unternehmungen bereits Einfluss auf die Ziel-, Strategie- und Maßnahmenplanung im Rahmen des strategischen Marketing ausüben. Dabei wurden Fragestellungen aus einer 1994 vom Institut für Marketing durchgeführten Befragung übernommen (*Meffert/ Kirchgeorg* 1994), um zeitliche Entwicklungstendenzen aufzeigen zu können. Darüber hinaus fand eine Ergänzung um zusätzliche Fragestellungen zu aktuellen Themenbereichen aufgrund der neuen Herausforderungen an die marktorientierte Unternehmensführung statt.

Insgesamt wurden im Rahmen dieser Untersuchung 731 Fragebögen an Vertreter aus der Unternehmenspraxis versandt. Von diesen Fragebögen wurden 186 zurückgesandt, was einer Rücklaufquote von ca. 25% entspricht. Um auch die Sichtweise von Marketingwissenschaftlern erfassen zu können, wurden zusätzlich 138 leicht abgewandelte Fragebögen an Marketingprofessoren im deutschsprachigen Raum versandt, von denen 73 zur Auswertung herangezogen werden konnten.

Die Stichprobenstruktur der Unternehmungen, die 1994 beziehungsweise 1999 an den Befragungen teilnahmen, ist in *Tab. 1* dargestellt. Eine nähere Betrachtung macht deutlich, dass in der aktuellen Befragung im Vergleich zur Untersuchung von 1994 mit 48,9% ein deutlich höherer Anteil an Dienstleistungsunternehmen enthalten ist. Weiterhin ist zu betonen, dass, gemessen an der Beschäftigtenzahl und der Umsatzgröße, im Vergleich zur Stichprobe von 1994 sowohl ein höherer Anteil kleiner Unternehmungen als auch ein höherer Anteil an großen Unternehmungen im Untersuchungssample vertreten ist, während Unternehmungen mittlerer Größe einen geringeren Anteil einnehmen. Bezüglich der Position der befragten Unternehmensvertreter lässt sich feststellen, dass in der Untersuchung von 1999 ein größerer Anteil der Befragten zur Geschäftsführung zählt, während der Anteil der Marketingleiter an den befragten Personen demgegenüber geringer ausfällt. Die zeitliche Vergleichbarkeit der Untersuchungsergebnisse von 1994 und 1999 wird zwar dadurch eingeschränkt, dass die Befragung bei einer gleichartigen, aber nicht identischen Stichprobe vorgenommen wurde. Nichtsdestotrotz kann jedoch von einer *Trenderhebung* gesprochen werden (*Koschnick* 1995), die zur beabsichtigten Aufdeckung von zeitlichen Entwicklungstendenzen in der marktorientierten Unternehmensführung ausreichend erscheint.

Im Folgenden werden die zentralen Ergebnisse der aktuellen Befragung dargestellt und Divergenzen beziehungsweise Übereinstimmungen in den Experteneinschätzungen der Marketingwissenschaftler und Praxisvertreter aufgezeigt. Des Weiteren sollen die Ergebnisse vor dem Hintergrund der Resultate der vorangegangenen Studie sowie unter Bezugnahme auf neue Herausforderungen an die marktorientierte Unternehmensführung einer kritischen Würdigung unterzogen werden.

2.1 Marketingverständnis in Wissenschaft und Unternehmenspraxis

Zur Überprüfung des gegenwärtigen Verständnisses des Marketing wurden die Marketingwissenschaftler und Unternehmensvertreter gebeten, ihre Zustimmung zu den drei Interpretationen des Marketing als *Führungsphilosophie*, als *gleichberechtigte Funktion bzw. Abteilung* oder als *verkaufsunterstützendes Instrument* auf einer 5er-Skala (1=trifft zu; 5=trifft nicht zu) jeweils isoliert anzugeben. Als Zustimmung zu einer der Interpretationsformen wurden dabei Antworten mit den Werten 1 oder 2 auf der 5er-Skala gewertet.

Branchenzugehörigkeit	1994 Anteil in Prozent	1999 Anteil in Prozent
Konsumgüter	38	32
Investitionsgüter	24	12
Dienstleistungen	33	49
Sonstige	5	4
Keine Angabe		2
Beschäftigtenzahl	**1994** Anteil in Prozent	**1999** Anteil in Prozent
1 bis 99	6	22
100 bis 199	10	9
200 bis 499	17	10
500 bis 999	17	7
1000 bis 4999	24	13
5000 und mehr	26	37
Keine Angabe		3
Umsatzgröße	**1994** Anteil in Prozent	**1999** Anteil in Prozent
unter 25 Mio. DM	5	12
bis 50 Mio. DM	10	3
bis 100 Mio. DM	10	8
bis 250 Mio. DM	15	7
bis 500 Mio. DM	6	5
bis 1 Mrd. DM	23	5
über 1 Mrd. DM	25	38
Keine Angabe	6	22
Position der befragten Personen	**1994** Anteil in Prozent	**1999** Anteil in Prozent
Geschäftsführer	43	48
Marketingleiter	21	12
Produktmanagement	8	9
Andere Tätigkeit im Marketing	6	7
Sonstiges	22	22
Keine Angabe		2
	(n=173)	(n=186)

Tab. 1: Stichprobenstruktur der befragten Unternehmungen 1994 und 1999

Das in der Wissenschaft vorherrschende Verständnis des Marketing als marktorientierte Führungsphilosophie wird durch die aktuellen Befragungsergebnisse eindrucksvoll bestätigt. So stimmten 93,2% der Marketingwissenschaftler der Aussage zu, Marketing sei als übergreifende Führungsphilosophie zu verstehen, während nur 4,5% Marketing als rein verkaufsunterstützendes Instrument interpretierten. Diese Resultate verdeutlichen, dass sich das Verständnis des Marketing von einer operativen Beeinflussungstechnik (Marketing-Mix-Instrumente) in der wissenschaftlichen Diskussion der letzten drei Jahrzehnte hin zu einer funktionsübergreifenden, integrierten Interpretation des Marketing als marktorientierte Führungskonzeption entwickelt hat (*Meffert* 1998b).

Aus diesem Grund war es in der aktuellen Untersuchung von besonderem Interesse, welches Marketingverständnis in der Unternehmenspraxis vorherrscht. Während sich bezüglich des Marketingverständnisses in der Unternehmenspraxis 1994 noch ein sehr diffuses Bild ergab, weil bei jeder möglichen Antwortkategorie ein etwa gleich hoher Prozentsatz an zustimmenden Antworten ermittelt wurde (*Meffert/ Kirchgeorg* 1994), konnte 1999 eine wesentlich breitere Akzeptanz des Marketing als übergreifende Führungsphilosophie festgestellt werden. Eine Interpretation des Marketing als rein verkaufsunterstützendes Instrument wird demzufolge nur noch von etwa 27% der befragten Unternehmensvertreter vorgenommen. 1994 folgten dieser Interpretation immerhin noch etwa 57% der Befragten. Während 1994 noch 58% der befragten Praxisvertreter der Aussage zustimmten, Marketing sei als gleichberechtigte Funktion bzw. Abteilung zur Steuerung aller marktgerichteten Aktivitäten zu verstehen, wurde diese Ansicht 1999 nur noch von etwa 49% der Befragten geteilt. Dagegen verstehen nun mehr als 75% der befragten Unternehmensvertreter Marketing als übergreifende Führungsphilosophie, eine Aussage, der 1994 nur 58% der Befragten zustimmten.

Gegenüber den Befragungsergebnissen von 1994 ist demnach ein deutlicher *Wandel im Marketingverständnis der Unternehmenspraxis* zu konstatieren. Die instrumentelle bzw. funktionelle Sichtweise des Marketing ist im Vergleich zur früheren Erhebung bei einem Großteil der befragten Unternehmungen einem ganzheitlichen Verständnis des Marketing als übergreifende Führungsphilosophie gewichen.

Angesichts des festgestellten Wandels in der Interpretation des Marketing wurde untersucht, ob sich die befragten Unternehmungen zu Gruppen zusammenfassen lassen, die sich im Hinblick auf ihr jeweiliges Marketingverständnis unterscheiden. Zur Bildung solcher - hinsichtlich ihres Marketingverständnisses - intern homogenen und untereinander möglichst heterogenen Gruppen von Untersuchungsobjekten anhand der zugehörigen Merkmalsausprägungen wurde eine Clusteranalyse durchgeführt (*Backhaus et al.* 1996). Dabei konnten zwei Gruppen identifiziert werden, deren clusterspezifische Mittelwertausprägungen der Marketing-Interpretationen in *Abb. 1* dargestellt sind.

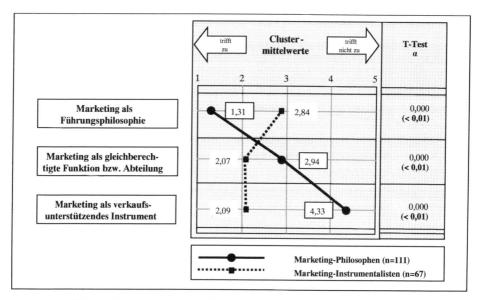

Abb. 1: Mittelwerte der Zwei-Cluster-Lösung in der Unternehmenspraxis

Im Cluster der „*Marketing-Philosophen*" finden sich diejenigen Unternehmungen, die die Interpretation des Marketing als übergeordnete Führungsphilosophie deutlich in den Vordergrund stellen. Ein Verständnis des Marketing als rein verkaufsunterstützendes Instrument wird von ihnen abgelehnt. Demgegenüber umfasst das Cluster der „*Marketing-Instrumentalisten*" diejenigen Unternehmungen, die Marketing weniger als Führungsphilosophie, sondern vielmehr als verkaufsunterstützendes Instrument verstehen, wobei Marketing-Aufgaben in diesem Sinne in einer Abteilung gebündelt beziehungsweise als gleichberechtigte Unternehmensfunktion angesehen werden. Die Gruppe der „Marketing-Philosophen" nimmt dabei mit 62,4% (n=111) einen wesentlich größeren Anteil als die zweite Unternehmensgruppe der „Marketing-Instrumentalisten" mit 37,6% (n=67) ein.

Insgesamt kann aufgrund der dargestellten Ergebnisse festgehalten werden, dass sowohl der im Rahmen des zeitlichen Vergleichs festgestellte Wandel im Marketingverständnis in der Unternehmenspraxis als auch der mit Hilfe der Clusteranalyse ermittelte Anteil der „Marketing-Philosophen" von über 60% darauf hindeuten, dass sich der in der Wissenschaft vorherrschende konzeptionelle Anspruch, Marketing als übergeordnete Führungsphilosophie zu begreifen, offenbar auch in weiten Teilen der Unternehmenspraxis durchgesetzt hat.

2.2 Verankerung der Marktorientierung in der Unternehmensphilosophie

Die nunmehr auch in der Unternehmenspraxis vorherrschende Interpretation des Marketing als marktorientierte Führungsphilosophie beinhaltet, dass sich die Unternehmenskultur, die Ziel- und Strategiekonzepte sowie das konkrete Unternehmensverhalten konsequent an den Erfordernissen des Marktes ausrichten. Die *Integration der Marktorientierung in die Unternehmensphilosophie*, die die zentralen Wertorientierungen und Zielinhalte einer Unternehmung umfasst, bildet dabei eine entscheidende Voraussetzung. Die Marktorientierung stellt somit als Produkt aus Kunden- und Wettbewerbsorientierung das übergeordnete Verhaltensregulativ einer marktorientierten Unternehmensführung dar (*Meffert* 1999; *Backhaus* 1999). Inwieweit die so verstandene Marktorientierung in der Unternehmensphilosophie der befragten Unternehmungen verankert ist, wurde im Rahmen einer weiteren Fragestellung untersucht. In diesem Zusammenhang wurden die Unternehmensvertreter gebeten, den jeweiligen Stellenwert der in *Abb. 2* aufgeführten Grundausrichtungen für ihre Unternehmung zu bewerten.

Das Durchschnittsprofil der bekundeten Grundausrichtungen zeichnet sich sowohl in 1994 als auch in 1999 vor allem durch eine ausgeprägte *Qualitäts-, Wettbewerbs-* und *Kundenorientierung* aus und verdeutlicht damit, dass wesentliche marktorientierte Aspekte offenbar in den Unternehmensphilosophien der befragten Unternehmungen zum Tragen kommen. Ein Vergleich der aktuellen Befragungsergebnisse mit denen von 1994 lässt demgegenüber einen deutlichen Rückgang beim Ausprägungsgrad der Produktions- und Ökologieorientierung erkennen.

Die Analyse branchenspezifischer Mittelwertunterschiede hinsichtlich der Grundausrichtungen der befragten Unternehmungen zeigt, dass sowohl die Produktions- und Shareholder- als auch die Ökologieorientierung von Dienstleistungsunternehmen signifikant geringer ausgeprägt ist (α=0,05) als dies bei Konsum- und Investitionsgüterunternehmen der Fall ist. Der Rückgang der Produktions- und Ökologieorientierung von 1994 zu 1999 im Durchschnittsprofil lässt sich daher unter anderem auf den hohen Anteil der Dienstleistungsunternehmen von 48,9% in der aktuellen Stichprobe, der 1994 nur bei 33% lag, zurückführen. Demgegenüber ist die Service- und Kundenorientierung von Dienstleistungsunternehmen im Vergleich zu Konsumgüterunternehmen signifikant stärker ausgeprägt (α=0,05). Die Investitionsgüterunternehmen weisen zudem eine signifikant höhere Technologieorientierung als Konsumgüter- und Dienstleistungsunternehmen auf (α=0,05).

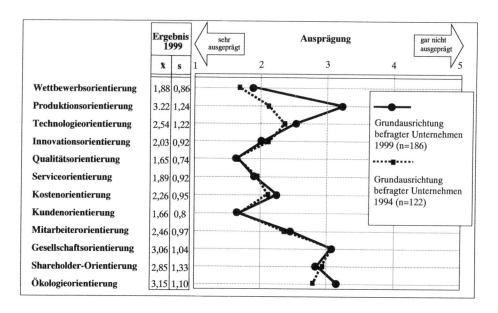

	Ergebnis 1999		Ausprägung
	x̄	s	
Wettbewerbsorientierung	1,88	0,86	
Produktionsorientierung	3.22	1,24	
Technologieorientierung	2,54	1,22	
Innovationsorientierung	2,03	0,92	
Qualitätsorientierung	1,65	0,74	
Serviceorientierung	1,89	0,92	
Kostenorientierung	2,26	0,95	
Kundenorientierung	1,66	0,8	
Mitarbeiterorientierung	2,46	0,97	
Gesellschaftsorientierung	3,06	1,04	
Shareholder-Orientierung	2,85	1,33	
Ökologieorientierung	3,15	1,10	

Abb. 2: Grundausrichtungen der befragten Unternehmungen 1994 und 1999

Die clusterspezifische Analyse von Mittelwertunterschieden führt nur für die Ausprägung der Kundenorientierung zu einem signifikanten Mittelwertunterschied ($\alpha=0{,}01$) zwischen den „Marketing-Philosophen" und den „Marketing-Instrumentalisten". Dabei fällt die Kundenorientierung der „Marketing-Philosophen" mit einem Mittelwert von 1,52 deutlich höher aus als die der „Marketing-Instrumentalisten" mit einem Mittelwert von 1,87. Dies unterstreicht noch einmal den Anspruch der „Marketing-Philosophen", Marketing als übergeordnete Führungsphilosophie zu betrachten, die vor allem eine Ausrichtung an den Bedürfnissen und Wünschen der Kunden als Ausgangspunkt aller Unternehmensaktivitäten betont.

Um zu überprüfen, ob sich die in _Abb. 2_ dargestellten Grundausrichtungen der Unternehmungen auf zentrale Basisdimensionen der Unternehmensphilosophie verdichten lassen, wurde das Verfahren der Faktorenanalyse eingesetzt. Dabei konnten insgesamt vier Faktoren extrahiert werden, die insgesamt 65,3% der Gesamtvarianz erklären (vgl. _Abb. 3_). Die Erklärung der ermittelten Basisdimensionen der Unternehmensphilosophie weist zum Teil Überschneidungen zu den im Rahmen der 1994 durchgeführten Untersuchung extrahierten Faktoren auf (_Meffert/ Kirchgeorg_ 1994).

So werden unter dem Faktor _Effizienzorientierung_ wie 1994 die Kosten- und die Shareholder-Orientierung zusammengefasst. Diese Kombination lässt sich durch eine verstärkte Durchführung von Rationalisierungsmaßnahmen zur Steigerung des Shareholder-Value vor allem in rezessiven wirtschaftlichen Situationen oder in gesättigten Märkten begründen.

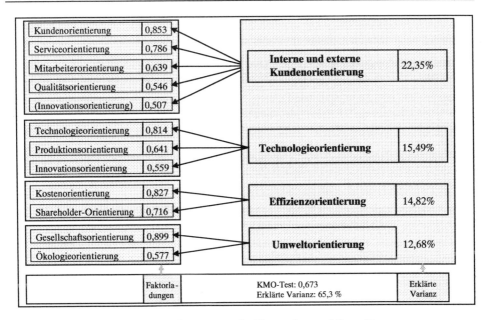

Abb. 3: Basisdimensionen der Unternehmensphilosophie

Ebenso kann, wie bereits 1994, die *Technologieorientierung* als eigenständige Basisdimension identifiziert werden. Während dieser Faktor 1994 jedoch eher produktionstechnisch begründet wurde, ist die Technologieorientierung in der aktuellen Untersuchung zusätzlich durch eine technologiegetriebene Innovationsausrichtung gekennzeichnet. Die *Umweltorientierung* umfasst jene Grundausrichtungen, die sich auf nicht-marktliche unternehmensexterne Anspruchsgruppen beziehen sowie die Berücksichtigung ökologischer Aspekte in der Unternehmensphilosophie beinhalten. Die *interne und externe Kundenorientierung* kommt schließlich in der Kunden-, Service-, Mitarbeiter-, Qualitäts- und Innovationsorientierung zum Ausdruck. In diesem Zusammenhang wird deutlich, dass in der Unternehmenspraxis offenbar die Notwendigkeit einer simultanen Kunden- und Mitarbeiterorientierung zur Durchsetzung des Marketing als interne Denkhaltung in der Unternehmung erkannt worden ist (*Meffert/ Bruhn* 1997).

Die anschließend vorgenommene Berechnung der mittleren Gesamtpunktwerte (*Bacher* 1994) für die ermittelten Basisdimensionen zeigt, dass diese bei den befragten Unternehmungen unterschiedlich stark ausgeprägt sind. So nimmt insbesondere die interne und externe Kundenorientierung als integraler Bestandteil der marktorientierten Unternehmensführung einen besonderen Stellenwert in der Unternehmensphilosophie vieler befragter Unternehmungen ein. Dagegen ist bei der Umweltorientierung der geringste Ausprägungsgrad bei den befragten Unternehmungen festzustellen. Der Gestaltung der Beziehungen zur gesellschaftlichen und ökologischen Umwelt wird demnach in den befragten Unternehmungen im Vergleich zur internen und externen Kundenorientierung sowie der Technologie- und Effizienzorientierung ein weitaus geringerer Stellenwert beigemessen.

In der Gesamtbetrachtung der Befragungsergebnisse zu den Grundausrichtungen der befragten Unternehmungen kann festgehalten werden, dass wesentliche Aspekte einer marktorientierten Grundhaltung als Produkt aus Kunden- und Wettbewerbsorientierung unabhängig vom konkreten Marketingverständnis und der Branchenzugehörigkeit der befragten Unternehmensvertreter bei einem Großteil der befragten Unternehmungen deutlich ausgeprägt und in der Unternehmensphilosophie verankert sind.

2.3 Marktorientierte Unternehmensführung und Unternehmenserfolg

In Anbetracht des hohen Stellenwertes einer marktorientierten Grundhaltung in vielen befragten Unternehmungen stellt sich die Frage, welchen Beitrag eine konsequente Ausrichtung an den Erfordernissen des Marktes letztlich zum Erfolg des Unternehmens leisten kann. Vor diesem Hintergrund wurde in der aktuellen Befragung die Einschätzung der Unternehmensvertreter sowie der Marketingwissenschaftler hinsichtlich des *Erfolgsbeitrags des Marketing zum Unternehmenserfolg* erhoben. Die Interpretation der Ergebnisse kann dabei angesichts der in Kapitel 2.1 dargestellten Erkenntnisse nicht losgelöst von den zugrunde liegenden Begriffsverständnissen des Marketing erfolgen. Während das homogene Verständnis des Marketing als übergeordnete Führungsphilosophie bei den befragten Wissenschaftsvertretern keine weitere Differenzierung im Rahmen der weiteren Analyse erfordert, sind bei den Unternehmensvertretern die Erfolgsbeitrags-Einschätzungen clusterspezifisch zu untersuchen, da jeweils andere Interpretationen des Marketing zum Tragen kommen.

Die Untersuchungsergebnisse zeigen, dass die befragten Wissenschaftsvertreter dem Marketing in Zukunft eine stark steigende Erfolgsrelevanz beimessen. Während in der Vergangenheit nur 28,8% der Wissenschaftler dem Marketing einen großen bzw. sehr großen Beitrag zum Unternehmenserfolg zusprechen, ist dies gegenwärtig bei 86,3% der Fall. Für die Zukunft gehen sogar 98,6% der Wissenschaftler von einem großen bzw. sehr großen Erfolgsbeitrag des Marketing zum Unternehmenserfolg aus.

Aufgrund der unterschiedlichen Marketinginterpretationen der „Marketing-Philosophen" und „Marketing-Instrumentalisten" in der Unternehmenspraxis wurde eine clusterspezifische Analyse der Erfolgsbeitrags-Einschätzungen der Unternehmensvertreter vorgenommen. *Abb. 4* zeigt die gruppenspezifischen Mittelwerte der jeweiligen Erfolgsbeitrags-Einschätzungen des Marketing für die „Marketing-

Philosophen" und die „Marketing-Instrumentalisten". Die Ergebnisse lassen erkennen, dass die „Marketing-Philosophen" den Erfolgsbeitrag des Marketing sowohl in der Vergangenheit und Gegenwart als auch für die Zukunft signifikant ($\alpha=0.01$) höher einschätzen als die „Marketing-Instrumentalisten". Dabei gehen jedoch sowohl die „Marketing-Philosophen" als auch die „Marketing-Instrumentalisten" von einem in Zukunft steigenden Erfolgsbeitrag des Marketing aus. Damit erlangt das Marketing sowohl in der instrumentellen bzw. funktionalen Interpretation der „Marketing-Instrumentalisten" als auch in der Interpretation als übergreifende Führungsphilosophie durch die übrigen Befragten in Zukunft den Stellenwert eines zentralen unternehmensbezogenen Erfolgsfaktors.

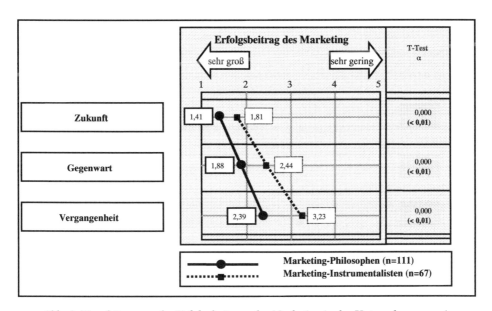

Abb. 4: Einschätzungen des Erfolgsbeitrags des Marketing in der Unternehmenspraxis

An diese Einschätzungen knüpft sich die Frage an, auf welche Art und Weise der potenzielle Erfolgsbeitrag des Marketing zum Unternehmenserfolg bestmöglich ausgenutzt werden kann. Mit der steigenden Relevanz des Marketing als unternehmerischem Erfolgsfaktor lässt sich über die konkrete Ausgestaltung des Marketing somit eine *Hebelwirkung auf den Unternehmenserfolg* ausüben. Letztlich geht es bei steigender Erfolgsrelevanz des Marketing darum, die Kennzeichen eines erfolgreichen Marketing beziehungsweise die Erfolgsfaktoren des Marketing selbst zu identifizieren (*Meffert* 2000).

Um einen Einblick in mögliche *Erfolgsfaktoren marktorientierter Unternehmensführung* zu erlangen, wurden die Wissenschafts- und Unternehmensvertreter gebeten anzugeben, durch welche strategischen Ausrichtungen sich Unternehmungen mit einer erfolgreichen marktorientierten Führung ihrer Ansicht nach kennzeichnen lassen, und welche Marketing-Instrumente und sonstigen Faktoren in diesem Zusammenhang von besonderer Relevanz sind.

Im Hinblick auf die Bewertung der *strategischen Ausrichtung von erfolgreichen, marktorientiert geführten Unternehmungen* zeichnen sich die Befragungsergebnisse zum einen durch eine hohe branchen- und clusterspezifische Homogenität aus, zum anderen weisen auch die Einschätzungen der Marketingwissenschaftler und Unternehmensvertreter einen hohen Übereinstimmungsgrad auf (vgl. *Abb. 5*). So führt eine clusterspezifische Analyse der Befragungsergebnisse der Praxisvertreter hinsichtlich der strategischen Ausrichtung von Unternehmungen mit erfolgreicher marktorientierter Führung nicht zu signifikanten Mittelwertunterschieden (α=0.05) zwischen den Einschätzungen der „Marketing-Philosophen" und der „Marketing-Instrumentalisten".

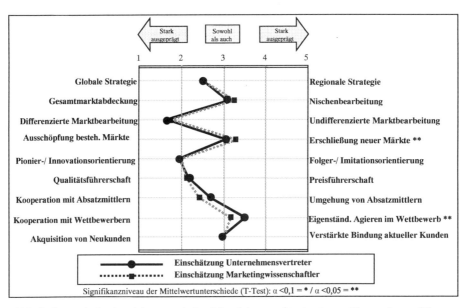

Abb. 5: Strategische Ausrichtungen bei erfolgreicher marktorientierter Unternehmensführung

Auch die branchenspezifische Untersuchung der Beurteilungen führt lediglich für die strategische Option „Kooperation mit Wettbewerbern - Eigenständiges Agieren im Wettbewerb" zu einem signifikanten Mittelwertunterschied (α=0.05) zwischen den Dienstleistungs- und Konsumgüterunternehmen. Dabei betonen vor allem die Konsum- und Investitionsgüterhersteller das eigenständige Agieren im Wettbewerb als Kennzeichen einer erfolgreichen marktorientierten Unternehmensführung. Demgegenüber zeichnet sich erfolgreiche marktorientierte Führung nach Ansicht der

Vertreter aus dem Dienstleistungssektor sowie der Marketingwissenschaftler eher durch die Fähigkeit aus, mit bestimmten Wettbewerbern einerseits in Wertschöpfungspartnerschaften zu kooperieren, sich andererseits aber gegenüber diesen Wettbewerbern in anderen Bereichen bzw. gegenüber anderen Anbietern durch ein eigenständiges Agieren im Wettbewerb zu differenzieren.

Eine detailliertere Analyse der Häufigkeitsverteilung und die Betrachtung der Einschätzungsmittelwerte hinsichtlich der strategischen Grundausrichtung „Differenzierte Marktbearbeitung - Undifferenzierte Marktbearbeitung" gibt zu erkennen, dass sich sowohl nach Ansicht der Unternehmensvertreter als auch der Marketingwissenschaftler eine erfolgreiche marktorientierte Unternehmensführung vor allem durch eine differenzierte Marktbearbeitung auszeichnet. Die im Vorfeld notwendige Generierung kunden- bzw. segmentspezifischen Wissens, die Verbreitung dieses Wissens in der Unternehmung sowie die Ableitung und Implementierung differenzierter Strategien und Maßnahmen stellt in Anbetracht zunehmend fragmentierter Märkte in den Augen der Befragten somit einen zentralen Erfolgsfaktor der marktorientierten Führung dar.

Ebenso zeigt die Betrachtung der Einschätzungsmittelwerte sowie der zugehörigen Häufigkeitsverteilung im Hinblick auf die strategische Option „Pionier-/ Innovationsstrategie - Folger-/ Imitationsstrategie", dass von den Marketingwissenschaftlern und Unternehmensvertretern gleichermaßen eine Innovations- und Pionierstrategie als Merkmal besonders erfolgreicher marktorientierter Führung angesehen wird. Der Aufbau von Zeit- und Know-how-Vorteilen sowie die Möglichkeit zum Setzen von Standards stellen nach Ansicht der Befragten somit zentrale Quellen für die Generierung von Wettbewerbsvorteilen dar.

Die Mittelwerte und Häufigkeitsverteilungen lassen ferner darauf schließen, dass die Befragten ein ausgewogenes Verhältnis zwischen Ausschöpfung bestehender *und* Erschließung neuer Märkte einerseits sowie zwischen Kundenbindung *und* Neukundenakquisition andererseits als Kennzeichen einer besonders erfolgreichen marktorientierten Unternehmensführung erachten. Die Unternehmensvertreter und Marketingwissenschaftler betonen damit einhellig die Notwendigkeit, neben der Bindung aktueller Kunden und der Ausschöpfung bestehender Märkte gleichzeitig auch neue Kunden und Märkte zu erschließen, um zukünftige Umsatzpotenziale zu sichern.

Neben der Bedeutung der strategischen Ausrichtung wurde im Rahmen der Befragung auch die *Relevanz von Marketing-Instrumenten für eine erfolgreiche marktorientierte Führung* erhoben. Aus Sicht der Marketingwissenschaftler kommen in diesem Zusammenhang insbesondere der Programmpolitik sowie der Markenpolitik eine herausragende Rolle zu. Diese Ansicht teilen auch die Unternehmensvertreter aus der Konsumgüterbranche. Befragte aus dem Investitionsgüterbereich betonen vor allem die Bedeutung des Kundendienstes als Instrument einer erfolgreichen marktorientierten Führung, eine Einschätzung, die auch im Dienstleistungssektor geteilt wird.

Die in zahlreichen Forschungsarbeiten gewonnene Erkenntnis, dass erfolgreiche Unternehmungen neben einer marktorientierten Outside-In-Perspektive auch eine auf die Kernkompetenzen ausgerichtete *Inside-Out-Perspektive* benötigen, führt zu der Frage, welche spezifischen Ressourcen und Fähigkeiten einer Unternehmung für die Generierung von Wettbewerbsvorteilen einen besonderen Stellenwert einnehmen. In diesem Zusammenhang wurden die Teilnehmer der Befragung gebeten zu beurteilen, welche Ressourcen und Fähigkeiten ihrer Ansicht nach eine zentrale Rolle bei der Erzielung von komparativen Konkurrenzvorteilen einnehmen. Eine cluster- und branchenspezifische Untersuchung der Antworten der Praxisvertreter zeigte keine signifikanten Mittelwertunterschiede auf, so dass in *Abb. 6* die Darstellung des Durchschnittsprofils hinsichtlich der Bedeutung von Ressourcen und Fähigkeiten getrennt nach Wissenschafts- und Unternehmensvertretern vorgenommen wurde, wobei sich auch hier insgesamt eine hohe Übereinstimmung der Beurteilungen von Unternehmens- und Wissenschaftsvertretern konstatieren lässt.

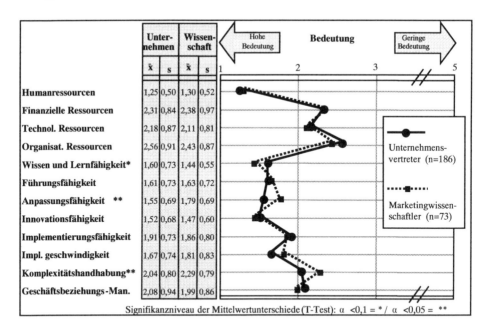

Abb. 6: Bedeutung von Ressourcen und Fähigkeiten für die Erzielung von Wettbewerbsvorteilen

Sowohl Wissenschafts- als auch Unternehmensvertreter betonen demnach den zentralen Stellenwert der *Humanressourcen* sowie der *Innovations-* und der *Lernfähigkeit* für die Generierung von Wettbewerbsvorteilen. Demgegenüber wird in diesem Kontext den finanziellen und organisatorischen Ressourcen eine vergleichsweise geringere Bedeutung zugeschrieben.

Um zu überprüfen, ob sich die von den Unternehmensvertretern beurteilten Fähigkeiten und Ressourcen auf zentrale *Basiskompetenzen* verdichten lassen, wurde eine Faktorenanalyse durchgeführt. Dabei konnten mit der Umwelt- und Marktbeherrschungskompetenz, der Mitarbeiterkompetenz, der Implementierungskompetenz und den strukturellen Ressourcen vier Faktoren identifiziert werden, die insgesamt 56,4% der Gesamtvarianz erklären (vgl. *Abb. 7*).

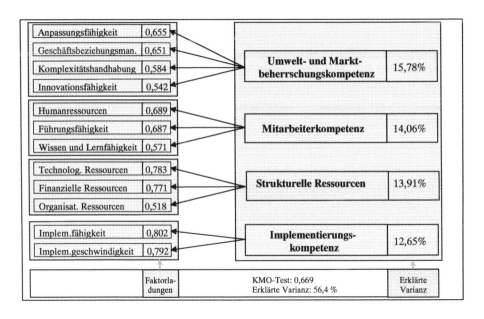

Abb. 7: Basiskompetenzen zur Erzielung von Wettbewerbsvorteilen

Die Führungsfähigkeit sowie das Wissen und die Lernfähigkeit einer Unternehmung werden letztlich durch die Fähigkeiten und die Motivation der Mitarbeiter begründet. Daher lassen sich diese Aspekte zusammen mit den vorhandenen Humanressourcen in einer Unternehmung zur *Mitarbeiterkompetenz* verdichten. Die *Implementierungskompetenz* einer Unternehmung umfasst zum einen die generelle Fähigkeit zur Um- und Durchsetzung von Entscheidungen und zum anderen die Geschwindigkeit, mit der die Um- und Durchsetzung vollzogen wird. Unter die *Umwelt- und Marktbeherrschungskompetenz* wird zunächst die Handhabung der Komplexität subsumiert.

Dabei ergibt sich die Komplexität bei unternehmerischen Entscheidungen aus der Vielzahl zu berücksichtigender unterschiedlicher Umwelt- und Unternehmensvariablen und den zwischen diesen Variablen bestehenden Beziehungen (*Adam/ Rollberg* 1996). Der zielsetzungsgerechten Gestaltung der Beziehungen zu Elementen der Aufgabenumwelt des Unternehmens wird dabei durch das Geschäftsbeziehungsmanagement Rechnung getragen. Angesichts der wachsenden Häufigkeit, Stärke und Diskontinuität von Veränderungen in der Makroumwelt können auch die Anpassungs- und Innovationsfähigkeit an die jeweiligen situativen Kontexte der Umwelt- und Marktbeherrschungskompetenz zugerechnet werden. Bei den technologischen, finanziellen und organisatorischen Ressourcen handelt es sich um unternehmensindividuell verschiedene Merkmale, die einen Rahmen für den Handlungsspielraum einer Unternehmung aufspannen. Sie werden daher unter den *strukturellen Ressourcen* einer Unternehmung zusammengefasst.

Die Berechnung der mittleren Gesamtpunktwerte für die einzelnen Basiskompetenzen veranschaulicht nochmals die *hohe Relevanz immaterieller Werte und Kompetenzen* wie der Umwelt- und Marktbeherrschungskompetenz, der Mitarbeiterkompetenz und der Implementierungskompetenz, während strukturelle Ressourcen eine vergleichsweise eher untergeordnete Rolle spielen. Insbesondere die Kompetenz der Mitarbeiter, die neben der fachlichen Qualifikation auch Sozialkompetenz, emotionale Intelligenz und interkulturelle Kompetenz beinhaltet, nimmt nach Ansicht der Unternehmensvertreter eine entscheidende Bedeutung bei der Generierung von Wettbewerbsvorteilen ein.

2.4 Zukünftige Praxisrelevanz ausgewählter Marketingbereiche

Inwieweit sich die gegenwärtigen Veränderungen in den Markt- und Umweltbedingungen der Unternehmungen in den Einschätzungen der Praxisrelevanz einzelner funktionaler, sektoraler und spezieller Bereiche des Marketing in den nächsten fünf Jahren widerspiegeln, war Gegenstand einer weiteren Fragestellung im Rahmen der 1999 durchgeführten Erhebung. Die Beurteilungen der Marketingwissenschaftler und Unternehmensvertreter hinsichtlich der zukünftigen Praxisrelevanz einzelner Marketingbereiche sind in einem Durchschnittsprofil in *Abb. 8* dargestellt.

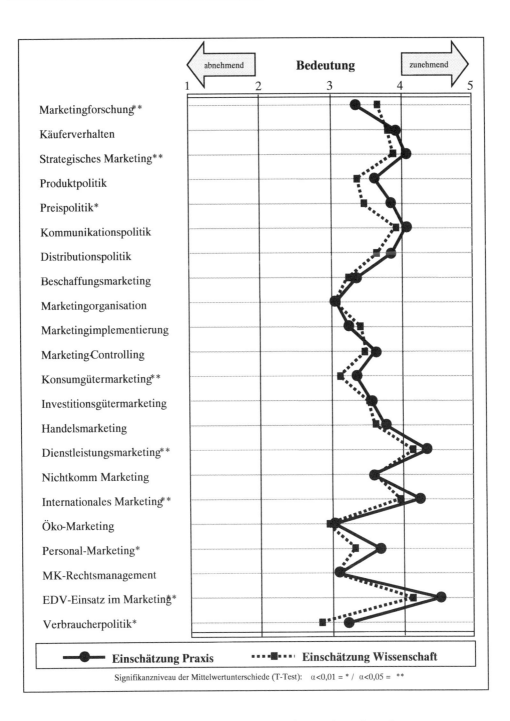

Abb. 8: Zukünftige Bedeutung ausgewählter Marketingbereiche

Trotz einiger signifikanter Mittelwertunterschiede bei den Einschätzungen durch die Unternehmens- und Wissenschaftsvertreter kann bezüglich der *Priorisierung der zukünftigen Relevanz einzelner Marketingbereiche* jedoch eine recht homogene Beurteilung festgestellt werden.

So zeigen die Ergebnisse zunächst, dass eine strategische Orientierung im Marketing nach Einschätzung der Befragten angesichts der zunehmend dynamischen und komplexen Umwelt- und Marktbedingungen weiterhin an Bedeutung gewinnt; eine Feststellung, die so bereits in der Untersuchung von 1994 getroffen werden konnte. Nicht zuletzt aufgrund der bisher hohen Praxisbewährung fanden Konzepte und Instrumente des strategischen Marketing daher auch eine wachsende Verbreitung in der Unternehmenspraxis. Die umwälzenden Entwicklungen im Bereich der Informations- und Kommunikationstechnologien spiegeln sich in den Beurteilungen des zukünftigen Stellenwertes des EDV-Einsatzes im Marketing wider. Aufgrund der neuen Einsatzmöglichkeiten des Internet im Business-to-Business- sowie im Business-to-Consumer-Bereich wird dem EDV-Einsatz im Marketing, und dabei vor allem dem Einsatz neuer Medien, sowohl von den Wissenschaftlern als auch Unternehmensvertretern aller Branchen in Zukunft eine herausragende Praxisrelevanz zuerkannt.

In diesem Zusammenhang ist auch auf die Beurteilung der steigenden Bedeutung des Internationalen Marketing hinzuweisen. Angesichts neuer globaler Informations- und Kommunikationsnetzwerke einerseits und Tendenzen zu regionalisiertem Konsumentenverhalten andererseits wird nach Einschätzung der Befragten die länderübergreifende Koordination der Marketingaktivitäten eine zentrale Rolle im Rahmen der zukünftigen marktorientierten Unternehmensführung spielen. Hingegen wird Aspekten der Marketingorganisation eine eher gleichbleibende Bedeutung in den nächsten fünf Jahren beigemessen.

In Anbetracht des paradoxen und hybriden Konsumentenverhaltens, welches die Prognostizierbarkeit der Nachfrage sowie die klassische Marktsegmentierung zunehmend erschwert, wird darüber hinaus Fragestellungen des Käuferverhaltens sowohl durch Marketingwissenschaftler als auch Unternehmensvertreter zukünftig eine steigende Relevanz für die Marketingpraxis konstatiert. Im Bereich der klassischen Marketing-Mix-Instrumente wird nach Einschätzung aller Befragten insbesondere die Kommunikationspolitik einen zentralen Stellenwert erlangen, während die Praxisrelevanz der Produktpolitik in den Bewertungen der Marketingwissenschaftler als eher gleichbleibend eingestuft wird. Auffällig ist zudem, dass die Relevanz der Preispolitik in den nächsten fünf Jahren von den Unternehmensvertretern deutlich höher bewertet wird als von den Wissenschaftlern.

Werden die sektoralen Bereiche des Marketing betrachtet, so ist wie schon 1994 die steigende Bedeutung des Dienstleistungsmarketing hervorzuheben. Diese Auffassung wird sowohl von den Marketingwissenschaftlern als auch von Unternehmensvertretern aller Branchen einhellig geteilt. Im Vergleich der branchenspezifischen Mittelwerte sprechen dabei die Investitionsgüterhersteller dem Dienstleistungsmarketing die höchste Relevanz zu. Dies deutet darauf hin, dass insbesondere in diesem Sektor erwartet wird, durch zusätzliche Serviceleistungen Wettbewerbsvorteile erlangen zu können. Diese Befunde korrespondieren eng mit der Einschätzung des Kundendienstes als zentralem Instrument einer erfolgreichen marktorientierten Unternehmensführung. Das Konsumgütermarketing wird dagegen in einer eher gleichbleibenden Bedeutung zum heutigen Status quo gesehen.

In den speziellen Marketingbereichen sieht die Mehrheit der Befragten im Vergleich zur 1994 durchgeführten Untersuchung vor allem im Bereich des Öko-Marketing eine Konsolidierung, eine Einschätzung, die auch mit den Befunden zur Verankerung von Grundhaltungen in der Unternehmensphilosophie übereinstimmt. Dies lässt sich vermutlich darauf zurückführen, dass zum einen die Einhaltung ökologischer Standards mittlerweile zu einem „Hygienefaktor" im Wettbewerb geworden ist, zum anderen wird das ökologische Problembewusstsein durch andere gesellschaftliche Problembereiche (z.B. Arbeitslosigkeit) derzeit stark überlagert.

3. Implikationen und Herausforderungen für die Marketingwissenschaft und -praxis

Unter Bezugnahme auf die eingangs dargestellten einschneidenden Veränderungen in den Markt- und Umweltbedingungen der Unternehmungen lässt sich festhalten, dass sich die daraus erwachsenden Herausforderungen an die Marketingwissenschaft und -praxis vielfach bereits in den Einschätzungen der befragten Unternehmens- und Wissenschaftsvertreter widerspiegeln.

Die diskontinuierlichen und dynamischen Markt- und Umweltbedingungen münden in der Forderung nach hoher unternehmerischer Anpassungsfähigkeit bei gleichzeitiger Beibehaltung einer strategischen Orientierung im Marketing und damit in der Forderung nach anpassungsfähigen Marketingstrategien. Gleichzeitig wächst bei Strategien zur Sicherung einer hinreichenden Flexibilität und Anpassungsfähigkeit jedoch die Gefahr der Erosion ehemals starker Marken- und Unternehmensidentitäten (*Meffert* 1998a). Als Konsequenz erwächst im Rahmen der marktorientierten Unternehmensführung zukünftig verstärkt die Aufgabe, einen *strategischen Handlungskorridor* festzulegen, dessen Grenzen durch grundlegende stabilitäts- und koordinationssichernde Wertesysteme gezogen werden.

In einem engen Zusammenhang mit der Festlegung strategischer Handlungsoptionen stehen Entscheidungen über das grundsätzliche Verhalten in zunehmend komplexen, dynamischen, aggressiven und paradoxen Wettbewerbssituationen. Insbesondere durch die verstärkte Vernetzung von Marktpartnern ziehen einige der befragten Unternehmungen eine *simultane Kooperation und Konfrontation* mit Wettbewerbern in Betracht.

Im Rahmen *vertikaler und horizontaler Wertschöpfungsnetzwerke* werden die Auswahl und Akquisition geeigneter Wertschöpfungspartner, die Fähigkeit zur Kombination der Ressourcen des eigenen Unternehmens mit denen anderer zu einem für die Nachfrager überlegenen Leistungsangebot und die Gestaltung von Anreizen und Beiträgen zur Aufrechterhaltung der Partnerschaft zu strategischen Schlüsselgrößen. Gleichzeitig erlangt das wertschöpfungsstufenübergreifende, kundennutzenorientierte Komplexitäts- und Schnittstellenmanagement den Stellenwert eines zentralen Erfolgsfaktors im Rahmen derartiger Wertschöpfungsnetzwerke (*Meffert* 2000). Marketing hat in diesem Zusammenhang bei der Lösung marktgerichteter Koordinationsaufgaben in horizontaler und vertikaler Richtung „integrative Kraft" (*Ahlert* 1997) zu entfalten.

Zur *Differenzierung von den Wettbewerbern* erlangen vor dem Hintergrund der zunehmenden Angleichung von Produkten und Leistungen und der zunehmend komplexen und diskontinuierlichen Marktumwelt insbesondere die Markenpolitik sowie die problemlösungsorientierte Ausgestaltung des Kundendienstes eine besondere Bedeutung. Dabei resultiert die Markenstärke nicht zuletzt aus einer identitätsorientierten Markenführung mit wechselseitiger Inside-out- und Outside-in-Betrachtung (*Meffert/ Burmann* 1996).

Weiterhin ergeben sich aus den Befragungsergebnissen Hinweise auf zukünftige Herausforderungen an die *Aufgaben der Marketingwissenschaft.* Zunächst unterstreichen die Befragungsergebnisse zum Erfolgsbeitrag der Marktorientierung die Notwendigkeit einer *Kombination von markt- und ressourcenorientierter Perspektive* zur Generierung, Beibehaltung und Erneuerung von Wettbewerbsvorteilen. Die outside-in-gerichtete Kunden- und Wettbewerbsorientierung bedarf daher einer Ergänzung um eine inside-out-basierte Betrachtung der unternehmerischen Kernkompetenzen, wodurch ein dualer Zugang zu den Gestaltungsproblemen der Unternehmensführung ermöglicht wird (*Bleicher* 1997).

Im Zusammenhang mit der inside-out-gerichteten Betrachtung erfolgsrelevanter Ressourcen und Fähigkeiten weisen die Ergebnisse darauf hin, dass die Wettbewerbsstärke von Unternehmungen noch stärker als in der Vergangenheit durch *immaterielle Ressourcen und Fähigkeiten* bestimmt wird. Das Bedeutungsgewicht unternehmerischer Werttreiber verschiebt sich daher zu Lasten materieller Vermögensgegenstände, die zunehmend an strategischer Relevanz verlieren. Die Marketingwissenschaft wird sich aus diesen Gründen in Zukunft verstärkt mit Ansätzen zur Operationalisierung, Messung und Ökonomisierung von Konstrukten wie Vertrauen und Intellectual Capital auseinandersetzen müssen. Nicht zuletzt erlangt auch in Anbetracht der Relevanz der Mitarbeiterkompetenz die Verknüpfung von Ansätzen zur Steigerung der Mitarbeiterqualifikation, -zufriedenheit und -loyalität mit Strategien eines effektiven und effizienten Wissensmanagements eine besondere Bedeutung (*Bach/ Lotzer* 1998; *Meffert* 1998a).

Eine weitere Herausforderung für die Marketingwissenschaft ist in der Erklärung des hybriden und multioptionalen Konsumentenverhaltens zu sehen. Während Weiterentwicklungen im Bereich der Informations- und Kommunikationstechnologien sowie moderne statistische Auswertungs- und Analysemethoden zunehmend die kundenindividuelle Gestaltung von Marketingmaßnahmen erlauben, werden der Effizienz und Effektivität dieses Vorhabens durch die Inkonsistenz und zeitliche Instabilität der Verhaltensweisen von Konsumenten enge Grenzen gesetzt. Die Marketingwissenschaft wird daher in Zukunft besonders gefordert sein, traditionelle Erklärungsansätze der *Käuferverhaltensforschung* mit Hilfe intra- und interdisziplinärer Erweiterungen zu erneuern, um diese als Basis moderner Marktsegmentierungsmethoden verwenden zu können.

Schließlich macht die Untersuchung deutlich, dass einerseits Modewellen des Marketing (z.B. Lean-Marketing) in den Einschätzungen von Wissenschaftlern und Praktikern keinen großen Stellenwert einnehmen und vergleichsweise kurzlebiger Natur sind. Andererseits zeigt die Befragung aber auch, dass die noch im vergangenen Jahrzehnt sich auf dem Vormarsch befindliche *gesellschaftliche* und *ökologische Orientierung des Marketing* stagniert bzw. an Boden verliert. Offensichtlich wird die künftige Entwicklung der marktorientierten Unternehmensführung stark von Herausforderungen neuer Informations- und Kommunikationstechnologien, insbesondere dem Internet, geprägt. Dies sollte allerdings nicht dazu verleiten, die weltweit wachsenden sozialen und ökologischen Probleme zu vernachlässigen. Marketingwissenschaft und -praxis sind deshalb gleichermaßen dazu aufgefordert, zur Lösung dieser Probleme Beiträge zu leisten.

Insgesamt gesehen sprechen viele Anzeichen dafür, dass Vertreter der Marketingwissenschaft sowie die Führungskräfte aus der Unternehmenspraxis die genannten Herausforderungen und Aufgaben erkannt haben und sich bereits aktiv an der Lösung zukünftiger Problemstellungen beteiligen. Dabei wird der Erfolg dieser Bemühungen nicht zuletzt durch die Fortführung und Stärkung der intensiven Zusammenarbeit zwischen Wissenschaft, Ausbildung und Unternehmenspraxis determiniert werden.

Literatur

Adam, D./ Rollberg, R. (1996), Komplexitätskosten, in: Die Betriebswirtschaft (DBW), 56. Jg., Nr. 5, 1996, S. 667-670.

Ahlert, D. (1997), Vertikales Marketing im Wandel - Zur Frage des Restrukturierungsbedarfs vertikaler Marketingkonzeptionen in Theorie und Praxis, in: *Bruhn, M./ Steffenhagen, H.* (Hrsg.), Marktorientierte Unternehmensführung: Reflexionen - Denkanstöße - Perspektiven, *Heribert Meffert* zum 60. Geburtstag, Wiesbaden 1997, S. 141-157.

Bach, V./ Lotzer, H.-J. (1998), Business Knowledge Management, in: Thexis, 15. Jg., Nr. 2, 1998, S. 6-8.

Bacher, J. (1994), Clusteranalyse - Anwendungsorientierte Einführung, München 1994.

Backhaus, K. (1999), Industriegütermarketing, 6. Auflage, München 1999.

Backhaus, K. et al. (1996), Multivariate Analysemethoden: eine anwendungsorientierte Einführung, 8. Auflage, Berlin et al. 1996.

Bleicher, K. (1997), Marketing im Spannungsfeld von Wettbewerbs- und Potentialorientierung, in: *Bruhn, M./ Steffenhagen, H.* (Hrsg.), Marktorientierte Unternehmensführung: Reflexionen - Denkanstöße - Perspektiven, *Heribert Meffert* zum 60. Geburtstag, Wiesbaden 1997, S. 37-55.

Bruhn, M. (1997), Hyperwettbewerb - Merkmale, treibende Kräfte und Management einer neuen Wettbewerbsdimension, in: Die Unternehmung, 51. Jg., Nr. 5, 1997, S. 339-357.

Gerken, G. (1994), Trendzeit - Die Zukunft überrascht sich selbst, 2. Auflage, Düsseldorf 1994.

Koschnick, W.J. (1995), Standard-Lexikon für Markt- und Konsumentenforschung, Band 2, München et al 1995.

Meffert, H. (1998a), Herausforderungen an die Betriebswirtschaftslehre auf dem Weg in das nächste Jahrtausend, Arbeitspapier Nr. 120 der Wissenschaftlichen Gesellschaft für Marketing und Unternehmensführung e.V., hrsg. von *Meffert, H./ Backhaus, K.*, Münster 1998.

Meffert, H. (1998b), Marketing: Grundlagen marktorientierter Unternehmensführung, 8. Auflage, Wiesbaden 1998.

Meffert, H. (1999), Marketingwissenschaft im Wandel - Anmerkungen zur Paradigmendiskussion, in: *Meffert, H.* (Hrsg.), Marktorientierte Unternehmensführung im Wandel: Retrospektive und Perspektiven des Marketing, Wiesbaden 1999, S. 35-66.

Meffert, H. (2000), Auf der Suche nach dem „Stein der Weisen", in: markenartikel, Nr. 1, 2000, S. 24-36.

Meffert, H./ Bruhn, M. (1997), Dienstleistungsmarketing: Grundlagen - Konzepte - Methoden, 2. Auflage, Wiesbaden 1997.

Meffert, H./ Burmann, C. (1996), Identitätsorientierte Markenführung - Grundlagen für das Management von Markenportfolios, Arbeitspapier Nr. 100 der Wissenschaftlichen Gesellschaft für Marketing und Unternehmensführung e.V., hrsg. von *Meffert, H./ Backhaus, K.,* Münster 1996.

Meffert, H./ Kirchgeorg, M. (1994), Marketing - Quo Vadis? - Herausforderungen und Entwicklungsperspektiven des Marketing aus Unternehmenssicht, Arbeitspapier Nr. 89 der Wissenschaftlichen Gesellschaft für Marketing und Unternehmensführung e.V., hrsg. von *Meffert, H./ Wagner, H./ Backhaus, K.*, Münster 1994.

Nalebuff, B./ Brandenburger, A.(1996), Coopetition - kooperativ konkurrieren: mit der Spieltheorie zum Unternehmenserfolg, Frankfurt a.M./ New York 1996.

Pauls, S. (1998), Business-Migration: eine strategische Option, Wiesbaden 1998.

Schüppenhauer, A. (1998), Multioptionales Konsumentenverhalten und Marketing: Erklärungen und Empfehlungen auf Basis der Autopoiesetheorie, Wiesbaden 1998.

Simon, H. (1999), Trends und Herausforderungen für das 21. Jahrhundert: Entwicklungen und Erfolgsfaktoren im digitalen Zeitalter, *Simon/ Kucher & Partners*, Strategy & Marketing Consultants, http://www.simon-kucher.com.

Zerdick, A. et al. (1999), Die Internet-Ökonomie: Strategien für die digitale Wirtschaft, Berlin et al. 1999.

Epilog - Beiträge zur Tagung

Marketingwissenschaft:
eine empirische Positionsbestimmung

Nikolaus Franke

(Competitive Paper)

1.	Einführung	410
2.	Empirische Vorgehensweise	412
3.	Marketing als Wissenschaft	415
	3.1 Zielsetzung	415
	3.2 Objektbereich	417
	3.3 Methodologie	418
	3.3.1 Methodologische Grundrichtung	419
	3.3.2 Empirische Methodik	421
	3.4 Werturteile	424
4.	Wissenschaftliches Grundverständnis: Konstruktivismus oder Realismus?	426
5.	Marketingwissenschaft: eine oder mehrere Identitäten?	429
6.	Theorien als Wissensbausteine der Marketingwissenschaft	431
7.	Ein Blick in die Zukunft der Marketingwissenschaft	433
	7.1 Metatheoretische Orientierung im Wandel?	434
	7.2 Freie Forschungsfelder	435
8.	Fazit	435
Anhang: Ergebnisse der Pilotstudie und Fragebogen der Haupterhebung		437
Literatur		439

1. Einführung[1]

Die relativ junge betriebswirtschaftliche Fachrichtung des Marketing ist in der betrieblichen Praxis, an Hochschulen und als wissenschaftliche Disziplin mittlerweile fest etabliert (*Hansen/ Bode* 1999, S. 206ff.). In auffälligem Kontrast zu dieser erfolgreichen Entwicklung steht die *Kritik*, der diese wissenschaftliche Disziplin sowohl von außenstehenden Wissenschaftlern (*Schneider* 1983, S. 197ff.) und Praktikern (besonders plakativ *Gerken* 1990, S. 42ff.; weitere Berichte bei *Böttger* 1993, S. 118ff.; *Engelhardt* 1985, S. 211f.; *Dichtl* 1995, S. 5; *Dichtl* 1989, S. 70f.; *Kaapke/ Kirsch* 1996, S. 32f.; *Meffert* 1999, S. 8; *Myers/ Greyser/ Massy* 1979, S. 17ff.; *Simon* 1986, S. 212 und *Wiedmann* 1993, S. 39) als auch von Marketingwissenschaftlern selbst (*von Briskorn* 1989, S. 6ff.; *Dichtl* 1995, S. 54; *Dichtl* 1998, S. 47ff.; *Hunt* 1990, S. 1ff.; *Kaapke/ Kirsch* 1996, S. 32ff. und *Tomczak* 1992, S. 77ff.) ausgesetzt ist. Verschiedentlich wird von einer "Identitätskrise" des Marketing gesprochen (*Carson* 1978, S. 11ff.; *Venkatesh* 1985, S. 59ff.; *Hunt* 1990, S. 1ff. und *Wiedmann* 1993, S.32 und der Beitrag von *Hansen* in diesem Buch).

Was ist die *Identität des Marketing*? Im angloamerikanischen Raum ist seit einigen Jahren eine intensive wissenschaftstheoretische Diskussion innerhalb des Faches über Ziele, Inhalte und Methoden des Marketing zu beobachten (z.B. *Anderson/ Ryan* 1984; *Arndt* 1985b; *Bush/ Hunt* 1982; *Brown* 1984; *Deshpande* 1984; *Hunt* 1991a; *Teas/ Palan* 1997; *Zinkham/ Hirschheim* 1992). Im deutschsprachigen Raum finden sich dagegen nur wenige veröffentlichte Beiträge zu diesem Thema. Eine wichtige Ausnahme stellt die Jahrestagung 2000 der Wissenschaftlichen Kommission Marketing zum Thema "Deutschsprachige Marketingforschung - Bestandsaufnahme und Perspektiven" dar. Die hier vorgetragenen Positionen stellen jedoch jeweils Einzelmeinungen dar. Welche wissenschaftstheoretischen Standpunkte in der deutschsprachigen Marketingwissenschaft insgesamt dominieren, ist nicht bekannt (*Böttger* 1993, S. 97).

Ziel dieses Beitrags ist es daher, die grundlegenden Positionen der deutschsprachigen Marketingwissenschaftler zur akademischen Disziplin Marketing auf einer breiteren Basis *empirisch* zu ermitteln.

---

[1] Ich danke Prof. Dr. *Klaus Backhaus*, Prof. *Dietmar Harhoff*, Ph.D., Prof. Dr. Dres. h.c. *Eberhard Witte*, Dr. *Sven Reinecke* und Dipl-Kfm. *Georg Altmann* für Ihre Unterstützung und allen, die sich für die Beantwortung der Fragen in Pilotstudie, Pretest und Haupterhebung die Zeit genommen haben. Mein besonderer Dank gilt Prof. Dr. *Anton Meyer*, der die empirische Untersuchung anregte.

Die Untersuchung folgt einem Wissenschaftsmodell, das zwischen dem wissenschaftlichen Grundverständnis, den Meinungen zur Marketingwissenschaft selbst und der Ebene der Theorien unterscheidet (vgl. *Abb. 1*).

Die in der Metaebene getroffenen Regeln und Festlegungen steuern die Forschung, indem sie die Koordinaten der wissenschaftlichen Disziplin festlegen. Ergebnis der Forschung sind theoretische Forschungsprogramme und Theorien mittlerer Reichweite (Body of Knowledge). Meinungen zu den Inhalten beider Ebenen reflektieren ein bestimmtes Wissenschaftsverständnis des Forschers. Genauere Erläuterungen zu den einzelnen Elementen werden in den jeweiligen Kapiteln gegeben.

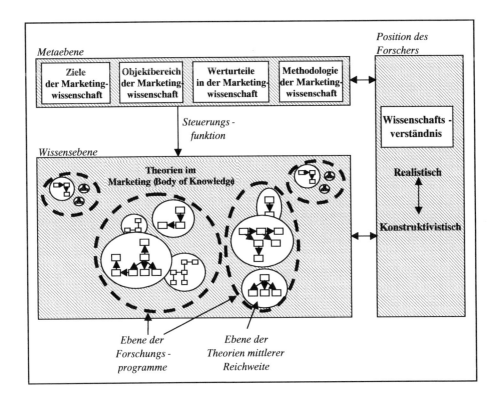

Abb. 1: Wissenschaftsmodell der vorliegenden Untersuchung
(Quelle: eigene Darstellung in Anlehnung an Arndt 1985a, S. 15; Leong 1985; Raffée 1995, S. 1673; Wiedmann 1993, S. 90ff.; Zaltman et al. 1982, S. 71ff.)

2. Empirische Vorgehensweise

Um die Positionen der Marketingwissenschaftler zu den im Wissenschaftsmodell enthaltenen Sachverhalten abzufragen, wurde ein schriftlicher Fragebogen entwickelt (vgl. *Abb. 2*). Er wurde mit nur zwei Seiten Umfang bewusst kurz gehalten, um die Beantwortung möglichst zu erleichtern. Die Operationalisierung der meisten Fragen erfolgte anhand der einschlägigen Literatur und konnte problemlos durchgeführt werden. Einzig die Items zur Erfassung der latenten Konstrukte "konstruktivistische" bzw. "realistische Orientierung" mussten in einer aufwendigen Pilotstudie eigens entwickelt werden. Der Fragebogen bewährte sich im Pretest sehr gut und lag nun zur Untersuchung bereit (zur Pilotstudie und Fragebogen siehe *Anhang*).

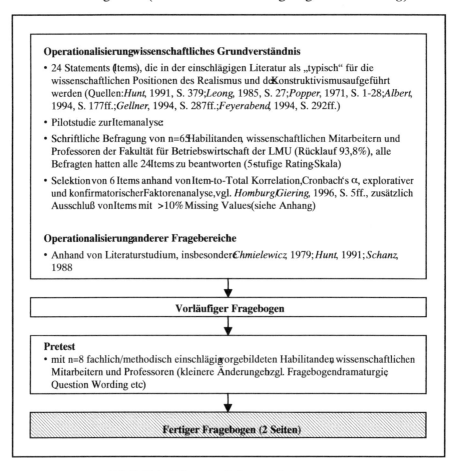

Abb. 2: Entwicklung des Befragungsinstrumentes

Angestrebte Grundgesamtheit bei der Befragung waren alle deutschsprachigen Hochschulprofessoren, Privatdozenten und Habilitanden im Fach Marketing. Angestrebt wurde eine Vollerhebung dieser Personenmenge.

Da eine vollständige Urliste nicht existiert, wurde die *Auswahlgesamtheit* über drei verschiedene Zugänge zusammengestellt (vgl. *Abb. 3*). Zunächst wurden die Teilnehmer der Jahrestagung 2000 der Wissenschaftlichen Kommission Marketing in Bad Homburg mit einem schriftlichen Fragebogen befragt. Da nicht mehr alle Teilnehmer anwesend waren, als der Fragebogen verteilt wurde, wurde Ihnen der Fragebogen in einer Nachfassaktion zusätzlich per E-Mail zugeschickt. Außerdem wurden alle Mitglieder der Kommission Marketing, die nicht auf der Teilnehmerliste standen per E-Mail erstkontaktiert. Als letzte Teilmenge wurde denjenigen Habilitanden im Fach Marketing eine E-Mail zugeschickt, die weder Teilnehmer auf der Konferenz waren, noch Mitglieder der Kommission sind. Insgesamt hatte die Auswahlgesamtheit einen Umfang von N=192 Personen.

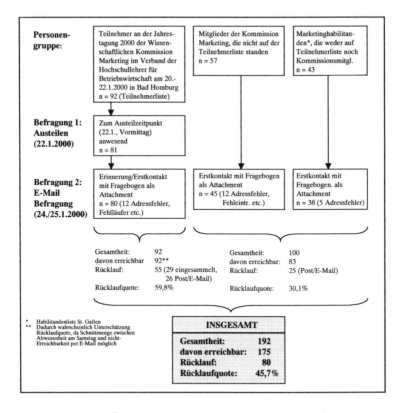

Abb. 3: Übersicht über Vorgehensweise bei der Befragung

Die Differenz zwischen angestrebter Grundgesamtheit und Auswahlgesamtheit (Undercoverage) enthält die unbekannte (aber wahrscheinlich nicht sehr große) Menge von deutschsprachigen Marketingwissenschaftlern, die weder auf der Konferenz anwesend waren, noch in der Kommission eingetragen waren oder sich auf der Habilitandenliste befanden.

Die Menge von möglichen Antwortern reduzierte sich weiter um insgesamt 17 Fehlläufer bzw. Fehleintragungen auf N = 175, die verzeichnet wurden. Bezogen auf diese Zahl entspricht der Rücklauf von n = 80 einer sehr zufriedenstellenden Quote von 45,7%.

Es war auffällig, dass der Rücklauf unter den Teilnehmern der Konferenz mit 59,8% deutlich höher war als der der beiden Restkategorien (30,1%). Gründe hierfür können sein, dass (1) diejenigen, die die Konferenz nicht besuchten, generell weniger Interesse für eher grundlagenorientierte Themen der Marketingforschung haben, (2) die Menge von Fehlläufern bei der E-Mail-Befragung wesentlich höher war, als dies an "Delivery Failure" Meldungen abgelesen werden konnte, (3) die eine Woche vorher durchgeführte E-Mail Befragung von Marketingwissenschaftlern durch *Prof. G. Bodenstein* zu einem verwandten Thema nicht rücklauffördernd wirkte oder (4) eine Befragung per E-Mail in diesem Personenkreis generell wenig motivierend wirkt. Wahrscheinlich spielen alle vier Begründungen eine gewisse Rolle.

Bei der Betrachtung der in der Stichprobe enthaltenen Elemente zeigt sich, dass eine breite Streuung über das Alter vorliegt und Professoren und Habilitanden den größten Anteil an den Befragten haben (vgl. *Abb. 4*).

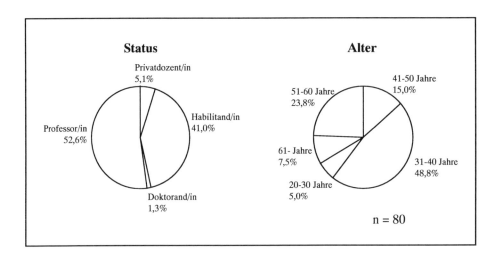

Abb. 4: Stichprobe

Es lässt sich festhalten, dass die Stichprobe wohl eine recht gute Annäherung an die angestrebte Grundgesamtheit darstellt. Eine leichte Überbetonung der im Verband stärker engagierten Mitglieder ist nicht auszuschließen, aber nicht sehr problematisch, da diese ja tatsächlich die deutschsprachige Marketingwissenschaft stärker prägen. Für die folgenden Auswertungen liegt damit eine gute Datenbasis vor.

3. Marketing als Wissenschaft

Im Folgenden werden die Positionen der Marketingwissenschaftler zu den vier metatheoretischen Dimensionen empirisch analysiert.

3.1 Zielsetzung

Zu welchem *Zweck* sollte die Marketingwissenschaft betrieben werden? Hierauf sind verschiedene Antworten denkbar (*Arndt* 1985a, S. 11ff.; *Chmielewicz* 1979, S. 17f.; *Hunt* 1979, S. 567ff.; *Raffée* 1993, S. 3f.; *Schanz* 1988, S. 6ff.) Die wichtigsten Wissenschaftsziele sind Erkenntnisgewinn und Gestaltung. Ein primär auf Gestaltung gerichtetes (pragmatisches) Wissenschaftsziel begreift den für die Praxis generierten direkten Verwertungsnutzen als Daseinsberechtigung und stellt damit das Kriterium der Nützlichkeit über das der Wahrheit. Die Ausrichtung erfolgt primär an externen Zielgruppen wie Unternehmen oder auch Konsumenten. Ein auf Erkenntnis gerichtetes (kognitives) Wissenschaftsziel dagegen stellt das Erkennen um des Erkennens willen, also intellektuelle Neugier, über den praktischen Nutzen. Die Orientierung erfolgt an der Wahrheit, nicht an der Nützlichkeit.

Beide Ziele können, müssen sich aber nicht ausschließen: Theoretische Erkenntnis kann durchaus von praktischem Nutzen sein, indem diese als Grundlage für praktisch bedeutsame technologische Aussagen verwendet wird (*Hünerberg* 1978, S. 471; *Tietz* 1993, S. 224f.; *Witte* 1981, S. 13ff.).

Dem Marketing wurde teilweise vorgeworfen, es vernachlässige das Erkenntnisziel zugunsten des Praxisberatungsziels (besonders prominent: *Schneider* 1983, S. 197ff.). Auch in Publikationen von Marketingwissenschaftlern finden sich häufig Forderungen wie, „[...] Marketing science is an applied discipline that should help business practice" (*Simon* 1994, S. 31; viele Belege liefert auch *Böttger* 1993, S. 88ff.), also Betonungen des Gestaltungsziels.

Vor diesem Hintergrund überraschen die empirischen Befunde (vgl. *Abb. 5*). Auf den ersten Blick zeigt sich, dass den Marketingwissenschaftlern *sowohl* Erkenntnisgewinn *als auch* Nützlichkeit für die Praxis wichtige Forschungsziele sind. Dies deutet auf ein *realtheoretisches* Verständnis der Marketingwissenschaftler hin, also auf die Zielsetzung, Erkenntnisgewinn mit praktischer Nützlichkeit zu verbinden (*Witte* 1983, S. 235ff.).

Betrachtet man den Befund genauer, so erkennt man, dass die Marketingwissenschaftler den Erkenntnisgewinn (Mittelwert 1,35) sogar als *wichtigeres* Ziel als die Gestaltung (Mittelwert 1,79) bewerten. Der Unterschied ist deutlich und hochsignifikant. Marketingwissenschaftler sind also, was die artikulierten Forschungsziele angeht, keinesfalls "mit öffentlichen Geldern finanzierte Unternehmensberater" (*Elschen* 1984, S. 60), sondern stark an theoretischer Erkenntnis interessiert.

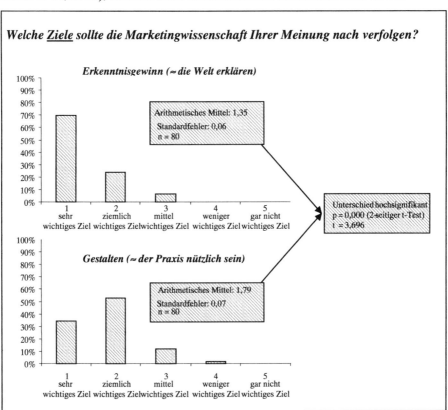

Abb. 5: Positionen zu Zielen der Marketingwissenschaft

Es kann damit festgehalten werden, dass die deutschsprachigen Marketingwissenschaftler die Bedeutung von nützlicher theoretischer Erkenntnis betonen und damit eine realtheoretische Orientierung zeigen.

3.2 Objektbereich

Es stellt sich die Frage, in welchem Realitätsausschnitt von der Marketingwissenschaft nützliche Erkenntnis gewonnen werden sollte. Welcher *Objektbereich* (*Behrens* 1993, Sp. 4767f.) sollte von der Marketingwissenschaft erforscht werden?

Die heutige deutschsprachige Marketingwissenschaft hat einen wesentlichen Ursprung in der Absatzwirtschaft (*Hansen/ Bode* 1999, S. 59ff.). Deren zentrales Erkenntnisobjekt war die marktliche Gestaltung und Vermarktung von vorwiegend industriell gefertigten Gütern.

Ausgehend von den USA (*Kotler/ Levy* 1969) wurde seit den 60er und 70er Jahren wiederholt vorgeschlagen, den Objektbereich des Marketing aus diesen Grenzen zu lösen und allgemein marktliche und nichtmarktliche Austauschbeziehungen zum Gegenstandsbereich der Marketingwissenschaft zu machen (*"Generic Concept of Marketing"*). Während der klassische Bereich des Marketing noch relativ scharf umrissen ist, werden bei einer Ausweitung des Marketingkonzeptes vielfältige Möglichkeiten sichtbar. Denkbar sind u.a. eine Ausweitung von Absatzmärkten auf Beschaffungsmärkte (vgl. *Kotler* 1973), eine Ausweitung von Waren- und Dienstleistungsmärkten auf Finanz- (vgl. *Link* 1995) und Personalmärkte (vgl. *Scholz* 1995), von Konsumgütermärkten auf Investitionsgütermärkte (vgl. *Backhaus* 1992), von unternehmensexternen auf unternehmensinterne Märkte (vgl. *Bruhn* 1999) und eine Ausweitung von profit-orientierten Märkten auf non-profit-orientierte Märkte und Austauschbeziehungen (vgl. *Kotler/ Andreasen* 1991).

Die Frage, welcher Objektbereich der geeignete für die Marketingwissenschaft ist, impliziert ein *Werturteil* (*Dichtl* 1983, S. 1066ff.; *Raffée/ Specht* 1974, S. 373ff.) und kann somit nur auf Basis einer Diskussion und Konsensbildung erfolgen. Eine "Wahrheitsfindung" durch logische oder empirische Prüfung ist hingegen nicht möglich (*Radnitzky* 1994, S. 383).

Gegner der Ausweitung führen als Argumente vor allem die Gefahren der Unübersichtlichkeit (*Robin* 1979, S. 605ff.), der identitätsgefährdenden Zersplitterung und der Begriffsverwirrung (*Arndt* 1978, S. 101ff.) an. Eine Ausdehnung des Marketingkonzeptes würde breite, aber dünne Ergebnisse hervorbringen, letztlich also am eigenen Anspruch scheitern (*Bartels* 1983, S. 32ff.).

Auf der anderen Seite wird angeführt, dass Probleme in erweiterten Objektbereichen denen des klassischen Objektbereiches oft sehr ähneln (*Pandya* 1985, S. 235ff.). Marketingprobleme befinden sich nicht nur auf *Absatz*märkten von Unternehmen. Die Marketingwissenschaft verfügt über das Potenzial, wichtige Lösungen auch in anderen Bereichen anzubieten (*Raffée* 1984, S. 1ff.). Aus eher formalen Gründen hierauf zu verzichten, sei weder der Reputation des Faches zuträglich (*Raffée* 1980, S. 317ff.) noch gesellschaftlich sinnvoll (*Stauss* 1987, S. 1ff.).

Einführende Texte zum Marketing erwecken oft den Eindruck, als herrsche in der Marketingwissenschaft ein breiter Konsens: Die "generische und weitere Fassung [des Objektbereiches] hat sich durchgesetzt" (*Meffert* 1995, Sp. 1472 und sinngemäß beispielsweise *Bruhn* 1997, S. 19 und *Scheuch* 1996, S. 4).

Ein Blick auf die empirischen Ergebnisse zeigt aber, dass von einer einheitlichen Befürwortung des Generic Concept of Marketing durch die deutschsprachigen Marketingwissenschaftler keine Rede sein kann (vgl. *Abb. 6*).

Die zweigipflige Verteilung weist vielmehr auf eine *kontroverse* Beurteilung hin. Eine Gruppe befürwortet einen fokussierten Objektbereich, eine andere zieht einen breiten Objektbereich im Sinne des Konzepts des Generic Marketing vor. Nur wenige Befragte sind unentschieden bzw. bevorzugen eine Kompromisslösung. Doch auch die Extremwerte sind nicht sehr stark besetzt.

Dies spricht für zwei Gruppen, die sich in dieser Frage eindeutig, aber nicht unversöhnlich voneinander unterscheiden. Angesichts der Gruppengrößen und des arithmetischen Mittelwertes von 3,25 kann festgehalten werden, dass es in der deutschsprachigen Marketingwissenschaft eine leichte (aber nicht signifikante) Tendenz zu einer weiteren Fassung des Objektbereiches zu geben scheint. Der Teil der Marketingwissenschaftler, die sich in der Forschung auf den klassischen Bereich des Marketing beschränken möchte, ist aber erstaunlich groß.

3.3 Methodologie

Unter "Methodologie" werden die Werkzeuge verstanden, mit welchen man in der Marketingwissenschaft das Ziel, nützliche Erkenntnisse in einem bestimmten Objektbereich zu gewinnen, erreichen möchte. Dabei werden hier zwei Schritte unterschieden und nacheinander analysiert: die Gewinnung von Aussagen (*methodologische Grundrichtung*) und deren Konfrontation mit der Realität (*empirische Methodik*).

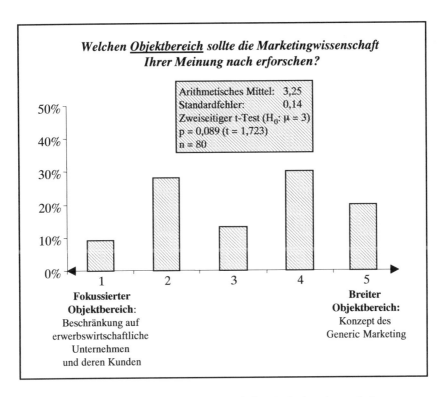

Abb. 6: Positionen zu Objektbereich der Marketingwissenschaft

3.3.1 Methodologische Grundrichtung

Im Marketing wie in der Betriebswirtschaftslehre generell sind zwei klar unterscheidbare methodologische Grundrichtungen beobachtbar (*Kirsch* 1979, S. 105ff.; *Knapp* 1984, S. 131ff.; *Raffée* 1993, S. 1ff.). Auf der einen Seite stehen ökonomisch geprägte, eher *formale Erklärungsansätze*, auf der anderen *verhaltenswissenschaftlich* orientierte Erklärungsansätze.

Formale, ökonomisch geprägte Erklärungsansätze gehen dabei von klaren Annahmen und Rationalität der Akteure aus und leiten daraus deren mutmaßliches Verhalten logisch ab. Durch neuere Entwicklungen in der Mikroökonomie, insbesondere im Rahmen der neuen Institutionenökonomie, der Informationsökonomik und der Spieltheorie hat diese Forschungsmethodik an realer Erklärungskraft gewonnen und daher auch im Marketing stark an Bedeutung gewonnen (*Fischer et al.* 1993; *Kaas* 1995; *Moorthy* 1993; *Thudium* 1996).

Verhaltenswissenschaftliche Erklärungsansätze, die stark von Nachbarwissenschaften wie der Psychologie und der Soziologie beeinflusst werden, betonen statt der Rationalität der Akteure die Bedeutung subjektiver Wahrnehmungs- und Bewertungsprozesse sowie hypothetischer Konstrukte für das menschliche Verhalten. Ihre Bedeutung im Marketing ist seit den 70er Jahren hoch (*Kroeber-Riel/ Weinberg* 1996, S. 4ff.).

Zwischen Vertretern beider Grundrichtungen wurden teilweise heftige Auseinandersetzungen ausgetragen (*Schneider* 1983; *Müller-Hagedorn* 1983; *Dichtl* 1983; *Braun* 1985; *Dichtl* 1998). Auf der anderen Seite wurde aber auch gezeigt, dass beide Ansätze keineswegs unvereinbar sind (*Akerlof/ Dickens* 1982; *Backhaus* 1992; *Etgar* 1982).

Zunächst wird gefragt, ob sich in der deutschsprachigen Marketingwissenschaft eine der beiden Richtungen gegenüber der anderen durchgesetzt hat. Daneben stellt sich die Frage, ob zwischen beiden Erklärungsansätzen tatsächlich eine Konkurrenzbeziehung besteht.

Die empirischen Befunde bestätigen zunächst, dass sowohl formale ökonomische, als auch verhaltenswissenschaftliche Erklärungsansätze im Marketing einen hohen Stellenwert innehaben (vgl. *Abb. 7*). Offensichtlich besteht kein Methodenmonismus, sondern eine stark pluralistische Tendenz.

Es wird aber auch deutlich, dass verhaltenswissenschaftlichen Erklärungen mit einem arithmetischen Mittel von 1,76 eine signifikant höhere Bedeutung als den formalen Erklärungen (Mittelwert 2,13) zugemessen wird. Das Selbstverständnis der deutschsprachigen Marketingwissenschaft ist damit trotz des Pluralismus *eher verhaltenswissenschaftlich* als formal-ökonomisch geprägt.

Zur Beantwortung der Frage, ob im Marketing zwei "unversöhnliche methodologische Lager" vorherrschen, wurden beide Variablen korreliert.

Es zeigt sich mit einer Korrelation von $r = -0,161$ eine schwach negative Beziehung: Eine hohe Zustimmung zur formalen Erklärung korrespondiert also tendenziell mit einer niedrigeren Befürwortung verhaltenswissenschaftlicher Ansätze und umgekehrt. Damit liegt tatsächlich eine Substitutions- bzw. Konkurrenzbeziehung zwischen beiden Grundverständnissen vor. Allerdings ist diese schwach ausgeprägt und statistisch nicht signifikant. "Feindliche Methodenlager" können keineswegs ausgemacht werden, die Befunde deuten eher darauf hin, dass die Forscher jeweils eine Präferenz für eine bestimmte methodologische Grundausrichtung haben, den Wert des anderen Ansatzes aber respektieren.

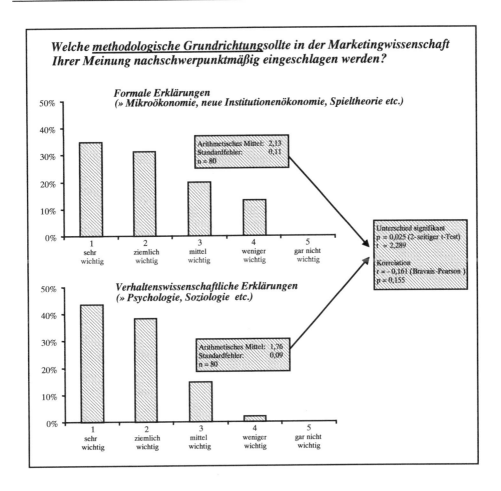

Abb. 7: Positionen zu methodologischen Grundrichtungen im Marketing

3.3.2 Empirische Methodik

Empirische Forschung hat in der Marketingwissenschaft eine lange Tradition und einen hohen Stellenwert (*Dichtl* 1983, S. 1066ff.; *Lazer* 1967, S. 707ff.; *Leong* 1985, S. 23ff.; *Martin* 1989, S. 135). Der Grund hierfür ist, dass Marketing als angewandte Realwissenschaft stark auf Kontakte zur Realität angewiesen ist. Ob in der *deutschen* Marketingwissenschaft ebenfalls konsequent empirisch geforscht wird, wird vereinzelt auch bezweifelt (*Böcker* 1979, S. 283ff.).

Daneben besteht über die Art und Weise, *wie* empirisch geforscht werden sollte, nicht immer Einigkeit. Klassische, am naturwissenschaftlichen Vorbild ausgerichtete *quantitative Ansätze*, die große Stichproben, das Testen von Hypothesen und ausgefeilte statistische Methoden in den Vordergrund stellen (stellvertretend: *Bass* 1995), wurden von Befürwortern *qualitativer Ansätze* wiederholt kritisiert (*Desphande* 1983; *Droge/ Calantone* 1984; *Jacoby* 1978; *Kirsch* 1984, S. 751f.; *Morgan/ Smircich* 1984; *Simon* 1994; *Tomczak* 1992). Besonders bemängelt wurde die Methodenfixierung, die Scheingenauigkeit der Befunde und die teilweise als trivial und praxisirrelevant empfundenen Ergebnisse. Stattdessen wird der Wert kleinzahliger Fallstudien und Explorationen betont.

Neben der Frage nach dem generellen Stellenwert von Empirie in der deutschsprachigen Marketingwissenschaft wird daher untersucht, ob quantitative oder qualitative empirische Ansätze bevorzugt werden und in welcher Beziehung diese Ansätze zu einander stehen. Anstatt der oben geschilderten möglichen Konkurrenzbeziehung (Konkurrenzhypothese) ist nämlich auch eine Komplementärbeziehung denkbar: Quantitative Untersuchungen sind ohne qualitative Vorarbeit kaum möglich und ergänzen einander daher (Komplementärhypothese: *Böttger* 1993, S. 115).

Die Befunde zeigen, dass empirische Forschung in der deutschsprachigen Marketingwissenschaft einen sehr hohen Stellenwert einnimmt (vgl. *Abb. 8*). Nur ein sehr geringer Teil der Befragten empfindet empirische Forschung mittel oder weniger wichtig. Ein größeres Defizit gegenüber der angloamerikanischen Marketingwissenschaft lässt sich anhand dieser Werte kaum begründen.

Die Zustimmung zu quantitativen empirischen Methoden (Mittelwert 1,75) ist signifikant höher als die Zustimmung zu qualitativen Methoden (Mittelwert 2,04). Damit lässt sich festhalten, dass die Marketingwissenschaft trotz obenstehender Kritik am quantitativen Forschungsparadigma dieses nach wie vor favorisiert.

Die Zustimmung zu beiden Formen der empirischen Forschung sind praktisch unabhängig voneinander, d.h. die Effekte heben einander auf. Von einer starken Präferenz für quantitative Forschung kann also weder auf Zustimmung noch auf Ablehnung qualitativer Forschungsansätze geschlossen werden (und umgekehrt). Die (nahezu) Nullkorrelation zwischen beiden Möglichkeiten zeigt, dass *weder* die Konkurrenz- *noch* die Komplementärhypothese bestätigt werden können.

Methodologische Grundrichtung und die Befürwortung von empirischer Methodik werden allgemein nicht als unabhängige Merkmale gesehen. So wird mit verhaltenswissenschaftlich orientierten Forschern oft eine Präferenz für empirische Forschung verbunden (*Dichtl* 1983, S. 1068), während formal-logisch arbeitende Wissenschaftler häufig mit dem Etikett des "Modellplatonismus", also einer antiempirischen Einstellung versehen werden (*Albert* 1963; *Kappler/ Trost* 1977; *Küttner* 1983; *Schanz* 1987).

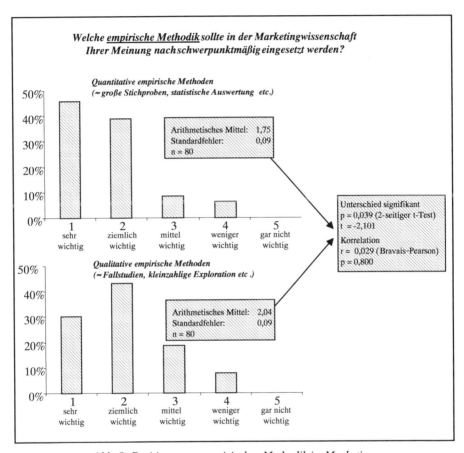

Abb. 8: Positionen zur empirischen Methodik im Marketing

Die Analyse zeigt, dass sich nur eine der beiden Vermutungen empirisch untermauern lässt (vgl. *Tab. 1*). Tatsächlich besteht eine signifikante positive Korrelation zwischen der Präferenz für verhaltenswissenschaftliche Erklärungen und der Präferenz für quantitative sowie qualitative empirische Methoden. Als je wichtiger ein Marketingwissenschaftler verhaltenswissenschaftliche Erklärungen empfindet, desto wichtiger erscheinen ihm auch quantitative (r = 0,261*) bzw. qualitative (r = 0,368**) empirische Methoden.

	Formale Erklärungen	Verhaltenswissenschaftliche Erklärungen
Quantitative empirische Methodik	r = 0,147 (p = 0,194)	r = 0,261* (p = 0,019)
Qualitative empirische Methodik	r = 0,036 (p = 0,754)	r = 0,368** (p = 0,001)
Produkt-Moment-Korrelation nach *Bravais-Pearson*, 2-seitiger Signifikanztest, n = 80		

Tab. 1: Beziehung zwischen methodologischer Grundrichtung und empirischer Methodik

Die Vermutung einer negativen Korrelation zwischen der Präferenz für formale Erklärungen und für empirische Methodik kann durch den Befund nicht gestützt werden. Es gibt im Gegenteil sogar eine leicht positive (allerdings nicht signifikante) Korrelation mit der Befürwortung quantitativer Methodik (r = 0,147).

Eine verhaltenswissenschaftliche Orientierung beeinflusst die Präferenz für empirische Methoden zwar positiv, eine formalwissenschaftliche Orientierung induziert aber keine Ablehnung.

3.4 Werturteile

Ist der Marketingwissenschaftler aus seiner Verantwortung entlassen, wenn er nützliche, unter Umständen empirische geprüfte Erkenntnis vorlegen kann oder sollte er darüber hinaus *Werturteile* abgeben?

Unstrittig ist, dass subjektive Entscheidungen im Basisbereich der Wissenschaft, also etwa Festlegungen über die Zielsetzung, den Objektbereich oder die Methodologie der Marketingforschung, unvermeidlich sind (*Raffée/ Specht* 1974, S. 373ff.). Offen ist dagegen die Frage, ob der Wissenschaftler dem *Weberschen* Postulat der Werturteilsfreiheit (*Weber* 1968, S. 146ff.) nachkommen sollte oder ob er *Werturteile im Aussagebereich* (*Schanz* 1988, S. 98ff.) abgeben sollte. Hierunter werden subjektive Wertungen oder präskriptive Sollzustände wie z.B. "vergleichende Werbung ist verwerflich" oder "mehr Kundennähe wäre bei deutschen Unternehmen wünschenswert" verstanden.

Befürworter von Werturteilen im Aussagebereich begründen dies mit der Verantwortung, die auch Marketingwissenschaftler für die Gesellschaft und Umwelt haben (vgl. z.B. *Hansen* 1988, S. 711ff.; *Wiedmann* 1993, S. 245ff.) und fügen oft hinzu, dass diese aber kenntlich gemacht werden müssten (*Raffée* 1980, S. 317ff.). Deren Gegner führen als Argument mit Verweis auf *Humes* Law die Tatsache auf, dass

Werturteile jenseits des Kompetenzbereiches der Wissenschaft liegen (*Radnitzky* 1994, S. 381ff.).

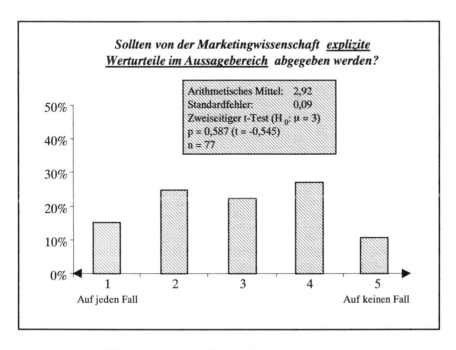

Abb. 9: Positionen zu Werturteilen im Aussagebereich

Der empirische Befund zeigt, dass hier unter den Marketingwissenschaftlern in diesem Punkt keine Einigkeit besteht (vgl. *Abb. 9*). Man erkennt eine breite, zweigipflige Verteilung der Antworten, aus der man vorsichtig die Existenz von zwei in etwa gleich großen Gruppen von Marketingwissenschaftlern folgern kann. Die eine befürwortet Werturteile im Aussagebereich, die andere lehnt sie ab. Nur eine verhältnismäßig geringe Anzahl der Befragten ist in diesem Punkt neutral. Damit kann festgehalten werden, dass in der deutschsprachigen Marketingwissenschaft in Bezug auf die Frage, ob sich Forscher mit ethischen bzw. subjektiven Werturteilen im Aussagenbereich "einmischen" sollten, sehr große Unterschiede bestehen. Nur bei der Frage des Objektbereiches (vgl. 3.2) bestehen vergleichbar große Differenzen.

4. Wissenschaftliches Grundverständnis: Konstruktivismus oder Realismus?

Anhand der bisher sichtbar gewordenen divergierenden Positionen zur Marketingwissenschaft kann vermutet werden, dass bei den Forschern kein einheitliches wissenschaftliches Grundverständnis besteht.

An der Frage, welches wissenschaftliche Grundverständnis das richtige für die Marketingwissenschaft sei, entzündeten sich in den 80er und 90er Jahren heftige Debatten in der US-amerikanischen Marketingforschung. Damit wurde eine Auseinandersetzung nachvollzogen, die in der wissenschaftstheoretischen Forschung bereits in den 70er Jahren geführt wurde (*Feyerabend* 1976; *Kuhn* 1978; *Lakatos/ Musgrave* 1974). Vereinfachend lassen sich zwei gegensätzliche Positionen im wissenschaftlichen Grundverständnis kontrastierend gegenüberstellen: eine *realistische* und eine *konstruktivistische* Auffassung.

> *Realistische* Wissenschaftsauffassungen betonen als Quelle der Erkenntnis die Realität, also die "äußere Welt". Von dieser wird angenommen, dass sie Gesetzmäßigkeiten enthält, die von der Wissenschaft entdeckt und annähernd wahr und objektiv beschrieben werden können. Um eine allmähliche Wissenskumulation zu erreichen, sind in der Wissenschaft strenge (Qualitäts-) Normen wichtig, die das Vorgehen regeln. Wissenschaftshistorisch gehen diese Ansätze auf die Philosophen *Bacon*, *Comte*, *Hume*, *Locke* und *Popper* zurück. Prominente Vertreter von realistischen Wissenschaftsauffassungen im Marketing sind z.B. *Brodbeck* 1982; *Blair/ Zinkhan* 1984 und vor allem *Hunt* 1990; 1991a; 1992 und 1993. Realistische Wissenschaftsauffassungen existieren in verschiedenen Varianten, die jeweils eigene Besonderheiten aufweisen, wie kritischer Rationalismus, Positivismus oder logischer Empirismus.
>
> Das Gegenstück zu den realistischen Auffassungen stellen *konstruktivistische* Wissenschaftsauffassungen dar, deren Wurzeln bei *Berkeley*, *Hegel*, *Husserl*, *Kant* und *Spinoza* liegen und u.a. von *Kuhn* 1978 und *Feyerabend* 1976 weiter ausgearbeitet wurden. Es wird betont, dass Wirklichkeit sozial konstruiert und Erkenntnisse letztlich Artefakte des Menschen sind. Entsprechend pessimistisch sind relativistisch orientierte Forscher bezüglich Kategorien wie "Wahrheit" oder "Objektivität" und der Möglichkeit des Wissenszuwachses. Im Marketing wurden konstruktivistische Positionen u.a. von *Anderson* 1988; *Anderson* 1986; *Hirschman* 1986; *Hudson/ Ozanne* 1988 und *Peter/Olson* 1983 vertreten. Auch der Begriff des Konstruktivismus bündelt verschiedene wissenschaftliche Richtungen wie die unterschiedlichen Formen des Relativismus oder symbolischen Interaktionismus.

Für die USA teilen die meisten Autoren den Eindruck, dass realistische Wissenschaftsorientierungen im Marketing dominieren (*Böttger* 1993, S. 104; *Hirschman* 1986, S. 237ff.; *Hunt* 1991a, S. 305ff.). Auch in der deutschsprachigen Marketingliteratur finden sich viele Bekenntnisse zu realistischen Wissenschaftskonzeptionen (z.B. *Fritz* 1984, S. 72ff.; *Raffée* 1993, S. 1ff.; *Wiedmann* 1993, S. 163). Ob dies tatsächlich eine Mehrheitsmeinung ist, wird im Folgenden analysiert.

Dazu wurden beide komplexen latenten Konstrukte "realistische Orientierung" und "konstruktivistische Orientierung" mit Hilfe der aus der Pilotstudie gewonnenen sechs Items gemessen, die diese Grundüberzeugungen am besten widerspiegeln (vgl. *Abschnitt 1.2* und *Anhang*).

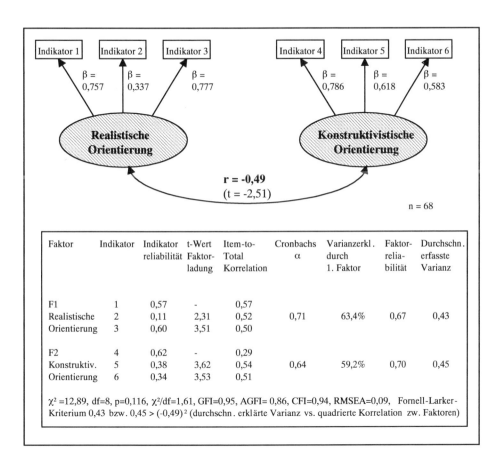

Abb. 10: Ergebnisse der konfirmatorischen Faktorenanalyse

Zur Überprüfung der Operationalisierung und zur Bestimmung der Gewichte der (Sub-)Indices für beide Konstrukte wurde eine konfirmatorische Faktorenanalyse (Kovarianzstrukturanalyse) gerechnet (vgl. *Abb. 10*). Es zeigt sich, dass hypothesengemäß zwischen beiden Konstrukten ein deutlicher negativer Zusammenhang besteht. Je stärker ein Wissenschaftler einem realistischen Wissenschaftsverständnis zuneigt, desto weniger befürwortet er eine konstruktivistische Haltung (und umgekehrt). Dies und die weiteren Kennzahlen der Analyse sprechen für eine valide Messung.

Zur weiteren Untersuchung wurden die beiden Einzelindices durch Subtraktion zu einem einzigen, gleichgewichteten Index vereinigt, der das wissenschaftliche Grundverständnis des befragten Wissenschaftlers abbildet. Der Index hat einen Wertebereich von [-4; 4], wobei negative Werte einer tendenziell realistischen und positive Werte einer eher konstruktivistischen Orientierung entsprechen.

Der Befund zeigt, dass die deutschsprachige Marketingwissenschaft in ihrem wissenschaftlichen Grundverständnis mehrheitlich eher konstruktivistisch als realistisch geprägt ist (vgl. *Abb. 11*). Die Hälfte der Befragten (50,0%) stimmt konstruktivistischen Positionen stärker zu als realistischen, während ein Drittel (30,9%) in etwa neutral ist. Nur jeder fünfte Forscher (19,1%) tendiert eher zu realistischen Positionen. Der Mittelwert der Verteilung ist signifikant (p = 0,001) von Null verschieden, d.h. die Nullhypothese, wonach beide wissenschaftliche Grundverständnisse gleich stark vertreten sind, muss abgelehnt werden. Die scheinbare Exaktheit dieses Befundes muss allerdings etwas relativiert werden.

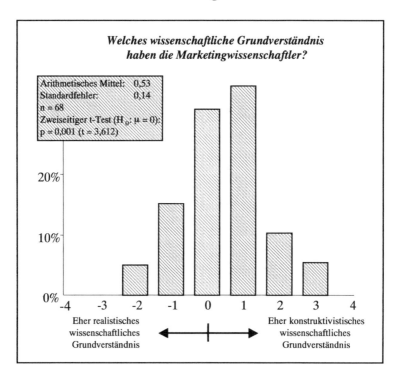

Abb. 11: Wissenschaftliches Grundverständnis

Denn der verwendete Index konnte bisher nicht kalibriert werden, so dass unklar ist, ab welchen Werten eine eindeutig realistische bzw. konstruktivistische Orientierung vorliegt.

Dennoch kann als erstaunliches Ergebnis festgehalten werden, dass in der deutsch-sprachigen Marketingwissenschaft die realistische Orientierung zumindest nicht dominiert. Eine Polarisierung in antagonistische Lager, wie sie sich aus der z.T. hitzigen Diskussion in den USA ableiten ließe, kann nicht festgestellt werden. Die an eine rechtssteile Normalverteilung erinnernde Verteilung weist vielmehr auf eine Tendenz zu einem nicht-extremen, aufgeklärten wissenschaftlichen Grundverständnis hin.

5. Marketingwissenschaft: eine oder mehrere Identitäten?

In der vorliegenden Untersuchung deutete sich mehrfach an, dass unter den Marketingforschern keine Identität im Sinne von einheitlichen Positionen zur Marketingwissenschaft vorliegt. Bei den meisten Analysen wurde vielmehr eine breite Spannweite an Meinungen sichtbar. Bei näherer Betrachtung der Interkorrelation der Daten wurde zudem deutlich, dass diese Positionen nicht unabhängig voneinander sind. Es existieren vielmehr Querverbindungen und bestimmte Antwortmuster.

Durch eine Clusteranalyse ist es möglich, die Tendenz zur Gruppenbildung bei den Befragten explorativ nachzuvollziehen und bestimmte metatheoretische Schulen in der Marketingwissenschaft empirisch transparent zu machten. Die Analyse erbrachte vier Cluster, die sich sehr deutlich voneinander unterscheiden und im Folgenden kurz charakterisiert werden (vgl. *Tab. 2*):

- die "formalwissenschaftliche Schule" (Cluster 1) mit 17% Anteil,

- die "empirische Schule" (Cluster 2) mit 32% Anteil,

- die "verhaltenswissenschaftliche Schule" (Cluster 3) mit 42% Anteil,

- die "managementorientierte Schule" (Cluster 4) mit 9% Anteil.

Die relativ kleine *"formalwissenschaftliche Schule"* hat eine deutliche Präferenz für formale Erklärungen. Sie werden verhaltenswissenschaftlichen Erklärungen eindeutig vorgezogen. Die Betonung des Erkenntnisziels vor dem Gestaltungsziel zeigt die wissenschaftliche Ernsthaftigkeit dieser Schule. Der Objektbereich des Marketing sollte nach Meinung der formalwissenschaftlichen Schule schmal gefasst sein, Werturteile im Aussagebereich werden eher abgelehnt. Empirische Methoden, besonders qualitativer Art haben in dieser Schule keinen besonders hohen Stellenwert.

Die *"empirische Schule"* zeigt vor allem eine ausgeprägte Vorliebe für quantitative sowie qualitative empirische Forschung. Anhand der starken Betonung sowohl des Erkenntnis- als auch des Gestaltungszieles wird ein realtheoretisches Wissenschaftsverständnis sichtbar. Es wird als möglich angesehen, theoretische Erkenntnis mit praktischer Nutzbarkeit zu verbinden. Erreichbar erscheint dies den Angehörigen dieser zweitgrößten Schule sowohl anhand formaler als auch verhaltenswissenschaftlicher Ansätze.

Die in der deutschsprachigen Marketingwissenschaft anteilsmäßig dominierende Schule ist die *"verhaltenswissenschaftliche Schule"*. Sie bevorzugt verhaltenswissenschaftliche Ansätze gegenüber formalen Ansätzen deutlich. Dabei ist sie vor allem erkenntnisorientiert und erst in zweiter Linie an praktischer Gestaltung interessiert. Angesichts der interdisziplinären Orientierung, die auf eine Einbeziehung der Erkenntnisse von Nachbarwissenschaften wie Psychologie und Soziologie gerichtet ist, erscheint es folgerichtig, dass von der verhaltenswissenschaftlichen Schule ein breiter, generischen Objektbereich der Marketingwissenschaft favorisiert wird.

Die kleinste Gruppe ist die *"managementorientierte Schule"*. Ihre Angehörigen präferieren das Gestaltungsziel eindeutig vor dem Erkenntnisziel. Wissenschaftler sollten sich auch mit Werturteilen im Aussagebereich einmischen, und zwar in einem möglichst breiten Objektbereich. Formale theoretische Erklärungen werden von dieser klar konstruktivistisch orientierten Schule - vermutlich wegen ihrer problematischen Kommunizierbarkeit in der Praxis - relativ deutlich abgelehnt.

Cluster	Er-kenntnis	Gestal-tung	Objekt-bereich	Wert-urteile	Formale Erklä-rungen	Verhalt enswiss. Erklär.	Quant. Empirie	Quali-tat. Empirie	Wiss. verständ-nis	Anteil
1	1,18	2,18	2,09	3,27	1,45	3,09	2,09	2,64	0,62	17%
	[0,12]	[0,18]	[0,16]	[0,19]	[0,21]	[0,16]	[0,31]	[0,20]	[0,24]	
2	1,19	1,33	2,90	3,24	1,71	1,14	1,33	1,38	0,75	32%
	[0,10]	[0,11]	[0,31]	[0,31]	[0,20]	[0,07]	[0,11]	[0,13]	[0,28]	
3	1,25	2,11	3,93	2,82	2,64	1,61	1,71	2,18	0,28	42%
	[0,08]	[0,13]	[0,18]	[0,22]	[0,20]	[0,11]	[0,16]	[0,15]	[0,23]	
4	2,83	1,00	3,83	1,50	3,00	2,00	2,17	1,67	1,13	9%
	[0,17]	[0,00]	[0,31]	[0,22]	[0,36]	[0,26]	[0,31]	[0,21]	[0,48]	
Δ (p)	*** (0,000)	*** (0,000)	*** (0,000)	* (0,014)	*** (0,000)	*** (0,000)	* (0,031)	*** (0,000)	n.s. (0,334)	
Clusteranalyse: Ward-Methode, quadr. euklid. Distanz, Basis z-Werte aller Variablen, Clusterzahl anhand Ellbow-Kriterium (Fehlerquadratsumme 69%), n=66, arithmetische Mittelwerte [Standardfehler des Mittelwertes in Klammern]; Unterschiedstest mit einfaktorieller Varianzanalyse, *p<0,05; **p<0,01; ***p<0,001										

Tab. 2: Ergebnis der Clusteranalyse

Auch die Zustimmung zu verhaltenswissenschaftlichen Erklärungsansätzen und quantitativen empirischen Methoden ist verhalten. Als wichtig werden dagegen qualitative empirische Methoden empfunden.

Bei dieser Einteilung fallen deutliche Parallelen zu bestehenden Einteilungen auf (*Carman* 1980; *Herrmanns/ Meyer* 1984; *Meffert* 1999; *Sheth/ Gardner/ Garret* 1988), die allerdings nicht empirisch, sondern auf Basis von historischen Analysen bzw. inhaltlich-argumentativ gewonnen wurden.

Festzuhalten bleibt, dass empirisch gezeigt werden kann, dass die Marketingwissenschaft tatsächlich nicht eine, sondern (zumindest) *vier Identitäten* im ethymologischen Ursprungssinne einer "Wesenseinheit" (*Pfeifer* 1995, S. 570) vorliegen. Daraus aber eine atomistische Fragmentierung oder Zersplitterung des Marketing und damit eine "Identitätskrise" (*Demirdjian* 1976, S. 672ff.) abzuleiten, erscheint übereilt. Meta-theoretischer Pluralismus und Ideenvielfalt in einem großen Wissenschaftszweig wie dem Marketing kann auch positiv gewertet werden (*Arndt* 1985b, S. 3ff.; *Hunt* 1991b, S. 32ff.).

6. Theorien als Wissensbausteine der Marketingwissenschaft

Die Marketingwissenschaft besteht - wie jede Wissenschaft - nicht nur aus meta-theoretischen Festlegungen oder Methoden. "Wissenschaft" stammt von "Wissen" (*Witte* 1998, S. 731ff.) und dieses Wissen wird vor allem in Theorien zusammengefasst und gespeichert.

In seiner an *Lakatos* angelehnten Rekonstruktion des Marketing unterteilt *Leong* (1985) diese Ebene in *Forschungsprogramme* (Research Programs), die einzelne *Theorien mittlerer Reichweite* (Middle Range Theories) zusammenfassen, aus denen dann einzelne *Arbeitshypothesen* (Working Hypotheses) abgeleitet werden können. Diese Strukturierung erwies sich bei der Analyse der Antworten auf die offen gestellte Frage, welche Theorien die größte Bedeutung für den Erkenntnisstand der Marketingwissenschaft hätte, als sehr hilfreicher konzeptioneller Rahmen. Eingeräumt werden muss jedoch, dass die Grenze zwischen umfassenden Forschungsprogrammen und operationalen Theorien mittlerer Reichweite fließend ist und die Zuordnung von Nennungen im Einzelfall sicherlich kritisierbar ist. Auf die Glättung von Überschneidungen (z.B. wird die Informationsökonomie teilweise unter dem Begriff der Neuen Institutionenökonomie geführt) wurde verzichtet, um die Vielfalt der Antworten nicht zu verwischen.

Bei Betrachtung der Ergebnisse (vgl. *Abb. 12*) wird klar, dass diese eine direkte Anknüpfung an die in 1.3.3.1. eingeführte Unterteilung in formalökonomische bzw.

verhaltenswissenschaftliche methodologische Grundrichtungen erlauben. Ähnlich
wie bei obenstehender Analyse überwiegen verhaltenswissenschaftliche Theorien
mit insgesamt 67 Nennungen gegenüber formalökonomischen Ansätzen mit 59
Nennungen. Dies unterstreicht die Validität der Untersuchung und die Geschlossenheit des verwendeten Analyserasters.

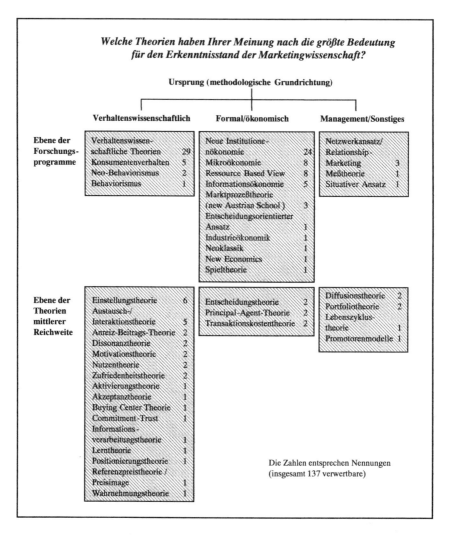

Abb. 12: Wichtigste Theorien im Marketing

Unter den formalen ökonomischen Forschungsprogramm beeindruckt die hohe Bedeutung vor allem der *Neuen Institutionenökonomie*. Innerhalb von wenigen Jahren hat sie nach Meinung der Befragten auch im Marketing eine kaum wegzudenkende Bedeutung erlangt. Ebenfalls als bedeutsam werden Mikroökonomie, Ressource Based View, Informationsökonomie und Marktprozesstheorie angesehen. Auffällig ist, dass beim formalökonomischen Wissensbestand eine wesentlich größere Geschlossenheit festgestellt werden kann: Forschungsprogramme überwiegen hier zahlenmäßig sehr deutlich gegenüber den Theorien mittlerer Reichweite (deren Nennungen z.T. sogar auch unter Forschungsprogrammen subsummiert werden könnten). Erklärbar ist dies durch die stark axiomatisierten Herangehensweise mit der Annahme der Rationalität als Kernelement (*Witte* 1998).

Bei den verhaltenswissenschaftlich geprägten Theorien finden sich deutlich mehr Theorien mittlerer Reichweite als Forschungsprogramme, die eher den Charakter von reinen Sammelbegriffen haben. Anscheinend muss für die größere Realitätsnähe dieser Theorien der Preis einer geringeren Geschlossenheit und Verflechtung mit anderen Theorien entrichtet werden. Als für die Marketingwissenschaft wichtigste Theorie mittlerer Reichweite wird die *Einstellungstheorie* angesehen. Ebenfalls von Bedeutung für den Wissensbestand im Marketing wird die Austausch- bzw. Interaktionstheorie sowie die Anreiz-Beitrags-Theorie, die Theorie der kognitiven Dissonanz, Motivationstheorien, Nutzentheorie und die Zufriedenheitstheorie angesehen.

Unter den Theorien, die weder formalökonomischen noch verhaltenswissenschaftlich geprägten Ansätzen ohne weiteres zugeordnet werden können, nehmen Netzwerkansatz/ Relationship-Marketing als Forschungsprogramm sowie Diffusionstheorie und Portfoliotheorie als Theorien mittlerer Reichweite einen hohen Rang ein.

7. Ein Blick in die Zukunft der Marketingwissenschaft

Zur Analyse, wie die Zukunft der Marketingwissenschaft aussehen könnte, werden zwei Perspektiven gewählt. Zunächst wird untersucht, ob Veränderungen in der metatheoretischen Orientierung in der Marketingwissenschaft zu erwarten sind. Anschließend werden auf der konkreten Theorienebene freie Forschungsfelder identifiziert.

7.1 Metatheoretische Orientierung im Wandel?

Um zu untersuchen, ob in der Marketingwissenschaft ein Wandel in den meta-theoretischen Positionen zu erwarten ist, werden die Positionen von jüngeren mit denen von älteren Marketingwissenschaftlern verglichen. Werden Unterschiede ermittelt, so zeigen diese möglicherweise Veränderungen in der relativen Bedeutung von Positionen an, die durch das Nachrücken neuer Forschergenerationen entstehen werden. Unterstellt ist dabei eine individuelle Konstanz der Position, also *Generationeneffekte* und nicht Alters- oder Epocheneffekte (*Daumenlang* 1995, S. 309ff.).

Im Befund zeigt sich, dass es kaum signifikante und bedeutsame Unterschiede in den metatheoretischen Positionen jüngerer und älterer Marketingwissenschaftler gibt (vgl. *Tab. 3*).

Leichte Unterschiede fallen nur bei zwei Variablen auf. Jüngere Marketingwissenschaftler stehen verhaltenswissenschaftliche Erklärungsansätzen und vor allem qualitativen empirischen Methoden nicht ganz so positiv gegenüber wie die älteren Forscher. Für rein qualitativ betriebene verhaltenswissenschaftliche Forschung kann also vorsichtig ein leichter *Bedeutungsrückgang* prognostiziert werden.

Cluster	Er-kenntnis	Gestal-tung	Objekt-bereich	Wert-urteile	Formale Erklä-rungen	Verhalt enswiss. Erklär.	Quant. Empirie	Quali-tat. Empirie	Wiss. verständ-nis	Anteil
bis 40 Jahre	1,40 [0,09]	1,81 [0,10]	3,16 [0,18]	3,00 [0,17]	2,13 [0,16]	1,95 [0,12]	1,88 [0,13]	2,28 [0,13]	1,18 [0,20]	54%
41 Jahre und älter	1,30 [0,10]	1,76 [0,12]	3,,35 [0,24]	2,83 [0,23]	2,11 [0,17]	1,54 [0,12]	1,59 [0,14]	1,76 [0,14]	0,40 [0,22]	46%
Δ (p)	n.s. (0,47)	n.s. (0,71)	n.s. (0,53)	n.s. (0,57)	n.s. (0,90)	* (0,02)	n.s. (0,14)	** (0,00)	n.s. (0,41)	
n=80, arithmetische Mittelwerte [Standardfehler des Mittelwertes in Klammern]; Unterschiedstest mit zwei-seitigem t-Test für unabhängige Stichproben, Test auf Varianzgleichheit mit Levene-Test, *p<0,05; **p<0,01; ***p<0,001										

Tab. 3: Generationen von Marketingwissenschaftlern im Vergleich

Angesichts der Ausgeglichenheit in den übrigen Variablen kann aber festgehalten werden, dass größere forschungskonzeptionelle Umbrüche oder gar "wissenschaftliche Revolutionen" (*Kuhn* 1978) durch die personellen Erneuerung in den nächsten Jahren bzw. Jahrzehnten nicht zu erwarten sind. Die deutschsprachige Marketingwissenschaft erscheint insofern beständig und gefestigt.

7.2 Freie Forschungsfelder

Um sinnvolle zukünftige Betätigungsfelder der Marketingwissenschaft zu identifizieren, wurde den Befragten die offene Frage gestellt, bei welchen realen Marketingproblemen oder -phänomenen der Mangel an theoretischer Erkenntnis derzeit am größten sei. Die zahlreichen Antworten wurden behutsam konsolidiert (z.B. wurde "marktgerechte Neuproduktentwicklung" unter "Innovationsmarketing" gefasst).

Es zeigt sich, dass dem Phänomen des *Internet* bzw. dessen Nutzung im Marketing nach Meinung der Marketingwissenschaftler derzeit das wichtigste künftige Forschungsfeld darstellt (vgl. *Abb. 13*). Auch das damit gewiss in Zusammenhang stehende *Innovationsmarketing* hat eine hohe Bedeutung. Zusammengenommen sind Aspekte des *strategischen Marketing* bzw. des Managements von Interaktionen und Kooperationen (*Relationship Marketing*) ähnlich wichtig.

Besonders wichtig ist auch die Erforschung der Prozesse, die bei der *Implementierung* von Marketingkonzepten bzw. bei der Umsetzung von Marketingorientierung im Unternehmen ablaufen (sollten). Auch klassische Bereiche wie vertikales Marketing, Konsumentenverhalten und Markenmanagement wurden von den Befragten sehr häufig genannt. Sie scheinen auch in Zukunft aktuell zu sein. Überraschend hoch ist der Stellenwert von Forschung in Zusammenhang mit Non-Profit-Organisationen.

Die Befragten nannten noch weitere reale Marketingprobleme und -phänomene in beeindruckender Zahl und Vielfalt. Die Wissenschaftslandkarte des Marketing enthält also noch zahlreiche weiße Flecken. Für Praktiker ist dies womöglich ein bedauerlicher, für neugierige Forscher gewiss ein erfreulicher Befund.

8. Fazit

Die deutschsprachige Marketingwissenschaft ist auf den Gewinn von nützlicher Erkenntnis mit Hilfe sowohl formaler wie vor allem verhaltenswissenschaftlicher Erklärungsansätze ausgerichtet. Empirische Forschung wird nachdrücklich befürwortet. Keine Einigkeit besteht in der Frage, welcher Objektbereich von der Marketingwissenschaft erforscht werden sollte und ob Werturteile im Aussagebereich abgegeben werden sollten. Im wissenschaftlichen Grundverständnis konnte ein leichtes Übergewicht an konstruktivistischen Positionen festgestellt werden.

Durch eine Clusteranalyse auf Basis der metatheoretischen Positionen konnten vier Schulen identifiziert werden: die "formalwissenschaftliche Schule" mit 17%, die "empirische Schule" mit 32%, die "verhaltenswissenschaftliche Schule" mit 42% und die managementorientierte Schule" mit 9% Anteil. Dadurch wird unterstrichen, dass in der deutschsprachigen Marketingwissenschaft nicht eine, sondern verschiedene stabile Identitäten vorliegen.

Bei welchen realen Marketingproblemen oder -phänomenen ist der Mangel an theoretischer Erkenntnis am größten?

Rang

1. Internet-Marketing / E-commerce: 13 Nennungen
2. Strategisches Marketing: Findung, Planung, Pflege, Fähigkeiten: 10 Nennungen
3. Innovationsmarketing (Entwicklung, Diffusion, Akzeptanz): 8 Nennungen
4. Implementierung: 8 Nennungen
5. Konsumentenverhalten: 6 Nennungen
6. Marketingorientierung: Umsetzung des externen Marketing nach innen: 5 Nennungen
7. Vertikales Marketing/ECR: 4 Nennungen
8. Relationship Marketing: Interaktions- / Kooperationslogiken, Netzwerke: 4 Nennungen
9. NPO Marketing: 4 Nennungen
10. Markenmanagement: Markenbildung, -bindung und –pflege: 4 Nennungen

Internationales Marketing (3); Konkurrenzverhalten (3); Preismarketing (3); Wettbewerberverhalten (3); Gesellschaftsorientiertes Marketing (2); Marketing Mix (2); Öko-Marketing (2); Persönlicher Verkauf (2); Abstimmung von Kunden- und Ressourcenorientierung (1); Bedeutung unterschiedlicher Menschenbilder der Theorie(n) für praktisches Entscheidungsverhalten (1); Beeinflussung von Vermarktung an junge Konsumenten (1); Branchenentwicklung (1); Controlling im Marketing (1); Dienstleistungsmarketing (1); Dynamische Marktprozesse (Veränderungen, Werte, Beziehungen, Institutionen...) (1); Informationsprozesse (1); Instrumentierung (1); Kaufentscheidungsprozesse von/in Organisationen (1); Kundenmanagement (1); Langfristige (über 5 Jahre) Marketing-Mix-Probleme (1); Marketing für öffentliche Unternehmen (1); Marketing in dynamischen Umwelten (1); Marketingbudgetierung (1); Marketingorganisation (1); Marktprozesse (1); Mehrstufige Märkte / Wertkettensysteme (1); Messewesen (1); Monetäre Bewertung von Marketingaktivitäten (1); Nachfrager- und Anbieterverhaltensweisen auf Industriegütermärkten (1); Präsentationspolitik im Handel (1); Prozeßabläufe (1); Schnittstellenbetrachtung von ganzheitlichem Marketingansatz (1); Theorien biochemisch gesteuerten wirtsch. Verhaltens (1); Verknüpfung von Marketingdaten unterschiedl. Herkunft (1); Werbemittelgestaltung (1); Werbewirkung (klassische wie neue Medien) (1); Wirkung nicht-klassischer Kommunikationsinstrumente (Sponsoring, UKF etc.) (1); Wirkungseffekte (komplexer) Marketing-Mix-Kombinationen (1); Zusammenwirken kognitiver und affektiver Prozesse (1)

Insgesamt 117 Nennungen

Abb. 13: Freie Forschungsfelder

Der große Umfang, der bei den freien Forschungsfeldern und dem erarbeitetem Wissen im Marketing sichtbar wurde, lassen dies als erfreulichen Befund erkennen: Vielfalt in den Problemen lässt sich am besten mit Pluralismus in der Herangehensweise begegnen.

Anhang: Ergebnisse der Pilotstudie und Fragebogen der Haupterhebung

Pilotstudie zur Itemanalyse: Ergebnisse der Item-Selektion

Faktor	Indikator	Indikator reliabilität	t-Wert Faktor- ladung	Item-to- Total Korrelation	Cronbachs α	Varianzerkl. durch 1. Faktor	Faktor- relia- bilität	Durchschn. erfasste Varianz
F1	1	0,61	-	0,70				
Realistische	2	0,76	5,33	0,57	0,80	72,3%	0,81	0,60
Orientierung	3	0,40	4,60	0,70				
F2	4	0,53	-	0,37				
Konstruktiv.	5	0,40	3,32	0,43	0,54	52,9%	0,69	0,43
Orientierung	6	0,36	3,27	0,30				

χ^2 =11,71, df=8, p=0,165, χ^2/df=1,46, GFI=0,94, AGFI= 0,85, CFI=0,96, RMSEA=0,08, Fornell-Larker-Kriterium 0,60 bzw. 0,43 > $(-0,48)^2$ (durchschn. erklärte Varianz vs. quadrierte Korrelation zw. Faktoren)

1. Ziele der Marketingwissenschaft

Welche *Ziele* sollte die Marketingwissenschaft Ihrer persönlichen Meinung nach schwerpunktmäßig verfolgen? Wie wichtig sollten Ihrer Meinung nach das Streben nach **Erkenntnisgewinn** (≈ die Welt erklären) und **Gestaltung** (≈ der Praxis nützlich sein) sein? [Jeweils 5-stufig nach Wichtigkeit ratingskaliert]

2. Objektbereich der Marketingwissenschaft

Welchen **Objektbereich** sollte die Marketingwissenschaft Ihrer persönlichen Meinung nach erforschen? Einen eher **fokussierten** (Beschränkung auf erwerbswirtschaftliche Unternehmen und deren Kunden) oder einen eher **breiten** Objektbereich (Konzept des Generic Marketing)? [5-stufig bipolar ratingskaliert]

3. Werturteile in der Marketingwissenschaft

Sollten Ihrer persönlichen Meinung nach von der Marketingwissenschaft - ohne Rücksicht auf ihren Inhalt - **explizite Werturteile im Aussagenbereich** (z.B. "vergleichende Werbung ist verwerflich" oder "mehr Kundennähe wäre bei deutschen Unternehmen wünschenswert") gemacht werden? [5-stufig nach Zustimmung ratingskaliert]

4. Methodologie der Marketingwissenschaft

Welche **Forschungsmethoden** sollten in der Marketingwissenschaft Ihrer persönlichen Meinung nach schwerpunktmäßig eingesetzt werden? Formale Methoden (≈ Mikroökonomie, neue Institutionenökonomie, Spieltheorie etc.), verhaltenswissenschaftliche Methoden (≈ Psychologie, Soziologie etc.), quantitative empirische Methoden (≈ große Stichproben, statistische Auswertung etc.), qualitative empirische Methoden (≈ Fallstudien, kleinzahlige Exploration etc.) [Jeweils 5-stufig nach Wichtigkeit ratingskaliert]

---

5. Meinungen zur Marketingwissenschaft

Wie sehr entsprechen die folgenden Aussagen Ihrer persönlichen Meinung? "Die (Marketing-) Wissenschaft ist grundsätzlich in der Lage, universelle Gesetze und Regelmäßigkeiten zu finden.", "Aufeinander aufbauende (marketing-)wissenschaftliche Theorien kommen der Wahrheit immer näher.", "Die gegenwärtig besten (marketing-)wissenschaftlichen Theorien sind zumindest annähernd wahr.", "(Marketing-)Wissenschaft ist subjektiv.", "(Marketing-)wissenschaftliche Ideen sind kontextabhängig, also abhängig vom jeweiligen Referenzrahmen", "Die (Marketing-)Wissenschaft konstruiert viele verschiedene Realitäten." [Jeweils 5-stufig nach Zustimmung ratingskaliert]

---

6. Theorien im Marketing

Welche **Theorien** haben Ihrer persönlichen Meinung nach die **größte Bedeutung** für den Erkenntnisstand der Marketingwissenschaft (Body of Knowledge)? [offen gefragt]

---

7. Freie Felder in der Marketingwissenschaft

Bei welchen realen Marketingproblemen oder -phänomenen ist der **Mangel an theoretischer Erkenntnis** Ihrer persönlichen Meinung nach am größten? [offen gefragt]

Bei welchen realen Marketingproblemen oder -phänomenen ist der **Mangel an praktischen Handlungsempfehlungen** Ihrer persönlichen Meinung nach am größten? [offen gefragt]

Literatur

Akerlof, G.A./ Dickens, W.T. (1982), The economic consequences of cognitive dissonance, in: A-merican Economic Review (AER), Jg. 72, 1982, S. 307-319.

Albert, H. (1963), Modell-Platonismus: Der neoklassische Stil des ökonomischen Denkens in kritischer Beleuchtung, in: *Karrenberg, F./ Albert, H.* (Hrsg.), Sozialwissenschaft und Gesellschaftsgestaltung - Festschrift für *Gerhard Weisser*, Berlin 1963, S. 45-76.

Albert, H. (1994), Kritischer Rationalismus, in: *Seiffert, H./ Radnitzky, G.* (Hrsg.), Handlexikon zur Wissenschaftstheorie, München 1994, S. 177-182.

Anderson, P F. (1986), On method in consumer research: a critical relativist perspective, in: Journal of Consumer Research, Jg. 13, 1986, S. 155-173.

Anderson, P.F. (1988), Relativism revidivus, in: Journal of Consumer Research, Jg. 15, 1988, S. 403-406.

Anderson, P.F./ Ryan, M. (1984), Scientific method in marketing, Chicago 1984.

Arndt, J. (1978), How broad should the marketing concept be?, in: Journal of Marketing (JoM), Jg. 42, 1978, S. 101-103.

Arndt, J. (1985a), On making marketing science more scientific: role of orientations, paradigms, mataphors, and puzzle solving, in: Journal of Marketing (JoM), Jg. 49, 1985, S. 11-23.

Arndt, J. (1985b), The tyranny of paradigms: The case for paradigmatic pluralism in marketing, in: *Dkolakia, N./Arndt, J.* (Hrsg.), Changing the course of marketing, Greenwich 1985, S. 3-25.

Backhaus, K. (1992), Investitionsgüter-Marketing - Theorieloses Konzept mit Allgemeinheitsanspruch?, in: Schmalenbachs Zeitschrift für betriebswirtschaftliche Forschung (ZfbF), 1992, S. 771-791.

Bartels, R. (1983), Is marketing defaulting its responsibilities ?, in: Journal of Marketing (JoM), Jg. 47, 1983, S. 32-35.

Bass, F.M. (1995), Empirical generalizations and marketing science: a personal view, in: Marketing Science, Jg. 14, 1995, S. G6-G19.

Behrens, G. (1993), Wissenschaftstheorie und Betriebswirtschaftslehre, in: *Wittmann, W.* (Hrsg.), Handwörterbuch der Betriebswirtschaftslehre, Stuttgart 1993, S. 4763-4772.

Blair, E./ Zinkhan, G.M. (1984), The realist view of science: implications for marketing, in: *Anderson, P.F./Ryan, M.J.* (Hrsg.), 1984 AMA winter educators' conference: scientific method in marketing, Chicago 1984, S. 26-29.

Böcker, F. (1979), Zur internationalen Positionierung der Deutschen Marketingwissenschaft, in: Marketing ZFP, 1979, S. 283-284.

Böttger, C. (1993), Marketing im Spannungsfeld zwischen wissenschaftlichem Erkenntnisinteresse und praktischer Nutzbarkeit, Fuchsstadt 1993.

Braun, W. (1985) In Arbeitspapiere des Fachbereichs Wirtschaftswissenschaften der Bergischen Universität - Gesamthochschule Wuppertal, Wuppertal 1985, S. 1-23..

Brodbeck, M. (1982), Recent developments in the philosophy of science, in*: Bush, R.F./ Hunt, S.D.* (Hrsg.), Marketing theory, philosophy of science perspectives, San Antonio 1982, S. 1-6.

Brown, S.W. (1984), Marketing theory: distinguished contributions, New York 1984.

Bruhn, M. (1997), Marketing, Wiesbaden 1997.

Bruhn, M. (1999), Internes Marketing: Integration der Kunden- und Mitarbeiterorientierung - Grundlagen - Implementierung - Praxisbeispiele, Wiesbaden 1999.

Bush, R./ Hunt, S.D. (1982), Marketing theory: philosophical of science perspective, Chicago 1982.

Carman, J. M. (1980), Paradigms in marketing theory, in: *Sheth, J. N.* (Hrsg.), Research in marketing, Greenwich 1980, S. 1-36.

Carson, D. (1978), Gotterdammering for marketing?, in: Journal of Marketing (JoM), Jg. 42, 1987, S. 11-19.

Chmielewicz, K. (1979), Forschungskonzeptionen der Wirtschaftswissenschaft, Stuttgart 1979.

Daumenlang, K. (1995), Querschnitt- und Längsschnittmethoden, in: *Roth, E.* (Hrsg.), Sozialwissenschaftliche Methoden, München 1995, S. 309-326.

Demirdjian, Z.S. (1976), Marketing as a pluralistic discipline: the forecasting of an identity crisis, in: Journal of the Academy of Marketing Science, Jg. 4, 1976, S. 672-681.

Desphande, R. (1983), "Paradigms lost": On theory and method in research in marketing, in: Journal of Marketing (JoM), Jg. 47, 1983, S. 101-110.

Deshpande, R. (1984), Theoretical myopia: the discipline of marketing and the hierarchy of the sciences, in: *Anderson, P.F./ Ryan, M.J.* (Hrsg.), 1984 AMA winter educators' conference: scientific method in marketing, Fort Lauderdale 1984, S. 18-21.

Dichtl, E. (1983), Marketing auf Abwegen, in: Schmalenbachs Zeitschrift für betriebswirtschaftliche Forschung (ZfbF), Jg. 35, 1983, S. 1066-1074.

Dichtl, E. (1989), Symptome einer Fehlentwicklung, in: Marketing ZFP, 1989, S. 70-71.

Dichtl, E. (1995), 25 Jahre Marketingwissenschaft in Deutschland, in: Marketing ZFP, Jg. 17, 1995, S. 54-55.

Dichtl, E. (1998), Neue Herausforderungen für Theorie und Praxis des Marketing, in: Marketing-ZFP, 1998, S. 47-54.

Droge, C./ Calantone, R. (1984), Assumptions underlying the metatheoretical debates regarding methods and scientific theory construction, in: *Anderson, P.F./ Ryan, M. J.* (Hrsg.), 1984 AMA winter educators' conference: scientific method in marketing, Fort Lauderdale 1984, S. 5-9.

Elschen, R. (1984), Bietet eine verhaltenswissenschaftlich fundierte Marketingwissenschaft eine Lehre von den Absatzentscheidungen der Unternehmen?, in: Marketing ZFP, Jg. 6, 1984, S. 59-63.

Engelhardt, W.H. (1985), Versäumnisse der Marketing-Wissenschaft in der Strategie-Diskussion, in: Marketing-ZFP, Jg. 7, 1985, S. 211-212.

Etgar, M. (1982), Behavioral and economic approaches to channel coordination, in: *Bush, R.F./ Hunt, S.D.* (Hrsg.), Marketing theory, philosophy of science perspectives, San Antonio 1982, S. 128-131.

Feyerabend, P. (1976), Wider den Methodenzwang, Frankfurt 1976.

Feyerabend, P. (1994), Relativismus, in: *Seiffert, H./ Radnitzky, G.* (Hrsg.), Handlexikon zur Wissenschaftstheorie, München 1994, S. 292-296.

Fischer, M. et al. (1993), Marketing und neuere ökonomische Theorie: Ansätze zu einer Systematisierung, in: Betriebswirtschaftliche Forschung und Praxis, Jg. 45, 1993, S. 444-470.

Fritz, W. (1984), Warentest und Konsumgütermarketing, Wiesbaden 1984.

Gellner, E. (1994), Relativismus, in: *Seiffert, H./ Radnitzky, G.* (Hrsg.), Handlexikon zur Wissenschaftstheorie, München 1994, S. 287-292.

Gerken, G. (1990), Abschied vom Marketing, in: Marketing Journal, 1990, S. 42-47.

Hansen, U. (1988), Marketing und soziale Verantwortung, in: Die Betriebswirtschaft (DBW), Jg. 48, 1988, S. 711-721.

Hansen, U./ Bode, M. (1999), Marketing und Konsum - Theorie und Praxis von der Industrialisierung bis ins 21. Jahrhundert, München 1999.

Herrmanns, A./ Meyer, A. (1984), Der integrative Marketing-Ansatz von *Paul W. Meyer* - eine Basis für zukunftsorientiertes Marketing, in: *Herrmanns, A./ Meyer, A.* (Hrsg.), Zukunftsorientiertes Marketing für Theorie und Praxis, Berlin 1984, S. 11-23.

Hirschman, E. (1986), Humanistic inquiry in marketing research: philosophy, method and criteria, in: Journal of Marketing Research, Jg. 23, 1986, S. 237-249.

Homburg, C./ Giering, A. (1996), Konzeptualisierung und Operationalisierung komplexer Konstrukte - Ein Leitfaden für die Marketingforschung, in: Marketing ZFP, Jg. 18, 1996, S. 5-24.

Hudson, L.A./ Ozanne, J.L. (1988), Alternative ways of seeking knowledge in consumer research, in: Journal of Consumer Research, Jg. 14, 1988, S. 508-514.

Hünerberg, R. (1978), Zum Wissenschaftsprogramm der Marketinglehre, in: Zeitschrift für Betriebswirtschaft (ZfB), 1978, S. 467-483.

Hunt, S.D. (1979), Positive vs. normative theory in marketing: the three dichotomies model as a general paradigm for marketing, in: *Ferell, O.C./ Brown, S.W./ Lamb, C.W.* (Hrsg.), Conceptual and theoretical developments in marketing, Phoenix 1979, S. 567-576.

Hunt, S.D. (1990), Truth in marketing theory and research, in: Journal of Marketing (JoM), Jg. 54, 1990, S. 1-15.

Hunt, S.D. (1991a), Modern marketing theory - Critical issues in the philosophy of marketing science, Cincinati 1991.

Hunt, S.D. (1991b), Positivism and paradigm dominance in consumer research - towards critical pluralism and rapproachment, in: Journal of Consumer Research, Jg. 18, 1991, S. 32-44.

Hunt, S.D. (1992), For reason and realism in marketing, in: Journal of Marketing (JoM), Jg. 56, 1992, S. 89-102.

Hunt, S.D. (1993), Objectivity in marketing theory and research, in: Journal of Marketing (JoM), Jg. 57, 1993, S. 76-91.

Jacoby, J. (1978), Consumer research: a state of the art review, in: Journal of Marketing (JoM), Jg. 42, 1978, S. 87-96.

Kaapke, A./ Kirsch, J. (1996), Entwicklung, Stellenwert und Perspektiven eines zeitgemäßen Marketing aus Sicht der Wissenschaft, in: *Froböse, M./ Kaapke, A.* (Hrsg.), Marketing als Schnittstellenwissenschaft und Transfertechnologie, Berlin 1996, S. 27-50.

Kaas, K.-P. (1995), Kontrakte, Geschäftsbeziehungen, Netzwerke: Marketing und neue Institutionenökonomie, Düsseldorf 1995.

Kappler, E./ Trost, O.A. (1977), Der homo oeconomicus soll "handeln", aber er darf sich nicht "verhalten", in: *Köhler, R.* (Hrsg.), Empirische und handlungstheoretische Forschungskonzeptionen in der Betriebswirtschaftslehre, Stuttgart 1977, S. 167-179.

Kirsch, W. (1979), Die verhaltenswissenschaftliche Fundierung der Betriebswirtschaftslehre, in: *Raffée, H.* (Hrsg.), Wirtschaftstheoretische Grundfragen der Wirtschaftswissenschaften, München 1979, S. 105-120.

Kirsch, W. (1984), Wissenschaftliche Unternehmensführung oder Freiheit vor der Wisenschaft, 2. Bd., München 1984.

Knapp, H.G. (1984), Kaufentscheidungen - Ihre "Erklärung" in Mikrotheorie und Marketing, in: *Schanz, G.* (Hrsg.), Betriebswirtschaftslehre und Nationalökonomie, Wiesbaden 1984, S. 131-141.

Kotler, P. (1973), Buying is marketing too, in: Journal of Marketing (JoM), Jg. 37, S. 54-59

Kotler, P./ Andreasen, A. R. (1991), Strategic marketing for nonprofit organizations, Englewood Cliffs 1991.

Kotler, P./ Levy, S.J. (1969), Broadening the concept of marketing, in: Journal of Marketing (JoM), Jg. 33, 1969, S. 10-15.

Kroeber-Riel, W./ Weinberg, P. (1996), Konsumentenverhalten, München 1996.

Kuhn, T. (1978), Die Struktur wissenschaftlicher Revolutionen, Frankfurt a.M. 1978.

Küttner, M. (1983), Kritische Bemerkungen zur Falsifizierbarkeit ökonomischer Theorien, in: *Kappler, E.* (Hrsg.), Rekonstruktion der Betriebswirtschaftslehre als ökonomische Theorie, Spardorf 1983, S. 1-7.

Lakatos, I./ Musgrave, A. (1974), Kritik und Erkenntnisfortschritt, Braunschweig 1974.

Lazer, W. (1967), Some observations on the 'state-of-the-art' of marketing theory, in: *Kelley, E.J./ Lazer, W.* (Hrsg.), Managerial marketing: perspectives and viewpoints, Homewood 1967, S. 707-724.

Leong, S.M. (1985), Metatheory and metamethodology in marketing: A Lakatosian reconstruction, in: Journal of Marketing (JoM), Jg. 49, 1985, S. 23-40.

Link, R. (1995), Finanzmarketing, in: *Tietz, B./ Köhler, R./ Zentes, J.* (Hrsg.), Handwörterbuch des Marketing, Stuttgart 1995, S. 689-701.

Martin, A. (1989), Die empirische Forschung in der Betriebswirtschaftslehre, Stuttgart 1989.

Meffert, H. (1995), Marketing, in: *Tietz, B./ Köhler, R./ Zentes, J.* (Hrsg.), Handwörterbuch des Marketing, Suttgart 1995, S. 1472-1490.

Meffert, H. (1999), Marketingwissenschaft im Wandel - Anmerkungen zur Paradigmendiskussion, Arbeitspapier Nr. 30 der Handelshochschule Leipzig (HHL), Leipzig 1999.

Moorthy, K.S. (1993), Theoretical modelling in marketing, in: Journal of Marketing (JoM), Jg. 57, 1993, S. 92-106.

Morgan, G./ Smircich, L. (1984), The case for qualitive research, in: *Brown, S.W./ Fisk, R.P* (Hrsg.), Marketing theory, New York 1984, S. 273-284.

Müller-Hagedorn, L. (1983), Marketing ohne verhaltenswissenschaftliche Fundierung, in: Marketing ZFP, Jg. 5, 1983, S. 205-211.

Myers, J.G./ Greyser, S.A./ Massy, W.F. (1979), The effectiveness of marketing's "r&d" for marketing management: an assessement, in: Journal of Marketing (JoM), Jg. 43, 1979, S. 17-29.

Pandya, A. (1985), Reflections on the concept of exchange: marketing and economic structures, in: *Dkolakia, N./ Arndt, J.* (Hrsg.), Changing the course of marketing, Greenwich 1985, S. 235-255.

Peter, P.P./ Olson, J.C. (1983), Is science marketing?, in: Journal of Marketing (JoM), Jg. 47, 1983, S. 111-125.

Pfeifer, W. (1995), Ethymologisches Wörterbuch des Deutschen, München 1995.

Popper, K.R. (1971), Logik der Forschung, Tübingen 1971.

Radnitzky, G. (1994), Wert, in: *Seiffert, H./ Radnitzky, G.* (Hrsg.), Handlexikon zur Wissenschaftstheorie, München 1994, S. 381-387.

Raffée, H. (1980), Grundfragen der Marketingwissenschaft, in: Das Wirtschaftsstudium (WISU), 1980, S. 317-324.

Raffée, H. (1984), Marktorientierung der BWL zwischen Anspruch und Wirklichkeit, in: Die Unternehmung, 1984, S. 1-18.

Raffée, H. (1993), Gegenstand, Methoden und Konzepte der Betriebswirtschaftslehre, in: *Bitz, M./ Dellmann, K./ Domsch, M.* (Hrsg.), Vahlens Kompendium der Betriebswirtschaftslehre, München 1993, S. 1-46.

Raffée, H. (1995), Marketing-Wissenschaft, in: *Tietz, B./ Köhler, R./ Zentes, J.* (Hrsg.), Handwörterbuch des Marketing, Stuttgart 1995, S. 1668-1682.

Raffée, H./ Specht, G. (1974), Basiswerturteile der Marketing-Wissenschaft, in: Schmalenbachs Zeitschrift für betriebswirtschaftliche Forschung (ZfbF), Jg. 26, 1974, S. 373-396.

Robin, D. P. (1979), Useful boundaries for marketing, in: *Ferrell, O.C./ Brown, S.W./ Lamb, C.W.* (Hrsg.), Conceptual and theoretical developments in marketing, Phoenix 1979, S. 605-613.

Schanz, G. (1987), Zwei Arten des Abstrahierens oder: Ist es rational, daß Ökonomen Nicht-Ökonomen die Behandlung ökonomischer Probleme überlassen?, in: *Schmidt, R.H./ Schor, G.* (Hrsg.), Modelle in der Betriebswirtschaftslehre, Wiesbaden 1987, S. 85-102.

Schanz, G. (1988), Methodologie für Betriebswirte, Stuttgart 1988.

Scheuch, F. (1996), Marketing, München 1996.

Schneider, D. (1983), Marketing als Wirtschaftswissenschaft oder Geburt einer Marketingwissenschaft aus dem Geiste des Unternehmerversagens?, in: Schmalenbachs Zeitschrift für betriebswirtschaftliche Forschung (ZfbF), Jg. 35, 1983, S. 197-223.

Scholz, C. (1995), Personalmarketing, in: *Tietz, B./ Köhler, R./ Zentes, J.* (Hrsg.), Handwörterbuch des Marketing, Stuttgart 1995, S. 2004-2019.

Sheth, J.N./ Gardner, D.M./ Garret, D.E. (1988), Marketing theory: evolution and evaluation, New York 1988.

Simon, H. (1986), Herausforderung an die Marketingwissenschaft, in: Marketing ZFP, Jg. 8, 1986, S. 205-213.

Simon, H. (1994), Marketing science and the ivory tower, in: Business Strategy Review, Jg. 5, 1994, S. 29-45.

Stauss, B. (1987), Grundlagen des Marketing öffentlicher Unternehmen, Baden-Baden 1987.

Teas, R.K./ Palan, K.M. (1997), The realms of scientific meaning framework for constructing theoretically meaningful nominal definitions of marketing concepts, in: Journal of Marketing (JoM), Jg. 61, 1997, S. 52-67.

Thudium, T. (1996), Volkswirtschaftslehre und Marketing - Spieltheoretische Überlegungen zur Strategienformulierung, in: *Froböse, M./ Kaapke, A.* (Hrsg.), Marketing als Schnittstellenwissenschaft und Transfertechnologie, Berlin 1996, S. 89-117.

Tietz, B. (1993), Die bisherige und künftige Paradigmatik des Marketing in Theorie und Praxis, in: Marketing ZFP, Jg. 15, 1983, S. 149-163 und 221-235.

Tomczak, T. (1992), Forschungsmethoden in der Marketingwissenschaft. Ein Plädoyer für den qualitativen Forschungsansatz, in: Marketing ZFP, Jg. 14, 1992, S. 77-87.

Venkatesh, A. (1985), Is marketing ready for Kuhn?, in: *Dkolakia, N./ Arndt, J.* (Hrsg.), Changing the course of marketing, Greenwich 1985, S. 45-67.

von Briskorn, G. (1989), Gedanken an den Grenzen des Marketing. Optionen und Potential, in: Innovatio, 5/6, 1989, S. 6-12.

Weber, M. (1968), Gesammelte Aufsätze zur Wissenschaftslehre, Tübingen 1968.

Wiedmann, K.-P. (1993), Rekonstruktion des Marketingansatzes und Grundlagen einer erweiterten Marketingkonzeption, Stuttgart 1993.

Witte, E. (1981), Nutzungsanspruch und Nutzungsvielfalt, in: *Witte, E.* (Hrsg.), Der praktische Nutzen empirischer Forschung, Tübingen 1981, S. 13-40.

Witte, E. (1983), Auf dem Weg zu einer Realtheorie der wirtschaftlichen Entscheidung, in: Deutsche Forschungsgemeinschaft (DFG), Forschung in der Bundesrepublik Deutschland, Weinheim 1983, S. 235-245.

Witte, E. (1998), Entwicklungslinien der Betriebswirtschaftslehre: was hat Bestand?, in: Die Betriebswirtschaft (DBW), Jg. 58, 1998, S. 731-746.

Zaltman, G./ LeMasters, K./ Heffring, M. (1982), Theory construction in marketing: some thoughts on thinking, New York 1982.

Zinkham, G./ Hirschheim, R. (1992), Truth in marketing theory and research: an alternative perspective, in: Journal of Marketing (JoM), Jg. 56, 1992, S. 80-88.

Erkenntnisgrundlagen erfolgreicher Marketingforschung - Beitrag zu einer nicht stattgefundenen Diskussion

Hans Mühlbacher

(Competitive Paper)

1. *Methodologische Eintracht*   446

2. *Zersplitterung des Faches*   446

3. *Entstehung individueller Erkenntnis*   448

4. *Statisches vs. dynamisches Denken*   448

5. *Input-Output-Denken vs. Systemimmanenz-Denken*   450

6. *Abgrenzungsstreben versus Denken in Zusammenhängen*   451

7. *Einflussfaktoren-Forschung versus Wirkungsprozess-Forschung*   452

8. *"Präzises" Messen versus Erfassen von Quantitäten*   453

9. *Bevorzugte versus problemadäquate Methoden*   454

10. *Schlussbemerkungen*   455

Literatur   457

1. Methodologische Eintracht

Die Vorträge und Diskussionsbeiträge zum Erkenntnisfortschritt des deutschsprachigen Marketings in den vergangenen 30 Jahren haben die Bedeutung von Vielfalt in
den verwendeten Ansätzen und Methoden für diesen Erkenntnisfortschritt sehr deutlich werden lassen. Es fällt aber auch auf, dass es keine epistemologische Diskussion
gab. Stillschweigend wurde vom Großteil der aktiv teilnehmenden Personen ein
Konsens in Richtung kritischem Rationalismus unterstellt. Aufmerksame Beobachter
stellten sich dann allerdings die Frage, warum Herr *Kühn* in seinem Beitrag zum
Erkenntnisfortschritt im Bereich strategischen Marketings bedauernd feststellte, dass
es kaum Replikationen von empirischen Studien gibt; und Herr *Bruhn* in seiner Darstellung für das Marketing wesentlicher zukünftiger Entwicklungen auf die drastisch
sinkende Halbwertszeit unserer Erkenntnisse hinwies. Wenn wir in unserer Wissenschaft nach der Erkenntnis von Wahrheit streben, dazu nomologische, d.h. raum- und
zeitunabhängige Hypothesen formulieren und diese möglichst intensiven Falsifikati-
onsversuchen unterziehen, wie das der kritische Rationalismus fordert (*Popper*
1971), dann können doch diese beiden Herren nicht recht haben? Sollten wir ihnen
trotzdem glauben?

Ein Großteil der im Bereich Marketing publizierten Arbeiten ist eindeutig in empi-
ristischen Traditionen verhaftet. Das vorherrschende, meist stillschweigende
Bekenntnis zum kritischen Rationalismus ist anscheinend zu einer inhaltslosen Hülse
verdorrt. In der weitestgehend anwendungsorientierten Marketingwissenschaft geht
es nicht vorwiegend darum, möglichst intelligente All-Sätze zu formulieren und
Falsifizierungsbemühungen zu machen, sondern vielmehr um die Entwicklung praktisch verwertbaren und möglichst verallgemeinerbaren Wissens aus einer wachsenden Zahl nicht replikativer Untersuchungen. Empirische Arbeit wird vielfach
geleistet, um induktive Schlüsse zu ziehen oder irgendetwas zu „beweisen". Die
konsequente Anwendung positivistischer Regeln für „sauberes" empirisches Arbeiten sollte uns darüber nicht hinweg täuschen können. Die Frage ist, warum stört das
alle jene nicht, die sich in Ihrem Diskurs zum kritischen Rationalismus bekennen?

2. Zersplitterung des Faches

Bei der Kommissionstagung 2000 in Bad Homburg wies eine Reihe von Vortragen-
den und Diskussionsteilnehmern auf die Gefahr der Zersplitterung unseres
Faches auf Grund der Behandlung immer detaillierterer Problemstellungen hin. Die
sich daraus ergebende Vielfalt an Forschungsbemühungen und -ergebnissen lasse

eine Identitätskrise entstehen und keine Bündelung der diversen Forschungsbemühungen zu. Der Mangel an einer gemeinsamen theoretischen Grundlage wurde bedauert. Es stellt sich also die Frage, ob es möglich wäre, die Vielfalt der gewählten Perspektiven bei der Auswahl von Forschungsgegenständen, theoretischen Grundlagen und methodischen Ansätzen des Marketings in objektiver Weise zu begrenzen, und ob dies für den Erkenntnisfortschritt in unserem Fach von Vorteil wäre.

Unsere kognitiven Strukturen und Prozesse bestimmen gemeinsam mit aktivierenden Prozessen, was wir wie wahrnehmen (*Kroeber-Riel/ Weinberg* 1999). Wir verarbeiten auf Basis unseres erlernten Wissens, unserer Motive und angeborenen kognitiven Strukturen selektiv Reize, interpretieren sie und konstruieren damit die subjektive "Wirklichkeit", in der wir leben. Ein Beispiel zur Illustration: Was heißt

ANARCHIE MACHT ORDNUNG

Was Sie *sehen*, sind drei in Blockbuchstaben geschriebene Wörter ohne Satzzeichen. Was Sie *erkennen*, könnte sein, dass hier steht, dass Anarchie Ordnung macht, dass jemand Anarchie feststellt und nach Ordnung ruft, dass hier drei miteinander in Beziehung stehende Begriffe angeführt sind oder auch etwas anderes. In jedem Fall hängt Ihre Interpretation des Gelesenen davon ab, in welchen Zusammenhang Sie mit Ihrem verfügbarem Wissen die präsentierten Reize bringen.

Die Feststellung, dass jede(r) Einzelne von uns die Wirklichkeit, in der wir leben, individuell konstruiert, erscheint solange als unproblematisch, als diese Konstruktion nur uns allein betrifft und sich in der gegebenen Umweltkonstellation als nützlich erweist. Da im Wissenschaftsbetrieb aber immer eine Mehrzahl von Personen tätig ist, treffen dort unterschiedliche Konstruktionen von Wirklichkeit auf einander. Es entstehen Abweichungen in der Auswahl von Untersuchungsgegenständen, in der Herangehensweise an diese und auch in der Interpretation von Ergebnissen. Im günstigen Fall entsteht daraus ein Wettbewerb der Ideen, schlechtestenfalls ein Kampf darum, wer hier recht hat. Ist Macht im Spiel, setzt der Mächtigere Konventionen. Er bestimmt, was geforscht werden soll, nach welchen Regeln dies zu geschehen hat und was als wahr anzusehen ist; und begründet es meist mit jahrelanger Erfahrung oder mit der Notwendigkeit „Objektivität" zu gewährleisten. Wollen sich Forscher im geistigen Kräftemessen mit Ihresgleichen durchsetzen, suchen sie mit „objektiven Methoden" nach "objektiven Fakten". Diese sollen helfen, den eigenen Standpunkt zu erhärten.

Die Suche nach objektiven Fakten und ihre vermeintliche Produktion durch wissenschaftliche Methoden lässt sich allerdings nicht nur mit der Notwendigkeit erklären, bestimmte Standpunkte erhärten zu müssen. Sie beruht auch auf dem Bestreben, die Wahrheit zu erkennen und, in ihrer anwendungsorientierten Variante, die richtigen Entscheidungen zu empfehlen. Die meisten von uns scheinen zu meinen, objektives

Wissen um Tatsachen würde uns die Erkenntnis von Wahrheit und die Empfehlung optimaler Entscheidungen ermöglichen. Aber kann das sein?

3. Entstehung individueller Erkenntnis

Informationen dringen nicht von außen in unser kognitives System ein. Sie werden vielmehr von diesem auf Grundlage sensorischer Reize erzeugt. Wahrnehmungsvorgänge verlaufen weitestgehend automatisch, ohne Zutun unseres Bewusstseins (*Grunert* 1996). Dort, wo das Bewusstsein aktiv wird, dient es einer weiteren Selektion oder Interpretation der Reize. Was uns dann gegen Ende des Wahrnehmungsvorganges bewusst wird, erscheint uns als Tatsache. Wirklichkeit wird also von Individuen - auch von Wissenschaftlern - konstruiert, in Abhängigkeit von den kognitiven Strukturen und Prozessen der Personen.

Die von den dem Empirismus oder kritischen Rationalismus anhängenden Marketingforschern verlangte Einhaltung von Regeln wissenschaftlichen Arbeitens können als ein Versuch interpretiert werden, solche Subjektivität auszuschalten. Gegen die Aufstellung bestimmter Regeln des Denkens und Handelns durch eine Gruppe von Personen zum Zweck der Schaffung einer gewissen gemeinsamen Wirklichkeit ihrer Mitglieder, ist prinzipiell nichts einzuwenden. Allerdings sollte sich diese Gruppe von Personen - vor allem wenn es sich um Wissenschafter handelt, die den Anspruch erheben, der Wahrheit auf der Spur zu sein - dann aber bewusst machen, dass sie mit diesen Regeln eine ganz bestimmte Art von Wirklichkeit „erzeugt" und andere Wirklichkeiten ausschließt. Eine Diskussion über die Folgen einer derartigen Ausschlussentscheidung für den Erkenntnisprozess wäre zu pflegen und zu fördern. Mit diesem Beitrag soll ein bescheidener Anstoß in diese Richtung gegeben werden.

4. Statisches vs. dynamisches Denken

Viele unserer empirischen Untersuchungen waren bisher auf einzelne Ereignisse fokussiert; ob es sich um den Markteintritt eines Konkurrenten handelt, um eine Werbekontaktsituation oder den Kaufakt von Konsumenten. Seit mehreren Jahrzehnten gibt es Untersuchungen über das Entscheidungsverhalten von Käufern industrieller und konsumptiver Güter. Die Dienstleistungsforschung bemüht sich, die

Zufriedenheit der Konsumenten nach erfolgter Dienstleistung zu bestimmen, und Einstellungs- wie auch Imagemessungen sind nach wie vor beliebt.

Wir schneiden einzelne Ereignisse, Verhaltensweisen und Meinungen aus ihrem Zusammenhang. Damit gefrieren sie zu einfacher erhebbaren, aber statischen Abbildern einer momentanen Situation. Wir bemerken offenbar nur in den seltensten Fällen, dass wir uns damit der Möglichkeit berauben, die Entwicklung der Ereignisse, Verhaltensweisen und Meinungen im Rahmen eines Handlungssystems zu beobachten. Ihre Bedeutung für die Betroffenen bleibt uns zumeist verborgen. Umso größer ist unsere Enttäuschung darüber, dass - selbst nach Jahrzehnten der intensiven Bemühungen um die Weiterentwicklung der empirischen Forschungsinstrumente - die Erklärungskraft der damit erzielten Ergebnisse ziemlich gering geblieben ist.

Warum das so ist, wird klarer, wenn man sich bewusst macht, dass eine Person, ein Objekt, ein Verhalten, ein Ereignis oder eine Situation ihre subjektive Bedeutung nur durch den Zusammenhang erhält, indem sie von Individuen erlebt und wahrgenommen wird. Erfahrung und Objekt der Erfahrung lassen sich dabei nicht voneinander trennen. Sie stellen eine koexistierende Einheit dar. Handlungen erfolgen aufgrund von Interpretationen, werden selbst interpretiert und rufen andere Handlungen hervor. Damit wird das Erkennen von Handlungsprozessen und ihrer Interpretation durch die Beteiligten zu einer wesentlichen Grundlage erfolgreichen Marketings.

Beschränkten wir - im Gegensatz zur gewohnten Vorgangsweise - die Forschungsfrage nicht auf ein Ereignis oder ein Verhalten zu einem bestimmten Zeitpunkt, sondern betrachteten wir ein Handlungsmuster im Zeitablauf, bliebe der dynamische Charakter des Gesamtzusammenhanges (zumindest besser) erhalten. So kann man z.B. die Auslösung von Produktinteresse, darauf folgende Vorkaufaktivitäten, den Kaufprozess und die Benützung des Produktes einzeln und voneinander unabhängig untersuchen. Die Folge ist ein relativ statisches Bild der einzelnen Vorgänge. Man kann sie aber auch als in einem Prozess miteinander verbunden ansehen und sie deshalb in ihrem Zusammenhang betrachten. Die Chance, damit der subjektiven Wirklichkeit von Konsumenten etwas näher zu kommen und besser zu verstehen, warum es zu dem beobachteten Handlungsmuster kommt, wäre erhöht.

Äußert man in Kreisen von Marketingforschern den Vorschlag, dynamischen Handlungsprozessen mehr Aufmerksamkeit zu schenken, taucht sofort das Gegenargument auf, dass dann die Komplexität des Beobachtungsgegenstandes keine effiziente, präzise und objektive Messung mehr zuließe. Darauf soll im Folgenden eingegangen werden.

5. Input-Output-Denken vs. Systemimmanenz-Denken

Ein ganz wesentliches Problem, das viele Marketingfachleute daran hindert, mehr die Zusammenhänge als immer kleiner werdende Details zu beachten, liegt in der Bestimmung der Grenzen des sogenannten Gesamtzusammenhanges. Es stellt sich die Frage, was alles in den Untersuchungsrahmen aufgenommen werden soll.

Hier zeigt sich eine wesentliche Schwäche unseres gewohnheitsmäßigen Input-Output-Denkens: Wir betrachten Handlungssysteme als von äußeren Einflüssen getrieben. Unternehmen werden z.B. als offene Systeme gesehen, die auf Veränderungen der Umwelt reagieren und ihre Strukturen und Handlungsweisen anpassen (*Stacey* 1999). Analoges gilt für die Betrachtung von Kaufentscheidungsträgern. Sie werden in der Mehrzahl von Untersuchungen als Reakteure auf äußere Einflüsse angesehen (*Kroeber-Riel/ Weinberg* 1999). Einfache Kreuztabulierungen mit Geschlecht, Alter, Einkommen und Bildungsgrad können nur sehr schlecht darüber hinweg täuschen.

Input-Output-Denken führt aber, beim Versuch größere Zusammenhänge zu beachten, zu höchst komplexen Untersuchungsmodellen. Typische Beispiele sind die Modelle des Konsumentenverhaltens, wie man sie in amerikanischen Lehrbüchern findet (*Howard/ Sheth* 1969; *Engel et al.* 1995). Alle in diesen Modellen angegebenen Einflussfaktoren und ihre Abhängigkeiten untereinander können in einem empirischen Untersuchungsdesign unmöglich berücksichtigt werden. Als Konsequenz daraus hat man sich auf die unabhängige Untersuchung immer kleiner werdender Details konzentriert.

Versuche, die inneren Zusammenhänge von organisatorischen, sozialen oder individuellen Systemen zu beschreiben, um besser verstehen zu können, wie diese Systeme tun, was sie tun, sind nach wie vor selten. Gehen wir aber davon aus, dass Informationen nicht von außen in ein individuelles oder soziales kognitives System eindringen, sondern von diesem auf der Basis spezifischer Stimulusverarbeitung erzeugt werden, scheint Systemimmanenz-Denken angezeigt. D.h. wenn es auch noch so große Schwierigkeiten bereitet, kann man zuerst versuchen, jene Elemente, gegenseitigen Abhängigkeiten und Prozesse zu betrachten, die das vorliegende Handlungssystem in sich selbst bestimmen (*Chakravarthy* 1986). In der Folge lässt sich dann feststellen, welche dieser Elemente in welcher Weise beeinflussbar sind.

6. Abgrenzungsstreben versus Denken in Zusammenhängen

Ein weiteres Argument gegen die Betrachtung größerer Zusammenhänge ist die verbreitete Meinung, man müsse klar abgrenzen, um etwas wirklich verstehen, erklären und wissen zu können. Abgrenzer konzentrieren sich auf Einzelheiten und suchen nach Unterschieden. Wer nach Unterschieden sucht, wird auch Unterschiede finden; riskiert aber, auf Grund der Menge an Details den Sinn der Zusammenhänge zu verlieren. So kann man z.B. ein Tal durchaus in Abgrenzung von einem Berg auf immer noch kleinere Details hin untersuchen, aber Sinn und Bedeutung von Berg und Tal ergeben sich erst aus ihrem Zusammenhang.

Eine für Marketingforscher und -forscherinnen fatale Konsequenz des Abgrenzungsstrebens ist die Wahrnehmung einer zunehmenden Individualisierung der Gesellschaft (*Rapp/ Collins* 1991), die allerdings bei der einzelnen Person noch nicht ihr Ende findet. Weitere Suche nach Unterschieden zeigt nämlich sehr schnell, dass sich eine Person unter wechselnden Bedingungen durchaus sehr unterschiedlich verhalten kann (*Vangelder* 1994). Eine intraindividuelle Aufsplitterung ist die logische Folge. Es kann bezweifelt werden, dass eine derartig in Details verliebte Wissenschaft jemals ein Verständnis dafür entwickeln kann, welche subjektive Bedeutung den beobachteten Details zugrunde liegt, wie diese Bedeutung zustande kommt und welche Auswirkungen sie hat.

Denken in Zusammenhängen versucht, im Gegensatz dazu, Handlungsprozesse insgesamt zu betrachten, sich einen Überblick zu verschaffen. Im Mittelpunkt des Interesses stehen Ähnlichkeiten. Wer Ähnlichkeiten sucht, wird auch Ähnlichkeiten finden. Aus einer solchen Sicht werden allgemein anerkannte Sätze der binären Logik, wie „A ist ungleich Nicht-A; ein Drittes gibt es nicht" plötzlich fragwürdig. Man erkennt z.B., dass in jedem Menschen sowohl ein wenig Mann als auch ein wenig Frau steckt, nur in unterschiedlicher Intensität. Suche nach Ähnlichkeiten zeigt, dass zwar jeder potentielle Kunde einzigartig ist, es aber immer eine ganze Reihe ähnlicher Ansprüche, Nutzenerwartungen oder Sinngebungen gibt.

Die Sammlung immer tiefer detaillierter „Erkenntnisse" über einzelne Phänomene ist nur ein - meist teurer Weg -, das von vielen von uns konstatierte Problem der Komplexität unserer Gesellschaft forschungsmäßig zu bewältigen. Die an Zusammenhängen orientierte Suche nach Ähnlichkeiten in Wahrnehmungs- und Handlungssystemen stellt eine zumindest überlegenswerte Alternative dazu dar. Diese Suche nach Ähnlichkeiten - vor allem, wenn sie missverstanden wird - hat aber auch ihre Irrwege. Einer davon dürfte die Suche nach generellen Einflussfaktoren auf bestimmte Untersuchungsgegenstände sein.

7. Einflussfaktoren-Forschung versus Wirkungsprozess-Forschung

Die Grundidee der Einflussfaktoren-Forschung beruht auf der Überzeugung, man könnte eine Liste von Einflussfaktoren finden, die ein bestimmtes Verhalten oder ein bestimmtes Ergebnis hervorrufen (*Peters/ Waterman* 1982). Dabei werden diese Einflussfaktoren, aus Gründen der Vereinfachung, zumeist als weitestgehend unabhängig voneinander angesehen und in ein korrelatives oder kausales Verhältnis zum gewünschten Ergebnis oder Verhalten gebracht.

Interessiert man sich z.B. für die Maximierung des Bekanntheitsgrades einer neuen Marke, könnte man feststellen, dass dieser ganz entscheidend von der Intensität der Marktkommunikation, dem erzielten Aufmerksamkeitswert dieser Kommunikation, der Erstkaufrate und der Distributionsdichte im Handel abhängt. Damit weiß man allerdings noch nichts darüber, wie diese Faktoren auf das gewünschte Ergebnis Einfluss nehmen. Herkömmlicherweise wird unterstellt, es bestehe ein einseitiger Einfluss zwischen Ursachen und Wirkungen.

Um den Wirkungsprozess in seinem Ablauf erkennen und für seine Beeinflussung nützliche Schlussfolgerungen ziehen zu können, muss man sich aber näher mit dem wechselseitigen Zusammenhang der Einflussfaktoren beschäftigen. Dabei könnte sich zeigen, dass die einzelnen Einflussfaktoren wie auch das angestrebte Ergebnis einander gegenseitig beeinflussen (*Abb.1*). So erhöht die Intensität der Marktkommunikation nicht nur den erzielbaren Aufmerksamkeitswert bei den Kunden, der Aufmerksamkeitswert wirkt auch verstärkend auf die subjektiv wahrgenommene Intensität der Kommunikation. Diese subjektiv wahrgenommene Intensität der Kommunikation hat nicht nur einen verstärkenden Einfluss auf die Distributionsdichte, sondern wird auch von dieser sowohl direkt als auch indirekt beeinflusst, indem die Distributionsdichte die Höhe der Erstkaufrate mitbestimmt, von der wiederum Folgeentscheidungen bezüglich einzusetzender Kommunikationsbudgets abhängen. Der Bekanntheitsgrad wird nicht nur von den dargestellten interagierenden Faktoren beeinflusst, sondern nimmt seinerseits Einfluss auf diese.

Wirkungsprozess-Forschung geht also von möglicher gegenseitiger Beeinflussung aller Faktoren aus: Ursache und Wirkung sind nicht mehr so klar und einfach voneinander zu trennen. Die vorwiegende Wirkungsrichtung kann sich im Zeitablauf verändern. Spätestens an dieser Stelle werden manche Leser einwenden: Aber wie sollen wir das alles messen?

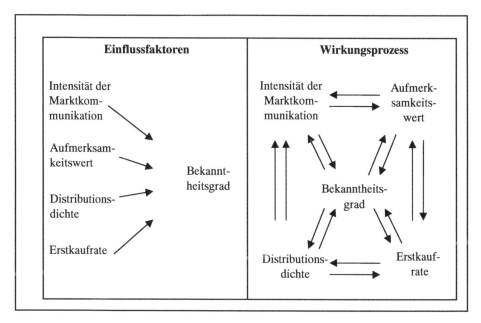

Abb.1: Einflussfaktoren vs. Wirkungsprozess-Forschung

8. "Präzises" Messen versus Erfassen von Quantitäten

Seitdem der Positivismus in den Stuben der Betriebswirte und in den Ausbildungs-
stätten der Manager Platz gegriffen hat, besteht die weitverbreitete Meinung, man
müsse möglichst präzise messen, um etwas objektiv wissen zu können.

Präzises Messen ist sehr wichtig, wo es vom Gegenstand und Ziel der Untersuchung
her nützlich sein kann. Wird die präzise Messung allerdings zum primären Ziel einer
sich selbst als „sauber" verstehenden Wissenschaft, führt das zu dem heute in der
wissenschaftlichen, aber auch in der praktischen Marketingforschung verbreiteten
Phänomen der repräsentativen, statistisch signifikanten Datensammlung mit sehr
geringem Erkenntniswert.

Stellt man z.B. mittels eines Fragebogens fest, dass 62,5% der Bevölkerung ab 16
Jahren (bei einem Fehler von +/- 2% und einem Sicherheitsgrad von 98%) "Beratung" an die erste Stelle einer Liste von Erwartungen an ein ideales Optik-
Fachgeschäft setzen, gegenüber 32,3% der Bevölkerung, die einen "günstigen Preis"
bevorzugen, dann kann man daraus schließen, dass mehr Leuten Beratung wichtiger

ist als ein günstiger Preis. Die Interpretation dessen, was "Beratung" und "günstiger Preis" bedeuten, bleibt allerdings völlig offen. Was die Marketingleiterin darunter versteht, geht auf ihre eigenen Erfahrungen zurück. Was die Kunden meinen, kann sehr verschieden davon sein. Es gibt ein Problem der Sammlung präziser, aber - von ihrem Informationsgehalt her gesehen - eher bescheidener Daten.

Alle empirisch tätigen Forscher sollten sich bewusst sein, dass sie bei ihrer Methodenwahl mit einem „magischen Dreieck" konfrontiert sind: Neben der Präzision des Messens sind die Realitätsnähe der Datensammlungssituation und die Generalisierbarkeit der Ergebnisse als wesentliche Ziele jeder Untersuchung zu beachten. Der Erreichungsgrad aller drei Ziele lässt sich aber nicht gleichzeitig maximieren. So tendieren z.B. Experimente dazu, Kausalzusammenhänge präzise messbar zu machen. Sie sind aber, was die Generalisierbarkeit der Ergebnisse betrifft, mit Vorsicht zu betrachten. Realitätsnähe kann zumeist nicht einmal herbeiargumentiert werden.

Viele Marketingforscher interessierende Phänomene werden sich niemals "präzise" - im Sinne statistischer und mathematischer Regeln - messen lassen; zum Beispiel die subjektive Bedeutung von Beratung. Können wir deshalb davon ausgehen, dass sie unwichtig sind und sie unberücksichtigt lassen? Wie viele in sogenannten Top Journals publizierte Untersuchungsergebnisse der letzten Zeit waren für das Marketing-Management in den Unternehmen wirklich nützlich, in dem Sinn, dass die vorgelegten Ergebnisse das Entstehen von Erkenntnis bei den Entscheidungsträgern ermöglichten?

Einfache nominale oder ordinale Quantitäten sind bei Verfechtern einer „objektiven" Wissenschaft bei weitem weniger beliebt, weil sie viel weniger für statistisch elegante Modelle hergeben. Für das Verstehen von Zusammenhängen können sie aber manchmal von wesentlich größerem Informationswert sein. Präzise und generalisierbare Informationslosigkeit bringt unser Niveau an wissenschaftlicher Erkenntnis nicht unbedingt weiter.

9. Bevorzugte versus problemadäquate Methoden

Es dürfte weitestgehende Übereinstimmung bestehen, dass es die eine, beste und deshalb möglichst breit anzuwendende Methode der Datenerhebung oder Annäherung an ein Problem nicht gibt. Eher umgekehrt: Jede Methode ist prinzipiell schlecht und jedes Modell der Realität ist falsch. Es gibt nicht die eine, beste Methode, aber es gibt für bestimmte Zwecke, für bestimmte Absichten des Erkennens, mehr oder weniger gut geeignete Methoden.

Es ist uns verwehrt, die letztendliche "Wahrheit" zu finden, weil wir sie nicht mit Sicherheit erkennen können. Das Streben nach "objektiver Erkenntnis" macht daher wenig Sinn. So ist es z.B. nicht wirklich wichtig, ob die eigene Vorstellung über das Funktionieren des Wettbewerbs in einem Markt richtig im Sinne "objektiver Erkenntnis" ist. Es stellt sich vielmehr die Frage, wie gut sich dieses Modell bei der Beantwortung der gestellten Forschungsfrage bewährt. Nützlichkeit in Bezug auf das gesetzte Forschungsziel ist das entscheidende Kriterium. Damit wird nicht der Beliebigkeit das Wort geredet. Vielmehr geht es um eine ganz bewusste Abwägung in der Auswahl der eingesetzten Methoden und eine Bewusstmachung der damit verbundenen Einschränkungen bezüglich möglicher Erkenntnisse.

Nehmen wir das Beispiel der Abschätzung der Erfolgschancen neuer Produkte. Vielfach wird heute versucht, die Erfolgswahrscheinlichkeit neuer Produkte mit Hilfe der Conjoint-Analyse zu bestimmen. Andererseits glaubt man aber zu wissen, dass viele Produkte nicht im Rahmen eines extensiven Suchprozesses gekauft werden. Kunden kaufen Leistungen nicht nur wegen ihrer Eigenschaften. Neben der Funktionalität, können emotionale Nutzen, die Repräsentation persönlicher Beziehungen oder der Ausdruck der persönlichen Identität eine wesentliche Rolle spielen. D.h., Kunden kaufen Leistungen wegen ihrer gesamthaften Bedeutung. Auf Leistungseigenschaften allein abstellende Methoden fokussieren daher offensichtlich unsere Sicht nur auf einen, möglicherweise wichtigen Teil aller Bedeutungsbestandteile. Die eingesetzte Methode bestimmt in starkem Maße das vorgefundene Ergebnis. Warum muss man dann heute bei Einreichungen in vielen als wissenschaftlich hochrangig angesehenen Zeitschriften ganz bestimmte Methoden anwenden, um eine realistische Chance zu haben, mit seinem Beitrag akzeptiert zu werden?

Wissenschaftliche Redlichkeit sollte uns eigentlich davor bewahren, eine Methode nur deshalb zu bevorzugen, weil sie gut eingeführt ist. Marketingwissenschaftler sollten auf der Hut sein vor Modeerscheinungen im Methodenbereich und vor Kollegen, die - egal mit welcher Fragestellung man sie konfrontiert - immer die gleiche Methode anwenden.

10.   Schlussbemerkungen

Alle Individuen konstruieren selbst die Wirklichkeit, in der sie zu leben meinen. Dies gilt auch für Marketingwissenschaftler. Aufgrund unterschiedlicher Ausbildung, Erfahrungen und Zielsetzungen sind Abweichungen der individuellen Wirklichkeiten selbst dort sehr wahrscheinlich, wo es einen Konsens zu geben scheint. Größere Übereinstimmung gibt es eigentlich nur dort, wo sehr ähnliche kognitive Strukturen und Prozesse bestehen. Erhebt man nun die Forderung nach einer verstärkten Identitätsbildung der Marketing-Community oder beklagt man die zu starke Aufsplitterung der Forschungsgebiete im Marketing bzw. will diese verhindern, dann bedeutet dies eine Forderung nach gemeinsamer Wirklichkeit.

Einerseits erscheint die Herstellung gemeinsamer Wirklichkeit nicht leicht zu bewerkstelligen. Die kognitiven Strukturen und Prozesse der in der Marketingforschung Tätigen lassen sich nur schwer manipulieren. Andererseits sind unterschiedliche Interpretationen und Abweichungen in den Wahrnehmungen von Marketingwissenschaftlern sogar aus erkenntnistheoretischen Gründen wünschenswert; vorausgesetzt, dass ihre Basis bewusst gemacht, offengelegt und gezielt für kontroversiell geführte Abwägungen von Betrachtungsvarianten sowie das Finden neuer Erkenntnisse genützt wird. Es könnte durchaus sein, dass es mehrere „Wahrheiten" gibt oder dass es zumindest verschiedene Wege gibt Erkenntnisse zu gewinnen. Da keine Konstruktion der Wirklichkeit jemals ganz genau zutreffen wird, sollten alle Konstruktionen, die sich zumindest teilweise oder situativ als nützlich erwiesen haben, weiterentwickelt werden.

Die Beobachtung der Diskussionen während der Kommissionssitzung ließ den Eindruck entstehen, dass sich die meisten Anwesenden die Selbstkonstruktion der Welt, in der sie leben, nicht bewusst machen. Wahrnehmungsvorgänge verlaufen überwiegend automatisch, ohne Zutun unseres Bewusstseins. Was uns bewusst wird, erscheint uns als Tatsache. Wir können deshalb oftmals nicht oder wollen nicht verstehen, warum andere diese Tatsachen nicht begreifen. Für Erkenntnisgewinne laufend notwendige Veränderungen der Konstruktion von Wirklichkeit sind für viele Forscher mit Stress verbunden. Wir sollten uns gegenseitig behilflich sein, den daraus resultierenden Widerstand zu überwinden.

Dazu wird es notwendig sein, dass wir uns alle - und ich schließe mich da bewusst mit ein - klar machen, dass wir nur im Rahmen unserer subjektiven Wirklichkeiten forscherische Entscheidungen treffen, handeln und Erkenntnisse gewinnen. Es wäre unsere Pflicht, diese subjektiven Wirklichkeiten für andere zugänglicher oder zumindest teilweise erfahrbar zu machen.

Wir müssen uns auch mehr mit den Wirklichkeiten unserer „Forschungssubjekte" beschäftigen und nicht ausschließlich mit unseren eigenen. Die Betrachtung der Inhalte, Muster und Bedeutungen von Handlungsabfolgen sollte uns helfen, den Sinn im Handeln von Austauschpartnern betrieblicher Organisationen besser als bisher zu verstehen.

Schließlich scheint es abgebracht, uns mehr mit der inhaltlichen und symbolischen Bedeutung erhobener Daten für verschiedene Adressaten unserer Forschungsergebnisse auseinanderzusetzen; welche Information vermitteln sie wem; welche darauf bezogenen Handlungen sind deshalb zu erwarten?

Erfolgreiche Marketingwissenschaft basiert nicht nur auf dem Bemühen, dynamische Wirkungsprozesse im Gegenstandsbereich unserer Forschung mit Hilfe problem-adäquater Ansätze und Methoden zu durchleuchten. Sie beruht in gleicher Weise auf dem Erkennen sozialer Prozesse im Forschungsgeschehen. Ein wesentlicher solcher Prozess ist der epistemologische Diskurs. Ihm auszuweichen käme einer Selbst-kastration gleich.

Literatur

Chakravarthy, B.S. (1986), Measuring Strategic, in: Strategic Management Journal, Vol. 7, 1986, S. 437-458.

Engel, J.F. et al. (1995), Consumer Behavior, 8. Auflage, New York et al. 1995.

Grunert, K.G. (1996), Automatic and Strategic Porcesses in: Advertising Effects, Journal of Marketing (JoM), Vol. 60, 1996, S. 88-101.

Howard, J.A./ Sheth, J.N. (1969), The Theory of Buyer Behavior, New York et al. 1969.

Kroeber-Riel, W./ Weinberg, P. (1999), Konsumentenverhalten, 7. Auflage, München 1999.

McGrath, J.E. (1982), Dilemmatics: The Study of Research Choices and Dilemmas, Judgment Calls in Research, Beverly Hills et al. 1982, S. 69-102.

Peters, T.J./ Waterman, R.H. (1982), In Search of Excellence - Lessons from America's best-run Companies, New York 1982.

Popper, K.R. (1971), Logik der Forschung, 4. Auflage, Tübingen 1971.

Rapp, S./ Collins, T. (1991), Die große Marketing-Wende, Landsberg 1991.

Stacey, R. (1999), Strategic Management and Organizational Dynamics, London 1999.

Vangelder, P. (1994), The cameleon consumer, in: ESOMAR newsbrief, Vol. 2, No. 3, 1994, S. 1-3.

Verzeichnis der Referenten/ Autoren/ Diskussionsleiter

Prof. Dr. Sönke Albers

Institut für Betriebswirtschaftslehre,
Lehrstuhl für Innovation, Neue Medien und Marketing,
Christian-Albrechts-Universität zu Kiel

Prof. Dr. Klaus Backhaus

Betriebswirtschaftliches Institut für Anlagen und Systemtechnologien,
Westfälische Wilhelms-Universität Münster

Prof. Dr. Gerold Behrens

Lehrstuhl für Allgemeine Betriebswirtschaftslehre, insbes. Marketing,
Bergische Universität Gesamthochschule Wuppertal

Prof. Dr. Ralf Berndt

Wirtschaftswissenschaftliche Fakultät,
Abteilung für Betriebswirtschaftslehre, insbes. Marketing,
Eberhard-Karls-Universität Tübingen

Dipl.-Ök. Matthias Bode

Institut für Betriebsforschung, Lehrstuhl Marketing I: Markt und Konsum,
Universität Hannover

Dipl.-Kfm. Michael Bongartz

Institut für Marketing, Westfälische Wilhelms-Universität Münster

Prof. Dr. Manfred Bruhn

Wirtschaftswissenschaftliches Zentrum,
Lehrstuhl für Marketing und Unternehmensführung,
Universität Basel

Prof. Dr. Hermann Diller

Lehrstuhl für Betriebswirtschaftslehre, insbes. Marketing,
Friedrich-Alexander-Universität Erlangen-Nürnberg

Prof. Dr. Dr. h.c. (em.) Werner Hans Engelhardt

Fakultät für Wirtschaftswissenschaft, Marketing, Ruhr-Universität Bochum

Dr. Nikolaus Franke

Institut für Innovationsforschung und Technologiemanagement,
Ludwig-Maximilians-Universität München

Prof. Dr. Andrea Gröppel-Klein

Lehrstuhl für Allgemeine Betriebswirtschaftslehre,
insbes. Internationales Marketing,
Europa-Universität Viadrina Frankfurt an der Oder

Prof. Dr. Peter Hammann

Lehrstuhl für Angewandte Betriebswirtschaftslehre IV (Marketing),
Ruhr-Universität Bochum

Prof. Dr. Ursula Hansen

Institut für Betriebsforschung Lehrstuhl Marketing I: Markt und Konsum,
Universität Hannover

Prof. Dr. Lutz Hildebrandt

Institut für Marketing, Humboldt-Universität zu Berlin

Prof. Dr. Christian Homburg

Institut für Marktorientierte Unternehmensführung (IMU),
Universität Mannheim

Prof. Dr. Klaus-Peter Kaas

Lehrstuhl für Betriebswirtschaftslehre, insbes. Marketing,
Johann Wolfgang Goethe-Universität Frankfurt am Main

Prof. Dr. Richard Köhler

Seminar für Allgemeine Betriebswirtschaftslehre, Marktforschung und Marketing,
Universität zu Köln

Prof. Dr. Richard Kühn

Institut für Marketing und Unternehmensführung, Universität Bern

Prof. Dr. Dr. h.c. mult. Heribert Meffert

Institut für Marketing, Westfälische Wilhelms-Universität Münster

Prof. Dr. Hans Mühlbacher

Institut für Handel und Marketing, Leopold-Franzens-Universität Innsbruck

Prof. Dr. Lothar Müller-Hagedorn

Seminar für Allgemeine Betriebswirtschaftslehre, Handel und Distribution,
Universität zu Köln

Prof. Dr. Dietrich von der Oelsnitz

Lehrstuhl für Unternehmensführung/ Personalwirtschaft,
Technische Universität Ilmenau

Prof. Dr. Wulff Plinke

Institut für Industrielles Marketing-Management, Humboldt-Universität zu Berlin

Prof. Dr. Hartwig Steffenhagen

Lehrstuhl für Unternehmenspolitik und Marketing,
Rheinisch Westfälische Technische Hochschule (RWTH) Aachen

Prof. Dr. Peter Weinberg

Institut für Konsum- und Verhaltensforschung,
Universität des Saarlandes, Saarbrücken

Prof. Dr. Joachim Zentes

Institut für Handel und Internationales Marketing,
Universität des Saarlandes, Saarbrücken